LES
GRANDS ÉCRIVAINS
DE LA FRANCE

NOUVELLES ÉDITIONS

PUBLIÉES SOUS LA DIRECTION

DE M. AD. REGNIER

Membre de l'Institut

ŒUVRES

DE

P. CORNEILLE

TOME XII

PARIS. — IMPRIMERIE DE CH. LAHURE ET Cie
Rue de Fleurus, 9, à Paris.

OEUVRES

DE

P. CORNEILLE

NOUVELLE ÉDITION
REVUE SUR LES PLUS ANCIENNES IMPRESSIONS
ET LES AUTOGRAPHES

ET AUGMENTÉE
de morceaux inédits, des variantes, de notices, de notes, d'un lexique des mots
et locutions remarquables, d'un portrait, d'un fac-simile, etc.

PAR M. CH. MARTY-LAVEAUX

TOME DOUZIÈME

PARIS
LIBRAIRIE DE L. HACHETTE ET Cie
BOULEVARD SAINT-GERMAIN

1862

LEXIQUE

DE LA LANGUE

DE

P. CORNEILLE

AVEC

UNE INTRODUCTION GRAMMATICALE

PAR M. CH. MARTY-LAVEAUX

OUVRAGE QUI A REMPORTÉ LE PRIX
au Concours de 1859
A L'ACADEMIE FRANÇAISE

TOME SECOND

PARIS

LIBRAIRIE DE L. HACHETTE ET Cie

BOULEVARD SAINT-GERMAIN

1868

LEXIQUE

DE LA

LANGUE DE CORNEILLE.

I

ICI-BAS.

Désormais donc en vain je les cherche *ici-bas*....
— Votre douleur vous trouble, et forme des nuages
Qui séduisent vos sens par de fausses images :
Cet enfer, ces combats ne sont qu'illusions. (I, 233. *Mél.* 1525.)

Ici-bas s'applique ici aux enfers, où Éraste, le personnage qui parle, se croit transporté. *Ici-bas* est une locution purement relative ; elle sert d'ordinaire à désigner notre monde par rapport au ciel, mais est parfois remplacée par *ici-haut* lorsqu'on veut opposer le séjour terrestre aux demeures infernales :

Laissez-les ce iourd'huy, qu'allegres il vous faut
Toutes deux auec moy vous trouuer *icy-haut*. (Garnier, *Porcie*, acte I, vers 66.)

« Pourquoy, quittant la nacelle, es-tu venu *ici-haut* chercher la lumière? » (Perrot d'Ablancourt, traduction de Lucien, tome I, p. 265.)

Diogène là-bas est aussi riche qu'eux,
Et l'avare *ici-haut* comme lui vit en gueux.
(La Fontaine, livre IV, fable xx, vers 5.)

IDÉE, image, représentation d'un objet dans l'esprit :

Le sommeil n'oseroit me peindre une autre *idée*. (II, 133. *Suiv.* 145.)
Mon âme vint au jour pleine de votre *idée*. (II, 453. *Illus.* 377.)
L'erreur n'est pas un crime ; et votre aimable *idée*,
Régnant sur mon esprit, m'a si bien possédée,
Que dans ce cher objet le sien s'est confondu,
Et lorsqu'il m'a parlé je vous ai répondu. (IV, 366. *S. du Ment.* 1469.)
.... Ce reste égaré de lumière incertaine

Lui peignant son cher frère au lieu de Timagène,
Rempli de votre *idée*, il m'adresse pour vous
Ces mots où l'amitié règne sur le courroux. (IV, 499. *Rod.* 1641.)
Vacillante clarté, qui manques de pouvoir,
Raison, pourquoi faut-il que tu me fasses voir
  La droite manière de vivre?
Pourquoi m'enseignes-tu le chemin des parfaits?
Si de soi ton *idée*, impuissante aux effets,
Ne peut fournir d'aide à la suivre? (VIII, 549. *Imit.* III, 5967.)
Puissé-je malgré vous y penser un peu moins,
M'échapper quelques jours vers quelques autres soins,
Trouver quelques plaisirs ailleurs qu'en votre *idée!* (x, 148. *Poés. div.* 91.)

Idée, image qui occupe, remplit l'esprit de quelqu'un :

[*Il*] se forme de vous un tableau si parfait....
Il sera votre *idée*, et vous serez la sienne.
L'alliance est mignarde, et cette nouveauté,
Surtout dans une lettre, aura grande beauté,
Quand vous y souscrirez pour Dorante ou Mélisse :
« Votre très-humble *idée* à vous rendre service. »
  (IV, 313. *S. du Ment.* 436 et 440.)

Idée, imagination (faculté de l'esprit) :

Sans te gêner l'*idée* après leur caractère,
Pour les bien exprimer tu n'auras qu'à portraire. (x, 117. *Poés. div.* 21.)
.... De ta splendeur mon *idée* enrichie
En applique à leur front la clarté réfléchie. (x, 188. *Poés. div.* 51.)

En idée, dans l'imagination :

Je m'en forme *en idée* une image si rare.... (IV, 313. *S. du Ment.* 427.)
La Grèce *en* leur *idée* est un séjour céleste. (VI, 272. *Tois.* 401.)

En idée, opposé à *en effet, en réalité* :

De pareils lieutenants n'ont des chefs qu'*en idée*. (VI, 403. *Sert.* 953.)
.... Trouvez-vous par là sa valeur bien fondée
A ne m'estimer plus son maître qu'*en idée?* (VII, 523. *Sur.* 1458.)

Idée, imagination, invention, conception (de l'esprit) :

L'autre femme est une pure *idée* de mon esprit. (VI, 359. *Au lect.*
de *Sert.*)

Idée, vision, et, par extension, fantôme, apparence :

.... A chaque moment
  Je songe que je vous estime.
Cette agréable *idée*, où ma raison s'abîme,
Tyrannise mes sens jusqu'à l'accablement. (x, 163. *Poés. div.* 5.)
Le Roi n'est qu'une *idée*, et n'a de son pouvoir
Que ce que par pitié vous lui laissez avoir. (v, 550. *Nic.* 869.)

IDOLÂTRE, adjectivement et substantivement, au figuré :

Je rendrai de ton nom l'univers *idolâtre*. (x, 180. *Poés. div.* 84.)
Leur grâce naturelle aura plus d'*idolâtres*
Que n'en a jamais eu le fast de nos théâtres. (x, 102. *Poés. div.* 5.)

IDOLÂTRER, au figuré, en parlant de l'enthousiasme qu'inspire une œuvre littéraire :

Mon travail sans appui monte sur le théâtre :
Chacun en liberté l'y blâme ou l'*idolâtre*. (x, 76. *Poés. div.* 42.)

IDOLÂTRIE, au figuré, adoration, amour passionné :

Maintenant qu'un exil m'interdit ma patrie,
Créuse est le sujet de mon *idolâtrie*. (II, 343. *Méd.* 42.)
Je suis toujours sincère ; et dans l'*idolâtrie*
Qu'en tous ces héros grecs je vois pour leur patrie,
Si votre cœur étoit encore à se donner,
Je ferois mes efforts à vous en détourner. (VI, 286. *Tois.* 724.)

IDOLE, masculin et féminin.

IDOLE, au propre :

Deviennent tous pareils à ces vaines *idoles*
Ceux qui leur donnent l'être et les font adorer ! (IX, 315. *Vépr. et Compl.* 61.)

IDOLE, au figuré :

Lacus et Martian vont être nos vrais maîtres ;
Et Pison ne sera qu'un *idole* sacré
Qu'ils tiendront sur l'autel pour répondre à leur gré. (VI, 608. *Oth.* 767.)
Ses deux fils n'ont rempli les trônes des deux Romes
Que d'*idoles* pompeux, que d'ombres au lieu d'hommes. (VII, 116. *Att.* 194.)
    Angélique n'a point de charmes
    Pour me défendre de vos coups ;
    Ce n'est qu'une *idole* mouvante ;
Ses yeux sont sans vigueur, sa bouche sans appas :
Alors que je l'aimai, je ne la connus pas. (II, 242. *Pl. roy.* 347.)
Qu'espérez-vous enfin d'un amour si frivole
Pour cet ingrat amant qui n'est plus qu'une *idole* ?
— Qu'une *idole !* Ah ! ce mot me donne de l'effroi.
Rosidor une *idole !* ah ! perfide, c'est toi,
Ce sont tes trahisons qui l'empêchent de vivre.
                      (I, 327. *Clit.* 926, 927 et 928.)

Il s'agit d'une personne morte ; *idole* veut dire ici « image vaine et adorée. »

Un contemporain de Corneille, qui se piquait de poésie et rédigeait parfois en vers ses observations grammaticales, a critiqué en ces termes le passage d'*Othon* que nous avons cité :

    Nous avons vu le grand Corneille,
    Dont la veine fut sans pareille,

Dire improprement (à mon gré) :
« Et Pison ne sera qu'un *idole* sacré; »
Au lieu de dire avec Malherbe :
« Une *idole* ornée et superbe. »

(*Nouvelles remarques sur la langue françoise*, 1697, réimprimées plus tard sous ce titre : *Le génie, la politesse, l'esprit et la délicatesse de la Langue françoise*.) — Bien des grammairiens ont depuis critiqué le vers d'*Othon*; aucun n'a remarqué l'autre exemple semblable tiré d'*Attila*. — Le mot *idole* était autrefois des deux genres. Voici des exemples du féminin dans les tragédies de Garnier :

Il n'est ville ou de moy lon ne dresse vne *idole*. (*Antoine*, acte IV, vers 21.)

.... Tu as d'argille molle
Poitrie entre tes mans façonné mainte *idole*. (*Juifues*, acte I, vers 72.)

En voici d'autres du masculin :

Madame, ie vous pri que d'vn *idole* faux
La nocturne terreur ne rengrege vos maux. (*Cornelie*, acte III, vers 95.)

I'ay son *idole* faux en l'esprit nuict et iour. (*Antoine*, acte III, vers 48.)

— L'usage donna bientôt la préférence au genre féminin ; mais les exemples du masculin n'en sont pas moins assez nombreux chez les meilleurs auteurs. De Malherbe nous pouvons, à côté de l'exemple du féminin allégué plus haut, en ajouter un autre : « plaintive *idole* » (tome I, p. 54, vers 193), et en citer deux du masculin, l'un en vers (tome I, p. 227, vers 37):

Votre honneur, le plus vain des *idoles*,
Vous remplit de mensonges frivoles ;

l'autre en prose (tome IV, p. 87) : « Je le fus (*je fus aise*) de voir tomber nos *idoles* d'un lieu où je ne les avois jamais regardés qu'avec abomination. » — La Fontaine a dit dans *l'Homme et l'idole de bois* (livre IV, fable VIII) :

Jamais *idole*, quel qu'il fût,
N'avoit eu cuisine si grasse ;

et Patru, qui n'aimait pas les fables en vers et dissuadait la Fontaine d'en composer, mais qui en écrivait parfois en prose, a ainsi traité en 1659, dans sa troisième *Lettre à Olinde*, le même sujet de *l'Homme et l'Idole* : « Un pauvre homme qui avoit chez lui un dieu de bois prioit tous les jours ce dieu de le tirer de la misère où il se trouvoit. Enfin, voyant que toutes ses dévotions lui étoient infructueuses, de dépit il prend l'*idole*, et *le* jetant de grande force contre terre, il *le* met en pièces. L'*idole* au dedans étoit plein d'or, et aussitôt qu'*il* fut brisé, cet or parut. » — Molière a dit aussi dans *les Femmes savantes* (acte I, scène 1) :

.... N'entrevoir point de plaisirs plus touchants
Qu'un *idole* d'époux et des marmots d'enfants ;

ce que M. Génin n'a point remarqué; il est vrai que cette orthographe ne se trouve que dans l'édition originale ; les éditeurs modernes, ayant pu l'altérer sans que le vers perdît sa mesure, ont tous corrigé ce qu'ils regardaient comme une faute d'impression.

IL, neutralement, dans le sens de *cela :*

Si tu n'es ennemi de mes contentements....
Ne fais point le mauvais, si je ne suis mauvaise,
Et ne condamne rien à moins qu'*il* me déplaise. (II, 294. *Pl. roy.* 1383.)
Il est juste, et César est tout prêt de vous rendre
Ce reste où vous avez tant de droit de prétendre. (IV, 97. *Pomp.* 1681.)
.... Je n'ai point encor senti ce que je sens.
Je ne sais ce que c'est; mais je sais qu'*il* me charme. (VII, 328. *Psy.* 1059.)
On ne peut sans ingratitude

Nommer rien de bas ni de rude,
Quand *il* vient d'un si grand et si doux souverain. (VIII, 236. *Imit.* II, 1235.)
Rien n'est en sûreté s'*il* ne vit sous ta loi. (X, 178. *Poés. div.* 47.)
Tout ce qui nage ou vit, c'est pour nous qu'*il* respire. (IX, 87. *Off. V.* 32.)
.... Son moindre vouloir hautement s'exécute;
.... Tout est par lui ce qu'*il* est. (IX, 315. *Vêpr. et Compl.* 44.)
Quand cela paroîtra, je ne doute point qu'*il* ne donne matière aux critiques. (X, 486. *Lettr.*)
Cela ne fait rien contre Th. a Kempis; au contraire, je crois qu'*il* lui peut servir. (X, 469. *Lettr.*)

Voyez de nombreux exemples dans les *Lexiques de Malherbe, de Mme de Sévigné* (tome I, p. XVII, et tome II, p. 4), etc.

IL servant d'antécédent aux relatifs *qui, quiconque :*

Pour la première fois, *il* me dupe qui veut;
Mais pour une seconde, *il* m'attrape qui peut. (I, 242. *Mél.* 1681 et 1682.)
Il sait mal ce qu'il dit, quiconque vous fait croire
Qu'aux feux de Grimoald je trouve quelque gloire. (VI, 27. *Perth.* 163.)

Voyez ci-après, QUICONQUE.

IL omis devant un verbe impersonnel :

Épousez ou Didyme, ou Cléante, ou quelque autre;
Ne m'*importe* pas qui, mon choix suivra le vôtre. (V, 40. *Théod.* 528.)
Et depuis qu'une fois l'effet a de quoi plaire,
N'*importe* comme il est produit. (VIII, 427. *Imit.* III, 3430.)

Voyez ci-après, p. 9, IMPORTER.

ILLÉGITIME, injuste :

Ainsi Rome n'a point séparé son estime;
Elle eût cru faire ailleurs un choix *illégitime :*
Cette superbe ville en vos frères et vous
Trouve les trois guerriers qu'elle préfère à tous. (III, 297. *Hor.* 348.)
.... Les Dieux trouveront sa peine *illégitime,*
Puisqu'elle confondra l'innocence et le crime. (III, 563. *Pol.* 1623.)

ILLUMINER, figurément :

Ce n'est pas tout, Seigneur : une céleste flamme
D'un rayon prophétique *illumine* mon âme. (III, 461. *Cin.* 1754.)

ILLUSTRE.

Puisqu'il faut que je meure *illustre* ou criminel,
Couvert ou de louange ou d'opprobre éternel,
Ne souillez point ma mort, et ne veuillez pas faire
Du vengeur de l'empire un assassin d'un père. (V, 214. *Hér.* 1333.)
.... Son dernier soupir est un soupir *illustre,*
Qui de cette grande âme achevant les destins,
Étale tout Pompée aux yeux des assassins. (IV, 49. *Pomp.* 526.)

Par cet *illustre* soin mes vers déshonorés
Perdront ce noble orgueil dont tu les vois parés. (x, 135. *Poés. div.* 9.)

Cet « *illustre* soin » est le soin que prenait alors Louis XIV de faire rechercher « les usurpateurs de noblesse. »

IMAGE, apparence :

La mort de ce tyran, quoique trop légitime,
Aura dedans vos mains l'*image* d'un grand crime. (v, 177. *Hér.* 502.)
.... D'un soldat quittant la fausse *image*,
Recevez, comme roi, notre premier hommage. (v, 469. *D. San.* 1221.)

IMAGINATIONS, inventions, fictions, chimères :

Après cela Philandre et Mélite auront tout loisir de rire ensemble des belles *imaginations* dont le frère et la sœur ont repu leurs espérances. (I, 194. *Mél.*)

Imaginations! — Célestes vérités! (III, 547. *Pol.* 1285.)

IMAGINER (S'), se figurer, etc. :

.... Je m'*imaginois* dans la Divinité
Beaucoup moins d'injustice, et bien plus de bonté. (III, 322. *Hor.* 933.)
Mon esprit, embrassant tout ce qu'il *s'imagine*,
Voit tantôt mon bonheur, et tantôt ma ruine. (III, 521. *Pol.* 729.)

IMBÉCILE, faible, etc. :

Le sang a peu de droits dans le sexe *imbécile*. (VI, 143. *OEd.* 225.)
Émouvoir les soldats et le peuple *imbécile*. (VI, 434. *Sert.* 1674.)
.... C'est un *imbécile* et sévère esclavage
Que celui d'un époux sur le penchant de l'âge,
Quand sous un front ridé qu'on a droit de haïr
Il croit se faire aimer à force d'obéir. (VI, 522. *Soph.* 1193.)

Voyez la note 1 de la page indiquée. — *Faible* est, comme l'on sait, le premier sens, le sens latin du mot. On lit dans les tragédies de Garnier :

    Vous laissez-vous ainsi subiuguer, *imbecile*,
    A cette passion, de toutes la plus vile ? (*Hippolyte*, acte II, vers 311.)

    Elle est si foible aussi, que ià le plus souuent
    La force à ses genoux defaut en se leuant.
    Elle chancelle toute, et ses bras *imbeciles*
    Batant à ses costez, luy pendent inutiles. (*Ibidem*, acte III, vers 131.)

Néanmoins Voltaire s'écrie, à l'occasion du passage d'*OEdipe* que nous venons de citer : « C'est une injure très-déplacée et très-grossière, fort mal exprimée. » Voilà une bien singulière inadvertance ; car il est impossible d'admettre un instant que l'illustre commentateur ne connût pas l'ancienne signification de ce mot, puisqu'il a écrit lui-même :

    Prêtres audacieux, *imbéciles* soldats,
    Du sabre et de l'épée ils ont chargé leur bras. (*La Henriade*, chant IV, vers 353.)

Au reste il faut remarquer que dans les deux derniers exemples de Corneille, *imbécile* ne veut plus dire seulement *faible*. Dans le passage de *Sophonisbe*, Siphax déplore la servitude ridicule dans laquelle il est tombé ; mais il y a tant d'amertume dans son chagrin que la noble vigueur de l'expression résulte précisément de la trivialité des mots.

IMBÉCILLITÉ, faiblesse :

Notre *imbécillité*, maîtresse de nos sens,
Conserve en tous les cœurs un tel penchant aux vices,
Que l'homme tout entier dès ses plus jeunes ans
Glisse et court aisément vers leurs molles délices. (VIII, 602. *Imit.* IV, 481.)

Imbécillité en ce sens était d'un usage fort ordinaire dans le siècle précédent :

Les choses d'icy bas sont au ciel ordonnées
Auparauant que d'estre entre les hommes nées ;
Et ne peut destourner nostre *imbecilité*
L'inuiolable cours de la fatalité. (Garnier, *Antoine*, acte II, vers 247.)

Voyez l'article précédent.

IMMOBILE à :

Immobile à leurs coups, en lui-même il rappelle
Ce qu'eut de beau sa vie, et ce qu'on dira d'elle. (IV, 49. *Pomp.* 521.)

IMMORTEL.

Elève à l'une (à *Cléopâtre*) un trône, à l'autre (à *Pompée*) des autels,
Et jure à tous les deux des respects *immortels*. (IV, 101. *Pomp.* 1812.)

IMMUABLE AMOUR :

Qu'il vive cependant, et jouisse du jour
Que lui conserve encor mon *immuable amour*. (II, 359. *Méd.* 368.)
    Non, non, il voit le jour,
Et te conserve encor un *immuable amour* (III, 176. *Cid*, 1348.)
Cet *immuable amour* qui sous vos lois m'engage.... (III, 182. *Cid*, 1469.)

IMPÉNÉTRABLE.

CŒUR IMPÉNÉTRABLE, CŒUR IMPÉNÉTRABLE À :

Mais n'es-tu point surpris de cette dureté?
Vois-tu comme le sien des *cœurs impénétrables*,
Ou des impiétés à ce point exécrables? (III, 566. *Pol.* 1691.)
Ce *cœur impénétrable aux* plus charmants objets. (VI, 596. *Oth.* 488.)
    .... Est-il dessous les cieux
Un *cœur impénétrable au* pouvoir de vos yeux? (VII, 414. *Pulch.* 832.)

« *Impénétrable*, dit Voltaire au sujet de l'exemple de *Polyeucte*, n'est pas le mot propre ; il signifie caché, dissimulé, qu'on ne peut découvrir, qu'on ne peut pénétrer, et ne peut jamais être mis à la place d'*inflexible*. » En effet, le mot n'est pas employé ici dans sa signification la plus habituelle ; mais celle que lui attribue Corneille est tout à fait conforme à son origine, et il est d'ailleurs à remarquer qu'il lui a toujours donné un sens analogue à celui que Voltaire a blâmé. — M. Aimé-Martin, qui prétend que Corneille créa le mot *impénétrable*, « mot si nécessaire qu'on le croirait aussi vieux que la langue, et qui cependant n'y entra qu'en 1640. » invoque, pour défendre notre poète, les priviléges du fabricant. « Ayant inventé le mot, dit-il, le poëte a bien le droit de lui donner un sens, et ce n'est pas sa faute si ce sens a été altéré depuis. »

Corneille est à coup sûr fort excusable, mais non par le motif allégué. Ce mot, qu'on le félicite d'avoir inventé, existait assurément avant sa naissance. Nous le trouvons en 1607 dans *le Thresor des deux langues françoise et espagnolle* de César Oudin, et en 1611 dans Cotgrave.

IMPERCEPTIBLE À :

Par-dessus ce qui reste *aux* yeux *imperceptible*. (VIII, 369. *Imit.* III, 2256.)

IMPERTINENT, hors de propos :

.... L'*impertinente* crainte !
Que m'importe de perdre une amitié si feinte ? (II. 142. *Suiv.* 333.)

IMPITOYABLE À :

Honneur *impitoyable à* mes plus chers desirs,
Que tu me vas coûter de pleurs et de soupirs ! (III, 131. *Cid.* 459.)
Le ciel s'est donc lassé de *m'être impitoyable* ! (VI, 432. *Sert.* 1641.)

IMPLEXE.

L'auditeur aime à s'abandonner à l'action présente, et à n'être point obligé, pour l'intelligence de ce qu'il voit, de réfléchir sur ce qu'il a déjà vu, et de fixer sa mémoire sur les premiers actes, cependant que les derniers sont devant ses yeux. C'est l'incommodité des pièces embarrassées, qu'en termes de l'art on nomme *implexes*, par un mot emprunté du latin, telles que sont *Rodogune* et *Héraclius*. (III, 382. *Exam. de Cin.*)

Cet emprunt fait au latin devait être assez nouveau. Corneille, on le voit, prend soin de donner l'explication du mot, et il l'a fait imprimer dans un caractère particulier. On ne le trouve dans aucun dictionnaire du dix-septième siècle, pas même dans ceux qui ont été publiés à une époque postérieure à celle où Corneille écrivait ce passage.

IMPOLLU, non souillé, pur, net, sans tache :

Je saurai conserver d'une âme résolue
A l'époux sans macule une épouse *impollue*. (V, 51. *Théod.* 780.)
Ce Dieu, qui fait d'un mot quoi qu'il ait résolu,
Te regarda toujours comme un vase *impollu*
Où ses grâces seroient encloses. (IX, 21, *Louanges*, 253.)

Hardy affectionnait cette expression :

Quoy ? le rapt inhumain de ma pudicité ?
— C'est un destin commun à toute la cité.
— Non pas à moy, qui suis constamment résolüe
De me voir démembrer pour mourir *impollüe*.
(*Timoclée ou la Juste Vengeance*, acte IV, scène V.)

La plus chaste beauté ne me semble *impollüe*.
(*Aristoclée ou le Mariage infortuné*, acte I, scène I.)

Ta mort, lâche abuseur, ne me rend *impollüe*.
(*Gesippe ou les Deux Amis*, acte III, scène I.)

— On voit que Corneille, en s'en servant dans *Théodore*, n'employait pas à la scène un langage nouveau, et de nature à choquer les spectateurs.

IMPORTANCE (D'), important, considérable :

Sont-ce, Lyse, envers lui des crimes *d'importance ?*
(IV, 360. *S. du Ment.* 1354.)

.... Ils se sont privés, pour ce nom *d'importance* (*le nom du Romain*),
Des charmantes douceurs d'élever votre enfance. (v, 519. *Nic.* 195.)
Faites, faites entrer ce héros *d'importance.* (vi, 389. *Sert.* 661.)
Laissez-en tout l'honneur aux partis *d'importance*
Qui mettent sur les rangs de plus nobles mutins. (x, 126. *Poés. div.* 3.)

IMPORTER.

.... Quand on vous assure un si glorieux nom,
Peut-il vous *importer* qui vous en fait le don?
Peut-il vous *importer* par quelle voie arrive
La gloire dont pour vous Ildione se prive? (vii, 147. *Att.* 960 et 961.)

N'IMPORTE, NE M'IMPORTE PAS :

Tourmentés, déchirés, assassinés, *n'importe.* (iii, 531. *Pol.* 950.)
Épousez ou Didyme, ou Cléante, ou quelque autre;
Ne m'importe pas qui, mon choix suivra le vôtre. (v, 40 *Théod.* 528.)

IMPORTER DE :

.... Qu'*importe*, après tout, d'une autre ou d'Aristie? (vi, 392. *Sert.* 713.)
Du nom de dictateur, *du* nom de général,
Qu'*importe*, si des deux le pouvoir est égal? (vi, 400. *Sert.* 895 et 896.)
Quand l'effet est certain, il n'*importe des* causes. (vi, 542. *Soph.* 1656.)
En matière d'État ne fût-ce qu'un atome,
Sa perte quelquefois *importe d'*un royaume. (vii, 114. *Att.* 134.)
Ardaric, Valamir, ne m'*importe des* deux. (vii, 141. *Att.* 787.)
Voyez ci-dessus, p. 5.

Pourvu que je puisse satisfaire en quelque sorte aux vœux d'un sujet fidèle et passionné, il m'*importe* peu *du* reste. (x, 193. *Poés. div. Au lect.*)

IMPORTUN à :

Ma foiblesse me force à *vous* être *importune.* (vi, 374. *Sert.* 242.)

IMPORTUNER DE, presser de :

Aussi ne pensez pas que je vous *importune*
De payer mon amour, ou *de* voir ma fortune. (v, 53. *Théod.* 811.)

IMPOSER à, tromper :

Je n'abuserai point de votre absence de la cour pour *vous imposer* touchant cette tragédie. (v, 8. *Épît. de Théod.*)
Pour me faire croire ignorant, vous avez tâché d'*imposer aux* simples. (x, 401. *Lettr. apol.*)
Mais quoi qu'à ces mutins elle puisse *imposer*,
Demain ils la verront mourir, ou t'épouser. (v, 167. *Hér.* 271.)

« Quoi qu'elle puisse imposer à ces mutins, » c'est-à-dire : par quelque invention, par quelque conte qu'elle puisse tromper ces mutins.

IMPOSSIBLE (FAIRE L') :

.... Tu sais que mon âme, à tes ennuis sensible,

Pour en tarir la source y *fera l'impossible*. (III, 132. *Cid*, 466.)

Scudéry blâma cette expression, mais elle fut défendue par l'Académie. « L'usage, dit-elle, a reçu *faire l'impossible* pour dire *faire tout ce qui est possible*. »

IMPOSTEUR, au figuré :

Mais ce flatteur espoir qu'il rejette en mon âme
N'est qu'un doux *imposteur* qu'autorise ma flamme. (I, 144. *Mél.* 18.)

IMPOURVU.

.... Sans doute il m'aura vue,
Et c'est de là que vient cette fuite *impourvue*. (I, 183. *Mél.* 684 *var*.)
L'apparence déçoit, et souvent on a vu
Sortir la vérité d'un moyen *impourvu*. (I, 318. *Clit.* 760 *var.*)

Dès 1644, Corneille a substitué, dans les deux exemples, *imprévu* à *impourvu*.

IMPRESSION, édition :

Quand elle voit son frère mettre l'épée à la main, la frayeur, si naturelle au sexe, lui doit faire prendre la fuite, et recevoir le coup derrière le théâtre, comme je le marque dans cette *impression*. (III, 273. *Exam.* d'*Hor.*)

Le seul Surius, où plutôt Mosander, qui l'a augmenté dans les dernières *impressions*, en rapporte la mort assez au long sur le 9ᵉ de janvier. (III, 475. *Abrégé du mart. de S. Pol.*)

Dans les *impressions* de Plantin (*dans les éditons de Térence, de l'imprimeur Plantin*), je n'y en trouve aucun (*je n'y trouve aucun argument*. (X, 456. *Lettr.*)

IMPRESSION, au figuré :

Dans la grandeur de vos ouvrages
Je vois l'*impression* de toutes vos bontés. (IX, 305. *Off. V.* 6.)

IMPRIMER à, sur, au figuré :

.... Pleurez l'irréparable affront
Que sa fuite honteuse *imprime* à notre front. (III, 325. *Hor.* 1018.)
Enflé de sa victoire, et des ressentiments
Qu'une perte pareille *imprime aux* vrais amants. (IV, 55. *Pomp.* 668.)
Je l'entends murmurer à toute heure, en tous lieux,
Et se plaindre en mon cœur de cette ignominie
Qu'*imprime* à son grand nom cette mort impunie. (VI, 150. *OEd.* 386.)
Comte, penses-y bien ; et pour m'avoir aimée,
N'*imprime* point de tache à tant de renommée. (VI, 48. *Perth.* 668.)
Les hommages qu'Agésilas
Daigna rendre en secret au peu que j'ai d'appas,
M'ont si bien *imprimé* l'amour du diadème.... (VII, 14. *Agés.* 125.)
.... Le plus noir venin de l'âpre médisance
Ne *m'imprime* aucunes noirceurs. (IV, 329. *Off. V.* 12.)
.... Peu d'hommes *au* cœur l'ont assez *imprimée* (*la vertu*),
Pour oser aspirer à tant de renommée. (III, 301. *Hor.* 451.)
Le ciel *sur* sa naissance *imprima* ce penchant. (VI, 182. *OEd.* 1128.)

Voyez à la page 117 du tome VI une critique de ce dernier vers.

IMPUDIQUE.

L'une fut *impudique*, et l'autre est parricide. (III, 455. *Cin.* 1594.)

IMPUR (L'), substantivement, dans un sens neutre :

Par là de tout *l'impur* la souillure s'efface. (VIII, 538. *Imit.* III, 5521.)
Efface tout *l'impur* dont tu me vois taché. (VIII, 630. *Imit.* IV, 1051.)

IMPUTER à :

Endurer que l'Espagne *impute* à ma mémoire
D'avoir mal soutenu l'honneur de ma maison! (III, 123. *Cid*, 333.)
  Une action qui *fut imputée* à grandeur de courage par ceux qui en furent les témoins. (III, 81. *Avert.* du *Cid.*)
.... Cinna vous *impute* à crime capital
La libéralité vers le pays natal. (III, 405. *Cin.* 463.)
.... Ne m'*imputez* point ce grand désordre à crime. (V, 586. *Nic.* 1692.)
.... D'avoir cru mon âme et si foible et si basse,
Qu'elle pût m'*imputer* votre hymen à disgrâce. (VI, 505. *Soph.* 798.)

Nous n'avons pas besoin de faire remarquer que la préposition à marque dans le premier exemple un tout autre rapport que dans les suivants.

IMPUTER POUR, dans le même sens que *imputer à :*

Accusez-moi plutôt, Seigneur, à votre tour,
Et m'*imputez pour* crime un trop parfait amour. (VII, 239. *Tit.* 926.)

S'IMPUTER À :

.... Je m'*imputois* même à trop de vanité
De trouver entre nous quelque inégalité. (V, 191. *Hér.* 801.)
Craignez que Valamir ne soit moins scrupuleux,
Qu'il ne *s'impute* pas à tant de barbarie
D'accepter à ce prix son illustre Honorie. (VII, 163. *Att.* 1357.)

S'IMPUTER À, dans le sens passif :

Elle en fuira la honte, et ne souffrira pas
Que ce change *s'impute* à son manque d'appas. (II, 56. *Gal. du Pal.* 712.)

INANITÉ, vide :

Fuis l'embarras du monde autant qu'il t'est possible :
Ces entretiens du siècle ont trop *d'inanité*. (VIII, 67. *Imit.* I, 627.)

Le mot n'est pas dans Nicot, mais il se trouve dans Cotgrave.

INCAGUER.

  Nous *incaguerons* les beautés. (X, 28. *Poés. div.* 73.)

« Dans les éditions originales, dit M. Godefroy, cette expression est soulignée. Elle était donc nouvelle alors, ou récemment remise en circulation. » — Nous remarquerons qu'il n'y a de cette pièce qu'une édition publiée du vivant de l'auteur, celle qui fait partie des *Mélanges poétiques*, et que nous avons décrite au tome I, p. 257, et au tome X, p. 4 et 5. Le mot *incaguer* n'y est pas en italique; c'est l'abbé Granet qui en 1738 l'a imprimé ainsi dans les *OEuvres diverses;* mais nous avons établi que cette édition n'a, quant à ces menus détails, aucune autorité. — On trouve en 1611 le verbe *incaguer* dans le dictionnaire français-anglais de Cotgrave ; il est défini : « *to becacke , or beray;* also, *to defame* or *disgrace.* » En 1642, Antoine Oudin, qui donne les deux formes *incaguer* et *incaquer,* explique le mot dans la seconde partie de ses *Recherches italiennes et françoises,* par l'italien *incacare,* dont il est tiré ; et, dans la première, il traduit *incacare* par *conchier, ombrener.*

INCAPABLE DE, suivi d'un substantif :

Je te l'avoue, ami, mon mal est incurable ;
Je n'y sais qu'un remède, et j'*en* suis *incapable.* (I, 143. *Mél.* 2.)
.... *D*'un si haut dessein ma fortune *incapable*
Rendoit ma flamme injuste, et mon espoir coupable. (II, 501. *Illus.* 1237.)

Voyez, au tome I, p. 148, CAPABLE.

INCARTADE, folie, extravagance :

Je t'en crois sans jurer avec tes *incartades.* (IV, 152. *Ment.* 225.)

INCESSAMMENT, continuellement, sans cesse :

.... Cette fière Caliste
Dans ses cruels mépris *incessamment* persiste. (I, 303. *Clit.* 470.)
.... Qu'il me laisse à moi-même ;
Qu'en un cloître sacré je pleure *incessamment,*
Jusqu'au dernier soupir, mon père et mon amant. (III, 194. *Cid,* 1739.)
Tu ne revois en moi qu'une amante offensée,
Qui comme une furie attachée à tes pas,
Te veut *incessamment* reprocher son trépas. (III, 338. *Hor.* 1286.)
Il me semble surtout *incessamment* le voir
Déposer en nos mains son absolu pouvoir. (III, 420. *Cin.* 807.)
Son ombre *incessamment* me frappe encor les yeux. (VI, 150. *OEd.* 383.)
.... Son jeune courage
Accuse *incessamment* la paresse de l'âge. (X, 217. *Poés. div.* 338.)

INCESTE, adjectif, incestueux :

Le ciel, vous destinant à des flammes *incestes,*
A su de votre esprit déraciner l'horreur
Que doit faire à l'amour le sacré nom de sœur. (VI, 187. *OEd.* 1246.)
.... Il vous a souffert dans une flamme *inceste.* (IV, 190. *OEd.* 1325.)

INCESTE, substantivement, qui a commis un inceste, incestueux :

Elle a rendu pour toi l'un et l'autre funeste,
Martian parricide, Héraclius *inceste.* (V, 215. *Hér.* 1352.)

INCIVILITÉ, dans la tragédie aussi bien que dans la comédie :

.... Son feu précipité
Lui fait faire envers vous une *incivilité.* (I, 488. *Veuve,* 1714.)
Je vous ai fait, Seigneur, une *incivilité.* (III, 548. *Pol.* 1297.)

INCLÉMENCE, en parlant du destin :

Dans ces funestes lieux où la seule *inclémence*
D'un rigoureux destin réduit mon innocence. (I, 343. *Clit.* 1189.)

INCLINATION, penchant, goût :

Mon *inclination* a bien changé d'objet. (III, 189. *Cid*, 1632.)
.... De mon *inclination*,
Je mourrai fille, ou vivrai reine. (VII, 42. *Agés.* 809.)

INCLINER, au figuré.

INCLINER QUELQUE PART, INCLINER À :

.... Chacun, seul témoin des grands coups qu'il donnoit,
Ne pouvoit discerner où le sort *inclinoit*. (III, 174. *Cid*, 1304.)
 Emprunte, emprunte mes clartés
 Pour voir où penche la nature,
 Comme elle *incline aux* vanités. (VIII, 538. *Imit.* III, 5731.)

INCOGNITO.

Il est vrai que je sors fort peu souvent de jour :
De nuit, *incognito*, je rends quelques visites. (IV, 155. *Ment.* 257.)
Lui qui depuis un mois nous cachant sa venue,
La nuit, *incognito*, visite une inconnue. (IV, 184. *Ment.* 806.)

« Depuis quelques années nous avons pris ce mot des Italiens, » dit Vaugelas dans ses *Remarques* (p. 464), en 1647, c'est-à-dire, cinq ans après la représentation du *Menteur*.

INCOMMODER, gêner, embarrasser, fatiguer :

 Votre grade hors du commun
 Incommode fort qui vous aime. (X, 170. *Poés. div.* 14.)
A force de vieillir un auteur perd son rang ;
On croit ses vers glacés par la froideur du sang ;
Leur dureté rebute, et leur poids *incommode*. (X, 180. *Poés. div.* 39.)

INCOMMODÉ, gêné, au figuré :

Je jurerois, Monsieur, qu'elle est ou vieille ou laide,
Peut-être l'une et l'autre, et vous a regardé
Comme un galant commode, et fort *incommodé*. (IV, 323. *S. du Ment.* 666.)

« *Incommodé*, pauvre, qui n'est pas à son aise : monastère *incommodé*, personne *incommodée*. Pascal, 8ᵉ *provinciale*. » (Richelet, 1680.) — « On lui dit que son gendre dépensoit trop et qu'il s'*incommoderoit*. » (Tallemant des Réaux, *Historiettes*, tome V, p. 401.) — Cette locution n'a jamais été aussi généralement en usage que *accommodé* pour *à l'aise*.

Voyez ACCOMMODEMENT.

INCONNU.

PAYS INCONNU, TERRE INCONNUE, au figuré :

Aristote ne s'est pas expliqué si clairement dans sa *Poétique*, que

nous n'en puissions faire ainsi que les philosophes, qui le tirent chacun à leur parti dans leurs opinions contraires; et comme c'est un *pays inconnu* pour beaucoup de monde, les plus zélés partisans du *Cid* en ont cru ses censeurs sur leur parole. (III, 85. *Avert.* du *Cid*.)
A l'amour vraiment noble il suffit du dehors;
Il veut bien du dedans ignorer les ressorts :
Il n'a d'yeux que pour voir ce qui s'offre à la vue,
Tout le reste est pour eux une *terre inconnue*. (VII, 266. *Tit.* 1560.)

Molière faisait dire onze ans plus tôt à Cathos : « Je m'en vais gager qu'ils n'ont jamais vu la carte de Tendre, et que Billets-doux, Petits-soins, Billets-galants, et Jolisvers, sont des *terres inconnues* pour eux. « (*Les Précieuses ridicules*, scène VI.)

INCONSOLABLE (Malheur) :

Toi, sans qui mon *malheur* étoit *inconsolable*,
Ma douleur sans espoir, ma perte irréparable. (I, 494. *Veuve*, 1867.)

INCORPORER, figurément :

J'en ai cherché la raison, et j'en ai trouvé deux. L'une est la liaison des scènes, qui semble, s'il m'est permis de parler ainsi, *incorporer* Sabine dans cette pièce, au lieu que, dans *le Cid*, toutes celles de l'Infante sont détachées. (III, 277. *Exam.* d'*Hor.*)

INDÉPENDANCE, pouvoir indépendant :

Maintenant qu'on te voit en digne potentat
Réunir en ta main les rênes de l'État,
Que tu gouvernes seul, et que par ta prudence
Tu rappelles des rois l'auguste *indépendance*. (X, 179. *Poés. div.* 70.)

Ces vers sont tirés du *Remercîment présenté au Roi en l'année* 1663.

INDICE, indication, révélation, dénonciation :

Si pourtant quelque grâce est due à mon *indice*,
Faites périr Euphorbe au milieu des tourments. (III, 459. *Cin.* 1686.)
Mes esclaves sont; apprends de leurs *indices*
L'auteur de l'attentat, et l'ordre et les complices. (IV, 83. *Pomp.* 1361.)
Mais, dis-moi, ton *indice* est-il bien assuré? (V, 29. *Théod.* 269.)
Si vous rompez le coup, prévenez les *indices*. (VI, 369. *Sert.* 113.)

INDIFFÉRENCE.

Ils tiennent le passé dans quelque *indifférence*. (I, 246. *Mél.* 1752.)

INDIFFÉRENT.

..... Vois-tu qu'elle me fuie,
Qu'*indifférent* qu'il est, mon entretien l'ennuie? (I, 400. *Veuve*, 18.)

INDIGNE de, avec un régime exprimant une chose mauvaise, fâcheuse :

Embrasse un cavalier *indigne des* liens

Où l'a mis aujourd'hui la trahison des siens. (1, 362. *Clit.* 1599.)

INDIGNITÉ.

.... Je le traiterois avec *indignité*
Si j'aspirois à lui par une lâcheté. (IV, 42. *Pomp.* 363.)

INDISCRÉTION, défaut de mesure, de prudence :

.... De quelle *indiscrétion*
Ne s'accompagne point ton ardeur déréglée? (II, 267. *Pl. roy.* 851.)

INDULGENT à :

Ton mérite le rend, malgré ton peu de biens,
Indulgent à mes feux, et favorable aux tiens. (II, 173. *Suiv.* 892.)
Sois-*lui* plus *indulgent*, et pour toi plus sévère. (VIII, 193. *Imit.* II, 353.)

INDUSTRIE, invention subtile, ingénieuse, mensonge :

Quoi? la montre, l'épée, avec le pistolet....
— *Industrie*.... (IV, 178. *Ment.* 696.)

INDUSTRIEUX, habile, ingénieux :

Il est aussi juste de lui donner cette lumière pour démêler la vérité d'avec ses ornements, et lui faire reconnoître ce qui lui doit imprimer du respect comme saint, et ce qui le doit seulement divertir comme *industrieux*. (III, 476. *Abrégé du mart. de S. Pol.*)

Le nœud dépend entièrement du choix et de l'imagination *industrieuse* du poëte. (I, 104. *Disc. des 3 unit.*)

INÉBRANLABLE à :

Mon cœur, *inébranlable aux* plus cruels tourments,
A presque été surpris de tes chatouillements. (V, 87. *Théod.* 1581.)

INEFFABLEMENT.

Christ, Rédempteur de tous, Fils unique du Père,
    Seul qu'avant tout commencement,
Engendrant en soi-même et produisant sans mère,
    Il fit naître *ineffablement*. (IX, 494. *Hymn.* 4.)

Cet adverbe ne figure dans aucun dictionnaire.

INÉGAL, INÉGAL à, appliqué aux personnes, en parlant de leurs biens, de leur condition :

.... *Inégal* de biens et de condition,
Je ne pouvois prétendre à son affection. (I, 402. *Veuve*, 59.)
Mais encor que Daphnis eût captivé Florame,
Le moyen qu'*inégal* il en fût possesseur? (II, 213. *Suiv.* 1678.)
Inégal en fortune *à* ce qu'est cette belle. (II, 198. *Suiv.* 1377.)
Qu'à des pensers si bas mon âme se ravale!

Que je tienne Pauline à mon sort *inégale !* (III, 505. *Pol.* 394.)

INÉGAL, inconstant, dont les sentiments varient, inique, injuste :

.... Le peuple, *inégal* à l'endroit des tyrans,
S'il les déteste morts, les adore vivants. (III, 395. *Cin.* 255.)
Puis-je me plaindre à vous d'un retour *inégal*
Qui tient moins d'un ami qu'il ne fait d'un rival ? (VI, 416. *Sert.* 1251.)

Voyez, au tome I, p. 342, ÉGAL, et ci-après, INÉGALITÉ.

INÉGALITÉ D'UNE CHOSE À UNE AUTRE :

.... L'*inégalité* de mon destin au sien
Ravaleroit son sang sans élever le mien. (VII, 497. *Sur.* 819.)

INÉGALITÉ, manque de constance, de suite :

Quelle *inégalité* ravale ta vertu ? (III, 184. *Cid*, 1315.)

INÉGALITÉ, injustice :

Vous-même, dites-moi comme il faut que j'explique
Cette *inégalité* de votre république. (V, 575. *Nic.* 1436.)

INESTIMABLE, au figuré, d'une valeur inappréciable :

Elle est sage, elle est riche. — Elle est *inestimable*. (II, 314. *Tuil.* 101.)

INEXORABLE, qui ne peut être fléchi, et par extension, surmonté :

.... Ma gloire *inexorable*
Me doit au plus illustre, et non au plus aimable. (VII, 419. *Pulch.* 953.)
Ce que lui fait oser l'*inexorable* envie
D'affronter les périls au mépris de sa vie. (X, 207. *Poés. div.* 189.)

INEXORABLE À :

En vain à tes soupirs il est *inexorable*. (VI, 258. *Tois.* 87.)

INEXORABLE, substantivement :

Prenez quelque pitié d'un amant déplorable ;
Faites-la partager à cette *inexorable*. (VII, 234. *Tit.* 816.)

INEXPUGNABLE À :

Ce cœur, *inexpugnable aux* assauts de leurs yeux,
N'aura plus que les tiens pour maîtres et pour dieux.(II, 517. *Illus.* 1559.)

INEXTINGUIBLE (FEU), au figuré :

.... De la charité l'*inextinguible feu*. (VIII, 567. *Imit.* III, 6333.)

INFÂME À :

Avise ; et si tu crains qu'il *te* fût trop *infâme*
De remettre l'empire en la main d'une femme.... (V. 165. *Hér.* 229.)

INFAMIE de, avec un infinitif :

Je ne crains point la mort, mais je hais l'*infamie*
D'en recevoir la loi d'une main ennemie. (vi, 587. *Oth.* 285.)

INFATIGABLE à :

Ce soin toujours actif pour les nobles projets,
Toujours *infatigable au* bien de tes sujets. (x, 180. *Poés. div.* 84.)

INFECTER, souiller, corrompre, au figuré :

L'homme en qui jamais fourbe et jamais calomnie
N'*infecte* ce qu'il dit, n'empeste ce qu'il fait. (ix, 249. *Ps. pén.* 8.)

INFÉLICITÉ.

.... Qu'une femme enfin dans l'*infélicité*
Me fasse des leçons de générosité. (iii, 551. *Pol.* 1377 *var.*)
Gémis d'avoir aimé les plaisirs de la table....
D'avoir pris le travail pour *infélicité*. (viii, 622. *Imit.* iv, 906.)

Ils (*Rodrigue et Chimène*) tombent dans l'*infélicité* par cette foiblesse humaine dont nous sommes capables comme eux. (i, 58. *Disc. de la Trag.*)

M. Aimé-Martin dit dans son *Étude sur la langue de Corneille* que c'est notre poëte qui a fait le mot *infélicité*; puis, à l'occasion du passage de *Polyeucte* (où Corneille, en 1668, a remplacé l'*infélicité* par la *calamité*), il fait la remarque suivante : « Corneille avait dit d'abord :

Et qu'une femme enfin dans l'*infélicité*.

Ce vers fut mal reçu du public, parce qu'il y avait un mot nouveau : *infélicité*. Corneille supprima ce mot, et fit une double faute, car sa correction est mauvaise, et le mot qu'il supprimait est excellent. Toutefois il n'abandonna pas ce mot, et on le retrouve admirablement placé dans sa traduction de *l'Imitation*. Richelet a donné place à ce mot dans son *Dictionnaire* et l'appuie d'une citation de Saint-Évremont, qui, très-probablement, n'a employé ce mot qu'après Corneille. » On voit que M. Aimé-Martin est déjà beaucoup moins affirmatif ici que dans son *Étude sur la langue de Corneille;* car si Saint-Évremont avait par hasard employé ce mot avant notre poëte, ce ne serait pas celui-ci apparemment qui l'aurait *fait*. Mais il ne s'agit pas de rechercher l'époque où Saint-Évremont s'est servi d'*infélicité;* ce mot est dans les Palsgrave, à la page 234 de l'édition de M. Génin. Jodelle l'a employé dans sa *Cléopatre* (acte II, folio 234 recto) :

Où es-tu, Mort, si la prosperité
N'est sous les cieux qu'vne *infelicité*?

Garnier s'en sert souvent, tant au singulier qu'au pluriel :

Gardez-vous d'encourir mesme *infelicité*. (*Antigone*, acte IV, vers 427.)

L'estrangere prosperité
Leur est vne *infelicité*. (*Cornelie*, acte IV, vers 494.)

O flambeaux de la nuict, pleins d'*infelicitez!* (*Ibidem*, acte V, vers 292.)

En voilà plus qu'il n'en faut pour prouver qu'*infélicité* n'était pas un mot nouveau lorsque Corneille écrivait *Polyeucte*. Pourquoi donc l'a-t-il fait disparaître? Probablement parce que c'était un archaïsme, qui poduisit sans doute un mauvais effet à la représentation, mais qui pouvait d'ailleurs fort bien trouver sa place dans tout autre ouvrage qu'un poëme dramatique.

INFÉRER, induire, conclure :

Pour la première fois, il me dupe qui veut;

Mais pour une seconde, il m'attrape qui peut.
MÉLITE. Qu'*inférez*-vous par là ? CLORIS. Que son humeur volage
Ne me tient pas deux fois en un même passage. (I, 242. *Mél.* 1683 *var.*)

Corneille a pensé sans doute que cette expression, un peu pédante, ne convenait pas dans un entretien de jeunes filles, et en 1660 il a remplacé l'hémistiche où elle se trouvait par :

C'est-à-dire, en un mot....

INFIDÈLE, erroné, inexact :

Est-ce donc vous, Seigneur ? et les bruits *infidèles*
N'ont-ils semé de vous que de fausses nouvelles. (VI, 62. *Perth.* 1007.)

MON INFIDÈLE, dans le style tragique :

.... Quand même ce nom sembleroit trop pour vous,
Du moins *mon infidèle* est d'un rang au-dessous. (VI, 376. *Sert.* 300.)

INFIDÉLITÉ, manque de foi :

L'Anglois même avoit vu jusque dans l'Amérique
Ce que c'est qu'avec nous rompre la foi publique,
Et sur terre et sur mer reçu le digne prix
De l'*infidélité* qui nous avoit surpris. (X, 197. *Poés. div.* 48.)

INFINI EN :

Cette source de gloire *en* torrents *infinie*. (X, 121. *Poés. div.* 110.)

INFINIMENT, après l'adjectif auquel il se rapporte :

Je me croirois, Seigneur, coupable *infiniment*. (V, 211. *Hér.* 1269.)

INFIRMITÉ, au figuré, faiblesse, imperfection, fragilité de la nature humaine :

.... Le meilleur remède à son *infirmité*,
C'est de choisir toujours un but certain à suivre. (VIII, 110. *Imit.* I, 1390.)
O Dieu, pourquoi faut-il que ces *infirmités*,
Ces journaliers tributs, soient des nécessités ? (VIII, 172. *Imit.* I, 2640.)
Il donnera la main à ton *infirmité*. (VIII, 211. *Imit.* II, 701.)

INFLUENCE (VERSER UNE) :

Sire, ajoutez du ciel l'occulte providence :
Sur deux amants il *verse une* même *influence*. (I, 314. *Clit.* 678.)

Nos anciens tragiques ont employé *influer* dans le sens de *verser*, *répandre* :

Influés dessus moy tant de mortels desastres,
Qu'il ne se trouve plus d'infortunes aux astres. (Garnier, *Porcie*, acte IV, vers 249.

INFLUENCER.

Ce mot se trouve dans une lettre faussement attribuée à Corneille, et dont nous croyons qu'il suffirait à établir la fausseté Voyez au tome X, p. 418 et 503.

INFORMER QUELQU'UN, l'interroger, en tirer des informations, et non *l'instruire, le renseigner.*

Dans nos divers exemples le mot a le sens qu'il garde encore aujourd'hui dans la locution : « la justice *informe*. »

.... Comme est-il avenu...?
— Tu m'en veux *informer* en vain par le menu. (I, 472. *Veuve*, 1418.)
.... Eh bien ! elle s'appelle?
— Ne m'*informez* de rien qui touche cette belle. (II, 31. *Gal. du Pal.* 238.)
.... Pour vous obliger, j'ai tout dit en trois mots ;
Mais ce que maintenant vous n'en pouvez apprendre,
Vous l'apprendrez bientôt plus au long de Lysandre.
— Tu ne flattes mon cœur que d'un espoir confus.
Parlez à Célidée, et ne m'*informez* plus. (II, 60. *Gal. du Pal.* 788 *var.*)

En 1660, Corneille a supprimé ici cette expression, qui avait vieilli, et il a mis à la place :

Parlez à votre amie, et ne vous fâchez plus.

Être toujours des yeux sur un homme arrêtée,
Dans son manque de bien déplorer son malheur,
Juger à sa façon qu'il a de la valeur,
M'*informer* si l'esprit en répond à la mine,
Tout cela de ses feux eût instruit la moins fine. (II. 142. *Suiv.* 329 *var.*)

En 1660 :

Demander si l'esprit en répond à la mine.

Va, ne m'*informe* plus si je suivrois sa fuite. (II. 491. *Illus.* 1061 *var.*)

En 1660 :

Va, ne demande plus si je suivrois sa fuite,

Et je vous vois pensive et triste chaque jour,
L'*informer* avec soin comme va son amour. (III, 109. *Cid*, 64 *var.*)

En 1660 :

Et dans son entretien je vous vois chaque jour
Demander en quel point se trouve son amour.

INFORTIAT, seconde partie du *Digeste* compilé du temps de Justinien :

Je sais le Code entier avec les Authentiques,
Le Digeste nouveau, le vieux, l'*Infortiat*,
Ce qu'en a dit Jason, Balde, Accurse, Alciat. (IV, 158. *Ment.* 327.)

Cet énorme volume ne pouvait être oublié par Boileau dans le combat du *Lutrin* (chant V, vers 203) :

A ces mots il saisit un vieil *Infortiat*,
Grossi des visions d'Accurse et d'Alciat.

INGÉNIEUX, SE, qui a de l'esprit, de l'invention :

La fable, qui la couvre (*la vérité*), allume, presse, irrite
L'*ingénieuse* ardeur d'en voir tout le mérite. (X. 238. *Poés. div.* 46.)

INGRAT à :

.... *Vous* serai-je *ingrat* autant que votre époux? (II, 402. *Méd.* 1256.)
Mais voyant que ce prince, *ingrat à* ses mérites,
N'envoyoit qu'un esquif rempli de satellites.... (IV, 46. *Pomp.* 461.)
Si vous n'êtes *ingrat à* ce cœur qui vous aime,
Ne me revoyez point qu'avec le diadème. (IV, 480. *Rod.* 1247.)
Ingrat à mon ami, perfide à ce que j'aime,
Cruel à la Princesse, odieux à moi-même. (V, 171. *Hér.* 353.)
À moins que d'être *ingrate à* mon libérateur. (V, 387. *Andr.* 1573.)
    Veux-tu que la grâce divine
    Coule abondamment dans ton cœur?
Fais remonter ses dons jusqu'à son origine;
N'en sois point *ingrat à* l'auteur. (VIII, 232. *Imit.* II, 1152.)

Vaugelas a dit : « Quand cette figure (*l'allusion*) se présente, et que les paroles qu'il faut nécessairement employer pour expliquer ce que l'on veut dire font l'allusion, alors il la faut recevoir à bras ouverts, et ce seroit être *ingrat à* la fortune, et ne savoir pas prendre ses avantages, que de la rejeter. » (*Remarques*, p. 164.) — Patru a fait sur cette manière de parler la note suivante : « *Ingrat à la fortune* est hardi ; on dit *ingrat envers la fortune.* » En admettant que ce langage soit un peu audacieux pour un grammairien, il semble fort naturel dans les œuvres d'un poëte. Les pièces de Racine en fournissent de nombreux exemples ; et Voltaire lui-même, qui l'a condamné dans son commentaire sur Corneille, s'en est servi plus d'une fois. Voyez INJUSTE À, p. 21.

INGRATITUDE, action qui marque de l'ingratitude :

Ce silence vers elle est une *ingratitude.* (V, 474. *D. San.* 1350.)
Repasse mes bontés et tes *ingratitudes.* (VI, 305. *Tois.* 1160.)

INHUMAINE, substantivement, dans le style tragique :

Mais voici de retour cette aimable *inhumaine.* (III, 423. *Cin.* 905.)
Racine a employé ce mot de la même manière. Voyez le lexique de cet auteur.

INITIÉ DE :

O Néarque! si je ne me croyois point indigne d'aller à lui (*à Dieu*) sans être *initié de* ses mystères et avoir reçu la grâce de ses sacrements, que vous verriez éclater l'ardeur que j'ai de mourir pour sa gloire! (III, 477. *Abrégé du mart. de S. Pol.*)

INJURE, affront, tort injuste :

L'*injure* d'une paix à la fraude enchaînée. (X, 197. *Poés. div.* 53.)
Qu'on fait d'*injure* à l'art de lui voler la fable! (X, 235. *Poés. div.* 1.)

INJURIEUX à :

Une si belle fin m'est trop *injurieuse.* (III, 177. *Cid*, 1361.)
    .... L'ordre des cieux
En me la refusant m'est trop *injurieux.* (III, 552. *Pol.* 1394.)
Vous me direz que je suis bien *injurieux au* métier qui me fait connoître, d'en ravaler le but si bas que de le réduire à plaire au peuple, et que je suis bien hardi tout ensemble de prendre pour garant de mon opinion les deux maîtres dont ceux du parti contraire se fortifient. A cela, je

vous dirai que ceux-là même qui mettent si haut le but de l'art sont *injurieux à* l'artisan, dont ils ravalent d'autant plus le mérite, qu'ils pensent relever la dignité de sa profession. (IV, 280. *Épît. de la S. du Ment.*)

Avoir tant de pitié d'un sort si glorieux,
De crainte d'être ingrat, c'est m'être *injurieux*. (V, 212. *Hér.* 1286.)

INJUSTE À :

Non, je ne serai pas, illustre Pellisson,
Ingrat à tes bienfaits, *injuste à* ton beau nom. (X. 315. *Poés. div.* 1.)

INJUSTICE.

Les Dieux, amoureux de cette princesse, vengent l'*injustice* qu'on lui a rendue. (V, 260. *Dess. d'Andr.*)

Il venge, et c'est de là que votre mal procède,
L'*injustice* rendue aux beautés d'Andromède. (V, 324. *Andr.* 221.)

Voltaire fait remarquer qu'on ne rend pas injustice comme on rend justice. La remarque paraît fondée. Il faut considérer toutefois que *rendre* avait anciennement des emplois très-divers ; on trouvera à l'article consacré à ce verbe plusieurs autres alliances de mots qui sont entièrement passées d'usage.

FAIRE INJUSTICE À :

Peut-être que tu mens aussi bien comme lui.
— Je suis homme d'honneur ; tu me *fais injustice*. (IV, 212. *Ment.* 1341.)

SE FAIRE INJUSTICE :

Mon cavalier, pour vous je me *fais injustice*. (IV, 308. *S. du Ment.* 344.)

INNOCEMMENT.

Sous ce marbre repose un monarque sans vice....
Et qui pour tout péché ne fit qu'un mauvais choix,
Dont il fut trop longtemps *innocemment* complice. (X, 87. *Poés. div.* 4.)

INNOVER, activement :

Je n'entreprends pas de faire un traité entier de l'orthographe et de la prononciation, et me contente de vous avoir donné ce mot d'avis touchant ce que j'ai *innové* ici. (I, 12. *Au lect.*)

Ce mot n'est pas dans Nicot, mais on le trouve dans *le Thresor des deux langues françoise et espagnolle* de César Oudin, publié en 1607.

INONDER, neutralement ; INONDER SUR :

Toi qui fis *inonder* les torrents de ta grâce
Sur ce troupeau choisi qu'il te plut de bénir (IX, 532. *Hymn.* 21 et 22.

INQUIÉTER, tourmenter, troubler :

Il n'est rien qui ne cède à l'ardeur de régner ;
Et depuis qu'une fois elle nous *inquiète*,
La nature est aveugle, et la vertu muette. (V, 531. *Nic.* 411.)

Esprit, cœur inquiété, âme inquiétée :

C'est de quoi mon *esprit* n'est plus *inquiété*. (II, 395. *Méd.* 1103.)
.... Nous verrons bientôt son *cœur inquiété*
Me demander pardon de tant d'impiété. (III, 528. *Pol.* 887.)
.... J'ai trop vu d'ailleurs son *âme inquiétée*. (VI, 490. *Soph.* 424.)

INQUIÉTUDE, activité continuelle, ardeur sans repos :

Délasse en mes écrits ta noble *inquiétude*. (X, 98. *Poés. div.* 69.)
Le poëte s'adresse à Mazarin.

.... Quelque désordre où mon cœur soit plongé....
Entretenir sa peine est toute mon étude.
J'en aime le chagrin, le trouble m'en est doux.
    Hélas ! que ne m'estimez-vous
  Avec la même *inquiétude* ! (X, 163. *Poés. div.* 14.)

C'est la fin d'un sonnet à Iris.

INSCRUTABLE.

J'en apprends à trembler sous l'abîme *inscrutable*
Que présente à mes yeux ton profond jugement. (VIII, 516. *Imit.* III, 5279.)

INSÉPARABLE de :

La France y paroît la première, suivie de la Victoire, qui s'*en* est rendue *inséparable*. (VI, 230. *Dess. de la Tois.*)

Inséparable à, dans le même sens :

Du temps que ma beauté m'étoit *inséparable*,
Leurs persécutions me rendoient misérable. (II, 448. *Illus.* 261.)
Fais que ces deux vertus *te* soient *inséparables*. (VIII, 274. *Imit.* III, 303.)

INSINUER, figurément, faire pénétrer, faire accueillir :

Il a été à propos d'en rendre la représentation agréable, afin que le plaisir pût *insinuer* plus doucement l'utilité. (III, 476. *Abrégé du mart. de S. Pol.*)

Insinuer, annoncer un personnage dramatique, en préparer l'arrivée :

Un domestique qui n'agit que par l'ordre de son maître.... en un mot, tous ces gens sans action n'ont point besoin d'*être insinués* au premier acte. (I, 44. *Disc. du Poëm. dram.*)
Clarimond, qui ne paroît qu'au troisième (*acte*), *est insinué* dès le premier. (II, 121. *Exam. de la Suiv.*)
D. Raymond et ce pêcheur ne suivent point la règle que j'ai voulu établir, de n'introduire aucun acteur qui ne *fût insinué* dès le premier acte. (V, 415. *Exam. de D. San.*)

INSOLENT.

Insolent ! est-ce enfin le respect qui m'est dû ? (V, 521. *Nic.* 233.)

INSOLENT DE :
Un captif *insolent* d'avoir brisé sa chaîne.... (v, 590. *Nic.* 1784.)

INSPIRER.
Certes, dans la chaleur que le ciel nous *inspire*,
Nos vers disent souvent plus qu'ils ne pensent dire. (x, 96. *Poés. div.* 33.)

INSPIRER QUELQU'UN DE, avec un infinitif, lui inspirer de :
.... *L'inspirant* bientôt *de* rompre avec Florange. (I, 441. *Veuve*, 828.)

INSTALLER DANS LE TRÔNE, AU TRÔNE :
L'*installer dans le trône* et le nommer César. (VII, 404. *Pulch.* 583.)
Nous l'*installions au trône* et le nommions César. (VII, 452. *Pulch.* 1752.)

INSTANT (CHAQUE), pour *à chaque instant :*
.... Le Prince aux champs de Mars,
Chaque jour, *chaque instant*, s'offre à mille hasards. (v, 159. *Hér.* 64.)

C'est l'analogie de cette tournure avec *chaque jour* qui dans ce vers la fait passer, mais il ne faudrait pas conclure de cet exemple qu'on pût s'en servir ailleurs.

INSTITUT, institution, en parlant de l'établissement de l'eucharistie :
Car enfin c'est lui seul qui met en évidence
Ce miracle impossible à tout l'effort humain,
C'est ton saint *institut*, c'est l'œuvre de ta main,
Qui passe de bien loin toute notre prudence. (VIII, 606. *Imit.* IV, 573.)
En prononçant les mots que je vous ai dictés,
Suivant mon *institut*, suivant mes volontés,
Vous opérez l'effet de votre ministère. (VIII, 614. *Imit.* IV, 736.)

INSTRUIRE.

INSTRUIRE D'EXEMPLE, voyez EXEMPLE :

PAROLE INSTRUISANTE :
Pour entendre au dedans la vérité parlante,
De qui la *parole instruisante*
N'a pour se faire ouïr que de muets accords. (VIII, 260. *Imit.* III, 19.)

INSUFFISANCE.
Malgré notre surprise, et mon *insuffisance*,
Je vous obéirai, Seigneur, sans complaisance. (III, 403. *Cin.* 405.)

INSULTE, masculin :
Mais je veux qu'Attila, pressé d'un autre amour,
Endure un tel *insulte* au milieu de sa cour. (VII, 125. *Att.* 424.)
.... Ses aïeux paternels....
Joignirent leurs drapeaux contre le fier *insulte*

Que Luther et sa secte osoient faire au vrai culte. (x, 338. *Poés. div.* 97.)

Insulte et *insulter* manquent dans le *Dictionnaire* de Nicot, non pas qu'ils fussent alors inusités : c'est un simple oubli; car Nicot dit, à l'article *Brave*, que le Français appelle *braverie* ou *bravade*, « un *insult* fait à aucun avec escorne. » C'est aussi sous la forme *insult* qu'on trouve ce mot dans les Dictionnaires de César Oudin et de Cotgrave, et c'était en effet la plus naturelle, quand on le faisait masculin. En 1672, Ménage, dans ses *Observations*, reproche à Bouhours d'avoir fait ce mot de ce genre. En 1694, Richelet, dans *la Connoissance des genres françois*, préfère aussi le féminin; on trouve dans l'article qu'il y consacre deux exemples de ce genre tirés de Mézerai et de Patru. Boileau a employé deux fois *insulte* au masculin dans le *Lutrin* :

Évrard seul, en un coin prudemment retiré,
Se croyoit à couvert de l'*insulte sacré*. (Chant V, vers 236.)

Deux puissants ennemis . . . . . .
A mes sacrés autels font *un* profane *insulte*. (Chant VI, vers 137.)

INSULTER À :

D'un si mortel affront sauve tes créatures;
Confonds leurs ennemis, *insulte à* leurs tyrans. (x, 237. *Poés. div.* 27.)

INSUSCEPTIBLE.

Je meure, ami, c'est un grand charme
D'être *insusceptible* d'alarme. (x, 26. *Poés. div.* 28.)

Nous ne trouvons ce mot dans aucun dictionnaire. Pougens ne pensait pas qu'il eût été employé en français, car il en propose l'adoption dans son *Vocabulaire de nouveaux privatifs*, en ne l'appuyant que de l'autorité de l'Anglais Swift, qui a dit *unsusceptible*. — M. Godefroy dit dans son *Supplément* que *insusceptible* « est souligné » dans l'édition originale des *Mélanges poétiques* de Corneille. C'est une erreur analogue à celle que nous avons signalée plus haut, p. 11 et 12, dans l'article INCAGUER. C'est seulement en 1738, dans les *OEuvres diverses* publiées par l'abbé Granet, que ce mot est imprimé en italique.

INTÉGRAL.

PARTIES INTÉGRALES, où nous dirions *parties intégrantes* :

Ma première préface examine si l'utilité ou le plaisir est le but de la poésie dramatique; de quelles utilités elle est capable, et quelles en sont les *parties*, tant *intégrales*, comme le sujet et les mœurs, que de quantité, comme le prologue, l'épisode et l'exode. (x, 486. *Lettr.*)

INTÉGRITÉ, pureté, chasteté :

Ton adorable *intégrité*,
O Vierge mère, ainsi ne souffre aucune atteinte,
Lorsqu'en tes chastes flancs se fait l'union sainte
De l'essence divine à notre humanité. (IX, 19. *Louanges*, 217.)

INTELLIGENCE, compréhension :

Encore que souvent il (*le premier acte*) ne donne pas toutes les lumières nécessaires pour l'entière *intelligence* du sujet, et que tous les acteurs n'y paroissent pas, il suffit qu'on y parle d'eux. (I, 43. *Disc. du Poëme dram.*)

La manière de donner cette *intelligence* a changé suivant les temps. (I, 44. *Disc. du Poëme dram.*)

Elle n'a pas laissé de plaire; mais je crois qu'il a fallu voir plus d'une fois pour en remporter une entière *intelligence*. (v, 154. *Exam. d'Hér.*)

INTELLIGENCE, accord, union, connivence :

Comme à traiter cette alliance
Les tendresses des cœurs n'eurent aucune part,
Le vôtre avec le mien a peu d'*intelligence*. (vii, 17. *Agés*. 211.)
Vos larmes dans mon cœur ont trop d'*intelligence*. (iv, 485. *Rod.* 1351.)
Vous êtes avec elle en trop d'*intelligence*
Pour n'en avoir pas eu toute la confidence. (vii, 489. *Sur.* 637.)

D'INTELLIGENCE :

.... Les aversions entre eux deux mutuelles
Les font *d'intelligence* à se montrer rebelles. (v, 160. *Hér.* 78.)

ÊTRE, etc. DE L'INTELLIGENCE DE, être d'intelligence avec :

Destins, *soyez* enfin *de mon intelligence*. (i, 337. *Clit.* 1101.)
Il *est* même en secret *de son intelligence*. (v, 83. *Théod.* 1492.)
Vous accuserez Rome, et promettrez vengeance
Sur quiconque *sera de son intelligence*. (v, 583. *Nic.* 1628.)
Traître, si tu n'*étois de son intelligence*,
Pourroit-il refuser ta tête à sa vengeance? (vi, 94. *Perth.* 1715.)
Pour peu que vous *soyez de son intelligence*. (vi, 641. *Oth.* 1490.)
Je *me tiendrai* toujours *de ton intelligence*. (viii, 300. *Imit.* iii, 835.)
C'est gloire et non pas crime à qui ne voit le jour
Qu'au milieu d'une armée et loin de votre cour,
Qui n'*a* que la vertu *de son intelligence*,
Et vivant sans remords marche sans défiance. (v, 564. *Nic.* 1167.)

ÊTRE DE L'INTELLIGENCE, absolument :

Spitridate et Cotys *sont de l'intelligence?* (vii, 78. *Agés*. 1708.)

INTENDANT.

Votre humeur sans emploi ne peut passer un jour,
Et déjà vous cherchez à pratiquer l'amour !
Je suis auprès de vous en fort bonne posture
De passer pour un homme à donner tablature;
J'ai la taille d'un maître en ce noble métier,
Et je suis, tout au moins, l'*intendant* du quartier. (iv, 143. *Ment.* 32.)

C'est le valet Cliton qui parle ainsi à son maître Dorante.

INTERDIT, troublé.

SENS INTERDITS :

Vos *sens* comme les miens paroissent *interdits*. (vii, 329. *Psy.* 1075.)

INTÉRESSER, impliquer quelqu'un, quelque chose dans une affaire, dans une entreprise, de telle façon que les résultats ne puissent lui être indifférents :

Si vous m'aimiez, Seigneur, vous me deviez mieux croire,
Ne pas *intéresser* mon devoir et ma gloire. (vii, 417. *Pulch.* 910.)

Je fais tous ses plaisirs, j'ai toutes ses pensées
Sans que le moindre espoir les *aye intéressées*. (x, 48. *Poés. div.* 88.)

ÊTRE INTÉRESSÉ EN :

.... Ma gloire *en* leur perte *est* trop *intéressée*. (IV, 77. *Pomp.* 1218.)

S'INTÉRESSER EN, DANS, POUR :

Je ne serai pas seule : ainsi que moi Neptune
  S'intéresse en ton infortune. (V, 376. *Andr.* 1327.)
En vain mon triste cœur *en* vos maux *s'intéresse*. (VII, 417. *Pulch.* 914.)
Veux-tu faire d'un coup deux infidélités,
Et que *dans* mon offense Alidor *s'intéresse?* (II, 252. *Pl. roy.* 553.)
.... Si ton amitié *pour* Cinna *s'intéresse*. (III, 444. *Cin.* 1361.)
Ce sang que vous portez, ce trône qu'il vous laisse,
Valent bien que *pour* lui votre cœur *s'intéresse*. (IV, 471. *Rod.* 1032.)

S'INTÉRESSER POUR, suivi d'un infinitif :

.... Si tout ce que Rome a d'illustre jeunesse
Pour te faire périr tour à tour *s'intéresse*. (III, 436. *Cin.* 1174.)

S'INTÉRESSER CONTRE :

Et si Rome une fois *contre* nous *s'intéresse*.... (V, 513. *Nic.* 56.)
Qu'ai-je fait, que le ciel *contre* moi *s'intéresse*
Jusqu'à faire descendre en terre une déesse? (VI, 345. *Tois.* 2135.)

INTÉRESSÉ, absolument, qui est mêlé à quelque affaire, qui y a intérêt :

Chimène a l'âme haute, et quoique *intéressée*,
Elle ne peut souffrir une basse pensée. (III, 133. *Cid*, 493.)

INTÉRÊT.

Rodrigue m'est bien cher, son *intérêt* m'afflige. (III, 151. *Cid*, 822.)

« Ce mot *d'intérêt*, dit l'Académie, étant commun au bien et au mal, ne s'accorde pas justement avec *afflige*, qui n'est que pour le mal. Il falloit dire *son intérêt me touche* ou *sa peine m'afflige*. » Corneille n'a pas tenu compte de cette critique, qui pourtant paraît fondée.

AVOIR DE L'INTÉRÊT EN :

Il *a* trop *d'intérêt* lui-même *en* ma personne,
Et ma tête en tombant feroit choir sa couronne. (III, 126. *Cid*, 381.)

PRENDRE INTÉRÊT EN, DANS :

Je chéris tellement celles de votre sorte,
Et *prends* tant *d'intérêt en* ce qui leur importe. (I, 212. *Mél.* 1156.)
.... Sans *prendre intérêt en* pas un de leurs rôles,
Le traître et le trahi, le mort et le vivant,
Se trouvent à la fin amis comme devant. (II, 520. *Illus.* 1622.)
Ce reste *d'intérêt* que je *prends en* sa vie. (VI, 333. *Tois.* 1858.)

.... Vous daignez *en* moi *prendre* quelque *intérêt*. (v, 451. *D. San.* 792.)
.... S'il ose *en* mon choix *prendre* quelque *intérêt*. (vii, 256. *Tit.* 1349.)
Si j'ose *en* ce héros *prendre* quelque *intérêt*. (vii, 520. *Sur.* 1400.)
.... Ce que *dans* sa perte elle *prend* d'*intérêt*. (vii, 509. *Sur*. 1095.)

INTRIGUE, masculin et féminin, et INTRIQUE, masculin :

.... Lorsqu'on met sur la scène un simple *intrique* d'amour entre des rois. (i, 24. *Disc. du Poëme dram.*)

Un seul *intrique* brouille les uns et les autres. (i, 48. *Disc. du Poëme dram.*)

Il y a des *intriques* qui commencent dès la naissance du héros comme celui d'*Héraclius*. (i, 105. *Disc. des 3 unit.*)

C'est par une erreur typographique que notre texte, dans ce dernier passage, porte *intrigues*, au lieu d'*intriques*.

Brouiller quatre amants par un seul *intrique*. (i, 138. *Exam. de Mél.*)

Ce sont deux *intriques* qui rompent l'unité d'action. (ii, 122. *Exam. de la Suiv.*)

Si la quantité d'*intriques* et de rencontres n'accable et ne confond leur mémoire. (i, 261. *Préf. de Clit.*)

Si tu n'es homme à te contenter de la naïveté du style et de la subtilité de l'*intrique*, je ne t'invite point à la lecture de cette pièce. (i, 376. *Au lect. de la Veuve.*)

L'*intrique* y est plus raisonnable. (i, 397. *Exam. de la Veuve.*)

Je connois avant lui la cour et ses *intriques*. (iii, 555. *Pol.* 1459 *var.*)

En 1660 :

Je sais des gens de cour quelle est la politique.

De peur de m'égarer dans les détours de tant d'*intriques* que fait notre Menteur. (iv, *Épît. du Ment.*)

.... Enfin ces pratiques
Vous peuvent engager en de fâcheux *intriques*. (iv, 160. *Ment.* 370.)

Thomas Corneille a mis dans l'édition de 1692 :

Vous couvriront de honte en devenant publiques.

Lui-même avait dit cependant :

Quel *intrique* jamais a valu celui-ci ? (*Le Feint astrologue*, acte III, scène iv.)

.... Des esclaves qui, après avoir conduit tout l'*intrique*.... obtiennent leur liberté pour récompense. (iv, 283. *Épît. de la S. du Ment.*)

« La plupart font ce mot féminin; je dis la plupart, parce qu'il y en a qui le font de l'autre genre; il faut dire *intrigue* avec un *g*, et non pas *intrique* avec un *q*, comme force gens le disent et l'écrivent. C'est un nouveau mot pris de l'italien, qui néanmoins est fort bon et fort en usage. » (Vaugelas, *Remarques*, p. 126.) — Thomas Corneille ajoute : « *Intrigue* est présentement toujours féminin. Ceux qui ont écrit *intrique* l'ont fait pour faire rimer ce mot avec *pratique*. C'est une licence que la poésie ne sauroit autoriser. » — Rien n'est plus inexact que de dire qu'*intrique* a été fait pour la rime ; c'est au contraire la forme la plus ancienne, la seule qu'on trouve dans nos premiers dictionnaires pour ce mot et ses dérivés. Cotgrave nous donne : *intrication, intrique, intriqué et intriqué, intriquément et intrinquément, intriquer et intrinquer*. D'Ossat écrit : « En choses si *intriquées* et où les parties ont volontez et pretentions du tout contraires, l'on est contraint de s'ayder de pires expediens que cestuy-ci ne seroit. » (Livre I, lettre iv, tome I, p. 29.) On voit que les poëtes ne sont pour rien dans tout ceci; et l'on a pu remarquer que Corneille emploie cette forme aussi souvent pour le moins dans la prose que dans les vers. — Au reste, la forme plus moderne *intrigue* ne lui est pas non plus étrangère. Il s'en est servi, au masculin, dans une partie de *l'Imitation* publiée, pour la première fois, en 1654 ; puis au féminin, comme le veut Vaugelas, dans l'avant-propos d'*Othon* (1664), et, sans rien qui détermine le genre, dans *Pulchérie* (1672) :

<blockquote>
Fais, Seigneur, avorter en moi
De la chair et du sang les dangereux *intrigues*;
Fais que leurs ruses ni leurs ligues
Ne me fassent jamais la loi. (VIII, 402. *Imit.* III, 2913.)
</blockquote>

Ce sont *intrigues* de cabinet, qui se détruisent les unes les autres. (VI, 572. *Au lect.* d'*Othon.*)

Je vois de tous côtés des partis et des ligues :
Chacun s'entre-mesure et forme ses *intrigues*. (VII, 382. *Pulch.* 30.)

INVAINCU.

Mon courage *invaincu* contre les empereurs
N'arme que la moitié de ses moindres fureurs. (II, 447. *Illus.* 235.)
Ton bras est *invaincu*, mais non pas invincible. (III, 129. *Cid*, 418.)
Ce bonheur a suivi leur courage *invaincu*,
Qu'ils ont vu Rome libre autant qu'ils ont vécu. (III, 325. *Hor.* 1013.)
Que reste-t-il à dire? Un courage *invaincu*? (IV, 316. *S. du Ment.* 493.)

Ce mot, dont le P. Bouhours (*Remarques nouvelles*, p. 531, 2ᵉ édition) se défend d'avoir attribué, comme Ménage le lui reprochait, l'invention à Corneille, a été fort souvent employé par nos anciens auteurs : « Chascun se mist à pied pour resangler son cheual, puis remonterent, et d'vng courage *inuaincu* se vont mettre au grand galop apres les Espaignols. » (*Le Loyal serviteur*, chapitre XXV.)

<blockquote>
Le mal gaigne le corps, pren l'esprit *inuaincu*.
(D'Aubigné, *les Tragiques*, chant IV, p. 162.)
</blockquote>

<blockquote>
Le peuple qui d'abas amassé regardoit,
De gestes et de voix à l'enuy luy aidoit:
Tous crioyent, l'excitoyent, et souffroyent en leur ame,
Penant, suant ainsi que ceste pauure Dame :
Toutesfois *inuaincue*, au travail dura tant,
De ses femmes aydée, et d'vn cœur si constant
Qu'Antoine fut tiré dans le sepulcbre sombre,
Où je croy que des morts il augmente le nombre.
(Garnier, *Antoine*, acte IV, vers 307.)
</blockquote>

Il est assez curieux de remarquer que ce n'est pas dans le vers, si souvent cité, du *Cid*, mais dans *l'Illusion comique*, que Corneille a employé ce mot pour la première fois.

INVINCIBLES (Coups) :

A force d'être juste on est souvent coupable;
Et la fidélité qu'on garde imprudemment
Après un peu d'éclat traîne un long châtiment,
Trouve un noble revers, dont les *coups invincibles*
Pour être glorieux, ne sont pas moins sensibles. (IV, 30. *Pomp.* 77.)

« Un *coup* n'est pas *invincible*, dit Voltaire, parce qu'un coup ne combat pas. » Un obstacle ne combat pas non plus, et pourtant un obstacle est *invincible*; ce sont là des expressions consacrées et d'un usage trop commun pour qu'on les puisse contester.

INVIOLABLE, en parlant des personnes :

Quoi qu'il ait fait ou fasse, il est *inviolable*. (III, 456. *Cin.* 1614.)

PAROLE INVIOLABLE :

La *parole* des rois doit être *inviolable*. (VI, 141. *OEd.* 185.)
Voyez la note 2 de la page indiquée.

INVULNÉRABLE À :

Mon cœur *à* tous ses traits demeure *invulnérable*. (I, 171. *Mél.* 486.)

IRE.

Ce mot était déjà vieux du temps de Corneille. Il ne l'a employé que dans ses poésies religieuses, en parlant de la colère céleste :

.... Ne consulte point ton *ire* vengeresse
    Sur le choix de mes châtiments. (IX, 253. *Ps. pén.* 3.)
    Vous mentez, et l'*ire* divine,
    Bientôt contrainte d'éclater,
Dans un triste néant vous va précipiter. (VIII, 204. *Imit.* II, 568.)

IRRÉMISSIBLE (CRIME) :

... Veux-tu rendre seul ton *crime irrémissible?* (III, 563. *Pol.* 1640.)

IRRÉSOLUTION.

L'*irrésolution* doit-elle être éternelle? (VII, 261. *Tit.* 1427.)

IRRITER, au figuré :

Enfin épargnez-moi ces tristes entretiens,
Qui ne font qu'*irriter* vos tourments et les miens. (III, 511. *Pol.* 544.)
Sévère craint ma vue, elle *irrite* sa flamme. (III, 516. *Pol.* 630.)
La fable . . . . . . allume, presse, *irrite*
L'ingénieuse ardeur d'en voir tout le mérite (*de la vérité*).
                                        (X, 238. *Poés. div.* 45.)

ISSUE, succès, moyen de succès.

DONNER (UNE) ISSUE À :

Et par là tu voulois.... — Que votre âme déçue
Donnât à Clarimond *une* si bonne *issue*,
Que Florame, frustré de l'objet de ses vœux,
Fût réduit désormais à seconder mes feux. (II, 210. *Suiv.* 1622.)
L'esprit fourbe et vénal d'un voisin de Mélite
Donnera prompte *issue* à ce que je médite. (I, 170. *Mél.* 466.)

J

JADIS.

Viens baiser cette joue, et reconnois la place
Où fut *jadis* l'affront que ton courage efface. (III, 161. *Cid*, 1038 *var.*)

Scudéry fit remarquer avec raison que *jadis* indiquait un temps trop éloigné ; l'Académie approuva cette critique, et Corneille mit en 1660 :

Où fut empreint l'affront....

Au reste la leçon *jadis* ne se trouve pas dans tous les exemplaires de l'édition in-4º de 1637 ; on lit dans deux des quatre que nous avons comparés :

Où fut l'indigne affront....

JALOUSIES, au pluriel :

Nos muses à leur tour, de même ardeur saisies,
Vont redoubler pour toi leurs nobles *jalousies*. (x, 186. *Poés. div.* 12.)

Ces vers s'adressent à Louis XIV.

JALOUX, adjectif, se rapportant à un nom de chose :

Le rang que nous tenons, *jaloux* de notre gloire,
Souvent dans un tel choix nous défend de nous croire. (v, 423. *D. San.* 121.)

JALOUX, substantivement, rivaux, compétiteurs, prétendants :

Je vous le dis encor, contre ces grands *jaloux*
Je ne me puis, Seigneur, assurer que sur vous. (VI, 582. *Oth.* 175.)

MA, TA, etc. JALOUSE, dans le style de la tragédie :

Ma jalouse en fureur n'est pas femme à souffrir
Que ma main l'en dépouille afin de vous l'offrir. (II, 369. *Méd.* 575.)
Approche, Grimoald, et dis à *ta jalouse*.... (VI, 30. *Perth.* 235.)
Avec *votre jalouse* elle a changé d'esprit. (IV, 59. *Perth.* 926.)

JAMAIS.

SI JAMAIS :

.... C'est trop être interdit et confus.
— Je le suis, il est vrai, *si jamais* je le fus. (IV, 63. *Pomp.* 852.)

JAMAIS, avec le futur :

.... Ces concerts de louanges....
Que toute créature enfin pour tes bienfaits
Et te rend chaque jour, et te rendra *jamais*. (VIII, 681. *Imit.* IV, 2100.)

JAMAIS PLUS, elliptiquement :

Aucun lâche dessein, aucune ingrate envie
N'attaquera le cours d'une si belle vie ;
Jamais plus d'assassins ni de conspirateurs. (III, 462. *Cin.* 1763.)

Pour tout jamais :

Adieu donc pour deux jours. — Adieu *pour tout jamais*.
(vi, 411. *Sert.* 1160.)

JARDINAGES, au pluriel :

Otez Pan et sa flûte, adieu les pâturages ;
Otez Pomone et Flore, adieu les *jardinages*. (x, 238. *Poés. div.* 50.)

JAUNISSANT.

.... D'un front ridé les replis *jaunissants*
Mêlent un triste charme aux plus dignes encens. (x, 146. *Poés. div.* 53.)

Voyez la note 2 de la page indiquée.

JE, sous-entendu devant un second verbe à un temps différent :

Je l'oublierai pourtant, et veux vous faire grâce. (vi, 418. *Sert.* 1297.)

JETER, mettre, placer :

Depuis quelque temps, j'*ai jeté* au devant des miennes (*de mes pièces de théâtre*) le texte des auteurs dont j'en ai tiré les sujets. (x, 456. *Lettr.*)

Jeter, répandre, au figuré :

Jetterai-je toujours des menaces en l'air ? (ii, 200. *Suiv.* 1427.)
Il pouvoit, sous l'appas d'une feinte promesse,
Jeter dans les soldats un moment d'allégresse. (vi, 630. *Oth.* 1262.)

Jeter, prodiguer :

.... Voyons sur qui des deux
Il est plus à propos de *jeter* tant de vœux. (vii, 391. *Pulch.* 264.)

Jeter sur la tête de, imposer à :

Seigneur, à découvert, toute âme généreuse
D'avoir votre amitié doit se tenir heureuse ;
Mais nous n'en voulons plus avec ces dures lois
Qu'elle *jette* toujours *sur la tête des* rois. (v, 593. *Nic.* 1842.)

Jeter le sort, voyez Sort.

Jeter de, précipiter de :

Il (*Auguste*) peut faire trembler la terre sous ses pas,
Jeter un roi *du* trône, et donner ses Etats. (iii, 425. *Cin.* 940 *var.*)

En 1663 :

Mettre un roi hors du trône....

Voltaire regrette la première expression, qui est en effet plus vive et plus poétique.

Jeter à bas, au figuré :

Tant qu'on ne s'est choqué qu'en de légers combats,
Trop foibles pour *jeter* un des partis *à bas*.... (iii, 285. *Hor.* 70.)

Se jeter à :

Je *me jette au* blessé.... (IV, 294. *S. du Ment.* 115.)

JEU, figurément :

La fourbe n'est le *jeu* que des petites âmes. (V, 567. *Nic.* 1255.)

Beau jeu, occasion favorable :

C'étoit un *beau jeu* pour ces discours à part, si fréquents chez les anciens et chez les modernes de toutes les langues. (I, 396. *Exam.* de *la Veuve.*)

Il y avoit ici un aussi *beau jeu* pour les *a parte* qu'en *la Veuve*. (II, 123.) *Exam.* de *la Suiv.*)

À beau jeu beau retour, locution proverbiale, exprimant l'idée de rendre la pareille :

Aussi bien, m'a-t-on dit, *à beau jeu beau retour :*
Au lieu de la duper avec ce feint amour,
Elle-même le dupe, et lui rendant son change,
Lui promet un amour qu'elle garde à Florange. (I, 432. *Veuve*, 645.)

Couvrir son jeu, dissimuler :

.... En mots exprès je lui rendois son change,
Et n'*ai couvert mon jeu* qu'au regard de Florange. (I, 449. *Veuve*, 1000.)
Il n'amusoit Doris que pour *couvrir son jeu*. (I, 474. *Veuve*, 1450.)

Jouer son jeu, jouer son rôle, faire son personnage :

Je sais bien mon métier, et ma simplicité
Joue aussi bien *son jeu* que ton avidité. (IV, 211. *Ment.* 1312.)
.... Nous *jouerons* mieux *nos jeux*,
S'ils n'aperçoivent point que nous parlions nous deux.
(II, 18. *Gal. du Pal.* 23.)

C'est mon jeu, ce n'est pas mon jeu, c'est ou ce n'est pas ma manière, cela entre ou n'entre pas dans mes habitudes, dans mes goûts :

Ne parler point d'amour! pour moi je me défie
Des fantasques raisons de ta philosophie :
Ce n'est pas là *mon jeu*.... (I, 401. *Veuve*, 47.)
.... *C'est* si peu *mon jeu* que de telles matières,
Que j'en perds aussitôt les plus belles lumières. (IV, 348. *S. du Ment.* 1137.)

Le jeu m'en déplaît :

.... *Le jeu m'en déplaît*, quand on fait à tous coups
Causer un médisant et rêver un jaloux. (II, 238. *Pl. roy.* 287.)

Nous verrons d'autres jeux, d'autres tours, d'autres adresses :

Tu railles, mais bientôt *nous verrons d'autres jeux*. (I, 237. *Mél.* 1602.)

Mettre en jeu, produire, faire intervenir :

Quoi qu'il en soit enfin, vous avez vu Dorante,
Et fort adroitement je vous *ai mise en jeu.*
— Et fort adroitement tu m'as fait voir son feu. (IV, 352. *S. du Ment.* 1211.)

Mettre au jeu, risquer :

.... Tu *mettras au jeu* plus que tu l'imagines,
Et de ton dernier vol si tu ne te repens,
Tu ne verras finir ce jeu qu'à tes dépens. (X, 201. *Poés. div.* 102.)

C'est une apostrophe à l'Espagne.

JEUNE, ardent :

Entre tous ces amants dont la *jeune* ferveur
Adore votre fille et brigue ma faveur. (III, 105. *Cid, var.* 3.)

Ménage s'exprime ainsi au sujet du passage suivant de Malherbe :

Quand le sang bouillant en mes veines
Me donnoit de *jeunes desirs* (Poésie LXIV, vers 21 et 22) :

« *Jeunes desirs,* c'est-à-dire, ardents, violents. — Dans les *Stances pour M. le comte de Soissons* (Poésie LXXXVIII, vers 19) :

Quand le ciel offriroit à mes *jeunes* desirs....

Bertaut, dans la *Réponse pour une dame aux vers d'un cavalier :*

Desirer de voir dans mon âme
Étinceler la même flame
Qui nous embrase nuit et jour,
C'est brûler d'une *ieune* envie, etc.

M. Corneille, dans *le Cid :*

Entre tous ces amants, dont la *jeune* ferveur, etc.,

ce qui a été mal repris par M. de Scudéry, comme Messieurs de l'Académie l'ont fort bien décidé. Les Grecs ont appelé de même νεανικὰ toutes les choses ardentes et violentes. Voyez le P. Vigier, prêtre de la Compagnie de Jésus, dans ses *Idiotismes de la langue grecque.* »

JEUNESSE.

Péché de jeunesse, au figuré :

Ce sont les *péchés de* ma *jeunesse* et les coups d'essai d'une muse de province. (X, 449. *Lettr.*)

La jeunesse, les jeunes gens :

Une fille qui voit et que voit *la jeunesse.* (I, 208. *Mél.* 1087.)

JOIE.

Prendre joie à :

Prendront-ils même *joie* à m'obéir qu'à lui? (VI, 368. *Sert.* 104.)

JOINDRE quelqu'un, l'atteindre, arriver près de lui :

Il trouve en *les joignant* que son frère n'est plus. (III, 331. *Hor.* 1122.)

Perpenna, qui *l'a joint*, saura que vous en dire. (vi, 409. *Sert.* 1098.)

JOINDRE SES ÉTENDARDS, se réunir, en parlant de deux généraux et de leurs troupes :

Sertorius pour vous est un illustre appui;
Mais en faire le mien, c'est me ranger sous lui;
Joindre nos étendards, c'est grossir son empire. (vi, 409. *Sert.* 1097.)

JOLI, aimable, gai :

Je meure, ton humeur me semble si *jolie*,
Que tu me vas résoudre à faire une folie. (iv, 301. *S. du Ment.* 219.)
Tu le disois tantôt, chacun a sa folie :
Les uns l'ont importune, et la tienne est *jolie*. (iv, 355. *S. du Ment.* 1254.

VOUS ÊTES JOLIE, ironiquement et par forme de reproche :

Amarante, vraiment *vous êtes fort jolie*;
Vous n'égayez pas mal votre mélancolie. (ii, 177. *Suiv.* 965.)

JOUER.

Le secret *a joué*.... (iv, 210. *Ment.* 1301.)

Locution figurée fort analogue à cette autre beaucoup plus usitée : *faire jouer les ressorts d'une conspiration, d'une intrigue.*

JOUER D'UN TOUR, attraper, surprendre :

Elle seroit bien fille à vous *jouer d'un tour*. (ii, 138. *Suiv.* 252.)

JOUER D'ADRESSE :

Mais j'ai moi-même enfin assez *joué d'adresse*. (iv, 237. *Ment.* 1757.)
.... *Jouez* d'un peu *d'adresse*
Pour votre intérêt et le mien. (vii, 15. *Agés.* 162.)

JOUER SON JEU, voyez JEU, ci-dessus, p. 32.

JOUER SON PERSONNAGE, par allusion aux rôles d'une pièce :

Comme toutes les deux *jouënt leurs personnages !* (iv, 342. *S. du Ment.* 1014.)

SE JOUER, absolument, se divertir :

« Quoi? l'on *se joue* en France, et ce roi si puissant
Croit m'effrayer, dit-elle (*dit l'Espagne*), en se divertissant? »
Il est vrai qu'il *se joue*, Espagne, et tu devines.
(x, 200 et 201. *Poés. div.* 99 et 101.)

SE JOUER DE, jouer avec :

Vous *vous jouez* ensemble, aux marches de l'autel,
De ces mêmes lauriers qui couronnent vos têtes. (iv, 499. *Hymn.* 7 et 8.)

Ces vers sont tirés de l'*Hymne des saints Innocents*.

JOUG, au propre :

Il falloit mettre au *joug* deux taureaux furieux. (ii, 361. *Méd.* 411.)

JOU]   DE CORNEILLE.   35

Joug, au figuré :

C'est vous qui sous le *joug* traînez des cœurs si braves. (vi, 398. *Sert.* 837.)

JOUR, journée :

.... Le cœur ne sent point ce que la bouche explique?
— Il ne le sentit pas, Albin, du premier *jour*. (vi, 578. *Oth.* 67.)

Tous les jours, dans un sens vague et indéterminé, pour signifier de plus en plus, à chaque instant :

On nous tient des chevaux en main sûre aux faubourgs ;
Et je sais un vieux mur qui tombe *tous les jours* :
Nous pourrons aisément sortir par ses ruines. (ii, 500. *Illus.* 1220.)

Ce jour, aujourd'hui :

Bien plus, *ce même jour* je te donne Émilie. (iii, 450. *Cin.* 1469.)
S'il est homme de cœur, *ce jour* même nos armes
Régleront par leur sort tes plaisirs ou tes larmes. (iv, 170. *Ment.* 541.)
Vous ne m'avez donné que *ce jour* pour ce choix.
— J'aime mieux au lieu d'un vous en accorder trois.
— Madame, son cartel marque cette journée. (v, 443. *D. San.* 595.)

Voyez ci-après, p. 37, ce jourd'hui, et le premier exemple de Journée. — Cette expression : *ce jour*, qui appartenait jadis à tous les styles, ne se rencontre plus, par un contraste assez bizarre, que dans les assignations et dans les chefs-d'œuvre de nos poëtes tragiques. — On trouve parmi les phrases familières rapportées par Mathurin Cordier : « Si id facis, *hodie* postremum me vides. Si vous faites cela, vous me voyez *ce jour* pour la dernière fois. » (*De Corrupti sermonis emendatione*, chapitre ii, p. 23, § 81.) — Voyez le *Lexique de Racine*.

Jour, lumière du jour.

Il est jour :

Mais, Monsieur, pensez-vous qu'*il soit jour* chez Lucrèce?
(iv, 199. *Ment.* 1089.)

« On dit... chez les grands : *est-il jour?* pour dire : *est-on levé?* et absolument on dit : *il fait jour*. Il ne fait jour chez Monsieur tel qu'à dix heures du matin, c'est-à-dire, il ne se lève qu'à cette heure ; et l'on appelle *petit jour* le temps où l'on tire les rideaux du lit : alors ce mot, qui au propre signifie le crépuscule du matin, est pris dans un sens figuré. » (*Dictionnaire de Trévoux.*)

Mettre au jour, figurément, enfanter, produire :

La droite (*la main droite*) *a mis au jour* un million de vers.
(x, 151. *Poés. div.* 7.)

Jour, lumière du jour, dans le sens figuré de *vie, existence :*

Je n'ai plus rien sans lui (*votre amour*) qui me retienne au *jour*.
(ii, 102. *Gal. du Pal.* 1584.)
Périra-t-il pour moi quand je lui dois le *jour?* (v, 206. *Hér.* 1166.)
Reprends ce triste *jour* que tu m'as racheté. (v, 214. *Hér.* 1325.)

Son tyran et le nôtre à peine perd le *jour*,
Que, etc. (x, 87. *Poés. div.* 10.)

Voyez, aux pages 89, 90 et 91 du tome X, la variante « sort du *jour* » substituée à « perd le *jour*. »

RESPIRER LE JOUR, vivre, exister :

Albe, où j'ai commencé de *respirer le jour*. (III, 284. *Hor.* 29.)
.... Ceux qui de leur sang m'ont acheté l'empire,
Et qui m'ont conservé *le jour* que je *respire*. (III, 449. *Cin.* 1458.)
Il a bien su de lui que ce fils conservé
Respire encor *le jour* dans un rang élevé. (VI, 190. *OEd.* 1316.)

Cette expression a été blâmée par les grammairiens, mais elle a pour elle l'autorité de nos plus grands poëtes. Voyez le *Lexique de Racine*.

JOUR, clarté, lumière, dans diverses acceptions figurées :

Les narrations qui doivent donner le *jour* au reste y sont si courtes (*dans Clitandre*), que le moindre défaut, ou d'attention du spectateur, ou de mémoire de l'acteur, laisse une obscurité perpétuelle en la suite. (I, 262. *Préf.* de *Clit.*)
.... Que pour mettre en *jour* ces compliments frivoles,
Il sait bien ajuster ses yeux à ses paroles! (II, 74. *Gal. du Pal.* 1045.)
Mais dans ta lâcheté ne crois pas que j'éclate,
Et que par la grandeur de mes ressentiments
Je laisse aller au *jour* celle de mes tourments. (I, 169. *Mél.* 452.)
Voilà vos deux rivaux avec qui je vous laisse,
Et vous dirai demain pour qui je m'intéresse.
— Hélas! pour le bien voir je n'ai que trop de *jour*. (V, 452. *D. San.* 835.)
J'ai su me faire *jour* jusqu'au fond de son âme. (II, 138. *Suiv.* 249.)
Cette princesse donc, si belle, si parfaite,
Je crains qu'elle n'ait pas ce que plus je souhaite :
Qu'elle manque d'amour, ou plutôt que ses vœux
N'aillent pas tout à fait du côté que je veux.
Vous qui l'avez tant vue, et qu'un devoir fidèle
A tenu si longtemps près de son père et d'elle,
Ne me déguisez point ce que dans cette cour
Sur de pareils soupçons vous auriez eu de *jour*. (VII, 479. *Sur.* 380.)

Nous avons donné tout au long ce dernier passage pour en bien montrer le sens, qui est évidemment : « Communiquez-moi les lumières que vous pouvez avoir au sujet de mes soupçons ; » et non, comme on l'a dit : « les motifs que vous auriez eus de concevoir de pareils soupçons. »

PERCER À JOUR :

.... Le *perçant à jour* de deux coups d'estocade. (IV, 201. *Ment.* 1141.)

JOUR, ouverture, passage, et par suite expédient, facilité, moyen :

Si cette ébauche ne déplaît pas, elle pourra donner *jour* à faire un travail plus achevé sur cette matière. (I, 7. *Au lect.*)
Ne vous exposez plus à ce torrent d'injures,
Qui ne faisant qu'aigrir votre ressentiment,
Vous donne peu de *jour* pour ce discernement. (V, 219. *Hér.* 1446.)

Nos globes célestes, où l'on marque pour constellations Céphée, Cassiope, Persée et Andromède, m'ont donné *jour* à les faire enlever tous quatre au ciel sur la fin de la pièce. (v, 295. *Arg.* d'*Andr.*)

Les assassins qui découvrirent à ce prince les sanglants desseins de son père m'ont donné *jour* à d'autres artifices. (v, 506. *Exam.* de *Nic.*)

.... La liberté trouvera peu de *jour*
A détruire un pouvoir que fait régner l'amour. (vi, 401. *Sert.* 915.)
D'un bonheur si mal sûr je ne suis point jaloux,
Et trouve peu de *jour* à croire qu'elle m'aime. (vii, 211. *Tit.* 275.)
.... Sitôt qu'à prétendre elle (*l'ambition*) n'a plus de *jour*,
Elle abandonne un cœur tout entier à l'amour. (vii, 265. *Tit.* 1521.)
Mettez-vous, j'y consens, au-dessus de l'amour,
Si pour monter au trône il s'offre quelque *jour*. (vii, 435. *Pulch.* 1332.)
Donnez-moi donc, Seigneur, vous-même, quelque *jour*,
Quelque infaillible voie à fixer votre amour. (vii, 489. *Sur.* 627.)
.... Dès que je vois *jour* sur la scène à te peindre. (x, 187. *Poés. div.* 43.

JOURD'HUI (Ce) :

.... Si dans *ce jourd'hui* je l'avois écarté,
Tu verrois dès demain Éraste à mon côté. (i, 210. *Mél.* 1121 *var.*)

JOURNALIER, inégal, qui varie d'un jour à un autre :

La guerre est *journalière*, et sa vicissitude
Laisse tout l'avenir dedans l'incertitude. (vi, 480. *Soph.* 187.)

JOURNÉE.

Cette journée, aujourd'hui :

Grand Roi, l'on avouera que l'éclat de tes yeux
T'a fait plus remporter d'honneur, *cette journée*,
Que la fable en dix ans n'en fit avoir aux Dieux. (x, 113. *Poés. div.* 93.)

Journée, combat :

.... Mon amour flatteur déjà me persuade
Que je le vois assis au trône de Grenade,
Les Mores subjugués trembler en l'adorant,
L'Aragon recevoir ce nouveau conquérant,
Le Portugal se rendre, et ses nobles *journées*
Porter delà les mers ses hautes destinées. (iii, 136. *Cid*, 541.)

Scudéry a blâmé les *nobles journées*, et l'Académie a confirmé son jugement en ces termes : « On ne dit point *les journées d'un homme*, pour exprimer les combats qu'il a faits, mais on dit bien : *la journée d'un tel lieu*, pour dire la bataille qui s'y est donnée. » Corneille n'a pas tenu compte de cette critique, et a laissé subsister ce passage tel qu'il était.

Prendre journée (pour combattre) :

.... Quand elle sut qu'on *avoit pris journée*,
Et qu'enfin la bataille alloit être donnée,
Une soudaine joie éclatant sur son front.... (iii, 287. *Hor.* 107.)

JOUVENCEL.

Qu'il fasse mieux, ce jeune *jouvencel*,
A qui *le Cid* donne tant de martel. (x, 79. *Poés. div.* 1.)

Jouvencel, dès le temps de Corneille, était un vieux mot qui ne s'employait plus guère qu'en plaisantant.

JUGE ET PARTIE, dans le style tragique :

La Syrie à vos lois est-elle assujettie,
Pour souffrir qu'une femme y soit *juge et partie?* (v, 94. *Théod.* 1736.)

JUGEMENTS, au pluriel, en parlant de la faculté de l'entendement qui juge :

Tant l'excès du forfait, troublant leurs *jugements*,
Présente à leur terreur l'excès des châtiments! (iv, 50. *Pomp.* 555.)

JUGER, où nous dirions plutôt *juger de :*

Que de sujets de plainte en ce double intérêt
Aura le malheureux contre un si foible arrêt!
Que de sources de haine! Hélas! *jugez* le reste :
Craignez-en avec moi l'événement funeste. (iv, 437. *Rod.* 187.)
Toi, que de Pulchérie elle a fait amoureux,
Juge sous les deux noms ton dessein et tes feux. (v, 215. *Hér.* 1350.)

JUGER DE, décider de :

Jugez de Théodore. — Et qu'en puis-je ordonner
Qui dans mon triste sort ne serve à me gêner? (v, 94. *Théod.* 1737.)

JUREMENT, serment :

C'est le *jurement* qu'il a juré à Abraham notre père. (ix, 158. *Off. V.*)

Ici *jurement* traduit le mot latin *jusjurandum.*

JURER.

JURER SUR LES LOIS DE QUELQU'UN, lui jurer soumission, obéissance :

.... Le sénat en corps vient exprès d'y monter (*au Capitole*),
Pour *jurer sur vos lois* aux yeux de Jupiter. (vi, 656. *Oth.* 1824.)

JURER, promettre (avec serment) :

Et jure à tous les deux des respects immortels. (iv, 101. *Pomp.* 1812.)

JURER, attester, prendre à témoin :

Je te *jure*, mon cœur, les puissances suprêmes,
Dont la seule bonté nous pourra secourir,
Que si tu n'es à moi, je saurai bien mourir. (ii, 325. *Tuil.* 390.)
Moi, je *jure* des Dieux la puissance suprême,
Et pour dire encor plus, je jure par vous-même. (iv, 87. *Pomp.* 1465.)
Je *jure* les rayons du jour qui nous éclaire
Que tu ne mourras point que de la main d'un père. (iv, 227. *Ment.* 1597.)
Elle en *jure* les Dieux.... (v, 36. *Théod.* 419.)

Le Dieu que j'*ai juré* connoit tout, entend tout. (v, 41. *Théod.* 549.)
Satisfaites le sort en m'exposant pour elle,
J'y cours; mais autrement je *jure* ses beaux yeux,
Et mes uniques rois, et mes uniques Dieux. (v, 348. *Andr.* 736.)
Seigneur, encore un coup, je *jure* ses beaux yeux,
Et mes uniques rois, et mes uniques Dieux. (v, 349. *Andr.* 748.)
Oui, j'en *jure* les Dieux.... (vi, 410. *Sert.* 1129.)
Me punissent les Dieux que vous *avez jurés!* (vi, 411. *Sert.* 1152.)

JUSQUE, JUSQUES.

Vaugelas (*Remarques*, p. 21 et 22) fait des observations très-fines et pleines de goût sur le choix à faire entre *jusques à* et *jusqu'à*, et sur la manière de contenter l'oreille. Toutefois, dès le temps de Corneille, *jusques*, encore autorisé par l'Académie, commençait à être banni de la prose. Notre poëte avait mis d'abord dans son *Discours de la Tragédie* (I, 97):

Si vous me demandez *jusques* où peut s'étendre cette libérté...;

et plus loin (*ibidem*):

C'est ainsi qu'il faut entendre ce vers d'Horace touchant les fictions d'ornement..., et non pas en porter la signification *jusques* à celles qui peuvent trouver quelque exemple dans l'histoire.

En 1668, il y substitua *jusqu'où* et *jusqu'à*. Il fit de même en d'autres endroits. — Voici néanmoins certains passages, tant de prose que de vers, où il a laissé subsister la forme *jusques* :

.... Une fille en ces lieux, qui perd un frère unique,
Jusques au désespoir fort rarement se pique. (i, 228. *Mél.* 1428.)
Donnons *jusques* au lieu; c'est trop d'amusement. (i, 299. *Clit.* 404.)
Tu parles à demi, mais un secret langage
Qui va *jusques* au cœur m'en dit bien davantage. (i, 354. *Clit.* 1422.)
Je l'ai poussée (*l'unité de lieu*) dans le *Clitandre jusques* aux lieux où l'on peut aller dans les vingt et quatre heures. (i, 378. *Au lect. de la Veuve.*)
Voyons si ta constance ira *jusques* au bout. (iii, 453. *Cin.* 1559.)
Jusques à quand, ô ciel, et par quelle raison
Prendrez-vous contre moi des traits dans ma maison? (iii, 455. *Cin.* 1587.)
Que ne permettra-t-il à son ressentiment?
Et *jusques* à quel point ne porte sa vengeance
Une juste colère avec tant de puissance? (iii, 501. *Pol.* 325.)
Tu n'as pas avec lui dansé *jusques* au jour? (iv, 168. *Ment.* 515.)
.... La terre, à leur vue (*à la vue des fleurs et des fruits*)
Se trouvant enrichie aussitôt que vaincue,
Ouvre à ce conquérant (*au Soleil*) *jusques* au fond du cœur.
(x, 216. *Poés. div.* 331.)

Jusqu'à, au point de :

.... Tu ne prétends pas qu'il m'abatte le cœur
Jusqu'à te rendre hommage, et te nommer seigneur. (iv, 68. *Pomp.* 988.)
J'eusse alors regagné son âme satisfaite,
Jusqu'à lui faire aux Dieux pardonner sa défaite. (iv, 71. *Pomp.* 1054.)

Jusque-là, à ce point :

Tu pourrois être lâche et cruel *jusque-là!* (vii, 172. *Att.* 1563.)

Ne m'en parlez jamais : que tout l'État périsse
Avant que *jusque-là* ma vertu se ternisse. (vii, 494. *Sur.* 742.)

Jusque-là que, à un tel point que :

Si *jusque-là* Médée apaisoit ses menaces,
Qu'elle eût soin de partir avec ses bonnes grâces....
(ii, 377. *Méd.* 737 et 738.)

JUSTE À :

Je ne viens pas ici pour troubler une plainte
Trop *juste à* la douleur dont vous êtes atteinte. (iv, 91. *Pomp.* 1558.)
Allez, l'impatience est trop *juste aux* amants. (v, 330. *Andr.* 364.)

Voltaire a dit à l'occasion du premier de ces deux exemples : « Juste à *la douleur* n'est pas français; il fallait *permise à la douleur.* » Mais qui ne voit combien cette expression est faible comparée à celle de Corneille?

Juste au théâtre, convenable, approprié au théâtre, en parlant d'un sujet de pièce :

Donc, en termes de l'art, je crains que votre histoire
Soit peu *juste au théâtre*, et la preuve est notoire :
Si le sujet est rare, il est irrégulier;
Car vous êtes le seul qu'on y voit marier. (iv, 388. *S. du Ment. var.* 1.)

JUSTESSE, qualité de ce qui est juste, exact, convenable, approprié, tel qu'il doit être :

Je sais bien que la représentation raccourcit la durée de l'action...; mais je voudrois que pour mettre les choses dans leur *justesse*, ce raccourcissement se ménageât dans les intervalles des actes. (i, 141. *Exam. de Mél.*)

J'ai cru mettre la chose dans un peu plus de *justesse*, par quelques précautions que j'y ai apportées. (ii, 334. *Exam. de Méd.*)

Voyez encore I, 394, *Exam. de la Veuve.*

Justesse, exacte perfection, convenance :

Leurs bases, corniches, amortissements étalent tout ce que peut la *justesse* de l'architecture. (v, 365. *Andr.*)

Justesse, calcul, plan suivi, étudié :

Jusque dans ses soupirs la *justesse* régnoit. (vi, 592. *Oth.* 408.)

Avec justesse, à propos :

La Nourrice parut en même temps que nous,
Et se pâma soudain *avec tant de justesse*,
Que cette pâmoison nous livra sa maîtresse. (i, 470. *Veuve*, 1391.)

JUSTICE.

Faire justice, absolument; faire justice à :

Permettez qu'il achève, et je *ferai justice*. (iii, 347. *Hor.* 1476.)
.... Si de vos malheurs la cause ne procède
Que d'avoir *fait justice aux* beautés d'Andromède. (v, 321. *Andr.* 111.

SE FAIRE JUSTICE DE :

Voyez, au tome I du *Lexique*, p. 421, le second exemple de SE FAIRE, faire à soi.

RENDRE JUSTICE À :

A peine tu parois, qu'une province entière
Rend hommage à tes lis et *justice à* tes droits. (x, 224. *Poés. div.* 6.)
« *Rend justice à* tes droits, » les reconnaît justement.

DEMANDER JUSTICE À, DEVOIR LA JUSTICE À :

Je *vous* irai moi-même en *demander justice*.
— N'oubliez pas alors que je *la* dois à tous (v, 32. *Théod.* 336 et 337.)

Au sujet du pronom *la*, tenant, dans le second vers, la place d'un nom employé, au premier, dans un sens absolu, voyez, au tome I du *Lexique*, l'*Introduction grammaticale*.

JUSTIFIER QUELQUE CHOSE À QUELQU'UN :

Cessez d'être en balance et de vous défier
De ce qu'il m'est aisé de *vous justifier*. (IV, 192. *Ment.* 976.)
Pour *vous justifier* mes ordres et mes vœux,
Je croyois qu'il suffit d'un simple : « Je le veux. » (VII, 157. *Att.* 1187).

L

LÀ, adverbe de lieu :

Exupère, Madame, est *là* qui vous demande. (v, 180. *Hér.* 577.)

« On sent assez, dit Voltaire, que cet *est là* est un terme de domestique, qui doit être banni de la tragédie. » Je ne le sens point assez, quant à moi, je l'avoue.

LÀ, figurément, alors, à cet instant, à ce moment :

Là, par un long récit de toutes les misères
Que durant notre enfance ont enduré nos pères,
Renouvelant leur haine avec leur souvenir,
Je redouble en leurs cœurs l'ardeur de le punir. (III, 392. *Cin.* 173.)

EST-CE LÀ COMME? est-ce ainsi que?

Est-ce là comme on aime, et m'avez-vous aimé? (III, 510. *Pol.* 496.)

Racine a dit de même dans sa première tragédie :

Ah! mes fils, *est-ce là comme* on parle de paix?
(*La Thébaïde*, acte IV, scène III, vers 1018.)

LÀ-DESSUS, à ce sujet :

J'ai trop par vos avis consulté *là-dessus*. (III, 438. *Cin.* 121.)

LÂCHER, relâcher, diminuer :

Il nous faut de tout point vivre à sa fantaisie....
Et de peur que le temps ne *lâche* ses ferveurs,

Le combler chaque jour de nouvelles faveurs. (ii, 228. *Pl. roy.* 55 *var.*)

Corneille a substitué, dès 1644, *n'emporte* à *ne lâche.*

LÂCHER UN MOT, le laisser échapper :

Adieu : ce *mot lâché* me fait rougir de honte. (iii, 185. *Cid.* 1557.)
Il n'est plus temps, le *mot* en *est lâché.* (iv, 471. *Rod.* 1041.)

Jodelle s'est servi de cette expression dans sa *Cléopatre* (acte IV, folio 249 recto) :

> Et faisant entendre
> Quelques mots *lachez,*
> Bassement machez....

LACS, piége :

On a brisé les *lacs* qu'ils nous avoient tendus. (ix, 195. *Off. V.* 25.)
Ne songe qu'à combattre, à vaincre, à te tirer
De ces *lacs* dangereux où ton plaisir t'invite. (viii, 292. *Imit.* iii, 665.)
Il cache tous ses *lacs* sous de fausses merveilles. (viii, 457. *Imit.* iii, 4045.)

Le mot est écrit *laqs* dans les éditions publiées du vivant de Corneille.

LAID.

L'anémone, le lis, la tulipe et l'œillet,
Sans la fable, en nos vers, n'auront rien que de *laid.*
(x, 239. *Poés. div.* 52 *var.*)

LAISSER.

LAIRRAI, LAIRROIS, pour *laisserai, laisserois* :

.... Ta muse du moins s'en *lairra* suborner. (i, 154. *Mél.* 224. *var.*)
Non, non, quand j'aurai su ce qui te fait mourir,
Si bon me semble alors, je te *lairrai* courir. (i, 200. *Mél. var.* 5.)
Et sans t'importuner je le *lairrois* périr! (ii, 225. *Pl. roy.* 8. *var.*)
.... Le ciel, ennuyé de vous être si doux,
Vous *lairra,* par sa mort, don Sanche pour époux. (iii, 191. *Cid,* 1696 *var.*)

Après que Vaugelas, dans ses *Remarques* (p. 119), eut interdit, même aux poëtes, les formes *lairrai, lairrois,* non-seulement Corneille ne s'en servit plus, mais il prit soin de les faire disparaître de tous les passages que nous venons de citer. Les deux vers du *Cid* ont été modifiés dès 1748; ceux qui précèdent l'ont été en 1660.

LAISSER, quitter, abandonner :

Ne cherche plus ta sœur où tu l'*avois laissée;*
Tu ne revois en moi qu'une amante offensée. (iii, 338. *Hor.* 1283.)
.... Ne pensez pas tant aux glorieuses peines
De ces nouveaux captifs qui vont prendre vos chaînes,
Que vous teniez vos soins tout à fait dispensés
De faire un peu de grâce à ceux que vous *laissez.* (x, 143. *Poés. div.* 10.)
.... Retirant ton feu de leurs veines glacées,
Laisse leurs vers sans force, et leurs rimes forcées. (x, 37. *Poés. div.* 30.)

Le poëte s'adresse au « Dieu des vers. »

LAISSER, permettre de :

Madame, un si long temps *laisse* mal reconnoître

Un prince qui pour lors ne faisoit que de naître. (vi, 192. *OEd.* 1369.)
Si vous n'aviez vous-même enseigné cette voie,
Si vous n'y *laissiez* voir l'empreinte de vos pas,
Vous offririez en vain votre couronne en proie :
Prendroit-on un chemin qu'on ne connoîtroit pas?
(viii, 355. *Imit.* iii, 1966.)

Laisser a dans ces passages un sens très-voisin de celui de *faire*. Dans le texte des *Instructions* publiées en 1670 à la suite de l'*Office de la Vierge*, il y a, dans notre seconde citation, *faisiez voir*, au lieu de *laissiez voir*. — Comparez le dernier exemple de LAISSER À.

LAISSER FAIRE À, laisser agir :

Faites votre devoir, et *laissez faire aux* Dieux. (iii, 312. *Hor.* 710.)
Fais tomber de la pluie, et *laisse faire à* moi. (iv, 211. *Ment.* 1308.)
.... Allons, et *laissez faire au* temps. (vi, 314. *Tois.* 1391.)
Madame, encore un coup, *laissons-*en *faire au* temps. (vi, 549. *Soph.* 1822.)
Affranchissons le Tage, et *laissons faire au* Tibre. (vi, 419. *Sert.* 1333.)

LAISSER À, avec un infinitif précédé, ou non, d'un autre À :

Je *laisse à* ses transports *à* gouverner ma main. (i, 281. *Clit.* 112.)
Je *te laisse à* juger alors si je l'endure. (ii, 86. *Gal. du Pal.* 1273.)
Vous *me* devez *laisser à* punir ce grand crime. (vi, 193. *OEd.* 1398.)
.... *Laissez à* l'amour conserver par pitié
De ce tout désuni la plus digne moitié. (vi, 138. *OEd.* 79.)
.... Lorsque ta justice
Pressera ton courroux de hâter mon supplice,
Laisse-lui fermer l'œil sur mon iniquité. (viii, 631. *Imit.* iv, 1087.)

LAISSÉ.

Pour l'accord de ce participe, voyez au tome I du *Lexique*, l'*Introduction grammaticale*.

NE LAISSER PAS DE :

Ces deux damoiselles, bien que rivales, *ne laissoient pas* d'être amies. (i, 264. *Arg.* de *Clit.*)
Cette arrivée des Maures *ne laisse pas* d'avoir ce défaut, que j'ai marqué ailleurs. (iii, 98. *Exam.* du *Cid.*)
La narration *ne laisse pas* de demeurer froide comme celle-ci. (iv, 423. *Exam.* de *Rod.*)

On emploie encore fort bien ce tour aujourd'hui. Quelques personnes disent ou écrivent à tort : *ne pas laisser que de*, locution que Thomas Corneille blâmait, dans ses notes sur Vaugelas, dès la fin du dix-septième siècle. Voyez le *Lexique de Molière* de M. Génin, p. 225 et 226.

SE LAISSER.... À, avec un infinitif avant *à*, voyez au tome I du *Lexique*, p. 10 et 11.

LANGAGE, discours, paroles :

.... Après tout ce *langage*,

Ne me repoussez pas mes boîtes davantage. (ii, 93. *Gal. du Pal.* 1401.)
Donnons âme pour âme et rendons cœur pour cœur.
J'en veux bien à ce prix. — Donc, sans plus de *langage*,
Tu veux bien m'en donner quelques baisers pour gage?
(iv, 375. *S. du Ment.* 1613.)

EN LANGAGE COMMUN, proverbialement, vulgairement :

Oui, dans Paris, *en langage commun*,
Dorante et le Menteur, à présent ce n'est qu'un. (iv, 304. *S. du Ment.* 269.)

LANGAGE DES YEUX :

Et lorsqu'on se retranche au *langage des yeux*,
Je suis muette à la réplique. (vii, 70. *Agés.* 1533.)

LANGOUSTE, sauterelle, *locusta :*

Ceint d'un cuir de brebis, ton corps pour couverture
Prend un rude poil de chameau,
La *langouste* et le miel pour toute nourriture,
Et pour tout breuvage un peu d'eau. (ix, 545. *Hymn.* 7.)

LANGUE, pour parole et même pour bavardage, dans le style tragique :

Il le servit enfin, mais ce fut de la *langue*.
La bourse de César fit plus que sa harangue. (iv, 32. *Pomp.* 145.)
Je vous l'ai déjà dit, votre *langue* nous perd. (v, 180. *Hér.* 583.)

GENS TOUS DE LANGUES, gens indiscrets, bavards :

Préserve-moi, Seigneur, de ces *gens tous de langues*.
(viii, 482. *Imit.* iii, 4569.)

LANGUIDE.

Ne laisse pas mon âme impuissante et *languide*
Dans la stérilité que le crime produit. (viii, 273. *Imit.* iii, 289.)
.... Toute notre ardeur abattue et *languide*. (viii, 355. *Imit.* iii, 1971.)
.... Son esprit morne et *languide*. (viii, 400. *Imit.* iii, 2866.)
Si ton zèle au contraire impuissant ou *languide*....
(viii, 657. *Imit.* iv, 1634.)

C'est un mot purement latin; il appartient au style mystique, et ne se trouve pas dans les anciens dictionnaires, de Nicot, de Furetière, de l'Académie, etc.

LAQS, voyez ci-dessus, p. 42, LACS.

LARCIN à, figurément :

Allez donc; ce qu'ici vous perdez de moments
Sont autant de *larcins à* vos contentements. (iv, 486. *Rod.* 1374.)

LARME.

A cette triste marque il reconnoît Pompée.

Soudain la *larme* à l'œil : « O toi, qui que tu sois.... » (IV, 89. *Pomp.* 1503.)

Nos deux grands tragiques ont employé ce mot dans diverses phrases où il paraîtrait aujourd'hui trivial. Voyez le *Lexique de Racine*, et ci-après le mot PLEURS.

LARRON.

COMME LARRONS EN FOIRE, locution proverbiale :

Vous vous entr'entendez comme *larrons* en foire. (IV, 342. *S. du Ment.* 1034.

Voyez OCCASION.

LAS, SSE, adjectif, figurément :

Ce déplorable chef du parti le meilleur,
Que sa fortune *lasse* abandonne au malheur. (IV, 28. *Pomp.* 16.)

LAS ! interjection :

Mais, *las !* contre mon feu mon feu me sollicite. (IV, 81. *Pomp.* 1329.)
Las ! il m'en dit assez, si je l'osois entendre. (I, 418. *Veuve*, 373.)

LATIN (AU BOUT DE SON), ne sachant que dire, que faire :

Leur mécompte pourtant, quel qu'il soit, me console ;
Et bien qu'il me réduise *au bout de mon latin*,
Un peu plus en repos j'en attendrai la fin. (II, 184. *Suiv.* 1103.)

    Pressé de créanciers avides,
    Mes coffres sont tellement vides
    Qu'étant *au bout de mon latin*,
    Ma robe a gagné la pelade. (X, 38. *Poés. div.* 15.)

LE, LA, LES, article.

Voyez, au tome I du *Lexique*, l'*Introduction grammaticale*.

LE, LA, LES, pronom.

LE servant d'antécédent au relatif QUE :

.... *Le* voilà *que* je te restitue. (I, 194. *Mél.* 844.)
Tu parles de Clitandre, et je viens de *le* voir
Que notre jeune prince enlevoit à la chasse. (I, 286. *Clit.* 184 et 185.)

LE, LA, explétif, représentant et résumant devant le verbe le nom qui sert de complément à ce verbe :

Si j'eusse pu les joindre, ils me *l'*eussent payée,
L'heureuse occasion dont je n'ai pu jouir. (IV, 369. *S. du Ment.* 1522.)

LE, au sens neutre, représentant et résumant devant le verbe toute une proposition complétive, qui, le plus souvent, est jointe à ce verbe par la conjonction *que* :

Je *l'*avois bien prévu, que ce cœur infidèle
Ne se défendroit point des yeux de ma cruelle. (I, 164. *Mél.* 365.)
Je *l'*avois bien prévu, que ton impatience
Porteroit ton espoir à trop de confiance. (I, 354. *Clit.* 1425.)

Je *l'*avois bien prévu, que pour un tel ouvrage
Cinna sauroit choisir des hommes de courage. (III, 391. *Cin.* 153.)
Aussi *le* falloit-il, que cette âme infidèle,
Changeant d'affection, prît un traître comme elle. (I, 197. *Mél.* 887 *var.*)

En 1660 :

Mais il *le* falloit bien, que....
Je ne *l'*avois pas su, Parques, jusqu'à ce jour,
Que vous relevassiez de l'empire d'Amour. (I, 220. *Mél.* 1285.)
Dieux! qui *l'*eût jamais cru, que mon sort rigoureux
Se rendît si facile à mon cœur amoureux! (II, 459. *Illus.* 495.)
Je te *l'*ai déjà dit, que toute ta grandeur
Ne fut jamais l'objet de ma sincère ardeur. (II, 512. *Illus.* 1439.)
Rodrigue, qui *l'*eût cru? — Chimène, qui *l'*eût dit?
— Que notre heur fût si proche et sitôt se perdît? (III, 159. *Cid,* 987.)
Je crois te *l'*avoir dit, qu'il nous vint séparer. (IV, 317. *S. du Ment.* 513.)
Nymphes, *l'*auriez-vous cru, qu'en moins d'une journée
J'aimasse de la sorte un autre que Phinée? (V, 368. *Andr.* 1130.)
Je *l'*avois bien jugé, qu'un intérêt d'amour
Fermoit ici vos yeux aux périls de ma cour. (VI, 140. *OEd.* 135.)
Je vous *l'*ai déjà dit, que pour cet hyménée
Aux vœux du prince Æmon ma parole est donnée. (VI, 141. *OEd.* 181.)
Pour moi, je *l'*avouerai, que jamais ma vaillance
A mon bras contre trois n'a commis ma défense. (VI, 191. *OEd.* 1353.)
.... Oui, je *l'*ai vu moi-même,
Que pour plaire à vos yeux il prend un soin extrême. (VI, 269. *Tois.* 313.)
Tu *le* crois donc, qu'il m'aime?... (VI, 611. *Oth.* 826.)
Vous-même *le* savez, que quoi qu'on m'ait vu faire,
Mes filles n'ont pour dot que le nom de leur père. (VII, 51. *Agés.* 1056.)
Vous *le* voyez, Seigneur, avec quelle injustice
On me fait criminel quand je vous rends service. (VI, 72. *Perth.* 1211.)

Cette tournure, vive et rapide, qui, sans nuire à la clarté de la phrase, la dégage et lui donne du mouvement, est très-fréquente chez tous nos grands orateurs et nos grands poëtes. Voyez particulièrement le *Lexique de Racine.*

LE, LA, LES, servant à la fois de régime à deux verbes :

Cet hymen m'est fatal, je *le* crains et souhaite. (III, 112. *Cid,* 121.)

L'Académie a fait remarquer qu'ici la répétition semblait d'autant plus nécessaire que les deux verbes étaient de signification fort différente ; le poëte ne s'est pas rendu à cette critique.

LE, tenant la place de *autrui :*

Prompt à te courroucer, prompt à fâcher autrui,
Sévère à *le* reprendre, et juger mal de lui. (VIII, 623. *Imit.* IV, 918.)

Comparez VIII, 638, *Imit.* IV, 1216 et 1217.

LA, pronom féminin, tenant la place de *quelque chose :*

Ceux qui pensent ici posséder quelque chose
La possèdent bien moins qu'ils n'en sont possédés. (VIII, 428. *Imit.* III, 3448.)

LA, remplaçant un adjectif, ou un participe, ou un substantif féminin pris adjectivement :

Vous êtes satisfaite, et je ne *la* suis pas. (IV, 92. *Pomp.* 1576.)
Ou vous aimez Placide, ou vous êtes chrétienne.
— Oui, je *la* suis, Madame.... (v, 41. *Théod.* 565.)
Vous en êtes instruits, et je ne *la* suis pas. (v, 427. *D. San.* 200.)
Mais si de mon amour elle est la souveraine,
Elle n'est pas toujours maîtresse de ma haine ;
Je ne *la* suis pas même.... (VI, 405. *Sert.* 999.)
Je plains cette abusée, et c'est moi qui *la* suis. (VI, 611. *Oth.* 835.)

On voit que cet emploi de *la* est assez fréquent chez Corneille. Vaugelas (*Remarques*, p. 27-29) avait cependant établi d'une manière fort nette la règle suivie de nos jours ; mais en terminant il faisait cette restriction : « Néanmoins, puisque toutes les femmes, aux lieux où l'on parle bien, disent *la*, et non pas *le*, peut-être que l'usage l'emportera sur la raison, et ce ne sera plus une faute. » — On lit dans le *Roman comique* de Scarron (1re partie, chapitre XIII, tome I, p. 151) : « Nous fûmes introduits dans le jardin, et je me vis en tête la même personne que j'avois trouvée si spirituelle. Elle me *la* parut encore plus qu'elle n'avoit fait. » — Voyez le *Lexique de Mme de Sévigné*, tome I, p. XVI et XVII.

LES, où nous mettrions *le :*

Infidèles témoins d'un feu mal allumé,
Soyez-*les* de ma honte. (II, 71. *Gal. du Pal.* 984.)

LE, après un tour relatif :

Ce qu'il faut entendre un peu plus généralement que les termes ne semblent porter, et *l'*étendre à la réconciliation de toute sorte de mauvaise intelligence. (I, 27. *Disc. du Poëme dram.*)

Construction du pronom LE, LA, LES, lorsqu'il sert de régime à un infinitif qui dépend lui-même d'un autre verbe.

Au temps où Corneille écrivait ses premières pièces, l'usage le plus ordinaire était que le pronom, dans la plupart des cas, précédât les deux verbes ; plus tard on a préféré le placer entre les deux. Corneille, en revoyant ses pièces, a modifié un bon nombre de vers pour se conformer à l'usage nouveau ; dans beaucoup d'autres toutefois il a gardé l'ancienne construction :

Aussi la pauvre Mélite ne *la* croit posséder que par faveur. (I, 193. *Mél.* *var.* 1.)
Aussi, je veux bien que vous sachiez que Mélite ne croit *la* posséder que par faveur. (1660)
Je *le* viens de quitter.... (I, 405. *Veuve*, 107 *var.*)
Je viens de *le* quitter.... (1663)
Hippolyte, en ce cas, *le* saura reconnoître. (II, 18. *Gal. du Pal.* 18 *var.*)
.... Saura *le* reconnoître. (1660)
Peut-être, mais enfin il *le* faut confesser. (II, 137. *Suiv.* 228 *var.*)
.... Il faut *le* confesser. (1663)
Fais que de mon esprit je *le* puisse bannir. (II, 245. *Pl. roy.* 431 *var.*)
.... Je puisse *le* bannir. (1660)
Ce qu'il a fait pour elle, il *le* peut encor faire. (III, 355. *Hor.* 1703 *var.*)
.... Il peut encor *le* faire. (1663)

Aussi n'est-ce qu'à vous que je *le* veux devoir. (III, 426. *Cin.* 944 *var.*)
.... Que je veux *le* devoir. (1660)
Je *le* viens de promettre.... (III, 517. *Pol.* 648 *var.*)
Je viens de *le* promettre.... (1663)
Par une sainte vie, il *la* faut mériter. (III, 518. *Pol.* 663 *var.*)
.... Il faut *la* mériter. (1660)
Je ne me vante pas de *le* pouvoir fléchir. (IV, 78. *Pomp.* 1231 *var.*)
.... De pouvoir *le* fléchir (1660)
Agissez en ma place, et *la* faites venir. (V, 31. *Théod.* 329 *var.*)
.... Et faites-*la* venir. (1660)

Voyez encore, au tome II, les vers 637 et 1056 de *la Suivante*; au tome III, le vers 440 de *Cinna*; au tome IV, le vers 163 du *Menteur* et le vers 298 de *la Suite du Menteur*.

D'autre part, les exemples abondent où Corneille a maintenu l'ancienne construction. On en peut voir trois dans le seul premier acte de *la Veuve* (au tome I, vers 321, 373, 392). Dans le troisième de ces exemples, qui est :

Ou *l*'ôte de mes yeux,

en place de quoi on dirait maintenant : « Ou ôte-le de mes yeux, » le verbe n'a pas pour complément un infinitif. La remarque que nous avons faite sur la variation de l'usage quant à la construction s'étend en effet à bien d'autres cas ; nous n'avons voulu indiquer que le plus fréquent. — Voyez ci-après, LUI, ME, etc., et au tome I du *Lexique*, l'*Introduction grammaticale*.

LEÇON (FAIRE), FAIRE DES LEÇONS, faire des représentations, des remontrances :

Soyez moins curieux, plus secret, plus modeste,
Sans ombrage, et demain nous parlerons du reste.
— Comme elle est ma maîtresse, elle m'*a fait leçon*.
(IV, 377. *S. du Ment.* 1491.)

Voyez, au tome I du *Lexique*, p. 415, FAIRE.

Quoique votre discours nous *ait fait des leçons*
Capables d'ouvrir l'âme à de justes soupçons. (V, 425. *D. San.* 163.)
.... Moi j'en ai tant vu de toutes les façons,
Qu'à lui-même au besoin j'*en ferois des leçons*. (III, 556. *Pol.* 1470.)

LÉGALITÉ.

Rome l'eût laissé vivre, et sa *légalité*
N'eût point forcé les lois de l'hospitalité. (V, 524. *Nic.* 297.)

Le mot *légalité* manque dans Nicot. Cotgrave l'explique par *lawfullness*, *lawfull gouernment*; mais la signification paraît s'être modifiée dans la seconde partie du dix-septième siècle, et la nuance qu'il exprimait alors semble assez difficile à bien définir. En 1694, l'Académie rédige ainsi l'article LOYAUTÉ : « Fidélité, probité ; il vieillit. » En ce temps-là, c'était, à ce qu'il semble, *légalité* qui le remplaçait, car ce mot est ainsi expliqué dans le même dictionnaire : « LÉGALITÉ, fidélité, droiture, probité. Il administre le bien de ses mineurs avec une grande *légalité*; c'est un homme d'une grande *légalité*. » Quant à *légal* et *loyal*, ces deux formes n'avaient pas alors, paraît-il, en tant qu'elles s'appliquaient aux sentiments, à la conduite, deux significations distinctes ; elles exprimaient toutes deux également ce qui est conforme à la loi, et ce qui est franc, noble, honnête, choses parfois fort différentes, et qu'aujourd'hui on se garde bien de confondre.

LÉGER À, avec un infinitif :

Qu'il est bon de se taire, et qu'en paix on respire,

Quand de parler d'autrui soi-même on s'interdit,
Sans être prompt à croire, ou *léger* à redire
  Plus qu'on ne nous a dit! (viii, 483. *Imit.* iii, 4583.)

LÉGÈRETÉ, apparence, fondement léger :

Sur la *légèreté* d'une croyance si peu raisonnable, il renonce à une affection dont il étoit assuré. (i, 139. *Exam.* de *Mél.*)

LÉGÈRETÉS, au pluriel :

Tu tournes tes regards du côté d'Angélique :
Est-elle donc l'objet de tes *légèretés?* (ii, 252. *Pl. roy.* 551.)
Garde un exil si cher à tes *légèretés*. (ii, 263. *Pl. roy.* 751.)
.... Le Roi, plus piqué contre vous que contre elle,
Vous voyant lui porter une guerre nouvelle,
Blâmera vos frayeurs et nos *légèretés*,
D'avoir osé douter de la foi des traités. (iv, 463. *Rod.* 813.)

LÉNITIF, au figuré, adoucissement, soulagement :

  Je ne veux point d'autres motifs
  Pour te servir de *lénitifs*. (x, 26. *Poés. div.* 18.)

LEQUEL.

Il le présente (*ce portrait*) aux chaînes qui tiennent la Paix prisonnière, *lesquelles* tombent. (vi, 261. *Tois.*)

DEUX DESQUELS, dont deux :

Ce Jean Letelier a eu cinq héritiers, *deux desquels* ont vendu leurs parts à un nommé Pierre Costantin. (x, 434. *Lettr.*)

LEQUEL QUE, pour *quel que soit celui que* :

.... De ces deux partis *lequel que* je préfère,
Sa gloire est un affront pour l'autre, et pour son frère. (vii, 109. *Att.* 13.)

LETTRES (HOMME DE, GENS DE) :

On sait par toute l'Europe l'accueil favorable que Votre Grandeur fait aux *gens de lettres*. (v, 142. *Épît.* d'*Hér.*)

Cette expression manque dans nos anciens dictionnaires. Nous la voyons pour la première fois dans celui de Richelet en 1680, mais sous une forme un peu différente : « Un *homme de belles-lettres*. » Il ne faudrait pas se hâter d'en conclure que cette locution fût alors nouvelle; on la trouve dans les commentaires de Blaise de Montluc : « Pleust à Dieu que nous, qui portons les armes, prinsions ceste coustume d'escrire ce que nous voyons et faisons; car il me semble que cela seroit mieux accommodé de nostre main (i'entends du faict de la guerre) que non pas des *gens de lettre*; car ils desguisent trop les choses, et cela sent son clerc. » (Livre III, folio 110, verso.) — On rencontre même, en plein dix-septième siècle, je ne dis pas cette forme burlesque, qu'on a pu voir dans nos petits journaux : un *gens de lettres*, mais une plaisanterie analogue, identique au moins pour le son; on lit dans Tallemant des Réaux : « Un *Jean de lettres*, pour l'ordinaire, est un animal mal idoine à toute autre chose. » (*Historiettes*, tome VII, p. 124.)

LEURRE, au propre, morceau de cuir façonné en forme d'oiseau, dont on se servait pour attirer le faucon et le faire revenir; par suite, au figuré, ruse, adresse, tromperie :

C'est un *leurre*, Monsieur, la chose est toute claire.
(iv, 329. *S. du Ment.* 763.)

LEURRER (Se) de, se flatter de (en cédant à une séduction, à une illusion) :

Il ne *se leurre* point d'animer de beaux chants. (x, 75. *Poés. div.* 15.)

LEVER un acte, s'en faire délivrer une expédition :

Que si pour prouver le droit dudit Costantin, il est besoin de *lever* des extraits de la chambre des comptes de Paris.... je vous supplie de les *lever*. (x, 436. *Lettr.*)

Se lever, en parlant d'une assemblée, lever la séance :

Allez dire au sénat, Flavian, qu'il *se lève*. (vii, 271. *Tit.* 1659.)

LIAISON, en terme de poétique :

Je dirois la même chose de la *liaison* des scènes, si j'osois la nommer une règle. (i, 3. *Au lect.*)

J'ai parlé de trois sortes de *liaisons* dans cet *Examen de la Suivante* : j'ai montré aversion pour celles de bruit, indulgence pour celles de vue, estime pour celles de présence et de discours. (i. 103. *Disc. des 3 unit.*)

Sur les différentes *liaisons*, voyez au tome II, p. 123 et 124, le long passage, ici indiqué, de l'*Examen* de *la Suivante*.

LIBÉRAL de, prodigue de :

Ils vous nommeront roi; mais vous devez savoir
Qu'ils sont plus *libéraux du* nom que *du* pouvoir. (vi, 508. *Soph.* 872.)

Libéral à, généreux envers, à l'égard de :

Aux vertus de Carlos j'ai paru *libérale*. (v, 455. *D. San.* 877.)

LIBERTÉ :

Tu dupes son innocence;
Mais enfin ta *liberté*
Se doit à cette beauté
Pour réparer ton offense. (x, 43. *Poés. div.* 8.)

N'avoir pas la liberté de, avec un nom abstrait pour sujet :

Pardonnez, grand héros, si mon étonnement
N'a pas la liberté d'aucun remercîment. (v, 361. *Andr.* 973.)

Prendre liberté :

Prenez donc en ces lieux *liberté* toute entière. (iv, 71. *Pomp.* 1061.)

LIBERTIN, INE.

On sait que ce mot avait au dix-septième siècle un sens beaucoup plus étendu qu'aujourd'hui; il se disait de tous ceux qui voulaient garder toute liberté de penser ou d'agir à leur fantaisie. Voyez dans le *Lexique de Mme de Sévigné* les articles LIBERTIN et LIBERTINAGE. — Corneille a employé cet adjectif en parlant des licences prises par certains poëtes dramatiques quant à la règle des vingt-quatre heures :

> C'etoit un tempérament que je croyois lors fort raisonnable entre la rigueur des vingt et quatre heures et cette étendue *libertine* qui n'avoit aucunes bornes. (I, 395, *Exam. de la Veuve.*)

Voyez l'article suivant et le mot LICENCIEUX.

LIBERTINAGE, en parlant des licences relatives aux règles de la poétique :

> Pour le lieu, il a encore plus d'étendue, ou, si vous voulez souffrir ce mot, plus de *libertinage* ici que dans *Mélite*. (I, 273. *Exam. de Clit.*)

Tallemant des Réaux a dit, dans un sens analogue, en parlant de Voiture : « Il faut avouer aussi qu'il est le premier qui ait amené le *libertinage* dans la poésie. » (*Historiettes*, tome III, p. 51.) — Voyez l'article précédent et le mot LICENCIEUX.

LIBRE à, libre de, libre pour :

> Mais que me servira cette vaine poursuite,
> Si l'air est un chemin toujours *libre à* ta fuite? (II, 418. *Méd.* 1594.)
> Le champ *vous* sera *libre*.... v, 434. *D. San.* 365.)
> .... Tu seras sans moi plus *libre à* lui parler. (II, 19. *Gal. du Pal.* 52.)
> Car enfin je suis *libre à* disposer de moi. (v, 424. *D. San.* 131.)

ÊTRE LIBRE à, être permis à :

> Hors ce point, tout *est libre à* l'ardeur qui nous presse. (I, 367. *Clit. var.*)
> Il t'*étoit libre* encor de m'être plus funeste. (I 335. *Clit. var.* 1.)

Il est libre, employé ainsi impersonnellement, répondait fort bien au latin *licet;* c'est un heureux équivalent de *il est permis :* « Que s'*il étoit permis* de chercher la raison des choses établies par nos ancêtres, et qu'*il nous fût libre* d'ordonner ce qu'il nous plairoit.... »(Perrot d'Ablancourt, traduction de Tacite, *Annales*, livre XIV chapitre XLIV, tome II, p. 232.)

LICENCE, liberté, permission :

> Je ris de vos refus, et sais trop la *licence*
> Que me donne l'amour en cette occasion. (I, 332. *Clit.* 1026.
> Un cœur qui veut aimer, et qui sait comme on aime,
> N'en demande jamais *licence* qu'à soi-même. (IV, 150. *Ment.* 194.)

LICENCES, libertés blâmables :

> Je considérai ensuite que ce n'étoit pas assez de l'avoir si heureusement réduit (*réduit le talent dont Dieu m'avoit favorisé*) à purger notre théâtre des ordures que les premiers siècles y avoient comme incorporées et des *licences* que les derniers y avoient souffertes. (VIII, 5. *Épît. de l'Imit.*)

LICENCIER (SE), s'émanciper, prendre des libertés :

> Ce vermillon nouveau qui colore ta joue

M'invite expressément à *me licencier*. (I, 368. *Clit. var.*)

LICENCIEUX, contraire à la pudeur :

Certes il y a de quoi congratuler à la pureté de notre théâtre, de voir qu'une histoire qui fait le plus bel ornement du second livre *des Vierges* de saint Ambroise, se trouve trop *licencieuse* pour y être supportée. (V, 9. *Épît. de Théod.*)

LICENCIEUX, en parlant des libertés qu'on prend relativement aux règles du théâtre et de la poétique :

Cette opinion est un peu *licencieuse*; et si l'on faisoit aller un acteur en poste, les deux côtés du théâtre pourroient représenter Paris et Rouen. (I, 117. *Disc. des 3 unit.*)

Ce titre seroit tout à fait irrégulier, puisqu'il n'est fondé que sur le spectacle du premier acte, où commence l'amour de Dorimant pour Hippolyte, s'il n'étoit autorisé par l'exemple des anciens, qui étoient sans doute encore bien plus *licencieux*, quand ils ne donnoient à leurs tragédies que le nom des chœurs, qui n'étoient que témoins de l'action. (II, 11. *Exam. de la Gal. du Pal.*)

Voyez LIBERTIN, LIBERTINAGE.

LIER.

LIER LES SCÈNES :

Ces personnages qui deviennent muets *lient* assez mal *les scènes*. (I, 103. *Dis. des 3 unit.*)

Voyez LIAISON.

LIER À, enchaîner à :

Un serment exécrable *à* sa haine me *lie* (III, 420. *Cin.* 814.)

LIEU.

AUTANT QU'EN LIEU DE :

Paris est un grand lieu plein de marchands mêlés ;
L'effet n'y répond pas toujours à l'apparence,
On s'y laisse duper, *autant qu'en lieu* de France. (IV, 144. *Ment.* 74.)

ÊTRE, SORTIR DE BON LIEU, de bonne famille :

Elle *est de fort bon lieu*.... (IV, 174. *Ment.* 600.)
Elle est belle, elle est sage, elle *sort de bon lieu* (IV, 177. *Ment.* 683.)

AIMER, PRÉTENDRE EN MÊME LIEU, EN D'AUTRES LIEUX, aimer la même personne, d'autres personnes :

Cliton, sans doute il *aime en même lieu* que moi. (IV, 363. *S. du Ment.* 1420.
Aimer en même lieu semble une trahison. (IV, 371. *S. du Ment.* 1564.)
Si d'*aimer en lieu même (en même lieu)* on vous a vu l'audace.
(VI, 622. *Oth.* 1094.)

C'en est un (*crime*) que *prétendre en même lieu* que moi. (vii, 163. *Att.* 1340.)
Aimez *en d'autres lieux*, et plaignez Hypsipyle. (vi, 297. *Tois.* 1005.)

Dans un sens analogue :

Portez *en lieu* plus haut l'honneur de vos caresses. (iii, 505. *Pol.* 389.)

EN SON LIEU, en son temps, lorsque l'occasion s'en présentera :

Va, je reconnoîtrai ce service *en son lieu*. (iv, 462. *Rod.* 794.)

TENIR LIEU DE, remplacer, équivaloir à :

D'une main odieuse ils (*les bienfaits*) *tiennent lieu d*'offenses.
(iii, 388. *Cin.* 74.)
Quelle faveur, grands Dieux! qui *tient lieu de* supplice!
(vi, 530. *Soph.* 1389.)
Nous *tenons lieu de* véritables propriétaires. (x, 435. *Lettr.*)

LIEU, raison, motif, occasion.

AVOIR LIEU DE, avoir des raisons de, des motifs pour, avoir occasion de :

Nous *avons* donc bien *lieu d*'une douleur profonde....
(viii, 591. *Imit.* iv, 253.)
Je voulois *avoir lieu d*'abuser Emilie. (iii, 458. *Cin.* 1677.)
Certes, Rome à ce coup pourroit bien se vanter
D'*avoir eu* juste *lieu de* me persécuter. (iv, 61. *Pomp.* 812.)
J'*aurois lieu de* douter de ce que vous me dites. (v, 39. *Théod.* 496.)
Carlos *a* tant de *lieu de* vous considérer,
Que s'il devient mon roi, vous devez espérer. (v, 480. *D. San.* 1515.)
Mais quoi? vous soupirez? — J'*en ai* bien *lieu*, Madame.
(v, 332. *Andr.* 402.)
Mon amour jusqu'à vous *a*-t-il *lieu d*'aspirer? (v, 366. *Andr.* 1053.)
Cette princesse considère encore tellement ces devoirs de la nature, que bien qu'elle *aye lieu de* regarder cette mère comme une personne qui s'est emparée d'un trône qui lui appartient, elle lui demande pardon de cette échappée. (vi, 131. *Exam. d'Œd.*)
S'il doit vivre, qu'il vive en esclave rebelle,
Et qu'on n'*aye aucun lieu*, dans l'un ni l'autre sort,
Ni *de* l'aimer vivant, ni *de* le plaindre mort. (vi, 317. *Tois.* 1442 et 1443.)
D'ailleurs n'*auroit*-on pas quelque *lieu de* vous dire,
Si je vous permettois d'accepter ces partis,
Qu'amenant avec nous Spitridate et Cotys,
Vous auriez fait pour vous plus que pour notre empire?(vii,51.*Agés.* 1070.)

N'AVOIR PAS DE LIEU (DE), avec ou sans complément, N'AVOIR AUCUN LIEU DE :

Vous *n'avez pas de lieu d*'en devenir jaloux. (v, 374. *Andr.* 1276 *var.*)

En 1660 :

Vous *n'avez aucun lieu d*'en devenir jaloux.

Je *n'aurois plus de lieu d'*aucune inquiétude,
N'étoit que je ne puis sortir d'ingratitude. (vi, 494. *Soph.* 523.)
   La défense que lui prête son père pour obtenir sa grâce *n'auroit plus de lieu* s'il demeuroit innocent. (iii, 274. *Exam.* d'*Hor.*)

DONNER LIEU DE :

.... Ce malheur me rend un favorable office,
Puisqu'il me *donne lieu de* ce petit service. (iv, 146. *Ment.* 106.)
Il n'est aucun de nous à qui sa violence
N'*ait donné* trop de *lieu d*'une juste vengeance. (v, 220. *Hér.* 1472.)
   .... Laissez partir Sévère,
Et *donnez lieu d*'agir aux bontés de mon père. (iii, 544. *Pol.* 1224.)
Ne donnerez-vous point quelque *lieu de* vous dire
Que vous n'aurez voulu qu'un fantôme à l'empire (vii, 413. *Pulch.* 805.)
.... Vous souviendrez-vous des mauvais traitements
Qui vous *avoient donné* tant de *lieu de* vous plaindre? (vii, 90, *Agés.* 1998.)

LAISSER LIEU DE :

Les bontés de mon Dieu sont bien plus à chérir :
Il m'ôte des périls que j'aurois pu courir,
Et sans me *laisser lieu de* tourner en arrière,
Sa faveur me couronne entrant dans la carrière. (iii, 544. *Pol.* 1227.)
Sa vertu *laisse lieu de* douter à l'envie
De ce qu'elle feroit s'il le voyoit en vie. (iv, 90. *Pomp.* 1545.)
Croit-il qu'un tel exemple ait su si peu m'instruire,
Qu'il lui *laisse* encor *lieu de* me pouvoir séduire? (vi, 320. *Tois.* 1525.)

TROUVER LIEU DE :

Dans les délibérations d'État, où un homme d'importance consulté par un roi s'explique de sens rassis, ces sortes de discours *trouvent lieu de* plus d'étendue. (i, 18. *Disc. du Poëme dram.*)
Que sert ce grand courage où l'on est sans pouvoir!
— Il *trouve* toujours *lieu de* se faire valoir. (ii, 355. *Méd.* 316.)

VOIR LIEU DE, QUELQUE LIEU DE :

   .... De meilleurs sentiments
Ne t'y feront *voir lieu* que *de* remercîments,
Ne t'y feront *voir lieu* que *de* pleine allégresse.
                    (viii, 421. *Imit.* iii, 3302 et 3303.)
Tant que je pourrai *voir quelque lieu d*'espérer. (iv, 382. *S. du Ment.* 1772.)

IL S'OFFRE LIEU DE :

Ma sœur, auparavant engagez l'entretien ;
Et s'*il s'en offre lieu*, jouez d'un peu d'adresse,
   Pour votre intérêt et le mien. (vii, 15. *Agés.* 162.)

LIGNÉES, au pluriel, races, familles :

         Ces nombreuses *lignées*,
Qui du sang d'Israël portent si haut l'honneur. (ix, 185. *Off. V.* 13.)

LIMBE, au singulier, lieu où étaient les âmes de ceux qui étaient morts dans la grâce de Dieu, avant la venue de Jésus-Christ :

De la prison du *limbe* un mort tire nos pères,
Et l'ange nous annonce un Dieu ressuscité. (IX, 522. *Hymn.* 15.)

LIMITES, au masculin :

.... Ta miséricorde, excédant *tous limites.* (VIII, 314. *Imit.* III, 1143.)

<small>La Fontaine a employé ce mot au même genre dans son *Remercîment à l'Académie :* « Vous déclarez le caractère de chacune (*des paroles*), étant pour ainsi dire nommés afin de régler les *limites* de la poésie et de la prose, aussi bien que ceux de la conversation et des livres. » — Les dictionnaires du dix-septième siècle font presque tous ce mot féminin. Cependant Furetière le déclare masculin ; et ce qui doit surprendre, c'est qu'il ne fait pas même remarquer que l'usage soit partagé à ce sujet. Ménage lui donne aussi le genre masculin dans son chapitre des *Noms de genre douteux* (*Observations sur la langue françoise*, 1672, p. 134).</small>

LIPPÉE (Bonne), au figuré, bonne aubaine :

.... Au bruit de ce duel trois sergents éveillés,
Tous gonflés de l'espoir d'une *bonne lippée,*
Me découvrirent seul, et la main à l'épée. (IV, 294. *S. du Ment.* 123.)

LIQUÉFACTION, au figuré, terme mystique :

Tout ce qui coule au cœur de doux saisissements,
De *liquéfactions,* d'épanouissements,
Marque bien les effets de ma grâce présente. (VIII, 291. *Imit.* III, 656.)

<small>Corneille a donné une certaine extension au sens de ce mot dans son *Discours à l'Académie*, mais en rappelant l'acception mystique :</small>

La joie n'est qu'un épanouissement du cœur, et, si j'ose me servir d'un terme dont la dévotion s'est saisie, une certaine *liquéfaction* intérieure. (X, 409. *Disc. ac.*)

LIQUÉFIÉ, au figuré, terme mystique :

Qu'au feu d'un saint amour ce cœur *liquéfié*
    Trouve en un Dieu crucifié
L'océan où sans cesse il s'écoule et s'abîme. (VIII, 607. *Imit.* IV, 595.)

LIQUEUR, au figuré :

    Verse tes grâces dans mon cœur;
Fais-en pleuvoir du ciel l'adorable *liqueur.* (VIII, 390. *Imit.* III, 2686.)

LIRE (Se), dans un sens passif :

Il ne *se lit* point que jamais un tableau tout entier ait été produit de cette sorte. (I, 263. *Préf. de Clit.*)

LIS, armes de la maison royale de France :

Mânes des grands Bourbons, brillants foudre de guerre....
.... Qu'un climat fécond en glorieux exploits

Pour le soutien des *lis* vit sortir de ses rois. (x, 194. *Poés. div.* 4.)
Charleroi, qui t'attend, mais à portes ouvertes....
Sur le nom de son roi laisse aborder tes *lis*. (x, 204. *Poés. div.* 148.)

Dans ce passage et dans le suivant, le poëte s'adresse à Louis XIV.

A peine tu parois qu'une province entière
Rend hommage à tes *lis* et justice à tes droits. (x, 224. *Poés. div.* 6.)

LIT FUNÈBRE, en parlant d'un tombeau :

Ne verse point de pleurs sur cette sépulture,
Passant : ce *lit funèbre* est un lit précieux. (x, 133. *Poés. div.* 2.)

LITIÈRE (FAIRE) DE, locution proverbiale, prodiguer, répandre :

C'est un homme qui *fait litière de* pistoles. (IV, 211. *Ment.* 1306.)

LIVRE (DISCOURS DE), discours tels qu'on en trouve dans les livres, dans les romans :

Tous ces *discours de livre* alors sont de saison :
Il faut feindre des maux, demander guérison,
Donner sur le phébus, promettre des miracles. (I, 146. *Mél.* 63.)

PRENDRE QUELQU'UN SUR LE LIVRE, surprendre quelqu'un lisant, s'occupant d'un livre :

Dans *la Galerie du Palais,* Lysandre dit à Dorimant, qu'il trouve devant la boutique d'un libraire :

Je *te prends sur le livre.* DORIMANT. Eh bien ! qu'en veux-tu dire ?
Tant d'excellents esprits, qui se mêlent d'écrire,
Valent bien qu'on leur donne une heure de loisir. (II, 26. *Gal. du Pal.* 141.)

LIVRE OUVERT, au figuré :

.... Pour lui nos destins sont des *livres ouverts.* (II, 437. *Illus.* 60.)

LIVRER ASSAUT :

S'il faut *livrer assaut* aux places investies,
Il montre à voir la mort, à la braver de près. (x, 210. *Poés. div.* 246.)

SE LIVRER À, au figuré :

Que je vois de grands noms en danger de mourir !
Que de gloire à l'oubli malgré le ciel *se livre,*
Quand il m'a tant donné de quoi le faire vivre ! (x, 210. *Poés. div.* 45.)

LOI, au figuré :

Votre refus m'expose à cette dure *loi*
D'entreprendre un combat qui n'est que contre moi. (V, 450. *D. San.* 759.)
Les voici toutes deux, qui de leur propre voix
  Vous apprendront sous quelles *lois*
Le destin vous promet cette illustre conquête. (VI, 280. *Tois.* 616.)

A force d'aimer trop, souvent on n'aime plus,
Et ces liens si forts ont des *lois* si sévères
Que toutes leurs douceurs en deviennent amères. (x, 155. *Poés. div.* 5.)

FAIRE DES LOIS À, prescrire, imposer des lois à :

.... Cet asile, ouvert aux illustres proscrits,
Réunit du sénat le précieux débris.
Par lui Sertorius gouverne ces provinces,
Leur impose tribut, *fait des lois à* leurs princes. (vi, 367. *Sert.* 54.)
.... Plus il a paru (*votre amour*), plus il *vous fait de lois*,
Pour défendre l'honneur de votre premier choix. (vi, 497. *Soph.* 609.)

PRENDRE LOI DE, PRENDRE DES LOIS DE :

Nous craignons votre exemple, et doutons si dans Rome
Il n'instruit point le peuple à *prendre loi d*'un homme. (vi, 400. *Sert.* 874.)
Ses desirs *prendront loi de* mes propres desirs. (vii, 61. *Agés.* 1309.)
Ceux dont avant deux jours nous y *prendrons des lois*. (510. *Soph.* 927.)
Je veux qu'il obéisse aux *lois* que je *prends d*'elle. (vii, 271. *Tit.* 1664.)

LOIN, au figuré :

J'étois en ces lieux-là de beaucoup de métiers ;
Mais Paris, après tout, est bien *loin* de Poitiers :
Le climat différent veut une autre méthode. (iv, 144. *Ment.* 60.)

Est bien loin de Poitiers, c'est-à-dire : « est tout différent de Poitiers. »

LOIN, en parlant du temps :

J'ai prévu d'assez *loin* ce que j'en viens d'apprendre. (iv, 502. *Rod.* 1716.)

LOISIR (AVOIR) DE :

Nous n'*avons* pas *loisir d*'un plus long entretien. (iv, 150. *Ment.* 188.)
A peine *ai*-je *eu loisir de* lui dire deux mots,
Qu'aussitôt le fantasque, en me tournant le dos,
S'est échappé de moi. (i, 183. *Mél.* 681.)
.... J'*aurai* tout *loisir de* vous désabuser. (iv, 169. *Ment.* 527.)

LONGUE (À LA), avec le temps :

Ne quittons pas pourtant : *à la longue* on fait tout.
La gloire suit la peine : espérons jusqu'au bout. (ii, 17. *Gal. du Pal.* 11.)

LONGUEUR (TIRER EN), prolonger :

Ce récit ennuyeux de ma triste langueur,
Mon Prince, ne vaut pas le *tirer en longueur*. (i, 303. *Clit.* 468.)

LORS.

Ainsi nous verrons *lors* cueillir en même jour.... (i, 364. *Clit.* 1623 *var*.)
Et *lors ?* — Je te réponds de ce que tu chéris. (i, 405. *Veuve*, 123.)
Une Scythe en ton lit te fut *lors* un affront. (ii, 380. *Méd.* 812.)
Combien nos déplaisirs parurent *lors* extrêmes ! (iii, 290. *Hor.* 179.)

Il n'examine point si *lors* on pouvoit mieux. (III, 350. *Hor.* 1566.)
Si tu pouvois savoir quel plaisir on a *lors*
De leur faire rentrer leurs nouvelles au corps.... (IV, 160. *Ment.* 369.)
Je vous conterai *lors* tout ce que j'aurai fait. (IV, 211. *Ment.* 1304.)
Lors nous leur ferons voir ce billet ds Maurice. (V, 202. *Hér.* 1079.)

Lors, selon Vaugelas (*Remarques*, p. 225), ne se dit jamais qu'il ne soit suivi de *que*, s'il n'est précédé de l'une des deux particules *dès* ou *pour* : *dès lors, pour lors*. Corneille semble avoir eu le dessein de se conformer à cette règle en commençant la révision de ses premières pièces ; au moins a-t-il ainsi corrigé en 1660 le vers de *Clitandre*, notre premier exemple :

Et nous verrons *alors* cueillir en même jour....

Mais on voit par les autres passages cités, que ses scrupules, s'il en a eu, se sont bientôt dissipés.

POUR LORS :

Un prince qui *pour lors* ne faisoit que de naître. (VI, 192. *OEd.* 1370.)

LOUANGE, gloire, *laus :*

Couvert ou de *louange* ou d'opprobre éternel. (V, 214. *Hér.* 1334.)

LOUIS, monnaie d'or :

Garde pour toi les confitures,
Et nous accable de *louis*. (IV, 338. *S. du Ment.* 948.)

Comme Louis XIII, qui établit la fabrication de cette monnaie le 31 mars 1640, fut surnommé *Louis le Juste*, les auteurs de mazarinades ont souvent appelé les *louis des justes ;* c'était une source intarissable d'équivoques et de quolibets, comme on en peut juger par ce seul titre : *le Voyage des justes en Italie et autres lieux*.

LOUP (TENIR LE) PAR LES OREILLES, locution proverbiale, être dans une situation difficile, dont on ne sait comment sortir :

Elle *tient*, comme on dit, *le loup par les oreilles*. (IV, 212. *Ment.* 1330.)

Ce vers se trouve presque textuellement dans les *Regrets* de Joachim du Bellay (*Sonnet* XXXIII) :

Car je tiens, comme on dit, *le loup par les oreilles*.

Ce proverbe, tout latin, est fort bien expliqué par Térence (*Phormio*, acte III, scène II, vers 505 et 506) :

Mihin' domi' st? immo, id quod aiunt, auribus teneo lupum ;
Nam neque quomodo a me amittam invenio ; neque uti retineam scio.

LOURD, au figuré :

Tu te laisses donc prendre à ce *lourd* artifice. (I, 467. *Veuve*, 1312.)
L'artifice est trop *lourd* pour ne pas l'éventer. (III, 555. *Pol.* 1458.)

LOYER, au figuré, prix, récompense, salaire :

.... Pour *loyer* de sa lubricité
Son œil m'a répondu de sa pudicité. (I, 333. *Clit. var.* 8.)

Corneille, en 1660, a supprimé ces deux vers de *Clitandre*.

J'aime sans espérer, et je ne me promets

Aucun *loyer* d'un feu qu'on n'éteindra jamais. (I, 429. *Veuve*, 598 *var*.)

En 1644 :

J'aime sans espérer, et mon cœur enflammé
A pour but de vous plaire, et non pas d'être aimé.

Un feu contagieux, digne *loyer* du vice. (IX, 633. *Hymn*. 5.)

Ce mot, que Corneille a cessé de bonne heure d'employer au théâtre, où il commençait, paraît-il, à déplaire, était fort en usage dans notre ancienne littérature ; en voici des exemples tirés de nos vieux poëtes dramatiques :

ÉNÉE. Qu'attendons-nous pour fin et *loyer* des trauaux ?
ACHATE. La mort est le *loyer* de nos biens et nos maux.
(Jodelle, *Didon*, acte III, folio 277, verso.)

Or adieu mon enfant : que bien tost puisses-tu
Voir les champs Elysez, *loyer* de ta vertu. (Garnier, *Hippolyte*, acte V, scène IV.)

De quel digne *loyer*, qui soit en ma puissance,
Puis-je récompenser vostre extresme constance ? (Racan, *les Bergeries*, acte IV.)

LUI, se rapportant à un nom de chose :

C'est ou d'elle ou du trône être ardemment épris,
Que vouloir ou l'aimer ou régner à ce prix.
— C'est et d'elle et de *lui* tenir bien peu de compte,
Que faire une révolte et si pleine et si prompte. (IV, 472. *Rod.* 1059.)
Qui vous aima sans sceptre et se fit votre appui,
Quand vous le recouvrez, est bien digne de *lui*. (V, 420. *D. San.* 28.)

Selon les grammairiens, on ne doit pas employer *lui* en parlant des choses. Nous croyons que la règle est trop absolue. S'il s'agit de choses morales ou intellectuelles, de vertus et de vices, de conceptions de l'esprit, on peut souvent se servir fort bien du pronom *lui*; on le peut encore quand il est question d'objets matériels dont le nom est pris dans un sens figuré, comme dans nos exemples, où les mots *trône* et *sceptre* représentent la puissance royale. Mais s'il s'agissait bien réellement des objets eux-mêmes, on ne le pourrait plus. Si Corneille avait parlé d'un fauteuil, et non d'un trône, d'un bâton, et non d'un sceptre, il n'aurait pas ensuite employé le pronom *lui*.

Construction de LUI devant ou entre deux verbes :

.... Si tu le vois, tu *lui* peux témoigner. (II, 173. *Suiv.* 883 *var*.)

En 1660 :

.... Si tu le vois, tu peux *lui* témoigner.

Voyez ce qui a été dit plus haut, p. 47 et 48, de la construction de LE, LA, LES.

PARLER À LUI, voyez PARLER.

LUI-MÊME :

Sévère n'est point mort....
Il vient ici *lui-même*.... (III, 499. *Pol.* 275.)

IL N'ÉTOIT POINT LUI-MÊME, il était troublé :

Il n'étoit point *lui-même* alors qu'il m'a reçue. (VI, 489. *Soph.* 404.)

LUIRE, briller :

Je vous crois, mais souvent l'amour brûle sans *luire*. (V, 40. *Théod.* 519.)

Voyez encore X, 138, *Poés. div.* 4.

CE JOUR NOUS LUIT, ce jour brille pour nous :
Enfin *ce jour* pompeux, cet heureux jour *nous luit.* (IV, 429. *Rod.* 1.)

LUISANT, brillant :
Du ciel qui vient d'ouvrir ses *luisantes* barrières.... (V, 329. *Andr.* 325.)
Il porte sur le front un *luisant* caractère. (V, 472. *D. San.* 1317.)

LUISANT, substantivement :
Je sais qu'assez souvent ce sont de faux *luisants.* (VIII, 381. *Imit.* III, 2521.)

LUMIÈRE, au figuré :
Tu viens, à mon exemple, enrichir ces beaux lieux
De tout ce que ton art a de plus précieux.
Oh! qu'ils te fourniront de brillantes matières!
Que d'illustres objets à toutes tes *lumières!* (X, 117. *Poés. div.* 14.)
C'est la Poésie qui adresse ces mots à la Peinture.

LUMIÈRE, clarté, éclaircissement :
Je n'ai point fait la pièce qui vous pique; je l'ai reçue de Paris avec une lettre qui m'a appris le nom de son auteur; il l'adresse à un de nos amis, qui vous en pourra donner plus de *lumière.* (X, 399. *Lettr. apol.*)

.... A ces mots il expire,
Et jamais don Raymond ne me voulut rien dire.
Je partis sans *lumière* en ces obscurités. (V, 466. *D. San.* 1147.)

LUMIÈRE, intelligence :
Il faut de la prudence, il faut de la *lumière.* (VI, 602. *Oth.* 641.)
Le mot, en ce sens, ne s'emploie plus guère qu'au pluriel.

LUMIÈRE, vie :
.... La Parque à ce mot lui coupe la parole;
Sa *lumière* s'éteint, et son âme s'envole. (IV, 499. *Rod.* 1648.)

LUSTRE, au figuré :
Tout cela, mis auprès de tes chastes caresses,
    Perd son *lustre* et son prix. (X, 52. *Poés. div.* 40.)

METTRE EN LUSTRE, donner de l'éclat à :
Il semble que ce soit un maître qui ait voulu *mettre en lustre* les petits efforts de son écolier. (X, 93. *Poés. div.*)
Ce *maître* est « un homme savant » qui a traduit en vers latins une poésie de Corneille. — Toutes les éditions, excepté la première, portent : *mettre en lumière,* au lieu de : *mettre en lustre.*

LUSTRE, espace de temps, proprement de cinq ans :
Ma veine, qui charmoit alors tant de balustres,
N'est plus qu'un vieux torrent qu'ont tari douze *lustres.*
                            (X, 187. *Poés. div.* 32.)

Ces remparts que la Grèce et tant de dieux ligués
En deux *lustres* à peine ont pu voir subjugués. (x, 206. *Poés. div.* 168.)

Dans ces deux premiers exemples le mot est pris exactement dans son sens propre.

Que j'étudie en toi ces sentiment illustres
Qu'a conservés ton sang à travers tant de *lustres*. (x, 98. *Poés. div.* 54.)

Voyez encore v, 158, *Hér.* 17, et vi, 381, *Sert.* 447.

M

MACHER à VIDE, expression figurée et proverbiale :

.... L'illusion d'autres meilleurs plaisirs
Vient la nuit chatouiller ton espérance avide,
Mal satisfaite après de tant *mâcher à vide*. (i, 160. *Mél. var.* 2.)

Corneille a supprimé ce passage dès 1644.

MACHINES, constructions, monuments :

Toutes ces pompeuses *machines*
Qu'autrefois on flattoit de titres orgueilleux,
Pourroient-elles garder auprès de ces ruines
Le nom d'ouvrages merveilleux? (x, 59. *Poés. div.* 7.)

MACULE, terme mystique, tache, souillure (du péché), *macula*:

Je saurai conserver d'une âme résolue
A l'époux sans *macule* une épouse impollue. (v, 51. *Théod.* 780.)

« Nous n'auons point vn sacrificateur qui ne puisse auoir compassion de nos infirmitez, veu qu'il a esté du tout tenté à la manière des hommes, excepté qu'il n'a eu nulle *macule* de péché. » (Calvin, *Institution chrestienne*, livre II, chapitre xii, § 1, p. 275.)

MADAME.

La grâce que pour eux *Madame* obtient de vous
A calmé les transports de son esprit jaloux. (ii, 396. *Méd.* 1119.)

Nos tragiques du seizième siècle ont employé le mot *Madame* sans scrupule, dans les sujets grecs ou romains. Marmontel, parlant des poëtes qui sont venus plus tard, dit que dans notre poésie noble *Madame* n'est usité qu'au vocatif. L'exemple qui précède fait, comme l'on voit, exception à cette règle.

MADAME, dans la comédie, en parlant à une demoiselle :

De deux amis, *Madame*, apaisez la querelle. (i, 150. *Mél.* 137.)

MAGISTRAT, magistrature :

Les honneurs sont rendus au plus ambitieux,
Les *magistrats* donnés aux plus séditieux. (iii, 407. *Cin.* 512 *var.*)

En 1660, Corneille a modifié ainsi le second vers :

L'autorité livrée aux plus séditieux.

Le mot *magistratus* en latin a, comme l'on sait, le double sens de *magistrature* et de *magistrat*. En allemand, *magistrat* n'a que le premier de ces deux sens ; il désigne l'ensemble du corps municipal : « le *magistrat* de Francfort. »

MAGNANIME.

Horreur magnanime :

J'aime mieux, Flavian, l'aimer que l'immoler,
Et ne puis démentir cette *horreur magnanime*
Qu'en recevant le jour je conçus pour le crime. (vii, 518. *Tit.* 431.)

Magnanime, substantivement :

Je dois agir en veuve autant qu'en *magnanime*. (vi, 49. *Perth.* 703.)

MAGNIFIER, dans le langage de la dévotion :

Mon âme *magnifie* le Seigneur. (ix, 222. *Off. V.*)
Je me dois toute entière à le *magnifier*. (ix, 123. *Off. V.* 3.)
Le Seigneur *soit magnifié!* (ix, 291. *Ps. pén.* 20.)

Les deux premiers exemples sont la traduction, en prose et en vers, des mots latins : *Magnificat anima mea Dominum*. — Vaugelas (*Remarques*, p. 128 et 129) trouve ce mot excellent, mais il avoue qu'il vieillit. A ce sujet, il laisse échapper cette plainte : « J'ai une certaine tendresse pour tous ces beaux mots que je vois ainsi mourir, opprimés par la tyrannie de l'usage, qui ne nous en donne point d'autres en leur place qui aient la même signification et la même force. »

MAIN.

La main à l'épée :

Votre rival vous cherche, et *la main à l'épée*
Vient demander raison de sa place usurpée. (i, 244. *Mél.* 1711.)

À main pleine :

Puisse de jour en jour sa bonté souveraine....
Et redoubler ce don, et l'épandre *à main pleine*
    Sur vos fils ainsi que sur vous ! (ix, 317. *Off. V.* 91.)

À la main, au figuré :

Sa vengeance *à la main*, elle n'a qu'à résoudre :
Un mot du haut des cieux fait descendre le foudre. (ii, 375. *Méd.* 701.)
.... Jupiter tout prêt à m'écraser du foudre,
Mon trépas *à la main*, ne pourroit m'y résoudre. (ii, 386. *Méd.* 926.)

Prêter la main à, dans le sens où nous dirions aujourd'hui : offrir son bras à :

Ma maîtresse m'attend pour faire des visites
Où je lui promis hier de *lui prêter la main*. (i, 404. *Veuve*, 95.)

Prêter la main à, au figuré, seconder, aider :

Sus donc, qui de vous deux *me prêtera la main?* (v, 234. *Hér.* 1794.)
Fais-les venir tous trois, que je lise en leur âme

S'ils *préteroient la main à* quelque sourde trame. (vi, 203. *OEd.* 1658.)

Voyez ci-après, p. 65, PRÊTER LA MAIN À, dans un tout autre sens, et PRÊTER MAIN-FORTE.

TENIR DANS SA MAIN, en son pouvoir :

Adieu : je *tiens* le coup, autant vaut, *dans ma main.* (i, 438. *Veuve,* 778.)
.... Dieu, qui *tient* votre âme et vos jours *dans sa main,*
Promet-il à vos vœux de le pouvoir demain? (III, 488. *Pol.* 27.)

ÊTRE EN LA MAIN :

Tandis que le succès *est* encore *en ma main.* (i, 470. *Veuve,* 1382.)

IL EST EN MA MAIN, EN TA MAIN, EN SA MAIN DE, impersonnellement :

Il est plus *en ma main* qu'en celle d'un monarque
De vous faire égaler l'amante de Pétrarque. (x, 147. *Poés. div.* 59 et 60.)
.... *Il est en ta main de* le rendre impuissant. (VIII, 636. *Imit.* IV, 1185.)
Quelle faveur du ciel voulez-vous que j'espère,
S'*il* n'*est pas en sa main de* m'arrêter au jour? (vi, 186. *OEd.* 1211.)

AVOIR EN MAIN, EN SA MAIN, avoir à sa disposition :

Vous seriez un grand maître à faire des romans,
Ayant si bien *en main* le festin et la guerre. (IV, 160. *Ment.* 357.)
Il me faudroit *en main avoir* un autre amant. (IV, 164. *Ment.* 444.)

Dans les éditions antérieures à 1660 :

Je voudrois *en ma main avoir* un autre amant.

C'est bien aimer la fourbe, et l'*avoir* bien *en main,*
Que de prendre plaisir à fourber sans dessein. (IV, 188. *Ment.* 907.)
J'en *ai* le choix *en main* avec le droit d'aînesse. (IV, 450. *Rod.* 495.)

AVOIR DES MAINS, proverbialement, en parlant des gens toujours prêts à recevoir des dons :

A lui faire présent mes efforts seroient vains :
Elle a le cœur trop bon ; mais ses gens *ont des mains.* (IV, 199. *Ment.* 1104.)

FAIRE SA MAIN, s'emparer de ce qu'on trouve à sa convenance, dérober, piller :

.... Nous partirons soudain.
Viens nous aider là-haut à *faire notre main.* (II, 500. *Illus.* 1224.)

Je crois voir en ceci l'image d'une ville
Où l'on met les deniers à la merci des gens.
Échevins, prévôt des marchands,
Tout *fait sa main....* (La Fontaine, livre VIII, fable VII.)

MAIN, en parlant de guerre, de combats :

Unissez-vous ensemble, et faites une armée,
Pour combattre une *main* de la sorte animée. (III, 186. *Cid,* 1562.)
Il étoit plus homme de tête que de *main.* (VII, 103. *Au lect.* d'*Att.*)

Faire venir aux mains, contraindre à combattre :
J'ai fait venir aux mains celui qu'on me préfère. (II, 102. *Gal. du Pal.* 1578.)

Main, en parlant du degré d'habileté avec lequel un ouvrier ou un artiste exécute son travail :
A-t-il la *main* fort bonne? — Autant qu'on peut l'avoir.
(IV, 327. *S. du Ment.* 746.)
Il s'agit d'un orfévre.

Main, écriture :
Seigneur, après vingt ans vous espérez en vain
Que ce peuple ait des yeux pour connoître sa *main*. (V, 202. *Hér.* 1082.)
Vous connoissez sa *main*.... (V, 239. *Hér.* 1881.)

La main, la personne considérée comme agissant, comme donnant, etc. :
Plus on chérit *la main*, plus on hait l'attentat. (VI, 641. *Oth.* 1492.)
Mais un si prompt secours ne vient pas de *ma main*.
(IV, 333. *S. du Ment.* 838.)
Elle aime don Rodrigue, et le tient de *ma main*. (III, 109. *Cid*, 67.)
Un époux de *leur main* me paroît un tyran. (VI, 617. *Oth.* 984.)

Donner les mains à, consentir à :
.... Vous *donnez les mains à* tout ce qu'il résout. (IV, 52. *Pomp.* 600.)

Donner la main (à), promettre mariage (à), épouser :
On prend soudain au mot les hommes de sa sorte,
Et sans rien hasarder à la moindre longueur,
On *leur donne la main* dès qu'ils offrent le cœur. (I, 175. *Mél.* 558.)
.... L'auteur de vos jours m'a promis à demain
Le bonheur sans pareil de *vous donner la main*. (III, 295. *Hor.* 338.)
Après cette victoire, il n'est point de Romain
Qui ne soit glorieux de *vous donner la main*. (III, 334. *Hor.* 1182.)
Certes, vos sentiments font assez reconnoître
Qui *vous donna la main*, et qui vous donna l'être. (IV, 70. *Pomp.* 1030.)
.... O cœur vraiment romain,
Et digne du héros qui *vous donna la main!* (IV, 83. *Pomp.* 1364.)
Pour vous ôter de doute, agréez que demain
En qualité d'époux je *vous donne la main*. (IV, 192. *Ment.* 980.)
Tout est encore à vous. Venez, venez, Madame, .
Faire voir quel pouvoir j'usurpe sur votre âme,
Et montrer, s'il se peut, à tout le genre humain
La force qu'on vous fait pour *me donner la main*. (VI, 404. *Sert.* 988.)
Mais bien qu'il l'abandonne, il l'adore dans l'âme,
Et rompra, m'a-t-il dit, la trêve dès demain,
S'il voit qu'elle s'apprête à *me donner la main*. (VI, 414. *Sert.* 1216.)
Il faut aller à Rome ou *me donner la main*. (VI, 499. *Soph.* 669.)
Adieu : *donne la main;* que malgré ta jalouse,

J'emporte chez Pluton le nom de ton épouse. (II, 414. *Méd.* 1497.)
Adieu : *donnez la main*, mais gardez-moi le cœur. (VI, 590. *Oth.* 364.)

Cette locution semble avoir été empruntée de l'espagnol *darse las manos*. « M. Corneille, dit Ménage (*Observations*, 2º partie, p. 146 et 147), a introduit dans nos poëmes dramatiques cette façon de parler, afin de diversifier, comme je lui ai ouï dire, les mots de *mariage*, de *marier*, et d'*épouser*, qui se rencontrent souvent dans ces sortes de poëmes, et qui ne sont pas fort nobles. »

PRÊTER LA MAIN à, dans un sens analogue, feindre d'être le mari de :

Prêtez-moi votre main, je vous donne l'empire :
Eblouissons le peuple, et vivons entre nous
Comme s'il n'étoit point d'épouses ni d'époux. (VII, 444. *Pulch.* 1554.)

Ménage répondant à Bouhours, qui critiquait cette locution, lui dit entre autres choses : « J'ai ouï dire plus d'une fois à M. Corneille que ce vers :

Prêtez-moi votre main, je vous donne l'empire,

étoit un des plus beaux qu'il eût jamais fait. » (*Observations*, 2º partie, p. 149.)

MAIN BASSE ! employé comme exclamation, pour engager à porter la main sur quelqu'un, à le tuer :

Phinée en les joignant, furieux et jaloux,
Leur a crié : « *Main basse !* à lui seul, donnez tous ! » (V, 390. *Andr.* 1650.)

À MAIN-FORTE :

C'est Doraste qui sort, et nous suit *à main-forte*. (II, 281. *Pl. roy.* 1114.)
Avec trente soldats elle a saisi la porte,
Et tirant de ce lieu Théodore *à main-forte*.... (V, 71. *Théod.* 1220.)
Le voici qu'Amyntas vous amène *à main-forte*. (V, 77. *Théod.* 1367.)
.... Sur elle et sur eux il va fondre *à main-forte*. (V, 94. *Théod.* 1748.)
Le duc, ayant appris quelles intelligences
Déroboient un tel fourbe à vos justes vengeances,
L'attendoit *à main-forte*.... (VI, 95. *Perth.* 1745.)

PRÊTER MAIN-FORTE :

La moitié de tes gens doit occuper la porte,
L'autre moitié te suivre et te *prêter main-forte*. (III, 450. *Cin.* 1486.)

MAINTENANT (TOUT), tout à l'heure, à l'instant :

Je viens *tout maintenant* d'en tirer assurance
De recevoir les fruits de ma persévérance. (II, 464. *Illus.* 597.)

MAIS, employé substantivement :

Mais, Madame, s'il faut.... — Point de *mais* ni de si. (V, 524. *Nic.* 285 *var.*)

Corneille, trouvant sans doute ce dernier hémistiche trop familier dans une tragédie, y a substitué le suivant, en 1660 :

.... Va, n'appréhende rien.

Il a pourtant conservé au troisième acte de la même tragédie un autre *mais* pris substantivement :

Son amour conjugal, chassant le paternel,

Vous fera l'innocente, et moi le criminel.
Mais.... — Achevez, Seigneur; ce *mais*, que veut-il dire?
(v, 558. *Nic.* 1063.)

« Ce *mais*, dit Voltaire, est intolérable. »

MAISON.

LA MAISON DU ROI, la prison :

Je vous trouve, Monsieur, dans *la maison du Roi!*
Quel charme, quel désordre, ou quelle raillerie
Des prisons de Lyon fait votre hôtellerie? (IV, 289. *S. du Ment.* 2.)

MAISON, famille (noble) :

Je connois votre bien, je sais votre *maison*. (I, 489. *Veuve*, 1754.)
Clarice est de *maison*, et n'est pas sans beauté. (IV, 195. *Ment.* 1044.)
Ce n'est pas à nous deux d'unir les deux *maisons*. (v, 169. *Hér.* 312.)

« En quelque occasion le chancelier lui écrivit, et il y avoit en un endroit : « Afin que
« la paix soit dans nos *familles*. — *Familles*, dit le bon homme, *familles!* bon pour lui
« qui n'est qu'un citadin, mais il pourroit bien se servir du terme de *maisons*, quand
« j'y suis compris. » (Tallemant des Réaux, *Historiettes*, tome III, p. 388.)

Dans *les Mots à la mode* de Boursault (scène III), Mme Josse se livre à un emportement du même genre :

Connoissez-vous leurs biens, leurs emplois, leurs *familles*?
— Leurs *familles*? eh fi! perdez-vous la raison?
Les voudrois-je souffrir s'ils n'étoient de *maison*?
Qui vous fait présumer en moi tant de foiblesse?
Famille est bourgeoisie, et *maison* est noblesse.

MAÎTRE.

MAÎTRE À, qui excelle à :

Vous seriez un grand *maître à* faire des romans. (IV, 160. *Ment.* 356.)
Un fourbe, et *maître à* faire des suppositions en faveur de son ordre.
(x, 467. *Lettr.*)

CE GRAND MAÎTRE, en parlant de Dieu :

Il falloit porter ma reconnoissance plus loin, et appliquer toute l'ardeur
du génie à quelque nouvel essai de ses forces qui n'eût point d'autre but
que le service de *ce grand maître*. (VIII, 5. *Épît. de l'Imit.*)

CE GRAND MAÎTRE, en parlant d'Aristote :

On y voit les deux maîtresses conditions.... que demande *ce grand maître*
aux excellentes tragédies. (III, 86. *Avert. du Cid.*)

LE GRAND MAÎTRE, le souverain, l'empereur :

C'est beaucoup que d'avoir l'oreille *du grand maître*. (VI, 597. *Oth.* 514.)
Le grand maître a parlé, voudrez-vous l'en dédire? (VI, 599. *Oth.* 557.)

MAÎTRESSE.

FAIRE MAÎTRESSE, FAIRE UNE MAÎTRESSE :

.... Et déjà vous *avez fait maîtresse*? (IV, 154. *Ment.* 253.)

Tous sauroient comme lui, pour *faire une maîtresse*,
Perdre le souvenir des beautés de leur Grèce. (vi, 271. *Tois.* 365.)

Si je perds bien des *maîtresses*,
J'*en fais* encor plus souvent. (x, 55. *Poés. div.* 1 et 2.)

Maîtresse, adjectivement, dominante, principale :

J'ose dire que cet heureux poëme n'a si extraordinairement réussi que parce qu'on y voit les deux *maîtresses* conditions (permettez-moi cet épithète) que demande ce grand maître aux excellentes tragédies. (iii, 86. *Avert. du Cid.*)

Ce mot s'emploie plus ordinairement avec des substantifs exprimant des idées toutes matérielles : *Maîtresse* branche, *maîtresse* pièce, *maîtresse* allée.

MAJESTÉ.

Assez d'autres sans moi soutiendront vos lauriers ;
Que Votre *Majesté* désormais m'en dispense. (iii, 351. *Hor.* 1591.)

Nous n'avons pas besoin de rappeler que ce mot ne s'employait pas ainsi à Rome du temps des rois.

Les majestés :

Envers *les majestés* vous êtes bien discret. (v, 434. *D. San.* 347.)

Les majestés, les souverains. — Dans l'édition de 1692, Th. Corneille a changé *le* en *leurs :* « leurs majestés. »

MAL.

Être mal, être mal ensemble, désunis :

Lorsque nous *sommes mal*, la plus grande maison
Ne nous peut contenir, faute d'assez d'espace. (x, 49. *Poés. div.*)

C'est la traduction de ce vers latin :

Discordes nos tota domus non continet ambos.

Mal, précédant un adjectif ou un participe.

Mal content :

Mais qui vit *mal content* et suit l'impatience
    De ses bouillants et vains desirs,
Celui-là n'est jamais sans quelque défiance. (viii, 192. *Imit.* ii, 329.)

Mal net :

Ces quatre diamants dont elle est enrichie
Ont sous eux quelque feuille, ou *mal nette*, ou blanchie.
                    (iv, 327. *S. du Ment.* 732.)

Mal propice :

.... Nous aurions le ciel à nos vœux *mal propice*. (iii, 358. *Hor.* 1772.)
Le destin, aux grands cœurs si souvent *mal propice*,
Se résout quelquefois à leur faire justice. (iii, 499. *Pol.* 273.)

MAL PROPRE À, POUR, peu propre à, pour :

.... Mon devoir, *mal propre à* de si lâches coups,
Manque aussitôt vers lui que son amour vers vous. (II, 239. *Pl. roy.* 303.)
.... Nous parlons peut-être avec trop d'imprudence
Dans un lieu si *mal propre à* notre confidence. (III, 415. *Cin.* 706.)
Vous me trouvez *mal propre à* cette confidence. (IV, 442. *Rod.* 295.)
Et la vertu timide est *mal propre à* régner. (VI, 76. *Perth.* 1318.)
.... Que la rêverie est *mal propre à* guérir
D'une peine qui plaît la flatteuse habitude! (VI, 318. *Tois.* 1482.)
Il me rend plus *mal propre à* grossir votre cour.
(X, 387. *Poés. div. append.* 4.)
Cette réflexion, *mal propre pour* un père,
Consoleroit peut-être une douleur légère. (II, 518. *Illus.* 1593.)

MAL SATISFAIT :

Non que mes volontés en soient *mal satisfaites*. (IV, 358. *S. du Ment.* 1310.)

MAL SUIVI :

Mais de quel front osé-je ébaucher tant de gloire,
Moi dont le style foible et le vers *mal suivi*
Ne sauroient même atteindre à ceux qui t'ont servi?
(X, 207. *Poés. div.* 183.)

MAL SÛR :

Les sables et les bancs cachés dessous les eaux
Rendent l'accès *mal sûr* à de plus grands vaisseaux. (IV, 47. *Pomp.* 484.)
.... Il faisoit *mal sûr* de croire à sa parole. (IV, 221. *Ment. var.* 1.)
.... Sa fuite est *mal sûre*.... (IV, 50. *Pomp.* 545.)
.... *Mal sûr* dans un trône, où tu crains l'avenir. (V, 162. *Hér.* 139.)
La route en est *mal sûre*.... (V, 573. *Nic.* 1389.)
Ils les accepteront, si leur sort rigoureux
A fait de leur patrie un lieu *mal sûr* pour eux. (VI, 271. *Tois.* 388.)
D'un bonheur si *mal sûr* je ne suis point jaloux. (VII, 211. *Tit.* 274.)
.... Les fleuves *mal sûrs* dans leurs grottes profondes
Hâtent vers l'Océan la fuite de leurs ondes. (X, 202. *Poés. div.* 125.)
.... Comme j'en suis *mal sûre*. (VII, 14. *Agés.* 117.)

MALADE, au figuré :

Il (*Ronsard*) en perdit l'haleine, et sa muse *malade*
En laissa de ses mains tomber *la Franciade*. (X, 117. *Poés. div.* 33.)

MALADROIT.

J'aimerois beaucoup mieux savoir ce qui se passe,
Et la part qu'a Tircis en votre bonne grâce.
— Meilleure aucunement qu'Eraste ne voudroit.
Je n'ai jamais connu d'amant si *maladroit*. (I, 183. *Mél.* 690.)
Maintenant je devine à peu près une ruse
Que tout autre en ta place à peine entreprendroit.
— Écoute, et tu verras si je suis *maladroit*. (II, 128. *Suiv.* 32.)

.... S'il avoit affaire à quelque *maladroit*,
Le piége est bien tendu, sans doute il le perdroit. (III, 556. *Pol.* 1465.)

Le mot se prononçait *maladret*, ce qui explique les rimes qui précèdent.

MALAISÉ, difficile :

J'ai voulu vous parler, pour vous mieux avertir
Qu'il seroit *malaisé* de vous en garantir. (V, 38. *Théod.* 482.)
    Il est *malaisé*, en lisant la vie de ce héros (*Sertorius*) chez Plutarque, de remarquer lequel des deux (*de Sertorius et de Sylla*) est mort le premier. (VI, 361. *Au lect. de Sert.*)
    Il est assez *malaisé* de comprendre pourquoi l'on s'y obstinoit (*pourquoi l'on s'obstinait à cette guerre*). (VI, 361. *Au lect. de Sert.*)

MALAISÉMENT, difficilement :

Je crois *malaisément* que tes affections
Sur l'éclat d'un beau teint, qu'on voit si périssable,
Règlent d'une moitié le choix invariable. (I, 145. *Mél.* 44.)
Avec sincérité je dois aussi vous dire
Qu'assez *malaisément* on sort de mon empire. (VI, 311. *Tois.* 1325.)

MALGRÉ.

MALGRÉ, séparé de son complément :

Malgré de vos rigueurs l'impérieuse loi.... (V, 383. *Andr.* 1481.)
Malgré de nos destins la rigueur importune.... (VI, 629. *Oth.* 1249.)

MALGRÉ QU'ON EN AIT :

   Les différentes décorations font reconnoître cette duplicité de lieu, *malgré qu'on en ait*. (I, 120. *Disc. des 3 unit.*)

MALHEUR.

AVOIR TANT DE MALHEUR QUE, être assez malheureux pour que :

.... Mais, Dieux ! que vois-je ? O ciel ! je suis perdu,
Si *j'ai tant de malheur* qu'elle m'aye entendu. (VI, 308. *Tois.* 1275.)

MALHEUREUX, EUSE, dans le sens de *coupable, pervers :*

Ce que j'ai, *malheureuse !* et peux-tu l'ignorer ? (IV, 165. *Ment.* 472 *var.*)

Corneille, pour préciser davantage, a remplacé ici, en 1660, *malheureuse* par *déloyale*. — *Gueux, misérable* expriment tour à tour, comme *malheureux*, la misère et la perversité ; anciennement le mot *coquin* s'employait aussi pour peu fortuné, peu à l'aise : « Je pensois lors estre le plus grand seigneur de la trouppe, et à la fin ie me trouué le plus *coquin*. » (Montluc, tome I, p. 11, recto.)

MALIGNE JOIE :

Si j'ai vu Rome heureuse avec quelque regret,
Soudain j'ai condamné ce mouvement secret
Et si j'ai ressenti, dans ses destins contraires,

Quelque *maligne joie* en faveur de mes frères,
Soudain, pour l'étouffer rappelant ma raison,
J'ai pleuré quand la gloire entroit dans leur maison. (III, 286. *Hor.* 76.)
Quelque *maligne joie* en son cœur s'élevoit,
Dont sa gloire indignée à peine le sauvoit. (IV, 60. *Pomp.* 775.)

Voltaire, dans son commentaire sur *Horace*, s'exprime ainsi au sujet de nos deux exemples : « La joie des succès de sa patrie et d'un frère peut-elle être appelée *maligne* ? Elle est naturelle ; on pouvait dire :

Une *secrète joie* en faveur de mes frères.

Ce mot de *maligne joie* est bien plus à sa place dans ces deux admirables vers de la *Mort de Pompée* :

Quelque *maligne joie*, etc. »

La critique ne nous paraît pas très-fondée. Corneille, qui avait déjà parlé d'un *mouvement secret*, ne pouvait pas dire, comme le veut son commentateur : *une secrète joie*. D'ailleurs, bien que cette joie soit naturelle, il ne faut pas oublier que Sabine se la reproche, comme contraire à ses sentiments et à ses devoirs d'épouse.

MANDEMENT, ordre :

On me lit du sénat les *mandements* sinistres. (II, 502. *Illus.* 1270.)

MANIÈRES.

Suréna, mes pareils n'aiment point ces *manières*. (VII, 519. *Sur.* 1361.)

Ce mot employé ainsi, sans épithète ni complément, pour parler des façons d'agir, est aujourd'hui une locution assez vulgaire ; elle était loin de l'être autant à l'époque de Corneille.

MANOTTES, menottes :

Avec des *manottes* de fer. (IX, 152. *Off. V.*)

C'est la traduction des mots latins : *in manicis ferreis*. — On trouve dans Nicot les deux formes *manottes* et *menottes*.

MANQUE, action de manquer à ce qu'on doit :

De quel *manque*, après tout, as-tu lieu de te plaindre ? (II, 511. *Illus.* 1425.)

Avoir manque de, manquer de :

Il n'*a manque* d'amour, ni *manque* de valeur. (V, 357. *Andr.* 904.)
Elle *a manque de* force et *manque de* prudence. (VIII, 289. *Imit.* III, 609.)

Manque de, faute de :

Vous donc, esprits légers, qui, *manque de* tombeaux,
Tournoyez vagabonds à l'entour de ces eaux. (I, 222. *Mél.* 1325.)

Il y avait dans les éditions antérieures à 1660 : « faute de tombeaux. »

Trouvez bon que j'adresse autre part mes services,
Contraint, *manque* d'espoir, de vous abandonner. (II, 137. *Suiv. var.* 2.)
.... *Manque* d'amour, votre soupçon persiste.
(IV, 367. *S. du Ment.* 1477.)
.... Ton intérieur, *manque* d'humilité,
Ne lui sauroit offrir d'agréables victimes. (VIII, 31. *Imit.* I, 23.)

> J'ai besoin en toutes saisons
> De deux choses dans ces prisons
> Où me renferme la nature;
> Et *manque de* l'une des deux,
> De lumière ou de nourriture,
> Mon séjour n'y peut être heureux. (VIII, 649. *Imit.* IV, 1465.)

MANQUES, au pluriel :

Il ne me souvient plus de vos *manques* de foi. (VII, 448. *Pulch.* 1640.)
Tu connois notre foible, et nos *manques* de foi. (IX, 504. *Hymn.* 6.)

MANQUEMENT, défaut :

Nous y avons tellement accoutumé nos spectateurs, qu'ils ne sauroient plus voir une scène détachée sans la marquer pour un défaut : l'œil et l'oreille même s'en scandalisent avant que l'esprit y aye pu faire de réflexion. Le quatrième acte de *Cinna* demeure au-dessous des autres par ce *manquement*. (I, 102. *Disc. des 3 unit.*)

MANQUEMENT DE, faute de, défaut de :

Il soupçonne aussitôt son *manquement de* foi. (IV, 46. *Pomp.* 463.)
> Au *manquement* continuel
> Des commodités temporelles
On a joint contre moi les plaintes, les querelles. (VIII, 352. *Imit.* III, 1903.)
Ainsi j'adore et crains son *manquement de* foi. (VI, 319. *Tois.* 1494.)
Ce prince avoueroit-il un amour indiscret,
> D'un tel *manquement de* parole? (VII, 23. *Agés.* 354.)

MANQUEMENT À, infraction à :

C'est une incommodité de la représentation qui doit faire souffrir quelque *manquement à* l'exacte vraisemblance. (VI, 131. *Exam.* d'*OEd.*)

MANQUER, ne pas atteindre, ne pas blesser, au figuré :

.... La honte à vos fronts doit bien cette couleur,
Si tant de si beaux yeux ont pu *manquer* son cœur. (V, 337. *Andr.* 489.)

MANQUER DE :

Aucun de tes amis ne t'a *manqué de* foi. (III, 424. *Cin.* 907.)
Un retour si soudain *manque* un peu *de* respect. (V, 529. *Nic.* 370.)

NE MANQUER PAS À, NE MANQUER JAMAIS À :

Philandre, malgré le secret qu'il lui fait demander par Mélite dans ces fausses lettres, *ne manquera pas à* les montrer à Tircis. (I, 139. *Exam.* de *Mél.*)
Ces grilles qui éloignent l'acteur du spectateur.... *ne manquent jamais à* rendre son action fort languissante. (II, 337. *Exam.* de *Méd.*)
On *ne manque jamais à* leur applaudir quand on entre dans leurs sentiments. (III, 93. *Exam.* du *Cid.*)

Les peintres.... *ne manquent jamais à* nous représenter Andromède nue au pied du rocher où elle est attachée. (v, 295. *Argum.* d'*Andr.*)

MARCHAND MÊLÉ :

Paris est un grand lieu plein de *marchands mêlés*,
L'effet n'y répond pas toujours à l'apparence :
On s'y laisse duper autant qu'en lieu de France ;
Et parmi tant d'esprits plus polis et meilleurs,
Il y croît des badauds autant et plus qu'ailleurs. (IV, 144. *Ment.* 72.)

« On appelle figurément un homme *marchand mêlé*, qui a diverses connoissances, et qui est capable de divers emplois. » (*Dictionnaire de l'Académie*, 1694.)

Il fit de différents ouvrages :
Il étoit tantôt inventeur,
Il étoit tantôt traducteur,
Il étoit de cour et d'Église ;
Et pour parler avec franchise
De ce poëte signalé,
C'étoit un vrai *marchand mêlé*. (*Muse historique*, Loret, 15 avril 1662.)

MARCHANDER, au figuré :

Je sais que les Romains, qui l'avoient (*qui avaient Attale*) en otage,
L'ont enfin renvoyé pour un plus digne ouvrage ;
Que ce don à sa mère étoit le prix fatal
Dont leur Flaminius *marchandoit* Annibal. (v, 512. *Nic.* 22.)

MARCHÉ (Bon), bas prix ; FAIRE BON MARCHÉ, au propre et au figuré :

Voyez, je vous *ferai meilleur marché* qu'un autre. (II, 28. *Gal. du Pal.* 194.)
Si jamais cette part tomboit dans le commerce,
Et qu'il vous vînt marchand pour ce trésor caché,
Je vous conseillerois d'en *faire bon marché*. (IV, 197. *Ment.* 1076.)
Vous seriez quitte de mes importunités à trop *bon marché*. (X, 453. *Lettr.*)

MARCHER.

MARCHER DROIT, locution figurée et proverbiale, ne pas broncher, ne pas s'écarter de sa route, de son devoir :

.... Je vous tiens pour mort si sa fureur se croit ;
Mais surtout ses valets peuvent bien *marcher droit*. (IV, 336. *S. du Ment.* 898.)

FAIRE MARCHER À LA TÊTE, figurément, en parlant de l'ordre dans lequel on dispose certaines choses :

Ce n'est pas sans raison que je *fais marcher* ces vers *à la tête* de l'*OEdipe*. (IV, 124. *Au lect.* d'*OEd.*)

FAIRE MARCHER, en parlant d'un ressort :

Avec mon pistolet le cordon s'embarrasse,
Fait marcher le déclin : le feu prend, le coup part. (IV, 176. *Ment.* 643

MARI.

Puisqu'il faut qu'il y meure, ou qu'il soit son *mari*,
Votre espérance est morte, et votre esprit guéri. (III, 188. *Cid*, 1603.)
Mes trois frères dans l'une, et mon *mari* dans l'autre. (III, 284. *Hor.* 36.)

Corneille, on le voit, n'est pas de l'avis des critiques qui excluent le mot *mari* du style de la haute poésie.

MARIAGE.

L'amour le plus parfait n'est pas un *mariage*;
Fort souvent moins que rien cause un grand changement,
Et les occasions naissent en un moment. (II, 18. *Gal. du Pal.* 14.)

On dit encore figurément et familièrement dans le même sens : *ils ne sont pas mariés ensemble*, en parlant de gens qui ne sont unis que par une association passagère, ou simplement rapprochés par des intérêts communs, et que rien n'empêche de se séparer.

MARINE.

Ne le regarde point (*le Batave*) dans sa basse origine,
Confiné par mépris aux bords de la *marine*. (X, 255. *Poés. div.* 38.)

« *Marine* signifie quelquefois plage ou côte de mer. C'est ainsi qu'on dit : se promener sur la *marine*. De là le terme de *marine*, en peinture. » (*Dictionnaire de Trévoux*.)

MARQUE, indice, signe, trait distinctif :

Je découvrois en vous d'assez illustres *marques*
Pour vous préférer même aux plus heureux monarques. (III, 509. *Pol.* 469.)
.... Laissons d'illustres *marques*
En quittant, s'il le faut, ce haut rang des monarques. (IV, 447. *Rod.* 411.)
Prononcez donc, Madame, et faites un monarque :
Nous céderons sans honte à cette illustre *marque*. (IV, 467. *Rod.* 920.)
Souvent un peu d'amour dans les cœurs des monarques
Accompagne assez bien les plus illustres *marques*. (VI, 615. *Oth.* 926.)
Fais-lui donner du lustre aux plus brillantes *marques*
Dont se pare le chef des plus dignes monarques. (X, 119. *Poés. div.* 69.)
Invincible ennemi des rigueurs de la Parque,
Qui fais, quand tu le veux, revivre les héros,
Et de qui les écrits sont d'illustres dépôts
Où luit de leur vertu la plus brillante *marque*. (X, 138. *Poés. div.* 4.)

On est forcé de convenir avec Voltaire (voyez sa remarque sur le premier de nos exemples) que la rime entraîne le poëte, et qu'il emploie le mot *marque* d'une manière bien vague.

MARQUE DE, avec un infinitif :

Le plus jeune (*de mes fils*) a trop tôt reçu d'heureuses *marques*
D'avoir suivi les pas du plus grand des monarques. (X, 189. *Poés. div.* 79.)

Le second fils de Corneille avait été blessé au siège de Douai.

DE MARQUE, de distinction :

.... Plus je te vois, plus en toi je remarque

Des traits pareils à ceux d'un cavalier *de marque*. (I, 324. *Clit.* 878.)

MARRI, chagrin, fâché, mécontent :

J'ai toujours du respect pour ses perfections,
Et je serois *marri* qu'aucune violence.... (I, 304. *Clit.* 493.)
C'est moi qui suis *marri* que pour cet hyménée
Je ne puis révoquer la parole donnée. (II, 204. *Suiv.* 1505 *var.*)
.... Je serois *marri* qu'un soin officieux
Vous fît perdre pour moi des temps si précieux. (II, 348. *Méd.* 159.)
.... Vous seriez *marris* que cet esprit jaloux
Mêlât son amertume à des plaisirs si doux. (II, 350. *Méd.* 199.)

Corneille n'a employé ce mot que dans ses premières pièces.

MARS, au figuré, comme nom commun :

Qu'a de fâcheux pour toi ce discours populaire?
Ce jeune *Mars* qu'il loue a su jadis te plaire. (III, 167. *Cid*, 1158.)

MARTEL (Donner du) à, donner du tourment à :

Qu'il fasse mieux, ce jeune jouvencel,
A qui le Cid donne tant *de martel*. (x, 79. *Poés. div.* 2.)

MARTRE.

MARTRE POUR RENARD, proverbialement :

.... Je voudrois qu'elle eût ce talent pour une heure;
Qu'elle pût un moment vous piper en votre art,
Rendre conte pour conte, et *martre pour renard*. (IV, 190. *Ment.* 932.)

La peau de martre a quelque ressemblance avec la peau de renard, et, à cause de cela, on a dit *prendre martre pour renard*, dans le sens de *se tromper*. Mais comme la martre est infiniment plus précieuse que le renard, *rendre martre pour renard* signifie au figuré rendre à quelqu'un plus qu'il ne nous a donné, rendre une fève pour un pois, prendre une bonne revanche.

MARTYRE, figurément, tourment :

Avec ces bons esprits je n'étois qu'en *martyre*. (I, 415. *Veuve*, 310.)
Que tu te plais, Florice, à me mettre en *martyre!* (II, 59. *Gal. du Pal.* 774.)
Pour l'intérêt public rarement on soupire,
Si quelque ennui secret n'y mêle son *martyre*. (VII, 397. *Pulch.* 394.)

MASSE, au figuré :

Ainsi ne craignez rien d'une *masse* d'armée
Où déjà la discorde est peut-être allumée. (VI, 643. *Oth.* 1545.)
Tu vois de nos péchés quelle est l'impure *masse*,
    Triomphes-en par le pardon. (IX, 586. *Hymn.* 11.)

MATIÈRE (à), occasion, sujet (de) :

Sire, c'est rarement qu'il s'offre une *matière*

A montrer d'un grand cœur la vertu toute entière. (III, 350. *Hor.* 1555.)
Joins ta fille à ton gendre; ose : que tardes-tu?
Tu vois le même crime, ou la même vertu :
Ta barbarie en elle a les mêmes *matières*. (III, 567. *Pol.* 1723.)
Alost n'eût point fourni de *matière* à ta gloire. (x, 205. *Poés. div.* 161.)

MAUVAIS, AISE, méchant, méchante :

Que vous êtes *mauvaise!*... (I, 243. *Mél.* 1699.)
Voudras-tu démentir notre entretien secret?
Seras-tu plus *mauvaise* enfin que ton portrait? (I, 353. *Mél.* 1396.)
Mon frère en sa faveur vous donnera du trouble.
— Il n'est pas si *mauvais* que l'on n'en vienne à bout. (I, 411. *Veuve*, 243.)
Adieu, *mauvais*, adieu : nous nous pourrons trouver. (I, 466. *Veuve*, 1301.)
Ne fais point le *mauvais* si je ne suis *mauvaise*. (II, 294. *Pl. roy.* 1382.)
Que craignez-vous encor? *Mauvaise*, c'est assez. (II, 510. *Illus. var.*)
Non, non, je ne suis pas si *mauvais* que tu penses. (IV, 177. *Ment.* 677.)
S'il fait tant le *mauvais*, peut-être on le verra. (IV, 336. *S. du Ment.* 902.)
    Qu'on soit facile ou *mauvaise*....
Tout m'est fort indifférent. (x, 56. *Poés. div.* 28.)

Ce mot était déjà fort en usage, chez les prédécesseurs de Corneille, dans les disputes des amants :

    Craindre le repentir? Hé pourquoy donc, *mauuaise?*
        (Hardy, *les Chastes amours de Theagène et Caricléc*, 3ᵉ journée.)

MAUVAISE ŒILLADE, œillade dont on n'a pas lieu d'être satisfait :

Un moment de froideur, et je pourrois guérir;
Une *mauvaise œillade*, un peu de jalousie,
Et j'en aurois soudain passé ma fantaisie. (II, 234. *Pl. roy.* 189.)

ME.

Construction de ME lorsqu'il dépend d'un verbe à l'infinitif dépendant lui-même d'un autre verbe :

    .... Mon maître au désespoir
Fuit les yeux d'Hippolyte, et ne *me* veut plus voir.
        (II, 95. *Gal. du Pal.* 1440 *var.*)
    .... Et ne veut plus *me* voir. (1660)
Encore est-ce à regret qu'ici je *me* viens rendre. (II, 132. *Suiv.* 126 *var.*)
    .... Je viens *me* rendre. (1660)
Je *me* puis revancher.... (II, 173. *Suiv.* 890 *var.*)
Je puis *me* revancher.... (1660)
Mais reprendre un amour dont je *me* veux défaire.
        (II, 261. *Pl. roy.* 717 *var.*)
    .... Dont je veux *me* défaire. (1660)
Il peut me refuser, mais je ne *me* puis taire. (III, 169. *Cid*, 1205 *var.*)
    .... Je ne puis *me* taire. (1660)
.... Contre sa coutume, il ne *me* put déplaire. (III, 291. *Hor.* 204 *var.*)
    .... Il ne put *me* déplaire. (1660)

.... Puisque désormais tu ne *me* peux venger. (III, 398. *Cin.* 299 *var.*)
.... Tu ne peux *me* venger. (1660)
.... C'est à vous d'aviser
A quel choix vos conseils *me* doivent disposer. (IV, 29. *Pomp.* 44 *var.*)
.... Doivent *me* disposer. (1682)

Dans ces divers exemples nous voyons Corneille se conformer, en retouchant ses pièces, à l'usage moderne qui veut que le pronom soit entre les deux verbes plutôt que devant le premier des deux. Il est loin toutefois d'avoir introduit partout cette modification. Ainsi dans le vers suivant, pour ne citer qu'un passage :

Une vaine frayeur *m*'a pu tantôt troubler (III, 442. *Cin.* 1295 *var.*),

il a, tout en changeant la construction, laissé le pronom devant le premier verbe :

Une vaine frayeur tantôt *m*'a pu troubler. (1660)

Voyez ci-dessus, p. 47 et 48, LE, LA, LES, et p. 59, LUI.

ME servant de complément à deux verbes :

Un seul mot aujourd'hui, maître de ma fortune,
M'ôte ou donne à jamais le sceptre et Rodogune. (IV, 432. *Rod.* 76.)

ME surabondant :

Je ne *me* croyois pas être ici pour l'entendre. (V, 427. *D. San.* 205.)

MÉCHANT, mauvais, sans valeur, pauvre, misérable :

Ma sœur, un mot d'avis sur un *méchant* sonnet
Que je viens de brouiller dedans mon cabinet. (I, 170. *Mél.* 471.)
Je vous envoie un *méchant* sonnet. (X, 482. *Lettr.*)
Je vous donne *Médée*, toute *méchante* qu'elle est, et ne vous dirai rien pour sa justification. (II, 332. *Épit. de Méd.*)
Qu'ils deviennent pareils à ces *méchantes* herbes
Dont jamais moissonneur n'a ramassé de gerbes. (IX, 233. *Off. V.* 21.)
Pour un *méchant* soupir que tu m'as dérobé,
Ne me présume pas tout à fait succombé. (II, 277. *Pl. roy.* 1031.)
Flaminius y demeure en assez *méchante* posture. (V, 508. *Exam. de Nic.*)

MÉCHANT, pervers :

Perdant, pour régner seul, deux *méchants* comme lui. (III, 394. *Cin.* 224.)
.... Allez, Seigneur, allez
Venger sur ces *méchants* tant de droits violés. (IV, 85. *Pomp.* 1428.)
Viens, fourbe, viens, *méchant*, éprouver ma bonté. (VI, 77. *Perth.* 1337.)
Tu le verras, *méchant*, plus tôt que tu ne penses. (VI, 436. *Sert.* 1729.)

Voyez le *Lexique de Racine*.

Méchant, comme *pauvre*, *misérable* et *malheureux*, ne se dit pour *pervers* et *mauvais* que par extension. Au propre, il signifie « qui a mauvaise chance. » M. Génin l'explique ainsi dans son *Lexique de Molière*, et blâme avec raison Charles de Bovelles, *Carolus Bovillus*, qu'il appelle ici, on ne sait trop pourquoi, *Charles Bouille*, et ailleurs (note sur le vers 1010 de *Pathelin*) *Charles Bouilli*, d'avoir tiré ce mot de μηχανή, parce que les artisans voués aux arts mécaniques sont d'ordinaire pauvres, et de pauvres deviennent méchants ; mais il a grand tort d'ajouter avec mépris : « C'est de l'étymologie

MÉD] DE CORNEILLE. 77

à la façon de Ménage, » car Ménage a donné l'étymologie adoptée avec empressement par son critique et a cité la plupart des exemples reproduits par lui.

MÉCOMPTE, au figuré, déception :

S'ils sont sages tous deux, il faut que je sois folle.
Leur *mécompte* pourtant, quel qu'il soit, me console. (II, 184, *Suiv.* 1102.)

MÉCONNOISSANCE.

La signification du mot grec ἁμάρτημα peut s'étendre à une simple erreur de *méconnoissance*. (I, 57. *Disc. de la Trag.*)
Tenez, voyez, lisez. — Ah, Dieux! quelle imposture!
Jamais un de ces traits ne partit de ma main.
— Nous pourrions demeurer ici jusqu'à demain,
Que vous persisteriez dans la *méconnoissance*. (I, 215. *Mél.* 1211.)
Enfin, las de traîner partout mon impuissance,
Sans trouver que foiblesse, ou que *méconnoissance*,
Alarmé d'un amour qu'un faux bruit t'a permis,
Je rentre en mes Etats que le ciel t'a soumis. (VI, 63. *Perth. var.* 2.)

Les dictionnaires expliquent *méconnoissance* par « manque de reconnoissance, de gratitude ; » le mot avait une signification beaucoup plus étendue : « Ce n'est pas sans cause que par le proverbe ancien a toujours été tant recommandée à l'homme la cognoissance du soy-mesme. Car si nous estimons que ce soit honte d'ignorer les choses qui appartiennent à la vie humaine, la *mécognoissance* de nous-mesmes est encore beaucoup plus deshoneste. » (Calvin, *Institution chrestienne*, livre II, chapitre I, p. 129.) — On voit par nos exemples de Corneille que les acceptions de *méconnoissance* correspondaient alors à toutes celles du verbe *méconnoître*. Voyez l'article suivant.

MÉCONNOÎTRE, ne point reconnaître :

.... J'ai cru voir en ces lieux
Dorise déguisée, ou quelqu'un de nos dieux ;
Et si j'ai quelque temps feint de vous *méconnoître*
En vous prenant pour tel que vous vouliez paroître,
Admirez mon amour, dont la discrétion
Rendoit à vos desirs cette submission. (I, 325. *Clit.* 901.

MÉCONTENTEMENTS, au pluriel :

.... Eh bien! vos *mécontentements*
Me seront-ils encore à craindre? (VII, 90. *Agés.* 1995.)

MÉCONTENTER (SE) DE, n'être pas content de :

Voilà quelles raisons ôtent à vos services
    Ce qu'ils vous semblent mériter,
    Et colorent ces injustices
Dont vous avez raison de *vous mécontenter*. (VII, 50. *Agés.* 1035.)

MÉDAILLE DE DAMNÉ, représentation, figure, image de damné :

Ah! visible démon, vieux spectre décharné,

Vrai suppôt de Satan, *médaille de damné*. (II, 472. *Illus*. 740.)

MÉDECINE, remède :

Mes maux dans ces poisons trouvent leur *médecine*. (II, 389. *Méd*. 974.)

MÉDIOCRE, de condition médiocre :

Que si vous trouvez quelque apparence en ce raisonnement, et ne désapprouvez pas qu'on puisse faire une tragédie entre des personnes *médiocres*, quand leurs infortunes ne sont pas au-dessous de sa dignité, permettez-moi de conclure, *a simili*, que nous pouvons faire une comédie entre des personnes illustres, quand nous nous en proposons quelque aventure qui ne s'élève point au-dessus de sa portée. (v, 407. *Épît*. de *D. San*.)

MEILLEUR.

Les meilleurs du métier, les plus habiles :

.... Les vers à présent
Aux *meilleurs du métier* n'apportant que du vent. (x, 76. *Poés. div*. 28.)

Meilleur, pris substantivement, dans un sens neutre :

Ton *meilleur*, je t'assure, est de n'y plus penser. (I, 235. *Mél*. 1557.)

MÉLANCOLIE.

.... Laisse-moi, de grâce, attendant Émilie,
Donner un libre cours à ma *mélancolie*. (III, 422. *Cin*. 858.)

Le mot n'a aujourd'hui rien de sinistre ; il exprime d'ordinaire une douce et aimable tristesse, dans laquelle on se complaît ; il n'en était pas de même au dix-septième siècle. Cette expression désignait alors le chagrin le plus invétéré, le plus profond, et *mélancolique* était un synonyme fort rapproché d'*atrabilaire*. Le Cinna de Corneille, sur le point d'assassiner Auguste et tourmenté par ses remords, était fondé à parler de sa *mélancolie;* maintenant cette expression paraîtrait faible en pareille circonstance

MÉLANCOLIQUE, chagrin, triste et sombre :

J'ai vu ici Monsieur votre père, que j'ai trouvé fort *mélancolique*. (x, 437. *Lettr*.)
.... Ne vous livrez pas aux tons *mélancoliques*
D'un style estropié par de vaines critiques. (x, 236. *Poés. div*. 9.)

Musique mélancolique, triste musique, pauvre musique :

Il voit porter des plats, entend quelque musique
(A ce que l'on m'a dit, assez *mélancolique*). (IV, 184. *Ment*. 794.)

MÉLANGES (Faire des) à :

Contre nous de pied ferme ils tirent leurs alfanges,
De notre sang *au* leur *font d'*horribles *mélanges*. (III, 173. *Cid*, 1298.)

A a ici le sens d'*avec :* voyez le tome I du *Lexique*, p. 9.

MÊLER.

.... Cette liqueur épaisse
Mêle du sang de l'hydre avec celui de Nesse. (II, 390. *Méd.* 986.)
Il se rend familier avec tous mes amis,
Mêle partout son mot.... (IV, 332. *S. du Ment.* 819.)
Tant son mauvais destin semble prendre de soins
A *mêler* sa présence où l'on la veut le moins! (IV, 351. *S. du Ment.* 1196.)
M. Naudé.... qui *mêloit* plus de doctrine que d'agrément dans ses ouvrages. (X, 472. *Lettr.*)

Se mêler à, dans :

Quoi? *vous mêler aux* vœux d'une troupe infidèle! (III, 516. *Pol.* 638.)
Il croit que ce climat, en dépit de la guerre,
Ayant sauvé le ciel, sauvera bien la terre,
Et *dans* son désespoir à la fin *se mêlant*,
Pourra prêter l'épaule au monde chancelant. (IV, 28. *Pomp.* 27.)

Mêlé :

Il faut en sa présence un peu de modestie,
Et si je vous oblige à quelque repartie,
La faire sans aigreur, sans outrages *mêlés.* (VI, 441. *Sert.* 1847.)

C'est-à-dire, sans y mêler d'outrages.

Mêlé, qui a les cheveux mêlés de noir et de blanc :

Chauve sur le devant, *mêlé* sur le derrière. (VI, 196. *OEd.* 1465.)

MÊME, adjectif.

Même, devant le nom.

Les grammairiens remarquent que ce mot présente deux sens fort différents selon qu'il est placé avant ou après le substantif. *C'est la même vertu*, disent-ils, signifie : cette vertu n'est pas autre que celle dont il vient d'être question; au lieu que *c'est la vertu même*, veut dire : c'est la vertu par excellence, la vertu en quelque sorte personnifiée. Aujourd'hui cette observation est devenue une règle, mais au dix-septième siècle *la même vertu* se disait souvent pour *la vertu même :*

L'argent dans le ménage a certaine splendeur
Qui donne un teint d'éclat à la *même* laideur. (I, 149. *Mél.* 124.)
Si de tes trahisons la jalouse impuissance
Sut donner un faux crime à la *même* innocence.... (I, 306. *Clit.* 530.)
Ton salutaire avis est la *même* prudence. (I, 442. *Veuve*, 855.)
Si vous pouviez avoir deux jours de patience,
Il m'en vient, mais qui sont dans la *même* excellence. (II, 24. *Gal. du Pal.* 122.)
Sais-tu que ce vieillard fut la *même* vertu,
La vaillance et l'honneur de son temps? Le sais-tu? (III, 128. *Cid*, 399.)
De mille objets d'horreur mon esprit combattu
Auroit tout soupçonné de la *même* vertu. (V, 54. *Théod.* 822.)
Derechef jugez mieux de la *même* vertu. (V, 79. *Théod.* 1396.)
On a tué ton père, il étoit l'agresseur;
Et la *même* équité m'ordonne la douceur. (III, 178. *Cid*, 1388.)

Ce que vous m'ordonnez est la *même* justice. (IV, 161. *Ment.* 386.)

Elle passe à vos yeux pour la *même* infamie,
S'il faut la partager avec notre ennemie. (IV, 455. *Rod.* 619.)

Je veux m'offrir sans tache à leur bras tout-puissant,
Et n'avoir à verser que du sang innocent.
— Ah! Madame, il en faut de la *même* innocence
Pour apaiser du ciel l'implacable vengeance. (VI, 158. *OEd.* 569.)

Voici des passages qui nous offrent les deux tournures contenues en un seul vers :

Ah! l'innocence *même*, et la *même* candeur! (II, 360. *Méd.* 384.)
Toi, la pureté *même*, et moi, la *même* ordure. (VIII, 595. *Imit.* IV, 339.)
Comme votre grandeur s'est toujours mesurée
Sur la droiture *même* et la *même* équité. (IX, 99. *Off. V.* 30.)

La même vertu, la même équité, etc., pour la *vertu même,* etc., n'étaient pas des tournures particulières à la poésie. On s'en servait également dans la prose; seulement les éditeurs ne les y ont pas toujours conservées. On lit dans la *Psyché* de la Fontaine, édition de M. Walckenaer (1826, tome V, p. 140) : « Notre maistresse n'est pas telle qu'on s'imagine : il semble à la voir que ce soit *la douceur même ;* mais je vous la donne pour une femme vindicative, et aussi cruelle qu'il y en ait. » Si l'on a recours à l'édition originale, on y trouve : « Nostre maistresse n'est pas telle qu'on s'imagine : il semble à la voir que ce soit *la même douceur....* » On voit que pour les études philologiques et grammaticales, il s'en faut qu'on puisse toujours se fier aux textes modernes même les plus estimés.

MÊME après le nom :

.... Sans être rivaux, nous aimons en lieu *même*. (II, 290. *Pl. roy.* 1287.)
Si d'aimer en lieu *même* on vous a vu l'audace. (VI, 622. *Oth.* 1094.)

« Aimer en lieu *même*, » c'est-à-dire, aimer en même lieu, aimer la même femme.

MÊME sans article.

Voyez les deux exemples précédents.

Philandre et sa Cloris courent *même* danger. (I, 218. *Mél.* 1246.)
Je crois faire beaucoup de m'en pouvoir défendre,
Et céderois peut-être à de si rudes coups,
Si je prenois ici *même* intérêt que vous. (III, 323. *Hor.* 954.)
Songe avec quel amour j'élevai ta jeunesse.
— Il éleva la vôtre avec *même* tendresse. (III, 455. *Cin.* 1598.)
Je devois *même* peine à des crimes semblables. (III, 528. *Pol.* 897.)
.... Peut-être qu'un jour
César éprouvera *même* sort à son tour. (IV, 51. *Pomp.* 588.)
J'ai *mêmes* yeux encore, et vous *mêmes* appas. (VI, 187. *OEd.* 1235.)
Comme ils ont *même* sang, ils ont *mêmes* esprits. (VI, 272. *Tois.* 400.)
.... Je mourrois, ma sœur,
S'il falloit qu'à son tour elle eût *même* douceur. (VI, 322. *Tois.* 1579.)
J'ai fait porter à la pièce le nom de cette princesse (*Rodogune*) plutôt que celui de Cléopâtre, que je n'ai même osé nommer dans mes vers, de peur qu'on ne confondît cette reine de Syrie avec cette fameuse princesse d'Égypte qui portoit *même* nom. (IV, 420. *Exam. de Rod.*)
J'ai *mêmes* déplaisirs, comme j'ai *même* flamme;
J'ai *mêmes* désespoirs.... (VI, 589. *Oth.* 346 et 347.)

LE MÊME, répété :

.... *Le même* intérêt qui vous fit consentir,
Malgré tout votre amour, à me laisser partir,
Le même me dérobe ici votre couronne. (VI, 306. *Tois.* 1210 et 1212.)
Le même qui pour vous courant à son supplice,
Contre un ingrat trop cher a demandé justice,
Le même vient encor dissiper votre peur. (VI, 314. *Tois.* 1372 et 1374.)

LE MÊME, neutralement, la même chose :

Le même arrive devant la simple *l*, à la fin du mot. (I, 10. *Au lect.*)
L'édition Lefèvre a ici remplacé *le même* par *le même cas*.

A peine une heure ou deux elles ont pris haleine.
Qu'il les range en bataille au milieu de la plaine
L'ennemi fait *le même*, et l'on voit des deux parts
Nos sillons hérissés de piques et de dards. (VI, 473. *Soph.* 13.)
    Vous deviendrez cher à mes yeux;
    Et j'espère de vous *le même*. (VII, 17. *Agés.* 216.)

MÊMES après un pronom personnel singulier :

Moi-*mêmes*, à mon tour, je ne sais où j'en suis (IV, 235. *Ment.* 1716 *var.*)
En 1660, Corneille a ainsi modifié ce vers :
Je ne sais plus moi-même, à mon tour, où j'en suis.

— Il serait long et difficile de faire l'histoire complète des règles ou des habitudes suivies dans notre langue à diverses époques quant à l'*s* finale du mot *même* (voyez ci-après MÊMES, MÊME, adverbe). Il est du moins très-certain que, du temps de Palsgrave, la règle était de mettre une *s* à ce mot lorsqu'il suivait immédiatement le pronom personnel; on trouve dans sa *Grammaire* (p. 79) : *je mesmes, moy mesmes, tu mesmes, il mesmes, luy mesmes*. On est donc fondé à considérer l'orthographe observée dans le vers du *Menteur* que nous venons de citer, comme un débris d'un ancien usage.
Voyez ci-après, p. 93, MOI-MÊME.

MÊMES, MÊME, adverbe :

Voyez que votre vie à Dieu *mêmes* importe. (III, 518. *Pol.* 670 *var.*)
Ici dispensez-moi du récit des blasphèmes
Qu'ils ont vomis tous deux contre Jupiter *mêmes*. (III, 526. *Pol.* 838.)
Cette rare beauté qu'en ces lieux *même* on prise. (IV, 220. *Ment.* 1454.)
    .... Admirez
Que ces prisonniers *même* avec lui conjurés
Sous cette illusion couroient à leur vengeance. (V, 237. *Hér.* 1838.)
.... Par les lois *même* en mon pouvoir remise. (VI, 515. *Soph.* 1053.)
L'hymen de ses rois *même* y donne cœur pour cœur. (VII, 27. *Agés.* 447.)

A l'égard des deux formes adverbiales *mesmes* et *même*, voici une remarque de Vaugelas qui évidemment a été suivie en mainte occasion par nos grands écrivains, et qui explique bon nombre de passages que leurs commentateurs ont regardés comme des bizarreries ou des licences : « *Même* et *mêmes* adverbe. Tous deux sont bons et avec *s* et sans *s*; mais voici comme je voudrois user tantôt de l'un et tantôt de l'autre ; quand il est proche d'un substantif singulier, je voudrois mettre *mêmes* avec *s* ; et quand il est proche d'un substantif pluriel, je voudrois mettre *même* sans *s*, et l'un et l'autre pour éviter l'équivoque, et pour empêcher que *même* adverbe ne soit pris pour *même* pronom. Un exemple de chacun le va faire entendre : *les choses même que je vous ai dites*

me justifient assez, et la chose mêmes que je vous ai dite, etc. » (*Remarques*, p. 23 et 24.)
— Les exemples précédents de Corneille ne sont que des applications de cette règle.

Dans les passages suivants, l'*s* finale ne sert point à éclaircir le sens ; mais il ne faut pas s'étonner de rencontrer chez les poëtes de ces irrégularités que les prosateurs eux-mêmes, comme Vaugelas le reconnaît, se permettaient souvent :

Et *mêmes* on diroit qu'un autre tout exprès
Me garde mon épée au fond de ces forêts. (I, 312. *Clit.* 639.)
Tu me quittes, ingrat, et *mêmes* avec joie. (III, 545. *Pol.* 1247 *var.*)
Je te suivrai partout et *mêmes* au trépas. (III, 565. *Pol.* 1681. *var.*)

A MÊME, parmi :

Cherches-tu de la joie à *même* mes douleurs ? (II, 263. *Pl. roy.* 736.)

À MÊME QUE :

Caliste se ranime à *même que* je meurs. (I, 292. *Clit. var.* 2 *b.*)
Il y avait dans la première édition (1632) :
    Caliste se ranime autant que je me meurs.

MÉMOIRE, souvenir :

En cet aveuglement ne perds pas la *mémoire*
Qu'ainsi que de ta vie il y va de ta gloire. (III, 183. *Cid*, 1505.)
    .... O siècles, ô *mémoire*,
Conservez à jamais ma dernière victoire ! (III, 459. *Cin* 1697.)
Il en reste toujours quelque indigne *mémoire*
Qui porte une souillure à la plus haute gloire. (V, 562. *Nic.* 1135.)
Mets l'histoire à ses pieds, et toute la *mémoire*. (X, 119. *Poés. div.* 74.)
« Toute la mémoire, » tous les souvenirs historiques.

MÉNAGE, gouvernement, conduite d'une maison :

Elle (*la mort de votre père*) a laissé chez vous un diable de *ménage* :
Ville prise d'assaut n'est pas mieux au pillage. (IV, 292. *S. du Ment.* 71.)

MÉNAGES, objets d'habillement, de parure, etc. :

Nous causions de mouchoirs, de rabats, de dentelles,
De *ménages* de fille.... (II, 87. *Gal. du Pal.* 1303.)

MÉNAGER SES ATTRAITS, en faire un usage habile, en calculer l'effet, ne point les prodiguer :

    .... Elle est et belle et fine,
Et sait si dextrement *ménager ses attraits*,
Qu'il n'est pas bien aisé d'en éviter les traits. (II, 33. *Gal. du Pal.* 291.)

MÉNAGER L'ESPRIT DE QUELQU'UN :

La voici : laissez-moi *ménager son esprit* ;
Et voyez cependant de quel air on m'écrit. (VI, 374. *Sert.* 1391.)

MÉNAGER DE, substantif :

Un roi dont la prudence a de meilleurs objets
Est meilleur *ménager du* sang de ses sujets. (III, 139. *Cid*, 596.)

MENDIER QUELQUE CHOSE À QUELQU'UN :

Daigne, daigne repaître un cœur qui *te mendie*
  Un morceau de ton pain. (VIII, 674. *Imit.* IV, 1965.)

MENER, amener, conduire, diriger :

.... Quelle occasion *mène* Évandre vers nous? (III, 396. *Cin.* 279.)
Change, pauvre abusé, change de batterie,
Conte ce qui te *mène*, et ne t'amuse pas
A perdre innocemment tes discours et tes pas. (III, 401. *Veuve*, 55.)
Envieux l'un de l'autre, ils *mènent* tout par brigues. (III, 401. *Cin.* 581.)

MENER UNE VIE :

Ils *mènent une vie* avec tant d'innocence,
Que le ciel leur en doit quelque reconnoissance. (III, 569. *Pol.* 1791.

D'ordinaire, on n'emploie cette locution qu'en ajoutant un adjectif au mot *vie*
« avec tant d'innocence » équivaut pour le sens à *si innocente.* »

MENSONGER, ÈRE, avec un nom de personne :

Après m'avoir promis, seriez-vous *mensongère?*
        (II, 110. *Gal. du Pal.* 1745 *var.*)

En 1660, Corneille a changé le vers et fait disparaître ce mot.

« Les femmes sont plus *mensongères* que les hommes, selon Aristote. » (Bouchet, livre II, 23ᵉ *serée*, p. 303.)

MENTERIE.

Où me vois-tu rêver? — J'appelle rêveries
Ce qu'en d'autres qu'un maître on nomme *menteries.* (IV, 157. *Ment.* 314.)

POUSSER UNE MENTERIE :

On diroit qu'il dit vrai, tant son effronterie
Avec naïveté *pousse une menterie.* (IV, 192. *Ment.* 978.)

MENU.

INFORMER PAR LE MENU :

Tu m'en veux *informer* en vain *par le menu.* (I, 472. *Veuve*, 1418.)
Voyez ci-dessus, p. 19, INFORMER.

AUTANT GROS QUE MENU, locution proverbiale :

Les esprits délicats y trouveront à dire,
Et feront de la pièce entre eux une satire,
Si de quoi qu'on y parle, *autant gros que menu*,
La fin ne leur apprend ce qu'il est devenu. (IV, 389 *S. du Ment. var.* 1.)

HACHER MENU COMME CHAIR À PÂTÉS, voyez au tome I du *Lexique*, p. 164, CHAIR.

MÉPRENDRE (SE), avec ellipse du pronom personnel :

.... Qu'à propos le ciel l'a fait *méprendre;*

Et ne consentant point à ses lâches desseins,
Met au lieu d'Angélique une autre entre ses mains ! (II, 284. *Pl. roy.* 1175.)
Vous verrez qu'ils auront pour vous trop d'amitié
Pour vous laisser *méprendre* au choix d'une moitié. (VI, 508. *Soph.* 876.)

Dans le langage du Palais, *méprendre* pouvait s'employer sans le pronom personnel : « M. de Rambouillet étoit bien avec le maréchal d'Ancre, et comme c'étoit un homme fort secret et qui avoit peur de *méprendre*, comme on dit au Palais, on disoit de lui que quand on lui demandoit quelle heure il étoit, il tiroit sa montre et montroit le cadran. » (Tallemant des Réaux, *Historiettes*, tome II, p. 479.)

SE MÉPRENDRE VERS QUELQU'UN, envers quelqu'un, en s'attaquant à quelqu'un :

Quels insolents *vers moi s'*osent ainsi *méprendre ?* (II, 31. *Gal. du Pal.* 246.)

MÉPRIS.

Vengez-vous du rebelle, et faites-vous justice;
Vous devez un *mépris* du moins à son caprice. (X, 144. *Poés. div.* 14.)
Ces vers s'adressent à Mlle du Parc.

FAIRE MÉPRIS :
L'ordinaire *mépris* que Rome *fait* des rois. (IV, 67. *Pomp.* 964.)

MÉPRISER, absolument :

Dans ses civilités on diroit qu'il *méprise*. (IV, 314. *S. du Ment.* 452.)
Dirons-nous rien nous deux? — Non. — Comme tu *méprises !*
(IV, 328. *S. du Ment.* 755.)

MÉPRISÉ, substantivement :
Avant que de choisir je demande un serment,
Comtes, qu'on agréera mon choix aveuglément;
Que les deux *méprisés*, et tous les trois peut-être,
De ma main, quel qu'il soit, accepteront un maître. (V, 424. *D. San.* 129.)

MERCENAIRE, adjectivement :

Le véritable amour jamais n'est *mercenaire*,
Il n'est jamais souillé de l'espoir du salaire. (VI, 40, *Perth.* 483.)

MÉRITE, au pluriel :

Malgré le devoir et la bienséance du sexe, celle-ci (*cette lettre*) m'échappe en faveur de vos *mérites*. (I, 178. *Mél.*)
.... Ces lettres, qu'il croit l'effet de ses *mérites*. (I, 226. *Mél* 1383.)
Demeurez avec moi d'accord de vos *mérites*. (I, 429. *Veuve,* 580.)
    .... Mon esprit adore vos *mérites*. (II, 104. *Gal. du Pal.* 1637.)
Je crois que pour régner il en a les *mérites*. (V, 536. *Nic.* 547.)
Ne fais point fondement sur tes propres *mérites*. (VIII, 58. *Imit.* I, 470.)

MÉRITER, absolument, dans le style mystique :

Plus elle est volontaire (*la mort*), et plus elle *mérite*. (III, 518. *Pol.* 658.)
Si tu veux *mériter*, si tu veux croître en grâce. (VIII, 98. *Imit.* I, 1168.)

MERVEILLE (Passer pour) :

La valeur de son père, en son temps sans pareille,
Tant qu'a duré sa force, *a passé pour merveille*. (III, 107. *Cid*, 34.)

Expression blâmée par Scudéry, excusée par l'Académie, et critiquée par Voltaire

Faire merveille, dans le style tragique :

Il *avoit fait merveille* aux guerres de Castille. (V, 491. *D. San.* 1758.)

MERVEILLEUX.

Seigneur, cette surprise est pour moi *merveilleuse* (IV, 40. *Pomp.* 338.)

Il n'est pas merveilleux si :

Il n'est pas merveilleux s'il ne peut s'égarer. (VIII, 221. *Imit.* II, 928.)

MÉSESTIMER, faire peu de cas de :

Tu sais (et je le dis sans te *mésestimer*)
Que quand notre Daphnis auroit su te charmer.... (II, 157. *Suiv.* 595.)
Ce n'est point à Camille à t'en *mésestimer*. (III, 292. *Hor.* 249.)

Se mésestimer :

C'est donc avec raison que l'âme s'humilie,
 Se *mésestime*, se déplaît. (VIII, 138. *Imit.* I, 1925.)

MESSÉANT à :

 Cela sent un peu trop son abandon, *messéant à* toute sorte de poëme.
(I, 377. *Au lect. de la Veuve.*)

MESURE, au figuré, précaution, moyen :

Sylla par politique a pris cette *mesure*
De montrer aux soldats l'impunité fort sûre. (VI, 424. *Sert.* 1453.)

Perdre ses mesures, terme d'escrime employé figurément :

Tu vas sortir de garde, et *perdre tes mesures*. (IV, 188. *Ment.* 901.)

De mesure, mesuré :

Ses gestes concertés, ses regards *de mesure*. (VI, 592. *Oth.* 405.)

MESURER à, proportionner à :

Le ciel, qui mieux que nous connoît ce que nous sommes,
Mesure ses faveurs *au* mérite des hommes. (V, 386. *Andr.* 1540.)

MÉTHODE.

Pour moi, qui de louer n'eus jamais la *méthode*,
J'ignore encor le tour du sonnet et de l'ode. (X, 177. *Poés. div.* 29.

MÉTIER, fonction, emploi, genre de vie :

Je puis honorer Rome en son ambassadeur,
Faire réponse en reine, et comme le mérite
Et de qui l'on me parle, et qui m'en sollicite.
Ici c'est un *métier* que je n'entends pas bien. (v, 546. *Nic.* 769.)
Pour moi, la paresse me semble un *métier* bien doux. (x, 482. *Lettr.*)

MÉTIER, absolument, métier de la guerre :

Il se met à leur tête aux plus ardentes plaines....
Endurcit et soi-même et les siens au *métier*. (x, 199. *Poés. div.* 68.)

MÉTIER, en parlant de l'art du poëte :

Vous m'accusez d'ignorance en mon *métier*. (x, 400. *Lettr. apol.*)
Si vous eussiez su les termes du *métier* dont vous vous mêlez.... (x, 402. *Lettr. apol.*)

MÉTIERS.

C'est un homme de tous métiers signifie : c'est un intrigant. Corneille a dit dans un sens différent : « être de beaucoup de *métiers*, » pour : être de toutes les parties, avoir beaucoup d'aventures, mener joyeuse vie :

A Poitiers j'ai vécu comme vit la jeunesse ;
J'étois en ces lieux-là de beaucoup de *métiers*. (IV, 144. *Ment.* 59.)

METTRE.

.... Le siècle où nous sommes
A bien dissimuler *met* la vertu des hommes. (I, 444. *Veuve*, 888.)
Piqué d'un faux dédain, j'avois pris fantaisie
De *mettre* Célidée en quelque jalousie. (II, 108. *Gal. du Pal.* 1706.)
.... Si déjà ce bruit vous *met* en jalousie,
Vous pouvez consulter le devin Tirésie. (VI, 178. *OEd.* 1025.)
Madame, vous voyez avec quels sentiments
Je *mets* ce grand obstacle à vos contentements. (VI, 31. *Perth.* 266.)
J'ai du cœur, et pourrois le *mettre* en son plein jour. (VII, 515. *Sur.* 1256.)
Je les recevrai tous, sans *mettre* différence
Entre le bon et le mauvais. (VIII, 350. *Imit.* III, 1857.)

METTRE QUELQUE PART, y conduire et y laisser :

L'*avez*-vous *mis* (Pompée) fort loin au delà de la porte ?
— Comme assez près des murs il avoit son escorte,
Je me suis dispensé de le *mettre* plus loin. (VI, 422. *Sert.* 1405 et 1407.)
Il se saisit du port, il se saisit des portes,
Met des gardes partout et des ordres secrets. (IV, 60. *Pomp.* 795.)
La locution est amenée et sauvée par *mettre des gardes*, qui précède.

METTRE À FAIRE PIS, proposer, défier de faire pis :

Je *mets à faire pis*, en l'état où nous sommes,
Le sort, et les démons, et les Dieux, et les hommes. (III. 300. *Hor.* 427.)

Mettre au jour, produire, publier :

> Deux sonnets partagent la ville....
> Le plus sot et le plus habile
> En *mettent* leur avis *au jour*. (x, 127. *Poés. div.* 6.)

Mettre bas ; mettre à bas, voyez au tome I du *Lexique*, p. 115, Bas.

Mettre, se mettre au hasard, voyez au tome I du *Lexique*, p. 475, Hasard.

Mis, participe.

Bien mis, bien vêtu, bien habillé, dans la haute poésie :

Dans un camp si pompeux, des guerriers si *bien mis*. (x, 200. *Poés. div.* 96.)

MEUBLE, au figuré :

> .... C'est un *meuble* inutile
> Qu'un galant de cinquante ans. (x, 168. *Poés. div.* 15.)

Meuble de bouche, phrases dont un amant doit avoir la bouche garnie, répertoire amoureux :

> Soleils, flambeaux, attraits, appas,
> Pleurs, désespoirs, tourments, trépas,
> Tout ce petit *meuble de bouche*
> Dont un amoureux s'escarmouche. (x, 27. *Poés. div.* 51.)

MEUR, voyez ci-après, p. 104, Mûr.

MEURTRIER.

Un fugitif, un traître, un *meurtrier* de rois. (II, 371. *Méd.* 619.)
Il est juste, grand Roi, qu'un *meurtrier* périsse. (III, 146. *Cid*, 738.)

Corneille le premier a fait ce mot de trois syllabes, sans tenir compte de la critique de l'Académie, qui l'a repris à ce sujet dans ses *Observations sur le Cid*. — Voyez au tome I, l'*Introduction* au *Lexique*.

MIEUX, où nous mettrions *le mieux* :

Et je tiendrois des deux celui-là *mieux* épris
Qui favoriseroit ce que je favorise. (v, 455. *D. San.* 872.)

Des mieux, le mieux du monde, aussi bien que ceux qui font le mieux :

Il en parle *des mieux*.... (II, 191. *Suiv.* 1239.)
Je m'acquitte *des mieux* de la charge commise. (II, 230. *Pl. roy.* 114.)
Il cajole *des mieux*.... (IV, 296. *S. du Ment.* 164.)
> Hélas ! — Je n'entends pas *des mieux*
> Comme il faut qu'un hélas s'explique. (VII, 70. *Agés.* 1531.)

Voyez le *Lexique de Racine*. — Vaugelas (*Remarques*, p. 123) reconnaît qu'il n'y a rien de si commun que cette façon de parler, mais il ajoute qu'elle est « très-basse et nullement du langage de la cour, où l'on ne la peut souffrir. » Chapelain, comme nous l'apprend Th. Corneille, dans sa *note* sur cette *remarque* de Vaugelas, disait que

« *danser des mieux, chanter des mieux*, était une élégance du bas style. » Cette locution claire et facile a succombé sous ces critiques, et a disparu des dictionnaires.

MIEUX, avec un adjectif possessif, *mon mieux, son mieux*, etc., en parlant de ce qu'on préfère, de ce qu'on trouve le meilleur :

On pardonne aisément à qui trouve *son mieux*.
— Mais en quoi gît ce mieux ? — En esprit, en richesse. (I, 180. *Mél.* 630.)
Croyez que nous tromper ce n'est pas *votre mieux*. (II, 206. *Suiv.* 1551.)
.... Celle qu'en ce cas je nommerai *mon mieux*
M'en sera redevable, et non pas à ses yeux. (II, 272. *Pl. roy.* 947 *var.*)

Corneille n'a pas laissé subsister cette tournure dans ce dernier passage ; il a mis en 1660 :

.... Celle à qui ses nœuds m'uniront pour jamais
M'en sera redevable, et non à ses attraits.

DE TOUT MON MIEUX, le mieux que je puis :

Il faut donc que je m'évertue,
Que je me débatte et remue,
Que je pousse *de tout mon mieux*. (X. 159. *Poés. div.* 39.)

MIGNARD, gracieux, aimable :

Par ce refus *mignard*, qui porte un sens contraire,
Ton feu m'instruit assez de ce que je dois faire. (I, 185. *Mél. var.* 2.)

MIGNARDISE.

.... L'air de son visage a quelque *mignardise*
Qui ne tire pas mal à celle de Dorise. (I, 312. *Clit.* 649.)
Qu'il a de *mignardise* à décrire un visage ! (II, 23. *Gal. du Pal.* 105.)

MIGNATURE.

.... C'est une *mignature*.
— Oh ! le charmant portrait ! l'adorable peinture ! (IV, 326. *S. du Ment.* 727.)

On écrit aujourd'hui *miniature*, à cause du *minium* qui entre dans ce genre de peinture ; c'est déjà l'étymologie indiquée par Ménage dans le *Dictionnaire étymologique*. L'Académie, qui dès 1694 écrit *miniature*, ainsi que Furetière (1690), fait remarquer qu'on prononce d'ordinaire *mignature*.

MIGNON, au propre et au figuré, amant préféré, favorisé :

Je ne fais à pas un tenir lieu de *mignon*,
Et c'est à qui l'aura dessus son compagnon. (II, 228. *Pl. roy.* 3 *var.*)
  Je ne me dois regarder que comme un de ces indignes *mignons* de la fortune. (X, 409. *Disc. ac.*)

MILICE, armée, force armée :

Ils voudroient....
Avoir dompté comme eux l'Espagne en sa *milice*. (X, 186. *Poés. div.* 7.)

MILIEU.

Par le milieu de, à travers :

Persée s'en put saisir dès lors *(de Pégase)* pour faire ses courses *par le milieu de* l'air. (v, 295. *Argum. d'Andr.*)

Amitié de milieu, qui tient le milieu entre l'amitié proprement dite et l'amour :

.... Le dernier point
Est le seul qui te déplaise.
Cette *amitié de milieu*
Te semble être selon Dieu. (x, 173. *Poés. div.* 5.)

MILITAIRE, adjectivement :

Ayant régné sept ans, son ardeur *militaire*
Ralluma cette guerre où succomba son frère. (iv, 432. *Rod.* 63.)

C'est en 1660 que Corneille a introduit dans son texte les mots *ardeur militaire*. Voltaire trouve l'adjectif trop technique. « Il faut, dit-il, en poésie, employer les mots *guerrière, belliqueuse.* »

MILLE.

Mille et mille :

Ce choisi d'entre *mille et mille*. (viii, 661. *Imit.* iv, 1707 *var.*)

En 1665, Corneille a ainsi modifié ce vers :

Cet époux choisi d'entre mille.

.... En *mille* et *mille* lieux les têtes écrasées
Publieront ses ressentiments. (ix, 213. *Off. V.* 27.)

MILLION.

Un *million* de traits, un *million* de flèches
Tomberont à vos deux côtés. (ix, 329. *Off. V.* 25.)
Mes deux mains à l'envi disputent de leur gloire....
La droite a mis au jour un *million* de vers. (x, 151. *Poés. div.* 7.)

MINE, apparence, extérieur :

Que tu discernes mal le cœur d'avec la *mine!* (iii, 555. *Pol.* 1451.)

(Être) sur sa bonne mine, avoir bonne mine, bon air :

Vous trouvez comme moi qu'il ne danse pas mal?
— Je ne le vis jamais mieux *sur sa bonne mine!* (ii, 151. *Suiv.* 469.)

Avoir, n'avoir pas la mine de :

J'ai la *mine* après tout *d'y* trouver mal mon compte.
(ii, 45. *Gal. du Pal.* 490.)
Ils pourront encore jeter l'œil sur l'*Iphigénie in Tauris*, que notre Aristote nous donne pour exemple d'une parfaite tragédie, et qui *a* bien *la mine d'*être toute de même nature. (iv, 417. *Avert.* de *Rod.*)
De la garder longtemps elle *n'a pas la mine.* (ii, 247. *Pl. roy.* 462.)

MINIATURE, voyez MIGNATURE.

MINISTÈRE.

Vous poussez un peu loin l'orgueil du *ministère :*
On dit que sur mon rang vous étendez sa loi,
Et que vous vous mêlez de disposer de moi. (VI, 604. *Oth.* 678.)

Furetière définit le mot : « Gouvernement de l'État sous l'autorité souveraine. »

MINUIT.

Minuit vient de sonner.... (II, 273. *Pl. roy.* 953.)
.... Et que vers *la mi-nuit.* (II, 493. *Illus.* 1115 *var.*)

En 1660, Corneille a remplacé cet hémistiche par celui-ci :
.... Qu'environ à *minuit.*

Vaugelas écrit en 1647 (*Remarques*, p. 78) : « *Sur le minuit.* C'est ainsi que, depuis neuf ou dix ans toute la cour parle, et que tous les bons auteurs écrivent. » Vaugelas du reste n'approuve pas ce changement et ne fait ici que se soumettre à l'usage. Il pense que *sur le midi* a été cause qu'on a dit *sur le minuit.* Une fausse analogie fait ainsi commettre bien des fautes, qui à la longue cessent parfois d'en être et s'imposent au langage régulier. A force de dire : « vers *les* trois heures, vers *les* six heures, » le peuple s'accoutume à dire aussi : vers *les minuit,* les *midi,* *les une heure* même, au lieu de conserver toujours le singulier dans ces dernières locutions.

MIRACLE, merveille :

Le *miracle* de l'Italie, le *Pastor Fido.* (I, 3. *Au lect.*)
.... Un *miracle* où vous n'osiez penser. (VI, 433. *Sert.* 1656.)
.... Tes premiers *miracles*
Ont rempli hautement la foi de mes oracles. (X, 178. *Poés. div.* 41.)

Le poëte s'adresse à Louis XIV.

.... Ce seroit en vain qu'aux *miracles* du temps
Je voudrois opposer l'acquis de quarante ans. (X, 187. *Poés. div.* 33.)

« Aux miracles, » c'est-à-dire : aux grands génies, ou aux grandes œuvres.

FAIRE MIRACLE :

.... De tant de vertus la sainte plénitude
Fait partout *miracle* pour vous. (IX, 97. *Off. V.* 23 et 24.)

CRIER MIRACLE, CRIER AU MIRACLE, voyez au tome I du *Lexique,* p. 243, CRIER :

MIRACULEUX, se rapportant à un nom de personne :

Miraculeux héros, dont la gloire refuse
L'avantageuse erreur d'un peuple qui s'abuse. (V, 488. *D. San.* 1685.)

MIROIR.

MIROIRS VAGABONDS, en parlant des flots :

Telle, dis-je, Vénus sortit du sein de l'onde,
Et promit à ses yeux la conquête du monde,
Quand elle eut consulté sur leur éclat nouveau
Les *miroirs vagabonds* de son flottant berceau. (V, 322. *Andr.* 137.)

MIROIR, au figuré :

.... L'exemple souvent n'est qu'un *miroir* trompeur. (III, 403. *Cin.* 388.)
Médée est un *miroir* de vertu signalée. (II, 360. *Méd.* 385.)
Nous serons les *miroirs* d'une vertu bien rare. (III, 301. *Hor.* 455.)
.... Il passe dans Rome avec autorité
Pour fidèle *miroir* de la fatalité. (III, 494. *Pol.* 156.)

« *Miroir* se dit figurément, en morale, de ce qui nous représente quelque chose, ou qui la met comme devant nos yeux. *Miroir de confession*, c'est un *miroir de vertu*, *miroir de patience*. » (*Dictionnaire de Furetière*, 1690.)

MIS, voyez ci-dessus, p. 87, à l'article METTRE.

MISE (ÊTRE DE) :

Jamais elles (*les entreprises contre des proches*) n'ont cette vraisemblance sans laquelle ce qu'on invente ne peut *être de mise*. (I, 73. *Disc. de la Trag.*)
Il est impossible qu'on s'imagine qu'à des personnes de votre rang.... on présente rien qui ne *soit de mise*. (I, 259. *Épît. de Clit.*)
Ces beautés *étoient de mise* en ce temps-là, et ne le seroient plus en celui-ci. (III, 95. *Exam. du Cid.*)

Au propre, cette expression était particulièrement consacrée en parlant des monnaies qui avaient cours.

ÊTRE DE MAUVAISE MISE :

Venez : cette raison *est de mauvaise mise*. (II, 250. *Pl. roy.* 522.)
Que rien n'y penche d'un côté,
Rien n'y *soit de mauvaise mise*. (X, 158. *Poés. div.* 17.)

SE FAIRE DE MISE, se faire valoir :

Comme on s'y connoît mal, chacun *s'y fait de mise*. (IV, 145. *Ment.* 81.)

MISÈRE, calamité, malheur :

Que je te plains, ma fille ! Hélas ! pour ta *misère*
Les destins ennemis t'ont fait naître ce frère. (I, 454. *Veuve*, 1087.)
Ciel, qui vois ma *misère* et qui fais les heureux. (I, 479. *Veuve*, 1569.)
As-tu bien vu sa haine? et vois-tu ma *misère?* (III, 555. *Pol.* 1448.)
Par ce que je lui dois jugez de ma *misère*. (IV, 380. *S. du Ment.* 1721.)
Jugez à qui je puis imputer nos *misères*. (VI, 24. *Perth.* 72.)

Voyez le *Lexique de Racine*.

MITHRIDATE, contre-poison :

Depuis, il trafiqua de chapelets de baume,
Vendit du *mithridate* en maître opérateur. (II, 443. *Illus.* 183.)

MODE, usage, coutume :

Les filles donc ainsi perdent la retenue !
Et depuis quand la *mode* en est-elle venue? (II, 319. *Tuil.* 214.)

Mode, façon, manière :

> Vous avez, Dieu me sauve ! un esprit à ma *mode*. (II, 456. *Illus.* 433.)
> J'approuve cependant que chacun ait ses Dieux,
> Qu'il les serve à sa *mode*, et sans peur de la peine. (III, 570. *Pol.* 1799.)
> Laisse à chacun son sentiment :
> Qu'il parle et discoure à sa *mode*. (VIII, 476. *Imit.* III, 4450.)

MODÉRATION.

Ce mot signifiait en jurisprudence adoucissement, diminution d'une peine ou d'une amende ; Corneille l'a employé dans un sens analogue en parlant des règles de la poétique et des lois qui régissent l'art dramatique :

> Beaucoup de mes pièces en manqueront (*de l'unité de lieu*) si l'on ne veut point admettre cette *modération*. (I, 122. *Disc. des 3 unit.*)

MODESTIE (Faire de fausse) :

Ne *faites* point ici *de fausse modestie*. (V, 286. *D. San.* 286.)

MOGOR, Mogol :

> Il est vrai que je rêve, et ne saurois résoudre
> Lequel je dois des deux le premier mettre en poudre,
> Du grand Sophi de Perse, ou bien du grand *Mogor*.
> — Eh ! de grâce, Monsieur, laissez-les vivre encor. (II, 447. *Illus.* 227.)

La forme *Mogor* est assez rare, et les éditions modernes l'auraient probablement fait disparaître si elle ne se trouvait pas à la rime. — Dans *la Mandragore* de la Fontaine, on lit :

> Le grand *Mogol* l'avoit avec succès
> Depuis deux ans éprouvé sur sa femme ;

et plus loin :

> Vous moquez-vous d'en douter seulement ?
> Par votre foi, le *Mogor* est-il homme
> Que l'on osât de la sorte affronter ?

Telle est du moins la leçon de l'édition originale ; mais à partir de 1685 on a imprimé *Mogol* au second passage, comme au premier, dans les diverses éditions des Œuvres de la Fontaine antérieures à celle que j'ai publiée dans la *Bibliothèque elzévirienne*. M. Paul Lacroix, qui a donné depuis une édition des *Contes*, n'admet *Mogor* qu'en note et pour dire que ce mot « n'a jamais été qu'une faute d'impression. » L'exemple de Corneille qui figure en tête de cet article prouve qu'en cette circonstance le savant bibliophile s'est trompé. Cette forme n'était pas seulement usitée en vers au dix-septième siècle ; on lit dans Balzac : « Un Espagnol m'a dit autrefois de lui qu'il savoit jusqu'à une enseigne d'hôtellerie de Perse, et jusqu'à un buisson du pays du grand *Mogor*. » (Balzac, livre XV, lettre XXXIV, tome I, p. 658.)

MOI.

Parler à moi, voyez Parler.

De moi, par moi-même, quant à moi :

> .... Tu sais que *de moi* je n'ai rien qui me donne
> Aucun droit de prétendre une telle faveur. (VIII, 593. *Imit.* IV, 305.)
> *De moi*, je ne veux point, comme le bas vulgaire,

De tes divers emplois pénétrer le mystère. (x, 319. *Poés. div.* 55.)

Anciennement, les trois tours : *de moi, pour moi, quant à moi* avaient le même sens. Seulement, suivant Vaugelas (*Remarques*, p. 193), *de moi* convenait mieux à la poésie, et *pour moi* à la prose. Thomas Corneille fait à ce sujet la remarque suivante : « On pouvait observer cela du temps de Malherbe ; mais aujourd'hui, si *pour moi* est bon en prose, il ne l'est pas moins en vers, et il n'y a rien de plus commun que de le trouver dans les ouvrages les plus estimés. Quand Cinna vient rendre compte de la conjuration à Émilie, il finit ce grand récit en lui disant :

Pour moi, soit que le ciel me soit dur ou propice. (III, 395. *Cin.* 257.)

La plupart tiennent que c'est comme il faut parler, et que *de moi* n'a pas tant de grâce en poésie. »

Moi-même.

On dit souvent : *C'est un autre moi-même;* mais cette locution ne s'emploie guère qu'au singulier ; Corneille, par une heureuse hardiesse, lui a donné un pluriel :

Portez-les à d'autres *moi-mêmes*. (VII, 321. *Psy.* 874.)
Mais j'ai d'autres *moi-même* à servir en ma place :
Deux fils dans ton armée, et dont l'unique emploi
Est d'y porter du sang à répandre pour toi. (x, 188. *Poés. div.* 64.)

Pour les deux orthographes *mêmes* et *même*, voyez ci-dessus, p. 81 et 82, à l'article Même.

MOINDRE.

Au *moindre* et premier bruit qu'eût fait votre malheur....
(v, 373. *Andr.* 1253.)
Ils étoient plus que rois, ils sont *moindres* qu'esclaves. (VI, 398. *Sert.* 838.)

Le moindre de, substantivement :

Comme on attend un bien qu'on n'a pas mérité,
Et dont, sans regarder service, ni famille,
Vous pouvez faire part *au moindre de* Castille.... (v, 425. *D. San.* 154.)
Si *le moindre du* peuple en conserve un soupçon.... (v, 563. *Nic.* 1142.)

MOINS.

Moins, où nous mettrions *le moins:*

Ce Dieu touche les cœurs lorsque *moins* on y pense. (III, 546. *Pol.* 1276.)
L'amour fait des heureux lorsque *moins* on y pense. (VII, 129. *Att.* 513.)

Moins.... et plus :

J'en sais mieux le haut prix (*de cette faveur*); et mon cœur amoureux,
Moins il s'connoît digne, *et plus* s'en tient heureux. (IV, 147. *Ment.* 132.)
De tant d'attraits nouveaux tu le viens de parer
Que *moins* il se ressemble, *et plus* chacun l'admire. (x, 124. *Poés. div.* 8.)

Avoir moins de, pour avoir.... de moins :

Enfin, grâces aux Dieux, j'ai *moins* d'un ennemi. (IV, 492. *Rod.* 1497.)

« *J'ai moins* d'un ennemi, » c'est-à-dire : j'ai un ennemi de moins.

À TOUT LE MOINS, TOUT AU MOINS :

Sans aucun sentiment je te verrai changer,
Pourvu qu'*à tout le moins* tu changes sans danger. (II, 515. *Illus.* 1516 *var.*)

En 1660, Corneille a remplacé le second de ces vers par celui-ci :

Lorsque tu changeras sans te mettre en danger.

.... Je suis, *tout au moins*, l'intendant du quartier. (IV, 143. *Ment.* 32.)

AU MOINS MAL QUE, le moins mal que, du moins mal que :

J'ai tâché de remédier à ces désordres *au moins mal que* j'ai pu. (VI, 127. *Au lect.* d'*OEd.*)

DU MOINS, pour *au moins* :

Depuis que j'ai quitté les guerres d'Allemagne,
C'est-à-dire *du moins* depuis un an entier. (IV, 148. *Ment.* 155.)
.... Je m'en doutois, Seigneur, que ma couronne
Vous charmoit bien *du moins* autant que ma personne. (V, 520. *Nic.* 224.)
Songez qu'il faut *du moins*, pour toucher votre cœur,
La fille d'un tribun ou celle d'un préteur. (V, 518. *Nic.* 173.)
Poppée avoit pour vous *du moins* autant d'appas. (VI, 583. *Oth.* 191.)

À MOINS DE, devant un nom :

Je me voyois perdue, *à moins d'*un tel otage. (IV, 451. *Rod.* 511.)
Sa jalouse fureur ne peut être assouvie
A moins de votre sang, *à moins de* votre vie. (V, 35. *Théod.* 416.)
Votre exemple ne laisse à personne à douter
Qu'*à moins de* la couronne on peut le mériter.
Mon exemple ne laisse à douter à personne
Qu'il pourra vous quitter *à moins de* la couronne.
(VI, 634. *Oth.* 1368 et 1370.)
Ne vouloir pas m'en croire *à moins d'*un mot si rude,
C'est pour une belle âme un peu d'ingratitude. (VII, 135. *Att.* 653.)
.... L'orgueil de son sang avec quelque raison
Ne peut souffrir d'époux *à moins de* ce grand nom. (VII, 393. *Pulch.* 300.)

À MOINS QUE DE, devant un infinitif.

C'est la tournure régulière au dix-septième siècle. — « *A moins de faire cela.* Plusieurs manquent en cette phrase, les uns disant : *à moins de faire cela*, et les autres : *à moins que faire cela ;* car ni l'un ni l'autre n'est bon, quoique le premier soit moins mauvais ; il faut dire : *à moins que de faire cela.* » (Vaugelas, *Remarques*, p. 360.)

J'ai des secrets, Monsieur, qui ne le souffrent pas,
Et ne puis rien pour vous, *à moins que de* m'attendre. (I, 311. *Clit.* 621.)
*A moins que d'*avoir l'esprit fort préoccupé d'un sentiment contraire.
(II, 14. *Exam.* de la *Gal. du Pal.*)
Et ta beauté sans doute emportoit la balance,
*A moins que d'*opposer à tes plus forts appas
Qu'un homme sans honneur ne te méritoit pas. (III, 155. *Cid*, 887.)
Sa défaite est fâcheuse *à moins que d'*être prompte. (IV, 164. *Ment.* 438.)
A moins que de la voir je ne la puis connoître. (IV, 335. *S. du Ment.* 872.)

Sachez, pour arrêter ce discours qui me flatte,
Que je n'ai pu moins faire, *à moins que* d'être ingrate.
(iv, 344. *S. du Ment.* 1070.)
Pour l'honneur du pays j'en nomme trois ou quatre;
Mais *à moins que de* voir, il n'en veut rien rabattre.
(iv, 356. *S. du Ment.* 1274.)
A moins que d'être ingrate à mon libérateur,
A moins que d'adorer un lâche adorateur,
Que d'être à mes parents, aux Dieux mêmes rebelle,
Vous crierez après moi sans cesse : « A l'infidèle! »
(v, 387. *Andr.* 1573-1575.)
Comment les vents l'en pourroient-ils enlever, *à moins que de* la faire passer par la cheminée, comme nos sorciers? (v, 307. *Exam. d'Andr.*)
Tout est au-dessous d'elle, *à moins que de* régner. (vi, 143. *OEd.* 223.)
.... *A moins que de* le verser (*le sang de ma race*),
Le ciel ne se peut satisfaire. (vi, 160. *OEd.* 607.)

À MOINS QUE DE, devant un nom :

Avise à te défendre; un affront si cruel
Ne peut se réparer, *à moins que* d'un duel. (i, 194. *Mél. var.* 4.)
A moins que de leur rang le mien ne sauroit croître. (v, 17. *Théod.* 12.)
.... Depuis que mon cœur est capable d'aimer,
A moins que d'une reine, il n'a pu s'enflammer. (v, 476. *D. San.* 1400.)
.... Votre perte est sûre *à moins que de* la mienne. (vi, 277. *Tois.* 546.)
A moins que de leur voix, l'âme la plus crédule
D'un miracle pareil feroit quelque scrupule. (vi, 480. *Soph.* 183.)
.... *A moins que* d'un ordre absolu d'elle-même. (vi, 588. *Oth.* 329.)
A moins que d'une tête un si grand corps chancelle. (vi, 613. *Oth.* 858.)
Contre un rival heureux épargneriez-vous rien,
A moins que d'un respect aussi grand que le mien? (vii, 222. *Tit.* 530.)

À MOINS QUE, devant un infinitif :

Mais aussi de Florise il ne doit rien prétendre,
A moins que se résoudre à m'accepter pour gendre. (ii, 162. *Suiv.* 694.)
Je ne t'écoute point, *à moins que* m'épouser,
A moins qu'en attendant le jour du mariage,
M'en donner ta parole et deux baisers en gage. (iv, 169. *Ment.* 528 et 529.)
Eût-elle démenti ce billet de Maurice?
Et l'eût-elle pu faire, *à moins que* révéler
Ce que surtout alors il lui falloit celer? (v, 206. *Hér.* 1145.)

À MOINS QUE, suivi d'un subjonctif, sans *ne*, voyez ci-après, p. 109, NE.

À MOINS QUE, dans des phrases elliptiques :

Moi dont la perte est sûre, *à moins que* sa ruine. (v, 560. *Nic.* 1096.)
Je veux bien réserver ce remède au besoin,
Ne faire point cette offre *à moins que* nécessaire. (vi, 273. *Tois.* 449.)
Disons donc qu'elle étoit blanche, puisque *à moins que* cela il n'auroit

pas été vraisemblable que Persée, qui étoit né dans la Grèce, fût devenu amoureux d'elle. (v, 303. *Exam. d'Andr.*)

Ah! Seigneur, plus d'empire, *à moins qu'*avec Plautine. (vi, 629. *Oth.* 1253.)

.... *A moins que* ce rang, plus d'amour, point d'époux. (vii, 383. *Pulch.* 40.)

MOITE.

.... Déjà le soleil de ses rayons essuie
Sur ces *moites* rameaux le reste de la pluie. (i, 338. *Clit.* 1126.)

A ce fameux spectacle on vit les Néréides
Lever leurs *moites* fronts de leurs palais liquides. (v, 322. *Andr.* 139.)

.... Ces *moites* demi-dieux. (vi, 292. *Tois.* 895.)

MOITIÉ, femme, épouse :

Tes desseins achevés, j'ai mérité ta haine :
Il t'a fallu sortir d'une honteuse chaîne,
Et prendre une *moitié* qui n'a rien plus que moi,
Que le bandeau royal, que j'ai quitté pour toi. (ii, 380. *Méd.* 819.)

Reste du grand Pompée, écoutez sa *moitié*. (iv, 87. *Pomp.* 1460.)

Je dois venger sur lui cette chère *moitié*. (v, 96. *Théod.* 1794.)

Seigneur, j'ai des amis chez qui cette *moitié*.... (v, 168. *Hér.* 295.)

.... Vivez après moi pour toute notre Grèce,
Et laissez à l'amour conserver par pitié
De ce tout désuni la plus digne *moitié*. (vi, 138. *OEd.* 80.)

La veuve de Laïus est toujours votre femme,
Et n'oppose que trop, pour vous justifier,
A la *moitié* du mort celle du meurtrier. (vi, 199. *OEd.* 1556.)

Voyez encore X, 179, *Poés. div.* 60.

MOL, au figuré :

.... Ce *mol* consentement. (iii, 323. *Hor.* 970.)

Qui le souffre a le cœur lâche, *mol*, abattu. (iii, 406. *Cin.* 487.)

.... Tous mes vœux pour vous seront *mols* et timides,
Quand mes vœux contre lui seront des parricides. (v, 194. *Hér.* 895.)

.... Un prince foible, envieux, *mol*, stupide. (vii, 117. *Att.* 217.)

MOLLESSE, en parlant de la prononciation :

Les mots de *fille* et *famille* en viennent (*du latin*), et se prononcent avec cette *mollesse* des autres qui ont l'*i* devant les deux *ll*, et n'en viennent pas. (i, 11. *Au lect.*)

Toutes les fois qu'il n'y a point d'*i* avant les deux *ll*, la prononciation ne prend point cette *mollesse*. (i, 11. *Au lect.*)

Quelques modernes, pour ôter toute l'ambiguïté de cette prononciation, ont écrit les mots qui se prononcent sans la *mollesse* de l'*h*, avec une *l* simple. (i, 12. *Au lect.*)

MOLLESSES, au pluriel :

Des plaisirs criminels les damnables *mollesses*. (viii, 33. *Imit.* i, 54 *var.*)

MOMENT.

Prendre son moment :

Pardonne, grand vainqueur, à cet emportement :
Le sang *prend* malgré nous quelquefois *son moment.* (x, 189. *Poés. div.* 74.)

Le sang, la voix du sang, l'amour paternel. — Ces vers sont tirés d'un poëme adressé à Louis XIV. Corneille s'excuse de l'émotion avec laquelle il parle de ses deux fils.

MON.

C'est mon :

Ardez, vraiment *c'est mon*, ou vous l'endurera! (II, 92. *Gal. du Pal.* 1392.)

« Par ironie, on sous-entend *avis*, » dit Furetière. Sous cette forme et avec cette explication, cette expression paraît fort simple; mais on disait plus ordinairement : *ça mon*, qui n'est pas aussi clair et qui a fort exercé nos érudits modernes; les uns ont fait venir *mon* du latin *num*, tiré, si on les en croit, du grec μῶν, *est-ce que?* les autres ont dérivé *ça mon* d'*amen*. Nous ne nous aventurerons pas sur un terrain si dangereux, et l'imagination nous manque pour hasarder à notre tour quelque ingénieuse interprétation. On peut voir dans le *Glossaire* de Sainte-Palaye, à l'article Assavoir mon, de nombreux exemples de cette locution.

MONARCHIQUE, adjectif.

M. Godefroy pense que Corneille a employé cet adjectif substantivement au féminin : *la monarchique*, pour signifier la forme, l'état monarchique. Cette leçon, ou plutôt cette faute, se trouve en effet dans l'édition de 1655, et peut-être dans quelque autre édition moderne; mais voici le passage entier, qui ne laisse aucun doute :

J'ose dire, Seigneur, que par tous les climats
Ne sont pas bien reçus toutes sortes d'États;
Chaque peuple a le sien conforme à sa nature,
Qu'on ne sauroit changer sans lui faire une injure :
Telle est la loi du ciel, dont la sage équité
Sème dans l'univers cette diversité.
Les Macédoniens aiment le *monarchique*,
Et le reste des Grecs la liberté publique. (III, 408. *Cin.* 541.)

MONDAIN.

Toi qui peux reconnoître à toute heure, en tout lieu,
Combien plus un *mondain* endure pour le monde. (VIII, 256. *Imit.* II, 1653.)

Ce mot appartenait autrefois exclusivement, et aujourd'hui encore il appartient surtout au langage de la dévotion. Voltaire l'a l'un des premiers employé hors de ce style, et avec un sens favorable, dans la pièce de vers intitulée *le Mondain*.

MONDE.

N'être pas, être peu du monde, être étranger aux mœurs, aux habitudes, au langage du (grand) monde :

Il faudroit *n'être pas du monde* pour ignorer que votre condition vous relève encore moins par-dessus le reste des hommes que votre esprit. (I, 259. *Épît.* de *Clit.*)

Vous *êtes peu du monde*, et savez mal la cour. (V, 560. *Nic.* 1113.)

ÊTRE DE CE MONDE, se préoccuper de ses intérêts :

Je *suis* un peu plus *de ce monde* qu'Héliodore, qui aima mieux perdre son évêché que son livre. (x, 431. *Lettr.*)

UN MONDE, une multitude de gens :

L'éloignement d'aucun ne sauroit m'affliger,
Mille encore présents m'empêchent d'y songer :
Je n'en crains point la mort, je n'en crains point le change ;
Un monde m'en console aussitôt ou m'en venge. (II, 228. *Pl. roy.* 74.)

MONNOIE.

Il est plus décrié que la fausse *monnoie*. (IV, 304. *S. du Ment.* 268.)

MONSIEUR.

Monsieur, quoi qu'il en soit, un fils qu'elle vous rend
Sous votre bon plaisir sa défense entreprend. (I, 360. *Clit.* 1555 *var.*)
Je ne crois pas, *Monsieur*, que ce vieux roi d'Athènes....
(II, 367. *Méd.* 521 *var.*)
Exercez-la, *Monsieur*, et gouvernez le Prince. (III, 114. *Cid*, 173.)

En revoyant ses œuvres, Corneille a remplacé, dans nos deux premiers exemples, *Monsieur* par *Seigneur*, dans *Clitandre* en 1660, dans *Médée* en 1663 ; mais dans le vers du *Cid* il a laissé définitivement *Monsieur*. Voyez ci-dessus, p. 61, l'article MADAME.
— Nos anciens poètes se servaient sans scrupule de *Monsieur* dans leurs tragédies :

Ha, *Monsieur*, ie vous prie, ayez propos plus saints,
(Garnier, *les Iuifues*, acte III, vers 43.

MONSTRE, au figuré :

Étant exposée aux coups de l'envie et de la médisance, elle (*ma comédie de* la Veuve) n'en peut trouver de plus assurée (*de protection plus assurée*) que celle d'une personne sur qui ces deux *monstres* n'ont jamais eu de prise. (I, 375. *Épît. de la Veuve*.)

MONSTRE, en parlant d'un ouvrage qui n'est point conforme aux règles :

Voici un étrange *monstre* que je vous dédie. (II, 430. *Épît. de l'Illus.*)

MONSTRUEUX, au figuré :

C'est une nouveauté qui pourra sembler *monstrueuse*. (x, 454. *Lettr.*)

MONTAGNES DE MORTS :

Ces *montagnes de morts* privés d'honneurs suprêmes,
Que la nature force à se venger eux-mêmes.... (IV, 27. *Pomp.* 9.)

MONTER, neutre, figurément :

L'insolence où *montoit* sa noire lâcheté.... (VI, 443. *Sert.* 1872.)
Que trouvez-vous, Madame, ou d'amer ou de rude
A voir qu'un tel bonheur n'ait plus d'incertitude?
Et quand dans quatre jours vous devez y *monter*,
Quel importun chagrin pouvez-vous écouter? (VII, 201. *Tit.* 13.)

Vois leur constance au milieu de leurs gênes
Monter plus haut, plus on les fait languir. (VIII, 357. *Imit.* III, 1998.)

MONTER D'ÉTAT, quitter une profession pour en prendre une autre plus élevée :

Dedans Saint-Innocent il se fit secrétaire ;
Après, *montant d'état*, il fut clerc d'un notaire. (II, 443. *Illus.* 174.)

MONTER, activement, tant au propre qu'au figuré, élever :

Deux ans les *ont montés* en haut degré d'honneur. (II, 506. *Illus.* 1320.)
Est-ce là cette gloire, et ce haut rang d'honneur
Où le devoit *monter* l'excès de son bonheur? (II, 521. *Illus.* 1644.)

Ils (*les peintres*) me pardonneront si je ne les ai pas suivis en cette inversion, comme j'ai fait en celle du cheval Pégase, sur lequel ils *montent* Persée pour combattre le monstre. (V, 295. *Argum.* d'*Andr.*)

MONTÉ, dans un sens analogue :

Rodogune, par elle en esclave traitée,
Par elle se va voir sur le trône *montée*. (IV, 430. *Rod.* 20.)

SE MONTER, au figuré, s'élever :

.... Mes vanités jusque-là ne *se montent*. (II, 170. *Suiv.* 826.)
.... Voyant le haut point où leur gloire *se monte*. (III, 327. *Hor.* 1043.)

MONTRE, revue :

.... Là, faute de mieux, un sot passe à la *montre*. (IV, 144. *Ment.* 66.)

Expression figurée empruntée de l'art militaire. *Montre* signifiait proprement *revue de troupes* ; c'est ce qu'ignorait un certain traducteur italien de l'*Illustre Bassa*, qui, à en croire Tallemant, « pour dire que Soliman donna deux *montres* à son armée, a mis : *due orologi*. » (*Historiettes*, tome VII, p. 437.)

MONTRER.

L'effet *montra* soudain ce conseil salutaire. (IV, 431. *Rod.* 52.)

C'est-à-dire, montra que ce conseil était salutaire.

MONTRER À, enseigner à :

Il (*Louis XIV*) *montre à* voir la mort, à la braver de près,
A mépriser partout la grêle des mousquets. (X, 210. *Poés. div.* 247 et 248.)

MONUMENT, au figuré :

Fais partir de nos mains à ses commandements
Tout ce que nous avons (*nous poëtes et peintres*) d'éternels *monuments*.
(X, 119. *Poés. div.* 72.)

MONUMENT, tombeau :

Monsieur, tout est perdu : votre fourbe maudite,
Dont je fus à regret le damnable instrument,
A couché de douleur Tircis au *monument*. (I, 218. *Mél.* 1258.)
Il peut aller, s'il veut, dessus son *monument*

Recevoir ses devoirs et son remercîment. (IV, 37. *Pomp.* 251.)
C'est en votre faveur espérer un miracle,
Ou vous accompagner jusques au *monument*. (VII, 316. *Psy.* 751.)
Ronsard, qu'elle (*la Libéralité*) flattoit à son commencement,
La crut avec son roi couchée au *monument*. (X, 117. *Poés. div.* 32.)

« Ce mot, pour dire tombeau, est poétique ou de la prose sublime. » (*Dictionnaire de Richelet*, 1680.)

MOQUER.

SE MOQUER DE QUELQUE CHOSE, ne pas s'en préoccuper, n'en pas tenir compte, dans le style de la tragédie :

Dorise, qui *s'en moque* et fuit d'autre côté,
En s'éloignant de toi se met en sûreté. (I, 333. *Clit. var.* 8.)
Ce héros voit la fourbe, et *s'en moque* dans l'âme. (IV, 47. *Pomp.* 485.)

Moqué, passivement :

.... C'est ainsi qu'il faut, quand on se moque,
Que le *moqué* toujours sorte fort satisfait. (I, 449. *Veuve*, 1004 et 1005.)
.... Peut-être, pressé des guerres d'Arménie,
Vous laissera *moquée*, et la Reine impunie. (IV, 463. *Rod.* 816.)

Le verbe *moquer* s'employait autrefois activement :

Sachiés que fortune vous *moque* (*Roman de la Rose*, vers 6544);

et, par suite, tout naturellement aussi au passif : « Nous auons des Medecins qui meritent bien d'estre *moquez*. » (Bouchet, livre I, 10ᵉ *serée*, p. 330.)

MORDRE (FAIRE) LA TERRE :

.... *Fait mordre la terre* à ses meilleurs soldats. (II, 393. *Méd.* 1064.)

MORFONDRE (SE), avec ellipse du pronom réfléchi :

Je prendrai du plaisir du moins à le confondre.
— J'en prendrois davantage à le laisser *morfondre*. (IV, 189. *Ment.* 914.)

MORT, substantif :

Porte plus d'une *mort* au cœur de la victime. (V. 346. *Andr.* 687.)

MORT, au pluriel :

De cent cruelles *morts* cette offre est tôt suivie. (VI, 145. *OEd.* 245.)
Après tant de forfaits et de *morts* entassées. (VII, 204. *Tit.* 87.)

MORT, TE, participe, voyez ci-après, p. 103.

MORTEL, adjectivement :

Ah! cesse de courir à ce *mortel* danger. (III, 387. *Cin.* 35.)
Crois-tu donc que je sois insensible à l'outrage,
Que je souffre en mon sang ce *mortel* déshonneur ? (III, 339. *Hor.* 1297.)

Mortel à :

> Mourir sans tirer ma raison !
> Rechercher un trépas si *mortel à* ma gloire ! (III, 123. *Cid*, 332.)

Mortel, substantivement :

> Étoiles, dont *mortel* n'a jamais su le nombre,
>   Exaltez sa grandeur. (IX, 143. *Off. V.* 15.)

MOT.

> A moi, Comte, deux *mots*. — Parle.... (III, 128. *Cid*. 397.)
>   .... Quatre *mots* seulement :
> Après ne me réponds qu'avecque cette épée. (III, 153. *Cid*, 856.)
> Écoutez quatre *mots*.... (IV, 169. *Ment.* 525.)

Grand mot, parole importante :

>   O l'heureuse nouvelle !
> Le *grand mot* qu'on m'a dit ! Nous irons, peuple aimé....
> Dans la maison du Dieu qui seul a tout formé. (IX, 185. *Off. V.* 2.)

Prendre au mot, voyez Prendre.

Trancher le mot, voyez Trancher.

Avoir le mot, avoir le mot pour rire, savoir plaisanter :

> Il *a* toujours *le mot*, et sous ses cheveux gris
> Sa belle humeur fait honte aux plus jeunes esprits. (II, 315. *Tuil.* 127.)

MOTEUR, au figuré.

Haut, puissant, grand moteur :

> Les ressorts d'un miracle ont un plus *haut moteur*. (II, 175. *Suiv.* 939.)
> Et toi, *puissant moteur* du destin qui m'outrage,
> Termine ce combat sans aucun avantage. (III, 190. *Cid*. 1665.)
> Puisse le *grand moteur* des belles destinées,
> Pour prolonger vos jours, retrancher nos années ! (III, 461. *Cin.* 1749.)

MOUCHEUR de chandelles :

> Les comédiens n'employent à ces personnages muets que leurs *moucheurs de chandelles* et leurs valets. (III, 100. *Exam.* du *Cid.*)

Richelet (1680) définit ainsi ce mot : « Sorte de bas officier parmi les comédiens, qui, à la fin de chaque acte, mouche les chandelles. »

MOURIR, au figuré :

> Une pareillle amour *meurt* dans la jouissance. (II, 514. *Illus. var.* 1.)

Mourir de, suivi d'un infinitif, pour *mourir d'envie de*, désirer avec ardeur :

> Quel étrange combat ! Je *meurs de* le quitter,

Et mon reste d'amour ne le peut maltraiter. (II, 48. *Gal. du Pal.* 567.)
Quand je tâche à la perdre, il *meurt de* m'en défaire. (II, 290. *Pl. roy.* 1282.)
.... J'y cours,
Madame, et *meurs* déjà *d*'y consacrer mes jours. (VI, 392. *Sert.* 720.)
.... L'on ne voit que trop quel droit j'ai de haïr
Un empereur sans foi qui *meurt de* me trahir. (VII, 252. *Tit.* 1242.)

MOURIR QUE, suivi du subjonctif, dans le même sens :

Je me trouve captive en de si beaux liens,
Que je *meurs qu*'il le sache, et j'en fuis les moyens. (II, 153. *Suiv.* 504.)

MOURIR QUE NE :

Lui, quand il a promis, il *meurt qu*'il *n*'effectue. (I, 443. *Veuve*, 871.)

MOURIR DANS SA PEAU, locution proverbiale, conserver jusqu'au bout son caractère, ses habitudes :

Croyez-moi, vous *mourrez*, Monsieur, *dans votre peau.*
(IV, 350. *S. du Ment.* 1175.)

JE MEURE :

Je meure, mon souci, tu dois bien me haïr! (I, 156. *Mél.* 251.)
Je meure, mon enfant, si tu n'es admirable ! (I, 448. *Veuve*, 987.)
Je meure, en vos discours si je puis rien comprendre! (IV, 167. *Ment.* 485.)
Le divertissement seroit rare, ou *je meure!* (IV, 189. *Ment.* 929.)
Sa compagne, ou *je meure*, a beaucoup d'agrément. (IV, 228. *Ment.* 1620.)
Je meure, ton humeur me semble si jolie,
Que tu me vas réduire à faire une folie ! (IV, 301. *S. du Ment.* 219.)
.... Elle est belle, ou *je meure!* (IV, 348. *S. du Ment.* 1146.)
Je meure, ami, c'est un grand charme
D'être insusceptible d'alarme. (X, 26. *Poés. div.* 27.)

« Ce serment *je meure*.... n'a point de constitution françoise, encore qu'il soit ordinaire aux petits garçons et fillettes qui font l'amour. » (*La Lettre de change protestée ou Response à la lettre de change de Jean Sirmond, caché sous le nom de Sabin*, par Matthieu de Morgues, 1637, p. 72.) — Guéret, parlant dans son *Parnasse réformé* (2ᵉ édition, p. 88) du langage de la galanterie, s'exprime de la sorte : « C'est auec cela qu'on fait tant de conquestes auprès des beautez prouinciales, et il n'y en a point entre elles qui tienne bon contre vne période de quatre membres, et contre vn compliment plein de ces grands mots de *je meure* et d'*assurement.* »

MOURIR D'ENNUI, pour mourir de peine, de chagrin, voyez, au tome I du *Lexique*, p. 368, le septième exemple de l'article ENNUI.

MOURANT.
.... *Mourante* vie. (III, 159. *Cid*, 993.)
.... Son courroux *mourant* fait un dernier effort. (IV, 60. *Pomp.* 767.)
Qu'elle fuie avec lui, c'est tout ce que veut d'elle
Le souvenir *mourant* d'une flamme si belle. (V, 87. *Théod.* 1600.)

Voyez au tome X, p. 363, vers 8, un exemple de Thomas Corneille.

MOURANT, substantivement, *soupirant :*

Je suis de ces *mourants* qui se portent fort bien. (X, 387. *Poés. div.* 20.)

Mort, te, participe :

Une *morte* pâleur s'empare de son front. (vi, 548. *Soph.* 1797.)

Foi morte :

Qui fuit croit lâchement, et n'a qu'une *foi morte*. (iii, 518. *Pol.* 669.)

C'est l'opposé de *foi vive*, qui est tout aussi énergique, mais que la fréquente répétition a rendu vulgaire.

MOUVEMENT, au figuré :

J'obéis sans réserve à tous vos *mouvements*. (iii, 426, *Cin.* 947 *var.*)
Ma raison, il est vrai, dompte mes *mouvements* (iii, 510. *Pol.* 500. *var.*)
J'attends ses *mouvements* sur mon dédain forcé. (ii, 49. *Gal. du Pal.* 576.)
Alcippe, une autre fois, donnez moins de croyance
Aux premiers *mouvements* de votre défiance. (iv, 183. *Ment.* 770.)
Moi.... à qui la lecture de vos observations n'a donné aucun *mouvement* que de compassion. (x, 406. *Lettr. apol.*)

Dans les deux premiers vers cités, Corneille, en 1660, a substitué *sentiments* à *mouvements*.

MOUVOIR, activement, au figuré :

D'un devin suborné les infâmes prestiges
De l'ombre, disent-ils, ont fait tous les prodiges :
L'or *mouvoit* ce fantôme.... (vi, 202. *OEd.* 1615.)

Mouvant.

Ce n'est qu'une idole *mouvante*. (ii, 242. *Pl. roy.* 347.)

MOYEN (Donner) de :

J'ai voulu, mais en vain, me conserver pour toi,
Et te *donner moyen* d'être digne de moi. (iii, 429. *Cin.* 1028.)

Le moyen que :

.... *Le moyen qu'*un cœur ou séduit ou surpris
Fût juste en ses faveurs, ou juste en ses mépris? (v, 368. *Andr.* 1108.)
Et *le moyen* aussi *que* j'en souhaite aucune? (v, 450. *D. San.* 762.)

MOYENNER, ménager, procurer :

Si Clarice une fois est en notre puissance,
Crois que c'est un bon gage à *moyenner* l'accord. (i, 442. *Veuve*, 849.)

MUABLE.

L'homme est *muable* et foible.... (viii, 481. *Imit.* iii, 4541.)

Ce mot, peu usité aujourd'hui, était fort employé par nos anciens poëtes :

.... Tant n'est point *muable*
La course de nos vents. (Jodelle, *Cleopatre*, acte I.)

Quand ainsi on verroit
Le retour miserable
De la chance *muable*.... (*Ibidem*, acte II.)

MULE (Ferrer la), se dit proverbialement des valets qui gagnent sur un achat :

.... Cette action, qu'est-elle ? — Ridicule.
— Et cette main ? — De taille à bien *ferrer la mule.*
(IV, 300. *S. du Ment.* 212.)

MULET (Garder le), proverbialement, garder les manteaux, tenir la chandelle, s'ennuyer à attendre :

S'il prend l'occasion qui vous est préparée,
Vous pouvez disputer avec votre valet
A qui mieux de vous deux *gardera le mulet.* (IV, 363. *S. du Ment.* 1424.)

MUNIR, dans le sens latin, fortifier :

Vous pouvez cependant faire *munir* ces places. (V, 539. *Nic.* 616.)

MÛR, écrit *meur*, et rimant avec *humeur :*

Que je vous croyois bien d'un jugement plus *meur !*
Ne pouviez-vous souffrir de ma mauvaise humeur ?
(II, 102. *Gal. du Pal.* 1587.)

Richelet dit dans la première édition de son *Dictionnaire*, publiée en 1680, que, de quelque façon qu'on écrive, il faut prononcer *mûr*.

MURMURER, absolument :

.... Dans votre cœur même un autre amour *murmure.* (VII, 175. *Att.* 1645.)

Murmurer que :

Comtes, je ne veux plus donner lieu qu'on *murmure*
Que choisir par autrui c'est me faire une injure. (V, 454. *D. San.* 857.)

MUTIN, INE, adjectif :

.... Lui-même à toute heure il se fait violence
Pour vaincre de ses sens la *mutine* insolence. (VIII, 155. *Imit.* I, 2287.)
Calme les flots *mutins*, dissipe les tempêtes. (X, 109. *Poés. div.* 46.)
Ce refuge orgueilleux de l'Espagnol *mutin*,
Alost, n'eût point fourni de matière à ta gloire. (X, 205. *Poés. div.* 160.)

Mutin, substantivement, séditieux :

Régnez sur votre cœur avant que sur Byzance ;
Et domptant comme moi ce dangereux *mutin*,
Commencez à répondre à ce noble destin. (V, 192. *Hér.* 845.)
N'a-t-il pas des *mutins* dissipé la furie ?
Son ordre excitoit seul cette mutinerie. (V, 237. *Hér.* 1835 et 1836.)

MUTINER.

Je ne vous dirai point qu'il commande au tonnerre,
Qu'il fait enfler les mers, qu'il fait trembler la terre ;

Que de l'air, qu'il *mutine* en mille tourbillons,
Contre ses ennemis il fait des bataillons. (II, 437. *Illus.* 51.)
    Bénissez-le, foudres, orages,
Frimas, neiges, glaçons, grêles, vents indomptés,
    Qui ne *mutinez* l'air et n'ouvrez les nuages
    Que pour faire ses volontés. (IX, 149. *Off. V.* 31.)
Un peu de jalousie et de confusion
Mutinoit mes desirs et me soulevoit l'âme. (VII, 41. *Agés.* 789.)

MUTINER (SE), se révolter :

.... Cinna seul dans sa rage s'obstine,
Et contre vos bontés d'autant plus *se mutine*. (III, 432. *Cin.* 1090.)
.... Mes feux dans mon âme ont beau *s'en mutiner*,
Ce n'est qu'à ce prix seul que je puis me donner. (IV, 479. *Rod.* 1217.)
Je l'ai fait votre égal; et quoiqu'on *s'en mutine*,
Sachez qu'à plus encor ma faveur le destine. (V, 431. *D. San.* 293.)
.... Leur grand cœur *s'en mutine*. (V, 530. *Nic.* 388.)
    On *s'est mutiné* toutefois contre ces deux maris. (VI, 465. *Au lect.* de *Soph.*)

« *Se mutiner* contre des bontés, dit Voltaire à l'occasion du premier des passages que nous venons de citer, est une expression bourgeoise. On ne l'emploie qu'en parlant des enfants. Ce n'est pas, ajoute-t-il, que ce mot *mutiné*, employé avec art, ne puisse faire un très-bel effet; » et il cite à ce sujet les vers 451 et 452 de la *Phèdre* de Racine :

Enchaîner un captif de ses fers étonné,
Contre un joug qui lui plaît vainement *mutiné*.

Il fallait remarquer qu'avant Corneille, de son temps, et encore jusqu'à la fin de la vie de Racine, ces mots entraient d'une manière toute naturelle dans le plus haut style, qu'on n'avait besoin ni d'en préparer ni d'en adoucir l'effet, et que s'ils nous choquent, c'est que l'usage a changé. — Voyez ci-dessus, MUTINER.

MUTINERIE, voyez ci-dessus, p. 104, le dernier exemple de l'article MUTIN.

MYRTE, emblème de l'amour :

    Rendez-vous, amants et guerriers,
    Craignez ses attraits et ses charmes :
    Sa valeur, égale à ses charmes,
    Unit les *myrtes* aux lauriers. (X, 62. *Poés. div.* 4.)

MYTHOLOGISTE.

Un auteur qui cite le *mythologiste* Noël le Comte.... (VI, 248. *Exam.* de *la Tois.*)

Nous trouvons ce mot pour la première fois dans le *Dictionnaire de l'Académie* de 1694. Aujourd'hui on se sert plutôt de *mythologue*, qui figure, concurremment avec *mythologiste*, dans le *Dictionnaire de l'Académie*, à partir de 1740, et qui est déjà dans Cotgrave sous la forme *mythologe*.

N

NAGE (À), à la nage :

François, ce n'est qu'un fleuve, il faut passer *à nage*. (x, 268. *Poés. div.* 254.)

Il s'agit du passage du Rhin. — Le *Dictionnaire de l'Académie* de 1694 donne *à nage* et *à la nage* comme deux expressions également usitées. — Voyez le *Lexique de Mme de Sévigné,* tome II, p. 116 et p. 542.

NAGUÈRE.

Que disiez-vous *naguère*, et que viens-je d'entendre ? (iv, 94. *Pomp.* 1629.)

Aujourd'hui ce mot est surtout usité dans la poésie et dans le style soutenu. Vaugelas (*Remarques*, p. 335) dit que la locution *de naguère* commence à vieillir, mais qu'on peut fort bien dire *naguère* ou *naguères*. Thomas Corneille n'est pas de son avis ; il soutient qu'on ne dit plus ni *de naguères* ni *naguère* ou *naguères*.

NAÏF, naturel :

L'un (*des deux sonnets*) nous fait voir plus d'art, et l'autre un feu plus vif ;
L'un est le mieux peigné, l'autre est le plus *naïf*. (x, 128. *Poés. div.* 5.)

NAISSANCE.

Tirer sa naissance de, tirer son origine de :

.... Ne savez-vous point avec toute la France
D'où ce titre d'honneur *a tiré sa naissance*. (iv, 223. *Ment.* 1506.)

NAÎTRE de :

Allez, belle marquise, allez en d'autres lieux
Semer les doux périls qui *naissent de* vos yeux. (x, 143. *Poés. div.* 2.)

Né, en parlant du haut rang, de la haute naissance :

Étant *né* ce qu'il est, souffrir un tel outrage ! (iii, 133. *Cid*, 489.)
Je ne puis jeter l'œil sur ce que je suis *née*
Sans voir que de périls suivront cet hyménée. (vii, 247. *Tit.* 1123.)

NAÏVETÉ, naturel, beauté naturelle :

Si tu n'es homme à te contenter de la *naïveté* du style et de la subtilité de l'intrique, je ne t'invite point à la lecture de cette pièce. (i, 376. *Au lect.* de *la Veuve*.)
Que la facilité de ton heureux génie
Fait de honte à l'éclat des plus beaux ornements !
Le temps respectera tant de *naïveté*. (x, 102. *Poés. div.* 7.)

NARGUE (Faire) à, braver avec mépris :

Impénétrables à leurs traits (*aux traits des beautés*),
Nous *ferons nargue* à leurs attraits. (x, 28. *Poés. div.* 78.)

NATAL (Pays) :

.... Cinna vous impute à crime capital

La libéralité vers le *pays natal!* (III, 405. *Cin.* 464.)

D'après Voltaire, *pays natal* n'est pas du style noble.

NATIVITÉ.

La *nativité* de Jésus-Christ dans la pauvreté. (VIII, 351. *Imit.* III, note 1.)

NATURE, sentiment de la nature, voix du sang :

.... Lorsque contre vous il m'a fait entreprendre,
La *nature* en secret auroit su m'en défendre. (V, 214. *Hér.* 1344.)
La *nature* tremblante, incertaine, étonnée,
D'un nuage confus couvre sa destinée. (V, 215. *Hér.* 1367.)
Que veux-tu donc, *nature*, et que prétends-tu faire? (V, 215. *Hér.* 1375.)
.... Souffrez des soupirs que la *nature* envoie.
Quoique jamais Phocas n'ait mérité d'amour,
Un fils ne peut moins rendre à qui l'a mis au jour. (V, 240. *Hér.* 1902.)

NATUREL, ELLE, adjectif :

La haine que pour vous elle a si *naturelle*
A mon occasion encor se renouvelle. (V, 512. *Nic.* 15.)

NATUREL, substantivement :

Oh! le charmant portrait! l'adorable peinture!
Elle est faite à plaisir. — Après le *naturel*. (IV, 326. *S. du Ment.* 729.)

« On dit... : Ce tableau a été peint sur le *naturel*, ou d'après nature, pour dire que ce n'est pas une copie. » (*Dictionnaire de Furetière*, 1690.)

NATURELS, au pluriel :

Il est des *naturels* farouches, intraitables. (VIII, 194. *Imit.* II, 371.)

NAUFRAGE, au figuré :

FAIRE NAUFRAGE AU PORT, locution proverbiale :

Si son père et le mien ne tombent point d'accord,
Tout commerce est rompu, je *fais naufrage au port*. (IV, 228. *Ment.* 1616.)

NAVRÉ DE, blessé de, figurément :

De l'amour de son Dieu *navrée*,
Elle prit en horreur le monde et ses plaisirs. (IX, 596. *Hymn.* 5.)

Voyez encore IX, 237, *Off. V.* 14 ; et comparez l'emploi du mot *blessé*, aux vers 155 et 341 de *la Veuve*, et au vers 1460 de *la Suivante*.

NE, sans *pas* ni *point :*

S'il faut qu'à vos projets la suite *ne* réponde,
Je m'engagerois trop dans le caquet du monde. (IV, 161. *Ment.* 381 *var.*)

M. Schweighæuser, qui rapporte ce passage dans son excellent traité *de la négation* (p. 9), le justifie par plusieurs exemples tirés de nos auteurs classiques, sans faire remarquer que Corneille n'a employé ce tour que dans les premières éditions; en 1660, il l'a fait disparaître, sans doute afin de se conformer aux préceptes grammaticaux qui commençaient à s'établir.

Que sans NE après *empêcher, craindre, de crainte que, de peur que :*

Empêche que le poids des crimes
L'exile du vrai jour qui seul fait vivre en toi. (IX, 321. *Off. V.* 9 et 10.)
Seigneur, je *crains* pour vous *qu*'un Romain vous écoute. (V, 518. *Nic.* 156.)
Mais je *crains qu*'elle échappe.... (V, 519. *Nic.* 187.)
Craignez qu'il soit trop tard de le vouloir demain. (VII, 147. *Att.* 948.)
Mais on tremble toujours *de crainte qu*'on les rende.
            (IV, 329. *S. du Ment.* 768.)
Séparons-nous, *de peur qu*'il entrât en cervelle. (I, 406. *Veuve*, 142.)
De peur qu'il en reçût quelque importunité. (II, 39. *Gal. du Pal.* 395.)
De peur que mon tourment aigrît ses déplaisirs. (II, 194. *Suiv.* 1307.)
De peur que ton abord interrompît mon frère. (II, 256. *Pl. roy.* 626.)
.... Je mourois *de peur qu*'on vous en fît le conte. (II, 491. *Illus.* 1070.)
   .... *De peur qu*'on me contraigne. (V, 514. *Nic.* 83.)
De peur qu'il nous entraîne, il faut un autre appui. (VI, 602. *Oth.* 631.)

« Quelques-uns, dit Thomas Corneille dans ses *notes* sur Vaugelas (p. 939, édition de 1697), omettent la particule *ne* après *de peur* et après les verbes *craindre* et *empêcher*.... Je crois qu'il est mieux de mettre la négative dans toutes ces phrases. » — Les deux frères, comme on le voit par nos exemples, n'étaient pas d'accord sur ce point. Chez notre poëte, l'omission de *ne* dans ces locutions était un parti pris bien arrêté. Plus d'une fois il lui est arrivé de supprimer la négation, en retouchant ses pièces, dans des endroits où il l'avait mise d'abord. Ainsi dans le vers cité de *la Galerie du Palais* il y avait avant 1660 :

De peur qu'il *n*'en reçut....

Dans celui de *la Suite du Menteur*, on lisait avant 1663 :

Mais on tremble toujours *de peur qu*'on *ne* les rende.

Dans un autre passage de cette même pièce, il a remplacé en 1660 :

De peur que ce duel *ne* pût être éventé (IV, 317, *S. du Ment.* 506 var.),

par :

Afin que ce duel ne pût être éventé,

toujours évidemment pour ne pas employer *ne* après *de peur que*. — En prose, dans l'*Argument* de *la Veuve*, nous lisons : « *de peur qu*'il *ne* s'en aperçût; » mais cet *Argument* ne se trouve que dans la première édition de cette comédie (1634). Voici cependant des endroits où, dans toutes ses éditions, il a conservé le *ne* après *empêcher*, et après *douter* dans le sens de *craindre* :

Mon père, retenez des femmes qui s'emportent,
Et de grâce *empêchez* surtout *qu*'elles *ne* sortent. (III, 312. *Hor.* 696.)
  .... J'ai lieu de *douter*
Qu'il *n*'ait, s'il faut tout dire, ordre de l'arrêter.
         (VII, 507. *Sur.* 1059 et 1060.)

Il y a aussi *ne* après *de peur que* au tome I, p. 397, dans l'*Examen* de *la Veuve*, qui est de 1660.

Que sans NE après des comparatifs :

   .... Son feu pour les satisfaire (*mes desirs*)
  N'a pas *moins* besoin de me plaire
Que j'en ai de lui voir approuver mes soupirs. (VII, 61. *Agés.* 1311 et 1312.)
La servante inquiète aux mains de sa maîtresse
  N'attache pas *mieux* ses regards
  Que ma douloureuse tendresse

Ramène à toi, Seigneur, les miens de toutes parts.
(IX, 191. *Off. V.* 10 et 11.)
.... Tu mettras au jeu *plus que* tu l'imagines. (x, 201. *Poés. div.* 102.)

Que sans NE, après *à moins :*

*A moins qu'*à vos projets un plein effet réponde. (IV, 361. *Ment.* 381.)
A moins que pour régner leur destin les sépare. (VI, 148. *OEd.* 346.)
A moins que vous m'aimiez, votre Jason est mort. (VI, 333. *Tois.* 1845.)
A moins que son destin éclatât par ma perte. (VI, 334. *Tois.* 1895.)
A moins que notre adroite et prompte servitude
Nous dérobe aux fureurs de leur inquiétude. (VI, 576. *Oth.* 29 et 30.)
.... Vous n'obtiendrez rien *à moins qu'*il soit content. (VII, 61. *Agés.* 1326.)
A moins que vous ayez l'aveu de Lysander. (VII, 67. *Agés.* 1480.)
*A moins qu'*il associe aussitôt l'un de nous. (VII, 437. *Pulch.* 1416.)
Puis-je vous en répondre, *à moins qu'*il se retire? (VII, 523. *Sur.* 1477.)
A moins que votre amour à son départ s'oppose. (VII, 531. *Sur.* 1682.)
*A moins qu'*à tes soucis sa garde soit commise. (VIII, 396. *Imit.* III, 1796.)
N'admets aucune flamme, *à moins que* je l'allume.
(VIII, 406. *Imit.* III, 2992.)
A moins que votre grâce y joigne ses appas. (VIII, 436. *Imit.* III, 3599.)
*A moins qu'*à mes bontés ton âme abandonnée
Embrasse aveuglément ce que j'aurai voulu. (VIII, 441. *Imit.* III, 3693.)
A moins que ton secours me relève le cœur,
A moins que ta bonté ranime ma langueur.
(VIII, 458. *Imit.* III, 4065 et 4066.)
Qu'aura de beau la guerre, *à moins qu'*on y crayonne
Ici le char de Mars, là celui de Bellone? (x, 239. *Poés. div.* 57.)

Richelet, Furetière, l'Académie s'accordent à faire suivre *à moins que* de *ne*.

Pas, point, plus, sans NE, dans des phrases interrogatives :

.... Vous doit-il *pas* suffire
De m'avoir mal servi? C'est trop que de me nuire. (I, 298. *Clit. var.* 4.)
En 1660, Corneille a supprimé tout le passage d'où ces vers sont tirés.

Ma foi doit-elle *pas* prévaloir sur la vôtre? (II, 208. *Suiv.* 1585 *var.*)
Ma foi n'est-elle rien au-dessus de la vôtre? (1660)

Un âge hait-il *pas* souvent ce qu'aimoit l'autre? (II, 235. *Pl. roy.* 234 *var.*)
N'a-t-on point d'autres goûts en un âge qu'en l'autre? (1660)

Quelque secret instinct, à mon bonheur fatal,
Porte-t-il *point* ma belle à me vouloir du mal? (II, 291. *Pl. roy.* 1317 *var.*)
Ne la porte-t-il point à me vouloir du mal? (1660)

Suis-je *plus* Alidor? Vos feux sont-ils éteints? (II, 297. *Pl. roy.* 1436 *var.*)
Vos yeux sont-ils changés? Vos feux sont-ils éteints? (1660)

.... Ce grand nom de Cid que tu viens de gagner
Marque-t-il *pas* déjà sur qui tu dois régner? (III, 187. *Cid*, 1588 *var.*)
Ne fait-il pas trop voir sur qui tu dois régner? (1660)

Dieux! sentois-je *point* lors des douleurs trop légères?
(III, 335. *Hor.* 1219 *var.*)

Ne sentois-je point lors des douleurs trop légères? (1660)

Me flattois-je *point* trop quand je croyois pouvoir...?
(III, 336. *Hor.* 1221 *var.*)

Et me flattois-je trop quand je croyois pouvoir...? (1660)

Voyez-vous *pas* que c'est ma maîtresse elle-même?
(IV, 327. *S. du Ment.* 735 *var.*)

Et doutez-vous si c'est ma maîtresse elle-même? (1663)

Le combat par sa fuite est-il *pas* terminé? (III, 330. *Hor. var.* 1.)
Fut-il *pas* le témoin du conte que vous fîtes?
Vous sépara-t-il *pas* lorsque vous vous battîtes?
Et sait-il *pas* enfin les plus rusés détours? (IV, 322. *S. du Ment.* 631-633 *var.*)

Les deux exemples précédents appartiennent à des passages que Corneille a profondément modifiés lors de sa révision générales; le tour qui nous occupe a disparu dans son travail de révision.

Faut-il *pas* après tout chacun s'entre-quitter? (VIII, 223. *Imit.* II, 961 *var.*)

Ne faut-il pas enfin chacun s'entre-quitter? (1665)

Dans les phrases interrogatives on employait souvent autrefois *pas*, *point*, *plus*, sans qu'ils fussent précédés de *ne*. Vaugelas fait à ce sujet la remarque suivante : « *N'ont-ils pas fait?* et *ont-ils pas fait?* Tous deux sont bons pour exprimer la même chose; car comme notre langue aime les négatives, il y en a qui croient que l'on ne peut pas dire : *Ont-ils pas fait?* et qu'il faut toujours mettre la négative *ne* devant, et dire : *N'ont-ils pas fait?* mais ils se trompent, et il est d'ordinaire plus élégant de ne la pas mettre. Depuis, m'en étant plus particulièrement informé de diverses personnes très-savantes en notre langue, je les ai trouvées partagées. Tous conviennent que l'un et l'autre est bon, mais le partage est en ce que les unes le tiennent plus élégant sans la négative, et les autres avec la négative. » (*Remarques*, p. 210.) Plus tard, Chapelain, Ménage, et Thomas Corneille dans ses *notes* sur Vaugelas, se déclarèrent pour l'emploi de la négative; et notre poëte l'ajouta, comme nous venons de le voir, dans les nombreux passage que nous avons cités. — La Fontaine, Molière, Racine, Voltaire ont été, sur ce point, moins dociles que lui à l'avis des grammairiens.

Voyez, au sujet des diverses omissions de *ne*, le *Lexique de Mme de Sévigné*, tome I, p. XXXVII, et p. LVIII, 6°.

NE omis après *ni*, voyez ci-après, p. 112, NI.

NE, surabondant.

Dans ses derniers ouvrages, il est arrivé à Corneille d'abuser de la négation et de s'en servir, comme quelques-uns de ses contemporains, un peu indiscrètement, à l'imitation du latin. Voltaire a blâmé avec raison l'emploi de *ne* dans le vers suivant. « Souvent en ce temps-là, dit-il à ce propos, on supprimait le *ne* quand il fallait l'employer, et on s'en servait quand il fallait l'omettre. »

Il ne tiendra qu'au Roi qu'aux effets je *ne* passe. (V, 522. *Nic.* 259.)

Voyez PAS, POINT, NE.... QUE (à l'article QUE), RIEN.

NÉ, voyez ci-dessus, p. 106, NAÎTRE.

NÉCESSAIRE (LE), substantivement :

Je parle au second (*discours*) des conditions particulières de la tragédie, des qualités des personnes et des événements qui lui peuvent fournir le sujet, et de la manière de le traiter selon le vraisemblable ou le *nécessaire*, (1, 50. *Disc. du Poëme dram.*)

Ce mot ne s'emploie plus substantivement que pour parler des choses indispensables à la vie : *manquer du* nécessaire ; ou de ce qu'il importe de faire dans quelque circonstance importante : *faites le* nécessaire, *je ferai le* nécessaire.

NÉCESSITÉ.

DE NÉCESSITÉ, nécessairement :

Quand il faut *de nécessité* finir la pièce. (v, 415. *Exam.* de *D. San.*)

NEF, navire :

Il devoit mieux remplir nos vœux et notre attente,
Faire voir sur ses *nefs* la victoire flottante. (IV, 31. *Pomp.* 94.)

NÉGOCE.

L'attentat en plein jour, les *négoces* infâmes
    Qui ne se traitent que de nuit....
De tout cela rien ne vous nuit. (IX, 329. *Vêpr. et Compl.* 21.)

Dans la traduction en prose qui correspond à ces vers (tome IX, p. 328), « les négoces infâmes qui ne se traitent que de nuit » sont « la trahison qui se trame et s'exécute dans les ténèbres. »

NERF, au figuré, force, énergique moyen d'action.

NERF DE LA GUERRE, NERF DE LA PUISSANCE :

Nous eûmes de ses feux (*des feux de César*), encore en leur naissance,
Et les *nerfs de la guerre*, et ceux *de la puissance* (IV, 39. *Pomp.* 310.)

NET, en parlant d'un homme que des voleurs *ont nettoyé* (comme on dit en argot : voyez le *Dictionnaire* de M. Francisque Michel), c'est-à-dire à qui ils n'ont rien laissé :

Ils ont en le prenant pillé jusqu'à son ombre ;
Et n'étoit que le ciel a su le soulager,
Vous le verriez encor fort *net* et fort léger. (IV, 334. *S. du Ment.* 862.)

NET, adverbialement :

.... Je vous dirai haut et *net*
Que, etc. (X, 159. *Poés. div.* 28.)

NETTOYÉ.

Les vers en sont assez forts et assez *nettoyés*. (X, 491. *Lettr.*)

Il s'agit des vers des deux premiers actes de *Sertorius*. — « On dit figurément *nettoyer une idée, une pensée*, etc., pour dire la débarrasser, la débrouiller, la rendre claire et nette. *Ses idées ont besoin d'être nettoyées.* » (*Dictionnaire de Trévoux.*)

NEUTRE.

LIEU NEUTRE :

Sans vouloir de *lieu neutre* à cette conférence. (VI, 370. *Sert.* 130.)

NEVEU, petit-fils :

Mon époux a des fils, il aura des *neveux*. (IV, 84. *Pomp.* 1387.)
Avant que d'y périr, s'il faut qu'il y périsse,
Qu'il vous laisse un *neveu* qui le soit de Maurice. (V, 160. *Hér.* 70.)
Non qu'en m'offrant à vous je réponde à vos feux
Jusques à souhaiter des fils et des *neveux*.) VII, 443. *Pulch.* 1528.)

NEZ.

REMARQUER QUELQU'UN AU NEZ, l'examiner, le dévisager :

Comme il en voit sortir ces deux beautés masquées,
Sans les *avoir au nez* de plus près *remarquées*. (IV, 183. *Ment. var.* 4.)

Corneille a fait disparaître cette expression en 1660.

C'EST POUR SON NEZ, expression familière et proverbiale, pour dire ironiquement : *ce ne sera pas pour lui :*

Vraiment *c'est pour son nez*, il lui faut des maîtresses;
Je ne suis que servante : et qu'est-il que valet ? (II, 465. *Illus.* 614.)

TIRER LES VERS DU NEZ À QUELQU'UN :

Il fait si bien qu'il *tire les vers du nez* à la nourrice de Clarice. (I, 394.)
Arg. de la Veuve.)

NI, devant un verbe, sans *ne :*

Elle n'ôte à pas un *ni* donne d'espérance. (III, 106. *Cid, var.* 3.)
Tu ne succomberas *ni* vaincras que par moi. (III, 306. *Hor.* 558.)

L'Académie fit remarquer, au sujet de notre exemple du *Cid*, qu'il fallait *ni ne donne*. Comme cette scène fut changée en entier, l'opinion de Corneille pourrait sembler douteuse s'il n'avait laissé subsister le même tour dans *Horace*. Ce tour très-vif, et auquel logiquement il ne manque rien, est devenu décidément une faute de langage. L'habitude d'accompagner *ni* dans ces phrases d'une autre particule négative était du reste fort ancienne. On peut consulter à ce sujet le traité *de la négation* de M. Schweighæuser (p. 19-23).

NI, répété, avec un *pas* ou un *point* que, d'après l'usage actuel, nous jugerions surabondant :

.... Plein de votre idée, il ne m'est *pas* possible
Ni d'admirer ailleurs, *ni* d'être ailleurs sensible. (II, 416. *Veuve*, 334.)
Madame, mon amour n'emploiera *point* pour moi
Ni la loi du combat, *ni* le vouloir du Roi. (III, 196. *Cid*, 1780.)
Ce n'est *point ni* son choix *ni* l'éclat de ma race
Qui me font, grande reine, espérer cette grâce. (V, 425. *D. San.* 149.)
.... Ne vous flattez *point ni* sur votre grand cœur,
Ni sur l'éclat d'un nom cent et cent fois vainqueur. (V, 515. *Nic.* 89 et 90.)
Je vous ai prié de l'attaquer de même,
Et de ne mêler *point* surtout dans vos desseins
Ni le secours du Roi, *ni* celui des Romains. (V, 556. *Nic.* 1010.)
.... On ne rencontre *point* au monde

Ni de solide paix, *ni* de douceur profonde. (VIII, 78. *Imit.* I, 812.)
Homme, apprends qu'il n'est point *ni* de liberté vraie,
Ni de plaisir parfait qu'en la crainte de Dieu.
(VIII, 124. *Imit.* I, 1668 et 1669.)
Mais n'étant pas encor *ni* bien mortifié,
Ni bien fortifié
Contre les douceurs passagères. (VIII, 187. *Imit.* II, 239 et 240.)
Ce n'est pas encor tout, et tu ne conçois pas
Ni tout ce qu'est l'amour, *ni* ce qu'il a d'appas. (VIII, 288. *Imit.* III, 578.)

Voltaire blâme cette tournure en plusieurs endroits de son commentaire. « Ces deux *ni* avec *point* ne sont pas permis, » dit-il au sujet de notre second exemple de *Nicomède*. Il nous semble, quant à nous, que supprimer *pas* et *point* dans les vers qui précèdent, c'est presque toujours affaiblir l'expression. Ces mots ne sont pas ici purement explétifs; ils gardent plus ou moins la force de leur sens étymologique. *Ne mêler point*, c'est-à-dire, *ne mêler en quoi que ce soit, ne mêler si peu que ce puisse être*.

NI, employé par syllepse, c'est-à-dire mis en rapport avec l'idée plutôt qu'avec les mots :

Aussi a-t-il (le Cid *a-t-il*) les deux grandes conditions que demande Aristote aux tragédies parfaites, et dont l'assemblage se rencontre si rarement chez les anciens *ni* chez les modernes. (III, 91. *Exam. du Cid.*)

Dans ce passage *ni* pourrait fort bien être remplacé soit par *ou* soit par *et*. Il ne se trouve amené par aucun des mots exprimés, mais seulement par la pensée même. Comme Corneille parle de qualités qui se rencontrent rarement, c'est au fond la même chose que s'il disoit qu'elles ne se rencontrent guère, et la phrase est construite à la fin comme si elle commençait par un tour négatif.

L'UN NI L'AUTRE, après *ne*, pour *ni l'un ni l'autre* :

J'y veux mettre d'accord l'amour et la nature,
Être père et mari dans cette conjoncture....
— Seigneur, voulez-vous bien vous en fier à moi?
Ne soyez *l'un ni l'autre*. — Et que dois-je être? — Roi. (V, 569. *Nic.* 1318.)

Voyez PAS, POINT, RIEN.

NIPPES, ajustements, objets de toilette :

J'ai des *nippes* en haut que je veux te montrer. (II, *Gal. du Pal.* 891.)
.... Des valets qui viennent prendre dans les boutiques ce que leurs maîtres y avoient acheté, ou voir si les marchands ont reçu les *nippes* qu'ils attendoient. (II, 12. *Exam. de la Gal. du Pal.*)

NŒUD, au figuré :

Moi, sans considérer aucun *nœud* domestique,
J'ai fait ce choix comme eux, mais dans la République. (VI, 614. *Oth.* 881.)

NOIR, RE, au figuré :

Ces lâches qui se réjouissent
Du *noir* excès de mon malheur.... (IX, 291. *Off. V.* 16.)
.... La calomnie
Dans sa plus *noire* audace.... (IX, 309. *Off. V.* 24.)

NOIRCEURS, au pluriel :

Et le plus noir venin de l'âpre médisance
    Ne m'imprime aucunes *noirceurs*. (IX, 329. *Off. V.* 12.)

NOM.

ROI DE NOM, qui ne l'est pas en réalité, qui n'en a que le titre :

.... Tous ces *rois de nom* en effet obéissent. (VI, 382. *Sert.* 458.)

AVOIR DU NOM, avoir de la réputation, du renom, de la renommée :

Polyeucte *a du nom*, et sort du sang des rois. (III, 506. *Pol.* 420.)
Charmé de deux beaux yeux, mon vers charma la cour;
Et ce que *j'ai de nom*, je le dois à l'amour. (X, 77. *Poés. div.* 64.)
Partout ailleurs je rampe, et ne suis plus moi-même;
Mais là (*au théâtre*) *j'ai quelque nom*, là quelquefois on m'aime.
                                                (X, 177. *Poés. div.* 34.)

NOMBRE (EN) :

Se charge qui voudra d'affaires plus pressantes,
Plus *en nombre* à la fois et plus embarrassantes. (IV, 180. *Ment.* 726.)

NOMPAREIL.

    Ajoute l'immortalité
A l'éclat *nompareil* dont je suis embellie. (X, 82. *Poés. div.* 3.)

Ces vers sont de 1641.

A leur compte, mes yeux étoient de vrais soleils
Qui répandoient partout des rayons *nompareils*. (I, 249. *Mél.* 1814.)

Ce passage est le seul, de son théâtre, où Corneille ait laissé subsister cette expression ; dans les suivants, il l'a remplacée par *sans pareil;* dans le premier dès 1644, dans le second en 1663 :

    Mon heur me semble *nompareil*. (I, 456. *Veuve*, 1133 *var.*)
    .... Des rigueurs *nompareilles*. (II, 159. *Suiv.* 629 *var.*)

NON, comme réponse après une phrase contenant une négation, mais dans un cas où maintenant on dirait plutôt *oui* :

Vous n'avez seulement qu'à dire une parole.
— Qu'une ? — *Non*.... (IV, 347. *S. du Ment.* 1107.)

NON PLUS QUE :

Ma sœur, *non plus que* moi, ne lit pas dans son âme.
                                                (IV, 342. *S. du Ment.* 1018.)
Ne me déguisez rien, *non plus que* je déguise. (VI, 430. *Sert.* 1577.)

NOTABLE.

On pourroit dire que ces scènes.... ne s'entre-suivent pas immédiatement, et qu'il se consume un temps *notable* entre la fin de l'une et le commencement de l'autre. (I, 395. *Exam. de la Veuve*.)

NOTER DE, reprendre, blâmer de :

Celui qui a composé l'histoire d'Espagne en français l'*a notée* (*Chimène*) dans son livre *de* s'être tôt et aisément consolée de la mort de son père. (III, 81. *Avert.* du *Cid*.)

NOTRE.

.... Je vous consolois au milieu de vos plaintes,
Comme si *notre* Rome eût fait toutes vos craintes. (III, 285. *Hor.* 68.)

Notre amour, dans le sens de *l'affection que vous avez pour nous :*

Jusques ici, Madame, aucun ne met en doute
Les longs et grands travaux que *notre amour* vous coûte. (IV, 454. *Rod.* 584.)

NOUER LA PARTIE, voyez Partie.

NOURRIR, au figuré, élever, former, instruire :

Paroissez, Navarrois, Mores et Castillans,
Et tout ce que l'Espagne *a nourri* de vaillants. (III, 186. *Cid*, 1560.)

Nourri, ie, au propre, ou du moins au physique :

Du blé le mieux *nourri* que la terre ait produit
 C'est lui (*Dieu*) qui vous rassasie. (IX, 219. *Off. V.* 11.)

Nourri, ie, au moral, figurément :

Pour s'acquérir le bruit de fille bien *nourrie*. (II, 168. *Suiv.* 794.)
Commandez que son bras, *nourri* dans les alarmes,
Répare cette injure à la pointe des armes. (III, 139. *Cid*, 589.)
Pour un esprit de cour, et *nourri* chez les grands,
Tes yeux dans leurs secrets sont bien peu pénétrants. (IV, 449. *Rod.* 441.)
Ah ! vous fûtes toujours l'illustre Pulchérie,
En fille d'empereur dès le berceau *nourrie*. (V, 192. *Hér.* 848.)
  Ces généreuses filles qui ont l'honneur d'être *nourries* auprès de V. M. et attachées au service de sa personne. (IX, 64. *Épît.* de l'*Off. V.*)

Voyez l'article suivant.

NOURRITURE, aliments, au figuré :

C'est un feu (*l'amour*) qui s'éteint, faute de *nourriture*. (III, 111. *Cid*, 109.)

Nourriture, éducation :

C'est du fils d'un tyran que j'ai fait ce héros ;
Tant ce qu'il a reçu d'heureuse *nourriture*
Dompte ce mauvais sang qu'il eut de la nature ! (V, 218. *Hér.* 1435.)
Sur le point de partir, Rome, Seigneur, me mande
Que je vous fasse encor pour elle une demande.
Elle a nourri vingt ans un prince votre fils ;
Et vous pouvez juger les soins qu'elle en a pris
Par les hautes vertus et les illustres marques

Qui font briller en lui le sang de vos monarques.
Surtout il est instruit en l'art de bien régner :
C'est à vous de le croire, et de le témoigner.
Si vous faites état de cette *nourriture*,
Donnez ordre qu'il règne : elle vous en conjure. (v, 536. *Nic.* 539.)

Ce mot, que Voltaire, à l'occasion de notre exemple d'*Héraclius*, regarde comme « très-supérieur à *éducation*, » ne s'emploie plus guère aujourd'hui en ce sens que dans certains proverbes, tels que *nourriture passe nature*, que je trouve ainsi développé par un de nos vieux poëtes :

  S'aucun en soy a mauuais vice
  Qui porter luy peut preiudice,
  S'on dit que Nature luy face
  Par force qu'il soit enclin à ce,
  Les gens ne le doiuent pas croire,
  Car ce n'est mie chose voire,
  Ains est par la male doctrine
  Dont *nourriture* le doctrine.

(Jean Bruyant, *Chemin de povreté et de richesse dans le Menagier de Paris*, tome II p. 13.)

NOURRITURE, la personne même qu'on a élevée :

C'est un rare trésor qu'elle devroit garder,
Et conserver chez soi sa chère *nourriture*,
Ou pour le consulat, ou pour la dictature. (v, 537. *Nic.* 571.)

Nos anciens auteurs prenaient souvent ce mot en ce sens :

  Or ie te plains surtout, ma chere *nourriture*,
  Et de mes ans vieillars la plus soigneuse cure,
  Hippolyte, que i'aime autant que la vertu
  Luist amiable en celuy qui s'en monstre vestu
    (Garnier, *Hippolyte*, acte I, vers 123.

NOUS.

Construction de NOUS.

Dans les premiers ouvrages de Corneille, *nous*, accompagnant un verbe qui ne commence pas la proposition et est suivi d'un complément (lequel d'ordinaire est un infinitif) est placé généralement avant le verbe; mais, dans ses réimpressions, notre poëte a le plus souvent mis le pronom entre le verbe et son complément. — Voyez LE, LUI, ME, ci-dessus, p. 47, 59 et 75.

Ici quelque importun *nous* pourroit aborder. (II, 69. *Gal. du Pal.* 971 *var.*)
.... Pourroit *nous* aborder. (1660)
Envers un ennemi qui *nous* peut obliger?
— D'un serment solennel qui *nous* peut dégager?
   (III, 289. *Hor.* 157 et 158 *var.*)
Envers un ennemi qui peut *nous* obliger?
— D'un serment solennel qui peut *nous* dégager? (1660)

Cependant, les passages suivants n'ont pas été modifiés :

Porte-lui ma réponse, et *nous* laisse en repos. (III, 300. *Hor.* 422.)
Nous venez-vous, Julie, apprendre la victoire? (III, 324. *Hor.* 992.)

NOUVEAU, singulier, extraordinaire :

Il est assez *nouveau* qu'un homme de son âge

Ait des charmes si forts pour un jeune courage. (vi, 380. *Sert.* 397.)

Nouveau, adverbialement :

Il est *nouveau* venu des universités. (i, 410. *Veuve*, 220.)

.... J'apporte à vos beautés
Un cœur *nouveau* venu des universités. (iv, 158. *Ment.* 324.)

.... Le déplaisir d'un enfant *nouveau* sevré entre les bras de sa mère. (ix, 236. *Off. V.*)

On dit ainsi dans le langage ordinaire : *du vin nouveau tiré, du beurre nouveau battu.*

Tout de nouveau, tout derechef :

Je viens *tout de nouveau* vous apporter ma tête. (iii, 196. *Cid*, 1778.)
Encor *tout de nouveau* je vous la sacrifie. (vi, 417. *Sert.* 1282.)
Chercher *tout de nouveau* la gloire et les dangers. (v, 422. *D. San.* 88.)

NOUVEAUTÉS, au pluriel :

Surpris des *nouveautés* d'un tel événement,
Je demeure à vos yeux muet d'étonnement. (v, 184. *Hér.* 665.)

Le pluriel n'est pas ici pris pour le singulier; cette locution : les *nouveautés* d'un tel événement, exprime tout ce que cet événement entraîne avec lui d'étrange, d'inattendu ; la *nouveauté* s'appliquerait à l'événement même, et non à ses suites et circonstances.

NOVICE (Être) à :

A nous laisser duper nous *sommes* bien *novices*. (iv, 185. *Ment.* 821.)

NOYER.

Quoi? bannir des enfers Proserpine et Pluton...?
Et dans son propre sein *noyer* le vieux Neptune? (x, 236. *Poés. div.* 14.)

Se noyer, au figuré, en parlant du chagrin, du déplaisir :

.... Bien qu'en ses douceurs mon déplaisir se noie.... (vi, 652. *Oth.* 1754.)

Noyé au sang :

.... Revois tout d'un temps
Pérouse *au sien (dans son sang) noyée*, et tous ses habitants.
(iii, 430. *Cin.* 1136.)

NU, au figuré, dégarni, abandonné :

.... Sa milice, éparse à chaque coin des rues,
A laissé du palais les portes presque *nues*. (v, 221. *Hér.* 1488.)

NUES (Tomber des), arriver d'une manière inopinée.

Corneille a employé dans la tragédie cette expression proverbiale :

.... Pour toute nouvelle on dit qu'il est vivant;
Aucun n'ose pousser l'histoire plus avant.
Comme ce sont pour tous des routes inconnues,
Il semble à quelques-uns qu'il doit *tomber des nues*. (v, 174. *Hér.* 426.)

NUIT.

TOUTE NUIT, toute la nuit :

Il vint hier de Poitiers, et sans faire aucun bruit,
Chez lui paisiblement a dormi *toute nuit*. (IV, 184. *Ment.* 808.)
J'ai, dit-il, *toute nuit* souffert son entretien. (IV, 187. *Ment.* 884.)
Qui donne *toute nuit* festin, musique et danse. (IV, 193. *Ment.* 989.)
Il n'a fait *toute nuit* que soupirer d'ennui. (IV, 212. *Ment.* 1339.)
Toute nuit il soupire, il gémit, il se plaint. (IV, 215. *Ment.* 1384.)

LA NUIT PORTE AVIS, la nuit porte conseil :

Il sera demain jour, et *la nuit porte avis*. (IV, 198. *Ment.* 1088.)

NUPTIAL, placé avant le substantif :

Qu'une implacable jalousie
Suive son *nuptial* flambeau. (II, 399. *Méd.* 1202.)

O

OBÉDIENCE, obéissance à un supérieur ecclésiastique :

Sous les lois d'une prompte et simple *obédience*. (VIII, 104. *Imit.* I, 1288.)

OBÉISSANCE (RENDRE) À QUELQU'UN :

Nous *vous rendrons*, Seigneur, entière *obéissance*. (V, 185. *Hér.* 687.)

OBJET, ce qui s'offre à la vue, ce qui frappe les regards.

Corneille nous peint ainsi César lorsqu'on lui présente la tête de Pompée :

César, à cet aspect, comme frappé du foudre,
Et comme ne sachant que croire ou que résoudre,
Immobile, et les yeux sur l'*objet* attachés,
Nous tient assez longtemps ses sentiments cachés. (IV, 60. *Pomp.* 771.)

OBJET, en parlant de la personne qui est l'occasion, le sujet d'un sentiment quelconque, ou à qui une chose se rapporte :

Tu fais bien d'échapper; dessus toi ma douleur,
Faute d'un autre *objet*, eût vengé ce malheur. (I, 461. *Veuve*, 1194.)
Je verrai mon amant, mon plus unique bien,
Mourir pour son pays, ou détruire le mien,
Et cet *objet* d'amour devenir, pour ma peine,
Digne de mes soupirs, ou digne de ma haine. (III, 288. *Hor.* 143.)
Mais n'admirez-vous point que cette même reine
Le donne pour époux à l'*objet* de sa haine ? (IV, 430. *Rod.* 16.)
L'amour tendre est timide, et craint pour son *objet*.
(VII, 436. *Pulch.* 1375.)

.... Fière de se voir l'*objet* de tant d'oracles,
Elle veut que pour elle on fasse des miracles. (v, 375. *Andr.* 1314.)
.... Le désespoir d'un illustre projet
Se joint aux déplaisirs d'en voir périr l'*objet*. (vi, 182. *OEd.* 1116.)
Que d'importuns desirs jamais ne le déchirent;
Que d'un mépris égal il traite leurs *objets*. (viii, 408. *Imit.* iii, 3046.)

OBJET DE QUELQU'UN, apparence extérieure, aspect sous lequel il se présente à la vue, image :

Ton adorable *objet*, mon unique vainqueur. (i, 156. *Mél.* 259.)
Tu fuis à te venger : l'*objet* de ta maîtresse
Fait qu'un tel desir cède à l'amour qui te presse. (i, 315. *Clit.* 705.)
.... Si j'ose brûler, je sais aussi me taire ;
Et près de votre *objet*, mon unique vainqueur,
Je puis tout sur ma langue, et rien dessus mon cœur. (i, 429. *Veuve*, 593.)
L'ingrat cherche ma peine, et veut par sa malice
Que l'ordre qu'on me donne augmente mon supplice.
Rentrons, que son *objet* présenté par hasard
De mon cœur ébranlé ne reprenne une part. (ii, 92. *Gal. du Pal.* 1387.)
.... Maintenant encor je vivrois à ma mode ;
Mais l'*objet* d'Amaranthe est trop embarrassant. (ii, 133. *Suiv.* 139.)
.... Angélique est fort dans ta pensée.
— Hélas ! c'est mon malheur : son *objet* trop charmant,
Quoi que je puisse faire, y règne absolument. (ii, 233. *Pl. roy.* 183.)
Il fait tous ses efforts pour gagner mes parents,
Et s'il les peut fléchir, quant à moi, je me rends :
Non, à dire le vrai, que son *objet* me tente,
Mais mon père content, je dois être contente. (ii, 294. *Pl. roy.* 1374.)
Souffre que mes enfants accompagnent ma fuite....
Que je t'aime et te baise en ces petits portraits,
Et que leur cher *objet*, entretenant ma flamme,
Te présente à mes yeux aussi bien qu'à mon âme. (ii, 386. *Méd.* 921.)
Juge si son *objet* m'est plus cher que le tien. (ii, 5 4, *Illus. var.*)
L'erreur n'est pas un crime ; et votre aimable idée,
Régnant sur mon esprit, m'a si bien possédée,
Que dedans votre *objet* le sien s'est confondu,
Et lorsqu'il m'a parlé je vous ai répondu. (iv, 366. *S. du Ment.* 1471. *var.*)
En 1660 :

Que dans ce cher objet....

.... Puisse à vos yeux
M'écraser à l'instant la colère des cieux,
Si j'adore autre *objet* que celui de Mélisse ! (iv, 382. *S. du Ment.* 1769.)
.... Celui qui perdra votre divin *objet*
Demeurera du moins votre premier sujet. (iv, 467. *Rod.* 921.)

M. Aimé-Martin, après avoir laissé passer sans mot dire les dix premiers exemples que nous avons cités, écrit, au sujet de notre second passage de *la Suite du Menteur*, la note qui suit : « *Celui de* est de trop : Corneille veut dire : si j'adore un autre objet, une autre femme que Mélisse. » — Voltaire, qui n'a pas commenté, il est vrai, les comédies antérieures au *Cid*, attend qu'il soit arrivé à nos vers de *Rodogune* pour faire cette critique : « *Votre divin objet* ne peut signifier votre divine personne ; une femme est bien l'objet de l'amour de quelqu'un, et en style de ruelle cela s'appelait autrefois l'*objet aimé ;* mais une femme n'est point son propre objet. » — Notre nombreuse série d'exemples nous dispense de répondre à ces remarques : elle suffit à prouver, ce semble, que Corneille ne faisait que suivre l'usage de son temps. — Il existe aussi de nombreux exemples de ce sens chez les poëtes antérieurs à Corneille :

> Deux ans se sont desia passez,
> Depuis que Florimond quitta
> L'amour qui tant le tourmenta,
> A l'*objet* de ma sœur Helene. (Jodelle, *l'Eugene*, acte V.)

OBJET, personne aimable ou aimée, maîtresse, amant :

Eh quoi? ce bel *objet*, mon aimable vainqueur,
Avoit-il seul le droit de me blesser au cœur? (I, 291. *Clit.* 267.)
.... Que dites-vous, Madame?
Un de ces deux *objets* captiveroit mon âme ! (I, 416. *Veuve*, 322.)
Vous la pardonnerez (*cette incivilité*) à cette ardeur trop forte
Qui sans vous dire adieu, vers son *objet* l'emporte. (I, 488. *Veuve*, 1716.)
Votre feu père, dis-je, eut de l'amour pour moi :
J'étois son cher *objet*.... (I, 489. *Veuve*, 1758.)
Il changera d'*objet*, ou j'y perdrai ma peine. (II, 21. *Gal. du Pal.* 73.)
Sans doute que Lysandre est cet *objet* charmant.
                                (II, 106. *Gal. du Pal.* 1680.)
Quoi? Médée est donc morte, ami? — Non, elle vit;
Mais un *objet* plus beau la chasse de mon lit. (II, 341. *Méd.* 8.)
    Que sans cesse un *objet* nouveau
    S'empare de sa fantaisie. (II, 399. *Méd.* 1203.)
Cet adorable *objet* consent que je le voie ! (III, 504. *Pol.* 374 *var.*)

En 1660 :

> Cette chère beauté consent que je la voie !

Elle a craint comme moi ces premiers mouvements
Qu'une perte imprévue arrache aux vrais amants,
Et dont la violence excite assez de trouble,
Sans que l'*objet* présent l'irrite et le redouble. (III, 508. *Pol.* 458.)
Adieu, trop vertueux *objet*, et trop charmant. (III, 513. *Pol.* 571.)
Si, comme elle s'en vante, elle est son cher *objet*. (IV, 54. *Pomp.* 655.)
J'ai tantôt vu passer cet *objet* si charmant. (IV, 228, *Ment.* 1619.)
J'espérois que l'éclat dont le trône se pare
Toucheroit vos desirs plus qu'un *objet* si rare. (IV, 436. *Rod.* 140.)
.... Un amant qui craint pour ce qu'il aime,
Et qui n'a pas pour feindre assez de liberté,
Tant que pour son *objet* il est inquiété. (V, 63. *Théod.* 1078.)
Ce funeste retour, malgré tout mon projet,
Va rendre Grimoald à son premier *objet*. (VI, 68. *Perth.* 1106.)
La beauté de l'*objet*, la honte de changer,
Le succès incertain, l'infaillible danger,
Tout fait à tes projets d'invincibles obstacles. (VI, 579. *Oth.* 99.)
Vous aimez, dites-vous, cet *objet* rigoureux. (VI, 637. *Oth.* 1432.)

Dans cette acception, qui découle très-naturellement de la précédente, *objet* ne garde plus, on le voit, qu'une faible trace de son sens primitif. — Plus haut déjà, parmi les exemples de cette acception précédente, nous avons vu trois fois, comme une fois ici, le mot *objet* désigner, non des femmes, mais des hommes.

OBLATION, en style mystique, ce qu'on offre à Dieu :

Si tu ne t'offres pas à tout ce qui me plaît,
Si tu n'es point d'accord que moi seul j'en dispose,
Tu ne me feras point d'entière *oblation*,
Et l'art de nous unir, qu'ici je te propose,
    N'aura point sa perfection.
    Cette *oblation* de ton cœur
    Quelques actions que tu fasses,
Doit précéder entière avec pleine vigueur. (VIII, 627. *Imit.* IV, 998 et 1001.)

OBLIGER, lier, au moral :

Envers un ennemi qui peut nous *obliger?* (III, 289. *Hor.* 157.)

OBLIGER DE, faire le plaisir de, rendre le service de :

De grâce, *oblige*-moi d'un peu de complaisance. (I, 432. *Veuve*, 656.)
  Obligez-moi *de* vous servir de ces cent pistoles que je vous envoie. (IV, 297. *S. du Ment.*)

OBLIGER DE avec un infinitif, dans le sens de *obliger en* avec un participe présent :

.... Qui me donne un cœur, sans donner davantage,
M'*obligeroit* bien plus *de* ne me donner rien. (X, 172. *Poés. div.* 18.)

ÊTRE OBLIGÉ DE QUELQUE CHOSE À :

Étant obligé au genre comique *de* ma première réputation, je ne pouvois l'abandonner tout à fait sans quelque espèce d'ingratitude. (IV, 130. *Épît. du Ment.*)

OBSCUR, figurément :

Je ne passe de l'une à l'autre extrémité
Qu'avec un reste *obscur* d'esprit inquiété. (VI, 652. *Oth.* 1756.)

OBSCURITÉS, au pluriel, au propre :

    .... Un œil bien éclairé
Dans tes *obscurités* eût cherché sa fortune. (X, 154. *Poés. div.* 6.)

Le poëte s'adresse à la Nuit.

OBSCURITÉS, au pluriel, figurément :

Peut-être y mêlois-tu quelques *obscurités?* (I, 449. *Veuve*, 998.)
    .... Ce discours rebattu
Lasseroit une austère et farouche vertu....
Je ne veux rien comprendre en ses *obscurités*. (VI, 398. *Sert.* 827.)
De quoi sert une longue et subtile dispute
Sur des *obscurités* où l'esprit est déçu? (VIII, 39. *Imit.* I, 150.)

OBSÉDER.

Monstres, disparoissez; fuyez de ces beaux yeux
Que vous *avez* en vain *obsédés* en ces lieux. (VI, 314. *Tois.* 1379.)

Obsédé.

Puissé-je....
Trouver quelques plaisirs ailleurs qu'en votre idée,
En voir toute mon âme un peu moins *obsédée!* (X, 148. *Poés. div.* 92.)

OBSERVATEUR DE :

Bien que nous devions être assez scrupuleux *observateurs de* l'ordre des temps..... (VI, 360. *Au lect. de Sert.*)

OBSTINATIONS, au pluriel :

Peut-être saurons-nous apaiser autrement
Les *obstinations* de ton emportement. (I, 448. *Veuve*, 982.)

OBSTINÉMENT.

Faut-il voir votre esprit *obstinément* aigri? (VI, 174. *OEd.* 947.)

OBSTINER QUELQU'UN À QUELQUE CHOSE, À FAIRE QUELQUE CHOSE, l'engager à s'y obstiner, l'y contraindre :

.... Ce flatteur espoir qu'il rejette en mon âme
N'est qu'un doux imposteur qu'autorise ma flamme,
Et qui sans m'assurer ce qu'il semble m'offrir,
Me fait plaire en ma peine et m'*obstine à* souffrir. (I, 144. *Mél.* 20.)
.... Dis-moi quelle espérance
Doit *obstiner* mon maître *à* la persévérance. (IV, 211. *Ment.* 1314.)
.... Vos faveurs même (*de la Victoire*) *obstinent* mes soupirs
A pousser vers la Paix mes plus ardents desirs. (VI, 255. *Tois.* 7 et 8.)
.... Tous ainsi que lui permettroient à l'amour
D'*obstiner* des héros *à* grossir votre cour. (VI, 271. *Tois.* 368.)
En vain par le mépris des vœux de tous nos rois
J'ai cru faire éclater l'orgueil d'un autre choix :
Le seul pour qui je tâche à le rendre visible,
Ou n'ose en rien connoître, ou demeure insensible,
Et laisse à ma pudeur des sentiments confus,
Que l'amour-propre *obstine à* douter du refus. (VI, 379. *Sert.* 384.)
Obstinons Grimoald, par maxime d'Etat,
A le croire imposteur, ou craindre un attentat.
 (VI, 68. *Perth.* 1113 et 1114.)
 Ces inséparables flatteurs
Que l'amour de toi-même *à* te séduire *obstine*. (VIII, 123. *Imit.* I, 1638.)
Leur plus légère idée (*des objets impurs*) a peine à disparoître;
Le soin de l'effacer souvent l'*obstine à* croître. (VIII, 364. *Imit.* III, 2149.)
 Que le goût du bien souverain
Déracine en mon cœur l'attachement humain,
Et faisant aux faux biens une immortelle guerre,

M'*obstine au* généreux dédain
De tout ce qu'on voit sur la terre. (vmi, 391. *Imit.* m, 2073.)

Voyez OPINIÂTRER, ci-après, p. 130.

OBSTINER QUELQU'UN EN :

.... Tout notre discours,
Par un contraire effet, l'*obstine en* ses amours. (n, 508. *Illus.* 1356.)

S'OBSTINER À, suivi d'un substantif :

.... Destins, si votre envie,
Si votre haine encor *s'obstine à* mes tourments.... (1, 336. *Clit.* 1071.)
Puis tout triste et pensif il *s'obstine au* silence. (iv, 60. *Pomp.* 790.)
.... S'il continue,
Je ne m'*obstine* plus *à* tant de retenue. (v, 519. *Nic.* 188.)
Il *s'obstinoit* pour vous *au* refus de ma main. (vi, 438. *Sert.* 1763.)

S'OBSTINER DANS :

Je m'*obstinois* tantôt *dans* le parti d'un traître. (1, 498. *Veuve*, 1940.)

OBSTINÉ À :

.... Pulchérie, au refus *obstinée.* (v, 175. *Hér.* 445.)
Ton Dieu sait ta foiblesse, et n'exige de toi
Que la sincérité d'une solide foi,
Qu'une vie *obstinée à* la haine du crime. (vmi, 684. *Imit.* iv, 2159.)

OBTENIR SUR SOI DE :

.... Ah ! mon heur, jamais je n'*obtiendrois sur* moi
De pardonner ce crime à tout autre qu'à toi. (1, 353. *Clit.* 1387 et 1388.)

OCCASION.

FAIRE L'OCCASION, UNE OCCASION, la faire naître :

.... Comme mon amour a peu d'accès chez elle,
Faites l'occasion que je vous irai voir. (iv, 380. *S. du Ment.* 1719.)
Depuis, *l'occasion* que vous-même *avez faite,*
M'a fait quitter le soin d'une telle retraite. (v, 476. *D. San.* 1421.)

PRENDRE L'OCCASION, la saisir :

Prenons l'occasion tandis qu'elle est propice. (m, 394. *Cin.* 229.)
Prenons l'occasion que nous fait Éduige. (iv, 70. *Perth.* 1155.)

OCCASION, sujet, prétexte, circonstance qui donne lieu ou occasion :

Je voudrois pour sa perfection (*pour la perfection de cette méthode*) que ces mêmes personnages servissent encore à quelque autre chose dans la pièce, et qu'ils y fussent introduits par quelque autre *occasion* que celle d'écouter ce récit. (1, 46. *Disc. du Poëm. dram.*)

Dorise se feint être un jeune gentilhomme, contraint pour quelque occasion de se retirer de la cour. (1, 266. *Argum.* de *Clit.*)

C'est une belle chose que de les faire (*de faire les vers*) puissants et majestueux.... Mais il faut que les sujets (*des pièces*) en fassent naître les occasions. (I, 376. *Au lect.* de *la Veuve*.)

Quelque jour je m'expliquerai davantage sur ces matières; mais il faut attendre l'*occasion* d'un plus grand volume. (I, 378. *Au lect.* de *la Veuve*.)
Pour quelque *occasion* j'ai changé de dessein. (II, 484. *Illus.* 963.)
A chaque *occasion* de la cérémonie,
A l'envi l'un et l'autre étaloit sa manie. (III, 526. *Pol.* 829.)
.... Votre esprit discret
N'a plus d'*occasion* de m'en faire un secret. (IV, 221. *Ment.* 1468.)

Occasion, employé proverbialement :

.... Eh bien ! l'*occasion ?*
— Elle fait le menteur, ainsi que le larron. (IV, 370. *S. du Ment.* 1535.)

OCULTE, en bonne part :

Sire, ajoutez du ciel l'*occulte* providence. (I, 314. *Clit.* 677.)

OCULAIRE (Témoin) :

Je suis de ses amours le *témoin oculaire*. (I, 453. *Veuve*, 1667.)

ODEUR.

Mettre en mauvaise odeur auprès de :

Il me suffit que vous sachiez que je m'acquitte, sans le faire connoître à tout le monde, et sans que par cette publication je vous *mette en mauvaise odeur auprès* d'un sexe dont vous conservez les bonnes grâces avec tant de soin. (II, 219. *Épit.* de *la Pl. roy.*)

ODIEUX.

Pouvez-vous regretter....
Ces gouverneurs.... envoyés de si loin....
Qui ne montrant jamais qu'un œil farouche et sombre,
A peine vous jugeoient dignes de voir leur ombre?
Nos rois n'exigent point cet *odieux* respect. (X, 213. *Poés. div.* 287.)

ŒIL, YEUX.

Son âme, s'élevant au delà de ses *yeux*,
Avoit au Créateur uni la créature. (X, 134. *Poés. div.* 6.)

Voyez ci-dessus l'exemple de l'article Odieux.

Bel œil, expression fort employée dans le style galant de l'époque :

Auprès de ce *bel œil* qui tient mes sens ravis,
A peine pourrois-tu conserver ton avis. (I, 149. *Mél.* 127.)
Ils m'en entretiennent tous deux,
Et forment ma crainte et mes vœux

Pour ce *bel œil* qui les fait naitre. (I, 421. *Veuve*, 409.)
Jusques où d'un *bel œil* peut s'étendre l'empire.... (II, 27. *Gal. du Pal.* 161.)
.... Qu'un *bel œil* est fort avec un tel secours! (III, 307. *Hor.* 578.)
Sur mes pareils, Néarque, un *bel œil* est bien fort. (III, 491. *Pol.* 87.)

ENTRER PAR LES YEUX, en parlant de l'amour :

.... L'amour aujourd'hui dans les cœurs les plus vains
Entre moins *par les yeux* qu'il ne fait par les mains.
(IV, 374. *S. du Ment.* 1604.)

On lit dans une épigramme de Regnier :

L'amour est une affection
Qui *par les yeux* dans le cœur *entre.*

La Fontaine a dit plus tard :

Une vertu sort de vous, ne sais quelle,
Qui dans le cœur s'introduit *par les yeux*. (*Le Diable en enfer*, vers 6.)

DONNER DANS LES YEUX, voyez au tome I, p. 319, DONNER :

À L'ŒIL, à vue d'œil, à l'œil nu, sans aucun secours étranger :

Un chacun fait *à l'œil* des remarques aisées,
Qu'Éraste, abandonnant ses premières brisées,
Pour te mieux témoigner son refroidissement,
Cherche sa guérison dans un bannissement. (I, 207. *Mél. var.* 1.)
Cela se juge *à l'œil*, rien ne le satisfait. (I, 470. *Veuve*, 1378 *var.*)

Corneille, en modifiant ces deux passages en 1660, a fait disparaître cette expression, qui sans doute commençait déjà à vieillir.

CACHER AUX YEUX, en parlant des objets qu'on ne doit point montrer, et sur lesquels un récit doit seul attirer notre attention :

Ces considérations m'ont fait *cacher aux yeux* un si dangereux spectacle.
(VI, 130. *Exam.* d'*OEd.*)

Boileau a dit : *reculer des yeux*, pour exprimer cette même pensée :

.... Il est des objets que l'art judicieux
Doit offrir à l'oreille et *reculer des yeux*. (*Art poétique*, chant III, vers 55.)

FERMER L'ŒIL À :

.... Plus je *ferme l'œil aux* périls que j'y cours. (VII, 419. *Pulch.* 963.)

AVOIR L'ŒIL À TOUT :

J'en réponds sur ma tête, et *j'aurai l'œil à tout.* (V, 203. *Hér.* 1106.)

N'AVOIR D'YEUX QUE POUR QUELQU'UN, N'AVOIR PLUS D'YEUX POUR QUELQU'UN :

Il *n'a d'yeux que pour* toi.... (I, 282. *Clit.* 134.)
Je me défendrai mieux contre votre courroux,
Et pour le mériter, je *n'ai plus d'yeux pour* vous....
Je *n'ai plus d'yeux pour* vous, vous *en avez pour* moi!
(III, 307. *Hor.* 590 et 593.)

Il *n'a plus d'yeux pour* nous.... (v, 337. *Andr. var.* 2.)
Comtes, je *n'ai plus d'yeux pour* Carlos ni *pour* vous. (v, 463. *D. San.* 1092.)
N'ayez d'yeux que pour moi, qui *n'en ai que pour* vous. (vii, 332. *Psy.* 1185.)

Liaison d'œil, terme de poétique :

La seule raison qui le fait parler (*Simon, dans* l'Andrienne *de Térence*) devant son logis, c'est afin que ce Davus, demeuré seul, puisse voir Mysis sortir de chez Glycère, et qu'il se fasse une *liaison d'œil* entre ces deux scènes. (ii, 14. *Exam.* de la *Gal. du Pal.*)

Œil du ciel, le soleil :

L'œil *du ciel* s'en retire, et par un voile noir,
N'y pouvant résister, se défend d'en rien voir. (i, 336. *Clit.* 1087.)

La Fontaine a dit de même, figurément, *l'œil de la nature :*

> Si l'on eût cru leur murmure,
> Elles auroient par leurs cris
> Soulevé grands et petits
> Contre *l'œil de la nature.*
> (Livre XII, fable xxiv, *le Soleil et les Grenouilles*, vers 18.)

Et J. B. Rousseau, *l'œil du monde :*

> Un antre noir, séjour des tristes ombres,
> Où *l'œil du monde* est sans cesse éclipsé. (Livre II, allégorie v, vers 7.)

Œillade, dans la tragédie :

> .... Ne permettons pas qu'après tant de bravades,
> Mon sceptre soit le prix d'une de ses œillades (*de Cléopatre*).
> (iv, 55. *Pomp.* 662.)

Lorsque Corneille écrivait ces vers, le mot *œillade* ne s'appliquait déjà plus guère qu'à un regard lancé par tendresse ou par coquetterie ; un peu auparavant il avait un sens beaucoup plus étendu : « Quant à la lettre il m'a dit qu'elle estoit faite ; mais que le Pape luy auoit dit qu'il y vouloit encore donner une *œillade.* » (D'Ossat, livre I, lettre vi, tome I, p. 43.)

Œuvre, au masculin :

Reçois cet holocauste, et fais de ces louanges
Pour moi, pour tout le peuple, un *œuvre* de salut.
(viii, 629. *Imit.* iv, 1039.)

Offenser, avec un nom abstrait pour régime :

Offensez sa victoire, irritez sa colère. (iii, 336. *Hor.* 1247.)
Des deux côtés j'*offense* et ma gloire et les Dieux. (iii, 421. *Cin.* 816.)

Offensant, substantivement :

On nous a dédit l'un et l'autre à cause que nous avons trouvé à propos que l'*offensant* demandât pardon à l'offensé. (x, 480. *Lettr.*)

OFFENSEUR.

Plus l'*offenseur* est cher, et plus grande est l'offense. (iii, 120. *Cid*, 285.)
En cet affront mon père est l'offensé,

Et l'*offenseur* le père de Chimène ! (III, 122. *Cid*, 300.)
Ne soyons plus en peine,
Puisqu'aujourd'hui mon père est l'offensé,
Si l'*offenseur* est père de Chimène. (III, 124. *Cid*, 350.)

M. Aimé-Martin a dit à l'occasion du premier de ces passages : « Une note critique de Scudéry nous apprend que le mot *offenseur* est de l'invention de Corneille. L'Académie alors déclara que ce mot n'était pas français, mais qu'il était à désirer qu'il le devînt. L'Académie d'aujourd'hui, accomplissant ce vœu, a placé le mot dans son *Dictionnaire*, mais sans rappeler que nous le devons à Corneille. » — Scudéry n'a point dit que ce mot fût de l'invention de Corneille ; il a fait remarquer seulement qu'il n'était pas en usage, et ce qu'on reprochait à cette expression n'était point à coup sûr d'être trop nouvelle, mais au contraire d'être complétement oubliée. — Le P. Bouhours (*Doutes sur la langue françoise*, 1674, p. 50) était déjà tombé sur ce point dans la même erreur que M. Aimé-Martin ; et Ménage, si bien au courant de l'état civil des mots, lui avait répondu en 1675, dans la seconde édition de ses *Observations* (p. 302) : « J'ai bonne mémoire d'avoir lu *offenseur* dans l'*Astrée*. » En 1607, il figure sous ces deux formes : *offenceur*, *offenseur*, dans le *Thresor des deux langues françoise et espagnolle* de César Oudin, où il est traduit par *offensor*, *offendedor*. Il remonte du reste encore plus haut, car nous avons recueilli dans Garnier le passage suivant (*Porcie*, acte III, vers 149) :

Si les Dieux tant de fois nous estoient punisseurs
Que nous, chetifs mortels, leur sommes *offenseurs*,
Leur foudre defaudroit.

Il serait facile assurément de multiplier les exemples de ce genre ; mais en voilà assez pour établir qu'en se servant du mot *offenseur*, Corneille n'a fait que puiser dans le vocabulaire tragique que ses prédécesseurs lui avaient légué. — La note de M. Aimé-Martin veut encore une autre rectification. Ce n'est pas « à l'Académie d'aujourd'hui » qui a mis *offenseur* dans le *Dictionnaire;* il figure déjà dans l'édition de 1694, avec cette remarque, il est vrai, que le mot « a peu d'usage. »

OFFICE (Rendre un bon) :

.... Demeurez, Laonice :
Vous pouvez, comme lui, me *rendre un bon office*. (IV, 432. *Rod.* 72.)

Le P. Bouhours fait remarquer que pour parler honnêtement à une personne d'autorité de qui on a besoin, il faut lui demander un *bon office*, et non pas un *service*.

OFFRE, au masculin :

Ses *offres* acceptés, que rien ne se diffère. (I, 468. *Veuve*, 1327.)
Votre *offre* avantageux nous fait beaucoup d'honneur. (I, 488. *Veuve*, var. 3.
Cet *offre*, ou, si tu veux, ce don du diadème
N'est, à le bien nommer, qu'un foible stratagème. (VI, 61. *Perth.* 963.)

L'*offre* de mon hymen l'eût-il tant effrayé ?
(Racine, *Bajazet*, acte III, scène VII, vers 1092.)

Le genre de ce mot a beaucoup varié. Dans le *Dictionnaire françois-latin* de Robert Estienne, 1539, et dans *les Mots françois selon l'ordre des lettres*, de Charles Estienne, 1557, on lit : *offre qu'on a faicte à aucun;* mais dans le *Thresor des deux langues françoise et espagnolle* de César Oudin, 1607, on trouve : *un grand offre*, *faire un offre*. En 1611, Cotgrave l'indique comme masculin ; en 1659, Chiflet le donne comme commun dans son *Essay d'une parfaite grammaire*, et cette assertion se maintint dans toutes les éditions, même dans la sixième, publiée en 1700 sous le titre de *Nouvelle et parfaite grammaire françoise*. En 1675, dans la seconde édition de ses *Observations*, Ménage le place parmi les mots douteux, mais en disant : « Je le fais féminin. » Enfin, en 1680, Richelet, dans la première édition de son *Dictionnaire*, l'indique comme féminin, et ajoute : « L'abbé de Royaumont, *Histoire de la Bible*, a fait le mot d'*offre* masculin, mais c'est une faute d'impression. Quoi qu'il en soit, les bons écrivains font le mot d'*offre* féminin. » A partir de ce moment, ce genre règne à peu près sans partage.

OFFRIR (S'), absolument :

..... Parlons net sur ce choix d'un époux.
Êtes-vous trop pour moi? Suis-je trop peu pour vous?
C'est m'*offrir*, et ce mot peut blesser les oreilles. (VI, 385. *Sert.* 521.)

OFFUSQUER, au figuré :

.... J'ai devant les yeux toujours quelque nuage
Qui m'*offusque* la vue et m'y jette un ombrage. (V, 554. *Nic.* 988.)
    Mais d'où vient qu'un triste nuage
Semble *offusquer* l'éclat de ces beaux yeux? (VII, 343. *Psy.* 1446.)
.... Quelles vapeurs m'*offusquent* le cerveau? (VII, 358. *Psy.* 1827.)
.... Les noires vapeurs dont elle (*la conscience*) est agitée
Offusquent même ses dehors. (VIII, 202. *Imit.* II, 547.)

OIE (Petite) :

Ne vous vendrai-je rien, Monsieur? des bas de soie,
Des gants en broderie, ou quelque *petite oie*? (II, 94. *Gal. du Pal.* 1418.)

Voici comment les divers sens de cette expression sont expliqués en 1680 dans la première édition du *Dictionnaire* de Richelet : « *Petite oie*. Ces mots se disent en parlant d'habits, et on entend par ces mots les rubans, la garniture et tout ce qui sert à l'embellissement de l'habit. *Que vous semble de ma* petite oie? (Molière, *Précieuses*, scène IX.) — *Petite oie*. Ces mots se disent en terme d'amour, et signifient toutes les petites faveurs que fait une maîtresse à son amant : « *Je n'ai eu de la belle Iris aucune faveur solide, mais j'en ai eu toute la* petite oie. — *Petite oie*, terme de rôtisseur. C'est le cou, les ailes, le jusier, le foie et autres petites choses d'un oiseau de rivière : *Acheter une* petite oie *pour faire une fricassée.* » — Cette dernière acception est évidemment celle qui a donné lieu aux deux autres; la seconde se trouve déjà dans Rabelais.

OISIF.

Foudre oisif :

Qu'à mille impiétés osant me dispenser,
A votre *foudre oisif* je donne où se lancer? (II, 201. *Suiv.* 1444.)

OISILLON.

Les petits *oisillons*, encor demi-cachés. (I, 338. *Clit.* 1128.)

Ce diminutif est peu usité, bien qu'il ait pour lui la double autorité de Corneille et de la Fontaine.

« Ceci ne me plaît pas, » dit-elle aux *oisillons*. (Livre I, fable VIII, vers 9.)

OMBRAGE, ombre, obscurité, figurément :

A ces fausses clartés opposez quelque *ombrage*. (VII, 231. *Tit.* 748.)
Nos sens sont des trompeurs, dont les fausses images
A notre entendement n'offrent rien d'assuré,
Et ne lui font rien voir qu'à travers cent nuages

Qui jettent mille *ombrages*
Dans l'œil mal éclairé. (viii, 39. *Imit.* 1, 147.)

OMBRAGE, au figuré, soupçon, inquiétude, méfiance :

Quoi? vous me soupçonnez déjà de quelque *ombrage?* (iii, 515. *Pol.* 609.)
Tout vous nuit, tout vous perd, tout vous fait de l'*ombrage.*
(iii, 557. *Pol.* 1503.)
Soyez moins curieux, plus discret, plus modeste,
Sans *ombrage*, et demain nous parlerons du reste.
(iv, 367. *S. du Ment.* 1490.)
Grâces aux Immortels, l'effort de mon courage
Et ma grandeur future ont mis Rome en *ombrage.* (v, 541. *Nic.* 660.)
.... J'ai devant le yeux toujours quelque nuage
Qui m'offusque la vue et m'y jette un *ombrage.* (v, 554. *Nic.* 988.)
Aussitôt qu'un État devient un peu trop grand,
Sa chute doit guérir l'*ombrage* qu'elle (*Rome*) en prend....
Je les connois, Madame, et j'ai vu cet *ombrage*
Détruire Antiochus et renverser Carthage. (v, 578. *Nic.* 1514 et 1523.)
Je voulois à vos feux épargner cet *ombrage.* (vi, 333. *Tois.* 1867.)

Voyez au tome I du *Lexique*, p. 472, le dernier exemple de GUÉRIR.

OMBRE.

L'*ombre* de Saint-Germain est un bivouac pour eux (*pour les soldats de
Louis XIV*). (x, 199. *Poés. div.* 84.)
Ces gouverneurs....
Qui ne montrant jamais qu'un œil farouche et sombre,
A peine vous jugeoient dignes de voir leur *ombre.* (x, 212. *Poés. div.* 286.)

MARCHER DANS L'OMBRE DE QUELQU'UN, le suivre de près, l'imiter :

Cadédiou! ce coquin *a marché dans mon ombre;*
Il s'est fait tout vaillant d'avoir suivi mes pas. (ii, 483. *Illus.* 942.)

OMBRE, figurément, abri, protection :

Le Prince à mes côtés feroit dans les combats
L'essai de son courage à l'*ombre* de mon bras. (iii, 115. *Cid*, 204.)
.... Deux lustres de guerre assurent nos climats
Contre ces souverains de tant de potentats,
Et leur laissent à peine, au bout de dix années,
Pour se couvrir de nous, l'*ombre* des Pyrénées. (vi, 381. *Sert.* 450.)

OMBRE, ce qui obscurcit :

Cet hymen jetteroit une *ombre* sur sa gloire. (v, 575. *Nic.* 1451.)
Perpenna parmi nous est le seul dont le sang
Ne mêleroit point d'*ombre* à la splendeur du rang. (vi, 385. *Sert.* 544.)

OMBRE, légère apparence :

Un sourcil trop sévère, une *ombre* de fierté
M'eût peut-être à vos yeux rendu ma liberté. (x, 145. *Poés. div.* 41.)

Sous ombre de, sous prétexte de :

.... *Sous ombre d*'agir pour ses folles amours. (II, 464. *Illus.* 591.)

Vous m'avez voulu faire passer pour simple traducteur, *sous ombre de* soixante et douze vers que vous marquez sur un ouvrage de deux mille. (x, 402. *Lettr. apol.*)

Ombre d'un mort :

Sa mort me laissera pour ma protection
La splendeur de son *ombre* et l'éclat de son nom. (VI, 382. *Sert.* 468.)

ON (L') :

La parole donnée, il faut que *l'on* la tienne. (I, 214. *Mél.* 1187.)
Vous pouvez adorer César, si *l'on* l'adore. (IV, 32. *Pomp.* 126.)

« Il faut, dit Voltaire au sujet de notre exemple de *Pompée*, éviter ces syllabes désagréables de *l'on l'a*. » Cette remarque avait déjà été faite par Vaugelas (p. 12 et 13). Néanmoins les écrivains du dix-septième siècle paraissent s'être peu préoccupés de cette consonnance ; on la rencontre souvent dans les ouvrages en prose, si l'on a soin toutefois de les lire dans les éditions originales, car les éditions modernes n'ont point manqué de la faire disparaître. Qu'on prenne par exemple les *Amours de Psyché et de Cupidon*, de la Fontaine, édition de 1669 ; on y trouvera les phrases suivantes : « Pas une ne lui en demanda la raison, ni comment elle avoit passé la nuit, mais bien si elle se vouloit lever, et de quelle façon il lui plaisoit que *l'on l'habillât*. » (Livre I.) — « Je proposai à ma fille de se marier. Elle me pria d'attendre que *l'on l'y* eût condamnée sous peine du dernier supplice. » (Livre II.)

ONDE, mer :

Croissez pour voir sous vous trembler la terre et l'*onde*.
(x, 184. *Poés. div.* 5.)
Ce vers est tiré d'un sonnet adressé au duc de Guise.

ONZE, ONZIÈME.

Quand l'œuvre d'*onze* jours vous coûte des années. (x, 307. *Poés. div.* 58.)
On a fait contre vous dix entreprises vaines ;
Peut-être que l'*onzième* est prête d'éclater. (III, 406. *Cin.* 491.)

«L'*onzième* légion l'avait joint après quelque retardement. » (Perrot d'Ablancourt, traduction de Tacite, *Histoires*, livre III, chapitre 1, tome III, p. 243.) — Vaugelas n'autorise pas d'autre façon de parler ni d'écrire ; voici le commencement de sa remarque (p. 77) : « Le *onzième*. Plusieurs parlent et écrivent ainsi, mais très-mal. Il faut dire *l'onzième ;* car sur quoi fondé que deux voyelles de cette nature, et en cette situation, ne fassent pas ce qu'elles font partout, qui est que la première se mange ? »

OPINIÂTRE à :

Sa haine *opiniâtre à* croître mes malheurs. (VI, 156. *OEd.* 511.)

OPINIÂTRER quelqu'un dans quelque chose :

Cette promesse *opiniâtre* ce prince *dans* sa résolution. (v, 272. *Dess. d'Andr.*)

Voyez ci-dessus, p. 122 et 123, Obstiner.

OPPOSANT, substantivement :

Le poste où est son *opposant* est si considérable.... (x, 484. *Lettr.*)

OPPRESSER, OPPRIMER.

Ne me préfère pas le tyran qui m'*oppresse*. (III, 421. *Cin.* 850.)
Élève à toi mes sens sous le vice *oppressés*. (VIII, 390. *Imit.* III, 2696.)
J'ai tiré de ce joug les peuples *opprimés*. (VII, 50. *Agés.* 1024.)
Quiconque ose d'un Dieu sonder la majesté,
Dans ce vaste océan de son immensité,
Opprimé de sa gloire, aisément fait naufrage. (VIII, 683. *Imit.* IV, 2139.)

Cotgrave et Nicot ne mettent aucune différence de sens entre les deux verbes *oppresser* et *opprimer*, dont le premier, évidemment plus ancien, est de formation populaire, tandis que le second a dû être transcrit du latin à une époque relativement récente. — Les premiers poëtes tragiques français se servaient à chaque instant d'*oppresser*, au figuré, avec le sens actuel d'*opprimer*, qu'il a aussi dans nos deux exemples de Corneille :

Ha mort, ô douce mort, mort seule guarison
Des esprits *oppressez* d'vne estrange prison.
(Jodelle, *Cleopatre*, acte IV, folio 245 verso.)

Ils (*les Dieux*) tiennent le parti du foible qu'on *oppresse*,
Et font choir l'oppresseur en leur main vengeresse.
(Garnier, *Hippolyte*, acte I, vers 73.)

Touiours vn ioug estranger
Nous *oppresse* dauantage. (Garnier, *Antoine*, acte II, vers 527.)

— Maintenant les grammairiens ont attribué à chacun de ces deux mots un sens entièrement différent. *Oppresser* se dit au propre, et ne s'emploie guère qu'en médecine; *opprimer* appartient exclusivement au style figuré.

OPPRIMER, voyez OPPRESSER.

ORANGE.

.... Chaque extrémité portoit un doux mélange
De bouquets de jasmin, de grenade et d'*orange*. (IV, 155. *Ment.* 274.)
La fleur d'*orange*. (x, 83. *Titre de la poésie* XXVI.)

Peut-on dire, comme dit Corneille, *bouquet d'orange*, *fleur d'orange*? ou bien faut-il dire *fleur d'oranger*? Cette question a été longuement débattue par M. Francis Wey dans ses *Remarques sur la langue française*, par M. Génin dans ses *Variations du langage français*, et enfin par M. Guessard dans l'*Examen critique* qu'il a fait de cet ouvrage. Voici les conclusions de ce dernier philologue, qui sont, suivant nous, tout à fait décisives : « On ne sauroit douter qu'*orange* et *olive* aient servi, l'un et l'autre, à désigner à la fois l'arbre et le fruit. Les exemples pour *orange* sont moins nombreux que pour *olive*; mais *pommes d'orange* suffit à lui seul à décider la question; et ainsi ces expressions : *fleur d'orange*, *eau de fleur d'orange*, *bouquet d'orange*, *bouquet de fleur d'orange*, et toutes autres analogues que l'on pourrait rencontrer, se trouvent expliquées fort simplement. »

ORDONNER.

ORDONNER UNE ARMÉE :

Il verra comme il faut dompter des nations,
Attaquer une place, *ordonner une armée*. (III, 115. *Cid*, 189.)

« *Ordonner une armée*, dit à ce sujet l'Académie, ne signifie point mettre une armée en bataille, ni établir dans une armée l'ordre qui y est nécessaire : ce n'est pas bien parler françois. » — « Puisqu'on ne peut rendre ce mot que par une périphrase, répond Voltaire, il vaut mieux que la périphrase ; il répond à *ordinare* : il est plus énergique qu'*arranger, disposer.* » — La remarque est fort juste ; mais ce qui est plus décisif encore, c'est que l'expression a existé de tout temps et qu'elle appartient à la fois à la langue des militaires et à celle des écrivains. On lit dans Nicot : « *Ordonner l'ost*, c'est ranger l'armée en bataille, mettre son armée en ordonnance de combat, *acies instruere, ordines instituere.* Ce qu'on dit aussi *ordonner son camp.* Au troisième livre d'*Amadis* : « Et ainsi qu'il *ordonnoit son camp*, vint vers luy un chevalier. »

Ordonner de quelque chose, ou de quelqu'un, donner des ordres à son sujet, disposer de son sort :

Comme ils ont peu de part au bien dont ils *ordonnent,*
Dans le champ du public largement ils moissonnent. (III, 407. *Cin.* 517.)
Attendrons-nous, Seigneur....
.... que le front paré de votre diadème,
Ce traître trop heureux *ordonne* de vous-même ? (VI, 647. *Oth.* 1634.)

Bien ordonné, au figuré, bien réglé, bien dirigé :

Si ton amour est pur, simple et *bien ordonné*,
Tu pourras hautement braver la créature. (VIII, 405. *Imit.* III, 2970.)

ORDRE.

Donner ordre à :

Donne pour ce grand jour, *donne ordre à* tes affaires,
Pour ce grand jour, le comble ou la fin des misères.
(VIII, 153. *Imit.* I, 2262.)
Il n'est pas de ces rois qui loin du bruit des armes,
Sous des lambris dorés *donnent ordre aux* alarmes,
Et traçant en repos d'ambitieux projets,
Prodiguent, à couvert, le sang de leurs sujets. (X, 210. *Poés. div.* 238.)

Donner bon ordre à :

J'y *donnerai bon ordre :* il est en ta puissance
D'oublier mon amour, mais non pas ma vengeance. (II, 387. *Méd.* 941.)

D'un ordre trop haut pour :

Leurs âmes à tous deux, d'elles-mêmes maîtresses,
Sont *d'un ordre trop haut pour* de telles bassesses. (III, 522. *Pol.* 754.)

Ordre, commandement, prescription (de la loi, etc.) :

Aussi ferme soutien des *ordres* légitimes
Qu'implacable ennemi de la fausse équité. (X, 122. *Poés. div.* 3.)

ORDURE, au figuré :

Sans lui (*sans le don de la grâce*) tu n'es qu'*ordure*, impuissance, bassesse ;
Fais-en un bon usage, et la gloire est au bout. (X, 221. *Poés. div.* 29.)

OREILLE.

.... Lyse, qui l'a vu, m'en dit tant de merveilles,
Qu'elle fait presque entrer l'amour par les *oreilles*. (IV, 316. *S. du Ment.* 488.)

C'est-à-dire qu'elle inspire, par ses récits, de la passion pour la personne dont elle parle.

OUVRIR L'OREILLE À :

Byzance *ouvre*, dis-tu, *l'oreille à* ces menées. (V, 158. *Hér.* 26.)

« On *ouvre l'oreille à* un bruit, et non *à* des menées, on les découvre, » dit avec raison Voltaire. Nous devons toutefois faire remarquer que les vers précédents expriment l'idée que ces *menées* sont un faux bruit semé.

AVOIR L'OREILLE DE QUELQU'UN, pouvoir lui parler à l'aise et longuement, avoir le moyen de le persuader, de le convaincre :

C'est beaucoup que d'*avoir l'oreille du* grand maître. (VI, 597. *Oth.* 514.)

FAIRE LA SOURDE OREILLE :

Gémis d'avoir aimé les plaisirs de la table
Et *fait la sourde oreille* à ma voix adorable. (VIII, 622. *Imit.* IV, 904.)
J'*ai fait la sourde oreille* et refusé d'entendre
Ce que de l'imposture osoit l'indigne cours. (IX, 255. *Ps. pén.* 53.)

C'est la traduction du latin : *Ego autem, tanquam surdus, non audiebam.*

ORGANE, tuyau, clavier, etc. :

Louez-le avec des instruments à cordes et à *organes*. (IX, 154. *Off. V.*)

C'est la traduction du latin : *Laudate eum in chordis et organo.*

ORGUEILLEUX, au figuré :

Les enflures des mers sont autant de miracles
Qu'enfante leur sein *orgueilleux*. (IX, 133. *Off. V.* 22.)

ORGUEILLEUX DE :

Septime vous l'amène, *orgueilleux de* son crime. (IV, 68. *Pomp.* 973.)

ORIGINAL, substantivement, opposé à *copie* :

Dans cette vivante peinture,
L'art le dispute à la nature,
La copie à *l'original*. (X, 131. *Poés. div.* 7.)

ORIPEAU, laiton battu en feuilles :

Le palais du Soleil, qui fait le second (*théâtre*), a ses colonnes toutes d'*oripeau*. (VI, 345. *Tois.*)

Voyez ci-dessus, au tome I du *Lexique*, p. 180, CLINQUANT.

ORTHOGRAPHER.

J'ai donc fait *orthographer* ainsi les mots suivants et leurs semblables (I, 8. *Au lect.*)

Cette forme *orthographer* a eu d'assez nombreux partisans, et les grammairiens ont eu besoin de revenir plusieurs fois à la charge pour la proscrire sans retour : « Parce qu'on dit *orthographe* et non pas *orthographie*, il semble qu'on devroit dire *orthographer*, comme on dit *paraphe* et *parapher;* cependant il est certain qu'il faut dire *orthographier*, comme l'a dit Marot dans son *Enfer :*

> Et ne sut onq bien *orthographier*
> Ce qui seruoit à me justifier;

et comme l'auteur des *Remarques* (Vaugelas, p. 112) l'a décidé. » (Ménage, *Observations*, chapitre LI.) — Lemazurier, auteur de la *Galerie historique des acteurs du Théâtre français*, rapporte dans cet ouvrage (tome II, p. 111) une anecdote d'où il conclut que Mlle Clairon était fort ignorante, et qui prouve seulement qu'elle s'en tenait au français de Corneille, ce qu'on doit certes pardonner à une tragédienne : « L'imprimeur de la Comédie française lui donna.... une leçon assez bonne..., On devait jouer l'*Idoménée* de Lemierre, qui tomba en 1764. Mlle Clairon s'aperçut que les affiches portaient toutes *Ydoménée*. Justement scandalisée d'une faute pareille, elle fit venir l'imprimeur à la barre, c'est-à-dire à l'assemblée de la Comédie, et le réprimanda sévèrement. Celui-ci s'excusa en assurant que sur la note qui lui avait été donnée par le semainier, *Idoménée* était écrit avec un *y*. « Cela est impossible, répondit majestueusement Mlle Clairon; il n'y a point de comédien qui ne sache parfaitement « *orthographer*. — Pardonnez-moi, Mademoiselle, répliqua l'imprimeur en souriant « malignement, mais il faut dire *orthographier*. »

OSER, ayant pour sujet un nom abstrait ou une locution abstraite :

.... Du haut des cieux il (*Dieu*) aime à départir
Des biens dont notre espoir n'*osoit* nous avertir. (x, 176. *Poés. div.* 4.)
Tout ce qu'il sait de vous et de votre innocence
N'*ose* le révolter contre cette apparence. (x, 156. *Poés. div.* 38.)

OSTENTATION, au pluriel :

Elle (*la grâce*) enseigne....
    A bannir de tes actions
L'orgueil des *ostentations*. (VIII, 543. *Imit.* III, 5852.)

ÔTER, enlever, supprimer :

Je les laisse en latin, de peur que ma traduction n'*ôte* trop de leur grâce. (IV, 15. *Au lect. de Pomp.*)
    Toi, dont la course journalière
Nous *ôte* le passé, nous promet l'avenir,
Soleil, père des temps.... (x, 58. *Poés. div.* 2.)
Otez Pan et sa flûte, adieu les pâturages;
Otez Pomone et Flore, adieu les jardinages.
                  (x, 238 et 239. *Poés. div.* 49 et 50.)

ÔTER DE, tirer de :

Souffrez que j'aille *ôter* mon maître *de* souci. (II, 76. *Gal. du Pal.* 1088.)
J'ai cru, pour m'en défaire et m'*ôter de* souci,
Que le meilleur étoit de l'amener ici. (II, 499. *Illus.* 1199.)
Rodrigue, fuis, de grâce : *ôte*-moi *de* souci. (III, 148. *Cid*, 767.)
Les bontés de mon Dieu sont bien plus à chérir :
Il m'*ôte des* périls que j'aurois pu courir. (III, 544. *Pol.* 1226.)
.... Tu lèves le masque, et m'*ôtes de* scrupule. (VI, 74. *Perth.* 1271.)

OÙ, au propre et au figuré, c'est-à-dire, marquant soit un lieu réel, soit un lieu moral, une tendance, un but indiqué dans une phrase figurée.

Où, sans antécédent : où, là où, dans une circonstance où, lorsque ; où, interrogatif, entre deux verbes :

.... Où le cœur est pris on charme en vain les yeux. (vi, 141. *OEd.* 164.)
.... Où j'ai tant d'intérêt,
Ce n'est pas devant moi qu'il faut faire l'arrêt. (v, 367. *Andr.* 1100.)
Philandre, tu n'es pas encore *où* tu prétends. (i, 205. *Mél.* 1046.)
N'aspirez point, Madame, *où* je voudrai prétendre. (vi, 28. *Perth.* 199.)
Aminte, je ne puis aimer
Où je ne vois rien à prétendre. (x, 172. *Poés. div.* 3.)
C'est crime de se taire *où* tout semble parler. (x, 196. *Poés div.* 28.)
Ne m'apprendrez-vous point *où* vont ses sentiments? (vi, 412. *Sert.* 1164.)

C'EST où, c'est là que :

C'est où le Roi le mène.... (iii, 333. *Hor.* 1155.)
.... *C'est où* (*dans un écrin*) le feu Roi, déguisant sa naissance,
D'un sort si précieux mit la reconnaissance. (v, 490. *D. San.* 1721.)

Où, tenant la place d'un relatif précédé des prépositions *dans, à, vers, sur, chez, auprès de*, etc. :

Il n'en voyoit point d'exemples sur les théâtres de son temps, *où* ce n'étoit pas la mode de sauver les bons par la perte des méchants, à moins que de les souiller eux-mêmes de quelque crime comme Electre, qui se délivre d'oppression par la mort de sa mère, *où* elle encourage son frère, et lui en facilite les moyens. (i, 68 et 69. *Disc. de la Trag.*)
Je vous donne donc ces pièces justificatives de la réputation *où* elle a vécu. (iii, 81. *Avert.* du *Cid.*)
Vous savez le combat *où* Chimène l'engage. (iii, *Cid*, 1602.)
La légèreté même *où* tant d'honneur engage
Est moins légèreté que grandeur de courage. (v, 451. *D. San.* 781.)
Parlez plus sainement de vos maux et des miens :
Chacun voit ceux d'autrui d'un autre œil que les siens;
Mais à bien regarder ceux *où* le ciel me plonge,
Les vôtres auprès d'eux vous sembleront un songe. (iii, 320. *Hor.* 879.)
C'étoit donc peu, Seigneur, pour mon âme affligée,
De toute la misère *où* je me vois plongée;
C'étoit peu des rigueurs de ma captivité,
Sans celle *où* votre amour vous a précipité. (vi, 80. *Perth.* 1400 et 1402.)
.... Voyez les périls *où* vous me hasardez. (iii, 503. *Pol.* 352.)
Songe aux fleuves de sang *où* ton bras s'est baigné. (iii, 434. *Cin.* 1132.)
De quel nom, après tout, pensez-vous que je nomme
Ce coup *où* vous tranchez du souverain de Rome? (iv, 62. *Pomp.* 838.)
Voilà comme Ovide raconte cette fable, *où* j'ai changé beaucoup de choses. (v, 294. *Argum.* d'*Andr.*)
.... Tout ce haut éclat *où* je les fais paroître

Lui peint plus qu'ils n'étoient et moins qu'il ne doit être.
(v, 318. *Andr.* 55.)
.... Ces vastes malheurs *où* mon orgueil me jette
Me feront votre esclave, et non votre sujette. (v, 546. *Nic.* 787.)
La vôtre aime une audace *où* vous la soutenez. (vi, 147. *OEd.* 311.)
L'inceste *où* malgré vous tous deux je vous abîme. (vi, 215. *OEd.* 1917.)
.... Je viens vous offrir et l'un et l'autre en moi,
Avec des qualités *où* votre âme hautaine
Trouvera mieux de quoi mériter une reine. (vi, 436. *Sert.* 1713.)
Je tombe au précipice *où* mon destin m'appelle. (ii, 485. *Illus.* 982.)
.... Un mystère *où* chacun applaudit (ix, 531. *Hymn.* 2.)
L'hymen *où* je m'apprête est pour vous une gêne. (vi, 416. *Sert.* 1254.)
Aucun espoir n'y coule *où* j'ose persister;
Aucun effroi n'y règne *où* j'ose m'arrêter. (iii. 521. *Pol.* 727 et 728.)
Doraste, ou par malheur quelque rencontre pire,
Me pourroit arracher le trésor *où* j'aspire. (ii, 280. *Pl. roy.* 1094.)
Celle *où* j'ose aspirer est d'un rang plus illustre. (iii, 569. *Pol.* 1768.)
Pouvez-vous nommer offre une ardeur de choisir
Qui de la même main qui me cède un empire
M'arrache un bien plus grand, et le seul *où* j'aspire? (iv, 435. *Rod.* 132.)
Puisqu'il se dit son fils, il veut lui ressembler;
.... Cette ressemblance *où* son courage aspire
Mérite mieux que toi de gouverner l'empire. (v, 166. *Hér.* 245.)
C'est l'unique bonheur *où* ce coupable aspire. (v, 477. *D. San.* 1457.)
Voilà le prix fameux *où* votre ingrat aspire,
Ce gage *où* les destins attachent notre empire. (vi, 330. *Tois.* 1778 et 1779.)
Il étoit à propos d'avertir le lecteur de quelques particularités *où* je me suis attaché. (vi, 245. *Exam. de la Tois.*)
Ce trésor, *où* les Dieux attachent nos destins. (vi. 270. *Tois.* 351.)
Alcippe cependant m'accuse d'inconstance,
Me fait une querelle *où* je ne comprends rien. (iv, 187. *Ment.* 883.)
C'est me faire une excuse *où* je ne comprends rien. (v, 446. *D. San.* 683.)
Je descends dans la tombe *où* tu m'as condamnée. (iii, 429. *Cin.* 1045.)
C'est une impiété de douter de l'oracle,
Et mériter les maux *où* vous nous condamnez,
Qu'éteindre un bel espoir que vous nous ordonnez. (iv, 476. *Rod.* 1145.)
.... Cette ignominie *où* je l'ai condamnée
Se changera soudain en heureux hyménée. (v. 48. *Théod.* 715.)
Est-il dans votre affreux séjour
Quelques peines qui soient égales
Aux travaux *où* Vénus condamne mon amour? (vii, 353. *Psy.* 1673.)
Tu ne sais pas les maux *où* je suis condamnée. (vii, 463. *Sur.* 2.)
.... L'hymen de la Princesse,
Où sans doute aisément mon cœur eût consenti. (v, 212. *Hér.* 1301.)
Ces portes du temple fermées,
Dont vos âmes sont alarmées,
Vous marquent des faveurs *où* tout le ciel consent. (v, 394. *Andr.* 1727.)
Pour vous faire un supplice *où* la raison consente. (vi, 162. *OEd.* 656.)
.... C'est je ne sais quoi d'abaissement secret

OÙ] DE CORNEILLE. 137

Où quiconque a du cœur ne consent qu'à regret. (x, 95. *Poés. div.* 20.)
C'est donc avec raison que je commence à craindre,
Non la mort, non l'hymen *où* l'on me veut contraindre....
(v, 170. *Hér.* 339.)
.... Vous n'aurez pas lieu désormais de vous plaindre
De ce retardement *où* j'ai su vous contraindre. (v, 493. *D. San.* 1802.)
S'il croit que vous l'aimez, c'est sur quelque soupçon
Où je ne contribue en aucune façon. (II, 178. *Suiv.* 984.)
Il garde la tendresse *où* son feu le convie. (VII, 354. *Psy.* 1705.)
Je vais vous l'expliquer, et veux bien vous guérir
D'une erreur dangereuse *où* vous semblez courir. (v, 575. *Nic.* 1438.)
L'amour que j'ai pour vous hait ces molles bassesses
Où d'un sexe craintif descendent les foiblesses. (VI, 81. *Perth.* 1412.)
Dans le reste de mes ouvrages, je n'ai pu choisir des jours remarquables que par ce que le hasard y fait arriver, et non pas par l'emploi *où* l'ordre public les aye destinés de longue main. (I, 117. *Disc. des 3 unit.*)
S'il n'eût par le poison lui-même évité Rome,
Et rompu par sa mort les spectacles pompeux
Où l'effroi de son nom le destinoit chez eux. (v, 512. *Nic.* 26.)
Je veux bien mettre à part, avec le nom d'aîné,
Le rang de votre maître *où* je suis destiné. (v, 523. *Nic.* 274.)
.... J'avois mis bas, avec le nom d'aîné,
L'avantage du trône *où* je suis destiné. (v, 556. *Nic.* 1006.)
Saisissez-vous d'un trône *où* le ciel vous destine. (VI, 629. *Oth.* 1254.)
.... Cet amour parjure *où* mon cœur se dispense. (VI, 70. *Perth.* 1152.)
Oublions des mépris *où* par force il s'excite. (II, 478. *Illus.* 845.)
Vous devez oublier un désespoir jaloux
Où força son courage un infidèle époux. (IV, 443. *Rod.* 330.)
.... Ma gloire blessée
Dépouille un vieux respect *où* je l'avois forcée. (x, 229. *Hér.* 1680.)
.... Ce peu d'espoir *où* tu me viens forcer. (v, 45. *Perth.* 621.)
.... Voilà le seul point *où* Rome s'intéresse. (v, 526. *Nic.* 323.)
Je crois qu'il n'agit pas moins généreusement,
Qu'il n'a que les desseins *où* sa gloire l'invite. (v, 560. *Nic.* 1111.)
J'accepte le supplice *où* vous livrez mon âme. (v, 344. *Andr.* 631.)
Je vais hâter sa perte, *où* lui-même il se livre. (VI, 333. *Tois.* 1855.)
Vous seul ne pourriez pas ce que peut le vulgaire,
Et seriez devenu, pour avoir tout dompté,
Esclave des grandeurs *où* vous êtes monté ! (III, 405. *Cin.* 456.)
.... Vous ne dites pas que le point qui m'afflige
C'est la reconnoissance *où* l'honneur vous oblige. (I, 491. *Veuve*, 1804.)
Aimons cette imposture *où* son amour l'oblige. (VI, 70. *Perth.* 1156.)
Rallumez cette ardeur *où* s'opposoit ma mère. (v, 207. *Hér.* 1179.)
Ce sont vœux superflus de vouloir un miracle
Où votre gloire oppose un invincible obstacle. (v, 450. *D. San.* 774.)
Je vous obéirai, Seigneur, sans complaisance,
Et mets bas le respect qui pourroit m'empêcher
De combattre un avis *où* vous semblez pencher. (III, 404. *Cin.* 408.)
D'*où* me vient ce bonheur *où* je n'osois penser? (II, 173. *Suiv.* 887.)

Il me suivra de près, et m'a fait avancer
Pour vous dire un miracle *où* vous n'osiez penser. (vi, 433. *Sert.* 1656.)
Il est mille douceurs dans un grade si haut
Où peut-être avez-vous moins pensé qu'il ne faut. (vi, 623. *Oth.* 1116.)
.... Ses passe-temps même instruisant ses soldats
Préparent un triomphe *où* l'on ne pense pas. (x, 198. *Poés. div.* 64.)
Reprenez vos honneurs, *où* je n'ai point de part. (v, 469. *D. San.* 1227.)
Que ne vous dois-je point pour cette préférence,
Où mes desirs n'osoient porter mon espérance? (ii, 368. *Méd.* 546.)
.... Sachez qu'il n'est point de si cruels trépas
Où d'un front assuré je ne porte mes pas. (iii, 550. *Pol.* 1342.)
Voici le prix unique *où* tout mon cœur prétend. (ii, 500. *Illus.* 1215.)
C'est l'unique bonheur *où* mon âme prétend. (iii, 149. *Cid,* 791.)
C'est l'unique bonheur *où* mes desirs prétendent. (iv, 81. *Pomp.* 1325.)
L'hymen *où* je prétends ne peut trouver d'amorces
Au milieu d'une ville *où* règnent les divorces.
(vi, 420. *Sert.* 1373 et 1374.)
Vous étiez la conquête *où* prétendoit mon bras. (vi, 499. *Soph.* 658.)
Accablé des malheurs *où* le Destin me range,
Je vais les déplorer; va, cours, vole et nous venge. (iii, 120. *Cid,* 289.)
Sire, voyez l'excès de mes tristes ennuis,
Et l'effroyable état *où* mes jours sont réduits. (iii, 352. *Hor.* 1614.)
Mon frère, pardonnez à des discours sans suite,
Qui font trop voir le trouble *où* mon âme est réduite. (iv, 473. *Rod.* 1080.)
Voilà le désespoir *où* l'a réduit sa flamme. (iv, 498. *Rod.* 1624.)
Ne me reprochez point une injuste fureur,
Où des feux d'un tyran me réduisoit l'horreur. (vi, 92. *Perth.* 1674.)
... Ce trône *où* tous deux nous osions renoncer,
Souhaitons-le tous deux, afin de l'y placer. (iv, 437. *Rod.* 165.)
Ainsi nous n'avons fait que le récompenser
D'un bien *où* votre bras venoit de renoncer. (v, 384. *Andr.* 1506.)
Ce sont de vains efforts *où* tout mon cœur renonce. (vi, 38. *Perth.* 436.)
Un hommage *où* la suite a si peu répondu. (vi, 625. *Oth.* 1163.)
Je ne vous dirai point *où* je suis résolue. (ii, 481. *Illus.* 913.)
Le goût des spectateurs.... fut cause de ce changement, *où* je me résolus pour leur donner plus de satisfaction. (v, 509. *Exam. de Nic.*)
Il voit la servitude *où* le Roi s'est soumis. (v, 549. *Nic.* 853.)
.... Je ne puis voir sans mille déplaisirs
Ce possesseur du bien *où* tendoient mes desirs. (ii, 200. *Suiv.* 1424.)
Écoute, et tu verras quel est cet hyménée
Où se doit terminer cette illustre journée. (iv, 451. *Rod.* 520.)
Mon amour, ennuyé des yeux de tant de monde,
Adore la raison *où* votre avis se fonde. (ii, 298. *Pl. roy.* 1463.)
Tranchons l'unique espoir *où* tant d'orgueil se fonde. (iv, 34. *Pomp.* 197.)
Il est l'unique bien *où* mon espoir se fonde. (iv, 340. *S. du Ment.* 993.)
Un honneur *où* le ciel veut peut-être leurs mains. (vi, 389. *Sert.* 648.)
Les maximes qu'il tient pour conserver sa vie
T'ont donné des plaisirs *où* je te porte envie. (ii, 186. *Suiv.* 1138.)
A la fin j'ai levé les yeux sur sa maîtresse,

Où mon dessein, plus haut et plus laborieux,
Se promet des succès beaucoup plus glorieux. (II, 128. *Suiv.* 15.)
Aussi que vous cherchiez de ces sages coquettes
Où peuvent tous venants débiter leurs fleurettes.... (IV, 143. *Ment.* 42.)

Où, suivi d'un infinitif :

L'âme en est incapable en de moindres malheurs,
Et n'a point *où* cacher de pareilles douleurs. (II, 355. *Méd.* 296.)
.... Le devoir vous donne, dans vos plaintes,
Où porter vos souhaits et terminer vos craintes. (III, 321. *Hor.* 916.)
Pour garder votre cœur je n'ai pas *où* le mettre. (V, 517. *Nic.* 132.)

D'où, par où, par quoi, par lequel :

Mon cœur n'a point d'espoir *d'où* je ne sois séduite.
(II, 213. *Suiv.* 1689 *var.*)

En 1660 :

Mon cœur n'a point d'espoir dont je ne sois réduite.

D'où, pourquoi, pour quelle raison?

D'où crois-tu qu'on voit ici-bas
Si peu d'âmes illuminées? (VIII, 627. *Imit.* IV, 1008.)

Où QUE, en quelque lieu que, en quelque endroit que :

Où que soit Rosidor, il le suivra de près. (I, 347. *Clit.* 1279.)
Fais que chacun le sache, et que par tes clameurs
Clarice, *où qu*'elle soit, apprenne que tu meurs. (I, 461. *Veuve*, 1206.)
Qu'on le trouve *où qu*'il soit.... (II, 32. *Gal. du Pal.* 251.)
Où que soit sa retraite, il n'est pas toujours nuit. (II, 293. *Pl. roy.* 1360.)
Où qu'ils jettent la main, ils font rafles entières. (IV, 292. *S. du Ment.* 75.)
L'homme n'a point ici de cité permanente :
Où qu'il soit, quoi qu'il tente,
Il n'est qu'un malheureux passant. (VIII, 180. *Imit.* II, 93.)
Où qu'il soit, quoi qu'il fasse, il redoute, il chérit
Cet être universel à qui rien ne périt. (VIII, 173. *Imit.* I, 2660.)
Où qu'il jette la vue, il voit briller des armes. (X, 246. *Poés. div.* 3.)

Malherbe a dit dans l'ode *Au Roy Henry le Grand sur l'heureux succès du voyage de Sedan* (tome I, poésie XI, vers 125) :

Où que tes bannières aillent;

et Ménage a fait à ce sujet l'observation suivante : « Cette façon de parler, *où que*, pour *en quelque part que*, n'est pas agréable, et je la tiens pour provinciale. Néanmoins beaucoup de nos poëtes et des plus excellents s'en sont servis. L'abbé de Monfuron, dans un de ses sonnets :

Je vis *où que* je sois avec toute assurance,

et dans une de ses chansons :

Ne pensez pas qu'en vous quittant,
Où que je sois jamais, je puisse être content,

et dans sa Réponse à M. du Périer :

Où que le sort te fasse aller.

M. du Périer, dans son ode à l'abbé de Monfuron :

> La finesse d'un esprit fort
> Est de suivre le gré du sort
> Où que sa cruauté l'emporte. »

Ici Ménage cite nos deux exemples de *l'Imitation* de Corneille; puis il continue ainsi : « M. Brébeuf, dans sa *Pharsale*, au livre VI° :

> *Où qu'il* porte les yeux, il y porte la mort.

M. Maynard, dans une de ses épigrammes :

> *Où que* tu sois, quoi qu'on y fasse,
> Tu mets en jeux tes bisayeux. »

Ménage nous signale encore, dans ses *Additions*, notre exemple du tome X : *où qu'il jette la vue*, qui appartient à la traduction perdue de *la Thébaïde*. — Cette locution est-elle bien, comme il l'assure, un provincialisme? Je ne sais de quel pays était cet abbé de Monfuron placé par lui en tête des poëtes cités ; mais si Corneille et Brébeuf appartiennent à la Normandie, François du Périer était d'Aix, Maynard de Toulouse ; enfin Clément Marot, que Ménage ne cite pas, a écrit ces vers charmants :

> L'œil et le cœur de tous ceux qui la virent
> *Où qu'*elle allast tous les jours la suiuirent (*Leander et Hero*, vers 135);

et Clément Marot, comme on sait, est né à Cahors. Qu'est-ce donc qu'un provincialisme qui règne aussi bien en Languedoc et en Provence qu'en Normandie, si ce n'est une de ces tournures propres, non à une de nos provinces, mais à notre pays tout entier, un gallicisme en un mot ? Ménage, en mettant nos grammairiens en défiance, a pensé nous le faire perdre ; toutefois Buffon et Jean-Jacques Rousseau l'ont employé sans scrupule, et en 1835 l'Académie ne le signale point comme vieux.

OUBLI (Traiter d'), oublier, mettre en oubli :

> Fais qu'en dépit du monde et de ses impostures
>   Mon esprit ennobli
> Regarde avec mépris toutes les créatures,
>   Ou les *traite d'oubli*. (VIII, 675. *Imit.* IV, 1980.)

Oublier à faire quelque chose :

J'*oubliois* à remarquer que la prison où je mets Ægée est un spectacle désagréable que je conseillerois d'éviter. (II, 337. *Exam. de Méd.*)
Le trouble de vos sens, dont vous n'êtes plus maître,
Vous a fait *oublier*, Seigneur, à me connoître. (VI, 532. *Soph.* 1434.)
.... Quand il voit tes pleurs, il *oublie à* punir. (X, 107. *Poés. div.* 30.)
J'*oubliois à* vous dire que je ne suis point encore pressé d'images pour le second livre. (X, 470. *Lettr.*)
J'*oubliois à* vous dire que je ne prends d'exemples modernes que chez moi. (X, 487. *Lettr.*)

S'oublier, dans le sens passif :

Leur courage renaît, et leurs terreurs *s'oublient*. (III, 173. *Cid*, 1294.)

S'oublier de quelque chose :

> Sa rigueur importune examine et publie
>   Où manque le devoir d'autrui,
> Et lui-même *du* sien pleinement il *s'oublie*,

Comme si Dieu jamais n'avoit rien dit pour lui. (VIII, 192. *Imit.* II, 343.)
>   Avec trop de légèreté
>   *De* sa première pauvreté,
> Au milieu de mes dons, ingrate, elle *s'oublie!* (VIII, 303. *Imit.* III, 911.)
>   .... Que puis-je davantage
> Que te rendre à jamais un juste et plein hommage....
> *De* mon propre néant jamais ne *m'oublier?* (VIII, 377. *Imit.* III, 2420.)
>   Mon cœur est devenu aussi aride que le foin battu du soleil, parce que je *me suis oublié de* manger mon pain. (IX, 266. *Ps. pén.*)

Le latin que cette dernière phrase traduit est : *Percussus sum ut fænum, et aruit cor meum, quia oblitus sum comedere panem meum.*

C'est un tour semblable à celui du verbe à signification contraire : *se souvenir de.* D'ordinaire, dans ce tour, le sens n'est pas simplement *oublier;* il y a de plus bien souvent l'idée d'une faute, d'un manquement au devoir.

OUI BIEN, opposé à *mais :*

> Je n'aime, pour le moins, personne plus que vous :
> Cela doit vous suffire. — *Oui bien*, à des volages
> Qui peuvent en un jour adorer cent visages ;
> Mais ceux dont un objet possède tous les soins,
> Se donnant tous entiers, n'en méritent pas moins. (II, 251. *Pl. roy.* 333.)
>   .... Ainsi donc vous me faites connoître
> Que ce que je l'ai fait il est digne de l'être,
> Que je puis suppléer l'obscurité du sang?
> — *Oui bien*, pour l'élever jusques à notre rang.
> Jamais un souverain ne doit compte à personne
> Des dignités qu'il fait, et des grandeurs qu'il donne :
> S'il est d'un sort indigne ou l'auteur ou l'appui,
> Comme il le fait lui seul, la honte est toute à lui.
> Mais disposer d'un sang que j'ai reçu sans tache ! (V, 457. *D. San.* 928.)

OUÏR.

Non-seulement Corneille emploie ce verbe à l'infinitif, comme nous le faisons encore aujourd'hui :

> Dieux, que viens-je d'*ouïr?*... (VI, 295. *Tois.* 944.)
>   Apollon....
>   Ne les peut *ouïr* (*les airs de d'Assoucy*) sans envie.
>   (X, 132. *Poés. div.* 7.)

Mais il s'en sert à des temps qui ne sont plus en usage :

Présent de l'indicatif, J'OY :

>   .... Pauvre esprit! je le perds
> Quand je vous *oy* parler de guerre et de concerts. (IV, 158. *Ment.* 316.)
>   .... J'*oy* du bruit.... (IV, 364. *S. du Ment.* 1439.)

Impératif, OYONS, OYEZ :

>   .... *Oyons* la fourbe entière. (IV, 233. *Ment.* 1685.)
>   Je tremble, il va la refuser.

— Ta maîtresse m'oblige. — Il en veut mieux user.
Oyons.... (IV, 298. *S. du Ment.* 195.)

C'est à la seconde personne, *oyez*, qui du reste, quoi qu'en disent certains grammairiens, s'emploie encore quelquefois de nos jours, que le verbe *ouïr* se trouve le plus fréquemment chez Corneille :

Mais *oyez* le surplus.... (II, 345. *Méd.* 98.)
Oyez ce que les Dieux vous font savoir pour moi. (III, 461. *Cin.* 1755.)
« *Oyez*, dit-il ensuite, *oyez*, peuple, *oyez* tous. » (III, 526. *Pol.* 840.)
.... *Oyez*, sans repartir. (IV, 38. *Pomp.* 271.)
Oyez, Celsus.... (VI, 442. *Sert.* 1861.)
Oyez de plus..... (VII, 90. *Agés.* 1995.)
Oyez, *oyez* sa voix qui répond à vos larmes. (IX, 81. *Off. V.* 25.)

Futur, J'ORRAI, etc. :

Son sang criera vengeance et je ne l'*orrai* pas! (III, 151. *Cid*, 832.)
On nous *orra* conter merveille. (X, 28. *Poés. div.* 83.)
Lorsqu'en votre conseil *vous orrez* sa défense. (I, 317. *Clit.* 741 var.)

On ne trouve la forme *orrez* que cette seule fois dans les œuvres de Corneille, encore ne l'a-t-il point conservée. En 1660, il a ainsi changé le vers :

Sitôt qu'il vous plaira d'écouter sa défense.

OUTRAGE.

Quoi? n'es-tu généreux que pour me faire *outrage*?
S'il ne faut m'offenser, n'as-tu point de courage? (III, 184. *Cid*, 1517.)
Rangez-vous du parti des Destins et des Dieux,
Et sans les accuser d'injustice ou d'*outrage*,
Puisqu'ils font les heureux, adorez leur ouvrage. (IV, 30. *Pomp.* 81.)

Conformément à l'étymologie, *outrage* signifiait alors excès de violence, d'injustice. — Voyez l'article suivant.

OUTRAGEUX.

C'est ainsi que mon feu s'étant trop abaissé
D'un *outrageux* mépris se voit récompensé. (I, 168. *Mél.* 448.)
Tes dédains *outrageux* épuisent ma souffrance. (I, 236. *Mél.* 1591 var.)

En 1660 :

C'en est trop; tes dédains épuisent ma souffrance.

Je ne puis endurer ces propos *outrageux* :
Où me vois-tu jalouse, afin d'être ombrageux? (I, 492. *Veuve*, 1817.)
Cesse de me tenir ce discours *outrageux*. (III, 560. *Pol.* 1562.)
.... Ce choix eût été du moins quelque desir,
Quelque espoir *outrageux* d'être mieux reçu d'elle.
(V, 476. *D. San.* 1409.)
Que je rende un plein lustre à ma gloire ternie
Par l'*outrageux* éclat que fait la calomnie. (VI, 339. *Tois.* 2007.)

OUTRE.

PLUS OUTRE :

Je passe *plus outre.* (1, 79. *Disc. de la Trag.*)
Épargne-moi, de grâce, et songe, plus discret,
Qu'étant belle à tes yeux, *plus outre* je n'aspire. (1, 158. *Mél.* 285 *var.*)
Soit une vérité, soit une illusion
Que ton esprit adroit emploie à ta défense,
Le mien de tes discours *plus outre* ne s'offense. (1, 428. *Veuve*, 560.)
Il passe bien *plus outre;* il approuve vos feux. (III, 108. *Cid, var.*)
Encore un peu *plus outre,* et ton heure est venue. (III, 541. *Pol.* 1129.)
Va *plus outre....* (v, 18. *Théod.* 25.)

J'irai *plus outre;* et quoique peut-être on voudra prendre cette proposition pour un paradoxe, je ne craindrai point d'avancer que le sujet d'une belle tragédie doit n'être pas vraisemblable. (v, 146. *Au lect. d'Hér.*)

Ce héros va *plus outre :* il leur montre à camper. (x, 199. *Poés. div.* 79.)

Cette locution ne s'emploie plus guère. Cependant l'Académie, dans la dernière édition de son *Dictionnaire* (1835), en donne un exemple et ne dit pas qu'elle ait vieilli.

OUTRE QUE :

.... *Outre qu*'il m'est doux de m'entendre flatter,
Ma mère qui m'attend m'oblige à vous quitter. (1, 154. *Mél.* 207 *var.*)
Outre que les chrétiens ont plus de dureté,
Vous attendez de lui trop de légèreté. (III, 531. *Pol.* 939.)
Outre que le succès est encore à douter,
Que l'on peut vous trahir, *qu*'il peut vous résister. (v, 194. *Hér.* 897.)
Outre qu'un tel secret peut souffrir un ami. (IV, 360. *S. du Ment.* 1363.)

Corneille, on le voit, a employé cette locution dans la tragédie aussi bien que dans le genre comique. Voltaire l'en blâme dans son commentaire sur *Polyeucte*, mais sa critique ne nous paraît pas fondée ; c'est un tour simple et naturel, et qui n'a rien de bas.

OUTRÉ DE, excédé de :

Mon cœur *outré* d'ennuis n'ose rien espérer. (III, 131. *Cid*, 448.)
.... Je crois que son cœur encore *outré* d'ennui
Pour retourner à vous n'est pas assez à lui. (VI, 545. *Soph.* 1709.)

OUTRECUIDÉ, présomptueux, téméraire :

L'aveugle *outrecuidé*
Se croiroit mal guidé
Par l'aveugle Fortune. (1, 455. *Veuve*, 1107.)

Le poëte parle de l'amour.

OUVERTURE.

DONNER OUVERTURE À, avec un infinitif :

Les Hollandois m'ont frayé le chemin, et *donné ouverture à* y mettre distinction par de différents caractères. (1, 5. *Au lect.*)

OUVERTURE DU SUJET, exposition :

La protase où se doit faire la proposition et l'*ouverture du sujet*....
(I, 46. *Disc. du Poëme dram.*)

OUVERTURE DE CŒUR :

Comme il ne paroît personne avec qui elle aye plus d'*ouverture de cœur* qu'avec cette Charmion, il y a grande apparence que c'étoit elle-même dont cette reine se servoit pour introduire ces courriers. (III, 484. *Exam. de Pol.*)

Richelet, dans son *Dictionnaire*, explique cette locution par *franchise, sincérité;* puis il cite l'exemple suivant : « Il expose l'état de sa conscience avec la même sincérité et la même *ouverture de cœur* que s'il parloit à Jésus-Christ. » (Pascal, *Provinciales*, lettre X.)

OUVRAGE, en parlant d'une entreprise difficile, audacieuse :

Je l'avois bien prévu, que pour un tel *ouvrage*
Cinna sauroit choisir des hommes de courage. (III, 391. *Cin.* 153.)

OUVRAGE (d'aiguille); COLLET D'OUVRAGE, col brodé :

Madame, montrez-nous quelques *collets d'ouvrage*.
(II, 23. *Gal. du Pal.* 106.)
Celui-ci, qu'en dis-tu? L'*ouvrage* en est confus. (II, 24. *Gal. du Pal.* 116.)
Que celui-ci me semble et délicat et fort,
Que cet autre me plaît! que j'en aime l'*ouvrage!* (II, 94. *Gal. du Pal.* 1429.)

C'est dans le même sens que Tartuffe dit à Elmire (acte III, scène III) :

Mon Dieu! que de ce point l'*ouvrage* est merveilleux!

« *Ouvrage* se dit des ornements et enrichissements qui se font sur plusieurs choses. Il est bien séant à une fille de faire toutes sortes d'*ouvrages*, de tapisserie, de dentelle, de broderie, etc. » (*Dictionnaire de Furetière*, 1690.)

L'OUVRAGE DE MES MAINS, ma créature :

L'*ouvrage de mes mains* avoir tant d'insolence! (V, 26. *Théod.* 203.)

OUVRAGÉ, façonné, enrichi d'ornements :

Le dessous de cette galerie laisse voir le dedans du temple par trois portes d'argent *ouvragées* à jour. (V, 380. *Andr.*)

OUVRIER.

Au devant de ce dôme l'artifice de l'*ouvrier* jette une galerie toute brillante d'or et d'azur. (V, 380. *Andr.*)

Un tel ouvrier recevrait à coup sûr maintenant le nom d'artiste, alors beaucoup moins prodigué que de nos jours, et qui avait d'ailleurs un sens très-différent de celui que nous lui donnons. « *Artiste*, dit Richelet, ouvrier qui travaille avec esprit et avec art. » Ainsi ces mots ne désignaient pas précisément deux ordres différents, et bien tranchés, de personnes, mais plutôt leurs divers degrés d'habileté.

OUVRIER, au figuré :

Sortez d'auprès de moi, noirs *ouvriers* du crime. (IX, 247. *Ps. pén.* 29.)

OUVRIR, figurément.

OUVRIR LES YEUX À QUELQU'UN SUR QUELQUE CHOSE :

Vous en savez beaucoup, ma sœur, et vos mérites
Vous ouvrent fort *les yeux sur* ce que vous valez. (VII, 28. *Agés.* 470.)

OUVRIR SON ÂME, SA PENSÉE, SES PENSÉES :

Je puis t'*ouvrir mon âme*, et tous mes déplaisirs. (III, 150. *Cid*, 796.)
On ne peut nous entendre. Il est juste, Madame,
Que je vous *ouvre* enfin jusqu'au fond de *mon âme*. (V, 219. *Hér.* 1460.)
Sans y perdre de temps, *ouvrez votre pensée*. (VI, 387. *Sert.* 589.)
.... Songez qu'il est temps de m'*ouvrir vos pensées*. (VII. 482. *Sur.* 458.)

OUVRIR LA SCÈNE PAR, commencer une pièce par :

Là (*au théâtre*) ce même génie ose de temps en temps
Tracer de ton portrait quelques traits éclatants.
Par eux de l'*Andromède* il sut *ouvrir* la *scène*. (X, 178. *Poés. div.* 37.)

S'OUVRIR DE QUELQUE CHOSE AVEC QUELQU'UN :

Il s'en fait beaucoup (*de confidences*) sur nos théâtres, d'affections qui ont déjà duré deux ou trois ans, dont on attend à révéler le secret justement au jour de l'action qui se présente, et non-seulement sans aucune raison de choisir ce jour-là plutôt qu'un autre pour le déclarer, mais lors même que vraisemblablement on *s'en est dû ouvrir* beaucoup auparavant *avec* la personne à qui on en fait confidence. (III, 483. *Exam. de Pol.*)

S'OUVRIR, dans le sens passif :

De semblables secrets ne *s'ouvrent* pas à moi. (I, 305. *Clit.* 512.)

OUVERT, figurément :

.... Pour vous en parler avec une âme *ouverte*. (III, 515. *Pol.* 614.)
.... S'il faut vous parler avec une âme *ouverte*. (VI, 332. *Tois.* 1842.)
Il porte sur le front une allégresse *ouverte*. (III, 336. *Hor.* 1227.)

OUVERT À :

L'âme de cette reine, *à la douleur ouverte*,
A toute la famille imputeroit sa perte. (VI, 316. *Tois.* 1428.)

P

PACIFIER.

Ils ont nommé un gentilhomme de leurs amis, à l'avis duquel j'ai passé pour *pacifier* les choses. (X, 480. *Lettr.*)

PACTION.

L'injure d'une paix à la fraude enchaînée,
Les dures *pactions* d'un royal hyménée
Tremblent sous les raisons et la facilité
Qu'aura de s'en venger un roi si redouté. (x, 197. *Poés. div.* 54.)

Ce mot, complétement passé d'usage, ne se trouve plus dans les dictionnaires ; mais au dix-septième siècle il était fort employé. Vaugelas, dans sa *remarque* sur *pact, pacte, paction*, dit (p. 372) : « *Paction* est le meilleur et le plus usité : *faire une* paction ; » et l'avis de Chapelain, comme nous l'apprend Thomas Corneille, dans sa *note* sur cette *remarque* de Vaugelas, était « que *pacte* est consacré aux sortiléges, et que *paction* est pour les traités et conventions dans les choses morales. »

PAGE.

L'erreur de votre *page* a causé votre ennui. (IV, 183. *Ment.* 779.)

Alcippe, à qui ces mots s'adressent, est un simple gentilhomme ; mais il faut se souvenir de ce que nous disent la Fontaine et Boileau :

Tout petit prince a des ambassadeurs,
    Tout marquis veut avoir des *pages* (livre I, fable III, vers 14) ;

Le duc et le marquis se reconnut aux *pages* (satire V, vers 114).

PAIR, au masculin, couple :

Ce *pair* d'amants sans pair.... (I, 219. *Mél.* 1268 *var.*)

Voyez l'article suivant.

PAIR (SANS), sans égal, sans pareil ; HORS DU PAIR DE, au-dessus de :

Ce pair d'amants *sans pair* est sous la sépulture. (I, 219. *Mél.* 1268. *var.*)

C'est-à-dire, *ce couple d'amants sans égal*. En 1660, Corneille a ainsi modifié ce vers :

Ces malheureux amants trouvent la sépulture.

Cette légère idée et foible connoissance
Que vous aurez par eux de tant de raretés
Vous mettra *hors du pair de* toutes les beautés. (I, 152. *Mél.* 180.)

PAIX (LAISSER EN), dans le style de la tragédie :

Vivez heureuse au monde, et me *laissez en paix*. (III, 547. *Pol.* 1290.)

PAL, pieu ; PALS, palissade :

Les *pals* les plus serrés font passage à ses coups. (x, 209. *Poés. div.* 216.)

Les dictionnaires ne donnent *pal* que comme terme de blason, mais il est encore employé aujourd'hui en Normandie dans un sens plus général. Sur la côte d'Honfleur, à l'endroit où la vue est la plus belle, au pied du grand Christ qui domine la mer, est une palissade nouvellement établie ; en la montrant aux visiteurs, le guide ordinaire de la ville ne manque pas de raconter qu'un voyageur s'est tué en tombant de cette hauteur, avant qu'on eût posé des *pals*.

PALME, emblème de victoire :

Tu reviens, ô mon Roi, tout couvert de lauriers ;
Les *palmes* à la main tu nous rends nos guerriers. (x, 186. *Poés. div.* 2.)

PÂMER, neutralement, tomber en défaillance, s'évanouir :

.... Je n'en puis plus, je *pâme*. (I, 216. *Mél.* 1232.)
Cliton la vit *pâmer*, et se brouilla de sorte
Que la voyant si pâle il la crut être morte. (I, 233. *Mél.* 1519.)
Mais voyez qu'elle *pâme*, et d'un amour parfait,
Dans cette pâmoison, Sire, admirez l'effet. (III, 176. *Cid*, 1343.)
Sire, on *pâme* de joie ainsi que de tristesse. (III, 176. *Cid*, 1350.)

Voltaire, au sujet de ce dernier exemple, prétend qu'on ne dit point *pâmer*, mais *se pâmer*. Les deux expressions sont en usage; l'Académie les admettait du temps de Corneille et les admet encore dans sa dernière édition (1835).

PÂMOISON, défaillance, évanouissement :

Achève seulement de me rendre raison
De ce qui t'arriva depuis sa *pâmoison*. (I, 315. *Clit.* 688.)

Voyez le troisième exemple de l'article précédent.

PAN.

D'un des *pans* de sa robe il couvre son visage. (IV, 48. *Pomp.* 514.)

PANCARTE.

Les mots grossiers dont il (*l'auteur de* l'Imitation) se sert assez souvent sentent bien autant le latin de nos vieilles *pancartes* que la corruption de celui de delà les monts. (VIII, 14. *Au lect. de l'Imit.*)

« *Pancarte*. Vieux papiers écrits, paperasse. » (*Dictionnaire de Richelet*, 1680.)

PANÉGYRIQUE.

L'amitié particulière dont m'honore l'auteur de ce *panégyrique*.., (X, 194. *Poés. div. Au lect.*)

Ce *panégyrique* est un poème latin du P. de la Rue sur les victoires du Roi, poème traduit par Corneille.

PANIQUE (Terreur) :

Quoi? sur l'illusion d'une *terreur panique*,
Trahir vos intérêts et la cause publique! (III, 398. *Cin.* 305.)

PANNEAU, au figuré :

Quoique bien averti, j'étois dans le *panneau*.
— Va, n'appréhende pas d'y tomber de nouveau. (IV, 178. *Ment.* 699.)

Panneau, au propre, est une espèce de filet, « composé, dit Furetière, de plusieurs pans de maille. » C'est de ce terme de chasse que viennent les locutions « être, donner, tomber dans le *panneau*. »

PAQUET (Donner un) à quelqu'un, expression familière et proverbiale, lui faire une malice, lui jouer un tour :

Comme à Lyon le peuple aime fort les laquais
Et leur *donne* souvent *de* dangereux *paquets*,

Deux coquins, me trouvant tantôt en sentinelle,
Ont laissé choir sur moi leur haine naturelle. (IV, 368. *S. du Ment.* 1508.)

« *Paquet* se dit figurément.... d'une malice qu'on fait à quelqu'un. *Ne nous donnez plus de ces paquets-là.* » (*Dictionnaire de l'Académie* de 1694.)

PAR, après un verbe réfléchi pris dans un sens passif :

Alcidon.... feint d'aimer.... Doris, qui ne s'abusant point *par* ses caresses, consent au mariage de Florange. (I, 394. *Arg. de la Veuve.*)

Tout l'intervalle du troisième (*acte*) au quatrième vraisemblablement se consume à dormir *par* tous les acteurs. (I, 100. *Disc. des 3 unit.*)

PAR, à travers :

[*Ils*] leur donnèrent (*aux Harpies*) la chasse *par* le milieu de l'air. (VI, 248. *Exam. de la Tois.*)

.... C'est pour l'imiter (*Hercule*) que *par* tous nos climats
J'ai cherché comme lui la gloire et les combats. (VI, 147. *OEd.* 307.)

PAR LÀ :

Faites grâce, Seigneur, ou souffrez que j'en fasse,
Et montre à tous *par là* que j'ai repris ma place. (IV, 82. *Pomp.* 1346.)

Voltaire dit qu'en poésie on ne doit employer *par là*, *par ici*, que dans le style comique. La critique est rigoureuse, et elle nous paraît peu fondée.

PAR DELÀ :

J'obéis sans réserve à tous vos sentiments,
Et prends vos intérêts *par delà* mes serments. (III, 426. *Cin.* 948.)

Voltaire dit au sujet de ce dernier vers : « *Par delà mes serments*, expression dont je ne trouve que cet exemple, et cet exemple me paraît mériter d'être suivi. »

PARACLET (LE), le consolateur, nom donné au Saint-Esprit :

Gloire au *Paraclet* adorable
Durant toute l'éternité ! (IX, 528. *Hymn.* 27, etc.)

PARADE, en parlant de ce qui sert pour la parure, pour la montre, sans avoir d'utilité réelle :

Faute d'un plus exquis, et comme par bravade,
Ceci servira donc de mouchoir de *parade*. (II, 151. *Suiv.* 466.)

Fer, jadis tant à craindre, et qui dans cette offense
M'a servi de *parade*, et non pas de défense. (III, 119. *Cid*, 258.)

FAIRE PARADE DE :

On n'aura pas lieu de m'accuser de beaucoup de vanité pour *en avoir fait parade*. (IV, 134. *Au lect. du Ment.*)

J'oublie à vous demander pardon d'avoir abusé de l'honneur de votre amitié, *dont j'ai fait parade* en public. (X, 457. *Lettr.*)

EN PARADE, en apparence, à en juger par d'imposants dehors :

Ces gouverneurs enfin envoyés de si loin,
Tous-puissants *en parade*, impuissants au besoin. (X, 213. *Poés. div.* 284.)[1]

Mettre en parade, faire étalage de :

C'est *mettre* avec trop d'art la douleur *en parade*. (vi, 60. *Perth.* 947.)

PARAGRAPHE (Homme à) :

.... Qu'un *homme à paragraphe* est un joli galant! (iv, 158. *Ment.* 331.)

C'est ici un terme de mépris pour désigner un homme entièrement occupé des plus minces détails de l'étude du droit.

PARANYMPHER, louer, vanter :

Notre main contre la muraille,
Avec un morceau de charbon,
Paranymphera le jambon. (x, 29. *Poés. div.* 90.)

Nous ne trouvons point ce mot dans les dictionnaires du dix-septième siècle; il paraît du reste avoir été assez peu usité à cette époque. Regnier avait employé le substantif *paranymphe*, pour *éloge*, dans le passage suivant, par allusion au discours solennel qui se prononçait dans la Faculté de théologie et dans celle de médecine à la fin de chaque licence :

... Ce qui plus encor m'empoisonne de rage,
Est quand vn charlatan releue son langage,
Et, de coquin, faisant le prince reuestu,
Bastit vn *paranimphe* à sa belle vertu. (*Satire* V, vers 236.)

Raconis s'était servi du verbe dans un de ses ouvrages théologiques : « Il faudroit un seraphin et non un homme pour prendre la charge de *paranympher* ceste belle vertu d'obeissance parfaite. » David Blondel, son adversaire acharné, relève ainsi ce terme dans sa *Modeste Declaration de la sinceritè et veritè des Eglises reformées de France*, publiée en 1619 : « *Paranymphe* est celui qui assiste le marié pour mener sa mariée en sa maison. *Paranympher* (si l'usage de ce mot étoit reçu) seroit faire l'office de *paranymphe* et assister au marié; mais aucun auteur grec ne s'est serui de ce terme, et M. de Raconis est le premier qui non-seulement l'a habillé à la françoise, mais aussi l'a inuenté et mis en crédit auant qu'il eust paru entre les Grecs. Juge le lecteur si la signification de ce verbe peut seruir en quelque façon que ce soit au discours dans lequel il l'employe, et s'il a eu raison de dire que l'on *paranymphe* une vertu lorsque l'on pretend de la louer. » Cette critique prouve que, si Raconis n'a pas inventé *paranympher*, ce verbe du moins était assez nouveau et peu répandu en 1619. — Il est expliqué d'une façon fort bizarre dans l'édition de Corneille publiée à la librairie Plon par M. Brière, bibliophile : « *Paranymphera*, vieux mot inusité, du verbe *paranympher*, qui signifiait *crayonner*, dessiner un portrait. »

PARAPHRASER.

Paraphraser de, imiter de :

Les pensées de la première des deux (*scènes*) sont quelquefois trop spirituelles pour partir de personnes fort affligées; mais outre que je n'ai fait que la *paraphraser* de l'espagnol, si nous ne nous permettions quelque chose de plus ingénieux que le cours ordinaire de la passion, nos poëmes ramperoient souvent. (iii, 95. *Exam. du Cid.*)

Paraphraser un visage, le commenter, l'interpréter, réfléchir, disserter dessus :

J'avois des Phylis à la tête;
J'épiois les occasions;
J'épiloguois mes passions;
Je *paraphrasois un visage*. (x, 26. *Poés. div.* 43.)

PARAVANT, PAR AVANT, pour *avant, auparavant* :

.... Tout beau, mon innocence
Veut savoir *par avant* le nom de l'imposteur. (I, 215. *Mél.* 1213 *var.*)

.... Reçois de ma main celle que ton désir
Paravant cette offense avoit voulu choisir. (I, 499. *Veuve,* 1950 *var.*)

En revoyant ses premiers ouvrages, Corneille a fait disparaître cette locution. En 1660, il a remplacé le vers cité de *Mélite* par celui-ci :

Veut apprendre de vous le nom de l'imposteur :

et le vers de *la Veuve* par cet autre :

Avant mon imprudence avoit daigné choisir.

PARAVANT QUE, avant que :

Il m'est avantageux de l'avoir vu changer,
Paravant que l'hymen, d'un joug inséparable,
Me soumettant à lui, me rendît misérable. (I, 242. *Mél.* 1687 *var.*)

Dès 1644, Corneille remplaça :

Paravant que l'hymen....

par :

Avant que de l'hymen....

Cette soif s'éteindra ; ta prompte guérison,
Paravant qu'il soit peu, t'en fera la raison. (I, 369. *Clit. var.*)

Tout le passage où se trouvent ces vers a été supprimé dans les éditions suivantes :

.... Si tu n'y mets remède,
Paravant qu'il soit peu, Florange la possède. (I, 436. *Veuve,* 736 *var.*)

En 1660 :

Avant qu'il soit trois jours....

Tu peux compter huit jours *paravant* qu'il (*notre hymen*) s'achève.
(I, 493. *Veuve,* 1835 *var.*)

En 1660 :

De plus de quatre jours ne crois pas qu'il s'achève.

PARBIEU.

Vous veniez bien plutôt faire la guerre au pain.
— L'un et l'autre *parbieu....* (II, 498. *Illus.* 1177.)

Parbieu est, de même que *parbleu,* une sorte d'euphémisme pour éviter de dire *par Dieu,* sans se priver toutefois du plaisir de jurer.

PARCE QUE.

.... Ces honneurs pour moi ne sont qu'une infamie,
Parce que je les tiens d'une main ennemie ;
Et leurs plus doux appas, qu'un excès de rigueur,
Parce que pour échange on veut avoir mon cœur. (V, 18. *Théod.* 16 et 18.)

« *Parce que,* dit Voltaire sur ce passage, est une conjonction dure à l'oreille et traînante en vers ; il faut toujours l'éviter ; mais quand il est répété, il devient intolérable. » Cela peut être vrai en général ; mais l'exclusion prononcée par Voltaire n'est-elle pas trop absolue ? Dans ces vers de *Théodore*, par exemple, cette conjonction n'offre-t-elle pas un moyen d'appuyer plus fortement, d'appeler davantage l'attention sur les motifs allégués ?

PAR DELÀ, voyez ci-dessus, p. 148, PAR.

PARDONNABLE À :

Ah ! tout est *pardonnable aux* douleurs d'un amant. (v, 97. *Théod.* 1809.)

PARDONNER À, épargner :

Où qu'ils jettent la main, ils font rafles entières ;
Ils ne *pardonnent* pas même *au* plomb des gouttières.
(IV, 292. *S. du Ment.* 76.)

PAREIL.

MES PAREILS, SES PAREILS, substantivement :

Mes pareils à deux fois ne se font point connoître,
Et pour leurs coups d'essai veulent des coups de maître. (III, 129. *Cid*, 409.)
Sur *mes pareils*, Néarque, un bel œil est bien fort. (III, 491. *Pol.* 87.)
Je ne le vois que trop, Photin et *ses pareils*
Vous ont empoisonné de leurs lâches conseils. (IV, 37. *Pomp.* 263.)

Voltaire dit au sujet de notre second exemple : « Ce terme de *pareils*, dont Rotrou et Corneille se sont toujours servis, et que Racine n'employa jamais, semble caractériser une petite vanité bourgeoise. » Aurait-il osé placer cette remarque au-dessous de notre premier exemple, du fameux passage du *Cid ?* — Dans le dernier passage cité, la locution a une tout autre valeur, un sens de dénigrement et de mépris.

SANS PAREIL, incomparable :

.... L'auteur de vos jours m'a promis à demain
Le bonheur *sans pareil* de vous donner la main. (III, 295. *Hor.* 338.)

Voltaire trouve ridicule l'expression *sans pareil* ; mais il a soin de faire remarquer qu'elle ne l'était pas autant à l'époque de Corneille.

AVOIR PEU DE PAREILS, DE PAREILLES, dans un sens analogue :

Sa résolution *a* si *peu de pareilles*,
Qu'à peine je me fie encore à mes oreilles. (III, 549. *Pol.* 1315.)

À LA PAREILLE, à charge de revanche :

Laissons la Muse en paix, de grâce, *à la pareille*. (II, 28. *Gal. du Pal.* 177.)
Qui connoissoit Othon pouvoit *à la pareille*
M'en donner en amie un avis à l'oreille. (VI, 635. *Oth.* 1377.)

PARÉLIE, image du soleil réfléchi dans une nuée :

Ainsi quand le soleil fait naître un *parélie*,
La splendeur qu'il lui prête à la sienne s'allie. (X, 323. *Poés. div.* 21.)

La pièce d'où ces vers sont tirés a été réimprimée dans le *Mercure galant* de juillet 1677; elle y est précédée d'un petit avertissement où on lit ce qui suit : « Si le mot de *parélie* a embarrassé quelqu'une de vos dames de province, vous leur ferez voir l'explication dans le changement des deux vers où ce mot étoit employé. » En effet, au lieu des deux vers que nous venons de rapporter, il y a dans le *Mercure* :

Ainsi quand le soleil sur un épais nuage,
Pour se faire un second, imprime son image.

PARENTAGE.

Là, j'ai su qu'à seize ans son généreux courage
S'indigna des emplois de ce faux *parentage*. (v, 491. *D. San.* 1754.)

Ce mot désigne d'ordinaire tous les parents réunis, mais il s'applique aussi quelquefois, comme ici, aux liens mêmes de la parenté : « Ce berger estoit frere de Celadon, à qui le ciel l'auoit lié d'un nœud d'amitié beaucoup plus estroit que celuy du *parentage*. » (D'Urfé, *l'Astrée*, 1re partie, livre I, tome I, p. 8.)

PARER QUELQUE CHOSE, l'éviter ; SE PARER DE QUELQUE CHOSE, s'en garantir, expressions figurées tirées de l'escrime :

.... Ce n'est qu'en fuyant qu'on *pare* de tels coups. (III, 311. *Hor.* 683.)
Vous ne pouvez enfin qu'aux dépens de sa tête
Mettre à l'abri la vôtre, et *parer* la tempête. (IV, 31. *Pomp.* 102.)
Il vous faudra *parer* leurs haines mutuelles. (IV, 474. *Rod.* 1104.)
Elle a bien su de vrai se défaire de vous.
— Et fort habilement *se parer* de mes coups. (II, 89. *Gal. du Pal.* 1324.)
Quoique bien averti, j'étois dans le panneau.
— Va, n'appréhende pas d'y tomber de nouveau :
Tu seras de mon cœur l'unique secrétaire,
Et de tous mes secrets le grand dépositaire,
— Avec ces qualités j'ose bien espérer
Qu'assez malaisément je pourrai *m'en parer*. (IV, 179. *Ment.* 704.)

Au quatrième acte, Cliton, encore trompé par son maître Dorante, malgré la promesse que celui-ci lui a faite, s'écrie :

Il est mort ! Quoi ? Monsieur, vous m'en donnez aussi,
A moi, de votre cœur l'unique secrétaire,
A moi, de vos secrets le grand dépositaire !
Avec ces qualités j'avois lieu d'espérer
Qu'assez malaisément je pourrois *m'en parer*. (IV, 203. *Ment.* 1172.)
.... Vous ne pouvez plus désormais ignorer
Que j'ai feint cet hymen, afin de *m'en parer*. (IV, 195. *Ment.* 1049.)

PARLER.

PARLER FRANÇOIS, parler intelligiblement :

Parlons, parlons françois.... (II, 88. *Gal. du Pal.* 1309.)

PARLER D'AMOUR :

Les nymphes, malgré vous, danseront tout autour ;
Cent demi-dieux follets leur *parleront d'amour*. (X, 240. *Poés. div.* 68.)

PARLER À CŒUR OUVERT, voyez au tome I du *Lexique*, p. 182, CŒUR.

PAR] DE CORNEILLE. 153

PARLER ET NE POINT SE TAIRE, voyez TAIRE (SE).

PARLER, au figuré :

Tout ce qu'il a fait *parle* au moment qu'il m'approche. (v, 531. *Nic.* 419.)

PARLER, rimant avec *l'air :*

Jetterai-je toujours des menaces en l'air,
Sans que je sache enfin à qui je dois *parler?* (II, 200. *Suiv.* 1428.)
Ainsi tous leurs projets sont des projets en l'air.
Ainsi.... — Je n'en puis plus : il est temps de *parler*. (II, 481. *Illus.* 916.)

Construction de PARLER avec les pronoms personnels ; PARLER À MOI, À LUI, À ELLE, À NOUS, À VOUS, À EUX, au lieu de *me parler, lui parler, nous parler, vous parler, leur parler :*

Parler encore *à moi,* c'est trahir tes amours. (II, 416. *Méd.* 1552.)
.... Il est mon époux, et tu *parles à moi.* (III, 524. *Pol.* 788.)
Avez-vous oublié que vous *parlez à moi?* (IV, 482. *Rod.* 1285.)
Exupère ! A ce nom que ma surprise est grande !
Qu'il entre. A quel dessein vient-il *parler à moi?* (V, 180. *Hér.* 579.)
Quoi? vous voyez la Reine, et vous *parlez à moi!* (V, 383. *Andr.* 1482.
Son ambition seule.... — Unulphe, oubliez-vous
Que vous *parlez à moi,* qu'il étoit mon époux? (VI, 22. *Perth.* 26.)
Le chagrin inquiet du trouble où je vous voi
Vous peut faire oublier que vous *parlez à moi.* (VI, 172. *OEd.* 888.)

Un acteur occupant une fois le théâtre, aucun n'y doit entrer, qui n'aye sujet de *parler à lui.* (I, 109. *Disc. des 3 unit.*)

Dans le quatrième (*acte*), Cléopatre vient trouver Antiochus au même lieu où il vient de fléchir Rodogune, bien que, dans l'exacte vraisemblance, ce prince devroit aller chercher sa mère dans son cabinet, puisqu'elle hait trop cette princesse pour venir *parler à lui* dans son appartement. (I, 121. *Disc. des* 3 *unit.*)

Simon et Chrémès, qui demeurent sur le théâtre, ne disent que chacun un vers, qui ne sauroit donner tout au plus à Pamphile que le loisir de demander où est Criton, et non pas de *parler à lui.* (I, 115. *Disc. des 3 unit.*)
Ayant *parlé à lui* quelque temps à l'oreille.... (I, 243. *Mél. var.*)
Je ne m'aperçus pas que je *parlois à lui.* (III, 291. *Hor.* 206.)
.... Vous *parlerez à lui.* (IV, 186. *Ment.* 857.)

Rodogune vient trouver Laonice, qu'elle devroit mander pour *parler à elle.* (I, 121. *Disc. des* 3 *unit.*)

Il veut *parler à nous :* écoutez quel appui
Le trouble où je vous vois peut espérer de lui. (VI, 328. *Tois.* 1762.)
C'est perdre temps, Madame, il veut *parler à vous.* (II, 527. *Illus. var.*)
.... Vous répondrez pour tous
Quand je m'abaisserai jusqu'à *parler à vous.* (IV, 38. *Pomp.* 268.)
Avant que l'accepter je voudrois le connoître,
Mais connoître dans l'âme. — Eh bien ! qu'il *parle à vous.*
(IV, 163. *Ment.* 423.)

Il est quelquefois de la bienséance que ceux qui occupent le théâtre aillent trouver ceux qui sont dans leur cabinet pour *parler à eux*. (I, 121. *Disc. des 3 unit.*)

Cette construction est ancienne dans notre langue, aussi bien en prose qu'en vers :

Se le gart Diex et sainte Fois
Mès qu'une toute seule fois
Parler à vous, ce dist, peust
A loisir, mès qu'il vous pleust. (*Roman de la Rose*, vers 12801.)

« Le Roy veut *parler à vous*. » (Sully, *OEconomies royales*, chapitre X, tome II, p, 80.)
« Elles qui estoient curieuses de me voir et de *parler à moy*, me suiuirent à trauers ces grands arbres. » (D'Urfé, l'*Astrée*, 1re partie, livre V, tome I, p. 196.)
« Combien y a-t-il que vous vous estes retirée de moy? que vous ne vous plaisez plus à *parler à moy*. » (*Ibidem*, 1re partie, livre VIII, tome I, p. 417.)
« Un gentilhomme, dont il étoit rapporteur, alla une fois pour *parler à lui*. » (Tallemant des Réaux, *Historiettes*, tome I, p. 450.)
« On eût pu croire qu'il étoit amoureux de ma mère, mais il ne *parloit* presque point *à elle*, et n'entroit jamais dans notre chambre. » [(Scarron, *Roman comique*, 1re partie, chapitre III, tome I, p. 278.)

Monsieur, un homme est là, qui veut *parler à vous*;
Il est vêtu de noir et parle d'un ton doux.
(Molière, *les Femmes savantes*, acte III, scène III.)

Voltaire a dit au sujet de notre quatrième citation de Corneille, tirée d'*Héraclius* : « *Parler à moi* ne se dit point. Il faut *me parler*. On peut dire en reproche : *parlez à moi, oubliez-vous que vous parlez à moi ?* » Nous avons montré par un grand nombre d'exemples que cette tournure était jadis fort usitée. L'on ne voit guère pourquoi elle ne le serait qu'*en reproche*; elle paraît propre à attirer davantage l'attention : *je veux vous parler, je veux parler à vous, c'est à vous que je veux parler*, sont trois phrases qui expriment la même idée générale, mais dans lesquelles l'intention d'une interpellation directe est de plus en plus marquée.

PARMI, au milieu de, pendant :

.... *Parmi* ces apprêts, la nuit d'auparavant,
Vous sûtes faire gille, et fendîtes le vent. (IV, 290. *S. du Ment.* 17.)

PARMI, suivi d'un nom, au singulier :

Que de pointes de feu se perdent *parmi* l'air! (I, 221. *Mél.* 1306.)
Allons dans le jardin faire deux tours d'allée,
Afin que cet ennui que j'en pourrai sentir
Parmi votre entretien trouve à se divertir. (II, 212. *Suiv.* 1660.)
Parmi ce grand amour que j'avois pour Sévère
J'attendois un époux de la main de mon père. (III, 495. *Pol.* 193.)
Prends-y garde, César, ou ton sang répandu
Bientôt *parmi* le sien se verra confondu. (IV, 83. *Pomp.* 1360.)

« *Parmi* ce grand amour est un solécisme, a dit Voltaire à l'occasion du passage de *Polyeucte* que nous venons de citer. *Parmi* demande toujours un pluriel ou un nom collectif. » Une fois ce principe établi, rien n'était plus facile à nos grammairiens que de trouver souvent en faute nos grands écrivains du dix-septième siècle. Cette tournure est fréquente chez Molière : voyez le *Lexique* de M. Génin. Voyez aussi le *Lexique de Racine*.

PARNASSE.

Savant et pieux écrivain,
Qui jadis de ta propre main
M'as élevé sur le *Parnasse*. (X, 222. *Poés. div.* 44.)

Ces vers sont adressés par Corneille à un de ses anciens professeurs.

PARNE, pièce de bois placée sur la charpente d'un comble pour supporter les chevrons :

Parnes, soles, appuis, jambages, traveteaux. (II, 473. *Illus.* 752.)

Cette forme ne figure dans aucun dictionnaire, mais on la trouve dans le Glossaire de Roquefort et dans les additions à du Cange au mot *Parnagium*. Aucun des éditeurs de Corneille n'a expliqué ce mot, qui ne se trouve du reste que dans les anciennes éditions ou dans les plus récentes ; celles de 1722, 1755, 1758, 1764, 1765, 1801 et 1830 portent *panne*, qui est la seule forme usitée de nos jours, et paraît avoir été la plus répandue même du temps de Corneille. C'est celle que donne le *Dictionnaire des Arts et des Sciences* publié en 1694 comme complément de la première édition du *Dictionnaire de l'Académie*.

PAROÎTRE.

FAIRE PAROÎTRE, montrer :

A cet excès d'amour qu'il me *faisoit paroître*,
Je me croyois déjà maîtresse de ton maître. (II, 74. *Gal. du Pal.* 1041.)
.... Nous l'attendrons au château de Bissêtre.
— J'adore ce grand cœur qu'ici tu *fais paroître*. (II, 189. *Suiv.* 1206.)
Don Rodrigue et don Sanche à l'envi *font paroître*
Le beau feu qu'en leurs cœurs ses beautés ont fait naître.
(III, 105. *Cid*, var. 3.)
Si vous n'êtes Romain, soyez digne de l'être ;
Et si vous m'égalez, *faites*-le mieux *paroître*. (III, 302. *Hor.* 484.)
Dans ce zèle pour lui qu'il *fait* déjà *paroître*,
Je ne sais si longtemps j'en pourrois être maître. (III, 557. *Pol.* 1495.)

SE FAIRE PAROÎTRE, se montrer :

.... Qui tout aussitôt que tu *t'es fait paroître*,
Afin de te mieux voir s'est mis à la fenêtre. (I, 159. *Mél.* 309.)
Sans doute qu'aussitôt qu'il *se feroit paroître*,
Ton sang rejailliroit au visage du traître. (I, 318. *Clit.* 757.)
Crains, tyran, crains encor, tous les quatre peut-être
L'un après l'autre enfin *se vont faire paroître*. (V, 200. *Hér.* 1044.)

Voyez encore FAIRE (SE) PAROÎTRE, au tome I du *Lexique*, p. 420. — Cette locution était alors fort usitée ; Boursault a dit :

A ce peuple agité viens *te faire paroître* (*Ésope à la cour*, scène dernière) ;

et M. Génin rapporte dans son *Lexique de Molière* plusieurs exemples du même genre.

PAROÎTRE, rimant soit avec *aître*, *être* (voyez les exemples précédents), soit avec *oître :*

Aussitôt que Lucrèce a pu le reconnoître,
Elle a voulu qu'exprès je *me sois fait paroître*. (IV, 213. *Ment.* 1346.)
Cependant Angélique enfermant dans un cloître
Ses yeux dont nous craignions la fatale clarté,
Les murs qui garderont ces tyrans de *paroître*,
Serviront de remparts à notre liberté. (II, 300. *Pl. roy.* 1520.)

Voyez encore VIII, 364, *Imit.* 2148 et 2149.

PAROLE.

ACHEVER EN TROIS PAROLES :
.... Le temps se va perdre en répliques frivoles ;
Et pour les éviter, j'*achève en trois paroles.* (VI, 586. *Oth.* 278.)

CROIRE QUELQU'UN À SA PAROLE, s'en rapporter à ce qu'il dit :
.... Si l'on pouvoit *croire* un père *à sa parole.* (IV, 162. *Ment.* 394.)

AVOIR PAROLE DE QUELQU'UN :
Il *a parole de* mon père
Que vous n'obtiendrez rien à moins qu'il soit content. (VII, 61. *Agés.* 1325.)

PORTER PAROLE À QUELQU'UN, aller lui donner sa parole :
Si mon père à présent *porte parole au* vôtre,
Après son témoignage, en voudrez-vous quelque autre ?
(IV, 238. *Ment.* 1777.)

GARDER PAROLE, pour *tenir parole :*
Ma *parole* est donnée, et je *la* veux *garder.* (II, 395. *Méd.* 1112.)
Carlos de tout son cœur me *garderoit parole.* (V, 445. *D. San.* 645 *var.*)
En 1664, Corneille a mis dans ce dernier passage :
Carlos de tout son cœur me tiendroit sa parole.

PARRICIDE, l'auteur du crime :
Je deviens sacrilége, ou je suis *parricide.* (III, 420. *Cin.* 817.)
L'une fut impudique, et l'autre *parricide.* (III, 455. *Cin.* 1594.)
Le mot s'applique, dans ces deux exemples, aux personnes qui ont conspiré contre Auguste : voyez l'exemple suivant.
C'est l'ennemi commun de l'État et des Dieux....
Un traître, un scélérat, un lâche, un *parricide,*...
Un sacrilége impie : en un mot, un chrétien. (III, 524. *Pol.* 782.)

PARRICIDE, le crime même :
Chacun, jetant les yeux dans un rang ennemi,
Reconnoît un beau-frère, un cousin, un ami ;
Ils s'étonnent comment leurs mains, de sang avides,
Voloient, sans y penser, à tant de *parricides.* (III, 295. *Hor.* 320.)
En ce lieu Rome a vu le premier *parricide.* (III, 349. *Hor.* 1532.)
Ce *parricide* est le meurtre de Camille par son frère. Coeffeteau, dans son *Histoire romaine* (p. 6), s'est servi du même mot en parlant de ce meurtre.
Contentant ses desirs, punis son *parricide.* (III, 436. *Cin.* 1182.)
Il s'agit de la conspiration dirigée contre Auguste : voyez l'article précédent.
Tirez-moi de ce trouble, ou souffrez que je meure,
Et que mon déplaisir, par ce coup généreux,
Épargne un *parricide* à l'une de vous deux. (IV, 502. *Rod.* 1702.)
C'est Antiochus qui parle, Antiochus, fils de Cléopatre, amant de Rodogune, mais souverain de l'une et de l'autre.

« On ne se sert pas seulement de ce mot pour signifier celui qui a tué son père, comme la composition du mot le porte, mais pour tous ceux qui commettent des crimes énormes et dénaturés de cette espèce, tellement qu'on le dira aussi bien de celui qui aura tué sa mère, son prince, ou trahi sa patrie, que d'un autre qui auroit tué son père; car tout cela tient lieu de père. Il y en a mêmes qui s'en servent pour un frère ou pour une sœur; car ceux qui disent *fratricide* parlent mal et composent un mot qui n'est pas françois. » (Vaugelas, *Remarques*, p. 338 et 339.) — Thomas Corneille, dans sa *note* sur cette *remarque* de Vaugelas, nous apprend que, selon Chapelain, on pouvait dire *fratricide* et même *matricide*. « Je crois comme lui, ajoute-t-il, que *fratricide* est un mot françois, et qu'on parleroit fort bien en disant : *L'empire de Rome commença par un fratricide*. Il me paroît même que *fratricide* en cet endroit est meilleur que *parricide*, parce qu'il marque un événement particulier qui a établi l'empire de Rome. »

Depuis le temps où Corneille écrivait, *fratricide* est devenu d'un emploi général, *suicide* et *régicide* se sont introduits. Les rédacteurs du *Dictionnaire* de Trévoux demandaient qu'on y ajoutât *matricide* et *sororicide*, parce que des crimes différents ne doivent pas, disent-ils, être désignés par le même terme. La poésie et l'éloquence ne veulent ni ne comportent une exactitude si rigoureuse. D'ailleurs, en voulant spécifier, où s'arrêterait-on? Comment appeler les crimes que Corneille désigne si énergiquement par le mot de *parricide* dans notre premier exemple tiré d'*Horace*?

PART, partie :

En son quartier souvent je me coulois sans bruit,
Pour causer avec elle une *part* de la nuit. (IV, 175. *Ment.* 616.)
Souffrez que je vous parle, et vous puisse exprimer
Quelque *part* des malheurs où l'on peut m'abîmer. (VI, 534. *Soph.* 1488.)
Irène, il te faudroit les mêmes yeux qu'à moi
Pour voir la moindre *part* de ce que je prévoi. (VII, 429. *Pulch.* 1184.)

LES TROIS PARTS DE, la plus grande partie de :

Enfin du grand Louis *aux trois parts de* la terre
Le nom se faisoit craindre à l'égal du tonnerre. (X, 197. *Poés. div.* 49.)

La Fontaine a dit *les quatre parts* pour le tout :

J'ai vu beaucoup d'hymens; aucuns d'eux ne me tentent :
Cependant des humains presque *les quatre parts*
S'exposent hardiment au plus grand des hasards;
Les quatre parts aussi des humains se repentent.
(*Le Mal marié*, livre VII, fable II, vers 8.)

DE PART EN PART, d'un côté du corps à l'autre :

.... Un homme que pour mort on laisse sur la place,
Qu'on a de deux grands coups percé *de part en part*. (IV, 204. *Ment.* 1187.)

PART, au figuré, en parlant du rôle qu'on joue dans quelque chose, ou de l'intérêt qu'on prend à une chose ou à une personne :

Je n'ai point eu de *part* en cet enlèvement. (I, 471. *Veuve*, 1405.)
Je viens après mon fils vous rendre une assurance
De la *part* que je prends en votre délivrance. (I, 493. *Veuve*, 1844.)
Non, il n'a point de *part* au duel d'aujourd'hui. (IV, 307. *S. du Ment.* 338.)
Ah! Reine, en votre cœur il garde trop de *part*. (VI, 332. *Tois.* 1841.)
Ils voudroient....
Avoir dompté comme eux (*comme tes soldats*) l'Espagne en sa milice....
Et su mieux prendre *part* à tant de murs forcés

Que par des feux de joïe et des vœux exaucés. (x, 186. *Poés. div.* 9.)
La *part* qu'il prend sur lui de votre renommée
Forme un sombre dépit de vous avoir aimée. (x, 156. *Poés. div.* 45.)

Ces vers sont tirés d'un petit poëme intitulé *Jalousie*, et adressé à Philis.

PART, communication :

Avant que de partir, il faudra sur le tard
De nos heureux succès lui faire quelque *part*. (I, 485. *Veuve*, 1674.)
.... Souffrez qu'à ce mot ma curiosité
Vous demande sa *part* de cette nouveauté. (IV, 153. *Ment.* 240.)

PART, participation :

Elles vous feroient *part* enfin de leur foiblesse,
Et ce n'est qu'en fuyant qu'on pare de tels coups. (III, 311. *Hor.* 684.)
Que n'ai-je vu le jour quelques lustres plus tard!
Disois-je ; en ses bontés peut-être aurois-je *part*. (VII, 398. *Pulch.* 436.)

QUITTER SA PART DE QUELQUE CHOSE, voyez QUITTER.

DE MA PART, DE TA PART, etc., de mon côté, de ton côté, etc. :

Qu'il cherche femme ailleurs, tandis que *de ma part*
J'attendrai du destin quelque meilleur hasard. (I, 242. *Mél.* 1689.)
C'est par là qu'il devroit soulager ses ennuis,
Madame ; et *de ma part* j'y fais ce que je puis. (VII, 428. *Pulch.* 1160.)
Mêles-y *de ta part* deux ou trois mots plus doux. (IV, 214. *Ment.* 1376.)
Cependant *de ta part* ne reçois qu'avec joie
Ce qu'il te fait souffrir de tribulations. (VIII, 254. *Imit.* II, 1607.)
Le peuple, pour l'encourager aussi *de sa part*, l'anime par ces paroles. (V, 268. *Dess. d'Andr.*)
Mais allons, cher Léonce, admirant son courage,
Tâcher *de notre part* à repousser l'orage. (V, 171. *Hér.* 374.)
Allez *de votre part* assembler vos amis. (V, 203. *Hér.* 1114.)
Le mal croît ; il est temps d'agir *de votre part*,
Ou quand vous le voudrez, vous le voudrez trop tard. (V, 579. *Nic.* 1541.)

« *De votre part*, dit Voltaire à l'occasion du second passage d'*Héraclius* cité plus haut, est.... une faute ; on peut ordonner de sa part, mais on n'exécute point de sa part ; il fallait : *Vous, de votre côté, rassemblez vos amis.* » — On comprendrait fort bien que Voltaire eût signalé cette tournure comme n'étant plus en usage, mais on peut s'étonner qu'il la condamne comme une faute. — Furetière l'explique fort bien dans son *Dictionnaire* (1690) : « PART signifie aussi un côté particulier. On dit au Palais dans les qualités de tous les jugements : Entre un tel demandeur *d'une part*, et un tel défendeur *d'autre part*.... On dit aussi : Il ne viendra pas d'opposition *de ma part*, de mon côté, de mon chef. J'y consens *de ma part*. »

DE MA PART, etc., en parlant de la personne d'où vient quelque chose :

Son ombre (*de Séleucus*), en attendant Rodogune et son frère,
Peut déjà *de ma part* les promettre à son père. (IV, 492. *Rod.* 1500.)
Va me chercher ton frère, et fais que *de ma part*
Il apprenne par lui ce qu'il court de hasard. (VI, 639. *Oth.* 1467.)

À PART, séparément, en dehors, de côté; AVOIR À PART, METTRE À PART, LAISSER À PART :

Vous-même, amour *à part*, je vous en fais arbitre. (v, 519. *Nic.* 191.)
Madame, leur honneur a des règles *à part*. (II, 508. *Illus.* 1363. *var.*)
En 1660 :
Leur gloire a son brillant et ses règles *à part*.
Il a son but *à part*, Grimoald, prends-y garde. (vi, 72. *Perth.* 1207.)
Quitte cette grimace, et *mets à part* la feinte. (II, 61. *Gal. du Pal.* 794.)
Laisse la feinte *à part*.... (I, 287. *Clit.* 205.)

PARTAGE, au pluriel :

Jour, qui fais la couleur, et toi, nuit, qui l'effaces,
    Exaltez sa grandeur.
Ténèbres et clarté, leurs éternels *partages*,
    Bénissez le Seigneur. (IX, 143. *Off. V.* 33.)

PARTAGER, diviser en partis contraires :

Deux sonnets *partagent* la ville,
Deux sonnets *partagent* la cour. (x, 127. *Poés. div.* 1 et 2.)

PARTAGER À, donner une moitié de.... à, donner en partage à :

De mes plus chers desirs ce partisan sincère
En faveur de l'amant tyrannise le frère,
Et *partage à* tous deux le digne empressement
De mourir comme frère, et vivre comme amant. (VI, 187. *OEd.* 1243.)
Elle *partage à* deux un sort si peu commun. (VI, 199. *OEd.* 1543.)
.... De son amitié je ne puis l'exiger,
Sans vous voler un bien qu'il *vous* doit *partager*. (VII, 388. *Pulch.* 164.)
Pour faire autant pour lui, quel don puis-je lui faire ?
Lui partager mon trône ? Il seroit tout à lui. (VII, 493. *Sur.* 715.)
Il *lui partagera* son propre diadème. (VIII, 113. *Imit.* I, 1456.)

Voyez encore I, 377 et 378, *Au lect. de la Veuve.*

SE PARTAGER À :

L'une aura ma grandeur, comme l'autre eut mes vœux :
C'est ainsi qu'Attila *se partage à* vous deux. (VII, 148. *Att.* 968.)

PARTAGÉ.

Que tout l'extérieur de son visage égal
Ne rende aucun jaloux du bonheur d'un rival ;
Que ses yeux *partagés* leur donnent de quoi craindre. (I, 209. *Mél.* 1103.)

PARTI.

PARTI FAIT, parti formé, concerté contre quelqu'un :

Vous m'honorez de votre estime en un temps où il semble qu'il y ait un *parti fait* pour ne m'en laisser aucune. (x, 498. *Lettr.*)

PRENDRE PARTI, CHOISIR UN PARTI, se décider :

Prenons parti, mon âme, en de telles disgrâces. (III, 313. *Hor.* 711.)
Je rougis de me taire et d'avoir tant à dire;
Mais c'est le seul *parti* que je puisse *choisir*. (x, 225. *Poés. div.* 18.)

PARTI, condition, choix d'une condition, d'un genre de vie :

A ce nouveau *parti* l'âme les prit au mot. (x, 191. *Poés. div.* 12.)

Voyez le commencement du sonnet d'où ce vers est tiré.

PARTICULARISER, raconter, exposer en détail :

Outre qu'il seroit superflu de *particulariser* ce que tout le monde sait, la bassesse de mon discours profaneroit des choses si relevées. (I, 376. *Épît.* de *la Veuve*.)

On trouve dans *l'Astrée* : « *particulariser* quelqu'un, » pour y faire grande attention, lui faire sa cour : « Je respondis à Semire, que je n'auois iamais ny creu, ny voulu que Celadon me *particularisast* plus que les autres. » (1ʳᵉ partie, livre IV, tome I, p. 184.) — Celle qui était ainsi *particularisée*, devenait la *particulière* dame de celui qui lui rendait des soins : « Il delibera de faire semblant d'aimer quelque chose, afin de se conformer mieux à l'humeur de ceux de la grand Bretaigne, qui ont tous quelque *particuliere Dame.* » (*L'Astrée*, 1ʳᵉ partie, livre XII, tome I, p. 611.) — On voit par là que nous avons peut-être tort de sourire en entendant nos soldats parler de leur *particulière*; c'est une locution qui date tout au moins des bergers du Lignon.

PARTICULIER, ÈRE, devant le substantif :

Alcidon, amoureux de Clarice,... maîtresse de Philiste, son *particulier* ami, de peur qu'il ne s'en aperçût, feint d'aimer sa sœur Doris. (I, 393. *Arg.* de *la Veuve*.)

LE PARTICULIER, neutralement :

Elle (*la Veuve*) a quelque chose de mieux ordonné pour le temps en général, qui n'est pas si vague que dans *Mélite*.... Mais elle a ce même défaut dans *le particulier* de la durée de chaque acte. (I, 395. *Exam.* de *la Veuve*.)

PARTIE.

PARTIES, qualités acquises ou naturelles :

Les belles *parties* qui ont accompagné la splendeur de votre naissance n'ont reçu d'elle que ce qui leur étoit dû. (I, 259. *Épît.* de *Clit.*)
Je m'étonne comment tant de belles *parties*
En cet illustre amant sont si mal assorties. (II, 187 *Suiv.* 1153.)

Richelet dit dans son *Dictionnaire* (1680) : « Ce mot pris pour qualitez acquises ou naturelles n'a point de singulier : Cléarque avoit les *parties* qu'il faut pour commander. » (Ablancourt, *Ret.*, liure II, chapitre IV.)
Il faut avoir de grandes et lonables *parties* pour être bon capitaine. (Montluc, livre II, folio 78, recto.)

PARTIE, terme de droit, pris au figuré :

En moi seule ils n'auront que trop forte *partie*. (II, 385. *Méd.* 902.)
Va, je suis ta *partie*, et non pas ton bourreau. (III, 157. *Cid*, 940.)

Il semble que de Dieu la main appesantie,
Se faisant du tyran l'effroyable *partie*,
Veuille avancer par là son juste châtiment. (v, 176. *Hér.* 470.)

PRENDRE À PARTIE :

Il n'*a* point *pris* le ciel ni le sort *à partie*. (v, 199. *Hér.* 1012.)

LIER LA PARTIE, NOUER LA PARTIE :

Le troisième *lie la partie* avec lui, mais elle est incontinent rompue par la Reine. (v, 408. *Épît.* de *D. San.*)
Son Etat sert de bornes à ceux de Mérouée,
La partie entre eux deux seroit bientôt *nouée*. (VII, 160. *Att.* 1274.)

Ces expressions, qui appartiennent proprement au langage des joueurs, s'emploient souvent ainsi dans un sens métaphorique.

FAIRE SA PARTIE :

Si tu l'aimes, du moins, étant bien avertie,
Prends bien garde à ton fait, et *fais* bien *ta partie*. (IV, 216. *Ment.* 1402.)

Ici le mot *partie* est employé figurément, par allusion au sens qu'il a au propre en musique.

FAIRE PARTIE DE, former, concerter le projet de :

Alcidon.... *fait partie* avec Célidan d'aller voir Clarice sur le soir dans son château. (I, 395. *Exam.* de *la Veuve.*)

PARTIE, en terme d'affaires, compte :

La *partie* des enfants de ce Nicolas Letelier employée aux comptes précédents sous le nom de mon grand-père leur tuteur ne peut être si forte, n'étant accrue que de la moitié ou du tiers de la part d'un autre Letelier. (x, 435. *Lettr.*)
Mon oncle le procureur vous prie aussi de lui faire vérifier une petite *partie*, qui n'est que de neuf livres. (x, 436 et 437. *Lettr.*)

PARTIR DE, au propre, avec l'auxiliaire *avoir :*

Une flèche *a parti d*'une main inconnue. (VII, 533. *Sur.* 1714.)

PARTIR DE, au figuré :

Peut-être jamais deux pièces ne *partiren d*'une même main, plus différentes et d'invention et de style. (I, 261. *Préf.* de *Clit.*)
Plutôt que *de* ma main *parte* un crime si noir. (III, 423. *Cin.* 888.)
.... Lors d'un sacré nœud l'inviolable étreinte
Tirera notre appui *d'où partoit* notre crainte. (VI, 273. *Tois.* 442.)
Tout ce que j'en obtiens ne *part* que *du* devoir. (VII, 480. *Sur.* 412.)
.... C'est *de* là que *part* cette secrète haine. (VII, 525. *Sur.* 1513.)
Fais *partir de* nos mains à ses commandements (*de la Libéralité*)
Tout ce que nous avons d'éternels monuments. (x, 119. *Poés. div.* 71.)
L'un (*des deux sonnets*) *part d*'un auteur plus poli,
Et l'autre *d*'un plus galant homme. (x, 128. *Poés. div.* 9 et 10.)

PARTISAN, qui est du parti de quelqu'un, protecteur, défenseur :

L'éclat de mes hauts faits fut mon seul *partisan*. (III, 116. *Cid*, 220.)
.... Mes vers en tous lieux sont mes seuls *partisans* (x, 76. *Poés. div.* 48.)
De mes plus chers desirs ce *partisan* sincère.... (VI, 187. *OEd.* 1241.)

Il s'agit de l'amour. Cette expression a été critiquée : voyez au tome indiqué, p. 118.

PAS.

RENDRE COMPTE DE TOUS SES PAS :

Il est bon qu'un mari nous cache quelque chose,
Qu'il soit quelquefois libre, et ne s'abaisse pas
A nous *rendre* toujours *compte de tous ses pas*. (III, 494. *Pol.* 144.)

PAS VERS LA MORT :

Chaque instant de la vie est un *pas vers la mort*. (VII, 263. *Tit.* 1486.)
Pour maxime infaillible imprime en ta pensée
Que chaque instant de vie est un *pas vers la mort*. (VIII, 256. *Imit.* II, 1658.)

Casimir Delavigne se rappelait sans doute un de ces deux passages lorsqu'il a dit dans son *Louis XI* (acte I, scène IX) :

Chaque pas dans la vie est un *pas vers la mort.*

PRENDRE, AVOIR, CÉDER LE PAS DEVANT :

A leur exemple (*des anciens*) je ne lui ai jamais laissé (à *l'amour, dans mes tragédies*) y *prendre le pas devant.* I, (24. *Disc. du Poëm dram.*)
J'ai de l'ambition, et mon orgueil de reine
Ne peut voir sans chagrin une autre souveraine,
Qui sur mon propre trône à mes yeux s'élevant,
Jusque dans mes États *prenne le pas devant.* (VI, 391. *Sert.* 696.)
.... N'appréhendez plus, comme de son vivant,
Qu'en vos propres États elle *ait le pas devant.* (VI, 435. *Sert.* 1700.)
Aussi veux-je *céder le pas devant* à l'âge. (VII, 11. *Agés.* 60.)

« *Prendre le pas devant*, c'est entrer ou passer le premier en quelque maison, ou autre lieu, sans présenter par civilité la porte à ceux qui sont avec vous. » (*Dictionnaire de Richelet*, 1680.) — On trouve souvent cette locution employée au figuré par les auteurs du dix-septième siècle ; elle revient plusieurs fois dans les pièces de Molière.

FAUX PAS, au figuré :

La plus haute vertu peut faire de *faux pas*. (VII, 496. *Sur.* 795.)
Modérez mieux l'ardeur d'un roi si généreux ;
Faites-le souvenir qu'il fait seul tous nos vœux....
Qu'il feroit d'un *faux pas* chanceler sa couronne. (X, 217. *Poés. div.* 346.)

METTRE UNE CHOSE AU RANG DES PAS PERDUS, la considérer comme vaine et non avenue, n'en point tenir compte :

Je n'ai reçu de lui ni devoirs ni services.
— C'est bien quelque raison ; mais ceux qu'il m'a rendus,
Il ne les faut pas *mettre au rang des pas perdus.* (I, 248. *Mél.* 1794.)

PAS], DE CORNEILLE. 163

PAS, adverbe de négation.

Voyez ci-après, p. 195, l'article POINT, où nous avons réuni ce qui concerne *pas* et *point*.

PAS UN, aucun :

Que ses yeux partagés leur donnent de quoi craindre,
Sans donner à *pas un* aucun lieu de se plaindre. (I, 209. *Mél.* 1104.)
Mon cœur n'est à *pas un*, et se promet à tous. (II, 228. *Pl. roy.* 68.)
Ce qu'il sait en son art n'est connu de *pas un*. (II, 437. *Illus.* 48.)
    Toutes ses nymphes l'assurent qu'il n'a fait aucune offre de service à *pas une* d'elles. (v, 262. *Dess. d'Androm.*)
    Lui-même avoit conçu aussi de la passion pour toutes deux, sans oser prétendre à *pas une*. (v, 413. *Argum. de D. San.*)

AUCUN, avec *ne.... pas*, voyez au tome I du *Lexique*, p. 89.

PASQUINER, activement, diriger contre quelqu'un ou contre quelque chose des plaisanteries, des brocards :

Nous *pasquinerons* leurs malices (*des beautés*).
                                         (x, 28. *Poés. div.* 76.)

Ce verbe, peut-être forgé par notre auteur, ne se trouve dans aucun dictionnaire; mais on lit *pasquiniser*, et même *marforiser*, dans une pièce du théâtre italien intitulée : *Pasquin et Marforio, médecins des mœurs* (acte II, scène II).

PASSAGE, figurément, moyen, transition :

Leur rage, pour l'abattre, attaque mon soutien,
Et par votre trépas cherche un *passage* au mien. (IV, 86. *Pomp.* 1432.)

PASSE-DROIT, en parlant d'une licence, d'une infraction légère aux règles du théâtre :

L'unité de lieu est assez exactement gardée en cette comédie, avec ce *passe-droit* toutefois dont j'ai parlé. (II, 123. *Exam. de la Suiv.*)

PASSE-PASSE (JOUER DES TOURS DE), au figuré :

Vois que fourbe sur fourbe à nos yeux il entasse,
Et ne fait que *jouer des tours de passe-passe*. (IV, 237. *Ment.* 1774.)

PASSE-TEMPS (PRENDRE DU) DE, s'amuser de :

J'en ai vu, mais beaucoup, qui sous le faux appas
Des preuves d'un amour qui ne les touchoit pas,
Prenoient du *passe-temps* d'une folle jeunesse. (I, 190. *Mél.* 791.)

PASSER.

PASSER, neutralement; PASSER DANS, JUSQUE DANS, À, JUSQU'À, en venir à, aller jusqu'à, s'étendre jusqu'à :

Quoi? de la même main et de la même épée
Dont il vient d'immoler le malheureux Pompée,

Septime, par César indignement chassé,
Dans un tel désespoir à vos yeux *a passé!* (IV, 72. *Pomp.* 1076.)
Tiens-la ferme (*la balance*), à tel point, que jamais tu ne *passes
Jusque dans* la foiblesse, ou *dans* l'emportement.
(VIII, 398. *Imit.* III, 2834 et 2835.)
.... Des fureurs
Que vous voyez *passer aux* dernières horreurs. (VII, 168. *Att.* 1464.)
Si dans les moindres dons tu *passes
A* considérer leur auteur. (VIII, 236. *Imit.* II, 1229 et 1230.)
Ah! que tu connois mal *jusqu'à* quelle manie
D'un amour déréglé *passe* la tyrannie! (VI, 337. *Tois.* 1962 et 1963.)
C'est ce nom (*de roi*) seul qui donne à leurs farouches haines
Cette invincible horreur qui *passe jusqu'aux* reines,
Jusques à leurs époux.... (VII, 242. *Tit.* 1004 et 1005.)

FAIRE PASSER, faire parvenir, transmettre :

L'antiquité n'a rien *fait passer* jusqu'à nous qui soit si généralement
connu que le voyage des Argonautes. (VI. 245. *Exam. de la Tois.*)

PASSER, FAIRE PASSER PAR :

En sa faveur déjà la ville se rebelle,
Et ne peut voir *passer par* la rigueur des lois
Sa dernière espérance et le sang de ses rois. (III, 537. *Pol.* 1071.)
Vous aviez désolé les pays d'alentour,
Rasé quinze châteaux, aplani deux montagnes,
Fait passer par le feu villes, bourgs et campagnes. (II, 457. *Illus.* 454.)

PASSER EN, se changer, se transformer en :

Je vois tous mes soupçons *passer en* certitudes. (II, 510. *Illus.* 1385.)
.... Son étonnement va *passer en* fureur. (II, 412. *Méd.* 1443.)
Mais voyant son pouvoir, de vos succès jaloux,
Passer en tyrannie, et s'armer contre vous.... (IV, 64. *Pomp.* 880.)

PASSER, avec l'auxiliaire être :

Par là tous les saints *sont passés*. (VIII, 80. *Imit.* I, 844.)

PASSE POUR, soit, pour dire qu'une chose peut passer, qu'on la tolère, qu'on la permet :

Mais *passe pour* le croire; il falloit que mon père
De votre confidence apprît cette chimère. (II, 177. *Suiv.* 981.)

PASSER TROP AVANT, voyez au tome I du *Lexique*, p. 98, AVANT.

PASSER À L'AVIS DE, voyez au tome I du *Lexique*, p. 105, AVIS.

PASSER, activement, dépasser, aller plus loin que :

Tout le bien qu'il en dit ne *passe* point l'estime. (V, 461. *D. San.* 1029.)

PASSER, surpasser :

Ami, notre bonheur *passe* notre espérance. (IV, 346. *S. du Ment.* 1094.)
Je le *passois* en nombre aussi bien qu'en noblesse. (VI, 367. *Sert.* 65.)
Je cherche un autre époux qui le *passe*, ou l'égale. (VI, 429. *Sert.* 1553.)
Vous *passez* les plus grands, mais ils sont plus en vue. (VII, 419. *Pulch.* 973.)

PASSER POUR, activement, faire passer pour, regarder comme :

Ils *passent pour* tyran quiconque s'y fait maître;
Qui le sert, *pour* esclave, et qui l'aime, *pour* traître.
(III, 406. *Cin.* 485 et 486.)
Certes, si vous voulez *passer pour* véritable
Que l'une de nous deux de sa mort soit coupable,
Je veux bien par respect ne vous imputer rien. (IV, 503. *Rod.* 1747.)
Nous ne sommes qu'un sang, et ce sang dans mon cœur
A peine à le *passer pour* calomniateur. (V, 560. *Nic.* 1094.)

SE PASSER DE, se dispenser de :

Bien que je.... pusse trouver de bons garants et de grands exemples dans les vieux et nouveaux siècles, j'estime qu'il n'est que meilleur de *se passer de* leur imitation en ce point. (I, 378. *Au lect. de la Veuve.*)

SE PASSER À, se contenter de :

Il *s*'est fallu *passer à* cette bagatelle. (IV, 156. *Ment.* 302.)
Je vous le dis encor, je *m'y passerois* bien ;
Et si j'étois son fait, il seroit fort le mien. (IV, 311. *S. du Ment.* 397.)
  Devenez un peu complaisante,
  Et daignez *vous passer à* trente. (X, 159. *Poés. div.* 26.)

« Il *se passe à* peu de chose, *paruo contentus est.* » (Math. Cordier, chapitre LVIII, p. 564, § 48.) — Voltaire a dit, à l'occasion de notre premier exemple : « *Se passer à, se passer de*, sont deux choses absolument différentes. *Se passer à* signifie se contenter de ce qu'on a ; *se passer de* signifie soutenir le besoin de ce qu'on n'a pas. Il y a quatre attelages, on peut se passer à moins. Vous avez cent mille écus de rente, et je m'en passe. » — Cette différence entre les deux locutions, très-remarquée aujourd'hui et au temps de Voltaire, n'a été rigoureusement observée ni par nos anciens auteurs, ni par les puristes les plus scrupuleux du dix-septième siècle, et rien n'est plus fréquent que de trouver *se passer de* dans le sens de *se passer à* :

  ... S'il auient qu'il soit malades,
  Et truist toutes viandes fades,
  Si se porpense-il toute voie,
  Por soi getier de male voie,
  Et por issir hors de dangier,
  Qu'il n'aura mestier de mangier,
  Ou que *de* petit de vitaille
  Se passera, comment qu'il aille. (*Roman de la Rose*, vers 5016 et 5017.)

« C'est qu'étant d'une complexion fort amoureuse, je ne *me* pourrois *passer d*'une seule femme. » (Perrot d'Ablancourt, traduction de Lucien, tome I, p. 137.)

« Il y a bien de la différence entre *se passer de* peu, et mener la vie que tu mènes. » (*Ibidem*, tome III, p. 273.)

PASSION.

Tout beau, ma *passion*, deviens un peu moins forte. (III, 390. *Cin.* 125.)
J'obéis avec joie, et c'est me commander
Ce qu'avec *passion* j'allois vous demander. (V, 332. *Andr.* 397.)

PASSIONS, pluriel pour singulier :
Je ne vous tiendrai plus mes *passions* secrètes....
Vous m'avez par deux fois rendu le diadème :
J'avoue après cela, Seigneur, que je vous aime. (IV, 80. *Pomp.* 1285.)

PASSIONNÉ.

Dans une si belle occasion de faire éclater la gloire du Roi, je n'ai point considéré la mienne.... et pourvu que je puisse satisfaire en quelque sorte aux devoirs d'un sujet fidèle et *passionné*, il m'importe peu du reste. (X, 193. *Poés. div. Au lect.*)

PASSIONNÉMENT.

Je suis et serai toute ma vie, très-*passionnément*, Monseigneur.... (III, 261. *Épît.* d'*Hor.*)

Voyez la note 2 de la page indiquée.

PÂTÉS (CHAIR à), voyez au tome I du *Lexique*, p. 164, CHAIR.

PATIENCE.

AVOIR PATIENCE :

.... J'*aurai patience* autant que d'allégresse. (IV, 206. *Ment.* 1230.)

PRÊTER PATIENCE, voyez PRÊTER.

PATIENCES, au pluriel :

C'est ainsi qu'une feinte au dehors l'assoupit,
Et qu'on croit amuser de fausses *patiences*
Ceux dont en l'âme on craint les justes défiances. (IV, 489. *Rod.* 1435.)

Benserade a dit dans son sonnet sur Job :

On voit aller des *patiences*
Plus loin que la sienne n'alla.

Mais Balzac l'en a blâmé. Ménage, dans ses *Observations sur Malherbe* (tome II, p. 143, édition de 1723), cherche à le justifier sur ce point, tout en faisant remarquer que l'expression *aller des patiences* n'est pas bonne. Elle a été assez plaisamment relevée par Sarrazin :

Avec mes vers une autre fois
Ne mettez plus dans vos balances
Des vers où sur des palefrois
On voit *aller des patiences*.

PÂTIR, dans le style élevé :

Ce n'est pas de nos cœurs la pente naturelle
De porter une croix, de se plaire à *pâtir*. (VIII, 252. *Imit.* II, 1568.)

PAUVRE D'ESPRIT, qui a l'esprit détaché des biens de ce monde :

.... S'il est sur la terre un vrai *pauvre d'esprit*
Qui détaché de tout, soit tout à Jésus-Christ,
C'est un trésor si grand, que ces mines fécondes

Que la nature écarte au bout des nouveaux mondes....
(VIII, 240. *Imit.* II, 1311.)
Ainsi vraiment tout nu, vraiment *pauvre d'esprit.* (VIII, 241. *Imit.* II, 1347.)

PAVÉ (BATTRE LE), voyez au tome I du *Lexique*, p. 117, le second exemple de l'article BATTRE.

PAVILLON.

Va sur les bords du Rhin planter tes *pavillons*. (III, 285. *Hor.* 50.)

« *Pavillon*, en termes de guerre, est une tente de toile ou de coutil, qu'on élève sur des mâts pour se loger à la campagne et à la guerre. Les peuples errants ne logent que sous des *pavillons*. L'armée campe sous des *pavillons*. (*Suit la citation de notre exemple* d'Horace.) — *Pavillon*, en général, se dit des drapeaux, étendards, enseignes, bannières, etc., qui par les auteurs sont souvent confondus et pris l'un pour l'autre. » (*Dictionnaire de Furetière*, 1690.) — Les rédacteurs du *Dictionnaire* de Trévoux, qui du reste ont reproduit littéralement ces définitions, ont, avec raison peut-être, transporté l'exemple de Corneille à la suite de l'alinéa où *pavillon* est donné comme signifiant *étendard*.

PAYER, au figuré.

PAYER L'AMOUR DE QUELQU'UN, le payer de retour, le récompenser :

.... Je l'épouserai, pourvu qu'en même jour
La Reine se résolve à *payer votre amour*. (VI, 373. *Sert.* 236.)

NE POUVOIR PAYER QUELQU'UN DE BONTÉ, ne pas valoir autant que lui :

Je le disois dès lors : sans cette qualité,
Vous n'*eussiez* pu jamais le *payer de bonté*. (IV, 321. *S. du Ment.* 626.)

PAYER LE DROIT À LA NATURE, mourir :

Avant que de *payer le droit à la nature*.... (X, 134. *Poés. div.* 5.)

SE PAYER DE QUELQUE CHOSE PAR SES MAINS :

J'en frémis, j'en rougis, je m'en indigne, et crains
Qu'il n'ose quelque jour *s'en payer par ses mains*. (VII, 493. *Sur.* 720.)

PAYÉ DE SANG, vengé par le sang répandu :

.... Nos deux frères morts dans le malheur des armes
Sont trop *payés de sang* pour exiger des larmes. (III, 337. *Hor.* 1260.)

PAYS.

VOIR LE PAYS, locution proverbiale, voyager :

L'un disoit : « Il est jeune, il veut *voir le pays*. » (IV, 290. *S. du Ment.* 22.)

TIRER PAYS, voyez TIRER.

PAYS INCONNU, voyez ci-dessus, p. 13 et 14, INCONNU.

PÉCHÉ, au figuré, dans une pièce païenne :

Un dragon enivré des plus mortels poisons

Qu'enfantent les *péchés* de toutes les saisons,
Vomissant mille traits de sa gorge enflammée,
La gardoit (*la toison*) beaucoup mieux que toute cette armée.
(II, 361. *Méd.* 424.)

METTRE QUELQUE CHOSE AU RANG DES VIEUX PÉCHÉS, l'oublier :

On a beau nous aimer, des pleurs *sont* tôt séchés,
Et les morts soudain *mis au rang des vieux péchés*.... (I, 469. *Veuve*, 1366.)

PÉCHÉ DE JEUNESSE, voyez ci-dessus, p. 33, JEUNESSE.

PÉCHERESSE, adjectivement :

Ne dédaigne donc pas cette âme *pécheresse*. (VIII, 519. *Imit.* III, 5335.)

PEIGNÉ, au figuré :

L'un (*des deux sonnets*) est le mieux *peigné*, l'autre est le plus naïf.
(X, 128. *Poés. div.* 5.)

PEINE, chagrin, malheur :

Je verrai mon amant, mon plus unique bien,
Mourir pour son pays, ou détruire le mien,
Et cet objet d'amour devenir, pour ma *peine*,
Digne de mes soupirs, ou digne de ma haine. (III, 288. *Hor.* 143.)
Qui se venge à demi court lui-même à sa *peine*. (IV, 493. *Rod.* 1523.)
   On m'a dit qu'il y a un nommé M. Nicolas, qui est procureur du Roi de la commission, qui fait tout; il vaudroit mieux lui donner double taxe et qu'il ne nous fît point de *peine*. (X, 436. *Lettr.*)
.... Ne pensez pas tant aux glorieuses *peines*
De ces nouveaux captifs qui vont prendre vos chaînes.
(X, 143. *Poés. div.* 7.)
Ces vers s'adressent à la *belle marquise* (*Mlle du Parc*).

SE METTRE EN PEINE DE, s'inquiéter de :

Pourrai-je voir Pauline, et rendre à ses beaux yeux
L'hommage souverain que l'on va rendre aux Dieux?
Je ne t'ai point celé que c'est ce qui m'amène,
Du reste mon esprit ne *s'en met* guère *en peine*. (III, 504. *Pol.* 370 var.)

C'est-à-dire ne se met guère en peine du reste. — En 1660, Corneille, sans doute à cause du pléonasme, a ainsi changé ce vers :
   Le reste est un prétexte à soulager ma *peine*.

METTRE EN PEINE DE, exposer au danger de :

.... L'État par son choix ne m'*eût* pas *mis en peine*
De manquer à ma gloire ou d'acquérir ma reine. (V, 450. *D. San.* 757.)

METTRE EN PEINE, absolument :

Rodelinde, comme elle, aime à vous *mettre en peine*. (VI, 69. *Perth.* 1131.)

FAIRE PEINE À, être difficile à, empêcher de, mettre obstacle à :

Ta libéralité me *fait peine* à comprendre. (V, 162. *Hér.* 125.)

Ses rides me *font peine* à le bien reconnoître. (vi, 194. *OEd.* 1425.)

Perdre sa peine, dans le style tragique :
Cesse de me flatter d'une espérance vaine :
Auprès de Scipion ce prince *perd sa peine.* (vi, 536. *Soph.* 1518.)

Trouver sa peine à quelque chose, y rencontrer son châtiment :
Du jaloux Gundebert l'ambitieuse haine
Fondant sur Pertharite, *y trouva* tôt *sa peine.* (vi, 23. *Soph.* 60.)

À peine, avec peine, difficilement :
Ma sœur, l'heure s'avance, et nous serons *à peine*,
Si nous ne retournons, au lever de la Reine. (i, 287. *Clit.* 197.)
L'Albain percé de coups ne se traînoit qu'*à peine.* (iii, 332. *Hor.* 1136.)

À grand'peine :
S'il vous en reste encor (*de cette amour parfaite*), n'êtes-vous point jaloux
Qu'*à grand'peine* chrétien, j'en montre plus que vous ? (iii, 519. *Pol.* 692.)

En peine de, exposé au danger de :
Une prison si belle est trop digne d'envie ;
Puissé-je vous devoir plus que je ne vous dois,
En peine d'y languir le reste de ma vie ! (x, 152. *Poés. div.* 14.)

PEINTURE, copie :
Je viens pour adorer la divine beauté
Dont le soleil n'est rien qu'une foible *peinture ?* (x, 83. *Poés. div.* 4.)

En peinture, en apparence, sans réalité :
Faut-il que je me rende à des pleurs *en peinture ?* (ii, 276. *Pl. roy.* 1018.)
Puisque le Roi veut bien n'être roi qu'*en peinture*,
Que lui doit importer qui donne ici la loi ? (v, 588. *Nic.* 1736.)
Général en idée, et monarque *en peinture....* (vii, 48. *Agés.* 988.)

Racine a employé cette expression dans *les Plaideurs* (acte II, scène XIII, vers 608.)

PELADE, maladie de la peau qui fait tomber le poil.
Corneille a dit au figuré :
Ma robe a gagné la *pelade.* (x, 38. *Poés. div.* 16.)
C'est un officier de justice qui parle.

PENCHANT, adjectif :
O d'un État *penchant* l'inespéré secours ! (iii, 332. *Hor.* 1142.)
D'un mérite *penchant* c'est un ferme soutien. (vii, 144. *Att.* 867.)
Rendez-vous, comme lui, digne de ce dépôt,
Que son âge *penchant* vous remettra bientôt. (vii, 449. *Pulch.* 1680.)

On a trop, ce nous semble, abandonné *penchant* pour y substituer *chancelant*, qui n'exprime pas la même idée.

PENCHANT, substantif, pente :

La Garonne et l'Atax dans leurs grottes profondes
Soupiroient de tout temps pour voir unir leurs ondes,
Et faire ainsi couler par un heureux *penchant*
Les trésors de l'aurore aux rives du couchant. (x, 232. *Poés. div.* 3.)

Au figuré :

Seigneur, dans le *penchant* que prennent les affaires.... (VII, 114. *Att.* 137.)
Faire un peu plus de pente au *penchant* de ses vœux,
L'attacher un peu plus au parti qu'ils choisissent,
Ce n'est rien qu'avec moi deux mille autres ne puissent. (VII, 153. *Att.* 1096.)

Faire plus de pente au penchant des vœux d'Attila, c'est-à-dire le confirmer dans ses résolutions, flatter ses désirs.

.... Si vers toi Pompée a le moindre *penchant*.... (VI, 432. *Sert.* 1634.)

LE PENCHANT DE L'ÂGE, le déclin de l'âge :

Le second, je l'avoue, avoit un grand courage,
Bien qu'il parût déjà dans *le penchant de l'âge*. (VI, 196. *OEd.* 1462.)
Que c'est un imbécile et sévère esclavage
Que celui d'un époux sur *le penchant de l'âge*. (VI, 522. *Soph.* 1194.)

Voyez ci-dessus, dans le dernier exemple de PENCHANT, adjectif : « l'âge *penchant*. » Molière a dit de même :

Hautement d'un chacun elles blâment la vie,
Non point par charité, mais par un trait d'envie
Qui ne sauroit souffrir qu'un autre ait les plaisirs
Dont *le penchant de l'âge* a sevré leurs désirs. (*Tartuffe*, acte I, scène I.)

PENCHEMENT.

Des *penchements* de tête à demi concertés. (I, 402. *Veuve*, 72.)

Il s'emploie encore, comme ici, pour exprimer l'action toute physique de pencher, de se pencher, mais il n'a plus d'autre sens. Autrefois on s'en servait aussi au figuré : « De son propre *penchement* et inclination, *suopte nutu*. » (*Dictionnaire de Nicot*, 1606.)

PENCHER à, neutralement, être porté à, incliner à :

Plus je *penche* à l'aimer et plus je le dédaigne. (V, 35. *Théod.* 396.)
Ce bruit est grand pour vous, toute la cour *y penche*.
(V, 471. *D. San.* 1274.)
Pour te soustraire au mal où tu te vois *pencher*.... (VIII, 168. *Imit.* I, 2537.)
Je me trompe, ou son âme *y penche* d'elle-même. (VII, 213. *Tit.* 319.)

PENCHER, absolument :

Entre Othon et Pison mon suffrage incertain,
Suivant qu'il *penchera*, va faire un souverain. (VI, 598. *Oth.* 544.)

PENCHER, activement :

Mais je n'ai pas dessein d'être votre rivale,
Et n'ai point dû prévoir, ni que vers un Romain

Une reine jamais daignât *pencher* sa main.... (vi, 429. *Sert.* 1556.)

<small>Cette expression figurée : *pencher sa main*, qui semble d'abord un peu étrange, est si bien employée ici qu'aucune autre ne pourrait la remplacer; *abaisser, incliner* ne conviendraient pas à ce passage.</small>

N'as-tu point trop fait voir quelle inégalité
Entre ces deux amants me *penche* d'un côté? (iii, 106. *Cid*, 16.)
Non qu'une folle ardeur de son côté me *penche.* (ii, 192. *Cid*, 1701.)
Dès lors ces mêmes dieux, dont l'ordre s'exécute,
Le *penchoient* (*votre cœur*) du côté qu'ils préparoient sa chute.
(v, 369. *Andr.* 1155.)
Mon cœur vous en dédit : un secret mouvement,
Qui le *penche* vers vous, malgré moi vous dément. (v, 472. *D. San.* 1304.)

PENCHER LA BALANCE VERS, au figuré, incliner vers :

Il est peu de Romains qui *penchent la balance*
Vers l'extrême hauteur ou l'extrême indulgence.(vii,244.*Tit.*1055et1056.)

PENCHÉ, au figuré :

.... La tentation de tant d'argent touché
M'achève de pousser où j'étois trop *penché*. (iv, 291. *S. du Ment.* 46.)

PENDU, pour *suspendu :*

.... Les glaives qu'il tient *pendus*
Sur les plus fortunés coupables.... (iii, 540. *Pol.* 1121.)

PÉNÉTRER, activement :

A ce coup ma prière *a pénétré* les cieux. (iv, 206. *Ment.* 1232.)
Portes du grand palais, laissez-vous *pénétrer.* (iv, 95. *Off. V.* 26.)

PÉNÉTRANT DANS :

Tes yeux *dans* leurs secrets sont bien peu *pénétrants.* (iv, 449. *Rod.* 442.)

PENSÉE, esprit :

Ce n'est pas sans raison que ma feinte passée
A jeté cette erreur dedans votre *pensée.* (ii, 101. *Gal. du Pal.* 1558.)
Si de pareils discours m'entroient dans la *pensée.* (ii, 519. *Illus.* 1598.)

PENSÉES, où nous mettrions *pensée* au singulier :

Après tant de faveurs à pleines mains versées,
Dont mon cœur n'eût osé concevoir les *pensées*.... (v, 439. *D. San.* 474.)

PENSER, avec l'infinitif :

Certes, dans la chaleur que le ciel nous inspire,
Nos vers disent souvent plus qu'ils ne *pensent* dire. (x, 96. *Poés. div.* 34.)

PENSER DEUX FOIS À, hésiter à :

.... S'il étoit ici peut-être en sa présence
Vous *penseriez deux fois à* lui faire une offense. (v, 521. *Nic.* 228.)

SE PENSER, se croire :

Elle *se pense* belle.... (I, 436. *Veuve*, 729.)
Je ne *me pensois* pas si fort dans sa mémoire. (I, 484. *Veuve*, 1643.)

PENSER, infinitif, pris substantivement :

Me prépare le ciel de nouveaux châtiments,
Si jamais ce *penser* entre dans mon courage! (I, 155. *Mél.* 245 *var.*)
    Si jamais un tel crime entre dans mon courage! (1660)
Fuyez de mon *penser*, inutiles remords. (I, 218. *Mél.* 1250 *var.*)
    Fuyez de ma pensée, inutiles remords. (1660)
Tous nos *pensers* sont dus, en l'état où nous sommes,
A ce nœud qui me rend le plus heureux des hommes. (I, 244. *Mél.* 1707.)
Dorise, à quels *pensers* ton espoir se ravale! (I, 308. *Clit.* 573.)
Mais, hélas! mes *pensers*, qui vous vient diviser! (I, 352. *Clit.* 1364.)
Et ne touchant encor ses droits que du *penser*. (I, 367. *Clit. var.*)
Mais par cette union mon esprit se divise,
Puisqu'il faut que je donne aux devoirs d'un époux
La moitié des *pensers* qui ne sont dus qu'à vous.
— Ce partage m'oblige, et je tiens tes pensées
Vers un si beau sujet d'autant mieux adressées
Que je lui veux céder ce qui m'en appartient. (I, 362. *Clit.* 1588.)
Quelque *penser* fâcheux te servoit d'entretien. (I, 444. *Veuve.* 885.)
    .... Nos *pensers* à tous deux
Ne devroient, à mon gré, parler que de nos feux. (I, 492. *Veuve*, 1809.)
    .... Une amour extrême
Qui ne voit son objet que des yeux du *penser*. (II, 180. *Suiv.* 1024 *var.*)
    Dont la joie est réduite aux douceurs d'y penser. (1660)
    .... Aussi bien te faut-il confesser
Qu'au lieu de toi Daphnis occupoit mon *penser*. (II, 201. *Suiv.* 1460. *var.*)
    Que la seule Daphnis avoit su me blesser. (1660)
Mes *pensers* ne sauroient m'entretenir que d'elle. (II, 235. *Pl. roy.* 214.)
Cessez dorénavant, *pensers* irrésolus,
D'épargner des enfants que je ne verrai plus. (II, 407. *Méd.* 1347.)
Je frémis au *penser* de ma triste aventure. (II, 502. *Illus.* 1265 *var.*)
    Je frémis à penser à ma triste aventure. (1660)
    .... A ce *penser* je frissonne d'horreur. (II, 515. *Illus.* 1511.)
N'écoutons plus ce *penser* suborneur,
Qui ne sert qu'à ma peine. (III, 123. *Cid*, 337.)
Mais il (*l'hymen*) tiendroit mon âme en esclave enchaînée,
S'il m'ôtoit le *penser* des lieux où je suis née. (III, 284. *Hor.* 28 *var.*)
    Mais ce nœud me tiendroit en esclave enchaînée,
    S'il m'empêchoit de voir en quels lieux je suis née. (1660)
Mon esprit rejetoit ces funestes objets,
Charmé des doux *pensers* d'hymen et de la paix. (III, 291. *Hor.* 214.)
Mon cœur ne forme point de *pensers* assez fermes. (III, 312. *Hor.* 708.)
Si l'absolu pouvoir d'une pudique flamme

Ne nous laisse à tous deux qu'un *penser* et qu'une âme. (III, 341. *Hor.* 1352.)
Vous me semblez pensif. — Ce n'est pas sans sujet.
— D'un *penser* si profond quel est le triste objet? (III, 420. *Cin.* 796 *var.*)
Puis-je d'un tel chagrin savoir quel est l'objet? (1660)
Qu'à des *pensers* si bas mon âme se ravale! (III, 505. *Pol.* 393.)
Mille *pensers* divers, que mes troubles produisent.... (III, 521. *Pol.* 725 *var.*)
Mille agitations, que mes troubles produisent.... (1660)
De *pensers* sur *pensers* mon âme est agitée. (III, 534. *Pol.* 1005.)
Te dirai-je un *penser* indigne, bas et lâche? (III, 536. *Pol.* 1049.)
Mais que plutôt le ciel à tes yeux me foudroie
Qu'à des *pensers* si bas je puisse consentir! (III, 536. *Pol.* 1059.)
Son âme à ce *penser* paroissoit attachée. (IV, 498. *Rod.* 1615.)
.... A d'autres *pensers* il me faut recourir. (V, 170. *Hér.* 327.)
.... De mille *pensers* mon esprit agité
Paroît enseveli dans la stupidité. (V, 185. *Hér.* 677.)
Que de *pensers* divers! que de soucis flottants! (V, 213. *Hér.* 1317.)
.... Ce *penser* m'est si doux,
Que si j'étois à moi, je voudrois être à vous. (VI, 331. *Tois.* 1804.)
Gouverne, guide, élève à l'éternel partage
Nos *pensers*, nos discours, nos vœux, nos actions. (IX, 129. *Off. V.* 32.)
Ce *penser* m'assassine.... (VII, 526. *Sur.* 1539.)

M. Aimé-Martin, à l'occasion de notre premier exemple de *Polyeucte*, a fait la remarque suivante: *Pensers*, pour *pensées*, est de la création de Corneille. » Ceci n'est pas exact; l'emploi des infinitifs pris substantivement, et de celui-ci en particulier, remonte aux origines de la langue:

Li *pansers* et li traueilliers
Me greuoient trop duremant.

(Extraits de *Dolopathos*, publiés par M. Leroux de Lincy, 1838, p. 259.)

Ma voix s'infirme, et mon *penser* défaut.
(Jodelle, *Cleopatre*, acte V, folio 250 verso.)

Le *penser* importun de ma felicité
Me plonger dauantage en ceste aduersité. (Garnier, *Antoine*, acte III, vers 71.)

— Henri Estienne, dans son traité de la *Conformité du langage françois avec le grec*, fait fort bien remarquer le rapport intime des deux langues relativement à cette faculté de former des noms des infinitifs des verbes en y ajoutant l'article, mais il n'insiste peut-être pas assez sur les prérogatives particulières du français à cet égard. Le passage de *Dolopathos* nous a été fourni par la *Grammaire de la langue d'oïl* de M. Burguy (tome I, p. 210), où il sert à établir que dans notre ancienne langue l'infinitif employé substantivement changeait si complètement de nature qu'il prenait l'*s* de flexion comme un substantif ordinaire; il recevait aussi et reçoit encore dans certains mots le signe du pluriel. Rien de semblable n'arrivait en grec; le mot changeait de sens, mais non de forme; et il conservait si bien sa nature verbale que, si l'on voulait le modifier, on employait un adverbe, et non un adjectif. — Nous avons vu du reste que Corneille, lors de la révision de ses premiers ouvrages, a fait disparaître en plusieurs endroits cette expression, que certains délicats regardaient sans doute déjà comme trop ancienne.

PENTE, au figuré, inclination, penchant; PENTE VERS, penchant pour:

.... J'ai, comme vous, quelques *pentes* secrètes. (VII, 28. *Agés.* 485.)

C'est ce qui m'a obligé à lui donner une *pente vers* la personne de Lucrèce. (IV, 138. *Exam.* du *Ment.*)

.... Se peut-il que pour ces deux princesses
Vous ayez mêmes yeux et pareilles tendresses,
Que leur mérite égal dispose sans ennui
Votre âme irrésolue aux sentiments d'autrui?
Ou si *vers* l'une ou l'autre elle a pris quelque *pente*
Dont prennent ces deux rois la route différente,
Voudra-t-elle, aux dépens de ses vœux les plus doux,
Préparer une excuse à ce juste courroux? (VII, 110. *Att.* 33.)

Voyez encore ci-dessus, p. 170, le second exemple de PENCHANT, substantif, au figuré.

PERCER, activement, au figuré :

Ce grand juge des cœurs *perce* d'un œil sévère
Les plus secrets motifs de nos intentions. (VIII, 91. *Imit.* I, 1050.)
La mémoire du juste éclatante et bénie
    Percera l'avenir. (IX, 309. *Vêpr. et Compl.* 22.)

PERCER L'ÂME :

Retenez des soupirs dont vous me *percez l'âme*. (V, 562. *Nic.* 1124.)

SE PERCER, au figuré, dans un sens analogue, en parlant du cœur :

J'en verse, et plût à Dieu qu'à force d'en verser
Ce cœur trop endurci *se* pût enfin *percer*. (III, 545. *Pol.* 1258.)

PERCER, neutralement, pénétrer, parvenir :

    .... Un philosophe enflé de sa science
Qui *perce* jusqu'aux cieux sans réfléchir sur soi. (VIII, 34. *Imit.* 1, 78 *var*.)
La foi dont l'humble vol *perce* au delà des cieux. (IX, 8. *Louanges*, 25.)

PERDRE.

Ne *perds*-je pas assez, sans doubler l'infortune,
Et perdre encor le bien d'avoir l'esprit égal? (VII, 43. *Agés.* 842.)

Ces formes interrogatives, un peu désagréables à l'oreille, ne choquaient point alors, paraît-il, comme elles font aujourd'hui.

PERDRE QUELQU'UN D'HONNEUR :

Va, tu me *perds d'honneur;* retire-toi, de grâce. (III, 182. *Cid*, 1466.)

PERDRE TEMPS, voyez TEMPS.

PERDRE À GAGNER, manquer les occasions de gagner, de vendre :

Je *perds* bien *à gagner;* de ce que ma boutique,
Pour être trop étroite, empêche ma pratique. (II, 21. *Gal. du Pal.* 85.)

PERDRE, au figuré, employer sans utilité, sans résultat :

Il aime mieux se jeter aux pieds de cette marâtre impérieuse, qu'il hait et qu'il a bravée, que de *perdre* des prières et des soupirs auprès d'un père qui l'aime dans le fond de l'âme. (V, 13. *Exam. de Théod.*)
.... *Perdre* en plus d'un lieu des soupirs et des vœux. (V, 476. *D. San.* 1412.)

Seigneur, ne *perdez* plus menace ni prière. (v, 551. *Nic.* 900.)
Tirésie *a* longtemps *perdu* ses sacrifices. (vi, 159. *OEd.* 589.)
Ne *perdez* point d'efforts à m'arrêter au jour. (vi, 162. *OEd.* 673.)
Mais vous pourriez mourir et *perdre* votre mort. (vi, 175. *OEd.* 964.)
Moi, si je l'oserai? Vos conseils magnanimes
Pouvoient *perdre* moins d'art à m'étaler mes crimes. (vi, 439. *Sert.* 1790.)
.... Que vous *perdez* de mots injurieux
A me faire un reproche et doux et glorieux! (vii, 173. *Att.* 1571.)
Ne *perds* plus de raisons à combattre ma flamme. (vii, 262. *Tit.* 1468.)
J'*ai perdu* mes soupirs, et j'y *perdrois* mes pas;
Mais il vous en croira, vous ne les *perdrez* pas.
                                (vii, 531 et 532. *Sur.* 1683 et 1684.)

PERDRE, quitter, ne plus avoir, renoncer à :

La belle, voyez-vous? qu'on *perde* ces caprices! (ii, 90. *Gal. du Pal.* 1353.)

SE PERDRE :

Le scandale étoit grand, son honneur *se perdoit*. (iv, 177. *Ment.* 667.)

PERDU DE :

Un tas d'hommes *perdus de* dettes *et de* crimes. (iii, 451. *Cin.* 1493.)

TENIR TOUT PERDU :

Penses-tu qu'après tout j'en quitte encor ma part,
Et *tienne tout perdu* pour un peu de traverse? (iv, 197. *Ment.* 1073.)

PERDURABLE.

Telle soit-elle encore à jamais *perdurable!* (ix, 87. *Off. V.* 40.)

Elle, c'est-à-dire ta gloire. — Cet adjectif a disparu de nos dictionnaires. — Notre exemple est tiré d'une des traductions du *Gloria patri*, plusieurs fois répétée au tome IX.

PÈRE (AMOUR DE), voyez au tome I du *Lexique*, p. 57, AMOUR.

PÉRIL.

METTRE AU MOINDRE PÉRIL, exposer le moins du monde :

.... J'ai pour vous une flamme trop pure,
Pour vouloir, en faveur d'un zèle ambitieux,
Mettre au moindre péril des jours si précieux. (vii, 268. *Tit.* 1602.)

AU PÉRIL DE, AUX PÉRILS DE, À TES, À SES PÉRILS :

Au péril de tout perdre, il met tout à mon choix. (v, 386. *Andr.* 1562.)
J'ai conquis votre cœur *aux périls de* ma vie. (vi, 34. *Perth.* 332.)
Aux périls de Sylla vous tâtez leur courage. (vi, 400. *Sert.* 886.)
Contente *à tes périls* ton curieux desir. (i, 230. *Mél.* 1453.)
Tu l'as vu tant de fois, au milieu des combats,
Montrer, *à tes périls*, ce que pesoit son bras. (vi, 66. *Perth.* 1066.)

Chacun *à ses périls* peut suivre sa fortune. (vi, 55. *Perth.* 815.)

PÉRIODE, absolument, le plus haut point :

Puisque les sciences et les arts ne sont jamais à leur *période*, il m'est permis de croire qu'ils (*les anciens*) n'ont pas tout su. (i, 262. *Préf.* de *Clit.*)

Dans ce sens, *période* est masculin. — « Ce mot est masculin, dit Vaugelas (*Remarques*, p. 3 et 4), quand il signifie le plus haut point ou la fin de quelque chose, comme *monté au période de la gloire, jusqu'au dernier période de sa vie.* »

PÉRIPÉTIE, voyez au tome I du *Lexique*, p. 155, CATASTASE.

PÉRIR.

Je conserve le sang qu'elle veut voir *périr*. (iii, 419. *Cin.* 779.)

PÉRIR, être périssable :

Cette grandeur *périt*, j'en veux une immortelle. (iii, 543. *Pol.* 1192.)

PÉRIR, avec l'auxiliaire *être* :

.... Ce cheval ailé *fût péri* mille fois,
Avant que de voler sous un indigne poids. (v, 363. *Andr.* 1016.)

PERMANENT, ENTE.

Ces montagnes, ces rivières sont des choses *permanentes*. (i, 89. *Disc. de la Trag.*)

PERMETTRE.

Nous sommes ses voisins, et l'amour qu'il nous porte
Dedans son grand jardin nous *permet* cette porte. (ii, 508. *Illus.* 1346.)
Que ne *permettra*-t-il à son ressentiment? (iii, 501. *Pol.* 324.)

PERMIS.

Quel pouvoir sur ses jours vous demeure *permis?* (v, 582. *Nic.* 1601.)

PERPENDICULAIRE.

Par un mouvement qu'on peut nommer *perpendiculaire*.... (vi, 231. *Dess. de la Tois.*)

PERPLEXITÉ.

Ah! ne me tiens donc plus l'âme en *perplexité*. (ii, 388. *Méd.* 956.)

PERSÉCUTANT, adjectivement, au figuré :

Tout ce qu'a le malheur le plus *persécutant*. (viii, 352. *Imit.* iii, 1916.)

PERSÉCUTANT, substantivement :

C'est donc un grand avantage, pour exciter la commisération, que la proximité du sang, et les liaisons d'amour ou d'amitié entre le *persécutant* et le persécuté. (I, 66. *Disc. de la Trag.*)

PERSÉCUTÉ, substantivement :

Nos rois, lassés du joug, et vos *persécutés*
Avec tant de chaleur l'ont joint de tous côtés,
Qu'enfin il a poussé nos armes fortunées
Jusques à vous réduire au pied des Pyrénées. (VI, 430. *Sert.* 1591.)

Voyez l'exemple précédent.

PERSONNE.

Bien qu'elle aye lieu de regarder cette mère comme une *personne* qui s'est emparée d'un trône qui lui appartient, elle lui demande pardon de cette échappée. (VI, 131. *Exam. d'OEd.*)

PERSONNE, suivi d'un pronom masculin :

Deux *personnes* s'y arrêtent (*au théâtre*) pour parler, et quelquefois il faut présumer qu'ils marchent.... Ces accompagnements inutiles de *personnes* qui n'ont rien à dire, puisque celui qu'ils accompagnent a seul tout l'intérêt à l'action.... (III, 99 et 100. *Exam. du Cid.*)

La Fontaine a dit de même dans *Psyché* : « Longtemps devant qu'on y arrivât, on respiroit un air embaumé, tant à cause des *personnes* qui venoient offrir des parfums à la Déesse, et qui étoient parfumés eux-mêmes, que parce que le chemin étoit bordé d'orangers. » (Livre II.) — Ce passage du reste n'est ainsi que dans les éditions originales et dans l'édition des *OEuvres de la Fontaine* qui fait partie de la *Bibliothèque elzévirienne*. Partout ailleurs *parfumées elles-mêmes* a été substitué à *parfumées eux-mêmes*.

PESANTEUR, au figuré, accablement, découragement, tiédeur :

Son feu sait dissiper les *pesanteurs* de l'âme. (VIII, 197. *Imit.* II, 449.)
  Faut-il pour un trouble léger,
Pour un amusement qu'un vain objet excite,
Pour une *pesanteur* qui te vient assiéger,
  Que ta communion se diffère ou se quitte? (VIII, 637. *Imit.* IV, 1210.)

PESER.

CE QUE PÈSE UN BRAS, la force, la vaillance de ce bras :

Tu l'as vu tant de fois, au milieu des combats,
Montrer à tes périls *ce que pesoit son bras*. (VI, 66. *Perth.* 1066.)

PESTE, au figuré, dans un sens soit physique, soit moral :

Vois combien de serpents à mon commandement
D'Afrique jusqu'ici n'ont tardé qu'un moment,
Et contraints d'obéir à mes charmes funestes,
Ont sur ce don fatal vomi toutes leurs *pestes*. (II, 390. *Méd.* 978.)

« Leurs pestes, » c'est-à-dire leurs venins.

Te voilà donc ici, *peste* du bien public. (I, 451. *Veuve*, 1037.)

Un traître, un scélérat, un lâche, un parricide,
Une *peste* exécrable à tous les gens de bien. (III, 524. *Pol.* 783.)
Un roi qui de ses mains (*des mains de Pompée*) a reçu la couronne,
A ces *pestes* de cour lâchement l'abandonne. (IV, 51. *Pomp.* 586.)

Il s'agit des courtisans et conseillers du roi Ptolomée.

PESTE! exclamation :

Lorsque la peste est faite ainsi,
Peste! que la peste est à craindre! (X, 160. *Poés. div.* 4.)

PESTER CONTRE :

.... Ce que font les plus contents,
C'est de *pester contre* la peste. (X, 161. *Poés. div.* 28.)

FAIRE PESTER, dans une tragédie :

La gloire d'obéir à votre grand regret
Vous *faisoit pester* en secret. (VII, 41. *Agés.* 793.)

PESTILENT, ENTE.

Du démon du midi les *pestilentes* flammes. (IX, 329. *Vépr. et Compl.* 23.)

PETITE OIE, voyez ci-dessus, p. 128, OIE.

PEU.

UN PEU DE :

Ton bonheur n'est couvert que d'*un peu de* nuage. (III, 131. *Cid*, 446.)

Il y avait dans les éditions antérieures à 1660 :

Ton bonheur n'est couvert que d'un petit nuage.

Cette rédaction, quoique plus conforme aux usages actuels de notre langue, rendait, ce nous semble, moins bien la pensée que celle que le poëte a définitivement adoptée.

Que vous êtes heureuse, et qu'*un peu de* soupirs
Fait un aisé remède à tous vos déplaisirs! (III, 509. *Pol.* 479.)
Qu'*un peu de* votre humeur ou *de* votre vertu
Soulageroit les maux de ce cœur abattu! (III, 509. *Pol.* 487.)
Aimer Dieu de la sorte et pour nos avantages,
C'est mettre indignement ses bontés à nos gages,
Croire d'*un peu de* vœux payer tout son appui,
Et nous-mêmes enfin nous aimer plus que lui. (VIII, 239. *Imit.* II, 1303.)
Je n'ose m'éblouir d'*un peu de* nom fameux. (VI, 386. *Sert.* 547.)

UN PEU BIEN, UN PEU BIEN DE :

Vous êtes, à vrai dire, *un peu bien* dégoûté. (IV, 195. *Ment.* 1043.)
.... On le lui témoigne (qu'on *l'aime*) *un peu bien* rudement.
(IV, 212. *Ment.* 1328.)
J'y trouverai, comme elle, un joug *un peu bien* rude. (VI, 614. *Oth.* 902.)
Je n'abuserai point d'un surprenant respect

Qui semble *un peu bien* prompt pour n'être point suspect.
(VII, 272. *Tit.* 1682.)
C'est pour un grand monarque *un peu bien du* scrupule.
— C'est en votre faveur être *un peu bien* crédule. (VI, 142. *OEd.* 197 et 198.)
Vous montrez cependant *un peu bien du* mépris. (IV, 53. *Pomp.* 635.)

UN PEU LOIN :

Vous pourriez *un peu loin* pousser ma patience. (VII, 386. *Pulch.* 125.)

SI PEU, dans le sens de *quelque peu, si peu que ce soit* :
Avez-vous du regret d'avoir trop hasardé?
— Je n'ai qu'un déplaisir, d'avoir *si peu* tardé. (IV, 352. *S. du Ment.* 1216.)

LE PEU QUE J'AI DE, SI PEU QUE J'AI DE :

.... L'ingrat ne veut pas
Que sa franchise cède *au peu que j'ai* d'appas. (II, 103. *Gal. du Pal.* 1604.)
Si peu que j'ai d'espoir ne luit qu'avec contrainte. (III, 522. *Pol.* 761.)

C'EST PEU DE, C'EST PEU QUE DE :

C'est trop *peu de* l'auteur de tant d'énormes crimes. (I, 347. *Clit.* 1277.)
C'est trop *peu de* Jason, que ton œil me dérobe,
C'est trop *peu de* mon lit : tu veux encor ma robe. (II, 389. *Méd.* 961 et 962.)
C'eût été peu des flots.... (V, 322. *Andr.* 162.)
C'étoit donc *peu*, Seigneur, pour mon âme affligée,
De toute la misère où je me vois plongée;
C'étoit peu des rigueurs de ma captivité. (VI, 80. *Perth.* 1399-1401.)
Pour en venir à bout, *c'est* trop *peu que de* vous. (III, 186. *Cid,* 1564.)

C'EST PEU FAIT À VOUS DE :

.... *C'est peu fait à vous de* reprendre une place,
Si vous ne trouvez l'art de regagner les cœurs. (X, 112. *Poés. div.* 81.)

PEUPLE.

UN GRAND PEUPLE, pour *une grande foule de peuple* :
Un grand peuple, Seigneur, dont cette cour est pleine,
Par des cris redoublés demande à voir sa reine. (IV, 101. *Pomp.* 1797.)

PEUPLES, au pluriel, où nous mettrions le singulier :
Que ce fut un spectacle, Aletz, doux à tes yeux,
Quand tu vis à ses pieds (*aux pieds de Louis XIII*) ces *peuples* factieux!
(V, 112. *Poés. div.* 78.)
Les palmes à la main tu nous rends nos guerriers;
Et tes *peuples*, surpris et charmés de leur gloire,
Mêlent un peu d'envie à leurs chants de victoire. (X, 186. *Poés. div.* 3.)

PEUR.

AVOIR PEUR :

Que vous *avez* de *peur* que le marché n'échappe! (IV, 360. *S. du Ment.* 1373.)

DE PEUR QUE, dans le sens de *à cause de la peur que :*

*De peur qu'*a cet amour d'être encor impuissant,
Il n'ose plus paroître. (II, 71. *Gal. du Pal.* 1005.)

DE PEUR QUE, non suivi de *ne*, voyez ci-dessus, p. 108, NE.

SE FAIRE PEUR DE, voyez au tome I du *Lexique*, p. 421, FAIRE.

PEUT-ÊTRE, avec changement de tournure :

Peut-être aura-t-il peine à suivre sa vengeance,
Et que ce même amour qu'il m'a plu de trahir
Ne se trahira pas jusques à me haïr. (VI, 475. *Soph.* 60 et 61.)

PEUT-ÊTRE, substantivement :

Peut-être qu'il le dit ; mais c'est un grand *peut-être*. (IV, 215. *Ment.* 1397.)

PHÉBUS, style ampoulé :

Il faut feindre des maux, demander guérison,
Donner sur le *phébus*, promettre des miracles. (I, 146. *Mél.* 65.)

On dirait plutôt aujourd'hui : « Donner *dans* le phébus. » Voyez le *Dictionnaire de l'Académie* de 1835.

PIÈCE, tromperie, finesse, tour, malice :

Aux *pièces* qu'on leur fait je ne puis consentir. (I, 212. *Mél.* 1157.)

Les éditions antérieures à 1660 ont *fourbes*, au lieu de *pièces*. Voyez au tome I du *Lexique*, p. 446.

Il l'enferme, de peur qu'elle ne fasse encor quelque *pièce* qui trouble son dessein. (I, 397. *Exam. de la Veuve.*)
Juge un peu si la *pièce* a la moindre apparence. (IV, 187. *Ment.* 881.)
Moi, marié ! Ce sont *pièces* qu'on vous a faites ;
Quiconque vous l'a dit s'est voulu divertir. (IV, 192. *Ment.* 966.)
.... Il fait *pièce* nouvelle, écoutons. (IV, 194. *Ment.* 1009.)
Sous votre nom, Lucrèce, et par votre fenêtre,
Clarice m'a fait *pièce*, et je l'ai su connoître. (IV, 237. *Ment.* 1762.)
La *pièce* est délicate, et ceux qui l'ont tissue
A de si longs détours font une digne issue. (V, 543. *Nic.* 711.)

L'origine de cette façon de parler n'est pas très-certaine ; Vaugelas, qui a consacré une *remarque* (p. 316-318) à l'expression *faire pièce*, dont il conseille de ne pas se servir, dit qu'elle est tirée du théâtre, où tous les ouvrages, jusqu'aux *farces*, sont appelés *pièces*. On peut conjecturer, d'après notre dernier exemple, que Corneille faisait dériver cette acception figurée d'un autre des sens propres au mot *pièce*, celui de *pièce d'étoffe ;* cette explication de la métaphore nous paraît moins naturelle.

PIÈCE, objet, morceau, dans des locutions proverbiales :

Apprends aussi de moi que ta raison s'égare,
Que Mélite n'est pas une *pièce* si rare. (I, 201. *Mél.* 956.)
La modestie et la générosité que vous y témoignez leur semblent des *pièces* rares. (X, 400. *Lettr. apol.*)
Voyez la bonne *pièce* avec ses révérences ! (IV, 230. *Ment.* 1650.)

PIED.

JETER UNE CHOSE SOUS LES PIEDS DE QUELQU'UN, la lui soumettre :
Mais quand il vous aura dans le trône affermie,
Et *jeté sous vos pieds* la puissance ennemie. (v, 422. *D. San.* 86.)

METTRE SON ESPÉRANCE EN SES PIEDS, c'est-à-dire dans la fuite :
.... Quoi? ton peu d'assurance
Ne *met* plus qu'*en tes pieds sa* dernière *espérance?* (I, 289. *Clit.* 230.)

PIÉGE LOURD, piége grossier, qui ne peut tromper personne :
Va, d'un *piége* si *lourd* l'appas est inutile. (v, 221. *Hér.* 1499.)

PIGEON, figurément et familièrement :
Éraste n'est pas homme à laisser échapper;
Un semblable *pigeon* ne se peut rattraper. (I, 210. *Mél.* 1126.)

PILLAGE.

ÊTRE EN PILLAGE À, être exposé, livré au pillage de :
Sous vous, l'État n'*est* plus *en pillage aux* armées. (III, 409. *Cin.* 553.)

PILLAGE, figurément, dans le langage de la galanterie ou dans celui de la littérature :
.... Si j'osois me hasarder
Avec vous au moindre *pillage*. (X, 171. *Poés. div.* 22.)
J'ai traduit de Lucain tout ce que j'y ai trouvé de propre à mon sujet; et comme je n'ai point fait de scrupule d'enrichir notre langue du *pillage* que j'ai pu faire chez lui.... (IV, 24. *Exam. de Pomp.*)

PIPER, terme d'oiseleur, au figuré, tromper, duper :
.... Ces choses ridicules
Ne servent qu'à *piper* des âmes trop crédules. (I, 191. *Mél.* 808 *var.*)
En 1660 :
.... Ces faveurs ridicules
Ne servent qu'à duper des âmes trop crédules.
.... Je voudrois qu'elle eût ce talent pour une heure;
Qu'elle pût un moment vous *piper* en votre art,
Rendre conte pour conte, et martre pour renard. (IV, 190. *Ment.* 931.)

PIPER, raffiner, exceller :
En matière de fourbe il est maître, il y *pipe*. (IV, 187. *Ment.* 877.)

Richelet, dans son *Dictionnaire* (1680), cite les deux exemples suivants de ce sens du verbe *piper* :
Belle dame que j'estime,
Non pas pour la rime,
Quoique vous *pipiez* en cela. (Scarron, *Poésies.*)
Il récitoit une épigramme où il pensoit *avoir pipé* (Cotin, *Ménagerie.*)

PIPÉ DE, trompé, dupé par :

.... Son frère, *pipé de* mon langage. (I, 406. *Veuve*, 133.)

PIPERIE, tromperie :

Auroit-on jamais vu tant de supercherie,
Que tout l'extérieur ne fût que *piperie?* (I, 197. *Mél.* 896 *var.*)

En 1660 :

O ciel, vit-on jamais tant de supercherie,
Que tout l'extérieur ne fût que tromperie?

PIPEUR, trompeur, substantivement :

Le monde est un *pipeur*.... (VIII, 366. *Imit.* III, 2184.)

PIPEUR, trompeur, adjectivement :

Que la foi des amants est un gage *pipeur!* (II, 240. *Pl. roy.* 323.)
Leurs herbes, leurs parfums, et leurs cérémonies,
Apportent au métier des longueurs infinies,
Qui ne sont, après tout, qu'un mystère *pipeur*,
Pour se faire valoir et pour vous faire peur. (II, 440. *Illus.* 131.)

Hardy a employé ainsi le mot *pipeur* dans la *Seconde journée des chastes et loyales amours de Théagène et Cariclée* :

Je ne suis plus flatté de cet espoir *pipeur*.

PIQUE, petite querelle, brouillerie :

D'où lui vient cette humeur? qui les a mis en *pique?* (II, 248. *Pl. roy.* 490.)

« Depuis le retour de Lindamor, ils auoient tousiours eu quelque *pique* ensemble. » (D'Urfé, *l'Astrée*, 1re partie, livre IX, tome I, p. 476.)

PIQUER QUELQU'UN DE GÉNÉROSITÉ :

Je sais trop qu'un tyran est sans reconnoissance
Pour en avoir conçu la honteuse espérance,
Et suis trop au-dessus de cette indignité
Pour te vouloir *piquer de générosité*. (V, 198. *Hér.* 970.)

SE PIQUER :

Après tout, entre nous, confesse franchement
Qu'une fille en ces lieux qui perd un frère unique
Jusques au désespoir fort rarement *se pique*. (I, 228. *Mél.* 1428.)
Par là mon désespoir davantage *se pique*. (II, 71. *Gal. du Pal.* 996.)

PIQUÉ CONTRE, PIQUÉ DE, dans la tragédie :

.... *Piqué* jusqu'au vif *contre* son hyménée. (IV, 439. *Rod.* 131.)
.... Le Roi, plus *piqué contre* vous que *contre* elle. (IV, 463. *Rod.* 811.)
   Phinée, *piqué* jusqu'au vif *du* changement et *des* reproches d'Andromède, se résout à la violence contre Persée. (V, 271. *Dess. d'Andr.*)
.... Ce prince, *piqué* d'une juste colère,
S'emportera sans doute et bravera son père. (V, 527. *Nic.* 356.)

PIRE.

Hélas! je sors d'un mal pour tomber dans un *pire*. (IV, 183. *Ment.* 774.)
Ce seroit d'un malheur vous jeter dans un *pire*. (VII, 125. *Att.* 414.)

Voyez la note 1 de la page indiquée.

Son PIRE, ce qu'il y avait de pis pour lui :

Il verra que *son pire* étoit de se méprendre. (II, 292. *Pl. roy.* 1347.)

Voyez ci-dessus, p. 88, MIEUX avec un adjectif possessif.

PIS (METTRE À FAIRE), À PIS FAIRE, défier :

Je *mets à faire pis*, en l'état où nous sommes,
Le sort et les démons, et les Dieux, et les hommes. (III, 300. *Hor.* 427.)
Après un prompt hymen, tu le *mets à pis faire*. (I, 468. *Veuve*, 1328.)
Le bien que je me veux *met* sa haine *à pis faire*. (VII, 43. *Agés.* 849.)

Racine n'a employé cette expression qu'une fois, dans *les Plaideurs* (acte II, scène III, vers 372). Voyez le *Lexique* de ce poëte.

PIS ALLER :

Mon jaloux, après tout, sera mon *pis aller*. (IV, 189. *Ment.* 920.)

PISTOLES.

Dis-moi, sont-ce louis, ou *pistoles* de poids? (IV, 297. *S. du Ment.* 178.)

Voyez la note 2 de la page indiquée.

PITEUSEMENT, dans la tragédie :

Il fuit et le reproche et les yeux du sénat,
Dont plus de la moitié *piteusement* étale
Une indigne curée aux vautours de Pharsale. (IV, 29. *Pomp.* 57.)

PITEUX, dans la tragédie :

Vit-on jamais une âme en un jour plus atteinte
De joie et de douleur, d'espérance et de crainte,
Asservie en esclave à plus d'événements,
Et le *piteux* jouet de plus de changements? (III, 335. *Hor.* 1210.)
En ce *piteux* état quel conseil dois-je suivre? (V, 215. *Hér.* 1363.)

PITIÉ (FAIRE), FAIRE PITIÉ DE :

Ta fortune est bien haut, tu peux ce que tu veux;
Mais tu *ferois pitié*, même à ceux qu'elle irrite,
Si je t'abandonnois à ton peu de mérite. (III, 452. *Cin.* 1521.)
Vous me *faites pitié de* si mal vous connoître,
Que d'avoir tant d'amour et le faire paroître. (VII, 151. *Att.* 1045.)

Ici *faire pitié* ne veut dire autre chose qu'*inspirer de la compassion;* il n'a évidemment pas le sens méprisant qu'on donne de nos jours à cette locution dans le langage familier. Voyez l'article suivant.

PITOYABLE, digne de pitié, d'intérêt :

Je jure donc par vous, ô *pitoyable* reste..... (IV, 88. *Pomp.* 1469.)
Laissez vivre du peuple un *pitoyable* reste. (VI, 165. *OEd.* 739.)

S'ils ont quelque bonté, mes *pitoyables* larmes
Les deuront esmouuoir à mettre bas les armes.
(Garnier, *Antigone*, acte II, vers 99.)

PITOYABLE, enclin à la pitié, ayant pitié :

..... Que sur mes vieux ans
Le *pitoyable* ciel me fait de doux présents ! (I, 499. *Veuve, var.* 2.)

En 1660, Corneille a remplacé ici *pitoyable* par *favorable*.

.... Les Dieux, plus *pitoyables*,
A nos justes clameurs se rendront exorables. (II, 411. *Méd.* 1437.)
Si le ciel *pitoyable* eût écouté ma voix,
Albe seroit réduite à faire un autre choix. (III, 323. *Hor.* 973.)
J'entre en des sentiments qui ne sont pas croyables :
J'en ai de violents, j'en ai de *pitoyables*. (III, 534. *Pol.* 1010.)
Lui donner de la sorte un conseil charitable,
C'est être ambassadeur et tendre et *pitoyable*. (V, 552. *Nic.* 940.)

Heureux qui iamais n'eut de vie,
Ou que la mort, dès le berceau,
Luy a, *pitoyable*, rauie,
L'emmaillottant dans le tombeau ? (Garnier, *Antoine*. acte I, vers 205.)

Ces deux significations de *pitoyable*, dont Corneille nous offre des exemples, ne sont plus guère en usage. Aujourd'hui ce mot s'emploie ordinairement pour *qui fait pitié* (c'est-à-dire *méprisable, ridicule*), et non pas pour *qui inspire la pitié*, ce qui est fort différent.

PLACE.

RENDRE LA PLACE, figurément :

Il vaut mieux faire retraite
Que d'entreprendre un assaut :
L'amour ne *rend* point *la place*
A de mauvais combattants. (X, 169. *Poés. div.* 21.)

LA PLACE, absolument, suivant l'usage du temps, pour la *place Royale :*

Elle loge à *la Place*, et son nom est Lucrèce.
— Quelle place ? — Royale, et l'autre y loge aussi. (IV, 150. *Ment.* 198.)

Voyez la note 2 de la page indiquée.

PLACÉ, figurément.

LE CŒUR LE MIEUX PLACÉ, le plus noble :

Je pouvois aspirer *au cœur le mieux placé*. (VII, 399. *Pulch.* 443.)

PLA] DE CORNEILLE. 185

PLAIDOYÉ, plaidoyer :

Tout ce cinquième (*acte d'*Horace) est encore une des causes du peu de satisfaction que laisse cette tragédie : il est tout en *plaidoyés*. (III, 279. *Exam. d'Hor.*)

On a imprimé dans notre tome III *plaidoyers*; mais toutes les éditions qui ont paru du vivant de Corneille, et même encore celle de 1692, ont *plaidoyés* (*plaidoyez*), pluriel de *plaidoyé*. — Nicot (1606) et Richelet (1680) ont les deux formes *plaidoyé* et *plaidoyer*. « Messieurs de Port-Royal, dit ce dernier, semblent être pour *plaidoïé*, et l'Académie pour *plaidoïer*. » L'Académie, en effet, dans son *Dictionnaire* (1694), ne donne que *plaidoyer*, tandis que Furetière (1690) n'a que *plaidoyé*; mais, dans les deux derniers exemples qu'il rapporte, on lit *plaidoyers*, par le fait de l'imprimeur sans doute, plutôt que de l'auteur.

PLAIE, au figuré, chagrin d'amour :

De mon frère par là soulage un peu les *plaies*. (II. 229. *Pl. roy.* 97.)

PLAINDRE, regretter :

.... *Plains*-tu tant un moment? (II, 254. *Pl. roy.* 600.)
Ce triste et fier honneur m'émeut sans m'ébranler :
J'aime ce qu'il me donne, et je *plains* ce qu'il m'ôte. (III, 302. *Hor.* 479.)

PLAINDRE À QUELQU'UN (une chose perdue, ravie) :

Puis-je *plaindre à* ce mort la lumière ravie,
Sans haïr le vivant, sans détester ma vie? (VI, 198. *OEd.* 1513.)

PLAINDRE LA PERTE DE QUELQU'UN, déplorer la perte qu'il a éprouvée :

Jouissez de la paix qui vous vient d'être offerte,
Tandis que j'irai *plaindre* et partager *sa perte*. (VI, 486. *Soph.* 336.)

PLAINDRE, pour *se plaindre :*

.... O nouveau sujet de pleurer et de *plaindre!* (II, 405. *Méd.* 1310.)
.... Votre trop d'amour pour cet infâme époux
Vous donnera bientôt à *plaindre* comme à nous. (III, 327. *Hor.* 1046.)

La douleur me devore, et au lieu de dormir,
Je ne fay que plorer, que *plaindre* et que gemir.
(Garnier, *Cornelie*, acte II, vers 203.)

J'ai beau *plaindre* et beau soupirer. (Malherbe, I, 302, 10.)

PLAIRE.

IL PLAÎT, suivi d'un infinitif, sans préposition intermédiaire :

.... Nos jours criminels ne pourront plus durer
Qu'autant qu'à sa clémence *il plaira* l'endurer. (III, 348. *Hor.* 1510.)
Les favorables regards dont *il* vous *plut* fortifier la foiblesse de sa naissance (*de la naissance de* Rodogune).... (IV, 411. *Épit. de Rod.*)
Quoi qu'*il* me *plût* oser, il n'osoit me déplaire. (IV, 449. *Rod.* 460.)
Quand vous fîtes périr Maurice et sa famille,
Il vous en *plut*, Seigneur, réserver une fille. (V, 159. *Hér.* 54.)
Vous reverrez en lui ce qui le fit aimer,

Les mêmes qualités qu'*il* vous *plut* estimer. (v, 370. *Andr.* 1169.)

.... Un des trois sujets qu'*il* lui *a plu* me proposer. (vi, 129. *Exam. d'OEd. var.*)

Tel est le texte des éditions de 1660 et de 1663. En 1664 : « qu'*il* lui *plut* me proposer ; » en 1668 : « qu'il me proposa. »

.... Je remonte aux cieux
Presser le souverain des Dieux
D'approuver ce qu'*il* m'*a plu* faire. (vi, 344. *Tois.* 2131.)
Seigneur, *il* vous *a plu* disposer d'Elpinice. (vii, 89. *Agés.* 1959.)
Alors qu'*il* vous *plaisoit*, ou m'aimer, ou me dire
Qu'en votre cœur mes yeux s'étoient fait un empire. (vii, 94. *Agés.* 2083.)
Quand *il* lui *plut* (*à Dieu*) vous donner l'être.... (ix, 149. *Off. V.* 17.)
Dès qu'*il* vous *aura plu* me redonner la paix.... (ix, 325. *Vêpres et Compl.* 34.)

IL PLAÎT, suivi d'un infinitif avec *de* :

Ne souffre pas qu'un autre ait droit sur cette argile .
Que pour ta seule gloire *il* t'*a plu* d'animer. (ix, 507. *Hymn.* 28.)

SE PLAIRE DE :

Je m'*étois plu* toujours d'aimer en mille lieux. (ii, 133. *Suiv.* 131.)
Princesse, en qui du ciel les merveilleux efforts
Se sont plu d'animer ses plus rares trésors. (vi, 294. *Tois.* 931.)

Dans toutes les anciennes éditions : *se sont plus*, avec accord. Voyez la note 2 de la page indiquée.

PLAISANT, agréable, qui plaît :

La suite des duels ne fut jamais *plaisante*. (ii, 260. *Pl. roy.* 701.)

PLAISIR, au pluriel, suivi d'un infinitif avec *de* :

Mêle aux sujets d'ennui, mêle aux succès contraires
Les *plaisirs de* souffrir. (viii, 675. *Imit.* iv, 1976.)

FAIT À PLAISIR, inventé, imaginé :

Oh! le charmant portrait! l'adorable peinture!
Elle est *faite à plaisir*. — Après le naturel. (iv, 326. *S. du Ment.* 729.)

PLANCHE.

FAIRE UNE PLANCHE À :

Dis-lui que si l'amour d'un vieillard l'importune,
Elle *fait une planche à* sa bonne fortune. (ii, 144. *Suiv.* 354.)

Cet amour fraye la voie à sa bonne fortune, assure sa fortune. — « *Faire la planche aux autres*, c'est montrer le chemin aux autres. » (*Dictionnaire de Richelet*, 1680).

PLANE, platane :

J'ai crû comme les plus beaux oliviers en la campagne, et comme un *plane* sur le bord des eaux. (ix, 125. *Off. V.*)

« Comme un plane » traduit le latin *quasi platanus*.

PLANTE, plant :

Vos enfants seront comme de jeunes *plantes* d'oliviers. (IX, 206. *Off. V.*)

PLANTER, au figuré :

.... Le nez que votre art *plante* sur leur visage
Ne leur y sert que d'ornement. (IX, 315. *Off. V.* 55.)

Ces mots s'adressent à Dieu. Ils sont la traduction du latin : *Nares habent, et non odorabunt.*

PLAT, adjectif, au figuré :

Des roses et des lis le plus superbe éclat
Sans la fable, en nos vers, n'aura rien que de *plat*. (X, 239. *Poés. div.* 52.)

PLAT, substantif.

Faire un mauvais plat de quelque chose, locution proverbiale, en tirer un mauvais parti pour quelqu'un, s'en servir contre quelqu'un :

Obéir par avance est un jeu délicat,
Dont tout autre que lui *feroit un mauvais plat*. (IV, 360. *S. du Ment.* 1356.)

PLÂTRE, fard, etc. :

.... Vous êtes de celles
Que mille fois le *plâtre* a fait passer pour belles. (II, 319. *Tuil.* 226.)

« *Plâtre* (*plastre*) se dit.... de la céruse, et de tout autre fard apparent. Cette vieille a toujours deux doigts de *plâtre* sur le visage. » (*Dictionnaire de Furetière*, 1690.)

PLÂTRER une affaire, l'accommoder en apparence, lui donner une apparente régularité :

Ce grand bruit s'accommode, et pour *plâtrer l'affaire*,
La pauvre délaissée épouse votre père. (IV, 291. *S. du Ment.* 59.)

PLAUSIBLE.

Avise toutefois, le prétexte est *plausible*. (I, 180. *Mél.* 628.)

Plausible ne se trouve ici qu'à partir de 1660; dans les éditions antérieures on lit : *honnête*.

De cette illusion l'apparence *plausible*
Rendroit ta lâcheté peut-être moins visible. (VI, 34. *Perth.* 363.)

Ce second exemple est de 1653. — Le *Dictionnaire* de Furetière, publié en 1690, est le premier où nous trouvons ce mot.

PLÉGE, caution, garantie :

Ma tête sur ce point vous servira de *plége*. (I, 176. *Mél.* 584.)

Le corps est de l'argent le *pleige*. (Jodelle, *l'Eugene*, acte IV, scène II.)

PLÉGER, garantir, répondre de :

.... J'estime si peu ces nouvelles amours,
Que je te *plége* encor son retour dans deux jours. (II, 247. *Pl. roy.* 464.)

PLEIN.

PLEIN DE, au figuré :

Pleine de son pays, *pleine de* ses parents,
Il lui passe en l'esprit cent chagrins différents. (VII, 480. *Sur.* 415.)

EN PLEINE PLACE, au milieu de la place publique :

Il faut *en pleine place* abattre cette tête. (V, 202. *Hér.* 1084.)

À PLEINS YEUX, en regardant de tous ses yeux :

Marcelle....
.... goûte *à pleins yeux* ses mortels déplaisirs (*les déplaisirs de Placide.*)
(V, 97. *Théod.* 1822.)

À PLEINS VŒUX, de tous ses vœux :

Votre zèle étoit faux, si seul il redoutoit
Ce que le monde entier *à pleins vœux* souhaitoit. (IV, 65. *Pomp.* 912.)

TOUT PLEIN, beaucoup :

Nous vîmes hier au bal, entre autres nouveautés,
Tout plein d'honnêtes gens caresser les beautés. (I, 408. *Veuve*, 180.)

« Ils disent *tout plein* de mal de vous. » (Bouchet, *Serées*, livre II, 13° *serée*, p. 2.)

PLÉNITUDE.

La terre appartient au Seigneur, et toute sa *plénitude.* (IX, 92. *Off. V.*)

C'est-à-dire, et tout ce qu'elle contient. — En latin : *Domini est terra, et plenitudo ejus.*

De ce temps bienheureux l'heureuse *plénitude*
Se voyoit toute prête à terminer son cours. (IX, 528. *Hymn.* 5.)

« La plénitude de ce temps, c'est-à-dire, ce temps entier, l'entier accomplissement, l'entière durée de ce temps.

PLEURS.

.... Rends ce que tu dois à l'heur de ma victoire.
— Recevez donc mes *pleurs*, c'est ce que je lui dois.
— Rome n'en veut point voir après de tels exploits,
Et nos deux frères morts dans le malheur des armes
Sont trop payés de sang pour exiger des larmes. (III, 337. *Hor.* 1257.)

PLEURS EN PEINTURE, voyez ci-dessus, p. 169, PEINTURE.

PLEUVOIR.

Je sais que Danaé fut son indigne mère :

PLU] DE CORNEILLE. 189

L'or qui *plut* dans son sein l'y forma d'adultère. (v, 375. *Andr.* 1299.)

Il s'agit de la pluie d'or en laquelle Jupiter se transforma pour pénétrer chez Danaé.

PLEUVOIR, au figuré, en parlant d'argent répandu en abondance :

Adieu : de ton côté si tu fais ton devoir,
Tu dois croire du mien que je ferai *pleuvoir*. (IV, 213. *Ment.* 1352.)
Si vous vous mariez, il ne *pleuvra* plus guères. (IV, 239. *Ment.* 1797.)

Voyez ci-après, PLUIE.

PLOYER BAGAGE, voyez au tome I du *Lexique*, p. 110, BAGAGE.

PLOYANTE (ÂME), souple, préparée à tous les rôles :

.... Son *âme ployante*, attendant l'avenir,
Sait faire également sa cour, et la tenir. (VI, 601. *Oth.* 611 *var.*)

PLUIE, au figuré, en parlant d'argent répandu :

Cette *pluie* est fort douce ; et quand j'en vois pleuvoir,
J'ouvrirois jusqu'au cœur pour la mieux recevoir. (IV, 210. *Ment.* 1287.)
.... Mettons cette *pluie* à couvert. (IV, 218. *Ment.* 1440.)

Voyez ci-dessus, PLEUVOIR.

PLUPART (LA), avec le verbe au singulier :

Je meure, s'il n'est vrai que *la plupart* du monde
Sur l'exemple d'autrui se conduit et se fonde. (I, 203. *Mél.* 999 *var.*)

Corneille a substitué, en 1644, *la moitié* à *la plupart*.

La plupart d'eux embrasse un avis modéré. (VII, 244. *Tit.* 1057.)

LA PLUPART DE, suivi d'un nom au singulier :

Cette disgrâce me met hors d'état de faire encore longtemps subsister ce fils dans le service où il a consumé *la plupart de* mon peu de bien. (X, 501. *Lettr.*)

Voyez ci-dessus le premier exemple de l'article PLUPART (LA).

PLUS, pour *le plus, les plus* :

Son ami *plus* intime et son *plus* familier. (I, 210. *Mél. var.* 1.)
Ton sexe, qui défend ce que *plus* il desire.... (I, 367. *Clit. var.*)

Toute la scène où se trouve ce vers a été refaite en 1660.

Mais ce qui *plus* m'étonne, et que je viens d'apprendre,
C'est que deux inconnus se sont saisis d'Évandre. (III, 441. *Cin.* 1285 *var.*)

En 1660 :

Mais ce qui m'embarrasse....

Le jour est encor long, et ce qui *plus* m'effraie,
La moitié de l'avis se trouve déjà vraie. (III, 514. *Pol.* 597.)
.... De tous les objets celui qui *plus* m'afflige,

J'y vois toujours en toi l'ennemi qui m'oblige. (IV, 96. *Pomp.* 1373 *var.*)
En 1660 :
.... Parmi ces objets, ce qui *le plus* m'afflige,
C'est d'y revoir toujours l'ennemi qui m'oblige.
.... Le trône de mon père
Ne fait pas le bonheur que *plus* je considère. (V, 573. *Nic.* 1404.)
Vos discours par les leurs ne sont pas effacés ;
J'en garde en mon esprit les forces *plus* pressantes. (III, 356. *Hor.* 1731.)
Ainsi détruit le temps les choses *plus* solides. (IV, 339. *S. du Ment.* 970 *var.*)
En 1660 :
Ainsi détruit le temps les biens *les plus* solides.
.... Des cloîtres *plus* saints les murailles sacrées
Donneroient moins d'entrées
A l'esprit décevant. (VIII, 45. *Imit.* I, 261 *var.*)

En 1652 toute la strophe où se trouve ce vers a été changée. — On voit par les exemples qui précèdent que Corneille paraît s'être appliqué à faire disparaître en maint endroit cette tournure ; cependant il a encore écrit en 1662 :

Ce n'est pas en effet ce qui *plus* m'embarrasse. (VI, 415. *Sert.* 1218) ;

et il a laissé subsister dans toutes les éditions de *l'Imitation* les deux passages suivants :

Ton cœur aime le monde ; et tout ce qui le brouille,
Tout ce qui *plus* le souille,
C'est cet impur attachement. (VIII, 187. *Imit.* II, 247.)
Tant que l'âme gémit sous l'exil ennuyeux
Qui l'emprisonne en ces bas lieux,
Ce qui *plus* la console est ta sainte mémoire. (VIII, 603. *Imit.* IV, 507.)

LES PLUS, devant un nom employé avec son complément comme locution adjective :

.... *Les plus* gens de bien auront l'âme ravie. (IX, 303. *Vépr. et Compl.* 3.)

LES PLUS.... ET PLUS, pour *les plus.... et les plus* :

Les deux que j'honorois d'une si haute estime,
A qui j'ouvrois mon cœur, et dont j'avois fait choix
Pour *les plus* importants *et plus* nobles emplois ! (III, 432. *Cin.* 1084.)

PLUS, davantage, de plus, désormais, encore :

Que veux-tu *plus* de moi ? reprends ce qui t'est dû. (II, 134. *Suiv.* 172.)
Sachez qu'à *plus* encor ma faveur le destine. (V, 431. *D. San.* 294.)
Que vous dirai-je *plus* ?... (II, 346. *Méd.* 109.)
.... C'est folie à nous que de *plus* y penser. (II, 17. *Gal. du Pal.* 4.)
Que ce soit toutefois sans qu'il vous prenne envie
De les *plus* essayer au péril de ma vie. (II, 104. *Gal. du Pal.* 1622.)
C'est donc perdre mon temps que de *plus* y prétendre ? (II, 165. *Suiv.* 737.)
Eh bien, qu'en dites-vous ? qu'avons-nous *plus* à craindre ?
(II, 396. *Méd.* 1129.)
.... Si je vous vois *plus* regarder cette porte,
Je sais comme traiter les gens de votre sorte. (II, 461. *Illus.* 553.)
.... Ils ont perdu le cœur

De se *plus* hasarder contre un si grand vainqueur. (III, 140. *Cid*, 612.)
Quand on a tout perdu, que sauroit-on *plus* craindre? (III, 336. *Hor.* 1244.)
Un tas d'hommes perdus de dettes et de crimes,
Que pressent de mes lois les ordres légitimes,
Et qui désespérant de les *plus* éviter,
Si tout n'est renversé, ne sauroient subsister. (III, 451. *Cin.* 1495.)
Donne-lui cette lettre; et moi, sans *plus* mentir,
Avec les prisonniers j'irai me divertir. (IV, 310. *S. du Ment.* 385.)
Le besoin de l'État défend de *plus* attendre. (V, 161. *Hér.* 94.)
Je renonce, Madame, à vous *plus* obéir. (VI, 167. *OEd.* 778.)
Reprochez-moi plutôt toutes mes injustices,
Que de *plus* ravaler de si rares services. (VII, 92. *Agés.* 2048.)
    Surtout préservez-moi, Seigneur,
De *plus* faire verser le sang de l'innocence. (IX, 263. *Ps. pén.* 58.)

JAMAIS PLUS :

Tais-toi; si *jamais plus* tu me viens avertir.... (IV, 155. *Ment.* 259.)

Voyez JAMAIS, ci-dessus, p. 30; et comparez l'italien *mai più*.

PLUS.... PLUS; PLUS.... ET PLUS :

Vois leur constance au milieu de leurs gênes
  Monter *plus* haut, *plus* on les fait languir. (VIII, 357. *Imit.* III, 1998.)

Dans l'édition de 1654 et dans l'une des éditions de 1656 :

Se redoubler, *plus* on les fait languir.

Plus elle (*la pénitence*) sera rude, *et plus* de ta clémence
Nous bénirons la force et les trésors cachés. (IX, 508. *Hymn.* 11.)

PLUS, exprimé au premier membre de phrase et omis au second :

[*Il*] fut contre un tyran d'autant *plus* animé,
Qu'il en reçut de biens et qu'il s'en vit aimé. (III, 421. *Cin.* 835.)

PLUS.... D'AUTANT PLUS; D'AUTANT MOINS QUE PLUS; PLUS.... D'AUTANT MIEUX :

Plus un homme renonce aux choses d'ici-bas,
Plus un parfait mépris de tous leurs vains appas
L'avance en l'art sacré de mourir à soi-même,
D'autant plus tôt ma grâce anime sa langueur,
D'autant plus de ses dons l'affluence est extrême.
                              (VIII, 671. *Imit.* IV, 1907-1911.)
    L'ombre, *plus* elle devient grande,
Se perd *d'autant plus* tôt dans celle de la nuit. (IX, 269. *Off. V.* 45 et 46.)
Un oracle jamais ne se laisse comprendre,
On l'entend *d'autant moins que plus* on croit l'entendre. (III, 319. *Hor.* 852.)
    Plus une âme est humiliée,
    Plus elle s'est étudiée
    A ce noble ravalement,
    D'autant mieux cette ferme base
    Soutient la haute et sainte extase
    Où je l'élève en un moment. (VIII, 473. *Imit.* III, 4373-4376.)

D'AUTANT PLUS, ayant pour corrélatif un superlatif :

.... Les maux *les plus* grands qui ravagent leurs veines
Sont *d'autant plus* tôt soulagés. (IX, 588. *Hymn.* 11 et 12.)

TANT PLUS, voyez TANT.

NON PLUS QUE :

Tandis ce m'est assez qu'un rival préféré
N'obtient, *non plus que* moi, le succès espéré. (I, 305. *Clit.* 500.)

SANS PLUS :

.... Mais enfin mon récit
Contient, Seigneur, *sans plus*, ce que le Prince a dit.
(IV, 500. *Rod.* 1678 *var.*)

En 1660 :

Contient, sans rien de plus, ce que le Prince a dit.

AVOIR PLUS D'ESPRIT QUE DE, avoir trop d'esprit pour :

.... J'ai bien *plus d'esprit que de* m'en affliger. (II, 231. *Pl. roy.* 132.)

PLUS QUE LE TRÉPAS, quelque chose de plus triste, de plus douloureux, de plus funeste que le trépas :

Son nom seul me prépare à *plus que le trépas.* (VII, 472. *Sur.* 204.)

PLUTÔT QUE, au lieu de *plutôt que de*, devant un infinitif :

Ils combattront *plutôt* et l'une et l'autre armée,
Et mourront par les mains qui les ont séparés,
Que quitter les honneurs qui leur sont déférés.
(III, 316 et 317. *Hor.* 804 et 806 *var.*)

En 1660 :

Ils combattront *plutôt* et l'une et l'autre armée,
Et mourront par les mains qui leur font d'autres lois,
Que pas un d'eux renonce aux honneurs d'un tel choix.

.... *Plutôt que* le voir possesseur de mon bien,
Puissé-je dans son sang voir couler tout le mien ! (IV, 170. *Ment.* 543.)

POËME, employé absolument, pour pièce de théâtre, poëme dramatique :

J'ai mieux aimé rompre la liaison des scènes, et l'unité de lieu, qui se trouve assez exacte en ce *poëme*, à cela près. (II, 223. *Exam.* de *la Pl. roy.*)

POËME, en deux syllabes :

.... Tous les acteurs d'une troupe comique,
Leur *poëme* récité, partagent leur pratique. (I, 520. *Illus.* 1618.)

POËTE, en deux syllabes :

Jetants l'âme d'Orphée en un *poëte* françois. (X, 100. *Poés. div.* 2.)
Il sera fameux *poëte* et fameux menuisier. (X, 101. *Poés. div.* 10.)

POIDS, au figuré :

Vous n'avez commandé que sous des généraux,
Et n'êtes pas encor du *poids* de vos rivaux. (VII, 390. *Pulch.* 224.)

POIDS, en parlant de vers qui semblent lourds :

Leur dureté rebute, et leur *poids* incommode. (X, 187. *Poés. div.* 39.)

POIL, cheveux :

Jadis votre nourrice avoit ainsi les traits,
Le front ainsi ridé, la couleur ainsi blême,
Le *poil* ainsi grison.... (I, 233. *Mél.* 1516.)

Notons en passant que le mot *grison*, qui joue ici le rôle d'adjectif, est employé substantivement au tome X, p. 166, *Poés. div.* 30. Nous avons omis de le relever à l'article GRISON, où nous nous sommes contenté de renvoyer ici.

Bourreau, qui secondant son courage inhumain,
Au lieu d'orner son *poil*, déshonorez sa main. (I, 334. *Clit.* 1052 *var.*)

Pymante apostrophe de la sorte le poinçon, ou aiguille de tête (voyez ci-après, POINÇON), avec lequel Dorise lui a crevé un œil. — En 1644, Corneille a ainsi modifié ce passage :

O toi, qui secondant son courage inhumain,
Loin d'orner ses cheveux, déshonores sa main.

L'autre est de moindre taille, il a le *poil* plus blond.
(IV, 307. *S. du Ment.* 333.)

Cette expression était d'un usage général parmi les prédécesseurs et les contemporains de Corneille : « Je consentis au seiour de Filandre, iusqu'à ce que les cheueux fussent reuenus à sa sœur, cognoissant bien que ce seroit la ruiner et moy aussi, si ie precipitois dauantage son retour. Et il aduint, comme elle auoit fort bien preueu, que durant le temps que ce *poil* demeura à croistre, l'ordinaire conuersation du Berger, qui enfin ne m'estoit point desagreable, et la cognoissance de la grandeur de son affection commencèrent à me flatter. » (D'Urfé, *l'Astrée*, 1ʳᵉ partie, livre VI, tome I, p. 284.) — « Civilis, qui s'étoit laissé croître le *poil* et la barbe depuis sa révolte par une superstition de barbare, les fit couper après le massacre des légions. » (Perrot d'Ablancourt, traduction de Tacite, *Histoires*, livre IV, chapitre LXI, p. 457.) — Dans la 92ᵉ *Conversation* de René Bary, un galant dit à une dame : « La nature ne s'est pas contentée de vous avoir donné une charnure blanche et delicate, elle vous a donné un *poil* noir et delié. » Voyez mon *Essai sur la langue de la Fontaine*, p. 10 et 11.

POINÇON.

« *Poinçon* se dit.... d'un joyau dont les femmes se servent pour se parer leur tête, et pour arranger leurs cheveux en se coiffant. On l'appelle aussi *aiguille de tête*. Voilà un beau *poinçon* de diamants, un *poinçon* d'émeraudes. » (*Dictionnaire de Furetière*, 1690.)

Elle lui crève un œil du *poinçon* qui lui étoit demeuré dans les cheveux. (I, 332. *Clit.* note 3.)

Corneille a mis en 1644 : « lui crevant l'œil de son *aiguille*. »

POINT, ouvrage de broderie, acception très-voisine du sens propre, qui est *piqûre* (d'aiguille, etc.) :

Voilà du *point* d'Esprit, de Gênes, et d'Espagne. (II, 23. *Gal. du Pal.* 109.)

Voyez la note 6 de la page indiquée.

Tout proche on est venu choisir du *point* coupé. (II, 29. *Gal. du Pal.* 200.)

Richelet, dans son *Dictionnaire* (1680), définit ainsi le mot *point*, pris dans ce sens : « C'est une sorte de passement de fil, qui se fait presque toujours à l'aiguille. Il y a plusieurs sortes de *points : point* coupé, *point* d'Alençon, de Sedan, d'Aurillac ; *point* à la Reine, *point* d'Espagne, *point* de France, *point* de Hongrie, *point* de Paris, *point* de Gênes, *point* de Venise, *point* d'Esprit. Cette dernière sorte de *point* se fait aux fuseaux, mais tous les autres que j'ai jusques ici marqués se font à l'aiguille. »

Point, au figuré :

HAUT POINT ; AU DERNIER POINT :

.... Mon peu de mérite
Défend un si *haut point* à ma présomption. (x, 50. *Poés. div.* 8.)

Un si haut point d'affection ; c'est-à-dire, me défend de croire à l'assurance que tu me donnes, que tu brûles d'amour pour moi.

.... Seigneur, il faut
Détourner vos regards de mes fautes passées,
En rendre *au dernier point* les taches effacées. (IX, 263. *Ps. pén.* 39.)
Leur cœur s'en applaudit (*de leurs souffrances*), et porte à chaque atteinte
Leur patience *au dernier point*. (IX,584. *Hymn.* 16.)

LE DERNIER POINT, les dernières faveurs :

Philis,... *le dernier point*
Est le seul qui te déplaise. (x, 173. *Poés. div.* 3.)

AU POINT QU'IL EST, dans la situation où il est :

.... *Au point qu'il est* j'en voudrois faire autant. (IV, 91. *Pomp.* 1556.)

AU POINT DE, en situation de :

.... Voyant leur colère
Au point de ne rien craindre, en état de tout faire. (III, 394. *Cin.* 214.)

AU POINT DE, au moment de :

Au point de se former, mes desseins renversés. (II, 32. *Gal. du Pal.* 264.)
.... *Au point d'*exécuter. (VI, 365. *Sert.* 7.)

À TEL POINT QUE, à quelque point que :

Je crois que Brute même, *à tel point qu'*on le prise,
Voulut plus d'une fois rompre son entreprise. (III, 421. *Cin.* 829.)

METTRE LE BONHEUR DE QUELQU'UN À SON POINT, au point où il est parfait, complet :

Ton malheur *auroit mis mon bonheur à son point*. (II, 259. *Pl. roy.* 672.)

À SON POINT, à son aise, suivant sa commodité :

Qui peut, sans s'émouvoir, supporter une offense,
Peut mieux prendre *à son point* le temps de sa vengeance.
(II, 354. *Méd.* 290.)

On trouve dans le *Dictionnaire de l'Académie* de 1685 une locution analogue à celle-ci et qui sert à l'éclaircir : « On dit proverbialement et bassement : *A ses bons points et aisements*, pour dire à sa commodité, à son aise, à son loisir. *Vous ferez cela à vos bons points et aisements, prenez tant de temps que vous voudrez.* » — Dans les éditions suivantes, dès celle de 1618, on a mis *point* au singulier en supprimant *bon*, et l'on a remplacé le substantif *aisement* par l'adverbe *aisément : A son point et aisément.*

DE TOUT POINT :

.... Le ciel ne veut plus qu'un choix
Pour apaiser *de tout point* sa colère. (v, 330, *Andr.* 357.)

POINT et PAS, adverbes négatifs.

PAS et POINT, dans des tours où, d'après l'usage actuel, ils sont surabondants :

Tu juges mes desseins autres qu'ils ne sont *pas*. (I, 344. *Clit.* 1203.)
Vous ne connoissez *point* ni l'Amour, ni ses traits. (III, 321. *Hor.* 918.)

Voyez ci-dessus, p. 112 et 113, NI.

Pardonnez, grand héros, si mon étonnement
N'a *pas* la liberté d'aucun remercîment. (v, 361. *Andr.* 973.)

Voyez au tome I du *Lexique*, p. 89, AUCUN.

L'emploi de *pas* ou de *point* dans les exemples qui précèdent a été blâmé par les grammairiens, et est effectivement devenu depuis longtemps tout à fait contraire à l'usage ; mais il faut se rappeler que *non* et *ne* étaient dans l'origine les seuls adverbes français servant à *nier*, et que *pas* et *point*, qui sont devenus l'accompagnement nécessaire de *ne*, n'étaient destinés dans le principe qu'à renforcer cette particule, sans avoir par eux-mêmes aucun sens négatif, et signifient simplement *la valeur d'un pas, d'un point* :

S'en tes ongles a *point* de noir,
Ne l'i lesse pas remanoir. (*Roman de la Rose*, vers 2177.)

PAS et POINT sans *ne*, dans des phrases interrogatives, voyez ci-dessus, p. 109 et 110, NE.

POINT, sans *ne*, après *si :*

Je disois vérité. — Quand un menteur la dit,
En passant par sa bouche elle perd son crédit.
— Il faut donc essayer si par quelque autre bouche
Elle recevra *point* un accueil moins farouche. (IV, 198. *Ment.* 1082 *var.*)

En 1660 :

Elle pourra trouver un accueil moins farouche.

Souvent tout cet effort à ravoir un portrait
N'est que pour voir l'amour par l'état qu'on en fait.
Que sait-on si c'est *point* le dessein de Madame ?
Ma sœur, non plus que moi, ne lit pas dans son âme.
(IV, 342. *S. du Ment.* 1017 *var.*)

En 1660 :

C'est peut-être après tout le dessein de Madame.

Si, entre deux verbes, répondant au latin *an*, *utrum*, forme une interrogation indirecte.

PAS.... QUE, POINT.... QUE, pas ou point.... sinon, pas d'autre.... que :

Qui traite mille amants avec mille mépris,

Et n'a *point* de faveur *que* pour le dernier pris. (I, 164. *Mél.* 368.)
.... Mon affection ne s'est *point* arrêtée
Que chez un cavalier qui l'a trop méritée. (I, 213. *Mél.* 1167 et 1168.)
Pymante, tenant Dorise d'une main, le combat de l'autre, ne croyant *pas* de sûreté pour soi, après avoir été vu en cet équipage, *que* par sa mort. (I, 268. *Arg.* de *Clit.*)
N'en cherchez *point* d'aveu *que* dans l'obéissance. (II, 172. *Suiv.* 862.)
Il n'en faut point douter, l'amour a des tendresses
Que nous n'apprenons *point* qu'auprès de nos maîtresses.
(II, 27. *Gal. du Pal.* 158.)
Nous n'apaiserons *point* cette humeur qui vous pique
Que par un entre-deux mis à votre boutique.
(II, 93. *Gal. du Pal.* 1409 et 1410.)
Gardez ces compliments pour de moins enflammés,
Et ne m'estimez *point* qu'autant que vous m'aimez. (II, 372. *Méd.* 648.)
Je ne veux *point* régner *que* dessus votre cœur. (II, 455. *Illus.* 420.)
Chimène est au palais, de pleurs toute baignée,
Et n'en reviendra *point que* bien accompagnée. (III, 148. *Cid.* 766.)
Ce bonheur a suivi leur courage invaincu,
Qu'ils ont vu Rome libre autant qu'ils ont vécu,
Et ne l'auront *point* vue obéir *qu'*à son prince. (III, 325. *Hor.* 1015.)
Vous n'avez *point* ici d'ennemi *que* vous-même. (III, 542. *Pol.* 1167.)
Il doit à ses sujets encor plus qu'à personne,
Et cesse de devoir quand la dette est d'un rang
A ne *point* s'acquitter *qu'*aux dépens de leur sang. (IV, 32. *Pomp.* 140.)
Ici, dis-je, où ma cour tremble en me regardant,
Où je n'ai *point* encor agi *qu'*en commandant. (IV. 63. *Pomp.* 856.)
L'offense une fois faite à ceux de notre rang
Ne se répare *point que* par des flots de sang. (V, 566. *Nic.* 1226.)
Je sais qu'on n'entend *point* de telles prophéties,
*Qu'*après que par l'effet elles sont éclaircies. (VI, 317. *Tois.* 1456 et 1457.)
Mon cœur est tout à vous, et n'a *point* eu d'amis
*Qu'*autant qu'on les a vus à vos ordres soumis.
(VI, 649. *Oth.* 1679 et 1680.)
Mon âme, de ce feu nonchalamment saisie,
Ne l'a *point* reconnu *que* par ma jalousie. (VII, 399. *Pulch.* 462.)
.... Ce grand jour, le comble ou la fin des misères,
Où chacun, trop chargé de son propre fardeau....
N'aura *point* de secours *que* de sa pénitence. (VIII, 154. *Imit.* I, 2267.)

On lisait dans l'édition de 1652 :

Ne pourra plus d'un autre emprunter l'éloquence.

— Corneille n'a nulle part, dans la révision de ses ouvrages, modifié cette tournure, bien qu'elle ait été formellement condamnée par Vaugelas, dans ses *Remarques*, p. 405 et 406.

POINTE.

À LA POINTE DES ARMES :

Commandez que son bras, nourri dans les alarmes,

Répare cette injure *à la pointe des armes*. (III, 139. *Cid*, 590.)

On dit plus ordinairement, *à la pointe de l'épée :*

.... Point de franche lippée !
Tout *à la pointe de l'épée!* (La Fontaine, livre I, fable v.)

POINTE DE L'APPÉTIT :

.... Le peu souvent que ce bonheur arrive,
Piquant notre appétit, rend *sa pointe* plus vive. (I, 401. *Veuve, var.* 4.)

POINTE, en terme de littérature :

Le style n'est pas plus élevé ici que dans *Mélite;* mais il est plus net et plus dégagé des *pointes* dont l'autre est semée, qui ne sont, à en bien parler, que de fausses lumières, dont le brillant marque bien quelque vivacité d'esprit, mais sans aucune solidité de raisonnement. (I, 397. *Exam. de la Veuve.*)

POINTILLER, chicaner :

.... Consumer sa vie à *pointiller* sans cesse
Sur le genre et sur l'espèce. (VIII, 39. *Imit.* I, 156.)

POLI (MAL), au propre, en parlant d'un drap terne, sans brillant, sans éclat :

Le plus vieux drap n'a rien qui lui semble incommode,
Et le plus *mal poli* lui plaît également. (VIII, 537. *Imit.* III, 5700.)

POLI, au figuré :

L'un part d'un auteur plus *poli*,
Et l'autre d'un plus galant homme. (X, 128. *Poés. div.* 9.)

Il est question des deux sonnets sur Job.

POLLU, souillé, impur :

Il renonça du siècle aux honneurs périssables,
Les regarda comme *pollus*. (IX, 580. *Hymn.* 6.)

Voyez ci-dessus, p. 8, IMPOLLU.

POMPE, au pluriel :

Est-il environné de ces *pompes* cruelles
Dont à Rome éclatoient les victoires nouvelles ? (X, 213. *Poés. div.* 297.

POMPE, au figuré, éclat :

Pour mériter l'honneur de plaire à vos beaux yeux,
J'ai la *pompe* de ma naissance. (X, 83. *Poés. div.* 17.)

POMPEUX, en parlant des personnes et des sentiments personnifiés :

Cette haute vertu qui règne dans votre âme

Se rend-elle sitôt à cette lâche flamme?
— Ne la nomme point lâche, à présent que chez moi
Pompeuse et triomphante elle me fait la loi. (III, 135. *Cid*, 516.)
Vous me montrez en vain par tout ce vaste empire
Les ennemis de Dieu *pompeux* et florissants. (III, 540. *Pol.* 1118.)

PONCTUELLEMENT.

Comme les imprimeurs ont eu de la peine à s'y accoutumer, ils n'auront pas suivi ce nouvel ordre si *ponctuellement* qu'il ne s'y soit coulé bien des fautes. (I, 12. *Au lect.*)

Ponctuellement est ainsi écrit dans l'édition de 1682 ; mais dans celle de 1663, où a paru pour la première fois l'Avis *Au lecteur* d'où cet exemple est tiré, il y a *punctuellement*, non que cette forme fût alors la seule en usage, car on trouve déjà *ponctuellement* dans Cotgrave (1611).

POPULAIRE, répandu parmi le peuple :

Qu'a de fâcheux pour toi ce discours *populaire?* (III, 167. *Cid*, 1157.)
Elle-même a semé cette erreur *populaire*. (V, 167. *Hér.* 269.)

PORT (Prendre) :

Il ne vient que vous perdre en venant *prendre port*. (IV, 31. *Pomp.* 91.)
Sitôt qu'ils *ont pris port*, vos chefs, par vous instruits,
Sans leur rien témoigner les ont ici conduits. (IV, 68. *Pomp.* 975 *var.*)

En 1668 :

Dès qu'ils ont abordé, vos chefs, par vous instruits....

M. Jal, dans son *Glossaire nautique*, explique cette expression par : arriver dans un port et s'y amarrer. Il donne en outre l'exemple suivant : « Ne voulut arrester ledit Miquel Pastor, ne *prendre port*, mais auec ses galères passa la route, tirant droit à Naples. » (*Chronique de d'Auton*, 6ᵉ partie, chapitre XXVI.)

PORT, action de porter :

Ah, mon heur! pour le *port* de si bonnes nouvelles
C'est trop peu d'un baiser.... (I, 368. *Clit. var.*)

PORTATIF (Tombeau), en parlant de la châsse de sainte Geneviève :

Ce *tombeau portatif* épouvante la peste. (IX, 635. *Hymn.* 13.)

PORTE.

De porte à porte, sans prendre la peine de se déranger, sans façon, sans cérémonie :

Je suis assez glorieux pour vous dire *de porte à porte* que je ne vous crains ni ne vous aime. (X, 405. *Lettr. apol.*)

Porte, au figuré :

Voyant ainsi la *porte* à ta fortune ouverte,
Je pourrois librement consentir à ma perte. (II, 157. *Suiv.* 601.)

Par eux (*par vos devins*) à tous nos maux la *porte* s'est ouverte.
(vii, 168. *Att.* 1454.)
Cette ardeur pestilente au dedans répandue
Fermoit soudain la *porte à* toute guérison. (ix, 635. *Hymn.* 6.)
.... Pour le rappeler des *portes* du trépas,
Si j'en dis un peu trop, ne t'en offense pas. (ii, 63. *Gal. du Pal.* 839.)
Un moment de visite à la triste Flavie
Des *portes* du trépas rappelleroit sa vie. (v, 62. *Théod.* 1064.)
.... Laissez-nous penser qu'aux *portes* du trépas
Ils auroient des remords qui ne vous plairoient pas. (v, 567. *Nic.* 1265.)

PORTÉE, au figuré :

Je connois ma *portée*, et ne prends point le change. (iv, 53. *Pomp.* 626.)
Apprends que la ferveur qu'allument les vertus
    N'est pas toujours de ta *portée*. (viii, 521. *Imit.* iii, 5378.)
    J'aime donc mieux laisser mourir
    L'ardeur qui seroit maltraitée,
    Que de prétendre à conquérir
    Ce qui n'est point de ma *portée*. (x. 171. *Poés. div.* 28.)
Il n'est dans tous les arts secret plus excellent
Que d'y voir sa *portée* et choisir son talent. (x, 177. *Poés. div.* 28.)

PORTER, activement.

PORTER DANS, PORTER À :

Je crois qu'un bon dessein *dans* le cloître te *porte*. (ii, 298. *Pl. roy.* 1474.)
Où ne *portera* point un si juste courroux
La honte de se voir sans l'empire et sans vous? (vi, 625. *Oth.* 1167.)

PORTER, avoir, posséder, avoir et faire voir :

Vous *portez* sur le front un air mélancolique. (vi, 266. *Tois.* 2.)
Si mon front *porte* empreints quelques troubles secrets,
Sachez que je n'en ai que pour vos intérêts. (vi, 267. *Tois.* 255.)
Je *porte* un cœur sensible, et vous l'avez percé (iii, 563. *Pol.* 1367.)
.... Qui l'ose aimer *porte* une âme trop haute
Pour souffrir seulement le soupçon d'une faute. (iv, 42. *Pomp.* 361.)
Accepter de l'argent *porte* en soi quelque honte. (iv, 298. *S. du Ment.* 191.)
Ce que je veux de toi *porte* le caractère
D'une vertu plus haute et digne de te plaire. (vi, 58. *Perth.* 879.)
Je n'ose demander si de pareils avis
Portent des sentiments que vous ayez suivis. (vi, 171. *OEd.* 872.)

Voyez tome VI, p. 117, la critique de cette expression.

PORTER, supporter :

J'ai su par son rapport (et je n'en doutois pas)
Comme de vos deux fils vous *portez* le trépas. (iii, 346. *Hor.* 1450.)
Ce coup est un peu rude à l'esprit le plus fort,
Et je doute comment vous *portez* cette mort. (iii, 346. *Hor.* 1458.)

.... Il *avoit porté* cette mort constamment
Avant que des bourreaux il éprouvât la rage. (VIII, 222. *Imit.* 11, 943.)
Sage en tout, il ne fit jamais qu'un mauvais choix,
Dont longtemps nous et lui *portâmes* le supplice.
(x, 89 et 90. *Poés. div. var.*)

Barbares, elle va mourir entre vos mains,
Impuissante à *porter* ces effors inhumains. (Hardy; *Aristoclée*, scène dernière.)

PORTER HAUT QUELQUE CHOSE, voyez au tome I du *Lexique*, p. 478, HAUT.

PORTER, absolument :
.... Daignez nous apprendre
Où *porte* votre cœur, ce qu'il sent de plus tendre. (VII, 223. *Tit.* 560.)

SE PORTER À, être porté, disposé à, avoir de l'inclination à :

Volage, falloit-il, pour un peu de rudesse,
Vous porter si soudain à changer de maîtresse ? (II, 102. *Gal. du Pal.* 1586.)
Elle *se porteroit à* plus de complaisance. (II, 298. *Pl. roy.* 1459.)
Conduisez-le par votre clémence en la voie du salut éternel, afin que par votre grâce il ne souhaite que ce qui vous est agréable et *se porte* de tout son cœur à le pratiquer en sa perfection. (IX, 71. *Off. V.*)

SE PORTER MAL, au figuré, en parlant de la façon dont vont les affaires de quelqu'un :

Ses affaires sans moi *se porteroient* fort mal. (I, 432. *Veuve*, 650.)

PORTE-, de *porter*, comme premier terme d'un composé :

PORTE-FOUET :

L'*Ajax* même de Sophocle ne porte pas pour titre, *la Mort d'Ajax*, qui est sa principale action, mais *Ajax porte-fouet*, qui n'est que l'action du premier acte. (II, 11. *Exam.* de *la Gal. du Pal.*)

PORTIER.

Tous les comédiens paroissent avec leur *portier*. (II, 519. *Illus.*)

Voyez sur le *portier* des comédiens la note 1 de la page indiquée.

PORTRAIRE, représenter, reproduire, tracer le portrait de ; vieux mot :

Pour les bien exprimer tu n'auras qu'à *portraire*. (x. 117. *Poés. div.* 22.)
Souffre-moi toutefois de tâcher à *portraire*
D'un roi tout merveilleux l'incomparable frère. (x, 207. *Poés. div.* 185.)

PORTRAIT, participe :

.. Je reviens à vous, en qui je vois *portraits*
De ses perfections les plus aimables traits. (I, 490. *Veuve*, 1769.)

PORTRAIT, représentation, image, au propre, et dans des sens figurés très-variés.

Qu'on.... peigne en savant une plante....
Le *portrait* plaira-t-il, s'il n'a pour agrément
Les larmes d'une amante ou le sang d'un amant? (x, 239. *Poés. div.* 55.)

Le poëme dramatique est une imitation, ou, pour mieux parler, un *portrait* des actions des hommes; et.... les *portraits* sont d'autant plus excellents qu'ils ressemblent mieux à l'original. (I, 113. *Disc. des 3 unit.*)

Souvenirs importuns d'une amante laissée,
Qui venez malgré moi remettre en ma pensée
Un *portrait* que j'en veux tellement effacer.... (I, 187. *Mél.* 745.)

Il porte assez au cœur le *portrait* d'Amarante;
Je n'appréhende point qu'on l'en puisse effacer.
C'est au vôtre à présent que je le veux tracer. (II, 136. *Suiv.* 194.)

.... De plus beaux *portraits* en son cœur sont gravés. (II, 141. *Suiv.* 300.)

Puisqu'un autre *portrait* en efface le mien (*de son cœur*),
Cent coups auroient chassé ce voleur de mon bien. (II, 245. *Pl. roy.* 415.)

Souffre que mes enfants accompagnent ma fuite;
Que je t'admire encore en chacun de leurs traits,
Que je t'aime et te baise en ces petits *portraits* (II, 386. *Méd.* 920.)

Isabelle, toi seule, en réveillant ma flamme,
Dissipes ces terreurs, et rassures mon âme;
Et sitôt que je pense à tes divins attraits,
Je vois évanouir ces infâmes *portraits*. (II, 503. *Illus.* 1280.)

.... Tes vivants *portraits* (*les portraits de Dieu, les hommes*) qu'illumine ta flamme. (VIII, 172. *Imit.* 1, 2642.)

Ce temple la figure (*la cité céleste*) en *portrait* raccourci.
(IX, 601. *Hymn.* 13.)

PORTRAITURE.

Dans la *portraiture*, il n'est pas question si un visage est beau, mais s'il ressemble. (II, 332. *Épit. de Méd.*)

« *Portraiture* est un mot suranné, dit Voltaire au sujet de cette phrase, et c'est dommage; il est nécessaire. *Portraiture* signifie l'art de faire ressembler. On emploie aujourd'hui *portrait* pour exprimer l'art et la chose. »

POSER.

Ayant une fois *posé* Sabine pour femme d'Horace, il est nécessaire que tous les incidents de ce poëme lui donnent les sentiments qu'elle en témoigne avoir. (III, 277. *Exam. d'Hor.*)

Posé que :

.... *Posé que* cela soit permis, ce que j'examinerai ailleurs. II, 141. *Exam. de Mél.*)

POSSÉDER.

Vous seul ne pourriez pas ce que peut le vulgaire,
Et seriez devenu, pour avoir tout dompté,
Esclave des grandeurs où vous êtes monté!

Possédez-les, Seigneur, sans qu'elles vous *possèdent*. (III, 405. *Cin.* 457.)
C'est un souvenir du mot célèbre d'Aristippe sur Laïs : ἔχω, ἀλλ' οὐκ ἔχομαι·

Posséder, absolument :

Cependant je *possède*, et leur droit incertain
Me laisse avec leur sort leur sceptre dans la main. (IV, 449. *Rod.* 449.)

POSSESSEUR, en parlant d'un époux :

Vous aurez en Léonce un digne *possesseur*;
Je serai trop heureux d'en posséder la sœur. (V, 169. *Hér.* 315.)

POSSESSION.

Être en possession de :

Le succès (*de Mélite*).... fut surprenant; il établit une nouvelle troupe de comédiens à Paris, malgré le mérite de celle qui *étoit en possession* de s'y voir l'unique. (I, 138. *Exam. de Mél.*)

Elle (*la tragédie d'*Œdipe*)étoit dénuée des principaux agréments qui *sont en possession de* gagner la voix publique. (VI, 130. *Exam. d'*Œd.)

Ne cherchez point dans cette tragédie les agréments qui *sont en possession de* faire réussir au théâtre les poëmes de cette nature. (VI, 537. *Au lect. de Sert.*)

POSSIBLE, employé substantivement avec un adjectif possessif :

Après cette faveur, qu'il dispose de moi :
Mon possible est à lui.... (I, 487. *Veuve*, 1711.)
Mais, *mon possible* fait, si cela ne succède.... (II, 57. *Gal. du Pal.* 733.)
Le recontrer encor n'est plus en *mon possible*. (II, 197. *Suiv.* 1370 *var.*)

En 1660 :

Sa rencontre pour moi s'est rendue impossible.

Que t'avois-je promis? — Que de tout *ton possible*
Tu rendrois ta maîtresse à mes desirs sensible. (I, 426. *Veuve.* 523.)

.... L'amour a tant de force,
Qu'il attache mes sens à cette fausse amorce,
Et fera *son possible* à toujours conserver
Ce doux extérieur dont on me veut priver. (II, 143. *Suiv.* 339.)

Ce n'est point une résolution si ferme qu'elle l'empêche de cacher son amour de tout *son possible* lorsqu'elle est en la présence du Roi. (III, 92. *Exam. du Cid.*)

Possible, adverbialement, peut-être, sans doute :

Mon cœur, j'en suis honteux; mais songe que *possible*
Si j'eusse moins aimé, j'eusse été moins sensible. (I, 240. *Mél.* 1651. *var.*)

En 1660 :

J'en rougis; mais apprends qu'il n'étoit pas possible
D'aimer comme j'aimois, et d'être moins sensible.

.... Séparé *possible* de son train,

Il n'aura trouvé lors d'autre cheval en main. (I, 343. *Clit. var.*)

En 1660, Corneille a supprimé la scène d'où nous tirons ce passage :

Tout cela n'est qu'autant de paroles perdues.
— Faute d'être *possible* assez bien entendues ! (II, 34. *Gal. du Pal.* 314 *var.*)

En 1663 :

Faute d'être sans doute assez bien entendues !

« Il estoit ialoux de sa femme, disant que *possible* ce grand seigneur de gentilhomme, ayant eu la copie de sa femme, voudroit puis après en auoir l'original. » (Bouchet, livre I, 8ᵉ *serée*, p. 271.) — « Après cela, comme Sa Saincteté auoit commencé par propos doux et gracieux, aussi voulut-elle finir de mesme, et me dist que *possible* se resoudroit-elle d'escrire à Monsieur le Cardinal de Gondy. » (D'Ossat, livre I, lettre XI, tome I, p. 61.)

Ores soulé de moy, *possible* aux sombres lieux
Il cherche vne beauté qui ranisse ses yeux.
(Garnier, *Hippolyte*, acte II, vers 281.)

Vaugelas ayant en 1647 condamné ce terme (*Remarques*, p. 149), comme bas ou comme vieux, Corneille n'en a plus fait usage, et s'est même appliqué, comme on vient de le voir, à le retrancher de ses premiers ouvrages.

POSTE (Prendre la) à l'autre monde, mourir :

.... Il *prend la poste à l'autre monde;*
Un peu moins de deux mois le met dans le cercueil.
(IV, 292. *S. du Ment.* 68.)

POSTHUME, placé devant le substantif :

Le *posthume* Agrippa vécut peu sous Tibère. (VI, 585. *Oth.* 237.)

POSTILLON.

Suis-moi, Jason, et trouve en ces lieux désolés
Des *postillons* pareils à mes dragons ailés. (II, 417. *Méd.* 1572.)

Ce mot surprend un peu dans ce passage, très-passionné, d'une tragédie dont le sujet est emprunté à l'antiquité grecque.

POSTURE, position, situation :

Il (*Mars*) se fait voir en *posture* menaçante, un pied en l'air, et l'autre porté sur son étoile. (VI, 231. *Dess. de la Tois.*)

Posture, au figuré :

Je suis auprès de vous en fort bonne *posture*
De passer pour un homme à donner tablature. (IV, 143. *Ment.* 29.)
Au sortir d'écolier, j'eus certaine aventure
Qui me met là dedans en fort bonne *posture*. (IV, 388. *S. du Ment. var.* 1.)
Pouvions-nous mieux sans bruit nous approcher de lui ?
Vous voyez la *posture* où j'y suis aujourd'hui. (V, 220. *Hér.* 1482.)
.... Jason au milieu
Reçoit ce sacrifice en *posture* d'un dieu. (VI, 336. *Tois.* 1941.)
Il (*un roi*) ne paroît.... que comme juge quand il est introduit sans aucun intérêt pour son Etat, ni pour sa personne, ni pour ses affections,

mais seulement pour régler celui des autres, comme dans ce poëme et dans *le Cid*; et on ne peut désavouer qu'en cette dernière *posture* il remplit assez mal la dignité d'un si grand titre. (I, 272. *Exam.* de *Clit.*)

Il l'écoute (*Timagène écoute cette narration*) sans y avoir aucun intérêt notable, et par simple curiosité d'apprendre ce qu'il pouvoit avoir su déjà en la cour d'Egypte, où il étoit en assez bonne *posture*, étant gouverneur des neveux du Roi, pour entendre des nouvelles assurées de tout ce qui se passoit dans la Syrie. (IV, 423. *Exam.* de *Rod.*)

POTENTAT.

Maintenant qu'on te voit en digne *potentat*
Réunir en ta main les rênes de l'Etat,
Que tu gouvernes seul.... (x, 179. *Poés. div.* 67.)

Ces vers s'adressent à Louis XIV.

POUDRE (Réduire en), au figuré :

Qu'est-ce-ci, Fabian? quel nouveau coup de foudre
Tombe sur mon bonheur, et le *réduit en poudre*? (III, 551. *Pol.* 1368.)

Poudre de sympathie, voyez Sympathie.

POULET, billet de galanterie :

Elle meurt de savoir que chante le *voulet*. (IV, 213. *Ment.* 1355 *var.*)

La Monnoye dit dans son *Glossaire des Noëls bourguignons* que *poulet* n'a guère été employé en ce sens que de 1610 à 1670 tout au plus. Il faut prolonger un peu sa durée, car en 1680 Richelet dit seulement : « Le mot de *poulet* en ce sens n'est pas si en usage qu'il étoit autrefois. » Il s'employait aussi avant 1610, comme le prouva ce mot de Madame Catherine, sœur de Henri IV, morte en 1604, à son cuisinier la Varenne, lorsqu'elle le trouva suivant la cour avec le titre de gouverneur de la Flèche et de l'Anjou : « Tu as bien plus gagné à porter les *poulets* de mon frère qu'à piquer les miens. » Vers le même temps, en 1597, Henri IV, si nous en croyons Sully, disait en parlant de sa nièce, Mlle de Guise : « Elle aime bien autant les *poulets* en papier qu'en fricassée. » (*OEconomies royales*, chapitre LXXIX, tome I, p. 464.) L'époque où l'on se plaisait ainsi à jouer sur ce mot à la cour est probablement celle de sa nouveauté. Il ne faut pas oublier que ce temps pendant lequel on appelait *poulet* les lettres d'amour est aussi celui où on les pliait avec deux pointes en forme d'ailes, ce qui suffit à expliquer la véritable origine de cette expression, dont on a donné tant d'étymologies ridicules.

POUPE (Avoir le vent en), au propre et au figuré :

Sa flotte, qu'à l'envi favorisoit Neptune,
Avoit le vent en poupe, ainsi que sa fortune. (IV, 59. *Pomp.* 746.)

POUR.

Pour, au lieu de, à la place de :

Enfin, *pour* cet amour charnel
Dont l'impure chaleur souille ce qu'elle enflamme,
    Seigneur, allume dans mon âme
Celui de ton nom éternel. (VIII, 403. *Imit.* III, 2932 *var.*)

C'est dans les extraits de *l'Imitation* publiés en 1670, sous le titre de *Prières chré-*

tiennes, à la suite de l'*Office de la Vierge*, que Corneille a ainsi donné ces vers. Dans toutes les éditions de l'*Imitation* même qui ont paru de son vivant, le premier et le troisième vers sont :

> Au lieu de cet amour charnel....
> Fais couler au fond de mon âme....

La loi du même Dieu n'est pas moins salutaire,
 Elle touche, elle convertit;
Et *pour* les yeux du corps que le soleil éclaire,
 Elle éclaire ceux de l'esprit. (ix, 89. *Off. V.* 31.)

C'est-à-dire, au lieu des yeux du corps, tandis que le soleil éclaire les yeux du corps.

Pour, comme :

> Nous leur dirions *pour* repartie :
> « C'est ainsi que, etc. » (ix, 271. *Ps. pén.* 69.)

Pour certain, comme on dit encore aujourd'hui familièrement *pour sûr* :

Il ne l'aima jamais. — *Pour certain?* — *Pour certain.*
 (iv, 212 et 213. *Ment.* 1343.)

Laisser pour mort :

.... A ce compte il est mort?
— Je le *laissai pour tel....* (iv, 201. *Ment.* 1144.)
.... Je n'ai point appris qu'elle eût tant d'efficace,
Qu'un homme que *pour mort* on *laisse* sur la place,
Qu'on a de deux grands coups percé de part en part,
Soit dès le lendemain, si frais et si gaillard. (iv, 204. *Ment.* 1186.)
Je le *laissai pour mort*, et tout percé de coups. (vi, 195. *Œd.* 1436.)

Pour, quant à, en ce qui concerne :

Commander à ses pleurs en cette extrémité,
C'est montrer, *pour* le sexe, assez de fermeté. (iii, 283. *Hor.* 14.)
Ami, *pour* des rivaux, chaque jour en fait naître.
 (iv, 362. *S. du Ment.* 1397.)
C'est *pour* un grand monarque avoir bien du scrupule.
 (vi, 142. *Œd.* 197 *var.*)
Ah! *pour* en être digne, il l'est, et plus que tous. (vi, 600. *Oth.* 603.)

Pour, à cause de :

Cette publication donna un grand trouble à Néarque, non *pour* la crainte des supplices dont il étoit menacé, mais *pour* l'appréhension qu'il eut que leur amitié ne souffrît quelque séparation ou refroidissement par cet édit. (iii, 476. *Abrégé du mart. de S. Pol.*)

Pour, avec l'infinitif, dans le sens de *parce que* avec un mode personnel :

Pensez-vous, *pour* pleurer et ternir vos appas,
Rappeler votre amant des portes du trépas? (ii, 489. *Illus.* 1039.)
Pour aimer un mari, l'on ne hait pas ses frères. (iii, 321. *Hor.* 900.)
Vos armes l'ont conquise (*Rome*), et tous les conquérants,

Pour être usurpateurs, ne sont pas des tyrans. (III, 404. *Cin.* 424.)
Pour être plus qu'un roi, tu te crois quelque chose ! (III, 427. *Cin.* 990.)
.... Un noble revers, dont les coups invincibles,
Pour être glorieux, ne sont pas moins sensibles. (IV, 30. *Pomp.* 78.)
Ne perds pas toutefois le courage ou l'espoir
Pour sentir cette grâce ou partie ou moins vive. (VIII, 219. *Imit.* II, 885.)

Pour, avec l'infinitif, dans le sens de *bien que, quoique* avec un mode personnel :

Elle (*la comédie de* la Veuve) espère que vous ne la méconnoîtrez pas, *pour* être dépouillée de tous autres ornements que les siens, et que vous la traiterez aussi bien qu'alors que la grâce de la représentation la mettoit en son jour. (I, 375. *Épît. de la Veuve.*)
Un roi n'est pas moins roi *pour* se laisser charmer,
Et doit faire obéir qui ne veut pas aimer. (VI, 43. *Perth.* 561.)
Pour avoir tant vécu chez ces cœurs magnanimes,
Vous en avez bientôt oublié les maximes. (V, 518. *Nic.* 167.)

ÊTRE POUR, être fait pour, capable de, propre à, disposé à, être de nature à, être le moyen de :

Cesse de m'outrager, ou le respect des dames
N'*est* plus *pour* contenir celui que tu diffames. (I, 497. *Veuve*, 1920.)
Vous avez fort la presse à ce livre nouveau;
C'est pour vous faire riche.... (II, 21. *Gal. du Pal.* 76.)
Au reste j'ai sondé l'esprit de mon rival.
— Et connu ? — Qu'il n'*est* pas *pour* me faire grand mal.
(II, 159. *Suiv.* 624.)
.... *C'est pour* acquérir un nom bien relevé,
D'être dans une ville à battre le pavé. (II, 471. *Illus.* 707.)
.... Tout de bon, *seriez*-vous *pour* le suivre ? (II, 491. *Illus.* 1057.)
Des bras de mon perfide arracher une femme,
Est-ce *pour* assouvir les fureurs de mon âme ? (II, 406. *Méd.* 1330.)
N'épargnez pas mon sang si vous versez le sien ;
Autrement ce beau sang en fera verser d'autre,
Et ma fureur n'*est* pas *pour* se borner au vôtre. (V, 27. *Théod.* 236.)
Renouveler le crime, *est*-ce *pour* les fléchir ? (V, 357. *Andr.* 892.)
C'est bien *pour* en rougir de voir quelle tempête
Souvent mes lâchetés attirent sur ma tête. (VIII, 362. *Imit.* III, 2109.)

POUR.... QUE, quelque.... que :

J'ai toujours cru que, *pour* belle *que* fût une pensée, tomber en soupçon de la tenir d'un autre, c'est l'acheter plus qu'elle ne vaut. (I, 264. *Préf. de Clit.*)
Pour libertin *qu'*on soit, on s'y trouve attrapé. (I, 148. *Mél.* 107.)
.... *Pour* traître *que* je sois,
Mon sang l'est encor plus.... (I, 334. *Clit.* 1047.)
.... Je n'en sache point, *pour* belles *qu'*on les nomme,
Qui puissent attirer les yeux d'un honnête homme. (II, 20. *Gal. du Pal.* 65.)
Pour douce *que* nous soit l'ardeur qui nous consume,

Tant d'importunité n'est point sans amertume. (II, 49. *Gal. du Pal.* 585.)

Dans les éditions antérieures à 1660 :
>Quelque forte que soit l'ardeur, etc.

.... *Pour* foibles *qu*'ils soient, aidons leur impuissance. (II, 166. *Suiv.* 757.)
Pour grands *que* soient les rois, ils sont ce que nous sommes.
(III, 113. *Cid.* 157.)
Pour grand *qu*'en soit le prix, son péril en rabat. (IV, 91. *Pomp.* 1547.)
.... *Pour* haut *qu*'on ait mis des titres si sacrés,
On y monte souvent par de moindres degrés. (V, 17. *Théod.* 13.)
Cependant vous savez, *pour* grand *que* soit ce crime,
Ce qu'a juré Placide en faveur de Didyme. (V, 84. *Théod.* 1511.)
Au moment qu'il paroît, les plus grands conquérants,
Pour vertueux *qu*'ils soient, ne sont que des tyrans. (VI, 89. *Perth.* 1594.)
Pour juste aux yeux de tous *qu*'en puisse être la cause....
(VI, 493. *Soph.* 507.)
L'amour passe, ou languit; et *pour* fort *qu*'il puisse être,
De la soif de régner il n'est pas toujours maître. (VI, 623. *Oth.* 1129.)
Pour surprenant *que* soit l'essai de son courage,
Les vertus d'empereur ne sont point de son âge. VII, 413. *Pulch.* 797.)
Tes maux, *pour* grands *qu*'ils soient, ne peuvent mériter
Le bien qui t'est promis en la gloire future. (VIII, 254. *Imit.* II, 1612.)

POUR CHOSE QUE, quelque chose que :

.... Sans relâcher en rien son allure ordinaire,
Pour chose que le monde en veuille condamner. (VIII, 411. *Imit.* III, 3096.)

POUR, séparé du verbe qui lui sert de complément :

Pour de ce grand dessein assurer le succès.... (IV, 76. *Pomp.* 1176.)
Mais *pour* en quelque sorte obéir à vos lois.... (V, 429. *D. San.* 251.)

POURPOINT.

SANS SE METTRE EN POURPOINT, expression proverbiale, sans se battre, parce que les duellistes ne gardaient que leur pourpoint :

Ce blasphème à tout autre auroit coûté la vie.
— Nous tomberons d'accord *sans nous mettre en pourpoint.*
(I, 161. *Mél.* 43.)

POURPRE.

Aime Cinna, ma fille, en cet illustre rang,
Préfères-en la *pourpre* à celle de mon sang. (III, 460. *Cin.* 1712.)

Voltaire a blâmé, et avec raison, ce nous semble, cette espèce de jeu de mots.

POURPRIS.

.... En ce lumineux *pourpris*
Une vision pleine et claire
Te montre à ces heureux esprits. (VIII, 645. *Imit.* IV, 1375.)

Pourpris, vieux mot qui signifiait enceinte, clôture de quelque lieu seigneurial, château ou maison noble, ou de l'église.... On a dit aussi poétiquement : le céleste *pourpris.* » (*Dictionnaire de Furetière*, 1690.)

POURQUOI.

.... Présumez avec moi
Qu'il est plus à propos qu'il vous cèle *pourquoi.* (III, 494. *Pol.* 140.)

Voltaire blâme ce dernier vers comme tenant trop du bourgeois : « C'est une règle, ajoute-t-il, assez générale, qu'un vers héroïque ne doit guère finir par un adverbe, à moins que cet adverbe se fasse à peine remarquer, comme adverbe : « je ne le verrai « *plus*, je ne l'aimerai *jamais.* »

LE POURQUOI, substantivement :

Va, ne t'amuse point à savoir *le pourquoi.* (II, 249. *Pl. roy.* 492.)

POURRI.

.... Une plante nourrie
Des impures vapeurs d'une terre *pourrie.* (x, 239. *Poés. div.* 54.)

POURSUITE (FAIRE LA) DE QUELQU'UN, le poursuivre :

.... L'autre ayant pris la fuite,
Philiste a négligé d'*en faire la poursuite.* (I, 472. *Veuve*, 1416.)

POURSUIVRE à, continuer à :

Il (*le page de Phinée*) *poursuit à* faire entendre la passion qu'a son maître pour Andromède. (v, 263. *Dess. d'Andr.*)

POURVOIR à, suivi d'un infinitif :

Si tout est découvert, Auguste a su *pourvoir*
A ne te laisser pas ta fuite en ton pouvoir. (III, 399. *Cin.* 327 et 328.)

POUSSÉE, au figuré :

Un esprit qui en seroit bien touché (*des passions pour Dieu*), pourroit faire des *poussées* plus hardies et plus enflammées en ce genre d'écrire (x, 445. *Lettr.*)

Voyez la note 2 de la page indiquée.

POUSSER, activement, au propre et au figuré :

.... Ces éclairs qui dans le fort des ombres
Poussent un jour qui fuit et rend les nuits plus sombres. (III, 314. *Hor.* 744.)
L'Escaut épouvanté voit ses premiers efforts (*du duc d'Enghien*)
Le couronner de gloire au travers de cent morts,
Donner sur l'embuscade, en *pousser* la retraite. (x, 208. *Poés. div.* 205.)

Il n'en va pas de la comédie comme.... d'un sonnet ou d'une ode, qu'une chaleur extraordinaire peut *pousser* par boutade. (I, 263. *Préf.* de *Clit.*)

Un auteur est bien embarrassé quand il en a trois (*personnages*) et qu'ils ont tous trois une assez forte passion dans l'âme pour leur donner une juste impatience de la *pousser* au dehors. (I, 338. *Exam.* de *Méd.*)

Va, ne t'expose point aux premiers mouvements

Que *poussera* l'ardeur de ses ressentiments. (III, 148. *Cid*, 760.)
Un moment *pousse* et rompt un transport violent. (IV, 72. *Pomp.* 1080.)
Pour avoir l'accès libre à *pousser* ma fureur. (VI, 62..*Perth.* 997.)
.... Le bruit éclatant
Qu'aux changements de roi *pousse* un peuple inconstant.
(IV, 96. *Pomp.* 1672.)

On dit bien *pousser des cris, des clameurs*, mais on ne dit guère *pousser un bruit.* Voltaire traite cette dernière expression de barbarisme. — Voyez au tome I du *Lexique*, p. 474, à l'article HARMONIES, *pousser des harmonies.*

On diroit qu'il dit vrai, tant son effronterie
Avec naïveté *pousse* une menterie. (IV, 192. *Ment.* 978.)
Nos vers disent souvent plus qu'ils ne pensent dire;
Et ce feu qui sans nous *pousse* les plus heureux
Ne nous explique pas tout ce qu'il fait par eux. (X, 96. *Poés. div.* 35.)
.... Notre esprit, jusqu'au dernier soupir,
Toujours vers quelque objet *pousse* quelque desir. (III, 402. *Cin.* 368.)
Qu'un frivole intérêt des choses temporelles
N'abatte les desirs qu'il *pousse* aux éternelles. (VIII, 283. *Imit.* III, 490.)

POUSSER QUELQUE SUITE, voyez SUITE.

POUSSER À, JUSQUES À, tant au propre qu'au figuré :

.... Vous m'osez *pousser* à la honte du change! (III, 163. *Cid*, 1062.)
.... Enfin il *a poussé* nos armes fortunées
Jusques à vous réduire au pied des Pyrénées. (VI, 430. *Sert.* 1593 et 1594.)

POUSSER À BOUT :

N'avez-vous, Nicomède, à lui dire autre chose?
— Non, Seigneur, si ce n'est que la Reine, après tout,
Sachant ce que je puis, me *pousse* trop à *bout*. (V, 543. *Nic.* 722.)

Racine a encore employé cette expression dans la tragédie. Voyez le *Lexique* de cet auteur.

POUSSER, absolument :

Tantôt marcher en corps, et tantôt défiler,
Pousser à toute bride, attendre, reculer. (X, 199. *Poés. div.* 76.)

POUSSIÈRE.

Le public m'aura du moins l'obligation d'avoir déterré ce trésor, qui, sans moi, seroit demeuré enseveli sous la *poussière* d'un collége. (X, 193. *Poés. div. Au lect.*)

Il s'agit de vers latins du P. de la Rue, mis en vers français par Corneille.

JETER DE LA POUSSIÈRE AUX YEUX, aveugler, troubler l'esprit :

.... La plus noble enfin des belles passions
Ne peut faire de tache aux grandes actions.
— Comte, ce qu'elle *jette* à tes *yeux de poussière*
Pour voir ce que tu fais les laisse sans lumière. (VI, 49. *Perth.* 687.)

POUVOIR.

Je peux :

Adieu, ma sœur, adieu : *je* ne *peux* plus parler. (I, 200. *Mél.* 941 *var.*)
.... Au point que *je peux* souhaiter. (I, 436. *Veuve*, 725 *var.*)
Je te *peux* en tenir la fausse porte ouverte. (I, 438. *Veuve*, 760 *var.*)
Mais puisque *je* ne *peux*, que veux-tu que j'y fasse ?
(II, 17. *Gal. du Pal.* 1 *var.*)

Dans ces divers passages, Corneille a substitué *puis* à *peux*, dès 1644, c'est-à-dire trois ans avant que Vaugelas eût publié ses *Remarques*, où il dit (p. 65) au sujet de *je peux* : « Je ne pense pas qu'il le faille tout à fait condamner ; mais je sais bien que *je puis* est beaucoup mieux dit, et plus en usage. »

Pouvoir beaucoup à quelque chose :

Il y a un certain M. de Courcelles.... qui *y peut beaucoup*. (x, 436. *Lettr.*)

Ne pouvoir que.... ne, avec le subjonctif, ne pouvoir s'empêcher de, ne pouvoir pas ne point, avec l'infinitif :

Je *ne puis que* je n'avoue du moins que la vieille habitude qu'on avoit alors à ne voir rien de mieux ordonné a été cause qu'on ne s'est pas indigné contre ces défauts. (I, 29. *Disc. du Poëm. dram.*)
Je *ne puis*, cher ami, qu'avec toi je *ne* rie
Des subtiles raisons de sa poltronnerie. (II, 185. *Suiv.* 1121.)
Ce reproche vraiment *ne peut* qu'il *ne* m'étonne. (II, 154. *Suiv.* 522.)
.... Ce peu qu'il m'a dit *ne peut* qu'il *ne* m'irrite. (VII, 237. *Tit.* 884.)
Le retranchement de cette faveur, à laquelle vous m'aviez accoutumé, *ne peut* qu'il *ne* me soit sensible au dernier point. (x, 501. *Lettr.*)

C'est la tournure latine *non posse quin*.

Pouvoir, elliptiquement :

Mon abord importun rompt votre conférence ;
Tu m'en voudras du mal. — Du mal ? et l'apparence ?
Tu *peux* bien avec nous, je t'en jure ma foi ;
Nos entretiens étoient de Lysandre et de toi. (II, 61. *Gal. du Pal.* 791 *var.*)

Tu peux bien avec nous veut évidemment dire ici : *tu peux bien demeurer, être en tiers avec nous*. Nous ne trouvons pas d'autre exemple tout à fait analogue, mais *pouvoir* s'employait souvent seul pour *pouvoir tenir*. On lit dans un recueil de pièces sur la Ligue, formé par Pierre l'Estoile et appartenant à la Bibliothèque impériale, la pièce manuscrite suivante, très-probablement inédite (feuillet 29) :

Les seize ont ja pris possession
Des seize pilliers de Montfaucon.
Pourueu aussi qu'ils ne soient dauantage.
S'ainsi estoit, ce seroit grand dommage,
Et en danger d'un differend entre eux.
Non, non, le gibet est fait à deux estages ;
Il en *pourra*, hault et bas, trente deux.

Cette tournure était encore fort en usage au dix-septième siècle, car Vaugelas s'exprime ainsi à ce sujet (*Remarques*, p. 146) : « On se sert de ce verbe (*pouvoir*) d'une façon bien étrange, mais qui néanmoins est si ordinaire à la cour, qu'il est certain qu'elle est très-françoise. On dit en parlant d'une table ou d'un carrosse : *il y* peut *huit personnes*, pour dire *il y a place pour huit personnes*, ou, *il y peut tenir huit personnes* ; car assurément quand on dit : « *il y peut huit personnes*, on sous-entend le verbe *tenir*. »

POUVOIR, substantivement.

DE PEU DE POUVOIR, qui a peu de puissance, peu de crédit :
.... Vous m'avez cru fourbe ou *de peu de pouvoir!* (III, 568. *Pol.* 1754.)

FAIRE SON POUVOIR, faire ce qu'on peut ; FAIRE SON POUVOIR À, faire ce qu'on peut pour :

J'*ai fait mon pouvoir*, Sire, et n'ai rien obtenu. (III, 137. *Cid*, 560.)
Madame, toutefois elle *a fait son pouvoir*,
Du moins en apparence, *à* vous bien recevoir. (I, 414. *Veuve*, 299 et 300.)
A vous les rapporter je *ferai mon pouvoir*. (II, 152. *Suiv.* 480.)

PRATIQUE, action de pratiquer, manière d'agir :

Souvent leur entreprise excède leur pouvoir,
Et tel parle d'amour sans aucune *pratique*. (II. 27. *Gal. du Pal.* 149.)
Je sais des gens de cour quelle est la politique,
J'en connois mieux que lui la plus fine *pratique*. (III, 555. *Pol.* 1460.)

PRATIQUE, ruse, adresse, détour :

Ecoute une *pratique* assez ingénieuse. (IV, 319. *S. du Ment.* 575.)
Non qu'ils prennent sur eux de si lâches *pratiques*. (V, 484. *D. San.* 1589.)

PRATIQUE, fréquentation, habitude, commerce :

Du moins, s'il faut quitter cette douce *pratique*,
Ne mets point en oubli l'amitié d'Agélique. (II, 226. *Pl. roy.* 25.)
Alidor à mes yeux sort de chez Angélique,
Comme s'il y gardoit encor quelque *pratique*. (II, 268. *Pl. roy.* 866.)
Evite avec grand soin la *pratique* des femmes. (VIII, 62. *Imit.* I, 552.)

PRATIQUE, recette :

Ainsi, tous les acteurs d'une troupe comique,
Leur poëme récité, partagent leur *pratique*. (II, 520. *Illus.* 1618.)

PRATIQUER.

Va *pratiquer* ailleurs tes noires actions. (II, 360. *Méd.* 395.)
Votre humeur sans emploi ne peut passer un jour,
Et déjà vous cherchez à *pratiquer* l'amour. (IV, 142. *Ment.* 28.)

« On ne pratique point l'amour comme on pratique le barreau, la médecine, » dit Voltaire à l'occasion de ce passage ; et M. Aimé-Martin lui répond : « Le valet du ci-devant avocat lui rappelle par ce mot la profession qu'il vient de quitter, et c'est là du très-bon comique. » Cette critique et cette apologie nous paraissent également peu fondées. Nous croyons très-fermement que Corneille n'a nullement songé, en employant ce mot *pratiquer*, à faire allusion aux études auxquelles Dorante vient de renoncer ; et s'il en avait eu l'idée, ce serait là, croyons-nous, un jeu de mots d'assez mauvais goût. D'un autre côté, on ne pratique pas seulement le barreau, la médecine. Le premier vers cité en tête de cet article le prouve, et toutes les éditions du *Dictionnaire de l'Académie* (de 1694 à 1835) donnent pour exemples : *pratiquer la vertu, les bonnes œuvres ; pratiquer les commandements de Dieu. Pratiquer l'amour* est une expression peu délicate sans doute, mais fort bien à sa place dans la bouche d'un valet.

PRATIQUER, fréquenter :

Pratiquez-en quelque autre (*quelque autre galant*), et désintéressée
Comparez-lui l'objet dont vous êtes blessée ;
Comparez-en l'esprit, la façon, l'entretien,
Et lors vous trouverez qu'un autre le vaut bien. (I, 425. *Veuve*, 499.)

« Je ne vous ayme point, je ne vous hay point aussi ; contentez-vous que de tous ceux qui me *pratiquent* vous estes celuy qui me deplaist le moins. » (D'Urfé, *l'Astrée*, Ire partie, livre III, tome I, p. 95.)

PRATIQUER QUELQUE CHOSE, le préparer, le ménager, le machiner :

.... Son peu de courage
Aima mieux *pratiquer* ce rusé témoignage. (I, 467. *Veuve*, 1320.)
J'ai fait ce que j'ai pu pour brouiller vos esprits ;
J'ai, pour me l'attirer, *pratiqué* tes mépris. (II, 109. *Gal. du Pal.* 1736.)
Je *pratique* un quart d'heure à mes affections. (II, 156. *Suiv.* 559.)
Je la veux offenser pour acquérir sa haine,
Et *pratiquer* enfin un doux commandement
Qui prononce l'arrêt de mon bannissement. (II, 236. *Pl. roy.* 243 *var.*)

En 1644, Corneille a remplacé : *Et pratiquer enfin*, par : *Pour en tirer par force*; et en 1660 il y a définitivement substitué : *Et mériter enfin*.

L'espoir d'en voir l'objet (*de sa vengeance*) entre ses mains remis
A pratiqué par lui le retour de mon fils. (V, 526. *Nic.* 314.)
Contre un si grand rival j'agis à force ouverte,
Sans blesser son honneur, sans *pratiquer* sa perte. (V, 560. *Nic.* 1108.)
Sous le nom de César *pratiquons* son retour. (VII, 212. *Tit.* 301.)

On disait, dans un sens analogue et qui explique celui où le verbe est pris dans les précédents exemples, *pratiquer quelqu'un*, pour le gagner, le suborner, l'attirer dans son parti : « Au même temps on *pratique* un brave qui querelle Saint-Geniez. » (Tallemant des Réaux, *Historiettes*, tome VI, p. 138.)

PRÉ, proverbialement ; SUR LE PRÉ :

Nous vidons *sur le pré* l'affaire sans témoins. (VI, 201. *Ment.* 1140.)

« *Se trouver sur le pré*, c'est se trouver en un lieu pour se battre en duel. » (*Dictionnaire de Richelet*, 1680.)

PRÉ, au figuré :

J'ouvrirai devant toi le *pré* des Écritures. (VIII, 253. *Imit.* III, 5425.)

Corneille traduit ici tout à fait littéralement : *Expandam coram te prata Scripturarum*.

PRÉCÉDER, au figuré :

S'il *précéda* Philiste en vaines dignités,
Philiste le devance en rares qualités. (I, 424. *Veuve*, 485.)

PRÉCIEUX.

.... Ce lit funèbre est un lit *précieux*
Où gît d'un corps tout pur la cendre toute pure. (X, 133. *Poés. div.* 2.)

Ces vers sont tirés de l'*Épitaphe de damoiselle Ranquet* ; « lit funèbre » désigne le tombeau.

PRÉCIPICE, au figuré :

Ne vous exposez point au même *précipice*. (VI, 85. *Perth.* 1495.)

PRÉCIPITER, pousser violemment, au figuré :

Quel astre, de votre heur et du nôtre jaloux,
Vous *a précipité* jusqu'à rompre avec nous? (VI, 521. *Soph.* 1184.)

Se précipiter, au figuré :

C'eût été se faire arrêter lui-même, et *se précipiter* dans un obstacle invincible au dessein qu'il vouloit exécuter. (III, 380. *Exam.* de *Cin.*)
L'ardeur impétueuse à mille ardeurs te livre.
Et trop courir, c'est *te précipiter*. (VIII, 321. *Imit.* III, 1285.)

Se précipiter ne veut pas dire ici *se hâter*, *se presser*, mais *se jeter dans un précipice, courir à sa perte*. Ce verbe s'employait souvent alors en ce sens, absolument; la Fontaine a dit :

Pierre étoit lourd, sans esprit; je crois bien
Qu'il ne *se fût précipité* lui-même;
Mais par delà de lui demander rien,
C'étoit abus, et très-grande sottise. (*La Jument du comvère Pierre.*)

Précipité, participe, trop hâté, fait trop vite :

Vous porteriez trop loin des vœux *précipités*. (VI, 392. *Sert.* 724.)
Reçois, avec les vœux de mon obéissance,
Ces vers *précipités* par ma reconnoissance.
L'impatient transport de mon ressentiment
N'a pu pour les polir m'accorder un moment. (X, 99. *Poés. div.* 74.)

PRÉFIX, fixe, déterminé d'avance :

Je lui donnerois (*à un auteur de tragédie*) en ce cas un conseil que peut-être il trouveroit salutaire, c'est de ne marquer aucun temps *préfix* dans son poëme. (I, 96. *Disc. de la Trag.*)

PRÉLUDE, figurément :

.... Leur antipathie inspire à leur colère
Des *préludes* secrets de ce qu'il vous faut faire. (VI, 200. *OEd.* 1594.)

Voyez, à la page 118 du volume indiqué, la critique de cette expression.

Il tourne ses apprêts en divertissement :
Il s'en fait un plaisir, où par un long *prélude*
L'image de la guerre en affermit l'étude. (X, 198. *Poés. div.* 61.)

Il s'agit des revues et des exercices par lesquels Louis XIV préparait ses soldats à la guerre.

PREMIER, adjectif :

Certes, je serois le *premier* qui condamnerois *le Cid*, s'il péchoit contre ces grandes et souveraines maximes que nous tenons de ce philosophe (*d'Aristote*). (III, 86. *Avert.* du *Cid.*)

Elle (*Chimène*) obtient un combat, et pour son combattant
C'est le *premier* offert qu'elle accepte à l'instant. (III, 188. *Cid*, 1616.)
Elle (*Rome*) peut bien souffrir en son libérateur
Ce qu'elle a bien souffert en son *premier* auteur. (III, 357. *Hor.* 1758.)

Premier nous paraît inutile dans ce passage, mais au dix-septième siècle on l'employait de cette manière ; on disait même *premier inventeur*, qui aujourd'hui nous semblerait un pléonasme vicieux.

LE PREMIER, neutralement :

Pompée a besoin d'aide, il vient chercher la vôtre ;
Vous pouvez, comme maître absolu de son sort,
Le servir, le chasser, le livrer vif ou mort.
Des quatre *le premier* vous seroit trop funeste ;
Souffrez donc qu'en deux mots j'examine le reste. (IV, 33. *Pomp.* 165.)

PREMIER, adverbialement :

Aussi le falloit-il, que ce même poinçon,
Qui *premier* de mon sexe engendra ce soupçon,
Fût l'auteur de ma prise et de ma délivrance. (I, 333. *Clit. var.*)

« *Premier* se dit quelquefois adverbialement :

Dieu tout *premier*, puis père et mère honore.

C'est ainsi que commence Pybrac. Il estoit au monde *premier* que vous fussiez né, c'est-à-dire *devant*. Un moine n'oseroit sortir que *premier* il n'en ait demandé permission. En ce sens il vieillit. » (*Dictionnaire de Furetière*, 1690.)

Ne devoit-il mourir ? — Non, si sa main ireuse
Eust mis *premier* à mort ceste troupe orgueilleuse.
(Garnier, *Porcie*, acte III, vers 175.

Dans ses *Remarques* (p. 111), Vaugelas blâmait *premier que*. Chapelain, comme nous l'apprend Thomas Corneille, fit à ce sujet la note suivante : « *Premier* signifie aussi *d'abord*. Bertaud :

Quand *premier* je vis vos beaux yeux,

pour *premièrement*; et alors il se dit absolument sans *que*. Il *faut faire cela premier*, est une autre signification ; *premier* en cette phrase est mis pour *auparavant*. Mais tout cela est vieilli. »

PRENDRE, arrêter, saisir, s'emparer de :

Je te *prends* sur le livre.... (II, 26. *Gal. du Pal.* 141.)
On *prend* au premier bond les hommes de la sorte. (I, 174. *Mél.* 556 *var.*)

En 1660 :

On *prend* soudain au mot....

Prenons l'occasion, tandis qu'elle est propice. (III, 394. *Cin.* 229.)
Que la vengeance est douce à l'esprit d'une femme !
Je l'attaquai par là, par là je *pris* son âme. (III, 456. *Cin.* 1634.)

PRENDRE, interpréter, comprendre :

Vous *prenez* mal l'oracle... (V, 328. *Andr.* 322.)

PRENDRE, dans des sens divers, ayant pour régime direct un substantif, avec ou sans article :

Allons *prendre* un peu *l'air* dans la cour des prisons.
(IV, 330. *S. du Ment.* 782.)
Prends un an, si tu veux, pour essuyer tes larmes. (III, 197. *Cid*, 1821.)
.... La mort du dernier me fit *prendre l'audace*
De vous offrir au Roi, qui vous mit en sa place. (VI, 206. *OEd.* 1709.)
M'aimez-vous ? — Oserois-je en *prendre* encor *l'audace!*
(VI, 418. *Sert.* 1298.)
.... Ne pensez pas tant aux glorieuses peines
De ces nouveaux captifs qui vont *prendre vos chaînes*. (X, 143. *Poés. div.* 8.)

Ces vers sont tirés d'une poésie adressée à Mlle du Parc.

.... Il veut la pareille, et son attachement
Prends compte de chaque heure et de chaque moment. (X, 155. *Poés. div.* 12.)
Prendre un conseil, voyez au tome I du *Lexique*, p. 207 et 208, CONSEIL.
Prendre un dessein, voyez au tome I du *Lexique*, p. 288, DESSEIN.
Par cette porte, hélas! mes maux *ont pris entrée*.
(IV, 380. *S. du Ment.* 1706.)
Clarice.... a trop de satisfaction de se voir hors du pouvoir de ses ravisseurs et rendue à son amant, pour penser en sa présence à cette nourrice, et *prendre garde* si elle est en sa maison, ou si elle n'y est pas. (I, 397. *Exam. de la Veuve*.)
Prendre garde à, voyez au tome I du *Lexique*, p. 457.
Prendre liberté, voyez ci-dessus, p. 50.
.... La Victoire, instruite à *prendre* ici *ta loi*,
Dans les champs ennemis n'obéira qu'à toi. (X, 200. *Poés. div.* 91.)
Grand Roi, pour me donner quelque loisir d'écrire,
Daigne *prendre* pour vaincre un peu plus de *loisir*. (X, 225. *Poés. div.* 20.
.... C'est à ce dessein qu'au sortir de prison
Je viens de l'obliger à *prendre la maison*. (IV, 358. *S. du Ment.* 1316.)

« Je viens de l'obliger à *prendre le chemin de la maison*, dit M. Aimé-Martin, ou *à venir à la maison*. Cette locution n'est pas heureuse. » — Aussi n'est-ce point là du tout le sens de ce passage ; il signifie simplement *à prendre ma maison pour la sienne ;* les termes mêmes de l'offre que Cléandre fait un peu plus haut à Dorante ne laissent aucun doute à ce sujet :

.... Vous m'obligerez, au sortir de prison,
De me faire l'honneur de *prendre ma maison*. (IV, 333. *S. du Ment.* 846.)
Prendre port, voyez ci-dessus, p. 198.
.... Vos pleurs sur moi *prennent* trop de *puissance*. (III, 493. *Pol.* 122.)
.... Les plus enflammés s'efforcent de haïr,
Sitôt qu'on *prend* sur eux un peu trop de *puissance*. (VII, 72. *Agés.* 1576.)
Tu ne *prends* tant de *soins* que pour mieux l'honorer. (X, 124. *Poés. div.* 6.)
.... De ces grands *soucis* que tu *prends* pour mon roi,
Daigne encor quelquefois descendre jusqu'à moi. (X, 98. *Poés. div.* 67.)

Ces vers s'adressent au cardinal Mazarin.

Ils *ont pris le théâtre* en cette extrémité. (II, 520. *Illus.* 1628.)

C'est-à-dire, ils se sont fait comédiens.

PRENDRE, absolument, dans le sens de *recevoir, accepter :*
Mais vous avez reçu : quiconque *prend* se vend. (IV, 324. *S. du Ment.* 670.)

LE PRENDRE D'UN HAUT TON :
Tu *le prends d'un haut ton....* (I, 147. *Mél.* 79.)

NE SAVOIR PAR OÙ EN PRENDRE, locution proverbiale, ne plus savoir comment s'y prendre, comment se tirer d'affaire :
Il (*le vieillard de Corinthe dans* OEdipe) semble tomber des nues par miracle en un temps où les acteurs *ne sauroient* plus *par où en prendre.* (I, 42. *Disc. du Poëme dram.*)
Voyez la note 2 de la page indiquée.

EN PRENDRE À :
Ne l'enhardis pas tant : j'aurois peur au contraire
Que malgré tes raisons quelque mal ne *t'en prît.* (I, 405. *Veuve*, 119.)
Voyez le *Dictionnaire de l'Académie* de 1835, p. 491, colonne 1.

SE PRENDRE À, s'attaquer à :
Attaquer Rosidor, c'est *se prendre à* moi-même. (I, 316. *Clit.* 709.)
.... Que sous l'étrivière il puisse tôt connoître,
Quand on *se prend aux* miens, qu'on s'attaque à leur maître !
(II, 32. *Gal. du Pal.* 254.)
.... Quel destin jaloux,
Tant que nous vous aurons, *s'osera prendre à* nous ? (II, 394. *Méd.* 1092.)
Ma flamme au désespoir passe jusques au crime,
Elle *se prend au* ciel, et l'ose quereller. (III, 305. *Hor.* 541.)
Quel impie osera *se prendre à* leur vouloir ? (III, 317. *Hor.* 817.)
Après ce que Rodrigue a fait voir aujourd'hui,
Quel courage assez vain *s'oseroit prendre à* lui ? (III, 180. *Cid*, 1436.)
Nous avons honoré votre ami, votre gendre,
Jusqu'à ce qu'à vous-même il ait osé *se prendre.* (IV, 64. *Pomp.* 878.)
Timagène, souffrez la douleur d'une mère,
Qui cherche à qui *se prendre* en sa juste colère. (IV, 499. *Rod.* 1632 *var.*)
.... Jamais sans forfait on ne *se prend aux* rois. (VI, 191. *OEd.* 1348.)
Quelle est l'impiété de *se prendre à* son maître. (VI, 646. *Oth.* 1618.)

NE SAVOIR OÙ SE PRENDRE :
Ce desir, à vrai dire, est un amour naissant
Qui *ne sait où se prendre,* et demeure impuissant. (II, 32. *Gal. du Pal.* 268.)
Un père *ne sait où se prendre.* (V, 222. *Hér.* 1514.)

PRENEUR DE VILLES :
Grâce à ce conquérant, à ce *preneur de villes.* (V, 563. *Nic.* 1152.)

PRÉNOTION, connaissance anticipée, prévision :
C'est le salutaire suprême
Que vos saintes *prénotions*

Vous ont fait préparer vous-même
Devant toutes les nations. (ix, 239. *Off. V.* 10.)

Le sens ordinaire du mot est : connaissance première et superficielle, avant examen.

PRÉOCCUPATION, prévention :

Les grands sujets qui remuent fortement les passions.... doivent toujours aller au delà du vraisemblable, et ne trouveroient aucune croyance parmi les auditeurs, s'ils n'étoient soutenus ou par l'autorité de l'histoire, qui persuade avec empire, ou par la *préoccupation* de l'opinion commune.... (I, 15. *Disc. du Poëme dram.*)

Elle (*Hypsipyle*) se défend sur la *préoccupation* de son cœur pour cet inconstant (*Jason*). (vi, 237. *Dess. de la Tois.*)

PRÉOCCUPER, occuper d'avance, prévenir l'esprit, etc., s'en emparer :

Sans doute que Lysandre est cet objet charmant
Dont les discours flatteurs vous *ont préoccupée.* (II, 106. *Gal. du Pal.* 1681.)
Prince, que voulez-vous d'un cœur *préoccupé?* (vi, 296. *Tois.* 974.)
Je veux croire qu'à moins que d'avoir l'esprit fort *préoccupé* d'un sentiment contraire, ils (*les curieux*) demeureront d'accord de ce que je dis. (II, 14. *Exam. de la Gal. du Pal.*)
    Préoccupons sa face avec des louanges. (ix, 79. *Off. V.*)
    Que la louange de son nom
Puisse en notre faveur *préoccuper* sa face. (ix, 79. *Off. V.* 6.)

Ces deux derniers exemples sont la traduction, rigoureusement littérale, de ces mots latins : *Præoccupemus faciem ejus in confessione.*

PRÈS.

Plus je l'estime *près*, plus il est éloigné. (III, 551. *Pol.* 1369.)

DE PRÈS :

Peut-être ce malheur *d'assez près* te menace. (VII, 40. *Agés.* 760.)
Mais sans mentir, ma sœur vous presse un peu *de près.*
                                            (IV, 341. *S. du Ment.* 1012.

PRÈS DE, sur le point de :

Puisque nous les y voyons opprimés et *près de* périr. (I, 59. *Disc. de la Trag.*)
Si *près de* te quitter.... — N'achève pas ta plainte. (I, 319. *Clit.* 781.)
Si *près de* voir sur soi fondre de tels orages,
L'ébranlement sied bien aux plus fermes courages. (III, 283. *Hor.* 3.)
Qui, *près de* le servir, considère autre chose,
A faire ce qu'il doit lâchement se dispose. (III, 303. *Hor.* 495.)
*Près d'*être enfermé d'eux, sa fuite l'a sauvé. (III, 325. *Hor.* 1005.)
Comme notre héros se voit *près d'*achever,
C'est peu pour lui de vaincre, il veut encor braver. (III, 332. *Hor.* 1129.)
Quand, *près d'*être éclairés du nuptial flambeau,
Elle voit avec lui son espoir au tombeau.... (III, 348. *Hor.* 1505.)

Près d'être environné, ses meilleurs soldats morts,
Il voit quelques fuyards sauter dans une barque. (IV, 95. *Pomp.* 1652.)
.... *Près de* rendre compte à son juge éternel. (V, 79. *Théod.* 1401.)
On le trouva percé d'une large blessure,
Si baigné dans son sang et si *près de* mourir
Qu'il fallut une année et plus pour l'en guérir. (VI, 177. *OEd.* 999.)
.... Qui se voit si *près de* perdre tout son bien,
Se fait armes de tout, et ne ménage rien. (VII, 224. *Tit.* 577.)
Ce divin salutaire est bien *près de* paroître. (IX, 173. *Off. V.* 37.)
Près d'être accablé de misère. (IX, 181. *Off. V.* 1.)

Voyez ci-après, p. 222 et 223, l'article PRÊT, où nous corrigeons plusieurs passages dans lesquels on nous a fait imprimer *près de* au lieu de *prêt de*.

PRÈS DE, en comparaison de :

Mon palais *près du* vôtre est un lieu désolé. (VII, 48. *Agés.* 981.)

À CELA PRÈS :

Elle est de fort bon lieu, mon père ; et pour son bien,
S'il n'est du tout si grand que votre humeur souhaite....
— Sachons, *à cela près*, puisque c'est chose faite. (IV, 174. *Ment.* 602.)
.... L'air du monde change en bonnes qualités
Ces teintures qu'on prend aux universités.
— Dès lors, *à cela près*, vous étiez en estime
D'avoir une âme noble, et grande, et magnanime.
(IV, 321. *S. du Ment.* 623.)
Je crains pour Garibalde une haine funeste,
Je la crains pour Unulphe : *à cela près*, parlez. (VI, 57. *Perth.* 869.)

PRESCRIRE.

Il te *prescrit* à suivre un chemin plus étroit. (VIII, 615. *Imit.* IV, 768.)

PRÉSENCES, au pluriel :

Vos *présences* rendroient sa douleur plus émue. (II, 350. *Méd.* 198.)

PRÉSENT.

FAIRE PRÉSENT, faire un présent :

A lui *faire présent* mes efforts seroient vains. (IV, 199. *Ment.* 1103.)

PRÉSIDER SUR :

Voyez *sur* quels Etats l'un et l'autre *préside*. (V, 34. *Théod.* 372.)
Ce choix de serviteurs fidèles, intrépides,
Qui soulagent tes soins, mais *sur* qui tu *présides*. (X, 180. *Poés. div.* 86.)

PRESQUES.

Une réflexion vers le traître qu'elle aime

Presques à tous moments le ramène en lui-même. (I, 165. *Mél.* 378 *var.*)

Toutes les éditions faites du vivant de notre poëte portent cette leçon, sauf celle de 1682, où *presque* est écrit sans *s*, ce qui rend le vers faux ; pour le rectifier, on a ajouté *les* dans l'édition de 1692, donnée par Thomas Corneille :

Presque à tous les moments le ramène en lui-même.

J'en eus *presques* envie aussitôt que de vous. (II, 369. *Méd.* 588.)

M. Louis Quicherat fait remarquer, dans son *Traité de versification française*, que cet adverbe prenait déjà rarement l'*s* au seizième siècle.

PRESSANT, ANTE, voyez ci-après, PRESSER.

PRESSE.

METTRE QUELQUE CHOSE SOUS LA PRESSE, le faire imprimer :

Beaucoup de mes amis m'ont toujours conseillé de ne rien *mettre sous la presse*. (I, 135 et 136. *Au lect.* de *Mél.*)

AVOIR LA PRESSE À QUELQUE CHOSE, en parlant d'une marchandise à la mode, qui attire la foule :

Vous *avez* fort *la presse à* ce livre nouveau. (II, 21. *Gal. du Pal.* 75.)

IL Y A PRESSE À QUI, LA PRESSE EST GRANDE À QUI :

Quand le souverain se plonge dans les débauches, et que sa faveur n'est qu'à ce prix, *il y a presse à qui* sera de la partie. (VI, 571. *Au lect.* d'*Oth.*)
De vrai, *la presse est grande à qui* le fera roi. (V, 453. *D. San.* 843.)

PRESSER, poursuivre vivement :

Nous les *pressons* sur l'eau, nous les *pressons* sur terre. (III, 173. *Cid*, 1290.)

PRESSER, pousser, exciter :

La fable.... allume, *presse*, irrite
L'ingénieuse ardeur d'en voir tout le mérite (*de la vérité*).
(X, 238. *Poés. div.* 45.)

PRESSER, hâter :

Je ne pense pas que dans la comédie le poëte ait cette liberté de *presser* son action par la nécessité de la réduire dans l'unité de jour. (I, 96. *Disc. de la Trag.*)
.... Quand tes trahisons *pressent* leur noir effet,
Ta gloire, ton devoir, ton destin a tout fait. (VI, 308. *Tois.* 1258.)

PRESSER QUELQU'UN DE QUELQUE CHOSE :

Vous l'avez fait renaître en *me pressant d'*un choix
Qui rompt de vos traités les favorables lois. (IV, 479. *Rod.* 1213.)

PRESSER LE TEMPS, LES TEMPS, resserrer le temps :

J'estime.... que le cinquième (*acte*), par un privilége particulier, a quelque droit de *presser* un peu *le temps*. (I, 114. *Disc. des 3 unit.*)

Il est permis de *presser les temps* pour faire l'unité de jour. (vi, 360. *Au lect.* de *Sert.*)

PRESSER, absolument :

.... Un vieillard demande à vous parler.
Il se dit de Corinthe et *presse*.... (vi, 204. *OEd.* 1661.)

SE FAIRE PRESSER, se faire fouler :

Ceux qui *se font presser* à la représentation de mes ouvrages m'obligent infiniment. (ii, 116. *Épît.* de *la Suiv.*)

SE PRESSER, en parlant du cœur, se serrer :

Vos larmes vont couler, et votre cœur *se presse*. (iii, 304. *Hor.* 527.)

PRESSÉ DE :

Mais surtout les Romains que commandoit Septime,
Pressés de la terreur que sa mort leur imprime.... (iv, 75. *Pomp.* 1162.)

PRESSANT, au figuré, qui presse, qui oppresse, qui accable :

.... Cette douleur *pressante*
Que la mort d'un amant jette au cœur d'une amante. (iii, 348. *Hor.* 1503.)
Sous ce *pressant* remords il a trop succombé. (iii, 434. *Cin.* 1115.)
.... La fatalité des plus *pressants* malheurs
Ne m'auroit pu réduire à suivre des voleurs. (vi, 184. *OEd.* 1183.)
.... Un si *pressant* effroi. (vi, 206. *OEd.* 1699.)

PRÉSUMER.

Telle on voit le Flamand *présumer* ta venue,
Grand Roi !... (x, 203. *Poés. div.* 141.)

PRÉSUMER, suivi d'un infinitif, avec ou sans *de* :

Tu *présumes* en vain *de* t'en mettre à couvert. (ii, 382. *Méd.* 859.)
Elle (*la vérité nue*) échappe aussitôt qu'on *présume* en jouir.
(x, 238. *Poés. div.* 44.)

PRÉSUMER QUE :

Renvoyez mes soupirs qui volent après vous :
Faites-moi *présumer qu'*il en est quelques autres
A qui jusqu'en ces lieux vous renvoyez des vôtres. (x, 238. *Poés. div.* 79.)
Ces vers sont adressés à Mlle du Parc.

PRÊT, absolument, préparé :

.... Soyez *prêt* à demain. (iii, 180. *Cid*, 1444.)
Non, Sire, il ne faut pas différer davantage :
On est toujours trop *prêt* quand on a du courage. (iii, 180. *Cid*, 1446.)
A deux milles d'ici vous avez six mille hommes,
Que depuis quelques jours, craignant des remuements,
Je faisois tenir *prêts* à tous événements. (iv, 74. *Pomp.* 1144.)

PRÊT À, PRÊT DE :

PRÊT À :

Préts à verser 'du sang, regardez-vous des pleurs? (III, 311. *Hor.* 681.)
Sitôt qu'ils ont paru *préts à* se mesurer,
On a dans les deux camps entendu murmurer. (III, 316. *Hor.* 781.)
.... Reconnoissez-vous au front de vos amis
Qu'ils soient *préts à* tenir ce qu'ils vous ont promis? (III, 391. *Cin.* 144.)
Je suis *prête à* le suivre et lasse de l'attendre (III, 443. *Cin.* 1325.)
Je sens déjà mon cœur *prêt à* se révolter. (III, 493. *Pol.* 123.)
J'attendois un époux de la main de mon père,
Toujours *prête à* le prendre.... (III, 496. *Pol.* 195.)
.... La foudre qui va partir,
Toute *prête à* crever la nue. (III, 541. *Pol.* 1132.)
Je ne hais point la vie, et j'en aime l'usage,...
Toujours *prêt à* la rendre au Dieu dont je la tiens. (III, 558. *Pol.* 1517.)
Cette princesse et le Roi son frère avoient chacun leur armée *prête à* en venir aux mains l'une contre l'autre. (IV, 21. *Exam. de Pomp.*)
Lorsque notre vieillard sera *prêt à* sortir,
Je ne manquerai pas de vous en avertir. (IV, 190. *Ment.* 939.)
.... Te voilà *prête*
A t'enrichir bientôt d'une étrange conquête. (IV, 215. *Ment.* 1393 et 1394.)
Ils penchent d'un côté, *prêts à* tomber de l'autre. (IV, 448. *Rod.* 435.)
Voyant ce foudre *prêt à* suivre ma colère,
Quoi qu'il me plût oser, il n'osoit me déplaire. IV, 449. *Rod.* 459.)
Quand il les voit *prêts à* s'entre-immoler l'un à l'autre. (V, 12. *Exam. de Théod.*)
La vapeur de mon sang ira grossir la foudre
Que Dieu tient déjà *prête à* le réduire en poudre. (V, 169. *Hér.* 302.)
Ils diront qu'on impute un faux nom à Léonce,...
Prêts à suivre toujours qui voudra l'usurper. (V, 202. *Hér.* 1078.)
.... Le même escadron qui vint le secourir
Le ramena vainqueur, et moi *prêt à* mourir. (V, 428. *D. San.* 224.)
Ma galère est au port toute *prête à* partir. (V, 582. *Nic.* 1606.)
Adieu, je dois au rang qu'elle est *prête à* tenir
Du moins la liberté de vous entretenir. (IV, 442. *Rod.* 297.)
.... Ne nous unissons que pour mieux soutenir
La liberté que Rome est *prête à* voir finir. (VI, 375. *Sert.* 288.)
Vous saurez accorder votre amour et ma gloire,
Céder avec prudence au temps *prêt à* changer. (VI, 409. *Sert.* 1111.)
De ce temps solennel l'heureuse plénitude
Se voyoit toute *prête à* terminer son cours. (IX, 528. *Hymn.* 6.)
Se voyant même déjà soupçonnée et *prête à* être découverte. (V, 145. *Au lect. d'Hér.*)
Mais enfin toute *prête à* me voir découverte,
Ce zèle sur mon sang détourna votre perte. (V, 182. *Hér.* 607.)
La honte d'un affront, que chacun d'eux croit voir
Ou de nouveau reçue, ou *prête à* recevoir. (III, 522. *Pol.* 744.)
.... Il est juste aussi de ne pas trop pleurer

Une perte facile et *prête à* réparer. (vi, 650. *Oth.* 1696.)

PRÊT DE :

Si l'amant de sa fille lui sauvoit la vie en quelque rencontre où il fût *prêt d'*être assassiné par ses ennemis.... (i, 28. *Disc. du Poëme dram.*)
Quand on est *prêt de* faire périr un de ses proches sans le connoître....
(i, 67. *Disc. de la Trag.*)
Il renonce à une affection dont il étoit assuré, et qui étoit *prête d'*avoir son effet. (i, 139. *Exam.* de *Mél.*)
.... Nous sommes tous *prêts de* choisir la journée
Qui bientôt de vous deux termine l'hyménée. (i, 89. *Gal. du Pal.* 1333.)
Prête de posséder le phénix de la Grèce,...
La robe de Médée a donné dans mes yeux. (ii, 369. *Méd.* 566.)
Mon déplaisir mortel défère à ta puissance,
Et de mes jours maudits tout *prêt de* triompher,
De peur de te déplaire, il n'ose m'étouffer. (ii, 414. *Méd.* 1507.)
Je vois que votre honneur demande tout mon sang,...
*Prêt d'*épouser la sœur qu'il faut tuer le frère. (iii, 302. *Hor.* 471.)

Le texte est bien : *prêt d'épouser*. C'est par une erreur typographique qu'on a imprimé dans notre tome III, à la page indiquée, *près* pour *prêt*.

On a fait contre vous dix entreprises vaines ;
Peut-être que l'onzième est *prête d'*éclater. (iii, 406. *Cin.* 491.)
.... Sa tête, qu'à peine il a pu dérober,
Toute *prête de* choir, cherche avec qui tomber. (iv, 30. *Pomp.* 88.)
On dit qu'Héraclius est tout *prêt de* paroître. (v, 165. *Hér.* 233.)
Il (*Sénèque*) la fait revivre (*Jocaste*) dans *la Thébaïde*, pour se trouver au milieu de ses deux fils, comme ils sont *prêts de* commencer le funeste duel où ils s'entre-tuent. (vi, 250. *Exam. de la Tois.*)
Comme alors qu'un mari tue ou est *prêt de* tuer sa femme.... (i, 65. *Disc. de la Trag.*)
Dorise avoit l'épée à la main *prête de* l'enfoncer dans l'estomac de Caliste. (i, 266. *Argum.* de *Clit.*)
Comme Dorise est *prête de* tuer Caliste, un bruit entendu lui fait relever son épée. (i, 288. *Clit.*)
Nous sommes tous encor *prêts d'*y contribuer. (iii, 347. *Hor.* 1486.)
Sire, prononcez donc, je suis *prêt d'*obéir ;
D'autres aiment la vie, et je la dois haïr. (iii, 349. *Hor.* 1545.)
Madame, commandez, je suis *prêt d'*obéir. (iv, 484. *Rod.* 1341.)
Je suis *prêt d'*obéir.... (v, 430. *D. San.* 273.)
Je voyois sa fureur à peine se dompter ;
Et pour peu qu'on le pousse, il est *prêt d'*éclater. (iv, 75. *Pomp.* 1160.)
Il est juste, et César est tout *prêt de* vous rendre
Ce reste où vous avez tant de droit de prétendre. (iv, 75. *Pomp.* 1681.)
Êtes-vous *prêt*, Jason, d'entrer dans la carrière ? (vi, 323. *Tois.* 1600.)
Les anciens avoient leurs chœurs qui ne sortoient point du théâtre, et étoient toujours *prêts d'*écouter tout ce qu'on leur vouloit apprendre. (vi, 132. *Exam.* d'*OEd.*)
Eh bien ! qu'êtes-vous *prêt de* lui sacrifier ? (vi, 391. *Sert.* 688.)

.... Les inconstants ne donnent point de cœurs
Sans être encor tous *prêts de* les porter ailleurs. (vii, 488. *Sur.* 600.)
Tu le vois aujourd'hui tout *prêt de* t'accabler. (viii, 447. *Imit.* iii, 3818.)

Ici encore on a imprimé par erreur *près* pour *prêt*.

Toujours *prêt d'*embrasser son service et le vôtre,
Toujours *prêt à* mourir et pour l'une et pour l'autre.
(v, 476, *D. San.* 1405 et 1406.)

Voyez en outre un passage de l'*Argument de Clitandre* (i, 268), et trois de l'*Argument de Don Sanche* (v, 412, 413, 414), où, contrairement au texte original, on a aussi imprimé dans notre édition *près de*, au lieu de *prêt de*.

Prêt de, qui ne s'emploie plus aujourd'hui, était au dix-septième siècle d'un usage très-général. Il faut se garder de considérer cette tournure comme une licence poétique ; on la trouve à chaque instant dans la prose, et les meilleurs dictionnaires l'admettent. On lit dans Nicot : « *Estre prest de* plaider *in procinctu stare certaminique imminere ;* et dans Furetière : « Prêt, prête, qui est en état de partir, ou de faire quelque chose. Un soldat doit être toujours *prêt d'*obéir, *de* marcher, *de* combattre.... Ce général est tout *prêt de* donner bataille, *de* camper. La ville est *prête à* se rendre. » Non-seulement *près de* et *prêt de* se confondaient, mais encore *prêt de* et *prêt à* se prenaient souvent l'un pour l'autre. Nous avons réuni à la fin de l'article *prêt à* les exemples où cette locution équivaut à *prêt de*, particulièrement ceux où le verbe, complément d'*à*, est à la voix passive ou pris au sens passif ; et nous avons terminé l'article *prêt de* par les exemples où ces mots ont la signification que nous donnons aujourd'hui à *prêt à*. Dans la dernière des phrases que nous avons citées, *prêt de* et *prêt à* sont employés successivement, dans le même sens.

Nous n'avons pas besoin d'avertir que dans presque toutes les éditions modernes de nos classiques, qui ont été corrigées ou plutôt altérées, conformément aux règles grammaticales de notre temps, on a effacé, autant qu'on l'a pu, les traces de cet ancien usage. La Fontaine s'exprime ainsi dans sa *Psyché* (livre II) : « Quand Cythérée fut de retour, elle la trouva étendue sur les tapis dont la chambre étoit ornée, *prête d'*expirer et n'en pouvant plus. » M. Walckenaer substitue en cet endroit *près de* à *prête de*.
— Dans l'*Avertissement* du *Songe de Vaux*, le même auteur dit : « Il y en a trois d'achevés : l'aventure d'un écureuil, celle d'un cygne *prêt à* mourir, celle d'un saumon et d'un esturgeon. » Ici encore M. Walckenaer met *près de*.

PRÉTENDRE, soutenir, affirmer :

Un maître pour deux jours n'est pas ce qu'on *prétend*.
Je sais le poids d'un sceptre, et connois trop mes forces. (vii, 403. *Pulch.* 572.)

Prétendre, réclamer comme un droit, aspirer à, aspirer :

Rentre, sans t'informer de ce qu'elle *prétend*. (i, 212. *Mél.* 1153.)
.... A peine elle pourroit *prétendre*
Une fortune égale à celle de Cléandre. (ii, 293. *Pl. roy.* 1350.)
.... Que pouvez-vous *prétendre ?* (iii, 188. *Cid*, 1605.)
.... Pour moins hasarder j'aime mieux moins *prétendre*. (iv. 433. *Rod.* 83.)
Depuis quand sommes-nous en telle intelligence
Que tout mon cœur vous doive entière confidence ?
— Je n'en *prétends* aucune.... (vi, 55. *OEd.* 825.)
Remettons à Dircé tout ce qu'elle *prétend*. (vi, 148. *Perth.* 340.)
.... Je craindrai toujours d'*avoir* trop *prétendu*. (vi, 376. *Sert.* 311.)
Moi qui *prétends* pour dot la moitié de l'empire.... (vii, 125. *Att.* 413.)
Je n'*ai* point *prétendu* la main d'un empereur. (vii, 393. *Pulch.* 296.)
S'il étoit dans un âge à *prétendre* ma foi.... (vii, 414. *Pulch.* 827.)
Applique tous tes soins à m'aimer, à me plaire,

Et demeure assuré de ce que tu *prétends*. (vııı, 165. *Imit.* 1, 2495.)
En ce cas, il verra que je sais comme il faut
Punir des insolents qui *prétendent* trop haut. (ıı, 141. *Suiv.* 308.)

D'après l'usage ordinaire, *prétendre* est neutre, et veut *à* devant son complément, lorsqu'il signifie : « aspirer à ; » voyez les diverses éditions du *Dictionnaire de l'Académie* (de 1694 à 1835). On voit par plusieurs de nos exemples que Corneille en fait un verbe actif dans ce sens aussi bien que dans celui de « réclamer comme un droit, comme une chose due. »

PRÉTENDRE, absolument :

Tu ne m'y veux placer (*sur le trône*) que de peur d'en descendre ;
Mais connois Pulchérie, et cesse de *prétendre*. (v, 162. *Hér.* 142.)

PRÉTENDRE, suivi d'un infinitif :

Mais où va m'emporter un zèle téméraire ?
A quoi m'expose-t-il ? et que *prétends*-je faire ? (x, 209. *Poés. div.* 218.)

PRÉTENTION, action de prétendre, ce à quoi on prétend, ce qu'on souhaite :

.... Ta chaste affection
Ne trouve plus d'obstacle à sa *prétention*. (ı, 239. *Mél.* 1646.)

PRÊTER À, au figuré :

.... (*Notre grand roi*) daigne bien quelquefois
Prêter l'œil et l'oreille *au* théâtre françois. (ıı, 522. *Illus.* 1660.)
Pour faire souffrir une narration ornée, il faut que celui qui la fait et celui qui l'écoute ayent l'esprit assez tranquille, et s'y plaisent assez pour *lui prêter* toute la patience qui lui est nécessaire. (ııı, 381. *Exam. de Cin.*)
Reprenez la faveur que vous *m'avez prêtée*. (ııı, 506. *Pol.* 425.)
.... [*Il*] tient la trahison que le Roi leur prescrit
Trop au-dessous de lui pour *y prêter* l'esprit. (ııı, 49. *Pomp.* 524.)
Prêtez les yeux *au* reste, et voyez les effets
Suivre de point en point les traités de la paix. (ıv, 496. *Rod.* 1585.)
Je *lui prête* mon bras sans engager mon âme. (vı, 399. *Sert.* 862.)
Laissez-moi lui parler, et *prêtez-nous* silence. (vı, 192. *OEd.* 1365.)
Prêtez à ce récit une âme généreuse. (vı, 159. *OEd.* 585.)
.... La défense que *lui prête* son père pour obtenir sa grâce n'auroit plus de lieu s'il demeuroit innocent. (ııı, 174. *Exam. d'Hor.*)
Il faut pour être heureux qu'il (*l'hymen*) donne sans gêner,
Et *prête* un doux prétexte *à* qui veut tout donner. (vıı, 481. *Sur.* 436.)
Votre exemple *lui prête* une preuve assez claire
Que le trône est plus doux que le sein d'une mère. (vı, 147. *OEd.* 301.)
Nous saurons vous servir, Seigneur, et malgré vous.
Prêtez-nous seulement un moment de courroux. (vı, 43. *Perth.* 578.)
Je *lui prête* un exemple à me voler sa foi. (vıı, 423. *Pulch.* 1076.)
.... J'aurois cette honte, en ce funeste sort,
D'avoir *prêté* mon crime *à* faire votre mort. (vı, 166. *OEd.* 750.)
.... Ne te lasse point d'illuminer mon âme,
Ni de *prêter* ta vie *à* conduire ma flamme. (x, 98. *Poés. div.* 66.)

PRÊTER LA MAIN À, PRÊTER MAIN-FORTE, voyez ci-dessus, p. 62, 63 et 65, MAIN.

PRÊTER, au figuré, sans régime indirect :

.... Nous avons écouté,
Et demandons silence après l'*avoir prêté*. (v, 339. *Andr.* 545.)

SE PRÊTER À :

.... Quoi qu'étale ici le monde,
Ce n'est qu'avec dédain que l'œil s'y doit *prêter*. (VIII, 181. *Imit.* II, 105.)

PRÉVENANT, ANTE.

.... Du Saint-Esprit les faveurs *prévenantes*,
    Les entières, les triomphantes,
N'entrent jamais au cœur que par l'humilité. (VIII, 468. *Imit.* III, 4273.)

PRIER DE QUELQUE CHOSE :

    .... C'est l'unique faveur
Dont je te puis encor *prier* avec honneur. (IV, 97. *Pomp.* 1680.)

PRIÈRES, livre de prières :

Les *prières* en main, la modestie aux yeux. (II, 319. *Tuil.* 232.)

PRIME, sorte de jeu de cartes :

Pour avoir fait encore à *prime* trop de reste,
    Il ne m'est rien resté. (X, 42. *Poés. div.* 99.)

PRIMÉ PAR, devancé, surpassé par :

Ainsi, de tous côtés *primé par* un rival,
Ses affaires sans moi se porteroient fort mal. (I, 432. *Veuve*, 649.)

PRINCE, en parlant au président du Puy de Rouen :

    Pour une jeune muse absente,
Prince, je prendrai soin de vous remercier. (X, 81. *Poés. div.* 2.)

Voyez la note 1 de la page indiquée.

PRISE, au propre.

S'ÔTER DE PRISE :

En lieu de sûreté le babil est de mise ;
Mais ici ne songeons qu'à *nous ôter de prise*. (II, 505. *Illus.* 1310.)

ÊTRE EN BELLE PRISE, être facile à prendre :

.... Si l'un te dérobe un baiser par surprise,
Qu'à l'autre incontinent il (*le baiser*) soit *en belle prise*. (I, 209. *Mél. var.* 4.)

Prise, au figuré :

Avoir prise sur quelqu'un, trouver quelque chose à attaquer, à reprendre en lui :

Étant exposée aux coups de l'envie et de la médisance, elle (*la comédie de la Veuve*) n'en peut trouver de plus assurée (*protection*) que celle d'une personne *sur* qui ces deux monstres n'*ont* jamais *eu de prise*. (I, 375. *Épit. de la Veuve*.)

Elle (*Chimène*) avoue que c'est la seule *prise* que la médisance *aura sur* elle. (III, 92. *Exam. du Cid*.)

Avoir prise ensemble, avoir une dispute, une querelle :

Nous *eûmes prise ensemble* à l'Hôtel de Bourgogne. (II, 32. *Gal. du Pal*. 250.)

PRISER, estimer :

Je *prise* auprès des tiens si peu mes intérêts.... (II, 158. *Suiv*. 607.)
Vous me faites *priser* ce qui me déshonore,
Vous me faites haïr ce que mon âme adore. (III, 430. *Cin*. 1057.)
.... Ce foible bonheur ne vaut pas qu'on le *prise*. (IV, 146. *Ment*. 110.)

PRISON, au figuré :

Vastes cieux, *prisons* éclatantes,
Qui renfermez les airs, et la terre, et les eaux. (IX, 149. *Off. V*. 13.)
Vous avez retenu mon âme prisonnière....
Une *prison* si belle est trop digne d'envie. (X, 152. *Poés. div*. 4 et 12.)

Ces vers sont tirés d'un madrigal à Philis.

PRISONNIER, ÈRE, adjectif, figurément :

L'impétueuse ardeur de ces transports nouveaux
A son sang *prisonnier* ouvre tous les canaux. (VII, 180. *Att*. 1756.)

Voyez ci-dessus le second exemple de l'article Prison.

PRIVÉ, familier, apprivoisé :

Je ne m'étonne plus de te voir si *privée*,
Te mettre sur mon lit aussitôt qu'arrivée. (I, 368. *Clit. var*.)

PRIVILÉGIÉ (Mal) :

.... Tel vous soupçonnoit de quelque guérison
D'un *mal privilégié* dont je tairai le nom. (IV, 290. *S. du Ment*. 26.)

PRIX, au figuré.

Valoir son prix, locution familière et proverbiale :

Chère amie, après tout, mon maître *vaut son prix*. (IV, 212. *Ment*. 1324.)

À ce prix :

Rome triomphe d'Albe, et c'est assez pour nous;
Tous nos maux *à ce prix* doivent nous être doux. (III, 334. *Hor*. 1178.)

.... Quoi que vous disiez, je dois craindre sa haine,
Et fuirois *à ce prix* cette illustre Romaine. (vi, 374. *Sert.* 238.)

Au prix de, en comparaison de :

Mais ce n'est rien encore *au prix de* ce qui reste. (iii, 336. *Hor.* 1231.)

Ce n'est encore rien *au prix de* son forfait.
(Garnier, *les Iuifues*, acte III, vers 180.)

Prix, récompense :

Cruelle, est-ce là donc ce que vos injustices
Ont réservé de *prix* à de si longs services? (ii, 452. *Illus.* 362.)
.... Si vous aimez Flavie,
Elle sera le *prix* de m'avoir bien servie. (vii, 153. *Att.* 1086.)
C'est ce qu'il n'est plus temps de vous dissimuler,
Seigneur; et c'est le *prix* de m'avoir fait parler. (vii, 486. *Sur.* 564.)

PROCÉDÉ, façon dont on procède, manière d'agir :

Je vous supplie de considérer qu'elle (*l'Académie*) procède contre moi avec tant de violence, et qu'elle emploie une autorité si souveraine pour me fermer la bouche, que ceux qui sauront son *procédé* auront sujet d'estimer que je ne serois point coupable si l'on m'avoit permis de me montrer innocent. (x, 429. *Lettr.*)

Sanglant procédé, en parlant du duel :

Pour témoigner à tous qu'à regret je permets
Un *sanglant procédé* qui ne me plut jamais,
De moi ni de ma cour il n'aura la présence. (iii, 181. *Cid,* 1452.)

PROCÉDER contre, voyez Procédé (1er exemple).

PROCHAIN, AINE, voisin, voisine :

Des chasseurs l'ont surpris dans la forêt *prochaine*. (vi, 62. *Perth.* 1004.)

PROCHE, adjectif, voisin :

Si *proches* du logis, il vaut mieux l'y porter. (i, 217. *Mél.* 1238.)
.... Au pied de cette roche
Que de ces tristes murs nous voyons la plus *proche*. (vi, 177. *OEd.* 1006.)
Albin l'a rencontré dans la *proche* campagne. (iii, 500. *Pol.* 277.)

Proche, prochain :

Acaste est satisfait d'un si *proche* départ. (ii, 366. *Méd.* 516.)
Il sembloit nous parler de ton *proche* hyménée. (iii, 358. *Hor. var.* 3.)
C'est donc trop peu pour moi que des malheurs si *proches*,
Si vous ne les croissez par d'injustes reproches! (v, 344. *Andr.* 642.)

Proche de, adjectivement, près de :

.... *Proche* qu'elle est *de* choir dans l'infamie. (v, 61. *Théod.* 1016.)

Proche, en parlant de la parenté :

A voir de tels amis, des personnes si *proches*,

Venir pour leur patrie aux mortelles approches,
L'un s'émeut de pitié, l'autre est saisi d'horreur. (III, 316. *Hor.* 783.)
.... Par les droits du sang, je lui suis assez *proche*. (V, 20. *Théod.* 96.)

PROCLAMER POUR :

Quinze ou vingt révoltés au milieu de la place
Viennent de *proclamer* Othon *pour* empereur. (VI, 639. *Oth.* 1475.)

PROCURER.

Je me *procure* un mal pour en éviter mille. (II, 236. *Pl. roy.* 250.)
Pour ceux qui m'*ont* causé quelques désavantages,
Procuré quelque perte, ou fait quelques outrages. (VIII, 633. *Imit.* IV, 1128.)

Ce mot ne s'emploie plus guère aujourd'hui qu'en parlant de quelque chose d'agréable ou d'avantageux; mais autrefois on s'en servait aussi en mauvaise part. « Agrippine *procura* la ruine d'une autre femme de condition, à cause que le Prince avoit loué sa beauté. » (Perrot d'Ablancourt, traduction de Tacite, *Annales*, livre XII, chapitre XXII, tome II, p. 67.)

PRODIGE, au figuré :

Ouvre-moi donc, grand Roi, ce *prodige* des arts,...
Ce merveilleux salon.... (X, 180. *Poés. div.* 91.)

Voyez la note 3 de la page indiquée.

PRODIGUE DE :

Un menteur est toujours *prodigue de* serments. (IV, 192. *Ment.* 972.)

ÊTRE PRODIGUE À QUELQU'UN :

Le pardon qu'il lui donna fut la source des nouveaux bienfaits dont il lui fut *prodigue*. (III, 370. *Épît. de Cin.*)

PRODUIRE, causer :

Tout inconnu qu'il m'est, il *produit* ma misère. (II, 200. *Suiv.* 1433.)

PRODUIRE, montrer, faire paraître :

D'aujourd'hui seulement je *produis* mon visage. (IV, 180. *Ment.* 721.)
Produisez un fantôme, ou semez un faux bruit. (VI, 28. *Perth.* 205.)
Des chasseurs l'ont surpris dans la forêt prochaine,
Où, caché dans un fort, il attendoit la nuit.
— Je vois trop clairement quelle main le *produit*. (VI, 62. *Perth.* 1006.)
.... D'un si haut dessein elle a fait trop de bruit.
Elle en fait avorter l'effet par la menace,
Et ne te *produit* plus que de mauvaise grâce. (VI, 65. *Perth.* 1052.)
Ce n'est point mon amour qui *produit* Pertharite. (VI, 73. *Perth.* 1231.)
.... Cette troupe brouillonne
M'arrache de ce cabaret
Pour vous *produire* ma personne. (X, 41. *Poés. div.* 74.)
Les extraits des comptes que je *produis*.... (X, 434. *Lettr.*)

SE PRODUIRE :

Il ne *se produit* point aux yeux de sa maîtresse. (II, 121. *Exam.* de *la Suiv.*)
.... L'on peut rarement m'écouter sans ennui,
Que quand je *me produis* par la bouche d'autrui. (x, 477. *Lettr.*)

PROFANER, au figuré :

Ce n'est pas mon dessein d'en faire ici les éloges (*de vos vertus*) : outre qu'il seroit superflu de particulariser ce que tout le monde sait, la bassesse de mon discours *profaneroit* des choses si relevées. (I, 376. *Épît.* de *la Veuve.*)

PROFITER, avec un complément déterminatif, semblable à l'accusatif neutre latin :

Seigneur, jusques ici votre sévérité
A fait beaucoup de bruit et n'a rien *profité.* (III, 437. *Cin.* var. 4.)

Comparez le latin : *nil proficere.*

Ces dévots indiscrets dont le zèle incommode,
  Pour les rendre saints à leur mode,
Leur forme une conduite et fait des lois à part,
Au lieu de s'avancer par un secret mérite,
Perdent ce qu'en commun dans la règle on *profite*
  A force de vivre à l'écart. (VIII, 328. *Imit.* III, 1436.)

PROGRÈS.

Il ne faut point douter que des commencements si merveilleux ne soient soutenus par des *progrès* encore plus étonnants. (III, 473. *Épît.* de *Pol.*)

Ces mots s'adressent à la reine Anne d'Autriche. Il s'agit des heureux commencements de sa régence.

PROIE, butin :

.... Le soldat soupire après la *proie.* (x, 108. *Poés. div.* 34.)

OFFRIR EN PROIE ; DONNER, ABANDONNER, METTRE EN PROIE À :

Vous *offririez* en vain votre couronne *en proie.* (VIII, 355. *Imit.* III, 1967.)
  Veux-tu *donner* le monde *en proie*
A la haine, *au* désordre, *à* la confusion ? (VII, 365. *Psy.* 1998 et 1999.)
Le sang d'Antiochus n'est pas encor si bas
Qu'on *l'abandonne en proie aux* fureurs des soldats. (v, 50. *Théod.* 746.)
Ces deux siéges fameux de Thèbes et de Troie,
Qui *mirent* l'une en sang, l'autre *aux* flammes *en proie,*
N'eurent pour fondements à leurs maux infinis
Que ceux que contre nous le sort a réunis. (IV, 437. *Rod.* 172.)

Voltaire a critiqué cette expression *mettre en proie ; mettre en sang,* qui précède, la fait passer.

PROJET, dessein, sujet :

Ne te dégoûte point surtout des paraboles,
  Quel qu'en soit le *projet.* (VIII. 53. *Imit.* I, 403.)

PROJET, absolument, entreprise, projet d'agir, d'obtenir, etc. :

Chacun se porte au bien....
Mais il en est de faux ainsi que de solide;
Et comme l'apparence attire le *projet*,
La fausse avec tant d'art quelquefois y préside,
Que l'un passe pour l'autre, et les yeux les meilleurs
   Se trompent aux mêmes couleurs. (viii, 534. *Imit.* iii, 5632.)

PROMESSE (Donner) :

.... Je te *donne promesse*
Qu'il pourroit bien ailleurs chercher une maîtresse.
(ii, 35. *Gal. du Pal.* 329.)

Tenir promesse :

Cessez de m'accuser, soupçonneuse déesse;
   Je sais tenir *promesse*. (vi, 329. *Tois.* 1765.)

PRONONCER.

.... Il n'est plus de Léonce,
Et j'entends mon arrêt sans qu'on me le *prononce*. (v, 196. *Hér.* 936.)
J'entends donc mon arrêt sans qu'on me le *prononce*. (v, 197. *Hér.* 947.)
Elle (*la Déesse*) a reçu nos vœux, et les daigne exaucer;
Ecoutez-en l'effet qu'elle va *prononcer*. (v, 330. *Andr.* 353.)

PROPORTIONNÉ.

Elle (*la comédie de* la Veuve) a quelque chose de mieux ordonné pour le temps en général, qui n'est pas si vague que dans *Mélite*, et a ses intervalles mieux *proportionnés* par cinq jours consécutifs.
(i, 394. *Exam. de la Veuve.*)

PROPOS, occasion :

Mille ennemis secrets, la mort à tous *propos*.... (iii, 402. *Cin.* 375.)
Voyez aussi x, 138, *Poés. div.* 7.

À quel propos? pour quel sujet? pour quelle cause?

Tu vas régner sans elle; à *quel propos* l'aimer? (v, 577. *Nic.* 1490.)

Propos, résolution, ce qu'on se propose :

   Une âme lâche dans le monde
   Flotte à la merci du démon;
Et tous ces bons *propos* qu'à toute heure elle quitte
L'abandonnent aux vents dont sa fureur l'agite. (viii, 83. *Imit.* i, 902.)
Le moindre tourbillon me fait peur de l'orage,
Et renverse d'effroi mon plus ferme *propos*. (viii, 362. *Imit.* iii, 2105.)
De peur qu'enseveli sous l'indigne repos
Où plonge d'un tel bien l'abstinence funeste,
Je n'échappe à toute heure à tous mes bons *propos*. (viii, 602. *Imit.* iv, 480.)

Propos, paroles :

Il me souvient toujours de ses derniers *propos*;
Il mourut en mes bras avec ces tristes mots. (v, 466. *D. San.* 1139.)

PROPOSER, donner à prévoir (comme menace ou comme promesse) :

> Vu les *peines* qui y *étoient proposées* (*dans cet édit*) à ceux de sa religion, et les honneurs promis à ceux du parti contraire.... (III, 476. *Abrégé du Mart. de S. Pol.*)

PROPOSITION, première partie du poëme qui contient l'exposition du sujet, voyez ci-après, p. 232, le premier exemple de l'article Protase.

PROPRE.

Être propre à quelqu'un, lui convenir, être en rapport d'âge, de caractère, etc., avec lui :

> Il me faudroit en main avoir un autre amant,
> Savoir qu'il *me fut propre*, et que son hyménée
> Dût bientôt à la sienne unir ma destinée. (IV, 164. *Ment.* 445.)

Propre, bon, convenable, utile :

> Cet avis est plus *propre* à donner à la Reine. (V, 553. *Nic.* 959.)

De ma, de sa main propre :

> Il faut que de mon sang je lui fasse raison,
> Et de ma jalousie, et de ma trahison,
> Et que *de ma main propre* une âme si fidèle
> Reçoive.... Mais d'où vient que tout mon corps chancelle ?
> (I, 221. *Mél.* 1303.)

> .... Tu dédaignes la Victoire
> Que j'ai *de ma main propre* attachée à tes pas ! (VI, 257. *Tois.* 80.)
> Qu'heureux est le mortel que la vérité même
> Conduit *de sa main propre* au chemin qui lui plaît ! (VIII, 38. *Imit.* I, 140.)

Les grammairiens ont fixé rigoureusement la place de l'adjectif *propre* suivant ses différents sens, et proscrit la construction *de ma main propre*, pour *de ma propre main*. Cette tournure était fort employée autrefois, même en prose. On lit dans les *Sentiments de l'Académie* sur le Cid : « Il n'y a pas d'apparence que Chimène se résolut à faire cette vengeance avec *ses mains propres*. » Remettre *en mains propres*, conservé par l'usage du Palais, s'emploie encore aujourd'hui.

Mal propre, voyez ci-dessus, p. 68, Mal.

PROSPÈRE, heureux :

> .... Mes desirs ont eu des succès si *prospères*,
> Que l'auteur de vos jours m'a promis à demain
> Le bonheur sans pareil de vous donner la main. (III, 295. *Hor.* 336.)

PROSTERNER, activement :

> Oui, tandis que le Roi va lui-même en personne
> Jusqu'aux pieds de César *prosterner* sa couronne,
> Cléopatre s'enferme en son appartement,
> Et sans s'en émouvoir attend son compliment. (IV, 58. *Pomp.* 722.)

Qu'une douleur sensible, un véritable ennui,
Un profond repentir le *prosterne* à ma face. (VIII, 624. *Imit.* IV, 951.)
Exauce cette indigne et vile créature
Que *prosterne* à tes pieds un humble repentir. (VIII, 630. *Imit.* IV, 1066.)

PROTASE, terme de poétique, exposition d'une pièce de théâtre :

Il (*Térence*) a introduit une nouvelle sorte de personnages, qu'on a appelés protatiques, parce qu'ils ne paroissent que dans la *protase*, où se doit faire la proposition et l'ouverture du sujet. (I, 46. *Disc. du Poëme dram.*)

L'amour de Géraste pour Florise n'est point marqué dans le premier acte; ainsi la *protase* comprend la première scène du second. (II, 120. *Exam.* de *la Suiv.*)

Je ne dis pas la même chose des songes, qui peuvent faire encore un grand ornement dans la *protase*. (III, 278. *Exam.* d'*Hor.*)

Dorante aime Clarice dans toute la pièce, et épouse Lucrèce à la fin, qui par là ne répond pas à la *protase*. (III, 138. *Exam. du Ment.*)

Molière s'est moqué de ces dénominations : « Quoi, Monsieur, la *protase*, l'épitase et la péripétie.... — Ah! monsieur Lysidas, vous nous assommez avec vos grands mots. Ne paroissez point si savant, de grâce. Humanisez votre discours, et parlez pour être entendu. Pensez-vous qu'un nom grec donne plus de poids à vos raisons ? et ne trouveriez-vous pas qu'il fût aussi beau de dire l'exposition du sujet, que la *protase ;* le nœud, que l'épitase; et le dénouement, que la péripétie ? » (*La Critique de* l'École des femmes, scène VI.) Aujourd'hui, ces termes ont disparu du style de la critique, à l'exception toutefois de *péripétie*, que l'usage a tout à fait naturalisé.

PROTATIQUE.

Pollux est un de ces personnages *protatiques* qui ne sont introduits que pour écouter la narration du sujet. (II, 336. *Exam.* de *Méd.*)

J'avoue qu'elle est sans artifice (*cette narration*), et qu'on la fait de sang-froid à un personnage *protatique*. (IV, 423. *Exam.* de *Rod.*)

Voyez le premier exemple de l'article PROTASE.

PROTECTION (PRENDRE LA) D'UNE PERSONNE, prendre sa défense, la prendre sous sa protection :

Ma main, saignante encor du meurtre de Pélie,
Souleveroit contre moi toute la Thessalie,
Quand votre cœur, sensible à la compassion,
Malgré tous mes forfaits, *prit ma protection*. (II, 365. *Méd.* 484.)

Quand cela (*mes* Discours *sur la poésie dramatique*) paroîtra, je ne doute point qu'il ne donne matière aux critiques : *prenez un peu ma protection*. (X, 486. *Lettr.*)

PROTESTER.

PROTESTER DE QUELQUE CHOSE :

Mais comme enfin le mort étoit votre rival
Et que le prisonnier *proteste* d'innocence,

Je dois sur ce soupçon vous mettre en sa présence.
(IV, 306. *S. du Ment.* 319.)

Protester à quelqu'un :

Andromède prend la parole, et *proteste à* ce malheureux qu'elle veut oublier la victoire de son rival. (v, 274. *Dess. d'Andr.*)

PROVINCE, pays éloigné de la capitale, de la cour :

.... La terre n'a point de si douce *province*
Où le jour m'agréât loin des yeux de mon prince. (I, 344. *Clit.* 1205.)
Qui sait faire sa cour se fait aux mœurs du prince ;
Mais il (*Othon*) fut tout à soi quand il fut en *province*. (VI, 616. *Oth.* 954.)

PSALMODIE, chant des psaumes ; PSALMODIER, chanter des psaumes :

Psalmodiez à la gloire du Seigneur avec la harpe. (IX, 118. *Off. V.*)
N'épargnez point les luths à votre *psalmodie*. (IX, 119. *Off. V.* 25.)

Ces deux exemples sont la traduction en prose et en vers des mots latins : *Psallite Domino in cithara.*

PUBLIC, adjectif :

.... Dispensez ma tristesse
De vous dépeindre ici la *publique* allégresse. (v, 321. *Andr.* 127.)

Maintenant *public* se place presque toujours après le substantif ; au dix-septième siècle on le mettait souvent le premier. Boileau a dit :

Lui seul y fit longtemps la *publique* misère. (*Art poétique*, chant IV, vers 1.)

Ennemi public :

D'un *ennemi public* dont je reviens vainqueur
Le nom est dans ta bouche et l'amour dans ton cœur. (III, 338. *Hor.* 1269.)

Vn *ennemi public* aimer il n'appartient. (Garnier, *Antigone*, acte IV, vers 374.)

Public, substantivement :

Mourir pour le pays est un si digne sort,
Qu'on brigueroit en foule une si belle mort ;
Mais vouloir au *public* immoler ce qu'on aime....
Une telle vertu n'appartenoit qu'à nous. (III, 301. *Hor.* 443.)

Voyez encore III, 169, *Cid,* 1200.

PUBLIER.

Publier à :

Mélite seroit trop ingrate de rechercher une autre protection que la vôtre ; elle vous doit cet hommage et cette légère reconnoissance de tant d'obligations qu'elle vous a : non qu'elle présume par là s'en acquitter en quelque sorte, mais seulement pour les *publier à* toute la France. (I, 134. *Épît. de Mél.*)

PUBLIER, ayant pour complément direct un nom de personne :

.... Je l'entends partout *publier* hautement
Aussi brave guerrier que malheureux amant. (III, 167. *Cid*, 1155.)

PUCELAGE.

Elle eût perdu mon cœur avec son *pucelage*. (II, 259. *Pl. roy.* 677 *var*.

Corneille a fait disparaître ce mot à partir de 1648.

PUIS APRÈS, plus tard :

Éraste.... devenu *puis après* jaloux de leur hantise.... (I, 136. *Argum.* de *Mél.*)

« *Non erit te quod te posterius purges*. Tu ne gaigneras rien à te venir excuser *puis apres*. » (Mathurin Cordier, chapitre XLI, p. 467, § 8.)

PUISER EN :

Tu peux, mortel, à pleines mains
Puiser des bonheurs souverains
En cette inépuisable source. (X, 221. *Poés. div.* 13 et 14.)

PUISQUE, coupé par un autre mot :

Puis donc *que* tu le veux, puisque tu le commandes....
(VIII, 594. *Imit.* IV, 315.

PUISSAMMENT, fortement, considérablement :

Je sentirois mon mal *puissamment* soulagé. (I, 478. *Veuve*, 1525.)
Redoublez *puissamment* votre mortel effroi. (II, 398. *Méd.* 1165.)
.... Placide aime, et votre châtiment
Portera sur son cœur ses coups plus *puissamment*. (V, 91. *Théod.* 1682.)

PUISSANCE.

C'est là ton pur ouvrage, et ce qu'en vain ta France
Elle-même a tenté sous une autre *puissance*. (X, 206. *Poés. div.* 178.)

« Sous une autre puissance, » sous un autre roi. Le poëte s'adresse à Louis XIV.

DE PUISSANCE ABSOLUE, d'autorité :

Sa mère peut agir *de puissance absolue*. (I, 175. *Mél.* 559.)
Agissez donc, Seigneur, *de puissance absolue*. (VI, 77. *Perth.* 1332.)
Mais pour votre Léon, êtes-vous résolue
A le perdre aujourd'hui *de puissance absolue?* (VII, 414. *Pulch.* 842.)

PUISSANT, fort, énergique, violent :

Son ornement (*de* la Veuve) n'est pas dans l'éclat des vers. C'est une belle chose que de les faire *puissants* et majestueux. (I, 376. *Au lect.* de *la Veuve*.)

.... En ce danger pressant,
Qui jeta dans la ville un effroi si *puissant*. (III, 171. *Cid*, 1244.)

Je sens naître en mon âme un repentir *puissant*. (III, 460. *Cin*. 1719.)

PUISSANT EN :

Abondante en richesse, ou *puissante en* crédit,
Je demeure toujours la fille d'un proscrit. (III, 388. *Cin*. 71.)

PUNIR, absolument :

.... Ce fer que mon bras ne peut plus soutenir,
Je le remets au tien pour venger et *punir*. (III, 119. *Cid*, 272.)

PUNISSEUR.

Je n'irai point chercher sur les bords africains
Le foudre *punisseur* que je vois en tes mains. (IV, 84. *Pomp*. 1400 *var*. 2.)

Voltaire s'exprime ainsi au sujet de ce passage ▸ « Il y avait d'abord *le foudre punisseur*. *Punisseur* était un beau terme qui manquait à notre langue. *Puni* doit fournir *punisseur*, comme *vengé* fournit *vengeur*. J'ose souhaiter, encore une fois, qu'on eût conservé la plupart de ces termes qui faisaient un si bel effet du temps de Corneille ; mais il a mis lui-même à la place (en 1660) *le foudre souhaité*, épithète qui est bien plus faible. » — Si Corneille a supprimé ce mot, qui ne se trouve que cette seule fois dans ses œuvres, ce n'est pas, comme Voltaire paraît le penser, à cause de sa nouveauté; c'est au contraire parce qu'il commençait à vieillir. Non-seulement on le trouve dans Nicot et Cotgrave, mais le poète Garnier s'en est souvent servi :

Si les Dieux tant de fois nous estoient *punisseurs*,
Que nous, chetifs mortels, leur sommes offenseurs,
Leur foudre defaudroit.... (*Porcie*, acte III, vers 149.)

Las ! et si Iupiter, au milieu de son ire
Le foudre dans la main pour vn peuple destruire,
Auoit ietté ses yeux sur ma Royne sondain,
Le foudre *punisseur* luy cherroit de la main. (*Antoine*, acte II, vers 427.)

— C'est sans doute la lecture de ce dernier passage qui a suggéré à Corneille l'idée d'employer *le foudre punisseur* dans *Pompée*. Il est naturel qu'au moment de composer cette tragédie, il ait voulu parcourir l'*Antoine* du vieux poëte, et qu'il se soit trouvé tenté par cette belle expression, qu'une critique déplacée lui a sans doute fait changer plus tard.

Punisseur s'employait aussi substantivement : « J'ay tousiours veu les Espagnols seueres *punisseurs* de ceux qui par lascheté et couardise rendoient ou perdoient les places. » (Blaise de Montluc, *Commentaires*, livre IV, folio 142, verso.) — On voit que le mot appartenait au langage ordinaire, et n'était point, comme on pourrait le croire, exclusivement réservé au style poétique.

PUR, au figuré :

Vous verriez jusqu'où va ma *pure* obéissance. (I, 407. *Veuve*, 165.)
Je suis toujours moi-même, et ma foi toujours *pure*. (III, 426. *Cin*. 945.)
.... Tout ce qu'il débite est *pure* vérité. (IV, 320. *S. du Ment*. 601.)
C'est un miracle *pur* que le cours de sa vie. (IV, 467. *D. San*. 1166.)
C'est là ton *pur* ouvrage.... (X, 206. *Poés. div*. 177.)

C'est-à-dire, c'est là ton ouvrage à toi seul, ce que tu as seul fait.

PURETÉ.

Toujours quelques soucis en ces événements
Troublent la *pureté* de nos contentements. (III, 160. *Cid*, 1004.)

C'est par suite d'une erreur que M. Godefroy donne dans son *Lexique* un exemple du pluriel *puretés*, comme se trouvant au vers 1445 de *Tite et Bérénice*. On lit en cet endroit *duretés*, et non *puretés*, dans toutes les éditions.

PURGATION DES PASSIONS, en terme de poétique :

C'est en cela que consiste la troisième utilité du théâtre, comme la quatrième en la *purgation des passions* par le moyen de la pitié et de la crainte. (I, 22. *Disc. du Poeme dram.*)

Ce passage seul nous donne assez d'ouverture pour donner la manière dont se fait la *purgation des passions* dans la tragédie. (I, 53. *Disc. de la Trag.*)

Quelque difficulté qu'il y aye à trouver cette *purgation* effective et sensible *des passions* par le moyen de la pitié et de la crainte, il est aisé de nous accommoder avec Aristote. (I, 60. *Disc. de la Trag.*)

Il y a encore une autre utilité propre à la tragédie, qui est la *purgation des passions*; mais ce n'est pas ici le lieu d'en parler. (IV, 284. *Épit. de la S. du Ment.*)

Voyez l'avant-dernière section de l'article suivant.

PURGER, au figuré :

.... Le sacré caractère
Qui lave nos forfaits dans une eau salutaire,
Et qui *purgeant* notre âme et dessillant nos yeux,
Nous rend le premier droit que nous avions aux cieux. (III, 489. *Pol.* 47.)
   Homme, si tu pouvois apprendre
 L'art de te bien anéantir,
 De bien *purger* ce cœur.... (VIII, 468. *Imit.* III, 4278.)
Deux ou trois jours peut-être, un peu plus, un peu moins,
Éclairciront ce trouble, et *purgeront* ces soins. (IV, 324. *S. du Ment.* 682.)
Fais que le cœur contrit et l'humble aveu de bouche
Sachent si bien *purger* le désordre caché,
Que rien par le remords ne te soit reproché. (VIII, 620. *Imit.* IV, 861.)
    Toi seule as dans ta main
De quoi du vieil Adam *purger* toute l'offense. (IX, 35. *Louanges*, 504.)
Ah! qu'il vaudroit bien mieux par de saints exercices
Purger nos passions, déraciner nos vices! (VIII, 155. *Imit.* I, 2291.)

Dans les exemples qui précèdent, *purger* est pris dans deux acceptions assez différentes. Dans les deux premiers, il signifie *purifier*; dans les quatre suivants, il veut dire : *ôter* (une chose impure, mauvaise), et a pour complément non pas ce d'où l'on ôte, mais ce qu'on ôte.

PURGER DE :

Purgez votre cerveau *de* cette frénésie. (I, 167. *Mél.* 430.)
    .... Peut-être ce rival
Qui m'a fait après tout plus de bien que de mal,
Sitôt qu'il vous plaira d'écouter sa défense,
Saura *de* ce forfait *purger* son innocence. (I, 317. *Clit.* 742.)
.... *Purgez*-moi l'esprit *de* ce petit souci. (II, 461. *Illus.* 551.)
Il en est en vos mains, des présents assez doux,
Qui *purgeroient* vos noms *de* toute ingratitude. (V, 456. *D. San.* 905.)

.... Celui qui se juge heureusement s'instruit
A *purger de* péché ce qu'il fait, dit ou pense. (VIII, 87. *Imit.* I, 982.)
D'où crois-tu qu'on voit ici-bas
Si peu d'âmes illuminées,
Si peu dont le dedans *soit purgé* d'embarras? (VIII, 627. *Imit.* IV, 1010.)

PURGER, en terme de poétique :

Par la pitié et la crainte elle (*la tragédie*) *purge* de semblables passions. (I, 52. *Disc. de la Trag.*)

Cette pitié nous doit donner une crainte de tomber dans un pareil malheur, et purger en nous ce trop d'amour qui cause leur infortune et nous les fait plaindre. (I, 58. *Disc. de la Trag.*)

Si sa représentation (d'*OEdipe*) nous peut imprimer quelque crainte, et que cette crainte soit capable de *purger* en nous quelque inclination blâmable ou vicieuse, elle y *purgera* la curiosité de savoir l'avenir. (I, 62. *Disc. de la Trag.*)

La mort du Comte.... peut.... mieux *purger* en nous cette sorte d'orgueil envieux de la gloire d'autrui, que toute la compassion que nous avons de Rodrigue et de Chimène ne *purge* les attachements de ce violent amour qui les rend à plaindre l'un et l'autre. (I, 60. *Disc. de la Trag.*)

La crainte d'une infortune semblable ou approchante peut *purger* en une mère l'opiniâtreté à ne se point dessaisir du bien de ses enfants. (I, 61. *Disc. de la Trag.*)

Si nous imputons son désastre à sa bonne foi, quelque crainte pourra suivre la pitié que nous en aurons ; mais elle ne *purgera* qu'une facilité de confiance sur la parole d'un ennemi réconcilié. (I, 57. *Disc. de la Trag.*)

La pitié qu'il prendra de lui n'ira point jusqu'à cette crainte qui *purge*, parce qu'il ne lui ressemble point. (I, 57. *Disc. de la Trag.*)

Placide en peut faire naître (*de la pitié*), et *purger* ensuite ces forts attachements d'amour qui sont cause de son malheur; mais les funestes désespoirs de Marcelle et de Flavie, bien que l'une ni l'autre ne fasse de pitié, sont encore plus capables de *purger* l'opiniâtreté à faire des mariages par force. (V, 13. *Exam. de Théod.*)

SE PURGER DE :

Purge-toi d'un forfait si honteux et si bas.
— *M'en purger!* moi, Seigneur! Vous ne le croyez pas.
(v. 566. *Nic.* 1241 et 1242.)

Q

QUAND.

À QUAND RENDRE ?

.... Mais enfin, *à quand rendre?*
— Dès demain.... (IV, 328. *S. du Ment.* 751.)

Le sens est : « Si je vous laisse l'objet (*un portrait*), quand me le rendrez-vous? »

QUAND BIEN, pour *quand bien même, quand même :*

.... *Quand bien* vous auriez tout lieu de vous en plaindre,
Sophonisbe, après tout, n'est point pour vous à craindre.
(VI, 492. *Soph.* 475.)

QUART D'ÉCU.

.... Le prix? — Chacun le sait :
Autant de *quarts d'écus*, c'est un marché tout fait.
(II, 94. *Gal. du Pal.* 1424.)

Le *quart d'écu* valait quinze sous pendant le règne de Henri III; seize sous pendant celui de Henri IV; en 1636 il fut porté à vingt par l'édit de mars, et à vingt et un en 1641 par celui de septembre.

QUARTIER.

J'y mène, du *quartier*, Hippolyte et Cloris. (II, 20. *Gal. du Pal.* 63.)
Pour en délibérer (*de ta retraite*), et choisir le *quartier*,
De grâce ma bonté te donne un jour entier. (II, 366. *Méd.* 503.)
Vu ce que je vous suis, vous n'aviez qu'à m'écrire,
Et demeurer chez vous en repos à Poitiers;
J'aurois sollicité pour vous en ces *quartiers*. (IV, 219. *Ment.* 4 *var.*)

Corneille a entièrement changé ce passage en 1660. Dans sa nouvelle rédaction on lit les deux vers suivants :

Vous avez feuilleté le Digeste à Poitiers,
Et vu, comme mon fils, les gens de ces *quartiers*.

« Ce mot se dit en parlant de grandes villes, de pays, de provinces, etc., et il signifie endroit de ville, de pays ou de province. » (Richelet, *Dictionnaire françois*, 1680.)

PAR QUARTIER :

On ne doit point avoir des amants *par quartier;*
Alidor a mon cœur, et l'aura tout entier. (II, 227. *Pl. roy.* 39.)

M. Godefroy entend ainsi la fin du premier vers : « avoir des amants qui n'occupent chacun qu'une partie du cœur; » cette interprétation ne nous paraît point fondée. Mieux vaut donner ici au mot *quartier* le sens qui est expliqué dans la définition suivante tirée du *Dictionnaire* de Trévoux : « *Quartier*, chez le Roi et les Princes, est le service qu'on leur rend durant trois mois, chacun selon sa charge.... Il se dit aussi par extension de tous ceux qui sont assidus auprès des gens à qui ils plaisent. Le Chevalier.... est présentement de *quartier* chez la Marquise.... »

À QUARTIER, à l'écart, de côté :

On ne prend point.... pour incroyables les incidents de ces deux tragédies (*Nicomède* et *Héraclius*) ; et ceux qui savent le désaveu qu'en fait l'histoire la mettent aisément *à quartier* pour se plaire à leur représentation. (I, 93. *Disc. de la Trag.*)

La Nourrice paroît à l'autre bout du théâtre, avec Éraste, l'épée nue à la main, et ayant parlé à lui quelque temps à l'oreille, elle le laisse *à quartier*, et s'avance vers Tirsis. (I, 243. *Mél.* note 4.)

.... Écoute
Quatre mots *à quartier*.... (I, 245. *Mél.* 1725.)
Tirons-nous *à quartier;* nous jouerons mieux nos jeux,

S'ils n'aperçoivent point que nous parlions nous deux.
(II, 18. *Gal. du Pal.* 23.)
Sans vos instructions je sais bien mon métier,
Et je n'en laisserai pas un trait *à quartier.* (II, 145. *Suiv.* 360.)
Isabelle et Lyse paroissent *à quartier.* (II, 503. *Illus.*)

On lit dans le *Dictionnaire* de Nicot : « *Quartier,* en outre, est adverbe.... comme : « Il vient *de quartier,* » *a latere, non autem rectam subit,* et « se retirer *à quartier,* » *seorsim secedere.*

QUATRE (À) :

Vous vous faites tenir *à quatre.* (X, 158. *Poés. div.* 2.)

C'est-à-dire, on a de la peine à vous empêcher d'éclater, de vous fâcher.

QUE, relatif.

QUE, pour *ce que :*

.... Ah! j'entends bien *que* c'est :
Un peu de violence en t'excusant te plaît. (I, 185. *Mél. var.* 1.)

Le passage où se trouvent ces vers a été supprimé dans les éditions postérieures à 1648.

Hasard, voyons *que* c'est, mais vite et sans demeure. (I, 252. *Mél. var.*)

En 1660 :

Voyons donc ce que c'est, sans plus longue demeure. (I, 204. *Mél.* 1039.)

Le Roi ne sait *que* c'est d'honorer à demi. (III, 333. *Hor.* 1165. *var.*)

Il ne sait ce que c'est d'honorer à demi. (1660)

Elle meurt de savoir *que* chante le poulet. (IV, 213. *Ment.* 1355. *var.*)

Comme elle a les yeux fins, elle a vu le poulet. (1660)

.... Nous savons *que* c'est que de péripétie. (IV, 888. *S. du Ment. var.* 1.)

Toute la scène où se trouve ce passage a été supprimée en 1660.

Et l'on ne sait *que* c'est parmi ses ennemis
De regagner un fort qu'une fois il a pris. (V, 517. *Nic.* 141. *var.*)

Et l'on ignore encor parmi ses ennemis
L'art de reprendre un fort qu'une fois il a pris. (1660)

Hélas! cet art, mon frère, impuissant sur les âmes,
Ne sait *que* c'est d'éteindre ou d'allumer des flammes. (VI, 316. *Tois.* 1405.)
Sachons *qu'*a fait Unulphe, avant que de résoudre. (VI, 43. *Perth.* 583 *var.*)

Sachons ce qu'il a fait avant que de résoudre. (1660)

.... L'on ne sait *que* c'est
De suivre ou d'obéir que suivant qu'il leur plaît. (VI, 403. *Sert.* 955.)
.... Je ne sais *que* c'est d'aimer ni de haïr. (VI, 417. *Sert.* 1284.)
Vous ne savez *que* c'est d'aimer ou de haïr,
Mais vous seriez pour lui fort aise d'obéir. (VII, 39. *Agés.* 748.)
.... On a des adversaires
Qui ne savent *que* c'est que de se reposer. (VIII, 230. *Imit.* II, 1108.)
Vous leur faites des yeux, vous leur faites des bouches,

Qui ne savent *que* c'est de voir ni de parler. (IX, 315. *Off. V.* 50.)
Apprends-moi cependant *qu'*est devenu ton maître.
(IV, 375. *S. du Ment.* 1634.)
Voilà, voilà *que* c'est d'avoir trop attendu. (II, 244. *Pl. roy.* 404. *var.*)

Voilà ce que me vaut d'avoir trop attendu. (1660)

Voilà, voilà *que* c'est, Blanche, que d'être reine. (V, 435. *D. San.* 376. *var.*)

Vois par là ce que c'est, Blanche, que d'être reine. (1663)

Dans presque toutes ces phrases, *que* équivaut au *quid* des Latins et marque une interrogation indirecte; dans les deux dernières il répond à *quod.* — « *Quid hoc sit, ex illo sciam*, ie sçauray de luy que c'est. *Nescio quid dicas*, ie ne sçay que tu dis. » (Mathurin Cordier, chapitre X, p. 168, §§ 14 et 16, et *passim.*)

On ne sçauoit alors *que* c'estoit de la guerre,
Que c'estoit de s'armer pour défendre sa terre.
(Garnier, *Porcie*, acte III, vers 37 et 38.)

Ce monstre vraiment déplorable,
Qui n'avoit jamais éprouvé
Que peut un visage d'Alcide.
(Malherbe, tome I, p. 80, poésie XIX, vers 118.)

Corneille, qui avait employé assez fréquemment cette tournure, semble s'être efforcé de la faire disparaître lorsqu'elle eut été condamnée par Vaugelas (*Remarques*, p. 173), aux décisions duquel nous l'avons vu d'ordinaire fort soumis. Cependant plusieurs ouvrages écrits après sa révision, *Sertorius, Agésilas,* etc., nous offrent encore des exemples de cette locution qu'il a toujours conservés. — Voyez ci-après, p. 256, QUI, pour *ce que.*

Sa compagnie étoit, ce me semble, assez belle.
— Que trop belle à mon goût, et, *que* je pense, au tien. (I, 414. *Veuve*, 30.)

« Que je pense, c'est-à-dire, ce que je pense. Le tour le plus ordinaire est : « à ce que je pense. »

QUE JE SACHE :

Permettez que ma main de ces fers vous détache.
Suis-je libre déjà? — Non encor, *que je sache.* (I, 322. *Clit.* 842.)

Que je sache, c'est-à-dire, *ce que* ou *chose que je sache*, autant que je puis le savoir.

N'AVOIR QUE, devant un infinitif :

.... Je l'amène ici, *n'ayant* plus *que* répondre. (I, 151. *Mél.* 149.)
N'ayant plus *que* haïr, je *n'aurois* plus *qu'*aimer. (I. 308. *Clit.* 564.)
Surpris, ravi, confus, je *n'ai que* repartir. (II, 175. *Suiv.* 927.)
Nous *n'avons* désormais *que* craindre de sa part. (II, 366. *Méd.* 515.)

Le *Dictionnaire de l'Académie* indique bien *n'avoir que faire*, mais il ne donne pas *n'avoir que répondre, que haïr, que craindre,* etc. — Ici encore *que* répond au latin *quid* ou *quod*, *quelle chose* ou *chose que*, suivis d'un mode personnel.

Voyez ci-après, p. 256, N'AVOIR QUI.

QUE, où, dans ou pendant lequel, dans ou pendant lesquels, après un nom de temps, ou après un nom de lieu (au propre ou au figuré) :

Maudissant mille fois le détestable jour
Que votre bon accueil lui donna de l'amour. (I, 216. *Mél.* 1230.)
Monsieur, il est trop vrai, le moment déplorable

Qu'elle a su son trépas a terminé ses jours. (i, 219. *Mél.* 1265.)
Tu ne veux plus songer qu'à ce jour à venir
Que Rosidor guéri termine un hyménée. (i, 363. *Clit.* 1617 *var.*)

En 1663, Corneille a substitué *où* à *que* dans ce passage et dans le suivant :

Si tu te sens trop foible, appelle à ton secours
Le souvenir de mille et de mille heureux jours,
Que ses desirs, d'accord avec mon espérance,
Ne laissoient à nos vœux aucune différence. (ii, 97. *Gal. du Pal.* 1485 *var.*)
L'une (*des scènes*) commence nécessairement au même instant *que* l'autre finit. (i, 398. *Exam.* de *la Veuve.*)
Je vais prendre le temps *que* sortira Nérine. (ii, 370. *Méd.* 606.)
Au malheureux moment *que* naissoit leur querelle.... (iii, 131. *Cid*, 454.)
Un jour, un jour viendra *que* par toute la terre
Rome se fera craindre à l'égal du tonnerre. (iii, 324. *Hor.* 987.)
.... Ce moment *que* je vous ai quittée. (iv, 79. *Pomp.* 1245.)
Cette ambitieuse mère ne lui en fait part qu'au moment *qu*'elle veut bien qu'il éclate. (iv, 425. *Exam. de Rod.*)
.... Le même jour *que* ma main vous couronne. (iv, 502. *Rod.* 1703.)
.... Ma rapidité
Doit regagner le temps *que* sur cette province,
    Pour contempler ce prince,
Je me suis arrêté. (v, 319. *Andr.* 95.)
Seigneur, je vous l'avoue, il est bien rigoureux
De tout perdre au moment *qu*'on se doit croire heureux.
                                    (v, 346. *Andr.* 685.)
Puis-je l'aimer, mon frère, au moment *qu*'il n'aspire
Qu'à ce trésor fatal dont dépend votre empire? (vi, 317. *Tois.* 1448.)
    Un jour viendra *que* le grand Maître,
    Le grand Roi se fera paroître,
    Armé de foudres et d'éclairs. (viii, 472. *Imit.* iii, 4353.)
Je vous avois quittée, et vous me rappelez
Dans le cruel instant *que* vous vous en allez. (x, 147. *Poés. div.* 70.)
Celui (*le sujet*) de Thésée, reconnu par le roi d'Athènes, son père, sur le point *qu*'il l'alloit faire périr, est le seul dont il me souvienne. (i, 77. *Disc. de la Trag.*)
.... Au point *qu*'il est j'en voudrois faire autant. (iv, 91. *Pomp.* 1556.)
.... J'estime qu'au point *qu*'elle nous a blessés,
Qui ne fait que s'en plaindre a du respect assez. (iv, 458. *Rod.* 705.)
.... En l'état *qu*'est son sort et le mien,
Nous nous plaindrons ensemble et ne résoudrons rien.
                                    (vii, 167. *Att.* 1435.)
Madame, j'ai porté mes pas et mes sanglots
Du côté *que* le vent poussoit encor les flots. (iv, 88. *Pomp.* 1488.)
.... Du côté *que* je le vois pencher. (v, 188. *Hér.* 757.)
Dès lors ces mêmes dieux, dont l'ordre s'exécute,
Le penchoient du côté *qu*'ils préparoient sa chute. (v, 369. *Andr.* 1155.)
Si j'avois donc vécu dans ce même repos
Qu'il a vécu dans Rome auprès de ses héros,

Elle me laisseroit la Bithynie entière. (v, 541. *Nic.* 646.)
Oui, c'est moi qui voudrois effacer de ma vie
Les jours *que* j'ai vécu sans vous avoir servie. (IV, 191. *Ment.* 950.)

Il y a *vécu*, sans accord, dans toutes les éditions, et par conséquent le *que* est bien pour *où*, *pendant lesquels*. Ces mots « jours que j'ai vécu » se trouvent répétés plus loin, dans la même pièce, au vers 1750, et là les éditions antérieures à 1660 donnent *vécus*, c'est-à-dire font de *que* le complément direct du verbe.

Dis-lui qu'avec le temps on amollit leurs âmes;
Et l'avertis surtout des heures et des lieux
*Qu'*il peut me rencontrer et paroître à mes yeux. (IV, 214. *Ment.* 1380 *var.*)

Dans ce dernier exemple, *que* est précédé à la fois d'un nom de temps et d'un nom de lieu. A partir de l'édition de 1660, *que* a été remplacé par *où* :

Où par rencontre il peut se montrer à mes yeux.

Pour un autre emploi de *que* (mais avec le subjonctif) après un nom de temps, voyez ci-après, p. 246, le troisième exemple de QUE équivalant à *pour que*, etc.

QUE, dont, avec lequel :

De la façon enfin *qu'*avec toi j'ai vécu,
Les vainqueurs sont jaloux du bonheur du vaincu. (III, 449. *Cin.* 1459.)
Il reçoit les adieux des siens et de sa femme,
Leur défend de le suivre, et s'avance au trépas
Avec le même front *qu'*il donnoit les États. (IV, 47. *Pomp.* 488.)

Malherbe a dit :

.... Sans faire le vain, mon aventure est telle,
Que de la même ardeur *que* je brûle pour elle,
Elle brûle pour moi (tome I, p. 159, poésie XLV, vers 11);

et Ménage a fait à ce sujet la remarque suivante : « *Dont je brûle* seroit mieux; *que je brûle* est pourtant françois. » Ces *que* tenant la place d'un pronom relatif et d'une préposition formaient divers tours faciles et commodes, les uns, on doit le regretter, entièrement passés d'usage, et les autres bien moins fréquents aujourd'hui qu'ils ne l'étaient jadis. — Voyez le *Lexique de Racine*.

QUE, précédé d'un qualificatif (adjectif, participe ou nom) auquel il se rapporte :

Un esclave d'amour le défend d'un rebelle,
Si toutefois un cœur qui n'a jamais aimé,
Fier et vain *qu'*il en est, peut être ainsi nommé. (I, 150. *Mél.* 140.)

Dans cette tournure, *que*, équivalant à peu près à *comme*, a une valeur relative : « vain comme il est; vain, ce qu'il est, chose qu'il est. »

Ton entretien commun me charme davantage;
Il ne peut me lasser, indifférent *qu'*il est. (I, 324. *Clit.* 871.)
.... Vois-tu qu'elle me fuie,
Qu'indifférent *qu'*il est, mon entretien l'ennuie? (I, 400. *Veuve*, 18.)
Charmantes *qu'*elles sont, les aimer c'est un crime. (V, 461. *D. San.* 1030.)
La belle occasion que votre jalousie,
Douteuse encor *qu'*elle est, a promptement saisie! (V, 463. *D. San.* 1098.)
Foible *qu'*étoit ce prince à régir tant d'États,
Il avoit des appuis que ton frère n'a pas. (VII, 429. *Pulch.* 1199.)

.... De son amitié l'effort sera bien rare
Si mis à cette épreuve, ambitieux *qu*'il est,
Il cherche à vous servir contre son intérêt. (VII, 388. *Pulch.* 191.)
Innocent *qu*'il étoit, il voulut endurer. (VIII, 183. *Imit.* II, 144.)
.... Banni *que* je suis, je leur suis plus qu'un roi. (II, 346. *Méd.* 116.)
Ce généreux monarque en eut l'âme ravie,
Et vaincu *qu*'il étoit, oublia son malheur,
Pour dans son auteur même honorer la valeur. (III, 500. *Pol.* 295 *var.*)
Tout son peuple (*le peuple de Paris*) ne craint ni pour ses toits chéris,
Ni pour ses doux amas, ni pour sa propre vie;
Mais pour le saint dépôt d'une vierge sacrée,
De ses murs alarmés le plus digne trésor,
Qu'enfermé *qu*'il étoit dans une châsse d'or,
Il porte en sûreté dans une autre contrée. (IX, 626. *Hymn.* 7.)

Il s'agit des reliques de sainte Geneviève.

.... La dupe *qu*'elle est croit tout sur ta parole. (I, 406. *Veuve*, 130.)
Qu'on te doit de remercîments
D'avoir fait ces banquets charmants
Pour des malheureux *que* nous sommes! (VIII, 651. *Imit.* IV, 1501.)
Il (*Dieu*) ne consulte qu'elle (*sa bonté*), et maître *qu*'il en est,
Sans devoir à personne, il donne à qui lui plaît. (X, 176. *Poés. div.* 7.)

Que séparé du nom auquel il se rapporte :

Ma haine va mourir, *que* j'ai crue immortelle. (III, 460. *Cin.* 1725.)
Leurs lettres en font foi, *qu*'elle me vient de rendre. (VI, 371. *Sert.* 169.)
Le secret n'est pas grand, *qu*'aisément on devine. (VI, 26. *Perth.* 131.)

Voyez le *Lexique de Mme de Sévigné*, tome I, p. XIX-XXI.

Que, employé, à la façon du relatif latin, comme complément direct dans une proposition incidente, ou servant à la fois de régime à un participe et à un mode personnel :

Mais il te reste encore à quitter bien des choses,
Que si tu ne me peux résigner tout à fait,
Tu n'acquerras jamais ce que tu te proposes. (VIII, 430. *Imit.* III, 3490.)
Plus tu vaincs la nature....
Plus cette grâce abonde, et sème des mérites,
Que moi-même honorant de mes douces visites,
Je fais de jour en jour d'autant plus haut monter.
(VIII, 545. *Imit.* III, 5879 et 5880.)

Dans ce dernier exemple, *que* est régi à la fois par *honorant* et par *je fais monter*.

Que, où nous mettrions *à qui* :

Humbles, *qu*'un saint orgueil fait dédaigner le monde....
(IX, 145. *Off. V.* 67.)

C'est la même tournure que « les fait dédaigner, » pour « leur fait dédaigner. » Ce n'est pas l'emploi du relatif, mais le tour donné à la phrase, qui est ici remarquable.

QUE, interrogatif, à quoi? en quoi?

.... *Que* sert le mérite où manque la fortune? (III, 495. *Pol.* 185.)
.... *Que* me servira cette vaine poursuite? (II, 418. *Méd.* 1593.)
Que me sert de savoir que tes vœux sont constants?
Que te sert d'être aimé, quand il n'en est plus temps?
(II, 265. *Pl. roy.* 791 et 792.)
Que vous peut offenser sa flamme ou sa retraite,
Puisque vous n'aspirez qu'à vous en voir défaite? (v, 462. *D. San.* 1057.)

QUE.... NE, pourquoi ne :

Mais *que* n'agissoit Rome avant que le retour
De cet amant si cher affermît son amour! (v, 526. *Nic.* 325.)

QUE, combien !

Que celui qui l'occupe (*cette place*) a de bonne fortune !
Et *que* seroit heureux qui pourroit aujourd'hui
Disputer cette place et l'emporter sur lui! (v, 517. *Nic.* 136 et 137.)
Que se tiendroit heureux un amour moins sincère,
Qui n'auroit d'autre but que de se satisfaire! (VI, 418. *Sert.* 1301.)
Que les hommes te vont devoir ! (x, 220. *Poés. div.* 8.)

QUE, conjonction.

QUE, servant à lier une proposition complétive au mot qui la régit; emplois divers :

Mais on ne parle plus qu'on fasse des romans ;
J'ai vu *que* notre peuple en étoit idolâtre. (II, 26. *Gal. du Pal.* 137.)

Le *que* qui dans cette phrase lie le verbe *voir* au verbe *être* a en même temps une valeur temporelle. C'est comme si l'on disait : « j'ai vu quand, j'ai vu le temps où.... »

Une révélation de Dieu qu'on se contenteroit de sa mort.... (v, 14. *Exam. de Théod.*)
Avant que de choisir je demande un serment,
Comtes, qu'on agréera mon choix aveuglément. (v, 424. *D. San.* 128.)

Les substantifs *révélation* et *serment* prennent ici, au moyen de *que*, les mêmes compléments que pourraient prendre les verbes *révéler* et *jurer*.

Aussi ai-je grand intérêt *que* vous me connoissiez. (x, 451. *Lettr.*)

On dirait, sinon mieux, au moins plus ordinairement, aujourd'hui : *intérêt à ce que*. Le *que* est aussi légitime qu'après *il importe*.

QUE, dépendant d'un verbe qui a un régime indirect, tel que *moi, en :*

Crois-moi qu'un homme de ta sorte....
Ne voit plus loger avec lui
Le soin, le chagrin ni l'ennui. (x, 25. *Poés. div.* 11.)
Croyez-moi qu'Alcidon n'en sait guère en amour. (I, 448. *Veuve*, 990.)
Croyez-moi *que* Poitiers est une bonne école. (IV, 309. *S. du Ment.* 368.)
.... Oui, j'en jure les Dieux
Qu'aujourd'hui mon courroux, armé contre son crime,
Au pied de leurs autels en fera ma victime. (v, 27. *Théod.* 223.)

.... Je m'en doutois, Seigneur, *que* ma couronne
Vous charmoit bien du moins autant que ma personne. (v, 520. *Nic.* 223.)

Que, dépendant, par un changement de tournure, d'un verbe qui a d'autres compléments différents :

.... Voyant à leurs pieds tomber tous leurs soldats,
Et *que* seuls désormais en vain ils se défendent. (iii, 175. *Cid*, 1325.)
.... J'espère à mon retour
Ne vous entretenir que de propos d'amour,
Et *que* nous n'emploierons la fin de la journée
Qu'aux doux préparatifs d'un heureux hyménée. (iii, 319. *Hor.* 867.)
Il faudroit *que* nos cœurs n'eussent plus qu'un desir,
Et quitter ces discours.... (i, 184. *Mél.* 702.)
Faites-vous voir sa sœur, et *qu'*en un même flanc
Le ciel vous a tous deux formés d'un même sang. (iii, 334. *Hor.* 1193.)
.... Je crains des chrétiens les complots et les charmes,
Et *que* sur mon époux leur troupeau ramassé
Ne venge tant de sang que mon père a versé. (iii, 498. *Pol.* 255.)
J'en crains une révolte (*une révolte des sens*), et *que* las d'obéir,
Comme je les trahis, ils ne m'osent trahir. (v, 35. *Théod.* 401.)
Je le sais, ma princesse, et *qu'*il vous fait la cour. (v, 512. *Nic.* 18.)
Vous le savez, Madame, et *que* les grandes âmes
Ne s'abaissent jamais aux foiblesses des femmes. (vi, 60. *Perth.* 951.)
Savez-vous ce qu'il peut, et *qu'*un visage aimé
Est toujours trop aimable à ce qu'il a charmé? (vi, 39. *Perth.* 469.)
Souviens-toi du beau feu dont nous sommes épris,
*Qu'*aussi bien que la gloire Émilie est ton prix,
Que tu me dois ton cœur, *que* mes faveurs t'attendent,
Que tes jours me sont chers, *que* les miens en dépendent.
(iii, 396. *Cin.* 276-278)
Je vous en donne avis, et *que* jamais les rois
Pour vivre en nos Etats ne vivent sous nos lois. (v, 543. *Nic.* 717)
J'ai su par son rapport, et je n'en doutois pas,
Comme de vos deux fils vous portez le trépas,
Et *que* déjà votre âme étant trop résolue,
Ma consolation vous seroit superflue. (iii, 346. *Hor.* 1451.)
Je sais quelle est ta flamme et quelles sont ses forces,
Que tu n'ignores pas comme on fait les divorces,
Que ton amour t'aveugle, et *que* pour l'épouser
Rome n'a point de lois que tu n'oses briser. (iv, 99. *Pomp.* 1746 et 1747.)

Que, amenant une proposition explicative, précédée ordinairement de *ce* :

C'est crime *qu'*envers lui se vouloir excuser. (iii, 349. *Hor.* 1541.)
Pour qui venge son père il n'est point de forfaits,
Et c'est vendre son sang *que* se rendre aux bienfaits. (iii, 388. *Cin.* 84.)
Souvent c'est perdre tout *que* vouloir tout savoir. (iv, 298. *S. du Ment.* 185.)
.... C'en est une (*trahison*) enfin bien digne de supplice
*Qu'*avoir d'un tel secret donné le moindre indice. (v, 174. *Hér.* 406.)

C'est blesser les Romains *que* faire une conquête,
Que mettre trop de bras sous une seule tête. (v, 578. *Nic.* 1515 et 1516.)
Oh! l'utile secret *que* mentir à propos! (iv, 178. 691.)
Au lieu de *que*, nous dirions aujourd'hui *que de* ou même simplement *de*.

NON PAS QUE, tour elliptique, pour *ce n'est pas que :*
Parle, que me veux-tu? — Vous ôter cette chaîne.
— Se repent-on déjà de m'avoir mis en peine?
— *Non pas* qu'on me l'ait dit.... (i, 322. *Clit. var.* 1.)
Corneille a entièrement modifié, en 1660, le commencement de cette scène.

QUE, équivalant à *pour que, afin que;* QUE.... NE, de peur que :
Mais que vous a-t-il fait, *que* pour lui seulement
Vous vous rendiez rebelle à mon commandement? (ii, 208. *Suiv.* 1583.)
Que t'a fait l'homme enfin, *que* ta grâce pour lui
Aime à se prodiguer, et lui servir d'appui? (viii, 457. *Imit.* iii, 4053.)
.... Il est saison *que* nous allions au temple. (iv, 217. *Ment.* 1434.)
.... Fuyons de sa présence,
Qu'il *ne* m'embrouille encor de quelque confidence. (ii, 203. *Suiv.* 1498.)
Fuyez, *qu*'à ses soupçons il *ne* vous sacrifie. (ii, 356. *Méd.* 330.)
Cliton, ne raille point, *que* tu *ne* me déplaises. (iv, 228. *Ment.* 1606.)
Voyez ci-après, à l'article RETENIR, p. 303, un autre emploi remarquable de *que.... ne*.

QUE, après un mot comparatif ou avec ellipse d'un mot comparatif.

PAREIL QUE :
Lis un livre dévot, simple et sans éloquence,
    Avec plaisir *pareil*
Que ceux où se produit l'orgueil de la science. (viii, 51. *Imit.* i, 363 et 364.)

PLUTÔT QUE :
.... Que *plutôt* le ciel à tes yeux me foudroie,
Qu'à des pensers si bas je puisse consentir! (iii, 536. *Pol.* 1058 et 1059.)
Ici le *que* simple après *plutôt* tient la place d'un double *que*.

QUE, si ce n'est, sinon, excepté, autre que, autre chose que, autrement que, ailleurs que, etc. :
Ces prologues doivent avoir beaucoup d'invention ; et je ne pense pas qu'on y puisse raisonnablement introduire *que* des Dieux imaginaires de l'antiquité. (i, 47. *Disc. du Poëm. dram.*)
Je ne puis m'empêcher de demander qui sont les maîtres de cet usage, et qui peut l'établir sur le théâtre, *que* ceux qui l'ont occupé avec gloire depuis trente ans. (v, 310. *Exam. d'Andr.*)
.... Pour qui mépriser tous nos rois, *que* pour lui? (vi, 379. *Sert.* 388.)
.... Une moitié qui n'a rien plus que moi,
Que le bandeau royal, que j'ai quitté pour toi. (ii, 380. *Méd.* 820.)
    .... Que fit Hypsipyle,
Que pousser les éclats d'un courroux inutile? (ii, 342. *Méd.* 10.)
    .... Qu'ont-ils fait, *qu*'obéir à leur mère? (ii, 415. *Méd.* 1537.)

.... Que faisiez-vous, Seigneur,
Que chercher à périr pour le commun bonheur? (vi, 164. *OEd.* 698.)
Qu'a fait Mandonius, qu'a fait Indibilis,
*Qu'*y plonger plus avant leurs trônes avilis? (vi, 381. *Sert.* 432.)
Je ne suis que servante : et qu'est-il *que* valet? (ii, 465. *Illus.* 615.)
Dieux! qu'il est malaisé qu'une âme bien atteinte
Conçoive de l'espoir *qu'*avec un peu de crainte! (ii, 44. *Gal. du Pal.* 474.)
.... Combien se méprend qui songe à quelque chose
*Qu'*à ce qui peut conduire au chemin du salut! (viii, 36. *Imit.* i, 102.)
A quoi peut-on attribuer ce qui s'y mêle de mauvais, *qu'*aux teintures grossières que je reprends quand je demeure abandonné à ma propre foiblesse? (iii, 259. *Épît. d'Hor.*)
D'où viendroit cette adresse à faire vos messages,
A jouer avec vous de si bons personnages,
Ce trésor de lumière et de vivacité,
Que d'un sang amoureux que j'ai d'eux hérité? (iv, 355. *S. du Ment.* 1252.)

Ce tour est très-fréquent avec *sans, sans que :*

Le chasser, c'est vous faire un puissant ennemi,
Sans obliger par là le vainqueur *qu'*à demi. (iv, 33. *Pomp.* 168.)
Sans être ni tyran, ni père *qu'*à demi. (v, 218. *Hér.* 1414.)
Je combats vos amants, sans dessein d'acquérir
Que l'heur d'en faire voir le plus digne, et mourir. (v, 441. *D. San.* 540.)
    Flavius Blondus, dans son *Histoire de la décadence de l'empire romain*, parle encore de Pertharite ; mais comme il le fait chasser de son royaume étant encore enfant, sans nommer Rodelinde *qu'*à la fin de sa vie, je n'ai pas cru qu'il fût à propos de vous produire un témoin qui ne dit rien de ce que je traite. (vi, 7. *Au lect. de Perth.*)
Sans songer *qu'*à me plaire exécutez mes lois. (vi, 40. *Perth.* 477.)
Sans vouloir *que* Phorbas et Nicandre pour suite. (vi, 161. *OEd.* 652.)
Il a sauvé l'Etat, sans chercher *qu'*à me plaire. (vi, 269. *Tois.* 310.)
Allons, je veux encor seconder vos projets,
Sans remonter au ciel *qu'*après leurs pleins effets. (vi, 329. *Tois.* 1777.)
Détrôné, vagabond, et sans appui *que* moi. (vi, 491. *Soph.* 457.)
Le desir de savoir est naturel aux hommes :
Il naît dans leur berceau sans mourir *qu'*avec eux. (viii, 34. *Imit.* i, 72.)
Recommande en commun aux bontés du Très-Haut
Celles dont les vertus embellissent les âmes;
Et sans en voir jamais *qu'*avec un prompt adieu,
    Aime-les toutes, mais en Dieu. (viii, 62. *Imit.* i, 556.)
Sans que son déplaisir menaçât *que* ma tête. (vi, 59. *Perth.* 928.)

Souvent il faut sous-entendre devant le *que* l'adjectif *autre* accompagnant un substantif régi par une préposition :

Ne crains pas leur vertu, mon charme la modère,
Et lui défend d'agir *que* sur elle et son père. (ii, 393. *Méd.* 1054.)

C'est-à-dire, sur d'autres personnes que sur elle et son père.

Pouvez-vous *que* par là posséder Honorie? (vii, 160. *Att.* 1481)

C'est-à-dire, par autre chose, par un autre moyen que par là.

.... Ce grand équipage
Est bien à votre fils, mais non pour s'en parer
Qu'alors que sur la scène il se fait admirer. (II, 521. *Illus.* 1640.)

C'est-à-dire, en un autre temps qu'alors que.

Revoyons les vainqueurs, sans penser qu'à la gloire
Que toute leur maison reçoit de leur victoire. (III, 313. *Hor.* 727.)
Ai-je employé mes soins, mes amis que pour vous?
Ai-je cherché par là qu'à vous voir mon époux? (VII, 417. *Pulch.* 903 et 904.)
J'accepte votre hymen, mais pour vivre sans maître,
Et ne quitterois point l'époux que j'avois pris,
Si Rome se pouvoit éviter qu'à ce prix. (VI, 500. *Soph.* 698.)
.... Sa manne cachée est difficile à voir
Qu'à ces yeux épurés que la grâce illumine. (VIII, 30. *Imit.* I, *var.* 3.)
.... Puisse à vos yeux
M'écraser à l'instant la colère des cieux,
Si j'adore autre objet que celui de Mélisse,
Si je conçois des vœux que pour votre service! (IV, 382. *S. du Ment.* 1770.)
Cependant je me trouve inceste et parricide,
Sans avoir fait un pas que sur les pas d'Alcide,
Ni recherché partout que lois à maintenir,
Que monstres à détruire et méchants à punir. (VI, 211. *Œd.* 1822-1824.)
.... Sans faire vanité
Que du sincère aveu de mon infirmité. (VIII, 462. *Imit.* III, 4150.)
Nous avez-vous mandés qu'afin qu'un droit d'aînesse
Donnât à l'un de nous le trône et la princesse? (IV, 482. *Rod.* 1291.)

Quelquefois après que il y a des ellipses assez remarquables de noms ou de pronoms :

Il recevra des vœux, de l'encens, des victimes,
Sans recevoir par là d'honneurs que légitimes. (IV, 97. *Pomp.* 1694.)
Mon père, trop sensible aux droits de la nature,
Quitta tous autres soins que de sa sépulture. (II, 380. *Méd.* 798.)
Quel crime avez-vous fait, que d'être malheureux? (VI, 211. *Œd.* 1819.)
Il n'est point de conseil qui vous soit salutaire
Que d'épouser le fils pour éviter le père. (V, 234. *Hér.* 1776.)

Voyez QUE précédé de *pas* ou de *point*, ci-dessus, p. 195 et 196, et ajoutez aux exemples cités en cet endroit: IV, 23, *Exam.* de *Pomp.*; IV, 370, *S. du Ment.* 1544; IV, 451, *Rod.* 500; IV, 457, *Rod.* 672; V, 34, *Théod.* 386.

QUE.... NE, sans que :

.... Vous n'irez pas loin que je *ne* vous rejoigne. (I, 329. *Clit.* 978.)
J'ai déjà dit que je tiens impossible de choisir une place publique pour le lieu de la scène que cet inconvénient *n*'arrive. (II, 123. *Exam.* de *la Suiv*.)
J'aurai trop de moyens pour y forcer vos mains.
Vous ne les aurez point au combat occupées,
Que ce corps au milieu *n*'arrête vos épées. (III, 310. *Hor.* 660.)

NE.... QUE :

Bien que j'en pusse trouver de bons garants et de grands exemples

dans les vieux et nouveaux siècles, j'estime qu'il *n'est que* meilleur de se passer de leur imitation en ce point. (I, 378. *Au lect. de la Veuve.*)
Sa compagnie étoit, ce me semble, assez belle.
— *Que* trop belle à mon goût, et, que je pense, au tien.
(I, 414. *Veuve*, 303.)

Il y a ellipse du verbe et de *ne :* « Elle n'était que trop belle. »

Voyez au tome I du *Lexique*, p. 401 : IL N'EST QUE, IL N'EST QUE DE ; et ci-après, p. 310, à l'article RIEN, *N'être rien que*.

NE POUVOIR QUE.... NE, avec le subjonctif, voyez ci-dessus, p. 210.

SI.... QUE DE :

Quoi? vous m'estimez donc *si* lâche *que de* vivre? (II, 413. *Méd.* 1469.)
En savez-vous quelqu'un si prêt à se trahir,
Si las de voir le jour, *que de* vous obéir? (V, 587. *Nic.* 1710.)

QUE, remplaçant *comme :*

Qu'il fasse agir sur moi son pouvoir absolu
Comme tu me le dis et *qu*'il l'a résolu. (VIII, 679. *Imit.* IV, 2064.)

QUE, omis dans un membre de phrase où nous le répéterions :

Que votre douleur cesse, et vos craintes finissent. (III, 514. *Pol.* 594.)
Puis*que* mon teint se fane et ma beauté se passe,
Il est bien juste aussi que ton amour se passe. (II, 515. *Illus.* 1497.)

QUE, surabondant :

Ayant eu le bonheur *que* de n'en point sortir.... (IV, 142. *Ment.* 20 *var.*)
En 1660 :
Ayant eu le bonheur de n'en jamais sortir....

TROP QUE DE :

Pour en venir à bout, c'est *trop* peu *que de* vous. (III, 186. *Cid.* 1564.)
Est-ce *trop* peu pour vous *que d*'un coup de malheur? (III, 191. *Cid*, 1691.)

QUE SI :

Je n'ai dans mes forfaits rien à craindre, et Lysarque,
Sans trouver mes habits, n'en peut avoir de marque.
Que s'il ne les voit pas, lors sans aucun effroi,
Eux repris, je retourne aussitôt vers le Roi. (I, 300. *Clit. var.* 3.)
En 1660 :
Mais s'il ne les voit pas....

Qu'il ne manque de rien ; et pour sa délivrance
Je vais de mes amis faire agir la puissance.
Que si tous leurs efforts ne peuvent le tirer,
Pour m'acquitter vers lui j'irai me déclarer. (IV, 318. *S. du Ment.* 545.)
Que si tu ne saurois sans trop de répugnance
    Endurer tant d'oppression,
Si tu ne peux ouïr sans indignation

Ce que la calomnie à ton opprobre avance,
Rends-toi maître du moins de tous ces mouvements.
(viii, 560. *Imit.* iii, 6181.)

QUEL, QUELLE.

Je ne vois point Philandre, et ne sais *quel* il est. (i, 215. *Mél.* 1206.)
Sans te mettre en souci *quelle* en sera la suite.... (i, 400. *Veuve*, 21.)
Voilà *quelle* je suis et *quelle* je veux être. (v, 35. *Théod.* 407.)

Ce vers se retrouve dans trois autres pièces : v, 163, *Hér.* 149; vi, 21, *Perth.* 7 ; et vi, 500, *Soph.* 695.

Quels, pour *lesquels* :

Quels de vos diamants me faut-il lui porter? (iv. 319. *S. du Ment.* 558.)

Quel.... que, quelle que :

Je crois que Brute même, à *quel* point *qu*'on le prise,
Voulut plus d'une fois rompre son entreprise. (iii, 421. *Cin.* 829 *var.*)

En 1660, Corneille a substitué *tel* à *quel*.

Que j'aurois, sans cela, de poulets à vous rendre !
— De *quelle que* ce soit garde-toi bien d'en prendre. (ii, 449. *Illus.* 286.)

C'est-à-dire, de quelque personne, de quelque belle que ce soit.

QUELQUE, adjectif, (un) certain :

Si vous avez là-haut *quelque* toute-puissance,
Je suis seul contre qui vous vouliez l'exercer. (i, 296. *Clit. var.*)
Mon affaire est d'accord, et la chose vaut faite ;
Mais pour *quelque* raison nous la tenons secrète. (iv, 182. *Ment.* 846.)
Je sais que j'ai *quelque* âge.... (x, 145. *Poés. div.* 47 *var.*)

« C'est une femme de *quelque* âge, qui s'est remariée à un jeune homme qui la maltraite. » (Tallemant, *Historiettes*, tome III, p. 48.)

Quelque, adjectif, quelque, adverbe, dans les locutions quelque....
que, quelque.... qui, quelque.... où :

Adieu : *quelques* encens *que* tu veuilles m'offrir,
Je ne me saurois plus résoudre à les souffrir. (ii, 52. *Gal. du Pal.* 639.)
Madame, *quelques* maux *que* le ciel nous envoie.... (iii, 159. *Cid*, 998.)
.... Par *quelques* motifs *que* je vienne d'écrire,
Il est de mon honneur de ne m'en pas dédire. (iv, 313. *S. du Ment.* 419.)
Quelques biens toutefois *que* le ciel me renvoie,
Mon cœur épouvanté se refuse à la joie. (v, 512, *Nic.* 7.)
Quelque favorable accueil que Sa Majesté ait daigné faire à cet ouvrage.... (x, 193. *Au lect.*)
Quelques puissants appas *que* possède Amarante,
Je trouve qu'après tout ce n'est qu'une suivante. (ii, 127. *Suiv.* 9.)
.... *Quelques* doux assauts *qu'*un autre objet me livre,
C'est de moi seulement que je prendrai la loi. (ii, 300. *Pl. roy.* 1508.)
Quelques noires vapeurs *que* puissent concevoir
Et la mère et la fille ensemble au désespoir,

Tout ce qu'elles pourront enfanter de tempêtes,
Sans venir jusqu'à nous, crèvera sur leurs têtes. (v, 21. *Théod.* 117.)
.... *Quelques* doux effets *qu'*eût produits ta victoire. (x, 179. *Poés. div.* 65.)
Quelque chrétien *qu'*il soit, je n'en ai point d'horreur. (iii, 524. *Pol.* 799.)
Son père peut venir, *quelque* longtemps *qu'*il tarde. (iv, 164. *Ment.* 449.)
Quel supplice d'aimer un objet adorable,
Et de tant de rivaux se voir le moins aimable !
D'aimer plus qu'eux ensemble, et n'oser de ses feux,
Quelques ardents *qu'*ils soient, se promettre autant qu'eux.
(vii, 400. *Pulch.* 472.)

Même ici, on le voit, Corneille construit *quelque* comme adjectif, et le fait accorder avec le nom, comme s'il y avait : *quelques feux ardents que*....

Quelque haute raison *qui* règle leur courage,
L'un conçoit de l'envie, et l'autre de l'ombrage. (iii, 522. *Pol.* 741.)
Quelque trouble *où* tu sois, montre une âme tranquille. (vi, 663. *Oth.* 1342.)

QUELQUE, devant un nom de nombre :

Attendez, il y peut avoir *quelques* huit jours.... (i, 299. *Clit.* 399.)
Quelques cinq ou six mois après que de sa sœur
L'hyménée eût rendu mon frère possesseur.... (iii, 289. *Hor.* 169 *var.*)

Nous laissons aujourd'hui *quelque* invariable dans ce sens, et le considérons comme un adverbe signifiant *environ*; mais au temps de Corneille l'usage le plus général était encore de le faire accorder avec le nom. Vaugelas avait pourtant déjà dit dans ses *Remarques* (p. 4) que le mot *quelque* ainsi employé est adverbe.

QUELQUE CHOSE, neutralement :

.... Si dans mon palais
Quelque chose avoit pu mériter vos souhaits,
Le choix qu'en auroit fait cette valeur extrême
Lui donneroit un prix qu'il n'a pas de lui-même. (vi, 274. *Tois.* 460-462.)

Voyez au tome I du *Lexique*, p. 177 et 178.

QUELQU'UN DE :

Ai-je écouté *quelqu'un de* tant de soupirants
Qui m'accabloient partout de leurs regards mourants? (vii, 208. *Tit.* 189.)
Mais je verrai bientôt *quelques-uns* de ma suite. (i, 338. *Clit.* 1129.)
J'aime à braver ainsi les conteurs de nouvelles ;
Et sitôt que j'en vois *quelqu'un* s'imaginer
Que ce qu'il veut m'apprendre a de quoi m'étonner,
Je le sers aussitôt d'un conte imaginaire. (iv, 160. *Ment.* 363.)

QUELQU'UNE.

Que par le seul dessein d'affermir sa fortune,
Et non point par amour, il se donne à *quelqu'une*. (v, 462. *D. San.* 1070.)

QUERELLE.

En vain vous armeriez l'enfer pour ma *querelle*. (i, 297. *Clit.* 362.)
Rome aujourd'hui m'a vu père de quatre enfants ;

Trois en ce même jour sont morts pour sa *querelle*. (III, 355. *Hor.* 1707.)
Monsieur, pour ce sujet n'ayons point de *querelle*. (IV, 179. *Ment.* 713.)

Corneille, comme l'on voit, se sert du mot *querelle* aussi bien dans le style élevé que dans le style familier.

FAIRE QUERELLE À, défier :

Il seroit assez vain pour *me faire querelle*. (II, 451. *Illus.* 338.)

FAIRE UNE QUERELLE, se plaindre :

.... J'ose *faire* au ciel *une* injuste *querelle*. (II, 245. *Pl. roy.* 425.)
Enfin reprenant cœur : « Arrête, me dit-elle,
Arrête, » et m'alloit *faire une* longue *querelle*. (V, 80. *Théod.* 1428.)

PRENDRE QUERELLE, s'engager dans une querelle, une dispute :

Il passa par Poitiers, où nous *prîmes querelle*. (IV, 201. *Ment.* 1133.)

PRENDRE LA QUERELLE DE QUELQU'UN, se charger de sa défense, prendre sa vengeance en main :

.... Junon pour le moins *prendra notre querelle*. (V, 376. *Andr.* 1322.)

REMETTRE SA QUERELLE EN LA MAIN DE QUELQU'UN :

Chimène, *remets-*tu *ta querelle en sa main?* (III, 180. *Cid*, 1443.)

VIDER UNE QUERELLE :

Des marauds, dont le vin embrouilloit la cervelle,
Vidoient à coups de poing *une* vieille *querelle*. (IV, 365. *S. du Ment.* 1450.)

QUERELLER, activement, attaquer, accuser, offenser, au propre et au figuré :

Sa vue accroît l'ardeur dont je me sens brûler :
Mais ce n'est pas ici qu'il faut le *quereller*. (IV, 171. *Ment.* 548.)
Mais qu'allez-vous donc faire? et pourquoi lui parler :
Est-ce à dessein d'en rire, ou de le *quereller?* (IV, 189. *Ment.* 912.)
  Il ne vous suffit pas que votre libelle me déchire en public : vos lettres me viennent *quereller* jusque dans mon cabinet. (X, 399. *Lettr. apol.*)
Querellez ciel et terre, et maudissez le sort. (III, 304. *Hor.* 529.)
Il n'a point pris le ciel ni le sort à partie,
Point *querellé* le bras qui fait ces lâches coups. (V, 199. *Hér.* 1013.)
J'en connois plus de vingt qui mourroient en ma place,
Ou qui sauroient du moins hautement *quereller*
    L'injustice de la fortune. (VII, 40. *Agés.* 762.)

QUERELLER, activement, réclamer, disputer :

Vois toi-même un rival qui, la main à l'épée,
Vient *quereller* sa place à faux titre occupée. (I, 244. *Mél. var.* 1.)
En moi, dorénavant faites état d'un frère.
— En moi, d'un serviteur dont l'amour éperdu

Ne vous *querelle* plus un prix qui vous est dû. (I, 363. *Clit.* 1612 *var.*)

Ici Corneille a substitué en 1606 *conteste* à *querelle :*

Vous ne lui vouliez pas *quereller* Célidée? (II, 107. *Gal. du Pal.* 1697.)
Ne lui *querelle* point un bien que tu possèdes. (II, 190. *Suiv.* 1218.)

SE QUERELLER :

.... Mes vœux ont-ils été déçus?
J'en vois sur ton visage une mauvaise marque.
Se sont-ils *querellés ?...* (III, 523. *Pol.* 770.)

Se quereller n'est plus que de la langue familière. Corneille, on le voit, s'en servait dans le style le plus noble.

QUERIR.

Va *quérir* un peu d'eau; mais il faut te hâter. (I, 217. *Mél.* 1237.)
Va *quérir* mon amant ... (I, 425. *Veuve,* 507 *var.*)

En 1668 :

Fais venir cet amant....

Un bracelet, exprès tissu de mes cheveux,
T'attend pour enchaîner et ton bras et tes vœux;
Viens le *quérir*.... (I, 431. *Veuve,* 635.)
L'autre m'obligeroit d'aller *quérir* Sévère. (III, 539. *Pol.* 1097.)
David pressé de la soif épand l'eau que trois cavaliers lui avoient été *quérir* au péril de leur vie. (VIII, 455, note 1.)

« Vieux mot, disait Furetière dès 1690, qui signifioit *chercher,* qui ne se dit plus que proverbialement. » — « Prononcez *keri,* » dit Richelet en 1680, et c'est encore ainsi que le mot se prononce dans les provinces où il est en usage.

QUÊTE, recherche :

Telle contre le roi d'Arger
Courut autrefois Bradamante;
Telle fut cette pauvre amante
A la *quête* de son Roger. (X. 62. *Poés. div.* 14.)

QUI, relatif.

Qui, se rapportant à un nom de personne :

Romains, souffrirez-vous qu'on vous immole un homme
Sans *qui* Rome aujourd'hui cesseroit d'être Rome? (III, 354. *Hor.* 1684.)
Voilà vos deux rivaux avec *qui* je vous laisse. (V, 452. *D. San.* 833.)

Dans ces deux exemples, on mettrait plutôt, à en croire certains grammairiens : « sans lequel, avec lesquels. » Dans les suivants, l'usage le plus ordinaire remplacerait aujourd'hui *de qui* par *dont :*

Tircis, *de qui* la mort n'étoit qu'imaginaire,
De sa fidélité recevra le salaire. (I, 233. *Mél.* 1523.)
Princesse, *de qui* l'art propice aux malheureux
Oppose un tel miracle à mon sort rigoureux.... (II, 400. *Méd.* 1227.)

Les chrétiens n'ont qu'un Dieu, maître absolu de tout,
De *qui* le seul vouloir fait tout ce qu'il résout (III, 553. *Pol.* 1430.)
Ainsi vous quitteriez Alcippe pour un autre
De *qui* l'humeur auroit de quoi plaire à la vôtre? (IV, 164. *Ment.* 442.)
Le trouvez-vous douteux quand toute votre suite
Par cet affreux ravage à Phœdime est réduite,
De *qui* même le front, déjà pâle et glacé,
Porte empreint le trépas dont il est menacé? (VI, 135. *OEd.* 11.)
Amants les mieux payés de votre longue peine,
Vous *de qui* l'espérance est la moins incertaine,
Et qui vous figurez, après tant de longueurs,
Avoir droit sur les corps dont vous tenez les cœurs,
En est-il parmi vous *de qui* l'âme contente
Goûte plus de plaisirs que moi dans son attente? (I, 351. *Clit.* 1342 et 1345.)
.... Ces femmes de bien qui se gouvernent mal,
Et *de qui* la vertu, quand on leur fait service,
N'est pas incompatible avec un peu de vice. (IV, 143. *Ment.* 49.)
Mais il peut faire aussi des consuls à son choix,
De *qui* la pourpre esclave agira sous ses lois. (VI, 424. *Sert.* 1448.)

QUI, régi par une préposition et se rapportant à un nom de chose :
Je triomphe aujourd'hui du plus juste courroux
De *qui* le souvenir puisse aller jusqu'à vous. (III, 459. *Cin.* 1700.)
Il porta comme vous la pourpre vénérable
De *qui* le saint éclat rend nos yeux éblouis. (X, 32. *Poés. div.* 6.)
    Secrets tyrans de ma pensée,
    Respect, amour *de qui* les lois
    D'un juste et fâcheux contre-poids
    La tiennent toujours balancée. (I, 420. *Veuve*, 394.)
Nommer quelques châteaux de *qui* les noms barbares
Plus ils blessent l'oreille, et plus ils semblent rares. (IV, 159. *Ment.* 337.)
.... Ces dons brillants des cieux
De *qui* l'inépuisable et perçante lumière,
Sitôt que tu parois fait baisser la paupière. (VI, 123. *Vers à Foucquet*, 57.)
.... Respecte une ville à *qui* tu dois Romule. (III, 285. *Hor.* 52.)
Cet avis salutaire est l'unique secours
A *qui* je crois devoir le reste de mes jours. (IV, 461. *Rod.* 774.)
Si vous régnez encor, Seigneur, si vous vivez,
C'est ma jalouse rage à *qui* vous le devez. (V, 458. *Cin.* 1672.)
.... Ce grand nom de reine ailleurs ne m'autorise
Qu'à n'y voir point de trône à *qui* je sois soumise. (V, 546. *Nic.* 772.)
Ils envoyèrent à Rome des os de poisson d'une grandeur extraordinaire, qu'ils disoient être du monstre à *qui* Andromède avoit été exposée. (V, 302. *Exam. d'Andr.*)
La diverse combinaison de ces deux manières d'agir forme quatre sortes de tragédies, à *qui* notre philosophe attribue divers degrés de perfection. (I, 67. *Disc. de la Trag.*)
Les vérités historiques à *qui* je me suis attaché. (VI, 358. *Au lect. de Sert.*)

.... Cette vieille erreur que Cinna veut abattre
Est une heureuse erreur dont il (*le peuple romain*) est idolâtre,
Par *qui* le monde entier, asservi sous ses lois,
L'a vu cent fois marcher sur la tête des rois. (III, 408. *Cin.* 531.)
Un crime par *qui* Rome obtient sa liberté! (III, 417. *Cin.* 743.)
Vous, Madame, acceptez et ma main et l'empire
En échange d'un cœur pour *qui* le mien soupire. (v, 240. *Hér.* 1910.)
Je ne veux point dissimuler que cette pièce est une de celles pour *qui* j'ai le plus d'amitié. (v, 508. *Exam. de Nic.*)
  Vous avez aimé cette erreur
Pour *qui* vous ne deviez avoir que de l'horreur. (VII, 350. *Psy.* 1627.)
.... Une salle à *qui* j'attribuerois deux priviléges. (I, 121. *Disc. des 3 unit.*)
Je n'en produirai qu'un exemple, sur *qui* le lecteur en pourra trouver d'autres. (II, 13. *Exam. de la Gal. du Pal.*)
  Le foin sur *qui* le soleil frappe
A moins d'aridité que le fond de mon cœur. (IX, 267. *Ps. pén.* 17.)
Il y a des choses sur *qui* le poëte n'a jamais aucun droit. (I, 89. *Disc. de la Trag.*)
J'ai fait voir qu'il y a des choses sur *qui* nous n'avons aucun droit. (I, 97. *Disc. de la Trag.*)
J'ai vu des personnes de fort bon sens admirer des endroits sur *qui* j'aurois passé l'éponge. (II, 116. *Épît. de la Suiv.*)
Nous allons en des lieux sur *qui* vingt ans d'absence
Nous laissent une foible et douteuse puissance. (v, 419. *D. San.* 13.)
Soutiendrez-vous un faix sous *qui* Rome succombe,
Sous *qui* tout l'univers se trouve foudroyé,
Sous *qui* le grand Pompée a lui-même ployé? (IV. 30. *Pomp.* 70-72.)
Mais voyant cette erreur fatale à cette vie
Sans *qui* déjà la mienne auroit été ravie,
Je me croirois, Seigneur, coupable infiniment
Si je souffrois encore un tel aveuglement. (v, 211. *Hér.* 1268.)
Les stances dont je me suis servi en beaucoup d'autres poëmes, et contre *qui* je vois quantité de gens d'esprit et savants au théâtre témoigner aversion.... (v. 308. *Exam. d'Andr.*)
Mais quel ressentiment en témoigne mon père?
— Une secrète rage, un excès de colère,
Malgré *qui* toutefois un reste d'amitié
Montre pour Polyeucte encor quelque pitié. (III, 525. *Pol.* 803.)

« *Qui*, au génitif, datif et ablatif (*c'est-à-dire régi par* de, à, par, *ou par quelque autre préposition*), en l'un et en l'autre nombre, ne s'attribue jamais qu'aux personnes. » Cette règle, qui est de Vaugelas (*Remarques*, p. 55), a été, depuis le moment où il l'a promulguée, reproduite par tous les grammairiens; mais, s'ils sont unanimes à la proclamer, nos grands écrivains ne l'ont pas été moins à l'enfreindre. Les nombreux exemples qui précèdent montrent que Corneille n'en tenait nul compte. On peut voir dans le *Lexique* de M. Génin que Molière ne s'y conformait pas davantage.

Qui avec ellipse de *celui* :

.... Que seroit heureux *qui* pourroit aujourd'hui
Disputer cette place et l'emporter sur lui! (v, 517. *Nic.* 137.)
A quel droit voulez-vous que cette haine cesse

Pour *qui* lui disputa ce trône et sa maîtresse? (VI, 622. *Oth.* 1098.)
Mais j'ai tort d'en parler à *qui* ne peut m'entendre. (III, 564. *Pol.* 1663.)
Je puis honorer Rome en son ambassadeur,
Faire réponse en reine, et comme le mérite
Et de *qui* l'on me parle, et *qui* m'en sollicite. (V, 545. *Nic.* 768.)
.... Mon âme est ravie
Que mon coup d'essai plaise à *qui* je dois la vie. (III, 162. *Cid,* 1042.)

Dans le second exemple et dans le troisième, il y a ellipse de *celui* après la préposition : « pour celui qui, à celui qui ; » dans le quatrième, avant la préposition : « celui de qui l'on me parle ; » dans le cinquième, ellipse à la fois de *à* et de *celui,* devant la préposition : « plaise à celui à qui je dois. »

N'AVOIR QUI, n'avoir pas celui qui ou celui que, quelqu'un qui ou quelqu'un que :

Si le grand Annibal *n'avoit qui* lui succède. (V, 551. *Nic.* 911.)
Je *n'aurai qui* tromper, non plus que *qui* me trompe. (II, 298. *Pl. roy.* 1455.)

Des trois *qui* contenus dans ces exemples, deux sont sujets du verbe ; un (le premier du second exemple) est complément direct, et en suppléant l'ellipse il faudrait substituer à l'infinitif un mode personnel : « quelqu'un que je trompe, que je puisse tromper. » — Voyez IV, 30, *Pomp.* 88, dans un tour du reste différent, un semblable emploi de l'infinitif après *qui.*

QUI, ce qui, ce que :

.... Nous verrons ainsi *qui* fait mieux un brave homme
Des leçons d'Annibal, ou de celles de Rome. (V, 523. *Nic.* 275.)
Je ne sais *qui* je dois admirer davantage,
Ou de ce grand amour, ou de ce grand courage. (II, 516. *Illus.* 1549.)

On peut remplacer le *qui* du premier exemple par *ce qui ;* celui du second par *ce que;* mais mieux vaut peut-être les considérer comme des interrogations indirectes, c'est-à-dire comme équivalant à *quelle chose,* au nominatif et à l'accusatif du *quid* latin. — Voyez ci-après, p. 258, QUI ? interrogatif neutre ; et ci-dessus, l'article QUE, p. 239 et 240.

QUI, avec le conditionnel ou le futur, équivalant à *si quelqu'un, si l'on,* avec l'imparfait :

Toutefois *qui* sauroit que pour ce compliment
Une heure hors d'ici ne pût beaucoup te nuire,
Je voudrois en ce cas moi-même t'y conduire. (I, 356. *Clit.* 1452.)
Qui lui pourroit un peu tirer les vers du nez,
Que nous verrions demain des gens bien étonnés! (I, 470. *Veuve,* 1393.)
Qui pourroit toutefois en détourner Lysandre,
Ce seroit le plus sûr.... (II, 75. *Gal. du Pal.* 1069.)
Ce visage enflammé, ces yeux pleins de colère,
Me sont de votre peine une marque assez claire,
Encor, *qui* la sauroit, on pourroit aviser
A prendre des moyens propres à l'apaiser. (II, 84. *Gal. du Pal.* 1231 *var.*)
Qui croira ton babil, la ruse est merveilleuse. (I, 427. *Veuve,* 543 *var.*)

En 1660 :

A croire ton babil, la ruse est merveilleuse.

Voyez le *Lexique de Mme de Sévigné,* tome I, p. xxv, 9°.

C'est moi, etc., à qui, pour qui :

Si vous régnez encor, Seigneur, si vous vivez,
C'est ma jalouse rage *à qui* vous le devez. (III, 458. *Cin.* 1672.)
C'est à Philiste donc que vous m'abandonnez?
Ou plutôt *c'est* Philiste *à qui* vous me donnez? (IV, 381. *S. du Ment.* 1732.)
.... *C'est* Léon *à qui* je la destine. (VII, 452. *Pulch.* 1746.)
C'est moi pour qui Placide a dédaigné Flavie. (V, 90. *Théod.* 1659 var.)

Aujourd'hui l'usage le plus ordinaire est de mettre la préposition avant l'antécédent et de remplacer le pronom *qui* par la conjonction *que*. En 1660, Corneille a corrigé de cette manière le vers cité de *Théodore* et substitué : « C'est pour moi que, » à « C'est moi pour qui. »

Qui, placé à la suite d'un qualificatif, et jouant avec son verbe le rôle d'un participe :

.... Tous d'eux sont dignes d'elle,
Tous deux formés d'un sang noble, vaillant, fidèle,
Jeunes, mais *qui* font lire aisément dans leurs yeux
L'éclatante vertu de leurs braves aïeux. (III, 106. *Cid*, 27.)
.... De ce palais ils sont sortis ensemble.
— Seuls? — Seuls, et *qui* sembloient tout bas se quereller.
(III, 134. *Cid*, 503.)
Tel qu'épand le soleil sa lumière sur nous,
Unique dans le monde, et *qui* suffit à tous. (X, 196. *Poés. div.* 36.)
Les embarras où je suis maintenant comme marguillier de ma paroisse, *qui* dois rendre compte de mon administration dans deux ou trois jours, ne me donnent point le loisir de lire aucune chose.... (X, 459. *Lettr.*)

Qui, séparé de son antécédent :

Viens, tu fais ton devoir, et le fils dégénère
Qui survit un moment à l'honneur de son père. (III, 131. *Cid*, 442.)
On a fait contre vous dix entreprises vaines;
Peut-être que l'onzième est prête d'éclater,
Et que ce mouvement qui vous vient agiter
N'est qu'un avis secret que le ciel vous envoie,
Qui pour vous conserver n'a plus que cette voie. (III, 406. *Cin.* 494.)
Madame, le Roi vient, *qui* pourra vous ouïr. (IV, 51. *Pomp.* 591.)
Si celle-ci venoit *qui* m'a rendu sa lettre,
Après ce qu'elle a fait j'ose tout m'en promettre. (IV, 200. *Ment.* 1109.)

Voltaire blâme le premier vers de ce dernier exemple; mais il convient que « ce n'est qu'une petite faute. »

Enfin ce jour pompeux, cet heureux jour nous luit,
Qui d'un trouble si long doit dissiper la nuit. (IV, 429. *Rod.* 2.)

Accord du verbe avec le relatif; verbe à la troisième personne, bien que l'antécédent soit de la première ou de la seconde :

Il n'y avoit que moi *qui* lui pût répondre du succès. (V, 151. *Exam. d'Hér.*)
.... Je ne vois que vous *qui* le puisse arrêter. (V, 513. *Nic.* 37.)
Je n'ai trouvé que vous *qui* fût digne de moi. (VII, 344. *Psy.* 1471.)

Je ne vois que vous seul *qui* des mers aux montagnes
Sous un même étendard puisse unir nos Espagnes. (vi, 388. *Sert.* 621.)

Racine a dit de même :

Je ne vois plus que vous *qui* la puisse défendre.
(*Iphigénie*, acte III, scène v, vers 902.)

Voyez aussi la note du vers 1776 d'*Athalie*, et ce qui est dit dans le *Lexique de Mme de Sévigné* (tome I, p. xlii), au sujet de cet accord, contraire à la règle qui veut que le verbe s'accorde en nombre et en personne avec l'antécédent du relatif.

Dans l'exemple suivant, l'accord est de nature toute contraire : il remonte jusqu'au sujet de la proposition principale : « *Je* suis, » passant par-dessus l'antécédent véritable du relatif, antécédent qui est de la troisième personne : « ce fâcheux. »

.... Je suis ce fâcheux *qui* nuis par ma présence
Et vous fais sous ces mots être d'intelligence. (iv, 197. *Ment.* 1069.)

Qui répété, l'un.... l'autre :

Ses gens effrayés de la violence des foudres et des orages, *qui* çà, *qui* là, cherchent où se cacher. (i, 268. *Argum.* de *Clit.*)
Chacun plein de frayeur au bruit de la tempête,
Qui çà, *qui* là, cherchoit à garantir sa tête. (i, 343. *Clit. var.*)

Plus tard Corneille a supprimé l'*Argument* où était le premier exemple, et le passage de *Clitandre* d'où est tiré le second, de sorte que cette locution, blâmée par Vaugelas (*Remarques*, p. 51), n'a plus pour elle l'avis définitif, après révision, de notre grand tragique ; mais elle a été employée fort heureusement par Regnier, par Molière, etc. ; et l'Académie, moins rigoureuse que Vaugelas, l'admet encore aujourd'hui dans la poésie familière.

Qui ? interrogatif neutre, qu'est-ce qui?

Alcippe, qu'avez-vous? *qui* vous fait soupirer? (iv, 165. *Ment.* 471.)

C'est encore *qui* dans le sens du latin *quid*. Voyez ce que nous avons dit de *qui* interrogatif indirect, plus haut, p. 256, à l'article Qui, ce qui, ce que.

Qui que ce soit de :

Qui que ce soit des deux, j'en ferai ton époux. (iii, 181. *Cid*, 1464.)
Qui que ce soit des deux que mon sang ait fait naître,
Ou laisse-moi le perdre, ou fais-le-moi connoître. (v, 216. *Hér.* 1379.)

Qui qu'il soit :

Qui qu'il soit, il a vu Rosidor attaqué. (i, 311. *Clit.* 627.)
Qui qu'il soit, même prix est acquis à sa peine. (iii, 181. *Cid*, 1457.)

Dans ce dernier passage, Corneille a substitué, en 1660, *quel qu'il soit* à *qui qu'il soit*.

De qui que, à qui que :

Non, non, avant ce coup Sabine aura vécu :
Ma mort le préviendra, *de qui que* je l'obtienne. (iii, 309. *Hor.* 655.)
.... *A qui que* je me donne,
Je voudrai hautement soutenir ma couronne. (vi, 388. *Sert.* 617.)
Je me donne en aveugle *à qui qu*'elles me donnent. (vi, 617. *Oth.* 982.)

QUICONQUE.

Sous l'appui du Très-Haut *quiconque* se retire....

Sous sa protection jusqu'au bout il respire. (ix, 329. *Vépr. et Compl.* 1.)
Quiconque aime de la sorte
Se donne au diable à crédit. (x, 173. *Poés. div.* 9.)

Dans le second exemple, *quiconque* sert de sujet, selon l'usage d'à présent, aux deux verbes; dans le premier, il n'est sujet que de *il retire*, et *respire* a un autre sujet : *il*.

QUILLE, proverbialement :

Il faut....
Qu'ils aillent droit comme une *quille*. (x, 158. *Poés. div.* 13.)

QUINOLA.

Mais je vaux moins qu'un *quinola*,
Si je n'en fais vingt par delà. (x, 159. *Poés. div.* 31.)

« *Quinola*, pour écuyer, cavalier, gentilhomme, » dit Leroux dans son *Dictionnaire comique*. Il serait difficile de comprendre à l'aide de cette interprétation trop sommaire le passage qui précède. Au propre, *Quinola* est le nom du valet de cœur au reversis; au figuré, c'est un terme par lequel on désignait en plaisantant un homme à gages chargé de conduire une dame : « A dîner, elle se mit au haut bout, et nous vîmes je ne sais quel *quinola*, qui la menoit d'ordinaire, servir sur table l'épée au côté et le manteau sur les épaules. » (Tallemant, *Historiettes*, tome IV, p. 294.)

QUINTE, terme de musique :

Son feu ne peut agir quand il faut qu'il s'applique
Sur les fantasques airs d'un rêveur de musique,
Et que pour donner lieu de paroître à sa voix,
De sa bigearre *quinte* il se fasse des lois. (x, 75. *Poés. div.* 8.)

QUITTE.

Ta gloire est dégagée, et ton devoir est *quitte*. (iii, 195. *Cid*, 1766.)
.... Vers Gundebert je crois ton serment *quitte*. (vi, 91. *Perth*. 1639.)

Quitte ne se dit d'ordinaire que des personnes; Corneille, on le voit, a employé ce mot avec des noms de choses.

Être quitte :

Octave aura donc vu ses fureurs assouvies,
Pillé jusqu'aux autels, sacrifié nos vies,
Rempli les champs d'horreur, comblé Rome de morts,
Et *sera quitte* après pour l'effet d'un remords! (iii, 413. *Cin.* 656.)

Être quitte à trop bon marché, voyez ci-dessus, p. 72, Marché.

Quitte à quitte :

Du moins, avant l'adieu, demeurons *quitte à quitte*. (ii, 252. *Pl. roy.* 562.)

QUITTER, avec un nom de chose pour sujet :

Je ne m'étonne point de voir que votre haine
Pour me faire coupable *a quitté* Timagène. (iv, 503. *Rod.* 1740.)

QUITTER, déposer, renoncer à :

.... Ah! du moins à sa vue
Quittez la vanité qui m'a déjà perdue. (v, 357. *Andr.* 895.)

QUITTER SA PART DE QUELQUE CHOSE, n'y plus prétendre, y renoncer :
Penses-tu qu'après tout j'*en quitte* encor *ma part?* (IV, 197. *Ment.* 1072.)

QUITTER QUELQUE CHOSE À QUELQU'UN, le lui céder, le lui laisser, le lui abandonner :

Après sa trahison, vois ma fidélité :
Il t'enlève un objet que je *t'avois quitté*. (I, 440. *Veuve*, 806.)
Mais je *te l'ai quittée*, et non pas à Florange. (I, 440. *Veuve*, 811.)
C'est faire mon devoir, *te quittant* ma Doris. (I, 469. *Veuve*, 1350.)
.... Je le comblerai de tant de dignités,
Que peut-être il vaudra ce que vous *me quittez*. (v, 40. *Théod.* 530.)
.... Je *lui* dois *quitter*, pour le mettre en mon rang,
Le bien de mes aïeux, ou le prix de mon sang. (v, 541. *Nic.* 657.)
.... C'est à moi de *vous quitter* la place. (VI, 509. *Soph.* 918.)
.... C'est mon tour de *vous quitter* la place. (VI, 542. *Soph.* 1644.)
Je joindrai de si près l'effet à la menace,
Que sa perte aujourd'hui *me quittera* la place. (v, 26. *Théod.* 220.)

Le plus remarquable de ces exemples est le dernier, où *quitter* a pour sujet un nom de chose. — Ce verbe s'emploie encore aujourd'hui en Normandie dans le sens tout particulier de « *laisser* après soi, *laisser* en partant. » J'ai lu sur des pierres tumulaires du cimetière d'Hennequille, près de Trouville : « Elle fut bonne épouse et bonne mère; elle *quitte* des profonds regrets à son mari, à son fils et à toute sa famille. — « Tu me *quittes*, et à tes bons parents, les regrets les plus chers. »

QUOI, relatif, pour *lequel, lesquels, laquelle, lesquelles*, après une préposition :

Ah! combien ces moments de *quoi* vous me flattez
Alors pour mon supplice auroient d'éternités! (v, 195. *Hér.* 901.)
Ce blasphème, Seigneur, de *quoi* vous m'accusez.... (v, 326. *Andr.* 266.)
.... Ce lait virginal de *quoi* tu le nourris. (IX, 34. *Louanges*, 488.)
Madame, est-il possible? et me puis-je assurer
D'un bien à *quoi* mes vœux n'oseroient aspirer? (I, 430. *Veuve*, 622.)
Rien ne rompra le coup à *quoi* je me résous. (II, 299. *Pl. roy.* 1481.)
De ses derniers honneurs les magnifiques pompes
Ne sont qu'illusions avec *quoi* tu me trompes. (VI, 30. *Perth.* 244.)

« Ce mot, dit Vaugelas (*Remarques*, p. 54), a un usage fort élégant et fort commode, pour suppléer au pronom *lequel*, en tout genre et en tout nombre. »

QUOI, ayant pour antécédent un pronom neutre :

Que pourrai-je trouver de *quoi* te faire un don
Qui puisse tenir lieu d'une reconnoissance?
Je l'ai, mon Dieu, j'ai ce de *quoi*
Te faire une agréable offrande. (VIII, 663. *Imit.* IV, 1740 et 1742.)

Nous donnons ici le premier vers de cet exemple d'après le texte publié en 1670 à la suite de l'*Office de la Vierge*. Les autres éditions portent : « *Où* pourrai-je trouver? » au lieu de : « *Que* pourrai-je trouver? »

DE QUOI, sans antécédent; AVOIR, etc., DE QUOI, avec l'infinitif :

.... Nos préparatifs contre la Thessalie
Ont trop *de quoi* punir sa flamme et sa folie. (II, 367. *Méd.* 534.)
.... Sa mort *a de quoi* vous apprendre
La honte qu'il prévient et qu'il vous faut attendre. (IV, 72. *Pomp.* 1077.)
.... Son adorable front
Auroit *de quoi* rougir d'un trop honteux affront. (IV, 84. *Pomp.* 1408.)
Si la vengeance *avoit de quoi* vous soulager,
Je vous dirois aussi qu'on vient de vous venger. (IV, 91. *Pomp.* 1567.)
.... Sitôt que j'en vois quelqu'un (*un conteur de nouvelles*) s'imaginer
Que ce qu'il veut m'apprendre *a de quoi* m'étonner,
Je le sers aussitôt d'un conte imaginaire. (IV, 160. *Ment.* 364.)
Ainsi vous quitteriez Alcippe pour un autre
De qui l'humeur *auroit de quoi* plaire à la vôtre? (IV, 164. *Ment.* 442.)
L'auroit-on jamais cru, qu'un Attila pût craindre?
Qu'un si léger éclat *eût de quoi* l'y contraindre? (VII, 143. *Att.* 854.)
Quel chagrin *a de quoi* troubler un tel bonheur? (VII, 470. *Sur.* 171.)
Madame, ses périls *ont-ils de quoi* vous plaire? (VII, 529. *Sur.* 1629.)
Quoi? vous vous figurez que l'heureux nom de gendre,
Si ma perte est jurée, *a de quoi* m'en défendre. (VII, 530. *Sur.* 1638.)
Toi seule *as* dans ta main
De quoi du vieil Adam purger toute l'offense. (IX, 35. *Louanges*, 503 et 504.)
Vous pouvez espérer, vous avez moins à craindre;
Mais il vous reste encore assez *de quoi* vous plaindre. (III, 316. *Hor.* 796.)
Lui qui me trahissoit? — C'est *de quoi* s'étonner. (V, 237. *Hér.* 1833.)

DE QUOI, avec ellipse d'un verbe facile à suppléer :

Eh bien! ta perfidie est-elle en évidence?
Est-ce là tant *de quoi?* — Tant *de quoi!* l'impudence!
Après mille serments il me manque de foi,
Et me demande encor si c'est là tant *de quoi!* (II, 242. *Pl. roy.* 354 et 356.)
Tant *de quoi* se fâcher, tant *de quoi* m'accuser.

COMME QUOI, comment, que :

Vous savez *comme quoi* je vous suis toute acquise. (IV, 444. *Rod.* 347.)
Voyez ci-après, p. 262, COMME QUOI? interrogatif.

JE NE SAIS QUOI, voyez ci-après, p. 322, SAVOIR.

QUOI QUI, QUOI QUE, quelque chose qui, quelque chose que :

Quoi qui s'offre à nos yeux, n'en ayez point d'effroi. (II, 446. *Illus.* 215.)
En *quoi que* mon service oblige votre amour,
Vos seuls remercîments me mettent à retour. (I, 481. *Veuve*, 1605.)
.... *Quoi que* mon amour ait sur moi de pouvoir,
Je ne consulte point pour suivre mon devoir. (III, 151. *Cid*, 819.)
.... De *quoi que* nous flatte un desir amoureux,

Toute excuse est honteuse aux esprits généreux. (III, 152. *Cid*, 843.)
De *quoi qu'*en ta faveur notre amour m'entretienne,
Ma générosité doit répondre à la tienne. (III, 156. *Cid*, 929.)
De *quoi qu'*en ma faveur notre amour t'entretienne,
Ta générosité doit répondre à la mienne. (III, 157. *Cid*, 945.)
.... De *quoi qu'*à l'envi tous les deux nous instruisent,
Le cœur en entend plus que tous les deux n'en disent.
(IV, 353. *S. du Ment*. 1233.)
On vous obéira, *quoi qu'*il vous plaise élire. (V, 423. *D. San*. 118.)
Votre dessein est grand ; mais à *quoi qu'*il aspire.... (VI, 431. *Sert*. 1605.)
Prête à souffrir un siége, et soutenir pour vous
Quoi que du ciel injuste eût osé le courroux.... (VI, 516. *Soph*. 1080.)
Il n'obtient presque rien de *quoi qu'*il lui demande. (VII, 23. *Agés*. 349.)
*Quoi qu'*on ait pour soi-même ou d'amour ou d'estime,
Ne s'en croire pas trop n'est pas faire un grand crime. (VII, 207. *Tit*. 171.)
Quoi que sur mes destins ils usurpent d'empire,
Je ne vois pas leur maître en état d'y souscrire. (VII, 247. *Tit*. 1115.)
Prépare-toi sans choix à *quoi que* je t'envoie. (VIII, 448. *Imit*. III, 3852.)
.... N'admire,
Quoi que les hommes puissent dire
De beau, de subtil, ou de grand. (VIII, 470. *Imit*. III, 4307.)

Il importe de remarquer que *quoi que*, dans tous ses sens, même dans celui du atin *quamvis*, s'écrivait habituellement en deux mots au dix-septième siècle.

QUOI, interrogatif.

DE QUOI?

Hélas! *de quoi* me sert ce dessein salutaire,
Si pour en voir l'effet tout me devient contraire? (V, 160. *Hér*. 73.)
De quoi peut satisfaire un cœur si généreux
Le sang abject et vil de ces deux malheureux? (IV, 77. *Pomp*. 1223.)

Dans le premier de ces exemples, *de quoi* pourrait se remplacer par *à quoi*; dans le second, nous dirions plutôt aujourd'hui : « *En quoi* peut satisfaire...? »

COMME QUOI? comment?

Il a vu.... — Qui? — Daphnis, et n'en a remporté
Que ce qu'elle devoit à sa témérité.
— *Comme quoi?* — Des mépris, des rigueurs sans pareilles.
(II, 159. *Suiv*. 629.)

Voyez ci-dessus, p. 261, *comme quoi* employé comme relatif ou comme interrogatif indirect.

R

RABAISSER.

Elles *rabaissent* toutes deux leurs coiffes. (IV, 345. *S. du Ment. var.*)

En 1660 : « Elles abaissent.... »

.... Souffre que j'espère
Que tu pourras un jour *rabaisser* l'œil sur moi. (VII, 358. *Psy.* 1806.)

Rabaisser signifie d'ordinaire, comme dans le premier exemple, *baisser, abaisser, placer plus bas*. Corneille l'a employé dans le second avec le sens fort naturel, mais peu usité, d'*abaisser de nouveau*.

RABAT.

Nous causions de mouchoirs, de *rabats*, de dentelles,
De ménages de filles.... (II, 87. *Gal. du Pal.* 1302.)
On vous connoît assez, et vous êtes de celles
Que mille fois le plâtre a fait passer pour belles;
Dont la vertu consiste en de vains ornements;
Qui changent tous les jours de *rabats* et d'amants. (II, 319. *Tuil.* 228.)

Les dictionnaires ne donnent ce mot que comme un synonyme de *collet*, en parlant des ajustements d'hommes; les passages précédents montrent qu'il se disait aussi des cols ou collerettes de femmes.

RABATTRE, au figuré :

Rabats de cet esprit l'essor tumultueux. (VIII, 684. *Imit.* IV, 2167.)
Inutiles élans d'un vol impétueux
Que pousse vers le ciel un cœur présomptueux,
Que soutiennent en l'air quelques exploits de guerre,
Et qu'un coup d'œil sur moi *rabat* soudain à terre. (V, 472. *D. San.* 1294.)

RABATTRE LES COUPS, au propre et au figuré :

Ainsi font deux soldats qui sont chez le bonhomme :
Quand l'un veut tout tuer, l'autre *rabat les coups*.
(IV, 342. *S. du Ment.* 1031.)
.... S'il s'obstine à suivre un injuste courroux,
Nous saurons, ma princesse, en *rabattre les coups*. (II, 367. *Méd.* 532.)

La locution signifie au propre, en terme d'escrime, parer, détourner les coups.

RABATTRE DE :

Aussi ai-je grand intérêt que vous me connoissiez tout entier, et que vous *rabattiez* un peu *de* cette trop bonne opinion pour moi. (X, 451. *Lettr.*)

RACCOURCI (En) :

J'ai vu la Peste *en raccourci*. (X, 160. *Poés. div.* 1.)

Il s'agit probablement d'un ballet dans lequel figurait une personnification de la Peste.

RACCOURCISSEMENT.

Je voudrois que, pour mettre les choses dans leur justesse, ce *raccourcissement (de la durée de l'action)* se ménageât dans les intervalles des actes. (I, 141. *Exam.* de *Mél.*)

RACE, fils, fille, enfant :

Que diroient mes sujets si je me faisois grâce,
Et si, durant qu'au monstre on expose leur *race*,
Ils voyoient, par un droit tyrannique et honteux,
Le crime en ma maison, et la peine sur eux? (v, 328. *Andr.* 301.)
Garde ce privilége au digne sang des Dieux :
C'est par là que leur roi vient d'avouer sa *race*. (v, 386. *Andr.* 1547.)
Rien ne peut l'ébranler, Sanche est toujours sa *race*.
(v, 489. *D. San.* 1706.)

Ces mots s'appliquent au pêcheur qui se croit père de don Sanche.

Pour me rendre le rang qu'occupoit votre *race*.... (v, 210 *Hér.* 1255.)
Je te veux toujours voir, quoi que ta rage fasse,
Craindre ton ennemi dedans ta propre *race*. (v, 218. *Hér.* 1412.)
Tant ils conçoivent mal qu'un si grand roi (*Laïus*) consente
A venger son trépas sur sa *race* innocente. (vi, 202. *OEd.* 1618.)

RAFLES (Faire), enlever tout, ne rien laisser :

Où qu'ils jettent la main, ils *font rafles* entières. (iv, 292. *S. du Ment.* 75.)

RAFRAÎCHIR (Se), se reposer :

Nous voulant à Lemnos *rafraîchir* dans la ville,
Qu'eussions-nous fait, Pollux, sans l'amour d'Hypsipyle?(ii, 343.*Méd.*33.)

RAGE.

En rage :

.... Créon sort tout *en rage*. (ii, 407. *Méd.* 1357.)
.... Voyez que sa mort mettra ce peuple *en rage*. (iii, 557. *Pol.* 1504.)

De rage :

Furieux de ma perte, et combattant *de rage*,
Au milieu de tous trois je me faisois passage. (iv, 176. *Ment.* 649.)
Je les suivis *de rage*.... (vi, 367. *Sert.* 72.)

Rages, au pluriel :

Je porte, malheureux, après de tels outrages,
Des douleurs sur le front, et dans le cœur des *rages*. (ii, 167. *Suiv.* 766.)
Là ma douleur trop forte a brouillé ces images;
Le sang de Polyeucte a satisfait leurs *rages*. (iii, 497. *Pol.* 242.)
Songez donc mieux qu'un père à ces affreux ravages

Que partout de ce monstre épandirent les *rages*. (v, 347. *Andr.* 719.)

Boileau a dit de même :

> Déployez toutes vos *rages*,
> Princes, vents, peuples, frimas. (*Ode sur la prise de Namur*, vers 81.)

RAGOÛT, ce qui flatte les sens :

> Je vois mes cheveux gris : je sais que les années
> Laissent peu de mérite aux âmes les mieux nées....
> Que les plus beaux esprits, que les plus embrasés,
> Sont de méchants *ragoûts*, quand les corps sont usés.
> (x, 146. *Poés. div.* 50 *var.*)

RAIS, rayons :

> .... L'aube de ses *rais* (*du soleil*)
> A déjà reblanchi le haut de ces forêts. (I, 277. *Clit.* 39.)
> .... Quand la lune aura son tour,
> Ses *rais* les plus malins ne pourront plus te nuire. (IX, 183. *Off. V.* 24.)

Corneille écrivait en 1632 le premier de ces deux passages ; quinze ans plus tard, Vaugelas (*Remarques*, p. 192) blâmait cet emploi du mot : « *Rais* pour *rayons* ne se dit plus de ceux du soleil ni en prose ni en vers, mais il se dit de ceux de la lune et en vers et en prose. » On voit que le second de nos exemples est conforme à cette règle.

RAISON.

> Vous laissez choir ainsi ce glorieux courage.
> Et la *raison* chez vous perd ainsi son usage. (III, 135. *Cid*, 522.)

M. Aimé-Martin fait ici la remarque suivante : « On dit bien d'une personne qu'elle perd l'usage de sa raison ; mais la raison qui perd l'usage de sa raison, cela n'est pas supportable. Comment l'Académie n'a-t-elle pas signalé cette faute ? » Simplement parce qu'elle n'existe pas. En effet, il ne s'agit point *de la raison qui perd l'usage de sa raison*, mais *de la raison qui perd l'utilité qu'elle a, qui ne sert plus à rien*. Quoi de plus clair ? et comment voir là une difficulté ?

> .... Sitôt que Philis revient à la *raison*. (x, 49. *Poés. div.*)

C'est-à-dire, se calme et se modère, redevient raisonnable.

C'EST BIEN LA RAISON QUE, il est bien juste, bien naturel que :

> .... *C'est bien la raison que* pour tant de puissance
> Nous vous rendions du moins un peu d'obéissance. (IV, 455. *Rod.* 611.)

RAISON, motif, sujet :

> Vous me semblez troublé. — J'ai bien *raison* de l'être.
> (IV, 383. *S. du Ment.* 1797.)
> Il m'a dit les *raisons* que vous me voulez dire. (VI, 431. *Sert.* 1606.)

LES RAISONS D'ÉTAT, les motifs et principes de la politique :

> [*Tu*] fis....
> Dans *les raisons d'État* régner la sainteté. (x, 123. *Poés. div.* 8.)

RENDRE RAISON DE, rendre compte de :

> Achève seulement de me *rendre raison*

De çe qui t'arriva depuis sa pâmoison. (1.315. *Clit.* 687 et 688.)
Je sais quel est mon ordre, et si j'en sors ou non,
C'est à d'autres qu'à vous que j'*en rendrai raison*. (v, 552. *Nic.* 930.)

On ne rencontre cette locution dans Corneille qu'en ce sens, et c'est le seul aussi que lui donnent les dictionnaires contemporains ; ils ne l'indiquent point avec celui de donner satisfaction ; on employait alors pour exprimer cette idée *faire raison*, qu'on trouvera plus loin.

DEMANDER RAISON, demander compte, demander satisfaction :

Votre rival vous cherche, et la main à l'épée
Vient *demander raison* de sa place usurpée. (I, 244. *Mél.* 1712.)
.... Je m'étonne fort d'où vous vient cette audace,
D'où vient qu'un fils, vers moi noirci de trahison,
Ose de mes faveurs me *demander raison*.... (IV, 490. *Rod.* 1466.)
.... Sur les bords du Tibre, une pique à la main,
Lui *demander raison* pour le peuple romain. (VI, 397. *Sert.* 816.)

AVOIR RAISON, LA RAISON DE QUELQUE CHOSE, en avoir, en obtenir satisfaction :

Voulez-vous, offensé, pour *en avoir raison*,
Qu'un perfide avec vous entre en comparaison?
(II, 78. *Gal. du Pal.* 1123 *var*.)
Pour *en avoir raison* nous manquerions d'amis ! (II, 92. *Gal. du Pal.* 1400.)
De force ou d'amitié, j'*en aurai la raison*. (I, 252. *Mél. var.*)

« S'ils nous font quelque outrage, à nostre tour nous *en aurons la raison*, car les hommes se rencontrent plus tost que les montagnes. » (Montluc, *Commentaires*, livre III, folio 107, recto.)

FAIRE RAISON, LA RAISON (DE QUELQUE CHOSE), (en) donner satisfaction, la réparer, l'arranger, la faire obtenir :

Il faut que de mon sang je lui *fasse raison*,
Et *de* ma jalousie, et *de* ma trahison. (I, 221. *Mél.* 1301 et 1302.)
Je n'y vois qu'un effet de sa poltronnerie,
Qu'un lâche désaveu de cette trahison,
De peur d'être obligé de m'*en faire raison*. (I, 467. *Veuve*, 1318.)
L'aventure est encor bien plus rare pour moi,
Qui lui *faisois raison* sans avoir su *de* quoi. (IV, 181. *Ment.* 736.)
Je venois à la Reine en demander justice ;
Mais puisque je vous vois, vous m'*en ferez raison*. (V, 445. *D. San*, 639.)
Il doit savoir qu'un jour il me *fera raison*
D'avoir réduit mon maître au secours du poison. (V, 538. *Nic.* 581 et 582.)
.... Si pour moi vous êtes en colère,
Seigneur, je n'ai reçu qu'une offense légère :
Le sénat en effet pourra s'en indigner;
Mais j'ai quelques amis qui sauront le gagner.
— Je lui *ferai raison*.... (V, 572. *Nic.* 1375.)
Thésée a trop de cœur pour une trahison ;
Et d'ailleurs j'ai promis de lui *faire raison*. (VI, 203. *OEd.* 1652.)
L'armée à son mérite enfin *a fait raison*. (VI, 651. *Oth.* 1727.)
L'amour a fait au sang un peu de trahison,

Mais deux ou trois baisers t'*en feront la raison.* (I, 241. *Mél.* 1670 var.)

Corneille a remplacé en 1660 le second vers par le suivant :

Mais Philandre pour moi t'*en aura fait raison.*

Jodelle dit de même avec l'article :

La palle mort m'*en fera la raison.* (*Cléopatre,* folio 239, recto.)

Le reste ne l'oblige à garder la maison,
Et quelque écharpe au bras *en feroit la raison.* (I, 366. *Clit. var.*)
L'échafaud qu'on m'apprête au sortir de prison,
C'est par où *de* ce meurtre on me *fait la raison.* (I, 345. *Clit.* 1236.)
Cette soif s'éteindra : ta prompte guérison
Paravant qu'il soit peu t'*en fera la raison.* (I, 369. *Clit. var.*)
Nous pourrons feindre alors que par ma diligence
Le concierge, rendu de mon intelligence,
Me donne un accès libre aux lieux de sa prison,
Que déjà quelque argent m'*en a fait la raison.* (I, 484. *Veuve.* 1654.)
Le temps *de* cet orgueil me *fera la raison.* (II, 38. *Gal. du Pal.* 384.)
Sus, sus ! brisons la porte, enfonçons la maison ;
Que des bourreaux soudain m'*en fassent la raison.* (II, 417. *Méd.* 1564.)
Pour un fourbe chez vous la pitié trouve place !
— Non, l'échafaud bientôt m'*en fera la raison.* (VI, 67. *Perth.* 1093.)
Voyez des maux sans nombre et hors de guérison ;
Et quand vous aurez vu toute cette injustice,
Faites-m'*en* un peu *de raison.* (VII, 16. *Agés.* 181.)
La raison que vous peut *en faire* sa bonté,
Je consens qu'elle vous la fasse. (VII, 18. *Agés.* 225.)

SE FAIRE RAISON, tirer vengeance, se faire justice :

Tout le peuple à grands cris demande Nicomède ;
Il commence lui-même à *se faire raison,*
Et vient de déchirer Métrobate et Zénon. (V, 580. *Nic.* 1565.)
Punissez donc, Seigneur, Métrobate et Zénon ;
Pour la Reine ou pour moi, *faites-vous-*en *raison.* (V, 567. *Nic.* 1258.)

SE FAIRE RAISON, se rendre justice, agir comme on le doit, conformément à son rang :

Qui ne vous craindra point, si les reines vous craignent ?
— Elles *se font raison* lorsqu'elles me dédaignent. (V, 473. *D. San.* 1342.)

TIRER RAISON, TIRER SA RAISON (DE QUELQUE CHOSE), (en) tirer vengeance, satisfaction :

Demain je suis Médée, et je *tire raison*
De mon bannissement et *de* votre prison. (II, 401. *Méd.* 1251 et 1252.)
Il fut toujours permis de *tirer sa raison*
*D'*une infidélité par une trahison. (I, 169. *Mél.* 459 et 460.)
Mourir sans *tirer ma raison* ! (III, 123. *Cid,* 331.)

RAISONNABLE, avec ellipse du substantif :

Que leur désespoir même agit avec raison,

Et que.... — C'en est assez : sois-moi juge équitable,
Et dis-moi si le mien agit en *raisonnable*,
Si je parle en aveugle.... (vi, 60. *Perth.* 956.)

RAMASSER, rassembler, réunir :

Si Crassus est défait, Rome n'est pas détruite :
D'autres *ont ramassé* les débris de sa fuite. (vii, 513. *Sur.* 1222.)

RAMASSER, au figuré :

.... Tous ses sentiments, enfermés dans son cœur,
Ramassent en secret leur dernière vigueur. (vi, 216. *OEd.* 1928.)
J'enseigne (*à l'homme*) à *ramasser* en moi tout son desir.
(viii, 474. *Imit.* iii, 4402.)
C'est Dieu qui parle.

RAMENER.

RAMENER DANS :

La diversité des lieux où les choses se sont passées, et la longueur
du temps qu'elles ont consumé dans la vérité historique, m'ont réduit à cette falsification, pour les *ramener dans* l'unité de jour et de
lieu. (iv, 19. *Exam.* de *Pomp.*)

SE RAMENER EN SOI, se replier sur soi-même, en parlant de l'esprit :

.... Comme notre esprit, jusqu'au dernier soupir,
Toujours vers quelque objet pousse quelque desir,
Il *se ramène en soi* n'ayant plus où se prendre. (iii, 402. *Cin.* 369.)

RANG.

DE RANG, de suite, successivement, à la file :

Six services *de rang*, douze plats à chacun ? (iv, 168. *Ment.* 511.)

PRENDRE RANG, prendre place (chacun à son rang) :

Leurs plus hautes vertus (*des héros de mes tragédies*) qu'étale mon ouvrage
N'y font que *prendre rang* pour former ton image. (x, 97. *Poés. div.* 42.)

METTRE SUR LES RANGS :

Demeurez en repos, frondeurs et mazarins,
Vous ne méritez pas de partager la France :
Laissez-en tout l'honneur aux partis d'importance
Qui *mettent sur les rangs* de plus nobles mutins. (x, 128. *Poés. div.* 4.)

RANG, au figuré :

Que mon *rang* me déplaît ! que mon trop de fortune,
Au lieu de m'obliger, me choque et m'importune ! (i, 418. *Veuve*, 377.)
A force de vieillir un auteur perd son *rang*. (x, 187. *Poés. div.* 37.)
Fais-nous, en dépit d'eux, garder nos premiers *rangs*.(x, 237.*Poés. div.*28.)
Nos premiers rangs entre les poëtes. C'est une apostrophe au « Dieu des vers. »

C'est générosité quand pour venger un père
Notre devoir attaque une tête si chère ;
Mais c'en est une encor d'un plus illustre *rang*
Quand on donne au public les intérêts du sang. (III, 169. *Cid.* 1199.)
Il (*un monarque*) doit à ses sujets encor plus qu'à personne,
Et cesse de devoir quand la dette est d'un *rang*
A ne point s'acquitter qu'aux dépens de leur sang. (IV, 32. *Pomp.* 139.)

RANGER, assujettir, soumettre, réduire, captiver ; RANGER À, RANGER SOUS, etc. :

Un jour qu'il se vantoit de cette humeur étrange,
A qui chaque objet plaît, et que pas un ne *range*.... (II, 128. *Suiv.* 38.)
L'amour.... Ah! ce mot seul me *range à* la douceur.
(II, 82. *Gal. du Pal.* 1212.)
Range à ce que tu dois ton âme en patience. (VIII, 255. *Imit.* II, 1627.)
Elle (*ma gloire*) ne peut souffrir que ma fuite m'y *range* (*en ces lieux*)
En captive de guerre, *au* péril d'un échange.... (VI, 378. *Sert.* 361 et 362.)
Accablé des malheurs *où* le destin me *range*,
Je vais les déplorer : va, cours, vole, et nous venge. (III, 120. *Cid.* 289.)
Il (*Jason*) est né seulement pour charmer les princesses,
Et haïroit l'amour s'il *avoit sous* sa loi
Rangé de moindres cœurs que des filles de roi (II, 342. *Méd.* 23 et 24.)
Encore un lustre ou deux, et *sous* tes destinées
J'*aurois rangé* le sort des têtes couronnées. (VI, 257. *Tois.* 71 et 72.)

SE RANGER, SE RANGER À :

Vous aimez que je *me range*
Auprès de vous chaque jour,
Et m'ordonnez que je change
En amitié mon amour. (X, 162. *Poés. div.* 1.)
Si quelqu'un ou plus riche ou plus beau,
Et mieux fourni d'appas, à te servir *se range*.... (X, 51. *Poés. div.* 22.)

SE RANGER AVEC, se ranger du côté, du parti de :

Je *me range* toujours *avec* la vérité. (I, 153. *Mél.* 191.)

RANIMER, faire revivre, en parlant d'une personne crue morte dont on annonce le retour :

Mais touchant cet époux qu'Edüige *ranime ?*...
— De ce discours en l'air elle fait peu d'estime :
L'artifice est si lourd, qu'il ne peut l'émouvoir,
Et d'une main suspecte il n'a point de pouvoir. (VI, 45. *Perth.* 607.)

RANIMER LA MÉMOIRE DE QUELQU'UN, en renouveler le souvenir :

Dans l'esprit d'un rival *ranimons sa mémoire*. (VII, 213. *Tit.* 312.)

RANIMER À :

Mais craignez avec moi que ce choix ne *ranime*
Cette haine mourante *à* quelque nouveau crime. (IV, 468. *Rod.* 947 et 948.)

RAPAISER.

Ne m'importune plus, Philandre, je t'en prie;
Me *rapaiser* jamais passe ton industrie. (I, 235. *Mél.* 1556.)

Le *Dictionnaire* de Richelet (1680) définit ainsi ce mot : « *Rapaiser*, adoucir, apaiser. La douceur que vous m'avez envoyée, m'*a rapaisé* (Voiture, lettre 57). » — Ce verbe composé n'avait pas, on le voit, d'autre sens que le simple ; il ajoutait seulement un peu plus de force à l'idée. L'Académie ne l'a point recueilli.

RAPETASSÉ.

Saint François revêt ses compagnons d'habits vieux et *repetassés* (VIII, 533. *Imit.* II, note 1.)

RAPPELER, au figuré :

Rappelez, rappelez cette vertu sublime. (III, 444. *Cin.* 1345.)
Au fort de ma douleur tu *rappelles* ma crainte. (III, 513. *Pol.* 578.)
.... En lui-même il *rappelle*
Ce qu'eut de beau sa vie, et ce qu'on dira d'elle. (IV, 49. *Pomp.* 521.)
Peignez-lui bien mes feux, retracez-lui les siens;
Rappelez dans son cœur leurs plus doux entretiens. (VII, 407. *Pulch.* 672.)

RAPPORT, en parlant de ce qui revient en mémoire :

Ne m'as-tu jamais vu? — Seigneur, cela peut être.
— Il y pourroit avoir entre quinze et vingt ans.
— J'ai de confus *rapports* d'environ même temps. (VI, 195. *Œd.* 1428.)

RAPPORT, convenance, analogie :

.... Le peu de *rapport* de nos conditions
Ote le nom d'amour à ses submissions. (I, 418. *Veuve*, 383.)

RAPPORTANT À, neutralement, approchant de, répondant à, conforme à :

Ainsi vous quitteriez Alcippe pour un autre
Dont vous verriez l'humeur *rapportant* à la vôtre ? (IV, 164. *Ment.* 442 var.)

Tel est le texte des éditions antérieures à 1660; dans la première de toutes (1644) il y a *rapportante* avec accord.

RAPPROCHER, neutralement, approcher de nouveau :

.... Tout est à nous, s'il ne faut qu'empêcher
Qu'un si fidèle amant n'en puisse *rapprocher*. (II, 75. *Gal. du Pal.* 1068.)

RARE, peu commun, remarquable :

Rien ne fit alors et ne fait encore tous les jours une si forte impression
sur mon âme, que ces *rares* pensées de la mort. (VIII, 5. *Épit.* de *l'Imit.*)
Ils parlent, et les Grecs, les Latins, les Barbares

Reçoivent à l'envi la parole à genoux,
Tous étonnés de voir des hommes si peu *rares*
    Parler le langage de tous. (IX, 530. *Hymn.* 23.)

RARETÉS, en parlant de la rare beauté, des rares agréments d'une femme :

Je sais trop que le ciel n'a donné l'avantage
De tant de *raretés* qu'à votre seul visage. (I, 325. *Clit.* 898.)
Tout autre trouveroit leurs visages charmants....
Mais l'honneur de vous voir, que vous me permettez,
Fait que je n'y remarque aucunes *raretés*. (I, 416. *Veuve*, 332.)

RASER, ravager, démolir les forteresses de :

Il entre dans la Flandre et *rase* le Hainaut. (X, 202. *Poés. div.* 116.)

RASSIS, au figuré, dans le style de la tragédie :

Un même coup a mis ma gloire en sûreté,
Mon âme au désespoir, ma flamme en liberté,
— D'un esprit plus *rassis*.... — Tu me parles encore,
Exécrable assassin d'un héros que j'adore? (III, 192. *Cid*, 1713.)

RASSURER LES ESPRITS DE QUELQU'UN :

Jugez si vos discours *rassurent* mes esprits. (IV, 63. *Pomp.* 860.)

RATTACHER, au figuré, en parlant des liens, des fers de l'amour :

Ajoutez qu'il vous aime, et veut par tous moyens
Rattacher ce vainqueur à ses derniers liens. (VI, 86. *Perth.* 1510.)
Vous *rattachez* mes fers quand la saison vous chasse. (X, 147. *Poés. div.* 68.)

RAVALEMENT, au figuré, action de se ravaler, de se mépriser, de s'humilier.

Corneille l'a employé tant au singulier qu'au pluriel.

Un plein *ravalement* ainsi m'est nécessaire ! (VIII, 335. *Imit.* III, 1572.)
Le plus grand devant Dieu, c'est le moindre en soi-même,
    Et les vertus que le ciel aime
Par les *ravalements* trouvent l'art d'y monter. (VIII, 234. *Imit.* II, 1198.)

RAVALER, au figuré, déprimer, déprécier :

Quelle inégalité *ravale* ta vertu? (III, 184. *Cid*. 1515.)
    La dignité de la matière est si haute, que l'impuissance de l'artisan ne la peut *ravaler*. (III, 471. *Épît.* de *Pol.*)
    Il s'oppose violemment à ce qu'elle dit de son mérite, et *ravale* autant qu'il peut sa victoire. (V, 274. *Dess. d'Andr.*)
Reprochez-moi plutôt toutes mes injustices,
Que de plus *ravaler* de si rares services. (III, 92. *Agés.* 2048.)

Si dans mon premier rang ton ordre me *ravale*.... (x, 136. *Poés. div.* 11.)

SE RAVALER, SE RAVALER À, JUSQU'À :

.... Devenant par là la reine de ma rivale,
J'aurai droit d'empêcher qu'elle ne *se ravale*. (v, 463. *D. San.* 1094.)
Qu'à des pensers si bas mon âme *se ravale!* (III, 506. *Pol.* 393.)
Il *se ravale à* craindre sa femme. (v, 12. *Exam.* de *Théod.*)
Vous *ravaleriez-vous jusques à* la bassesse
D'exiger de ce cœur des marques de tendresse. (VI, 375. *Sert.* 281.)
Dois-je *me ravaler jusques à* cet époux? (VI, 599. *Oth.* 559.)
Tu m'estimes bien lâche, imprudente rivale,
Si tu crois que mon cœur *jusque-là se ravale*.... (IV, 448. *Rod.* 420.)

RAVALÉ, au figuré :

N'oublierez-vous jamais ces termes *ravalés*,
Pour vous priser de bouche autant que vous valez? (I, 429. *Veuve*, 577.)
Dans mon sort *ravalé* je sais vivre en princesse. (v, 39. *Théod.* 507.)
Va, porte cette crainte à des cœurs *ravalés*. (VI, 57. *Perth.* 870.)

Le *Dictionnaire de l'Académie* ne donne d'exemple du participe que pour le sens physique : *des bas ravalés*, c'est-à-dire, tombant sur les pieds.

RAVINE.

Frimas, triste gelée, effroyables *ravines*,
    Exaltez sa grandeur. (IX, 143. *Off. V.* 27.)

Furetière définit *ravine* : « Pluie orageuse et violente, qui est ordinairement cause des torrents. »

RAVIR.

Il m'a mise en son cœur aussi bien qu'en ses mains.
Son erreur fut soudain de son amour suivie;
Et je ne l'*ai ravi* qu'après qu'il m'a *ravie*. (II, 296. *Pl. roy.* 1419.)

Ce mot est ici employé, dans le même vers, au figuré, puis au propre.

RAVIR, au figuré :

Je vais bien la *ravir* avec cette nouvelle. (IV, 61. *Pomp.* 801.)
Ses yeux savent *ravir*, son discours sait charmer. (IV, 67. *Pomp.* 951.)
.... Vous me *ravissez* d'avoir cette prudence. (v, 579, *Nic.* 1532.)

SE LAISSER RAVIR à, voyez au tome I du *Lexique*, À, p. 10.

RAYON, au figuré :

La tienne (*ton âme*), encor servile, avec la liberté
N'a pu prendre un *rayon* de générosité. (III, 447. *Cin.* 1412.)
Ce n'est pas tout, Seigneur : une céleste flamme
D'un *rayon* prophétique illumine mon âme. (III, 461. *Cin.* 1754.)
Là, saisis d'un *rayon* des puissances suprêmes,
Nous ne recevons plus de lois que de nous-mêmes. (v, 21. *Théod.* 115.)

REBAILLER, redonner à bail :

Vous saurez que, après que ledit sieur Letelier eut acquis le total de la propriété desdits quatrièmes, ils *furent* réunis à la recette des aides et *rebaillés* au profit du fermier général. (x, 434. *Lettr.*)

REBELLE, substantivement :

Il falloit arracher mon sceptre à mon *rebelle*. (v, 452. *D. San.* 809.)

REBELLER (Se), se révolter :

Mon pied, qui me dédit, contre moi *se rebelle*. (I, 221. *Mél. var.* 1.)
De vrai, contre ses droits mon esprit *se rebelle*. (II, 136. *Suiv.* 205.)
De tous les deux côtés mon âme *se rebelle*. (III, 190. *Cid*, 1661.)
Je dois vous avertir, en serviteur fidèle,
Qu'en sa faveur déjà la ville *se rebelle*. (III, 536. *Pol.* 1070.)
T'écouterai-je, amour, dont la douce puissance
Contre ce fier tyran fait *rebeller* mes vœux? (III, 186. *Cid*, 1568 *var.*)

« Fait rebeller mes vœux, » c'est-à-dire, fait mes vœux se rebeller. » — En 1663, Corneille a substitué, dans ce dernier exemple, *révolter* à *rebeller*.

RÉBELLIONS, au pluriel :

.... Mon devoir confus, languissant, étonné,
Cède aux *rébellions* de mon cœur mutiné. (III, 390. *Cin.* 124.)

REBOURS (Au) :

.... Quoi que vous disiez, je l'entends *au rebours*. (IV, 228. *Ment.* 1612.)

REBUT, action de rebuter :

.... Endurer pour toi l'outrage et le *rebut*. (VIII, 361. *Imit.* III, 2093.)
     Que mon âme, ainsi mieux instruite,
Embrasse de la gloire un glorieux *rebut*. (VIII, 386. *Imit.* III, 2614.)
Il est juste, ô mon Dieu, que sans impatience
J'en porte le fardeau (*le fardeau de la vie*) pour mon propre salut,
Et que de ses ennuis la triste expérience
Ne produise en mon cœur ni dégoût, ni *rebut*. (VIII, 353. *Imit.* III, 1928.)
Puisse votre *rebut* se rendre aussi sévère,
Aussi rude à mon cœur mortellement navré,
Qu'est sensible à l'enfant nouvellement sevré
     Le refus du lait de sa mère! (IX, 237. *Off. V.* 13.)

Rebut, en parlant d'une personne, l'objet du rebut :

Elle a le cœur trop bon pour se voir avec joie
Le *rebut* du tyran dont elle fut la proie. (III, 415. *Cin.* 690.)
Le *rebut* de Pompée est encor quelque chose. (VI, 376. *Sert.* 294.)
Le *rebut* d'Ildione est indigne de moi. (VII, 148. *Att.* 976.)
Si Mandane, l'objet des vœux de tant de rois
Se doit voir d'un sujet le *rebut* ou le choix.

— Le *rebut!* Vous craignez, Seigneur, qu'il la refuse?
(vii, 495. *Sur.* 776 et 777.)

RÉCENT de :

Je ne suis pas assez *récent de* mon latin pour me vanter d'entendre tous les mots choisis dont vous avez semé cet ouvrage. (x, 485. *Lettr.*)

RÉCEPTION, action de recevoir, accueil, au propre et au figuré :

Où sont tant de baisers dont votre affection
Devoit être prodigue à ma *réception?* (ii, 510. *Illus. var.*)
Il m'a fallu nécessairement faire voir quelle *réception* il (*César*) feroit à leur lâche et cruelle politique. (iv, 22. *Exam. de Pomp.*)

RECHANTÉ, chanté souvent, célébré par les poëtes :

Ces murs si *rechantés*, dont la noble ruine
De tant de nations flatte encor l'origine. (x, 205. *Poés. div.* 165.)

RECHASSER, repousser :

Cette seule action rétablit la bataille,
Fit *rechasser* le More au pied de sa muraille. (v, 427. *D. San.* 214.)

RECHERCHER quelqu'un d'accord, voyez au tome I du *Lexique*, p. 25, Accord.

RÉCITER, raconter :

Phocas, alarmé du bruit qui court qu'Héraclius est vivant, *récite* les particularités de sa mort. (v, 148. *Exam. d'Hér.*)

RÉCLAMER, invoquer :

Mon père, au nom des Dieux.... — Ne les *réclamez* pas,
Ces Dieux dont l'intérêt demande son trépas. (iii, 529. *Pol.* 915.)

RÉCOMPENSE (Faire la) de quelqu'un :

Sévère, à mon défaut, *fera ta récompense*. (iii, 539. *Pol.* 1102.)

Récompenses, au pluriel :

Attends, attends de lui tes dignes *récompenses*. (vi, 436. *Sert.* 1730.)

RECONNOISSANCE, action de payer de retour :

J'ai rendu jusqu'ici cette *reconnoissance*
A ces soins tant vantés d'élever mon enfance,
Que tant qu'on m'a laissée en quelque liberté,
J'ai voulu me défendre avec civilité. (v, 161. *Hér.* 109.)
.... S'il me fait part de sa toute-puissance,
Ce sera moins un don qu'une *reconnoissance*. (vii, 236. *Tit.* 864.)

RECONNOISSANCE, action de reconnaître la vérité de quelque chose, de le certifier :

Nous ne contestons point l'honneur de sa vaillance,
Madame ; et s'il en faut notre *reconnoissance*,
Nous avouerons tous deux qu'en ces combats derniers
L'un et l'autre, sans lui, nous étions prisonniers. (v, 429. *D. San.* 242.)

RECONNOÎTRE, absolument, au sens propre :

Elle renverse tout ce qui s'offre à ses pas,
Et sur ceux qu'elle voit frappe sans *reconnoître*. (I, 460. *Veuve*, 1175.)

RECONNOÎTRE, absolument, se montrer reconnaissant :

Quand peut-on être ingrat, si c'est là *reconnoître ?* (VII, 87. *Agés.* 1903.)

RECONNOÎTRE QUELQU'UN, avoir de la reconnaissance pour quelqu'un, la lui marquer :

Tu reçois le bâton de la main de ton maître,
Généreux maréchal : c'est de quoi nous ravir,
De le voir aussi prompt à te bien *reconnoître*
Que ta haute valeur fut prompte à le servir. (x, 114. *Poés. div.* 105.)
.... Si c'est un bienfait qu'il faut rendre aujourd'hui,
Comme il (*Pompée*) parla pour vous, vous parlerez pour lui.
Ainsi vous le pouvez et devez *reconnoître*. (IV, 33. *Pomp.* 153.)

Dans ce second passage, la construction est quelque peu amphibologique : *le* peut, comme dans le premier exemple cité, tenir la place du nom de personne (de *Pompée*) ; il peut aussi, tournure plus ordinaire, tenir celle de *bienfait*.
Reconnoître, dans ces deux endroits, est, quoique rimant avec *maître*, écrit par un *o* dans les anciennes éditions. Au tome X, p. 119, vers 54, il l'est par *a* : voyez la note 1 de cette page 119. Voyez aussi la fin de l'article CONNOÎTRE, au tome I du *Lexique*, p. 206.

RECOURBER, au figuré :

Épure tes desirs par cette intention :
Tes flammes deviendront comme eux droites et pures,
Tes flammes, que souvent ta folle passion
Recourbe vers toi-même ou vers les créatures. (VIII, 310. *Imit.* III, 1055.)

RECUEILLIR, résumer :

Pour *recueillir* ce discours, avant que de passer à une autre matière....
(I, 62. *Disc. de la Trag.*)

RECULER à, remettre à, différer de :

J'ai vu qu'elle (*votre lettre*) étoit datée du 7 du courant, et que ce seroit *reculer* trop loin *à* vous faire savoir que je l'ai reçue. (x, 459. *Lettr.*

RÉCUSABLE DE :

Je n'entreprendrai point de juger entre vous

Qui mérite le mieux le nom de son époux :
Je serois téméraire, et m'en sens incapable ;
Et peut-être quelqu'un m'*en* tiendroit *récusable*. (v, 432. *D. San.* 322.)

REDEVABLE, substantivement :

Vous pourrez quelque temps être ma *redevable*. (vii, 496. *Soph.* 584.)

C'est une honte.... qui m'est très-avantageuse; et si j'en rougis, c'est de me voir infiniment son *redevable*. (x, 94. *Poés. div. Au lect.*)

REDIRE.

Que je redie :

Permettez *que* tout haut *je* le die et *redie*. (vii, 330. *Psy.* 1100.)
Voyez au tome I du *Lexique*, p. 305 et 306, Dire.

REDITE, dans un sens favorable :

.... La *redite* est douce à toute heure, en tout lieu,
A quiconque pour vous de tout son cœur soupire.
(viii, 435. *Imit.* iii, 3583.)

REDONNER, donner de nouveau :

De nouveau je m'emporte. Encore un coup, pardonne
Ce doux égarement que le sang me *redonne*. (x, 191. *Poés. div.* 88.)

REDOUBLER, doubler, rendre double, accroître :

.... Tout hors d'haleine il prend pourtant sa place,
Et *redouble* bientôt la victoire d'Horace. (iii, 332. *Hor.* 1124.)
.... Ton coup d'essai, si digne de mémoire,
Doit enhardir ta plume à *redoubler* ta gloire. (x, 130. *Poés. div.* 4.)
Je *redouble* en leurs cœurs l'ardeur de le punir. (iii, 392. *Cin.* 176.)

Redoubler, neutralement :

Votre gloire *redouble* à mépriser l'empire. (iii, 406. *Cin.* 474.)
.... Sa beauté *redouble* à se faire chercher. (x, 238. *Poés. div.* 48.)

Se redoubler :

Son orgueil *se redouble* étant en liberté. (ii, 289. *Pl. roy.* 1260.)
De sa haine aux abois la fierté *se redouble*. (vi, 548. *Soph.* 1799.)

REDOUTABLE À :

Son séjour en ce lieu *m*'est toujours *redoutable*. (iii, 514. *Pol.* 590.)

RÉDUIRE, arranger :

Pour la fin, je l'*ai réduite* en sorte que tous mes personnages y agissent avec générosité. (v, 506. *Exam.* de *Nic.*)

RÉDUIRE À, DANS, EN, amener, ramener à, restreindre à, renfermer dans :

[Je] ne voudrois pas perdre un beau sujet pour ne l'*y* pouvoir *réduire*
(*à l'unité de jour*). (I, 3. *Au lect.*)
J'admirois la vertu qui *réduisoit* en vous
Vos plus chers intérêts *à* ceux de votre époux. (III, 285. *Hor.* 65 et 66.)
.... La reine d'Arménie
Est due à l'héritier du roi de Bithynie,
Et ne prendra jamais un cœur assez abjet
Pour se laisser *réduire à* l'hymen d'un sujet. (V, 514. *Nic.* 66.)
Enfin avec douceur tâchez de la *réduire*
A venir dans le camp, *à* s'y laisser conduire. (VI, 544. *Soph.* 1695 et 1696.)
Le trône a des splendeurs dont les yeux éblouis
Peuvent *réduire* une âme *à* l'oubli du pays. (VI, 273. *Tois.* 436.)
 J'ai tâché de la *réduire* (*cette comédie*) *à* notre usage et *dans* nos règles. (IV, 137. *Exam.* du *Ment.*)
 De six pièces de théâtre qui me sont échappées, en *ayant réduit* trois *dans* la contrainte qu'elle (*l'antiquité*) nous a prescrite, je n'ai point fait de conscience d'allonger un peu les vingt et quatre heures aux trois autres. (I, 378. *Au lect.* de la *Veuve*.)
.... Ma flamme contrainte
De *réduire* ses feux *dans* une amitié sainte. (I, 247. *Mél.* 1768.)
.... D'un tel orage *en* bonace *réduit*
Célidan a la peine, et Philiste le fruit? (I, 491. *Veuve*, 1801.)
Il *a réduit* soudain toutes ses voix *en* une. (VII, 396. *Pulch.* 373.)
 Il m'a fallu *réduire en* soulèvement tumultuaire une guerre qui n'a pu durer guère moins d'un an. (IV, 20. *Exam.* de *Pomp.*)
Hélas! si ces honneurs dont vous comble la Reine
Réduisent mon espoir *en* une attente vaine.... (V, 446. *D. San.* 658.)
Dis tout, Araspe : dis que le nom de sujet
Réduit toute leur gloire *en* un rang trop abjet. (V, 530. *Nic.* 386.)

RÉDUIRE, absolument, vaincre, faire rentrer dans l'obéissance :

Voyez donc Grimoald, tâchez à le *réduire*. (VI, 40. *Perth.* 487.)

SE RÉDUIRE À, se borner à, ne pas prétendre au delà de :

Si l'on hait tant Léon, du moins *réduisez-vous*
A faire qu'on m'admette à régner sans époux.
          (VII, 433. *Pulch.* 1303 et 1304.)
Othon, dont les hauts faits soutiennent le grand nom,
Daigne d'un Vinius *se réduire à* la fille. (VI. 575. *Oth.* 9.)

RÉDUIT, borné :

Je vis votre royaume entre ces murs *réduit*. (IV, 452. *Rod.* 533.)

RÉDUIT, soumis :

Porter jusqu'au trépas un cœur vraiment *réduit*,
     C'est se rendre digne d'envie. (VIII, 98. *Imit.* I, 1163.)

REFAIRE.

Je rends grâces au ciel de ce qu'il a permis
Que je sois survenu pour vous *refaire* amis. (IV, 181. *Ment.* 732.)

REFAIRE (SE), voyez au tome I du *Lexique*, p. 266, SE DÉFAIRE.

RÉFÉRER, rapporter, au figuré :

.... Sur ceux (*les hommages*) qu'on lui rend son zèle s'élevant,
Me les *réfère* tous, sans en vouloir pour elle. (VIII, 536. *Imit.* III, 5682.)

REFLATTER, flatter en retour, à son tour :

Je flattois ton image, elle me *reflattoit*. (I, 353. *Clit.* 1391.)

RÉFLEXION, au propre :

La *réflexion* des lumières sur ce bronze en fait sortir un jour tout extraordinaire. (V, 380. *Andr.*)

REFLUX, au figuré :

Supporte avec grand cœur tous les succès contraires :
Leur plus longue amertume aura de doux *reflus*,
Et la vie éternelle a d'assez grands salaires
Pour être digne encor de plus. (VIII, 493. *Imit.* III, 4786.)

Voyez au tome I du *Lexique*, p. 437, l'article FLUX, et, au sujet de l'orthographe, la note 3 de la page 515 du tome VI.

RÉFRACTAIRE À, qui refuse d'obéir à :

Vous vous autorisez à m'être *réfractaire*. (II, 207. *Suiv.* 1566 *var.*)

Dès 1644, Corneille a ainsi changé ce vers :

Vous pensez avoir droit de braver ma colère

REFROIDISSEMENT, au figuré :

L'honneur de vous servir m'apporte assez de gloire,
Et je perdrois le mien, si quelqu'un pouvoit croire
Que mon devoir penchât au *refroidissement*. (I, 357. *Clit.* 1483.)

REFUGE À :

Doux *refuge à* notre tristesse,
Jésus, unique espoir des cœurs vraiment touchés. (IX, 555. *Hymn.* 9.)

REFUIR, au figuré, dans le même sens que le simple *fuir* :

.... C'est en vain qu'on recule,
C'est en vain qu'on *refuit*, tôt ou tard on s'y brûle. (I, 148. *Mél.* 106.)

Il y avait dans les éditions antérieures à 1660 :

C'est en vain que l'on *fuit*....

.... Que ce qu'il abhorre et que ce qu'il *refuit*....
Devient tout ce qu'il aime et tout ce qu'il poursuit. (VIII, 252. *Imit.* II, 1564.)

Tout ce qu'obstinément ta volonté *refuit*.... (VIII, 508. *Imit.* III, 5120.)
.... L'on s'avance mal quand on *refuit* ma table
Pour des empêchements que chaque jour produit.
(VIII, 639. *Imit.* IV, 1236.)
C'est ainsi que la terre, au retour du printemps,
Des grâces du soleil se défend quelque temps,
De ses premiers rayons *refuit* les avantages. (X, 216. *Poés. div.* 325.)

REFUITES, échappatoires, excuses :

.... Cessez de chercher ces *refuites* frivoles. (I, 153. *Mél.* 194.)

REFUS, en parlant d'une personne qui a été refusée par une autre :

Je pense mieux valoir que le *refus* d'une autre. (II, 64. *Gal. du Pal.* 865.)
.... [*Érixe*] trouva de la gloire à choisir mon *refus*. (VI, 476. *Soph.* 94.)
Elle a trop d'un amant, et si sa flamme heureuse
Me renvoyoit celui dont elle ne veut plus,
Je ne suis point d'humeur fâcheuse,
Et m'accommoderois bientôt de ses *refus*. (VII, 69. *Agés.* 1518.)
Accepter ses *refus* ! moi, Seigneur ?... (VII, 147. *Att.* 957.)
Est-ce vous offenser que m'offrir vos *refus* ?
Et vous doit-il un cœur dont vous ne voulez plus ? (VIII, 233. *Tit.* 769.)

Voyez ci-dessus, p. 273 et 274, REBUT.

REFUSER.

ÊTRE REFUSÉ DE QUELQUE CHOSE :

Qui peut mieux l'exercer en est bien le plus digne.
— *En être refusé* n'en est pas un bon signe. (III. 116. *Cid*, 218.)
Oui, ce cœur ainsi libre, ainsi désabusé,
Ne peut, quoi qu'il demande, *en être refusé*. (VIII, 327. *Imit.* III, 1403.)

REFUSÉ.

Ce vieil orgueil brisé
Court au-devant du joug si longtemps *refusé*. (V, 195. *Poés. div.* 20.)

REGAGNER QUELQU'UN :

.... Je vois clairement que si je veux régner,
Moi qui de Lysander vois toute la pensée,
Il le faut tout à fait ou perdre ou *regagner*. (VII, 88. *Agés.* 1950.)

RÉGALER UNE PERSONNE, lui offrir un repas, un divertissement, etc. :

Celle que cette nuit sur l'eau j'*ai régalée*.... (IV, 182. *Ment.* 762.)
Avec quelques douceurs il faut le *régaler*. (IV, 319. *S. du Ment.* 578.)

RÉGALER DE, au figuré, dans le style élevé :

La fausse liberté d'esprit

S'oppose puissamment à ces douces visites
Dont nous *régale* Jésus-Christ. (vııı, 232. *Imit.* ıı, 1142.)

REGARD.

Je veux que cette ingrate (*Rome*) en ma faveur vous prie ;
Et qu'un juste respect, conduisant ses *regards*,
A votre chaste amour demande des Césars. (ıv, 81. *Pomp.* 1323.)

Voltaire blâme les mots *un juste respect qui conduit des regards*, et trouve avec raison que « ce style est forcé » : sur quoi M. Aimé-Martin remarque que le mot *regards* signifiait alors égards, respects, ce qui n'est exact que lorsqu'il s'agit de certaines locutions déterminées, comme celles que nous allons voir. D'ailleurs un *respect qui conduit des égards* ne serait-il pas encore une phrase plus étrange que celle que Voltaire reproche à Corneille ?

AU REGARD DE, POUR LE REGARD DE, POUR CE REGARD, POUR MON, SON REGARD :

Au regard d'Alcidon, tu dois continuer. (ı, 411. *Veuve*, 239.)
.... En mots exprès je lui rendois son change,
Et n'ai couvert mon jeu qu'*au regard de* Florange. (ı, 449. *Veuve*, 1000.)
Au regard de Pélie, il fut bien mieux traité :
Avant que l'égorger tu l'avois écouté? (ıı, 361. *Méd.* 403.)
Voilà, mon R. Père, ce qui m'a retenu *pour le regard de* l'inscription. (x, 472. *Lettr.*)
Il y a cette différence *pour ce regard* entre le poëte dramatique et l'orateur, que celui-ci peut étaler son art. (ı, 39. *Disc. du Poëm. dram.*)
Le jugement de Rome est peu *pour mon regard.* (ııı, 328. *Hor.* 1065.)
L'on peut dire que son enfant étoit mort *pour son regard.* (v, 144. *Au lect.* d'*Hér.*)
On pouvoit dire que son fils étoit mort *pour son regard.*
(v, 155. *Exam.* d'*Hér.*)

Cet emploi de *regard*, dans un sens où nous nous servons aujourd'hui des locutions : *à l'égard de, par rapport à*, est ancien dans notre langue : « Tu dois *regarder* (ou *auoir regard*) à ton proufit, *utilitatis ratio habenda tibi est.* » (Mathurin Cordier, chapitre ı, p. 7, § 88.) — En 1693, les expressions *à son regard, pour son regard, au regard de* n'étaient déjà plus guère employées, comme nous l'apprend Callières à la page 174 de son petit traité *Du bon et du mauvais usage dans les manières de s'exprimer*, qui fait suite aux *Mots à la mode.*

REGARDER.

REGARDER, considérer, regarder comme :

Je l'attends (*cette grâce*) de vous seule et de votre bonté,
Comme on attend un bien qu'on n'a pas mérité,
Et dont, sans *regarder* service ni famille,
Vous pouvez faire part au moindre de Castille. (v, 425. *D. San.* 153.)
Un véritable roi n'est ni mari ni père :
Il *regarde* son trône, et rien de plus.... (v, 569. *Nic.* 1321.)
Ma nièce, mon amour vous prit dès lors pour fille;
Et *regardant* en vous les restes de mon sang,
Je flattai ma douleur en vous donnant leur rang. (vı, 612. *Oth.* 847.)

RÉG]   DE CORNEILLE.   281

.... Je l'ai *regardée*, après votre alliance,
Bien moins Persane de naissance
Que Grecque par adoption. (vii, 56. *Agés.* 1206.)

REGARDER AINSI QUE, regarder comme :

.... Je la *regardois* (*ma tendresse*) *ainsi qu'*une foiblesse.
(vii, 206. *Tit.* 132.)
Tous *regardent* l'empire *ainsi qu'*un bien commun. (vii, 430. *Pulch.* 1211.)

REGARDER À, faire attention, veiller à :

.... *Regarde* seulement
A le payer d'estime et de remercîment. (ii, 367. *Méd.* 535 et 536.)

REGARDER, avec un nom de chose pour sujet, concerner :

Tu sais que tout son bien (*d'un oncle*) ne *regarde* que moi,
Et qu'attendant sa mort je vis dessous sa loi. (i, 434. *Veuve,* 693.)
S'il reste quelque espoir, c'est toi seul qu'il *regarde.*
Prendras-tu bien ton temps? Tu commandes sa garde ;
La nuit et le sommeil vont tout mettre en ton choix. (vii, 178. *Att.* 1701.)

RÉGIR, gouverner :

Montrez-lui comme il faut *régir* une province. (iii, 114. *Cid.* 174.)

RÉGIR, absolument :

Il est d'autres héros dans un si vaste empire :
Il en est qu'après vous on se plairoit d'élire,
Et qui sauroient mêler, sans vous faire rougir,
L'art de gagner les cœurs au grand art de *régir.* (vi, 615. *Oth.* 916.)

RÈGLE.

Je fais de ton destin des *règles* à mon sort. (iii, 400. *Cin.* 351.)

RÉGLER, fixer, déterminer, ordonner de :

Je crois malaisément que tes affections
Sur l'éclat d'un beau teint, qu'on voit si périssable,
Règlent d'une moitié le choix invariable. (i, 145. *Mél.* 46.)
S'il est homme de cœur, ce jour même nos armes
Régleront par leur sort tes plaisirs ou tes larmes. (iv, 170. *Ment.* 542.)

« Cela n'est pas français, dit Voltaire. *Régler* ne veut pas dire *causer.* » Aussi n'est-ce point ce que Corneille veut dire.

RÉGLER, prescrire des règles à, diriger :

C'est un esclave fier qui veut *régler* son maître. (x, 115. *Poés. div.* 13.)

SE RÉGLER À, s'astreindre à :

Je *me suis réglé* à rendre chacun de ses huitains par un dizain. (ix, 5
Au lect. des *Louanges.*)

ÊTRE RÉGLÉ À :

Ces deux volumes contiennent autant de pièces de théâtre que les trois que vous avez vus ci-devant imprimés in-octavo. Ils *sont réglés à* douze chacun, et les autres à huit. (I, 5. *Au lect.* note 1.)

Ces quatre volumes contiennent trente-deux pièces de théâtre. Ils *sont réglés à* huit chacun. (I, 5. *Au lect.*)

RÉGNER, au figuré :

.... J'adore Plautine, et je *règne* en son âme. (VI, 583. *Oth.* 201.)

.... L'amoureux attrait qui *règne* en leurs bontés (*de nos rois*)
Leur gagne d'un coup d'œil toutes les volontés. (X, 213. *Poés. div.* 291.)

REGORGEMENT.

Dans les dictionnaires on ne le trouve qu'au propre. Corneille l'a employé au figuré en deux endroits de sa traduction de *l'Imitation*.

.... Cette sainte joie en vrais plaisirs féconde,
Qui toujours les remplit et toujours surabonde,
Par un *regorgement* qu'on ne peut expliquer,
Fait que rien ne leur manque, et ne leur peut manquer.
(VIII, 570. *Imit.* III, 6397.)

Tu descends quelquefois avec telle abondance,
Qu'après l'âme remplie un doux *regorgement*
En répand sur le corps le rejaillissement. (VIII, 590. *Imit.* IV, 234.)

REGRET (AVOIR) À QUELQUE CHOSE, À QUELQU'UN :

Qu'il *ait regret à* moi pour son dernier supplice (II, 351. *Méd.* 226.)
Si j'*ai* quelque *regret*, ce n'est pas *à* ma vie. (II, 409. *Méd.* 1393.)
Et pour tout dire ensemble, *avoir regret à* moi. (VII, 504. *Sur.* 1020.)

Cette tournure était alors d'un usage très-fréquent :

Compère Gille *eut regret à* sa soute. (La Fontaine, *les Troqueurs.*)

« Tout de bon, ma petite, j'ai bien du *regret à* notre commerce. » (Mme de Sévigné, tome II, p. 220.) — « Ah! que j'*ai* de *regret à* votre aimable personne! » (*Ibidem*, p. 225.) — Voyez le *Lexique de Mme de Sévigné*, au mot REGRET, tome II, p. 313 et 314.

RÉGULIER, substantivement, en terme de poétique, celui qui exige la stricte observation des règles :

C'est un accommodement de théâtre qu'il faut souffrir pour trouver cette rigoureuse unité de lieu qu'exigent les grands *réguliers*. (II, 13. *Exam.* de *la Gal. du Pal.*)

REHAUSSER.

REHAUSSER LE BRAS, au figuré, ranimer, rendre des forces :

.... Leur secours, nous *rehaussant le bras*,
Auroit bientôt jeté la tyrannie à bas. (VI, 377. *Sert.* 319.)

REINE, au figuré, souveraine, maîtresse :

Cependant Léontine, étant dans le château

Reine de nos destins et de notre berceau.... (v, 210, *Hér.* 1254.)

REJAILLIR, au figuré :

Voilà ce qu'il m'a dit d'un ton si plein d'effroi,
Qu'il l'a fait *rejaillir* jusqu'en l'âme d'un roi. (vi. 179. *OEd.* 1036.)

<small>Les éditions publiées du vivant de Corneille ont les deux orthographes *rejallir* et *rejaillir*, mais la première est la plus ordinaire de beaucoup. Le substantif (voyez l'article suivant) est partout imprimé *rejaillissement*. Voyez iv, 433, note 2; vi, 345, note 3; viii, 463, note 2; 526, note 1; 590, note 1; 616, note 1. — Voyez aussi les *Lexiques de Malherbe et de Racine*.</small>

REJAILLISSEMENT, au propre et au figuré :

Le *rejaillissement* des lumières qui portent sur ces dorures produit un jour merveilleux. (vi, 345. *Tois.*)

<small>Pour le sens figuré, voyez ci-dessus, p. 282, le second exemple de l'article REGORGEMENT; et pour l'orthographe, voyez l'article précédent.</small>

REJETER, au figuré, faire retomber :

La victoire attachée au progrès de ses armes
Sur nos fiers ennemis *rejeta* nos alarmes. (iv, 431. *Rod.* 56.)

RELÂCHE, interruption, repos :

Tu charmois trop ma peine, et le ciel qui s'en fâche,
Me vend déjà bien cher ce moment de *relâche*. (iii, 314. *Hor.* 748.)
.... Sans *relâche* aucune.... (viii, 522. *Imit.* iii, 5404.)

RELÂCHER, activement :

.... Je crains qu'après tout son âme irrésolue
Ne *relâche* un peu trop sa puissance absolue. (vii, 249. *Tit.* 1164.)

RELÂCHER à, abandonner à (par l'effet d'un relâchement) :

.... Quand le souvenir d'avoir le mieux vécu
Relâche la ferveur à quelque vaine gloire. (viii, 164. *Imit.* i, 2474.)

RELÂCHER DE, neutralement :

J'ai honte que mon cœur auprès d'elle attaché
De son ardeur pour vous ait souvent *relâché*. (i, 350. *Clit.* 1312.)

RELÂCHER, absolument :

Ainsi n'espérez pas que jamais il *relâche*. (vii, 154. *Att.* 1117.)
Ne *relâche* jamais, jamais ne te défie. (viii, 444. *Imit.* iii, 3765.)

RELEVER LA CHUTE, RELEVER LE SORT DE :

.... [Pompée] veut que notre Égypte, en miracles féconde,
Serve à sa liberté de sépulcre ou d'appui,
Et *relève sa chute*, ou trébuche sous lui. (iv, 29. *Pomp.* 32.)
.... J'ai trouvé l'adresse, en lui faisant la cour (*à Créuse*)
De *relever mon sort* sur les ailes d'Amour. (ii, 343. *Méd.* 44.)

Quarante (qui l'eût cru?), quarante à leur abord
D'une armée abattue *ont relevé le sort*. (VI, 270. *Tois.* 340.)

RELEVER, neutralement, pour *se relever* :

.... S'il donnoit loisir à des cœurs si hardis
De *relever* du coup dont ils sont étourdis. (IV, 56. *Pomp.* 692.)

On dit encore aujourd'hui : « *relever de maladie*, etc. »

RELIEFS, ce qu'on relève de dessus la table après le repas, desserte, restes :

Quitte pour chaque nuit faire deux tours en bas,
Et là, m'accommodant des *reliefs* de cuisine,
Mêler la viande humaine avecque la divine. (II, 498. *Illus.* 1185.)

La Fontaine s'est servi de ce mot en ce sens dans deux de ses fables : *le Loup et le Chien*, et *le Rat de ville et le Rat des champs*.

REMBRASER, au figuré :

Une heure de froideur, à propos ménagée,
Peut *rembraser* une âme à demi dégagée. (I, 208. *Mél.* 1092.)

La Fontaine a employé *se renflammer* dans un sens analogue :

Ah! si mon cœur osoit encor *se renflammer*. (*Les deux Pigeons*.)

REMÈDE (FAIRE UN) À, remédier à :

Que vous êtes heureuse, et qu'un peu de soupirs
Fait un aisé *remède à* tous vos déplaisirs! (III, 509. *Pol.* 480.)

REMENER, reconduire, absolument :

Qu'on le *remène*, Araspe, et redoublez sa garde. (V, 573. *Nic.* 1391.)

REMETTRE.

REMETTRE DANS SON ESPRIT :

Remets dans ton esprit, après tant de carnages,
De tes proscriptions les sanglantes images. (III, 435. *Cin.* 1137.)

REMETTRE, replacer, reconduire, reporter, au propre et au figuré :

.... Soldats, *remettez*-la chez elle. (II, 366. *Méd.* 505.)
Don Sanche, *remettez* Chimène en sa maison. (III, 146. *Cid*, 735.)
Remettez la Princesse en son appartement. (VI, 35. *Perth.* 378.)
L'ordre que leur prescrit (*aux vents*) mon père Jupiter
Jusqu'en votre palais les force à vous porter,
Les force à vous *remettre* où tantôt leur surprise.... (V, 360. *Andr.* 970.)

La phrase est ainsi coupée par une réticence.

.... Quand Sylla lui rend (*à Rome*) sa gloire et son bonheur,
Je n'y *remettrai* point le carnage et l'horreur. (VI, 442. *Sert.* 1860.)

REMETTRE À, laisser, abandonner à :

C'est un lâcheté que de *remettre à* d'autres
Les intérêts publics qui s'attachent aux nôtres. (III, 389. *Cin.* 105.)

REMETTRE À QUELQU'UN À FAIRE QUELQUE CHOSE :

Notre amour s'en offense, et changeant cette loi,
Remet à notre reine *à* nous choisir un roi. (IV, 467. *Rod.* 910.)
.... *Remettons aux* Dieux *à* disposer du reste. (VI, 219. *OEd.* 2010.)
Il faut donc *me remettre à* juger chaque chose. (VIII, 489. *Imit.* III, 4699.)

REMETTRE, calmer, apaiser :

Souffrez que la raison *remette* vos esprits. (III, 126. *Cid*, 383.)

Voyez ci-après, SE REMETTRE, se calmer.

REMETTRE, pardonner :

Ce n'est pas un forfait qu'on ne puisse *remettre*. (I, 225. *Mél.* 1376.)

Voyez ci-après, SE REMETTRE, passivement.

SE REMETTRE QUELQUE PART, s'y transporter en imagination, par la pensée :

Ressouviens-t'en, ingrat; *remets-toi* dans la plaine
Que ces taureaux affreux brûloient de leur haleine. (II, 379. *Méd.* 785.)

SE REMETTRE À, se fier à :

Seras-tu plus mauvaise enfin que ton portrait?
— Tu pourrois de sa part te faire tant promettre,
Que je ne voudrois pas tout à fait *m'y remettre*. (I, 354. *Clit.* 1398.)

SE REMETTRE, se calmer, se tranquilliser :

Mais ne leur donnez pas, tardant trop à punir,
Le temps de *se remettre* et de se réunir. (V, 203. *Hér.* 1098.)

SE REMETTRE, passivement, être pardonné :

.... Ce crime autrement ne sauroit *se remettre*... (II, 243. *Pl. roy.* 377.)

REMIS, participe, calmé, reposé, tranquille :

J'en tremble encor de peur, et n'en suis pas *remise*.
(IV, 351. *S. du Ment.* 1185.)
.... L'âme plus tranquille et l'esprit plus *remis*. (I, 318. *Clit.* 763.)
Tu seras quelque jour d'un esprit plus *remis*. (I, 478. *Veuve*, 1542.)
Considérez qu'à peine un esprit plus *remis*
Vous tient en sûreté parmi vos ennemis. (II, 355. *Méd.* 307.)
.... Votre esprit *remis*
N'aura plus rien à perdre au camp des ennemis. (III, 289. *Hor.* 149.)
.... Souffrir d'un esprit *remis*. (VIII, 490. *Imit.* III, 4736.)
.... J'étoufferai si bien toute ma haine,

Que vous me trouverez vous-même trop *remis*.
(II, 107. *Gal. du Pal.* 1695.)
Pour venger un affront tout semble être permis,
Et les occasions tentent les plus *remis*. (III, 535. *Pol.* 1040.)
J'en recevrai le coup d'un visage *remis*. (IV, 493. *Rod.* 1533.)
Un frère a pour des sœurs une ardeur plus *remise*. (VI, 182. *OEd.* 1109.)
Voyez à la page 117 du tome VI la critique de cette expression.
Garnier emploie ce mot dans le même sens :

> Que ie fusse en mon cœur si lasche et si *remis*,
> Si foible de courage enuers mes ennemis,
> Demeurant sans vengeance et trahissant la gloire
> Et le fruit doucereux d'une telle victoire. (*Les Iuifues*, acte IV, vers 85.)

REMEUBLER DE, pourvoir, fournir de nouveau de :

Ce guerrier amoureux en a fait son agent :
Cette commission l'*a remeublé* d'argent. (II, 444. *Illus.* 196.)

RÉMISE, délai, retard :

Une heure de *remise* en eût fait son épouse. (VI, 537. *Soph.* 1554.)

RÉMISSIBLE, qui peut être remis, pardonné :

Sa faute a trop d'excès pour être *rémissible*. (II, 247. *Pl. roy.* 477.)

REMONTER, au figuré :

.... L'on voit depuis lui *remonter* mon destin
Jusqu'au grand Théodose et jusqu'à Constantin. (V, 164. *Hér.* 187.)

REMORDRE.

Songe à souffrir pour moi, si rien ne te *remord*. (VIII, 485. *Imit.* III. 4622.)

Richelet (1680) définit ainsi cet emploi figuré du verbe *remordre* : « Ce mot se dit en parlant de conscience qui reproche tacitement quelque chose qu'on a fait contre la droite raison. *La conscience lui remord* (Ablancourt). »

REMPLAGE.

> Et Dieu sait alors si les feux,
> Les flammes, les soupirs, les vœux,
> Et tout ce menu badinage
> Servoit de rime et de *remplage*. (X, 27. *Poés. div.* 60.)

C'est la même chose que *remplissage* : voyez Nicot, Cotgrave, Furetière et l'Académie. Au propre, c'est l'action de remplir une pièce de vin qui n'est pas tout à fait pleine ; les dictionnaires l'expliquent encore comme terme de maçonnerie et de charpenterie ; mais ils ne donnent aucun exemple de l'emploi de ce mot au figuré.

REMPLIR.

REMPLIR dans divers emplois figurés; REMPLIR UNE PLACE, UN TRÔNE, etc. :

J'ai vu la place vide, et cru la bien *remplir*. (V, 426. *D. San.* 192.)

Pour aimer un Romain, vous voulez qu'il commande ;
Et comme Perpenna ne le peut sans ma mort,
Pour *remplir* votre trône il lui faut tout mon sort. (vi, 416. *Sert.* 1244.)
.... Puisque pour *remplir* la dignité royale
Votre haute naissance en demande une égale,
Perpenna parmi nous est le seul dont le sang
Ne mêleroit point d'ombre à la splendeur du rang. (vi, 385. *Sert.* 541.)
Remplissez mieux un nom sous qui nous tremblons tous. (v, 518. *Nic.* 170.)
Pour *remplir* ce grand nom as-tu besoin d'un maître? (vi, 59. *Perth.* 912.)
Un grand prince vous laisse un grand nom à *remplir*.(x, 184. *Poés. div.* 6.)
Vous avez hérité ce nom de vos aïeux ;
Mais s'il vous étoit cher, vous le *rempliriez* mieux.
— Je crois le bien *remplir* quand tout mon cœur s'applique
Aux soins de rétablir un jour la République.
(vi, 398 et 399. *Sert.* 844 et 845.)
S'il m'aime, il doit aimer cette digne arrogance
Qui brave ma fortune et *remplit* ma naissance. (vi, 22. *Perth.* 12.)
.... Pour *remplir* l'honneur de ma naissance,
Il me faudroit un roi de titre et de puissance. (vi, 585. *Sert.* 533.)
C'est par là que le ciel prépare ton Dauphin
A *remplir* hautement son illustre destin. (x, 217. *Poés. div.* 336.)
Tes glorieux périls *remplissent* tes projets,
Grand Roi.... (x, 219. *Poés. div.* 1.)
.... Tes premiers miracles
Ont *rempli* hautement la foi de mes oracles. (x, 178. *Poés. div.* 42.)

Dans les trois derniers passages cités, le poëte s'adresse à Louis XIV.

REMPLIR LES OREILLES DE QUELQUE CHOSE :

Elle (*Médée*) fait amitié, leur promet des merveilles,
Du pouvoir de son art leur *remplit les oreilles*. (ii, 344. *Méd.* 66.)

SE REMPLIR DE, s'enivrer de :

Que se tiendroit heureux un amour moins sincère
Qui n'auroit autre but que de se satisfaire,
Et qui *se rempliroit de* sa félicité ! (vi, 418. *Sert.* 1303.)

REMPORTER, au figuré, emporter de nouveau :

.... Sa passion trop forte
Déjà vers son objet malgré moi le *remporte*. (ii, 74. *Gal. du Pal.* 1050.)

REMUEMENT, mouvement, émotion, émeute :

A deux milles d'ici vous avez six mille hommes,
Que depuis quelques jours, craignant des *remuements*,
Je faisois tenir prêts à tous événements. (iv, 74. *Pomp.* 1143.)

Remuement dérive de la même racine que les mots *mouvement*, *émotion*, *émeute*, par lesquels nous l'expliquons ; ce sont des termes à peu près synonymes, qui ne diffèrent que quant à la nuance.

RÉMUNÉRATEUR, qui récompense :

Je suis de tous les bons le *rémunérateur.* (VIII, 270. *Imit.* III, 234.)

RENCONTRE, au féminin :

Auteur de l'univers, qui choisis pour demeure
  Les immenses palais des cieux,
  A toute *rencontre*, à toute heure,
Jusque-là, jusqu'à toi j'ose élever mes yeux. (IX, 191. *Off. V.* 3.)

A toute rencontre, en toute occasion.

RENCONTRE, au masculin :

.... Surtout le cheval, lui seul, en ce *rencontre*,
Vaut et le pistolet, et l'épée, et la montre. (IV, 294. *S. du Ment.* 135 *var.*)

En 1660 :

  .... Le cheval surtout vaut, en cette *rencontre*,
  Le pistolet ensemble, et l'épée, et la montre.

A ne vous rien cacher, je ne suis point fâché de n'être point à Paris en ce *rencontre*. (X, 484. *Lettr.*)

L'article consacré au mot *rencontre* dans le *Dictionnaire de l'Académie* de 1694 se termine ainsi : « On dit *rencontre d'affaires*, pour dire conjoncture. Quelques-uns le faisoient autrefois masculin, et il l'est encore en cette phrase : *En ce rencontre*. »

RENDEZ-VOUS, le lieu où l'on se donne *rendez-vous :*

La princesse Rosine, et mon perfide époux,
Durant qu'il est absent en font (*font de ce jardin*) leur *rendez-vous*.
            (II, 508. *Illus.* 1348.)

RENDRE, redonner :

J'ai quelque art d'arracher les grands noms du tombeau,
De leur *rendre* un destin plus durable et plus beau. (X, 138. *Poés. div.* 10.)

RENDRE, transporter, remettre :

Philippe....
Examine d'un œil et d'un soin curieux
Où les vagues *rendront* ce dépôt précieux. (IV, 50. *Pomp.* 560.)

  Persée.... commande aux vents de *rendre* Andromède au lieu même d'où ils l'ont enlevée. (V, 268. *Dess. d'Andr.*)

   .... Tout notre discours
Ne la sauroit ici *rendre* dans quatre jours. (VIII, 213. *Tit.* 310.)

   .... Par un cruel et généreux effort,
Pour vous *rendre* en ses mains, je l'arrache à la mort. (III, 551. *Pol.* 1386.)

RENDRE, dans des emplois divers, ayant pour régime direct un nom avec ou sans article.

Rendre se joint à beaucoup de substantifs, devant plusieurs desquels il semble perdre le sens réduplicatif, et équivaut à peu près à *donner*, comme lorsqu'on dit : *rendre ses soins, rendre ses devoirs, rendre justice*, etc. Il faut remarquer toutefois que dans bon nombre de ces locutions, qui étaient plus nombreuses du temps de Corneille que du nôtre, il entre une idée de retour et de réciprocité, ou de devoir et de dette.

Il me mandoit que quelque *assiduité* qu'il *eût rendue* au Palais, il
n'avoit pu vous trouver. (x, 481. *Lettr.*)
En vain pour les trouver je *rends* tant de *combats*. (1, 233. *Mél.* 1526.)
Contre ses cruautés *rends* les mêmes *combats*. (II, 97. *Gal. du Pal.* 1480.)
C'en est fait, Angélique, et je ne saurois plus
Rendre contre tes yeux des *combats* superflus. (II, 290. *Pl. roy.* 1289.)
.... Sans *rendre combat* tu veux qu'on te surmonte. (III, 184. *Cid*, 1514.)
Ce cœur si généreux *rend* si peu de *combat!* (III, 444. *Cin.* 1343.)
Lorsque vous n'étiez point ici pour me défendre,
Je n'avois contre Attale aucun *combat* à *rendre*. (v, 554. *Nic.* 980.)
    .... Ces *concerts* de louanges....
Que toute créature.... pour tes bienfaits
Et te *rend* chaque jour, et te *rendra* jamais. (VIII, 681. *Imit.* IV, 2098-2100.)
    J'ai des parents et des amis parmi eux, à qui j'ai été bien aise de
ne *rendre* pas ce *déplaisir*. (x, 472. *Lettr.*)
J'offre ces mêmes vœux et ces mêmes hosties
Pour ceux dont la malice ou les antipathies
M'*ont rendu déplaisir*, m'ont nui, m'ont offensé. (VIII, 633. *Imit.* IV, 1126.)
Ces *vœux* justement dus à ton infinité,
Ces *desirs* que tout doit à ton immensité,
Je te les *rends*, Seigneur, et je te les veux *rendre*.
                    (VIII, 681. *Imit.* IV, 2107-2109.)
Rendre une injustice, voyez ci-dessus, p. 21.
Telle *rend* des *mépris* qui veut qu'on l'importune. (IV, 198. *Ment.* 1086.)
Au nom de cette aveugle et prompte *obéissance*
Que j'*ai* toujours *rendue* aux lois de la naissance. (III, 532. *Pol.* 969 et 970.)
Oh! honte pour César, qu'avec tant de puissance,
Tant de soins de vous *rendre* entière *obéissance*,
Il n'ait pu toutefois, en ces événements,
Obéir au premier de vos commandements! (IV, 100. *Pomp.* 1778.)

Voyez ci-dessus, p. 118, un autre exemple, à l'article OBÉISSANCE.

Je crains qu'elle n'irrite un peu trop la colère
D'un roi qui jusqu'ici vous a traitée en père,
Et qui vous *a rendu* tant de *preuves* d'amour,
Qu'il espère de vous quelque chose à son tour. (VI, 156. *Œd.* 523.)
J'*ai rendu* jusqu'ici cette *reconnoissance*
A ces soins tant vantés d'élever mon enfance. (v, 161. *Hér.* 109.)
Est-ce là donc le prix de cette *résistance*
Que pour ton ombre seule *a rendu* ma constance?
                    (VI, 81. *Perth.* 1431 et 1432 *var.*)

Corneille a ainsi modifié ce passage en 1660, sans doute à cause du défaut d'accord
du participe :

    Est-ce là donc, Seigneur, la digne récompense
    De ce que pour votre ombre on m'a vu de constance?

... Partout je perds temps, partout même constance
Rend à tous mes efforts pareille *résistance*. (VI, 90. *Perth.* 1612.)
    .... Mettre des compliments d'amour suivis entre deux gens qui n'en

ont point du tout l'un pour l'autre, et qui sont toutefois obligés.... de
s'en *rendre* des *témoignages* mutuels. (I, 396. *Exam.* de *la Veuve*.)

RENDRE, suivi d'un participe passé :

Sa réponse *rendra* nos débats *terminés*. (I, 493. *Veuve*, 1841.)
Madame, on me trahit, et la main qui me tue
Rend sous mes déplaisirs ma constance *abattue*. (III, 437. *Cin.* 1194.)
Un favorable aveu pour ce digne hyménée
Rendroit ici sa course heureusement *bornée*. (VI, 271. *Tois.* 362.)
 .... Il faut
Détourner vos regards de mes fautes passées,
En *rendre* au dernier point les taches *effacées*. (IX, 263. *Ps. pén.* 39.)
Puisqu'un d'Amboise et vous d'un succès admirable
Rendez également nos peuples *réjouis*.... (X, 32. *Poés. div.* 2.)

Voyez ci-après, SE RENDRE suivi d'un qualificatif.

SE RENDRE QUELQUE CHOSE, le reprendre :

Rends-toi cette vertu pleine, haute, sincère,
Qui t'affermit si bien au trône de mon frère. (VI, 88. *Perth.* 1563.)

SE RENDRE À, revenir à :

 .... Cette âme innocente....
.... *Se rend* toute entière *à* toute sa vertu. (VI, 214. *OEd.* 1896.)
 .... Ormène, je l'ai tu,
Tant que j'ai pu *me rendre à* toute ma vertu. (VII, 464. *Sur.* 16.)

SE RENDRE, suivi d'un qualificatif, devenir, agir de manière à devenir :

Je *me rends* désormais *assidue* à te voir. (I, 355. *Clit.* 1447.)
Aux dépens de Néarque il doit *se rendre sage*. (III, 528. *Pol.* 890.)
 .... Voyez, elle *se rend*
Plus *douce* qu'une épouse, et plus *souple* qu'un gant.
  (IV, 210. *Ment.* 1299 et 1300.)
Quoi ? *se* voudroit-il *rendre* à mon bonheur *contraire* ? (IV, 497. *Rod.* 1608.)
Il *se rendra facile* à conclure une paix
Qui faisoit dès tantôt ses plus ardents souhaits. (VI, 436. *Sert.* 1735.)
 Que la gloire de ton saint nom
S'est rendue admirable aux deux bouts de la terre ! (IX, 85. *Off. V.* 4.)
Montre, si tu dis vrai, quelque peu plus de joie,
Et *rends-toi* moins *rêveur*, afin que je te croie. (I, 172. *Mél.* 520.)
Dis-lui que je suis sûr des bontés de mon père,
Ou que s'il *se rendoit d'une humeur trop sévère*,
L'Égypte où l'on m'envoie est un asile ouvert,
Pour mettre notre flamme et notre heur à couvert. (V, 21. *Théod.* 112.)
Ce fils donc, qu'a pressé la soif de sa vengeance,
S'est aisément *rendu de mon intelligence*. (V, 652. *Nic.* 312.)

D'une humeur trop sévère, et *de mon intelligence*, sont deux expressions qualificatives : on peut suppléer devant chacune d'elles le participe *étant*.

RENGAGER LA FOI :

Lysandre n'a plus rien à *rengager ma foi*. (II, 87. *Gal. du Pal.* 1299.)
A force de souffrir j'aurai de quoi te plaire,
De quoi me *rengager ta foi*. (VII, 358. *Psy.* 1808.)

RENGLOUTIR.

.... La terre, en courroux de n'avoir pu lui nuire,
Rengloutit l'escadron qu'elle vient de produire. (VI, 336. *Tois.* 1943.)

RENIEMENT, action de renier :

Pierre se reconnoît pour disciple infidèle,
Et par des pleurs amers lave son *reniement*. (IX, 453. *Hymn.* 16.)

RENOMMÉE, réputation, gloire :

Rentre dans ton crédit et dans ta *renommée*. (III, 461. *Cin.* 1738.)
.... Lui, désespéré, s'en alla dans l'armée
Chercher d'un beau trépas l'illustre *renommée*. (III, 496. *Pol.* 206.)

RENOUEMENT, au figuré :

J'ai fait paroître ce même spectacle à la fin du quatrième acte, où il est entièrement inutile, et n'est renoué avec celui du premier que par des valets qui viennent prendre dans les boutiques ce que leurs maîtres y avoient acheté, ou voir si les marchands ont reçu les nippes qu'ils attendoient. Cette espèce de *renouement* lui étoit nécessaire, afin qu'il eût quelque liaison qui lui fît trouver sa place, et qu'il ne fût pas tout à fait hors d'œuvre. (II, 12. *Exam. de la Gal. du Pal.*)
L'espoir d'un *renouement* de la vieille alliance
Flatte en vain votre amour et vos nouveaux desseins. (VII, 74. *Agés.* 1628.)

RENOUER, activement :

Il (*l'esprit de l'auditeur*) n'a point besoin de se faire d'effort pour rappeler et *renouer* son attention. (I, 108. *Disc. des 3 unit.*)
Voyez le premier exemple de l'article précédent.

RENOUER, absolument :

D'un et d'autre côté l'accès étant permis,
Chacun va *renouer* avec ses vieux amis. (III, 295. *Hor.* 334.)

RENOUVELER, traiter de nouveau (un sujet) :

Feu M. Tristan a *renouvelé* Mariane et Panthée sur les pas du défunt sieur Hardy. (VI, 462. *Au lect. de Soph.*)

RENOUVELER, neutralement, *se renouveler :*

J'en rougis dans mon âme ; et ma confusion,
Qui *renouvelle* et croît à chaque occasion,
Sans cesse offre à mes yeux cette vue importune. (V, 531. *Nic* 426.)

Par un effort d'amour qui toujours *renouvelle*.... (VIII, 611. *Imit.* IV, 677.)

Cette locution est ancienne. On lit dans les *Dialogues* de Mathurin Cordier (chapitre XVI, p. 219, § 7) : « Sa playe luy renouuelle. *Vulnus eius recrudescit.* »

RENTE (SE CONSTITUER EN), voyez au tome I du *Lexique*, p. 211, CONSTITUER.

RENTRER.

Si j'*ai rentré* dans Rome avec quelque imprudence,
Tite à ce trop d'ardeur doit un peu d'indulgence. (VII, 268. *Tit.* 1611.)
Il ne choisira point de chemin criminel,
Quand il voudra *rentrer* au trône paternel. (VI, 194. *OEd.* 1420.)

RENTRER, au figuré :

Reprends auprès de moi ta place accoutumée ;
Rentre dans ton crédit et dans ta renommée. (III, 461. *Cin.* 1738.)
  Ne craignez plus, Madame :
La générosité déjà *rentre* en mon âme. (V, 588. *Nic.* 1744.)

RENVERSER, au figuré :

Ce mage qui d'un mot *renverse* la nature.... (II, 435. *Illus.* 1.)
L'ordre mal concerté, l'occasion mal prise,
Peuvent sur son auteur *renverser* l'entreprise. (III, 386. *Cin.* 30.)
.... Les plus indomptés, *renversant* leurs projets,
Mettront toute leur gloire à mourir vos sujets. (III, 461. *Cin.* 1759.)
.... De ce grand hymen *renverser* les apprêts. (VII, 214. *Tit.* 346.)
.... Bérénice est belle, et des yeux si puissants
Renversent aisément des droits si languissants. (VII, 264. *Tit.* 1494.)

RENVOYER, au figuré :

Que je crains que sa mort, enlevant votre appui,
Vous *renvoie* à l'exil, où vous seriez sans lui. (VII, 522. *Sur.* 1448.)
Aux dépens de Néarque il doit se rendre sage.
— Il le doit ; mais, hélas ! où me *renvoyez*-vous,
Et quels tristes hasards ne court point mon époux,
Si de son inconstance il faut qu'enfin j'espère
Le bien que j'espérois de la bonté d'un père ? (III, 528. *Pol.* 891.)
Renvoyez mes soupirs qui volent après vous :
Faites-moi présumer qu'il en est quelques autres (*quelques autres galants*)
A qui jusqu'en ces lieux vous *renvoyez* des vôtres. (X, 148. *Poés. div.* 78-80.)

Dans ce dernier exemple, *renvoyer* est pris dans deux sens : d'abord celui de *rejeter, repousser* ; puis celui d'*envoyer en retour.*

REPAÎTRE DE :

Jésus-Christ bénit cinq pains et deux poissons, et *en repaît* cinq mille hommes. (VIII, 599, note 1.)

Repu, dans le style mystique, en parlant de l'eucharistie :

O termes pleins d'amour! ô mots doux et charmants!
Qu'ils ont pour le pécheur de hauts ravissements,
   Quand tu l'appelles à ta table!
Un pauvre, un mendiant, s'en voir par toi pressés!
S'y voir par toi *repus* de ton corps adorable! (VIII, 582. *Imit.* IV, 61.)

RÉPARATEUR, substantivement :

Puissant *réparateur* des misères humaines.... (VIII, 609. *Imit.* IV, 621.)

RÉPARER, corriger :

Est-il quelques défauts que les biens ne *réparent?* (I, 211. *Mél.* 1139.)
Il est né gentilhomme, et sa vertu *répare*
Tout ce dont la fortune envers lui fut avare. (I, 424. *Veuve.* 487.)

Réparer le sang, le renouveler, le continuer :

Je veux qu'un petit-fils puisse y tenir ton rang,
Soutenir ma vieillesse, et *réparer mon sang.* (IV, 173. *Ment.* 588.)

REPARTIE, réplique, réponse :

A de telles raisons je n'ai de *repartie,*
Sinon que c'est à moi de rompre la partie. (II, 198. *Suiv.* 1393.)
Ah! Seigneur, c'en est trop; et.... — Point de *repartie :*
Tous mes vœux sont déjà du côté d'Aristie. (VI, 373. *Sert.* 233.)

REPARTIR, répliquer :

Lâche! tu ne vaux pas que pour te démentir
Je daigne m'abaisser jusqu'à te *repartir.* (VI, 650. *Oth.* 1704.)
De quoi murmures-tu, chétive créature,
   Et comment peux-tu *repartir?* (VIII, 332. *Imit.* III, 1509.)

Dans les *Instructions chrétiennes* publiées à la suite de l'*Office de la Vierge* en 1670, ces deux vers sont remplacés par ceux-ci :

Oses-tu murmurer, chétive créature,
   As-tu le front de *repartir?* (IX, 378. *Instr.* 871.)

REPASSER, neutralement :

Du courroux à l'amour si le retour est doux,
On *repasse* aisément de l'amour au courroux. (VI, 640. *Oth.* 1488.)

Repasser, activement :

Repasse tes forfaits, *repasse* tes erreurs. (II, 360. *Méd.* 388.)
Repasse mes bontés et tes ingratitudes. (VI, 305. *Tois.* 1160.)

REPENTI, participe :

Peut-être qu'en son cœur plus douce et *repentie*

Elle en dissimuloit la meilleure partie. (IV, 444. *Rod.* 339.)

<small>Voltaire regrette avec raison ce mot, qui n'est plus en usage que dans la locution : *les filles repenties*, ou simplement : *les Repenties*.</small>

REPENTIRS, au pluriel :

N'attendez point de moi d'infâmes *repentirs*,
D'inutiles regrets, ni de honteux soupirs. (III, 453. *Cin.* 1551.)

REPERDRE.

Psyché, reprenez la lumière,
Pour ne la *reperdre* jamais. (VII, 366. *Psy.* 2019.)

REPLI.

Il est assez nouveau qu'un homme de son âge
Ait des charmes si forts pour un jeune courage,
Et que d'un front ridé les *replis* jaunissants
Trouvent l'heureux secret de captiver les sens. (VI, 380. *Sert.* 399.)

.... D'un front ridé les *replis* jaunissants
Mêlent un triste charme aux plus dignes encens. (x, 146. *Poés. div.* 53.)

RÉPONDRE à, être digne de :

Saint Paul, de qui l'ardeur prévient ce qu'on espère,
De son côté Dunois, et Condé par sa mère,
A l'un et l'autre nom *répond* si dignement,
Que des plus vaillants même il est l'étonnement. (x, 208. *Poés. div.* 211.)

SE RÉPONDRE DE QUELQUE CHOSE, y compter :

J'ai cru honteux d'aimer quand on n'est plus aimable :
J'ai voulu m'en défendre à voir mes cheveux gris,
Et *me suis répondu* longtemps *de* vos mépris. (VI, 416. *Sert.* 1264.)

.... Sur des bruits si favorables
Je *me répondois de* l'aimer. (VII, 19. *Agés.* 260.)

RÉPONDANT, employé au comparatif, et avec un régime indirect :

La faute en est toute à moi, qui devois mieux prendre mes mesures,
et choisir des sujets plus *répondants* au goût de mon auditoire. (IV, 279.)
Épît. de la S. du Ment.)

RÉPONDU.

Tristes embrassements, baisers mal *répondus*.... (I, 290. *Clit. var.* 4.)

REPOSÉE, gîte du cerf, voyez au tome I du *Lexique*, p. 139,
l'article BRISÉES.

REPOSER (SE), se calmer, s'apaiser :

Reposez-vous, Madame. — Ah! que mal à propos
Dans un malheur si grand tu parles de repos! (III, 150. *Cid*, 803.)

Reposer, neutralement :

Portons-le *reposer* dans la chambre prochaine. (v, 100. *Théod.* 1880.)

REPRENDRE QUELQUE CHOSE DE QUELQU'UN :

.... Son père *a repris* sa parole *du* mien. (IV, 188. *Ment.* 904.)

Reprendre, au figuré :

Tant, à nous voir marcher avec un tel visage,
Les plus épouvantés *reprenoient* du courage ! (III, 172. *Cid*, 1262.)
Sa présence *reprend* le cœur de ses guerriers. (x, 106. *Poés. div.* 3.)

Reprend, c'est-à-dire *regagne*.

REPRIER DE QUELQUE CHOSE :

Vous loger est un bien que je lui veux ravir.
— C'est un excès d'honneur que vous me voulez rendre ;
Et je croirois faillir de m'en vouloir défendre.
— Je vous *en reprierai* quand vous pourrez sortir.
(IV, 334. *S. du Ment.* 853.)

REPROCHE, au singulier, dans un cas où nous emploierions le pluriel :

Il ne sauroit souffrir qu'autre que lui m'approche.
Dieux ! qu'à votre sujet il m'a fait de *reproche !* (I, 183. *Mél.* 692.)

Reproches, au pluriel, féminin :

Je ne m'expose point à ses vaines *reproches*. (II, 370. *Méd.* 598 *var.*)

En 1660 :

J'aurois peine à souffrir l'orgueil de ses reproches.

« Vaugelas dans ses *Remarques* a décidé que ce mot étoit masculin au singulier et féminin au pluriel ; cela étoit vrai de son temps, mais aujourd'hui *reproche* est masculin aussi bien au pluriel qu'au singulier. » (*Dictionnaire de Richelet*, 1680.) — Ce que dit Richelet n'est pas entièrement exact. Vaugelas (p. 34) s'exprime ainsi : « Ces mots (*mensonge, poison, relâche, reproche*) sont toujours masculins, quoique quelques-uns de nos meilleurs auteurs les aient fait (*sic*) féminins ; il est vrai que ce ne sont pas des plus modernes. On dit toutefois au pluriel : « à belles reproches, de san- « glantes reproches, » et en ce nombre il est certain qu'on le fait plus souvent féminin que masculin ; mais quand on le fera partout masculin, on ne sauroit faillir. »

REPROCHER À :

Impatients desirs d'une illustre vengeance,...
Quand je regarde Auguste au milieu de sa gloire,
Et que vous *reprochez à* ma triste mémoire
Que par sa propre main mon père massacré
Du trône où je le vois fait le premier degré.... (III, 386. *Cin.* 10.)

M. Aimé-Martin fait remarquer que *vous reprochez*, joint, dans le sens de *vous rappelez*, au mot *mémoire*, forme une très-belle alliance de mots. Voltaire n'y voyait qu'une faute.

Repu, voyez ci-dessus, p. 293, Repaître.

RÉPUDIER, dans un sens général, refuser, repousser :

.... J'ai vu leur honneur croître de la moitié,
Quand ils ont des deux camps refusé la pitié.
Si par quelque foiblesse ils l'avoient mendiée,
Si leur haute vertu ne l'*eût répudiée*,
Ma main bientôt sur eux m'eût vengé hautement
De l'affront que m'eût fait ce mol consentement. (III, 323. *Hor.* 968.)

RÉPUDIÉE, substantivement :

Je le trouvois (*ce héros*) en vous, n'eût été la bassesse
Qui pour ce cher rival contre moi s'intéresse,
Et dont, quand je vous mets au-dessus de cent rois,
Une *répudiée* a mérité le choix. (IV, 418. *Sert.* 1296.)

RÉPUGNANCE À, en parlant des choses, opposition, obstacle :

Il suffit qu'il n'y aye aucune *répugnance* du côté de l'action *au* choix que nous en faisons, pour le rendre vraisemblable. (V, 306. *Exam.* d'*Andr.*)

RÉPUGNER À, s'opposer, mettre obstacle à :

Il n'y a donc rien qui *répugne à* leur donner une reine. (VI, 359. *Au lect. de Sert.*)

RÉPUTATIONS, au pluriel :

J'aime mieux les bonnes grâces de mon maître que toutes les *réputations* de la terre. (X, 432. *Lettr.*)

RÉSERVE (FAIRE UNE), réserver quelque chose, quelqu'un :

Ne reproche donc plus à mon âme indignée
Qu'en perdant tous les miens tu m'as seule épargnée :
Cette feinte douceur, cette ombre d'amitié
Vint de la politique, et non de ta pitié.
Ton intérêt dès lors *fit* seul cette *réserve :*
Tu m'as laissé la vie, afin qu'elle te serve. (V, 162. *Hér.* 137.)

RÉSERVER À FAIRE QUELQUE CHOSE :

.... Ce que se promit sa valeur sans seconde,
C'est par vous que le ciel *réserve* à l'accomplir. (X, 184. *Poés. div.* 8.)

RÉSERVÉ POUR :

Vous avez pu, sans être injuste ni cruelle,
Nous refuser un cœur *réservé pour* un dieu. (VII, 356. *Psy.* 1762.)

Cette tournure était très-fréquente au dix-septième siècle. Voyez le *Lexique de Racine*.

RÉSIGNATION DE SOI-MÊME, renoncement à soi-même :

De la pure et entière *résignation de soi-même*, pour obtenir la biberté du cœur. (VIII, 448. *Imit.* III.)

RÉSIGNER QUELQUE CHOSE, y renoncer, s'en démettre :

Possesseur d'un trésor dont je n'étois pas digne,
Souffrez avant ma mort que je vous le *résigne*. (III, 548. *Pol.* 1300.)
Mais il te reste encore à quitter bien des choses,
Que si tu ne me peux *résigner* tout à fait,
Tu n'acquerras jamais ce que tu te proposes. (VIII, 430. *Imit.* III, 3490.)
  Ces vrais amis que je te donne,
  Ces unions que je te fais,
Doivent me *résigner* si bien tous tes souhaits,
Que tu sois mort à tout sitôt que je l'ordonne. (VIII, 467. *Imit.* III, 4251.)

RÉSOUDRE.

RÉSOUDRE QUELQUE CHOSE :

  .... Je n'ose *résoudre* rien. (V, 223. *Hér.* 1540.)
Voilà dont le feu Roi me promit récompense ;
Mais la mort le surprit comme il la *résolvoit*. (V, 428. *D. San.* 235.)

RÉSOUDRE QUELQU'UN À QUELQUE CHOSE, À FAIRE OU DE FAIRE QUELQUE CHOSE :

Quand tu m'*as résolue à* tes intentions,
Lâche, t'ai-je opposé tant de précautions? (II, 280. *Pl. roy.* 1107.)
  Cette vision m'*a résolu* entièrement *à* faire ce qu'il y a longtemps que je médite. (III, 476. *Abrégé du mart. de S. Pol.*)
  Phocas, au lieu de déférer à ses avis qui le *resolvent à* faire couper la tête à ce prince en place publique, pouvoit s'en défaire sur l'heure. (V, 151. *Exam. d'Hér.*)
Résolvez-le vous-même *à* me désobéir. (VII, 511. *Sur.* 1147.)
Résous-la de l'aimer, si tu veux qu'elle vive. (V, 169. *Hér.* 306.)

RÉSOUDRE DE QUELQUE CHOSE :

C'est *de* quoi, mes amis, nous avons à *résoudre*. (IV, 29. *Pomp.* 33.)
Vous en recevrez l'ordre, et vous *en résoudrez*. (V, 44. *Théod.* 618.)
Résolvez avec moi *des* moyens de sa perte. (V, 201. *Hér.* 1063.)
Dissimulerez-vous ce manquement de foi?
Et voulez-vous.... — Allons *en résoudre* chez moi. (VI, 428. *Sert.* 1544.)
Vous savez l'un et l'autre à quoi je me prépare :
Résolvez-en ensemble.... (VI, 587. *Oth.* 291.)

RÉSOUDRE QUE :

  .... Apprenez-moi, de grâce,
Comment vous *résolvez que* le festin se passe? (VI, 428. *Sert.* 1542.)

RÉSOUDRE, absolument :

Eux seuls m'ont fait *résoudre*, et la paix s'est conclue. (II, 347. *Méd.* 141.)
Sa vengeance à la main, elle n'a qu'à *résoudre*. (II, 375. *Méd.* 701.)

SE RÉSOUDRE À, SE RÉSOUDRE DE :

  .... Pourvu qu'en même jour
La Reine *se résolve à* payer votre amour. (VI, 373. *Sert.* 236.)

Sans aucun sentiment *résous-toi de* le voir. (III, 357. *Hor.* 1766.)
Enfin elle *se résout* par désespoir *de* les perdre tous deux. (IV, 426. *Exam. de Rod.*)
La Reine, au désespoir de n'en rien obtenir,
Se résout de se perdre ou *de* le prévenir. (IV, 440. *Rod.* 254.)

SE RÉSOUDRE, absolument, se décider :

.... *Résous-toi*, sans plus me faire attendre. (IV, 170. *Ment.* 533.)

SE RÉSOUDRE EN :

D'un déplaisir si grand la noble violence
Se résout toute entière *en* ardeur de vengeance. (VI, 81. *Perth.* 1416.)

RÉSOLU DE :

Résolu de périr pour vous sauver la vie,
Je sens tous mes respects céder à cette envie. (V, 170. *Hér.* 333.)

RESPECT, égard, considération (pour quelqu'un) :

C'est donc assurément son bien qui t'est suspect :
Son bien te fait rêver, et non pas son *respect*. (I, 173. *Mél.* 542.)
Mon feu, qui t'offensoit, est demeuré couvert;
Et si cette beauté malgré moi l'a fait naître,
J'ai su pour ton *respect* l'empêcher de paroître. (I, 441. *Veuve*, 820.)
Pour le *respect* du Roi je ne dis rien de plus. (V, 542. *Nic.* 685 *var.*)

En 1668 :

Par *respect* pour le Roi....

Ce ne fut ni pitié ni *respect* de son rang
Qui m'arrêta le bras.... (IV, 451. *Rod.* 505.)
Gardons plus de *respect* aux droits de la nature. (IV, 458. *Rod.* 687.)

« Respect, c'est-à-dire *regard* ou *esgard* ou *considération*. » (*Dictionnaire de Nicot*, 1606.)

RESPECT HUMAIN, considération humaine :

A ce dernier moment la conscience presse;
Pour rendre compte aux Dieux tout *respect humain* cesse.
(V, 567. *Nic.* 1260.)

RESPIRER.

Toutefois l'orgueilleux pour qui mon cœur soupire
D'un autre que de moi ne tient l'air qu'il *respire*. (I, 308. *Clit.* 570 *var.*)

En 1663 :

De moi seule aujourd'hui tient le jour qu'il *respire*.

Cette dernière alliance de mots est très-fréquente dans les œuvres de notre poëte et de ses successeurs. Voyez ci-dessus, p. 36, JOUR.

RESPIRER, souhaiter :

Ton ardeur criminelle à la vengeance aspire!

Ta bouche la demande, et ton cœur la *respire!* (III, 338. *Hor.* 1272.)
On m'en veut plus qu'à vous : c'est ma mort qu'ils *respirent.*
(IV, 85. *Pomp.* 1429.)

RESSAISIR QUELQU'UN DE QUELQUE CHOSE :

L'objet de votre amour et de sa jalousie
De toutes ses fureurs l'*auroit* tôt *ressaisie.* (II, 377. *Méd.* 750.)

SE RESSAISIR DE :

Je vous demande donc sûreté toute entière
Contre la violence et contre la prière,
Si par l'une ou par l'autre il veut *se ressaisir*
De ce qu'il ne peut voir ailleurs sans déplaisir. (VI, 374. *Sert.* 255 et 256.)

RESSAISI DE :

Par là *de* nos trois cœurs l'amitié *ressaisie,*
En déracineroit et haine et jalousie. (VI, 599. *Oth.* 577.)
.... Puisque *de* sa foi vous êtes *ressaisie,*
Faites cesser l'aigreur de votre jalousie. (VI, 92. *Perth.* 1675.)

RESSENTIMENT.

Que serviroient mes pleurs? Veux-tu qu'à tes tourments
J'ajoute la pitié de mes *ressentiments?* (II, 230. *Pl. roy.* 124.)
Ne me présente plus les traits qui m'ont déçue....
Penses-tu que je sois, après ton changement,
Ou sans ressouvenir, ou sans *ressentiment?* (II, 263. *Pl. roy.* 748.)
Rome, l'unique objet de mon *ressentiment!* (III, 339. *Hor.* 1301.)
De nos parents perdus le vif *ressentiment*
Nous apprit nos devoirs en un même moment. (III, 457. *Cin.* 1651.)
Je chéris sa personne, et je hais son erreur.
Mais quel *ressentiment* en témoigne mon père?
— Une secrète rage, un excès de colère,
Malgré qui toutefois un reste d'amitié
Montre pour Polyeucte encor quelque pitié. (III, 525. *Pol.* 801.)
En mille et mille lieux les têtes écrasées
Publieront ses *ressentiments.* (IX, 213. *Off. V.* 28.)
Reçois avec les vœux de mon obéissance
Ces vers précipités par ma reconnoissance.
L'impatient transport de mon *ressentiment*
N'a pu pour les polir m'accorder un moment. (X, 99. *Poés. div.* 75.)

Ressentiment ne se dit plus guère aujourd'hui, au moral, que du souvenir qu'on garde des injures, du désir de vengeance. Dès 1693, de Callières, dans son livre, déjà cité, *Du bon et du mauvais usage dans les manières de s'exprimer* (p. 201), dit que « *reconnoissance* est le terme propre pour les bienfaits, comme celui de *ressentiment* est propre pour les injures; » mais on voit par les exemples qui précèdent qu'au temps de Corneille ce dernier mot s'employait aussi dans un sens beaucoup plus étendu, et s'appliquait également bien au souvenir des bienfaits et à toute vive impression gardée de quelque chose.

RESSENTIR (Se) de quelque chose, s'en souvenir avec amertume, être disposé à s'en venger, à le punir :

Malgré notre amitié, je *m'en* dois *ressentir*. (iv, 386. *S. du Ment.* 1859.)

J'avois cru jusqu'ici mon combat magnanime ;
Mais je suis trop heureux s'il passe pour un crime,
Et si, quand de vos lois l'honneur me fait sortir,
Vous m'estimez assez pour *vous en ressentir*. (v, 451. *D. San.* 788.)

Si je me prise davantage,
Je t'oblige à *t'en ressentir*,
Je vois tous mes péchés soudain me démentir. (viii, 306. *Imit.* iii, 970.)

Se ressentir, absolument :

Les Dieux, qui tôt ou tard savent *se ressentir*,
Dédaignent de répondre à qui les fait mentir. (vi, 150. *OEd.* 371.)

RESSERRER, renfermer, contenir :

Peuples, que la Judée en ses cantons *resserre*. (ix, 175. *Off. V.* 3.)

Resserrer, tenir renfermé, retenir :

Les désordres de notre France.... ont *resserré* dans mon cabinet ce que je me préparois à lui donner. (x, 449. *Lettr.*)

Resserrer, ramasser, restreindre :

Il y en a (*des pièces de théâtre*) qu'on peut élargir et *resserrer*, selon que les incidents du poëme le peuvent souffrir. (1, 3. *Au lect.*)

La première (*l'unité de lieu*), tantôt je la *resserre* à la seule grandeur du théâtre, et tantôt je l'étends jusqu'à toute une ville. (1, 378. *Au lect. de la Veuve.*)

La nécessité indispensable de les réduire (*les événements*) dans la règle nous force d'en *resserrer* les temps et les lieux. (vi, 358. *Au lect. de Sert.*)

RESSORTS, au figuré :

Sache enfin que cette flamme....
Que tu veux feindre au dehors,
Par des inconnus *ressorts*
Entrera bien dans ton âme. (x, 53. *Poés. div.* 21.)

Vos yeux, par des *ressorts* secrets,
Tiennent mille cœurs dans vos rets. (x, 174. *Poés. div.* 10.)

RESSOUVENIR (Se) :

A quoi me résoudrai-je, amante infortunée ?
— A *vous ressouvenir* de qui vous êtes née. (iii, 189. *Cid*, 1630 *var.*)

Corneille a mis en 1660 :

A vous mieux souvenir de qui vous êtes née.

Allez, et hâtez-vous d'assurer ma couronne,

Et *vous ressouvenez* que je mets en vos mains
Le destin de l'Égypte et celui des Romains. (IV, 35. *Pomp.* 211.)

RESSUSCITER, au figuré :

Enfin, par ce dessein vous me *ressuscitez*. (II, 267. *Pl. roy.* 835.)

RESTE, RESTES :

.... De tant de héros qui revivent en vous
Egalez le dernier, vous passerez le *reste*. (X, 184. *Poés. div.* 14.)

Le reste, c'est-à-dire, tous les autres héros.

Les *restes* languissants d'une importune vie. (VI, 80. *Perth.* 1388.)

RESTE, pour les *restes*, les *cendres*, la *dépouille mortelle :*

Reste du grand Pompée, écoutez sa moitié. (IV, 87. *Pomp.* 1460.)
Je jure donc par vous, ô pitoyable *reste*. (IV, 88. *Pomp.* 1469.)
Il est juste, et César est tout prêt de vous rendre
Ce *reste* où vous avez tant de droit de prétendre. (IV, 97. *Pomp.* 1682.)

On trouve aussi dans *Pompée* (vers 1516) *restes* au pluriel en ce sens.

RESTES, en parlant d'une personne aimée précédemment par quelqu'un :

.... Je vaux bien un cœur qui n'ait aimé que moi;
Et j'aurai soutenu des revers bien funestes
Avant que je me daigne enrichir de vos *restes*. (VI, 340. *Tois.* 2019.)
.... Il estime aujourd'hui
Les *restes* d'un rival trop indignes de lui. (III, 555. *Pol.* 1454.)

UN RESTE D'ESCLAVAGE, un homme qui a été esclave :

.... Je mourrois de rage,
Si vous me préfériez *un reste d'esclavage*. (VI, 629. *Oth.* 1246.)

AVOIR DE BEAUX RESTES.

C'est une locution familière qui s'emploie en parlant d'une personne encore belle dans un âge fort avancé :

Il est fort extraordinaire qu'une femme dont la fille est en âge d'être mariée ait encore d'assez *beaux restes* pour s'en vanter si hautement. (V, 299. *Exam. d'Andr.*)

RESTE, terme de jeu :

Pour avoir fait encore à prime trop de *reste*
Il ne m'est rien resté. (X, 42. *Poés. div.* 99.)

Voyez la note 2 de la page indiquée.

AU RESTE, locution adverbiale :

Ce cheval trop fougueux m'incommode à la chasse;
Tiens-m'en un autre prêt, tandis qu'en cette place,
A l'ombre des ormeaux l'un dans l'autre enlacés,

Clitandre m'entretient de ses travaux passés.
Qu'*au reste* les veneurs, allant sur leurs brisées,
Ne forcent pas le cerf, s'il est aux reposées. (I, 303. *Clit.* 461.)
S'attaquer à mon choix, c'est se prendre à moi-même,
Et faire un attentat sur le pouvoir suprême.
N'en parlons plus. *Au reste*, on a vu dix vaisseaux
De nos vieux ennemis arborer les drapeaux. (III, 140. *Cid*, 607.)
Oui, Seigneur, j'ai donné vos ordres à la porte,
Que jusques à demain aucun n'entre, ne sorte,
A moins que Lélius vous dépêche quelqu'un.
Au reste, votre hymen fait le bonheur commun. (VI, 504. *Soph.* 768.)

Voltaire a dit au sujet de l'avant-dernier exemple : *Au reste* signifie *quant à ce qui reste : il ne s'emploie que pour les choses dont on a déjà parlé*.... Mais quand on passe d'un sujet à un autre, il faut *cependant*, ou quelque autre transition. » — Au dix-septième siècle, *au reste* s'appliquait à tout ce qui restait à dire, que cela eût ou non du rapport avec ce qui précédait.

RESTER à, avec un infinitif :

.... Mon zèle confus,
Bien qu'il t'ait consacré ce qui me *reste à* vivre,
S'épouvante, t'admire, et n'ose rien de plus. (X, 225. *Poés. div.* 15.)

RÉTABLIR LE DÉSORDRE, le faire cesser, rétablir et remettre en ordre ce qui est en désordre :

La honte de mourir sans avoir combattu
Rétablit leur *désordre*, et leur rend leur vertu. (III, 173. *Cid*, 1296. *var.*)

En 1660 :

Arrête leur désordre....

Ce tour, très-facile à expliquer, se trouve dans des ouvrages beaucoup plus récents : « Le prince de Conti fut le premier qui *rétablit le désordre*, ralliant des brigades, en faisant avancer d'autres. » (Voltaire, *Siècle de Louis XIV*, chapitre XVI.)

RETARDEMENT.

.... Ce *retardement*,
Parce qu'il vient de toi, m'oblige infiniment. (I, 434. *Veuve*, 701.)
.... Vous n'aurez pas lieu désormais de vous plaindre
De ce *retardement* où j'ai su vous contraindre. (V, 493. *D. San.* 1802.)
.... Sans *retardement*,
Madame, il faut résoudre, et s'expliquer sur l'heure. (VI, 52. *Perth.* 766.)
.... Pour me braver à son tour hautement,
Son feu se fût saisi de ce *retardement*. (VI, 537. *Soph.* 1556.)

Racine s'est servi plus d'une fois de ce mot : voyez le *Lexique* de cet auteur.

RETÂTER, au figuré, essayer de nouveau :

Certainement il faut avouer qu'elle (*la Sophonisbe de Mairet*) a des droits inimitables et qu'il seroit dangereux *de retâter* après lui. (VI, 460. *Au lect. de Soph.*)

RETENIR, tenir de nouveau :

Ma sœur, je te *retiens* après t'avoir perdue! (II, 293. *Pl. roy.* 1363 *var.*)

En 1644, Corneille a substitué *je te retrouve* à *je te retiens.*

RETENIR, garder, conserver :

Cinna, par vos conseils je *retiendrai* l'empire;
Mais je le *retiendrai* pour vous en faire part. (III, 412. *Cin.* 626 et 627.)

RETENIR DE, RETENIR QUE.... NE, empêcher de :

Qui vous rend votre femme et m'arrache à ma perte,
Qui vous *a retenu d'*en prononcer l'arrêt.... (V, 566. *Nic.* 1237.)
Vous-même êtes-vous sûr que ce nœud la *retienne*
D'ajouter, s'il le faut, votre perte à la mienne? (VI, 600. *Oth.* 589 et 590.)
 Elles (*les traverses*) lui font clairement voir
 Qu'il n'est qu'en exil en ce monde,
 Et le *retiennent* qu'il *n'*y fonde
 Ou son amour ou son espoir. (VIII, 75. *Imit.* I, 764 *var.*)

En 1652, Corneille a mis :

 Et par un prompt dégoût empêchent qu'il n'y fonde
 Ou son amour ou son espoir.

RETENU, participe employé adjectivement, sage, modéré :

Il est homme de robe, adroit et *retenu*.... (IV, 194. *Ment.* 1027.)

RETENUE, modération :

Je m'allois emporter dans les extrémités :
Mon bras, dont ses mépris (*de Cléopâtre*) forçoient la *retenue*,
N'eût plus considéré César ni sa venue,
Et l'eût mise en état, malgré tout son appui,
De s'en plaindre à Pompée auparavant qu'à lui. (IV, 54. *Pomp.* 649.)

RETIRER EN ARRIÈRE, au figuré, faire reculer :

Une chose, il est vrai, fait souvent balancer,
Attiédit en plusieurs l'ardeur de s'avancer,
Et dès le premier pas les *retire en arrière.* (VIII, 166. *Imit.* I, 2512.)

RETIRÉ, qui vit dans la retraite :

   .... Cette fausse joie
Qu'il emprunte en passant de l'entretien d'autrui,
Repousse d'autant plus celle que Dieu n'envoie
Qu'aux esprits *retirés* qui n'en cherchent qu'en lui. (VIII, 68. *Imit.* I, 653.)

RETOMBER, absolument, retomber malade, au figuré :

Cent fois en moins d'un jour je guéris et *retombe.* (VII, 398. *Pulch.* 417.)

RETOMBER DANS, au figuré :

Ainsi ce fugitif *retombe dans* sa chaîne. (VI, 96. *Perth.* 1763.)

RETOMBÉ DANS :

Le plus frivole espoir de reprendre un volage,
De le voir malgré lui *dans* nos fers *retombé*.... (VI, 297. *Tois.* 998.)

RETOUR À :

Il est soutenu (*le second acte*) de la seule narration de la moitié du combat des trois frères, qui est coupée très-heureusement pour laisser Horace le père dans la colère et le déplaisir, et lui donner ensuite un beau *retour à* la joie. (III, 278. *Exam.* d'*Hor.*)

RETOUR DE :

Ridicule *retour* d'une sotte vertu. (IV, 492. *Rod.* 1510.)
Le grand Viriatus, de qui je tiens le jour,
D'un sort plus favorable eut un pareil *retour*. (VI, 381. *Sert.* 436.)

RETOUR, vicissitude :

Ne perdons point de temps en ce *retour* d'affaires. (VII, 281. *Att.* 1781.)
.... Comme la fortune est souvent journalière,
Il en faut redouter de funestes *retours*. (VI, 270. *Tois.* 336.)

METTRE À RETOUR, faire que l'on doive du retour :

En quoi que mon service oblige votre amour,
Vos seuls remercîments me *mettent à retour*. (I, 481. *Veuve*, 1606.)

RETOURNER, retourner de, revenir, revenir de :

.... Si par mon trépas il *retourne* vainqueur,
Ne le recevez point en meurtrier d'un frère. (III, 304. *Hor.* 518.)
A peine *du* palais il a pu *retourner*. (III, 433. *Cin.* 1104. *var.*)

En 1663 :

A peine du palais il a pu revenir.

Cordus, un vieux Romain qui demeure en ces lieux,
Retournant de la ville, y détourne les yeux. (IV. 89. *Pomp.* 1500.)

L'emploi absolu de ce mot est ancien :

Rien de durable ne seiourne,
Toute chose naist pour perir,
Et tout ce qui perist *retourne*
Pour vne autre fois refleurir. (Garnier, *Cornelie*, acte II, vers 345.)

Vostre bonheur peut bien *retourner* derechef
(*Ibidem, les Iuifues*, acte II, vers 595.)

RETOURNER, partir, s'en aller (pour retourner là d'où l'on vient) :

.... Gardez-vous aussi d'oublier votre faute;
Et comme elle fait brèche au pouvoir souverain,
Pour la bien réparer, *retournez* dès demain. (V, 534. *Nic.* 506.)

SE RETOURNER À, revenir à :

Le roi Ézéchias, averti de sa mort par le prophète Isaïe, *se retourne* si fortement à Dieu qu'il obtient encore quinze ans de vie. (VIII, 75. *Imit.* I, note 2.)

RÉTRACTER une loi, une offre :

La révolte, mon frère, est bien précipitée,
Quand *la loi* qu'elle rompt peut *être rétractée.* (IV, 472. *Rod.* 1064.)
.... Nous craignons de plus une amante irritée
D'*une offre* en moins d'un jour reçue et *rétractée.* (VI, 625. *Oth.* 1162.)

RETRAITE.

Faire sa retraite, faire la retraite :

Ce n'étoit qu'un prétexte à *faire sa retraite.* (II, 70. *Gal. du Pal.* 977.)
Je t'attendois, ami, pour *faire la retraite.* (II, 140. *Suiv.* 274.)

RETRANCHER.

Il n'étoit point percé de ces *coups* pleins de gloire
Qui, *retranchant* sa vie, assurent sa mémoire. (III, 497. *Pol.* 226.)
Je peindrai cette ardeur constante et magnanime
De *retrancher* le luxe et d'extirper le crime. (X, 180. *Poés. div.* 82.)

Retrancher (dans un lieu fort) :

Mon génie au théâtre a voulu m'attacher;
Il en a fait mon fort, il sait m'y *retrancher.* (X, 177. *Poés. div.* 32.)

Voyez la note 5 de la page indiquée.

RÉTRIBUTIONS, au figuré :

C'est à cette extraordinaire et admirable piété, Madame, que la France est redevable des bénédictions qu'elle voit tomber sur les premières armes de son roi; les heureux succès qu'elles ont obtenus en sont les *rétributions* éclatantes. (III, 472. *Épît. de Pol.*)
Viens-y (*à la sainte table*), mais seulement en [me remerciant,
Tel qu'à celle d'un roi se sied un mendiant,
Qui n'ayant rien d'égal à de si hautes grâces,
S'humilie à ses pieds, en adore les traces,
Et lui fait ce qu'il peut de *rétributions*
Par ses remercîments et ses submissions. (VIII, 656. *Imit.* IV, 1616.)

RETS, au figuré :

Vos yeux, par des ressorts secrets,
Tiennent mille cœurs dans vos *rets.* (X, 174. *Poés. div.* 11.)

RÉUNIR les rênes en sa main :

Maintenant qu'on te voit en digne potentat
Réunir en ta main les rênes de l'État. (X, 179. *Poés. div.* 68.)

RÉUSSIR DE, résulter de (sans que rien indique la nature du résultat) :

Il faut savoir ce qui *réussira de* cette conspiration. (I, 26. *Disc. du Poëme dram.*)

Molière a employé plusieurs fois ce mot de la même manière. Voyez le *Lexique* de M. Génin.

ÊTRE RÉUSSI :
.... Ainsi ma prophétie
Est, à ce que je vois, de tout point *réussie?* (I, 153. *Mél.* 201 *var.*)

En 1664 :
.... Ainsi donc par l'issue
Mon âme sur ce point n'a point été déçue

REVANCHER, activement, rendre la pareille à ; SE REVANCHER DE, prendre sa revanche de :

Tout ce que je puis faire à mon brasier naissant,
C'est de le *revancher* par un zèle impuissant. (I, 179. *Mél.* 618. *var.*)

En 1660 :
Tout ce que je puis faire à ce beau feu naissant,
C'est de *m'en revancher* par un zèle impuissant.

.... Pour *nous revancher de* la faveur reçue,
Nous en aimons l'auteur, à cause de l'issue. (I, 245. *Mél.* 1735.)
Je puis *me revancher du* don de ta franchise. (II, 173. *Suiv.* 890.)
.... Puisque mon trépas conserve votre gloire,
Pour *vous en revancher* conservez ma mémoire. (III, 196. *Cid*, 1798.)
Puisque vous lui devez et la vie et l'honneur,
Pour *vous en revancher* dois-je moins que mon cœur?
(IV, 358. *S. du Ment.* 1304.)
Madame, c'est à vous que je devrai son cœur;
Et pour *m'en revancher*, je prendrai soin moi-même
De faire choix pour vous d'un mari qui vous aime. (VI, 35. *Perth.* 371.)
J'avois honte de vous en rendre grâces sans *m'en revancher* en quelque sorte. (X, 449. *Lettr.*)

RÉVÉLATION.... QUE :

Je l'ai sauvée de ce péril, non-seulement par une *révélation* de Dieu *qu'on* se contenteroit de sa mort, mais encore par une raison assez vraisemblable, que Marcelle, qui vient de voir expirer sa fille unique entre ses bras, voudroit obstinément du sang pour sa vengeance. (V, 14. *Exam. de Théod.*)

REVENIR SUR, au figuré :
Tout ce qu'il fait et dit *reviendra sur* sa tête. (VIII, 393. *Imit.* III, 2750.)

REVENIR DE POITIERS, proverbialement, mentir :
La pièce a réussi, quoique foible de style,

Et d'un nouveau proverbe elle enrichit la ville,
De sorte qu'aujourd'hui presque en tous les quartiers
On dit, quand quelqu'un ment, qu'il *revient de Poitiers.*
(IV, 305. *S. du Ment.* 298.)

RÊVER, activement :

Allons sur le chevet *rêver* quelque moyen
D'avoir de l'incrédule un plus doux entretien. (IV, 198. *Ment.* 1083.)
.... Ce cœur tant de fois dans la guerre éprouvé
S'alarme d'un péril qu'une femme *a rêvé!* (III, 587. *Pol.* 4.)
Seul vous vous haïssez, lorsque chacun vous aime;
Seul vous exécutez tout ce que j'*ai rêvé :*
Ne veuillez pas vous perdre, et vous êtes sauvé. (III, 542. *Pol.* 1169.)

Dans ces deux derniers passages, *rêver* veut dire : voir en rêve.

Rêvé, médité, imaginé :

L'un est sans doute mieux *rêvé,*
Mieux conduit et mieux achevé;
Mais je voudrois avoir fait l'autre. (X, 127. *Poés. div.* 12.)

Il s'agit des deux sonnets de *Job* et d'*Uranie.*

RÊVERIE, songe, sommeil avec rêve :

Je ne sais si je veille, ou si ma *rêverie*
A mes sens endormis fait quelque tromperie. (I, 320. *Clit.* 797.)

REVERS, coups donnés à revers :

PHILISTE, lui donnant des coups de plat d'épée.

Tiens, porte ce *revers* à celui qui t'envoie,
Ceux-ci seront pour toi.... (I, 452. *Veuve,* 1044.)

REVERS.

C'est au lecteur désintéressé à prendre la médaille par le beau *revers.*
(II, 117. *Épît. de la Suiv.*)

Corneille semble ne pas se rappeler qu'en fait de monnaies et de médailles *revers* signifie, non un côté quelconque, mais le côté opposé à la tête.

REVÊTIR, au figuré :

Cieux qu'il a peints d'azur et *revêt* de lumière.... (IX. 141. *Off. V.* 7.)

SE REVÊTIR, exprimant, dans le langage mystique, le contraire de *se dépouiller de soi-même :*

Et je te la ferai sentir (*ma grâce*)
Sitôt qu'entre mes mains ton âme résignée
Ne voudra plus *se revêtir.* (VIII, 449. *Imit.* III, 3860.)
Je te veux donc apprendre à te bien détacher,
Sans plus *te revêtir,* sans plus te rechercher. (VIII, 553. *Imit.* III, 6050.)
C'est qu'à se dépouiller peu (*d'âmes*) savent consentir

Qui par le propre amour vers elle ramenées,
    Ne penchent à *se revêtir*. (VIII, 628. *Imit.* IV, 1014.)

REVÊTU DE, au figuré :

L'ambition, l'orgueil, l'intérêt, l'avarice,
Revêtus de son nom, nous donnèrent des lois. (x, 89 et 91. *Poés. div. var.*)

RÊVEUR, adjectif :

Qu'un entretien *rêveur* durant ce peu de temps
M'instruise des moyens de plaire à cette belle. (I, 278. *Clit.* 56.)

RÊVEUR DE MUSIQUE, par dénigrement, en parlant d'un compositeur :

Son feu (*de ma muse*) ne peut agir quand il faut qu'il s'applique
Sur les fantasques airs d'un *rêveur de musique*. (x, 75. *Poés. div.* 6.)

REVIVRE.

Ma jeunesse *revit* en cette ardeur si prompte. (III, 119. *Cid.* 265.)

REVIVANT, participe présent, ressuscité :

D'un maître *revivant* ils ont vu les grandeurs. (IX, 579. *Hymn.* 4.)

REVOILÀ :

Vous *revoilà* déjà!... (II, 88. *Gal. du Pal.* 1315 var.)

Voyez le *Lexique de Mme de Sévigné*, tome II, p. 356.

REVOIR.

JE REVOI et JE REVOIS :

    .... Enfin je la *revoi*,
Je la *revois* enfin cette belle inconnue. (x, 121. *Poés. div.* 104 et 105.)

JUSQU'AU REVOIR :

Adieu, *jusqu'au revoir*.... (I, 252. *Mél. var.*)

REVOLER, voler de nouveau :

En même temps Persée *revole* en haut sur son cheval ailé. (v, 361. *Andr.*)

RÉVOLTER.

.... Lorsqu'un importun a quelque fondement
Sur un peu d'imprudence, ou sur trop d'enjouement,
Tout ce qu'il sait de vous et de votre innocence
N'ose le *révolter* contre cette apparence. (x, 156. *Poés. div.* 38.)

RIDEAU.

TIRER LE RIDEAU SUR, cacher, dissimuler :

Je n'ai peut-être encore fait rien de plus adroit pour le théâtre, que de *tirer le rideau sur* des déplaisirs qui devoient être si grands. (vi, 468. *Au lect.* de *Soph.*)

Voyez au tome I du *Lexique*, p. 385, le second exemple de Éponge (Passer l').

RIDICULE.

Allons fouler aux pieds ce foudre *ridicule*
Dont arme un bois pourri ce peuple trop crédule. (iii, 520. *Pol.* 713.)

RIEN, sans négation :

M'en apprendrez-vous *rien*?... (i, 309. *Clit. var.* 3.)
.... Quel espoir ose *rien* présumer,
Quand on n'a pu servir, et qu'on n'a fait qu'aimer? (i, 499. *Veuve*, 1957.)
Ce que j'ai dans l'esprit je ne le puis celer,
Et ne suis pas d'humeur à *rien* dissimuler. (ii, 50. *Gal. du Pal.* 596.)
L'insupportable femme! Enfin diras-tu *rien*? (ii, 60. *Gal. du Pal.* 779.)
Si touchant vos amours on sait *rien* de ma bouche,
Que je puisse à vos yeux devenir une souche! (ii, 178. *Suiv.* 1001.)
Ma mine a-t-elle *rien* qui sente l'écolier? (iv, 142. *Ment.* 8 *var.*)

En 1660 :

Ne vois-tu rien en moi qui sente l'écolier?

Je meure, en vos discours si je puis *rien* comprendre! (ix, 167. *Ment.* 485.)
Dirons-nous *rien* nous deux?... (iv, 328. *S. du Ment.* 755.)
Puisqu'elle agit pour vous, devez-vous craindre *rien*?
(v. 65. *Théod.* 1118 *var.*)

En 1660, Corneille a changé la tournure de ce dernier vers.

Et puisse, si le ciel m'y voit *rien* épargner,
Un faux Héraclius en ma place régner! (v, 171. *Hér.* 367.)
Ai-je *rien* à sauver, *rien* à perdre que vous? (vi, 165. *OEd.* 734.)
.... Plus j'y songe, et plus je m'examine,
Moins je trouve, Seigneur, à me reprocher *rien*. (vii, 47. *Agés.* 957.)

Seigneur, je croirois vous trahir
Et n'avoir pas pour vous une âme assez royale,
Si je vous cachois *rien* des justes sentiments
Que m'inspire le ciel pour deux rois mes amants. (vii, 85. *Agés.* 1860.)

Grâce à l'excellent travail de M. Schweighæuser sur *la Négation* et aux recherches de M. de Chevallet, il est aujourd'hui tout à fait inutile d'accumuler les preuves pour établir que *rien* est dérivé de *res*, et que la particule *ne* exprimée ou sous-entendue peut seule communiquer à ce mot un sens négatif qu'il n'a jamais par lui-même. Nous nous contenterons de rapporter quelques passages anciens, bien décisifs et non encore allégués, qui confirment ces observations, et de recueillir ensuite tous les exemples de ce genre que fournit Corneille. On lit dans le *Lai d'Yvenec de Marie de France* (vers 247) :

Par foi, fet-il, ce croi-go bien,
Or nus estuet fère *une rien*.

Ici *une rien* veut évidemment dire *une chose*. — Mathurin Cordier traduit dans ses *Dialogues* (chapitre xxxv, p. 416, § 103) *Nunquid vis ad nostrates?* par : « Voulez-vous *rien* mander en nostre païs? » Le mot employé comme il l'est ici par Cordier est resté très-français. Nous lisons dans *les Plaideurs :*

Hé! Monsieur! qui vous dit qu'on vous demande *rien*?
(Acte III, scène iv, vers 42.

RIEN, avec un verbe accompagné des négations *ne* ou *ne.... pas :*
.... On doit ce respect au pouvoir absolu,
De n'examiner *rien* quand un roi l'a voulu. (III, 114. *Cid*, 164.)
Loin de charmer les cœurs, il n'y sauroit *rien* voir.
Mais n'avancez-vous *rien* sur celui d'Hypsipyle?
(VI, 316. *Tois.* 1407 et 1408.)
Pour rendre les choses proportionnées, il falloit aller à la plus haute espèce, et n'entreprendre *pas* de *rien* offrir de cette nature à une reine très-chrétienne. (III, 472. *Épît.* de *Pol.*)
C'est assez vainement qu'il m'offre un si grand bien,
Quand le ciel *ne* veut *pas* que je lui doive *rien.* (VI, 170. *OEd.* 840.)
Le sujet est simple, et du nombre de ces événements connus, où il *ne* nous est *pas* permis de *rien* changer. (VI, 358. *Au lect.* de *Sert.*)

RIEN, immédiatement suivi d'un adjectif; *rien impossible*, etc., où nous mettrions *rien d'impossible*, etc. :

A qui venge son père il n'est *rien* impossible. (III, 129. *Cid*, 417.)
Voyez en tête de notre tome I, l'*Avertissement*, p. II.
Seigneur, réglez si bien ce violent courroux,
Qu'il n'en échappe *rien* trop indigne de vous. (V, 78. *Théod.* 1370.)
Je ne découvre *rien* digne de vos courages. (VI, 274. *Tois.* 458.)
Tu ne souffrirois *rien* digne d'un si haut prix. (VIII, 254. *Imit.* II, 1616.)
Non, il n'est *rien* si gracieux,
Rien si beau, *rien* si précieux. (IX, 40. *Louanges*, 595 et 596.)
Est-il *rien* cependant honteux et déplorable
Comme nos lâchetés?... (VIII, 590. *Imit.* IV, 243.)

Vaugelas, dans sa *remarque* intitulée : *Il n'y a rien de tel, il n'y a rien tel* (p. 323), autorise les deux locutions, tout en préférant l'emploi de *de*, sinon en parlant, au moins en écrivant; mais Thomas Corneille dit, dans une *note* sur cette *remarque*, qu'après *il n'est* « on supprime plutôt la particule *de* qu'on ne la conserve. » — Voici deux exemples tirés d'un des derniers ouvrages de Corneille où le *de* est exprimé :

Il n'est *rien d'*impossible à la valeur d'un homme
Qui rétablit son maître et triomphe de Rome. (VII, 498. *Sur.* 849.)
S'il n'est *rien d'*impossible à la valeur d'un homme
Qui rétablit son maître et triomphe de Rome. (VII, 499. *Sur.* 869.)

RIEN (NE SERVIR DE) :
.... Mon funeste avis *ne serviroit de rien.* (II, 376. *Méd.* 715.)

RIEN NE SERT DE... :
Rien ne vous *sert* ici *de* faire les surpris. (IV, 457. *Rod.* 669.)
Rien ne vous *a servi*, Seigneur, *de* me nommer. (VI, 585. *Oth.* 243.)

N'ÊTRE RIEN QUE, n'être que :
Je viens pour adorer la divine beauté
Dont le soleil *n'est rien qu'*une foible peinture. (X, 83. *Poés. div.* 4.)

MOINS QUE RIEN :
Fort souvent *moins que rien* cause un grand changement.
(II, 18. *Gal. du Pal.* 15.)

EN MOINS DE RIEN :

En vit-on jamais un dont les rudes traverses
Prissent *en moins de rien* tant de faces diverses? (III, 335. *Hor.* 1204.)
Seigneur, *en moins de rien* il se fait des miracles. (VI, 579. *Oth.* 102.)

VALOIR MIEUX QUE RIEN :

.... Alcippe, après tout, *vaut* toujours *mieux que rien*. (IV, 164. *Ment.* 448.)

NE.... COMPTER À RIEN, N'ÊTRE COMPTÉ À RIEN :

Je *ne* vous *compte à rien* le nom de mon époux. (III, 542. *Pol.* 1177.)
Ne compte à rien le monde.... (VIII, 530. *Imit.* III, 5543.)
Depuis quand le retour d'un cœur comme le mien
Fait-il si peu d'honneur qu'on *ne* le *compte à rien?* (VII, 488. *Sur.* 596.)
   Cette syllabe *n'est* jamais *comptée à rien* à la fin de nos vers féminins. (I, 9. *Au lect.*)

RIEN, substantivement :

Un *rien* s'ajuste mal avec un autre *rien*. (II, 474. *Illus.* 792.)
L'homme ne sauroit pas ce que vaut un tel bien,
Tant il oublieroit tôt sa foiblesse et son *rien!* (VIII, 669. *Imit.* IV, 1865.)
   Quand il lui plut vous donner l'être,
Le *rien* fut sa matière, et l'ouvrier sa voix. (IX, 149. *Off. V.* 18.)

RIGOUREUX à :

Le ciel se lassera de m'être *rigoureux*. (VII, 491. *Sur.* 691.)
Voyez le *Lexique de Racine*.

RIGUEUR.

JUSQU'À CETTE RIGUEUR DE :

Pourrez-vous me haïr *jusqu'à cette rigueur*
De souhaiter pour vous même haine en mon cœur?
                              (VI, 201. *OEd.* 1595 et 1596.)

RIGUEURS.

Tel entrant ce grand roi dans ses villes rebelles
De ces cœurs révoltés fait des sujets fidèles;
Un profond repentir désarme ses *rigueurs*. (X, 108. *Poés. div.* 33.)

RIME (EN), en vers :

Heureux en son amour, si l'ardeur qui l'anime
N'en conçoit les tourments que pour s'en plaindre *en rime!*
                              (X, 149. *Poés. div.* 100.)

RIPAILLE (FAIRE) :

   .... Quand nous *aurons fait ripaille*,
   Notre main contre la muraille,
   Avec un morceau de charbon

Paranymphera le jambon. (x, 28. *Poés. div.* 87.)

L'origine de cette locution proverbiale est assez douteuse; suivant l'opinion la plus répandue, elle se rapporte au prieuré de *Ripaille*, où Amédée, duc de Savoie, se retira en 1434, pour y mener joyeuse vie. Voyez *les Nouvelles recherches sur le dicton populaire faire ripaille*, par M. Gabriel Peignot (Dijon, V. Lagier, 1836, in-8°).

RIRE à, au figuré, en parlant des choses qui sont agréables, riantes, qui réussissent facilement :

Si vous n'êtes d'humeur, Madame, à vous dédire,
Tout *me rit* désormais, j'ai leur consentement. (II, 295. *Pl. roy.* 1392.)
L'occasion *vous rit*, et vous en userez. (IV, 53. *Pomp.* 627.)
.... Quelque occasion qui *me rie* aujourd'hui,
N'ayez aucune peur, je ne veux rien d'autrui. (IV, 53. *Pomp.* 631.)

Voyez le *Lexique de Racine*.

RISQUE, au féminin :

..... Sans craindre aucune *risque*. (IV, 309. *S. du Ment.* 379.)
Notre aventurier Carlos n'y court aucune *risque*. (V, 407. *Évit.* de *D. San.*)

« Ce mot est masculin et féminin, dit Richelet (1680); mais il semble qu'on le fait un peu plus souvent masculin que féminin. » Il donne ensuite deux exemples du féminin : l'un tiré de Pascal, l'autre de Sarrazin.

ROCHER.

CŒUR, ÂME DE ROCHER :

Parler de l'hyménée à ce *cœur de rocher*,
C'est l'unique moyen de n'en plus approcher. (I, 145. *Mél.* 39.)
J'aurois touché plutôt un *cœur* tout *de rocher*. (V, 54. *Théod.* 834.)
.... Songe que mon *cœur* n'est pas fait *d*'un *rocher*. (II, 133. *Suiv.* 148.)
Une *âme de rocher* ne s'en fût pas sauvée. (IV, 175. *Ment.* 606.)

ROCHER, dans le même sens :

Non que j'espère encore amollir ce *rocher*. (VI. 70. *Perth.* 1145.)

RODOMONT, fanfaron :

De notre *Rodomont* il s'est mis au service. (II, 464. *Illus.* 590. *var.*)

En 1663, Corneille a remplacé *Rodomont* par *Fiérabras* : voyez au tome I du *Lexique*, p. 432.

RODOMONTADES.

J'ai chez moi des valets à mon commandement,
Qui n'ayant pas l'esprit de faire des bravades,
Répondroient de la main à vos *rodomontades*. (II, 472. *Illus.* 730.)

Voyez l'article précédent.

ROIDIR, activement et figurément :

Contre ses libertés je *roidis* ma puissance. (II, 436. *Illus.* 26.)

ROIDIR (Se) :

L'âme doit *se roidir* plus elle est menacée. (II, 355. *Méd.* 309.)

ROME (L'ALLER DIRE À), proverbialement, voyez au tome I du *Lexique*, p. 305, DIRE.

ROMPRE, dans divers emplois figurés :

Un amant dédaigné souvent croit beaucoup faire
Quand il *rompt* le bonheur de ce qu'on lui préfère. (VII, 481. *Sur.* 450.)
Je t'ai voulu sur l'heure apprendre cet amour,
Pour te tirer de peine et *rompre* ta colère. (II, 294. *Pl. roy.* 1378.)
Malgré des feux si beaux, qui *rompent* ma colère. (III, 158. *Cid*, 981 *var.*)

L'Académie blâma cette expression, et Corneille remplaça en 1660 *rompent* par *troublent*.

Je *romprai* ce combat, feignant de le permettre,
Et je le tiens *rompu* si je puis le remettre. (V, 438. *D. San.* 457 et 458.)
.... Il faut craindre un roi fort de tant de sujets.
— Mon père, qui l'étoit, *rompit*-il mes projets? (II, 356. *Méd.* 328.)
Jaloux des bons desseins qu'il tâche d'ébranler,
Quand il ne les peut *rompre*, il pousse à reculer. (III, 489. *Pol.* 56.)
Si vous m'aimez encor, vous saurez dès ce soir
Rompre les noirs effets d'un juste désespoir. (II, 265. *Pl. roy.* 808.)
Je vais d'un juste juge adoucir la colère,
Rompre le triste effet d'un arrêt trop sévère. (V, 62. *Théod.* 1040.)
Mais un traître pressé par d'autres intérêts
A *rompu* tout l'effet de mes desirs secrets. (VI, 98. *Perth.* 1798.)
Le ciel en a donné des arrêts immuables;
Rien n'en *rompra* l'effet.... (VII, 169. *Att.* 1475.)
Ce prompt retour me perd, et *rompt* votre entreprise. (V, 523. *Nic.* 280.)
Romps ce que ses douleurs y donneroient d'obstacle. (III, 567. *Pol.* 1715.)
Après les soins qu'il prend de *rompre* ma prison. (IV, 371. *S. du Ment.* 1563.)
.... Je vois qu'une Scythe *a rompu* ta promesse. (VI, 305. *Tois.* 1189.)
Quoi? pour désabuser une aveugle furie,
Rompre votre destin, et donner votre vie! (V, 206. *Hér.* 1164.)
Rompre son mauvais sort, c'est épargner nos larmes. (VI, 303. *Tois.* 1113.)
.... Les races futures,
Comptant notre hyménée entre vos aventures,
Vanteront à jamais mon amour généreux,
Qui d'un si grand héros *rompt* le sort malheureux. (II, 369. *Méd.* 564.)
S'il n'*eût* par le poison lui-même évité Rome,
Et *rompu* par sa mort les spectacles pompeux
Où l'effroi de son nom le destinoit chez eux. (V, 512. *Nic.* 25.)
Le ciel *rompt* le succès que je m'étois promis. (III, 454. *Cin.* 1580.)
.... A présent je vous quitte,
Et malgré mon amour, je *romps* cette visite. (IV, 344. *S. du Ment.* 1074.)

ROMPRE LES DISCOURS DE QUELQU'UN, ROMPRE QUELQU'UN, l'interrompre (lorsqu'il parle) :

J'*ai rompu vos discours* d'assez mauvaise grâce. (IV, 153. *Ment.* 234.)

.... Tu n'es pas supportable
De *me rompre* sitôt. — C'étoit sans y penser. (I, 170. *Mél.* 479.)

ROMPRE UN COUP, DES COUPS :

Rien ne *rompra le coup* à quoi je me résous. (II, 299. *Pl. roy.* 1481.)
.... De mon cœur jaloux les secrets mouvements
N'ont pu *rompre ce coup* par leurs pressentiments ! (II, 518. *Illus.* 1580.)
.... Pour *rompre le coup* que mon cœur n'ose attendre. (IV, 433. *Rod.* 84.)
.... Cet ami si fidèle
N'a pu *rompre le coup* qui t'immole à Marcelle ! (V, 99. *Théod.* 1852.)
Je *romprai* bien encor *ce coup*, s'il vous menace. (V, 177. *Hér.* 486.)
Mais sûre d'un refus qui doit *rompre le coup*,
La générosité ne coûte pas beaucoup. (VII, 435. *Pulch.* 1347.)
Ils *rompront le* grand *coup* qui seul nous peut déplaire. (VII, 248. *Tit.* 1152.)
Pour bien *rompre le coup* d'un malheur si pressant,
Peut-être que son art n'est pas assez puissant. (VI, 332. *Tois.* 1836.)
Nous en *romprons le coup* avant qu'elle (*l'erreur*) grossisse.
(VI, 423. *Sert.* 1441.)
.... Vous serez bien fin si je ne *romps vos coups*. (IV, 357. *S. du Ment.* 1284.)
Seigneur, votre retour, loin de *rompre ses coups*,
Vous expose vous-même, et m'expose après vous. (V, 514. *Nic.* 77.)
Rompez ses premiers *coups;* laissez pleurer Pauline. (III, 490. *Pol.* 65.)
.... De Mars en courroux
Par ta digne moitié j'y *romps les* derniers *coups*. (X, 179. *Poés. div.* 60.)

Voyez au tome I du *Lexique*, p. 224, COUP.

ROMPRE, absolument, pour *se rompre :*

Mon épée en ma main en trois morceaux *rompit*. (IV, 176. *Ment.* 652.)

SE ROMPRE, dans un sens passif :

C'est un ordre des Dieux qui jamais ne *se rompt*. (III, 409. *Cin.* 559.)

ROMPU.

.... Ce qu'on diffère est à demi *rompu*. (III, 490. *Pol.* 64.)
Et quand tout mon effort se trouvera *rompu*,
Cléopatre fera ce que je n'aurai pu. (IV, 99. *Pomp.* 1743.)

ROSES, au figuré :

Le temps aux plus belles choses
Se plaît à faire un affront,
Et saura faner vos *roses*
Comme il a ridé mon front. (X, 165. *Poés.div.* 7.)

ROUGEUR, au figuré :

Je l'aime, et lui dois trop pour jeter sur son front
L'éternelle *rougeur* d'un si mortel affront. (VII, 221 *Tit* 506.)

ROUGIR, activement, rendre rouge, faire rougir :

Ce teint pâle à tous deux me *rougit* de colère. (I, 317. *Clit.* 737.)

Rougir de, neutralement, devenir rouge, être rouge de :

Exécrable assassin, qui *rougis de* son sang,
Dépêche comme à lui de me percer le flanc,
Prends de lui ce qui reste.... (I, 293. *Clit.* 299.)
Songe aux fleuves de sang où ton bras s'est baigné,
De combien *ont rougi* les champs de Macédoine. (III, 434. *Cin.* 1133.)

Ces exemples montrent que lorsque Théophile écrivait, quinze ans auparavant, ces deux vers, reproduits dans toutes les rhétoriques comme un modèle de ridicule :

Ha! voici le poignard qui du sang de son maître
S'est souillé lâchement; il *en rougit*, le traître (*Pyrame et Thisbé*, scène dernière),

il employait *rougir* dans un sens ordinaire à cette époque, et que pour faire son détestable jeu de mots, il n'a pas eu à détourner de son acception le terme dont il s'est servi.

Rougir, neutralement, au figuré :

Par l'ordre de son roi, les armes de la France
De la triste Hongrie avoient pris la défense,
Sauvé du Turc vainqueur un peuple gémissant,
Fait trembler son Asie et *rougir* son croissant. (X, 196. *Poés. div.* 40.)

ROULER, au figuré, entraîner :

.... Cédons au torrent qui *roule* toutes choses. (IV, 34. *Pomp.* 190.)

Rouler, agiter (au dedans de soi-même) :

Des rivaux de Léon il est le plus jaloux,
Et *roule* des projets qu'il ne dit pas à tous. (VII, 405. *Pulch.* 628.)

ROUTE, au figuré :

Ses discours vont sans ordre; et plus je les écoute,
Plus j'entends des soupirs dont j'ignore la *route*. (V, 337. *Andr.* 503.)

« Dont j'ignore la route, » c'est-à-dire, s'adressant à une personne qui m'est inconnue.

ROYAUMES, au figuré :

Comme il est malaisé qu'aux *royaumes* du Code
On apprenne à se faire un visage à la mode.... (IV, 142. *Ment.* 9.)

« Les royaumes du Code, » les écoles de droit.

RUBRIQUE, au propre et au figuré :

Si vous avez besoin de lois et de *rubriques*,
Je sais le *Code* entier avec les *Authentiques*. (IV, 158. *Ment.* 325.)
.... Tel parle d'amour sans aucune pratique.
— On n'y sait guère alors que la vieille *rubrique* :

Faute de le connoître, on l'habille en fureur. (II, 27. *Gal. du Pal.* 150.)

Rubriques signifiait au propre des titres écrits ou imprimés en lettres rouges, comme ils l'étaient jadis dans les livres de droit. — De là, au figuré, *savoir toutes les rubriques*, pour être habile, expérimenté, et *ne savoir que la vieille rubrique*, pour n'être pas au courant des nouveaux usages, être arriéré.

RUDESSE, défaut de culture, dureté :

Quand je considère le peu de bruit qu'elle (*la comédie de* Mélite) fit à Paris, venant d'un homme qui ne pouvoit sentir que la *rudesse* de son pays.... (I, 135. *Épît. de Mél.*)

Volage, falloit-il, pour un peu de *rudesse*,
Vous porter si soudain à changer de maîtresse? (II, 102. *Gal. du Pal.* 1585.)

VOIR QUELQU'UN D'UN ŒIL DE RUDESSE :

Quel plaisir aura-t-il auprès de sa maîtresse,
Si mon fils ne l'y *voit* que *d'un œil de rudesse?* (I, 451. *Veuve*, 1028.)

RUDESSES, au pluriel :

Reprends, reprends, Jason, tes premières *rudesses :*
Leur coup m'est bien plus doux que tes fausses tendresses.
(VI, 308. *Tois.* 1260.)

Sois à jamais béni, si tes douces tendresses
    Daignent consoler mes travaux;
Et ne le sois pas moins, si tes justes *rudesses*
    Se plaisent à croître mes maux. (VIII, 349. *Imit.* III, 1837.)

RUINE, au figuré :

Quel chemin Exupère a pris pour sa *ruine!* (V, 238. *Hér.* 1859.)

.... Si je succombois sous sa troupe mutine,
Je saurois l'accabler du moins sous ma *ruine*. (VI, 203. *ŒEd.* 1641.)

Je ne veux point sa mort, ni même sa *ruine*. (VII, 157. *Att.* 1198.)

Parmi les nations ces lois autorisées
Feront tant de *ruine* et de tels châtiments.... (IX, 213. *Off. V.* 26.)

RUISSEAU, au figuré, ruisseaux de larmes, ruisseaux de sang :

.... Combien de *ruisseaux* coulèrent de mes yeux! (III, 290. *Hor.* 181.)

Sa vie à longs *ruisseaux* se répand sur le sable. (VII, 180. *Att.* 1761.)

RUISSEAUX, dans un développement allégorique :

De leurs plus fiers torrents les orgueilleux *ruisseaux*
N'ont fait en dépit d'eux que bondir sur nos têtes. (IX, 193. *Off. V.* 13.)

Il s'agit des complots d'ennemis conjurés.

RUISSELANT DE :

Les Romains poursuivoient; et César dans la place,
Ruisselante du sang de cette populace,
Montroit de sa justice un exemple si beau. (IV, 89. *Pomp.* 1522.)

S

SABLONS, sables :

.... Des neiges
Qui fertilisent leurs *sablons*. (ix, 203. *Off. V.* 20.)

SACRIFICE.

FAIRE SACRIFICE, au figuré, sacrifier :

.... Je n'ai pas moins qu'elle à rougir d'un supplice
Qui profane l'autel où j'*ai fait sacrifice*. (v, 60. *Théod.* 1004.)

SE FAIRE UN SACRIFICE DE QUELQU'UN, se l'immoler :

D'un si parfait ami devenir l'assassin,
Et *de* son général *se faire un sacrifice*.... (vi, 438. *Sert.* 1769.)

SAIGNANT DE, sanglant par suite de :

Ma main, *saignante* encor *du* meurtre de Pélie. (ii, 364. *Méd.* 481.)

SAIN, au figuré :

Suis, suis dorénavant de plus *saines* raisons. (ii, 285. *Pl. roy.* 1208.)
C'est là que je prendrai des mouvements plus *sains*. (ii, 297. *Pl. roy.* 1453.)
.... Si vous me croyiez d'une âme si peu *saine*,
L'amour que j'eus pour vous tourneroit toute en haine.
(iii, 550. *Pol.* 1347.)

SAINEMENT, raisonnablement :

Parlez plus *sainement* de vos maux et des miens. (iii, 320. *Hor.* 877.)

SAISIR, occuper, s'emparer de :

Saisissez l'Hippodrome avec ses avenues. (v, 203. *Hér.* 1100.)
Nous *saisissons* la porte, et les gardes se rendent. (v, 238. *Hér.* 1855.)

SAISIR DE, mettre en possession de :

Que tu m'offres en vain cet objet adorable !
Qu'en vain de m'*en saisir* ton adresse entreprend ! (ii, 257. *Pl. roy.* 635.)
Sans doute il jugeroit de la sœur et du frère
Suivant le testament du feu Roi votre père,
Son hôte et son ami, qui l'*en* daigna *saisir*. (iv, 36. *Pomp.* 227.)
Vous régnez en ma place, et les Dieux l'ont souffert :
Je dis plus, ils vous *ont saisi de* ma couronne. (vi, 154. *OEd.* 469.)
.... Ceux qu'*aura* ma mort *saisis de* mon emploi. (vi, 397. *Sert.* 807.)

SE SAISIR DE :

Elle ne s'y fait pas, Madame, un grand effort,
Et feroit grâce entière à mon peu de mérite,
Si votre âme avec elle étoit assez d'accord

Pour *se* vouloir *saisir de* ce qu'elle vous quitte. (vii, 18. *Agés.* 232.)
>Vous *vous saisissez* par vos mains
>De plus que votre récompense. (vii, 48. *Agés.* 974 et 975.)

Se saisir de, être saisi de :
>Ne t'étonne donc point de cette jalousie
>Dont, à ce froid abord, mon âme *s'est saisie*. (vi, 493. *Soph.* 594.)

Saisi de, mis en possession de :
>L'ambition, l'orgueil, l'audace, l'avarice,
>*Saisis de* son pouvoir (*du pouvoir de Louis XIII*), nous donnèrent des lois. (x, 87. *Poés. div.* 6.)

SAISON, au figuré, temps opportun, moment favorable :
>.... Il est *saison* que nous allions au temple. (iv, 217. *Ment.* 1434.)
>Il est *saison* pour vous de voir votre lingère. (iv, 369. *S. du Ment.* 1530.)
>Quittez ces contre-temps de froide raillerie.
>— Il n'en est pas *saison*, quand il faut qu'on vous prie. (v, 432. *D. San.* 314.)
>Seigneur, il n'est *saison* que de verser des larmes. (vi, 216. *OEd.* 1946.)
>Si vous m'aviez parlé comme vous me parlez,
>Vous auriez obtenu le bien que vous voulez.
>Mais en est-il *saison* au jour d'une conquête
>Qui doit faire tomber mon trône ou votre tête? (vi, 300. *Tois.* 1024.)
>La demande est, Madame, un peu hors de *saison*. (vi, 338. *Tois.* 1992.)
>Vous n'y pouviez venir en meilleure *saison*. (ii, 341. *Méd.* 4.)

Saisons, temps, circonstances :
>.... Qui veut être juste en de telles *saisons*,
>Balance le pouvoir, et non pas les raisons. (iv, 29. *Pomp.* 51.)

SALAIRES, au pluriel :
>Tôt ou tard le mérite a ses justes *salaires*. (vii, 51. *Agés.* 1068.)

SALE, au figuré :
>Bien qu'un crime imputé noircisse ma valeur,
>Que le prétexte faux d'une action si noire
>Ne laisse plus de moi qu'une *sale* mémoire.... (i, 346. *Clit.* 1258.)

SALLE.
>Si tu ne me vois là, je serai dans la *salle*. (ii, 25. *Gal. du Pal.* 133.)

Il s'agit ici de la salle des Pas-Perdus. — Voyez encore ii, 29, *Gal. du Pal.* 197.

SALUTAIRE, substantivement, salut, auteur du salut, sauveur :
>Chantons des cantiques de joie à Dieu, notre *salutaire*. (ix, 78. *Off. V.*)
>Élevons avec joie et nos cœurs et nos voix
>   Au vrai Dieu, notre *salutaire*. (ix, 79. *Off. V.* 4.)
>Annoncez de jour en jour son *salutaire*. (ix, 110. *Off. V.*)

Son divin *salutaire* a paru dans le monde. (ix, 119. *Off. V.* 9.)
Tous les cantons de la terre ont vu le *salutaire* de notre Dieu. (ix, 118. *Off. V.*)
Tout a vu du grand Dieu le sacré *salutaire*. (ix, 119. *Off. V.* 19.)

Dans ces divers passages, *salutaire* rend le terme biblique *salutare*. — Marot s'est également servi de cette expression dans la traduction des *Psaumes*.

SANG.

Tel Sophocle à cent ans charmoit encore Athènes;
Tel bouillonnoit encor son vieux *sang* dans ses veines.
(v, 312. *Poés. div.* 28.)
Ce n'est que dans le *sang* qu'on lave un tel outrage. (iii, 120. *Cid*, 274.)
Je trahis son amant, je détruis sa vengeance,
Je conserve le *sang* qu'elle veut voir périr;
Et j'aurois quelque espoir qu'elle me pût chérir? (iii, 419. *Cin.* 779.)

Ici le *sang* est pour la vie, la personne même.

Ayez l'œil sur le Roi dans la chaleur des armes,
Et conservez son *sang* pour épargnez mes larmes. (iv, 86. *Pomp.* 1450.)

C'est-à-dire, empêchez que son sang soit répandu, protégez sa vie.

SANG, au figuré, race, famille, parenté :

Je reconnois mon *sang* à ce noble courroux;
Ma jeunesse revit en cette ardeur si prompte.
Viens, mon fils, viens, mon *sang*, viens réparer ma honte.
(iii, 119. *Cid*, 264 et 266.)
.... Elle voit d'un œil bien différent du vôtre
Son *sang* dans une armée, et son amour dans l'autre. (iii, 286. *Hor.* 100.)
Ne me dis point qu'elle est et mon *sang* et ma sœur. (iii, 340. *Hor.* 1326.)
Tous trois veulent me perdre, et s'arment sans raison
Contre si peu de *sang* qui reste en ma maison. (iii, 353. *Hor.* 1634.)
En épousant Pauline il s'est fait votre *sang*. (iii, 530. *Pol.* 923.)
.... J'ai l'amour ensemble et le *sang* à venger. (iii, 456. *Cin.* 1624.)
.... Ce que j'aime en vous du *sang* de ce grand roi,
S'il n'est digne de lui, n'est pas digne de moi.
Ce *sang* que vous portez, ce trône qu'il vous laisse,
Valent bien que pour lui votre cœur s'intéresse. (iv, 471. *Rod.* 1031.)

Il y a ellipse dans cette phrase condamnée par Voltaire; il faut entendre : ce sang que vous portez en vous, qui coule dans vos veines.

Pardonne, grand vainqueur, à cet emportement :
Le *sang* prend malgré nous quelquefois son moment.
(x, 189. *Poés. div.* 74.)
De nouveau je m'emporte. Encore un coup, pardonne
Ce doux égarement que le *sang* me redonne. (x, 191. *Poés. div.* 88.)

Dans ces deux derniers exemples, le *sang* signifie : la voix du sang, l'amour paternel.

SANS.

L'air sera *sans* zéphyrs, les fleuves *sans* naïades? (x, 236. *Poés. div.* 18.)

Ne me contez point tant que mon visage est beau....
Je le sais bien *sans* vous.... (II, 36. *Gal. du Pal.* 333.)

Sans vous, sans votre avis.

Nos vers disent souvent plus qu'ils ne pensent dire ;
Et ce feu qui *sans* nous pousse les plus heureux
Ne nous explique pas tout ce qu'il fait pour eux. (x, 96. *Poés. div.* 35.)

Sans nous, sans que ce soit notre fait, sans notre coopération.

SANS PLUS, voyez ci-dessus, p. 192, PLUS.

SANS SECOND, voyez ci-après, SECOND.

SAPER, au figuré :

Dis que sans cet hymen ta puissance t'échappe,
Qu'un vieil amour des rois la détruit et la *sape*. (VI, 34. *Perth.* 360.)

SATISFAIRE à, donner satisfaction à :

C'est maintenant à toi que je viens *satisfaire*. (III, 155. *Cid*, 898.)
.... Parmi vos plaisirs ne soyez point jaloux
Si j'ose *satisfaire à* moi-même après vous.
Souffrez qu'en liberté mon désespoir éclate. (III, 162. *Cid*, 1044 *var.*)

En 1663 :

Si je m'ose à mon tour satisfaire après vous.

Satisfaire en mourant *aux* mânes de sa sœur. (III, 352. *Hor.* 1629.)
Il faut bien *satisfaire aux* feux dont vous brûlez. (III, 457. *Cin.* 1660.)
Ici l'honneur m'oblige, et j'*y* veux *satisfaire*. (III, 552. *Pol.* 1407.)
Du moins j'*ai satisfait à* mon cœur affligé :
Pour amollir son cœur je n'ai rien négligé. (III, 566. *Pol.* 1693 *var.*)

En 1660 :

Du moins j'ai satisfait mon esprit affligé.

Il faudra *satisfaire à* cette modestie :
Avec un peu de temps nous en viendrons à bout. (V, 23. *Théod.* 160.)
Heureuse, si mes jours un peu précipités
Satisfont à ces Dieux pour moi seule irrités ! (V, 346. *Andr.* 693.)
.... Pour cet assassin il n'est point de tourments
Qui puissent *satisfaire à* mes ressentiments. (VI, 194. *OEd.* 1408.)

SATISFAIRE, absolument :

Il *satisfera*, Sire ; et vienne qui voudra,
Attendant qu'il l'ait su, voici qui répondra. (III, 139. *Cid*, 591.)

SE SATISFAIRE :

.... Parmi vos plaisirs ne soyez point jaloux
Si je m'ose à mon tour *satisfaire* après vous. (III, 162. *Cid*, 1044.)

Voyez ci-dessus le second exemple de SATISFAIRE à.

SE SATISFAIRE DE, dans un sens passif, être satisfait de :
Je ne *me satisfais d*'aucunes conjectures. (III, 287. *Hor.* 124.)

SAUTER, dans le style le plus grave, en parlant de David dansant devant l'arche :
Le dévot roi David, *sautant* devant ton arche,
Publioit tes bienfaits reçus par ses aïeux. (VIII, 586. *Imit.* IV, 153.)

SAUVER DE, préserver de :
.... Amis, fermez les yeux,
Et *sauvez* vos regards *de* ce présent des cieux. (V, 391. *Andr.* 1682.)

DIEU ME SAUVE ! sorte de serment :
Vous avez, *Dieu me sauve !* un esprit à la mode. (II, 456. *Illus.* 433.)

SAVANT.

SAVANT DE, qui sait :
Tes protestations ne font que m'offenser :
Savante à mes dépens *de* leur peu de durée,
Je ne veux point en gage une foi parjurée. (I, 235. *Mél.* 1559.)
Savante à ses dépens *de* ce qu'il savoit faire,
Elle le souffroit mal auprès d'un adversaire. (V, 525. *Nic.* 299.)

SAVANT À, initié à, habile, exercé à :
Pour peu *savant* qu'on soit *aux* mouvements de l'âme,
On devine aisément qu'elle en veut à Florame. (II, 142. *Suiv.* 317.)
Un homme si *savant au* langage des yeux.... (II, 175. *Suiv.* 919.)
Apportez-moi ce fer qui, de ses maux vainqueurs,
Est déjà si *savant à* traverser le cœur. (II, 411. *Méd.* 1432.)
Édüige *à* fourber n'est pas assez *savante.* (VI, 65. *Perth.* 1048.)

SAVEUR, au figuré :
Tout cela n'a pour moi ni force ni *saveur,*
Lorsqu'à ma pauvreté la grâce m'abandonne. (VIII, 228. *Imit.* II, 1067.)

SAVOIR, connaître :
.... Je *sais* un vieux mur qui tombe tous les jours. (II, 500. *Illus.* 1220.)
La poudre que tu dis n'est que de la commune,
On n'en fait plus de cas; mais, Cliton, j'en *sais* une
Qui rappelle sitôt des portes du trépas,
Qu'en moins d'un tournemain on ne s'en souvient pas.
(IV, 204. *Ment.* 1190.)
Son père *sait* la cour.... (IV, 207. *Ment.* 1249.)
Vous êtes peu du monde, et *savez* mal la cour. (V, 560. *Nic.* 1113.)
A présent que je *sais* et son bien et sa race.... (IV, 226. *Ment.* 1574.)
Sachant fort peu la ville, et dans l'obscurité,

En moins de quatre pas j'ai tout perdu de vue.
(IV, 368. *S. du Ment.* 1496.)

En savoir beaucoup :

A vous dire le vrai, vous *en savez beaucoup*. (IV, 320. *S. du Ment.* 585.)

Je ne sais quoi :

.... Même de son maître on dit *je ne sais quoi*. (III, 441. *Cin.* 1288.)
Je ne sais quoi m'y plaît qui n'ose s'exprimer. (VI, 188. *OEd.* 1259.)
Je ne sais quoi pourtant dans mon cœur en murmure. (V, 238. *Hér.* 1871.)
A peine elle m'a vu, que d'un regard farouche,
Portant *je ne sais quoi* de sa main à sa bouche :
« Parlez, » m'a-t-elle dit.... (VI, 547. *Soph.* 1772.)
Souvent *je ne sais quoi* que le ciel nous inspire
Soulève tout le cœur contre ce qu'on desire. (II, 468. *Illus.* 641.)
Je sens *je ne sais quoi* dès que je vous regarde. (X, 167. *Poés. div.* 6.)
Vous maudirez peut-être un jour cette victoire,
Qui tient *je ne sais quoi* d'une action trop noire. (III, 566. *Pol.* 1700.)
.... C'est *je ne sais quoi* d'abaissement secret
Où quiconque a du cœur ne consent qu'à regret. (X, 95. *Poés. div.* 19.)

Je ne sais quoi, substantivement, au singulier et au pluriel :

Un doux *je ne sais quoi* trouble notre repos. (VII, 401. *Pulch.* 524.)
Il est des nœuds secrets, il est des sympathies
Dont par le doux rapport les âmes assorties
S'attachent l'une à l'autre, et se laissent piquer
Par ces *je ne sais quoi* qu'on ne peut expliquer. (IV, 444. *Rod.* 362.)
Ces charmes attirants, ces doux *je ne sais quoi*,
Sont des biens pour tout autre aussi bien que pour moi.
(X, 164. *Poés. div.* 6.)

Dans les *Entretiens d'Ariste et d'Eugène*, le P. Bouhours a consacré tout un entretien (le ve) au *je ne sais quoi*. Cette expression nous vient des Latins, c'est leur *nescio quid*, qu'ils n'employaient pas substantivement.

Un je ne sais quel, suivi d'un substantif :

Un je ne sais quel charme auprès d'elle m'attache. (II, 133. *Suiv.* 141.)
Un je ne sais quel charme encor vers vous m'emporte. (III, 510. *Pol.* 505.)
.... Je sens couler dans mes veines glacées
Un je ne sais quel feu que je ne connois pas. (VII, 328. *Psy.* 1053.)

Voyez encore le même tour au vers 77 de l'*Élégie* de Thomas Corneille *à Iris*, que nous avons donnée au tome X, p. 363 et suivantes.

Je ne sache :

Aurois-tu du courage assez pour l'enlever ?
— Que trop, mais *je ne sache* après où me sauver. (I, 438. *Veuve*, 762 *var.*)

En 1660, le second vers a été changé.

Après elles et vous il n'est rien dans Paris,
Et *je n'en sache* point, pour belles qu'on les nomme,
Qui puissent attirer les yeux d'un honnête homme. (II, 20. *Gal. du Pal.* 65.)

Savoir, pouvoir :

Fais que le cœur contrit et l'humble aveu de bouche
Sachent si bien purger le désordre caché,
Que rien par le remords ne te soit reproché. (VIII, 620. *Imit.* IV, 861.)
　　Ce choix de ses faveurs solides
A su remplir de bien ceux que pressoit la faim.
　　　　　　　　　　　　(IX, 321.*Vépr. et Compl. var.*)
Un seul de vos regards *saura* me protéger. (IX, 327. *Off. V.* 20.)
Je ne *saurois* encor te suivre, si tu sors. (II, 29. *Gal. du Pal.* 196.)

Je sais, tu sais, rimant avec *essai, essais :*

Des crimes si légers furent mes coups d'*essai,*
Il faut bien autrement montrer ce que je *sai.* (II, 352. *Méd.* 251 et 252.)
Allons. — Si tu le vois, agis comme tu *sais.*
— Ce n'est pas sur ce coup que je fais mes *essais.*
　　　　　　　　　　　　(IV, 217. *Ment.* 1435 et 1436.)

L'usage n'autorisait pas plus ces rimes au temps de Corneille qu'au nôtre. « L'*ai* ou *ay* se prononce comme un *é* masculin (*ou, comme nous disons, un é fermé*), en ces mots : j'*ay*, je s*çay*, *aisné*, » dit le P. Chiflet dans son *Essai d'une parfaite grammaire* (2ᵃ partie, 1ᵉʳ traité, § VI); la finale d'*essai*, au contraire, avait alors comme aujourd'hui le son de l'*é* ouvert. On peut croire que Corneille obéissait aux habitudes de la prononciation normande lorsqu'il se permettait ces rimes.
Voyez ci-après, Su, employé substantivement.

SAVON, pour *savonnage :*

Ceux-là (*ces collets*) sont assez beaux, mais de mauvais service ;
En moins de trois *savons* on ne les connoît plus. (II, 24. *Gal. du Pal.* 115.)

Cette expression ne se trouve pas dans les dictionnaires, mais les ménagères l'emploient encore ; le mot conserve aussi le même sens dans la locution populaire *donner un savon*, pour *laver la tête, réprimander*.

SCANDALE.

Faire scandale à :

J'offre ces mêmes vœux....
Pour ceux à qui j'*ai fait* ou dépit ou *scandale*. (VIII, 634. *Imit.* IV, 1131.)

SCEAU, au figuré :

Mets en ses mains le *sceau* de l'immortalité. (X, 119. *Poés. div.* 76.)
Ton hymen est le *sceau* de cette illustre paix. (X. 178. *Poés. div.* 51.)

SCRUPULE.

Faire scrupule de :

A moins que de leur voix, l'âme la plus crédule
*D'*un miracle pareil *feroit* quelque *scrupule*. (VI, 480. *Soph.* 184.)
On diroit que tous deux agissent de concert,
Qu'ils ont juré de n'être importuns l'un ni l'autre :
Ils *en font* grand *scrupule*.... (VII, 10. *Agés.* 26.)
　J'ai suivi la peinture que fait Quintilian d'un vieux mari qui a épousé

une jeune femme, et n'*ai* point *fait* de *scrupule de* l'appliquer à un vieillard qui se veut marier. (II, 122. *Exam. de la Suiv.*)

J'ai traduit de Lucain tout ce que j'y ai trouvé de propre à mon sujet; et comme je n'*ai* point *fait* de *scrupule* d'enrichir notre langue du pillage que j'ai pu faire chez lui.... (IV, 24. *Exam. de Pomp.*)

SE.

Construction de SE joint à un infinitif.

Notre poëte, qui dans ses premiers ouvrages avait souvent mis *se*, accompagnant un verbe pronominal à l'infinitif, avant le verbe d'où cet infinitif dépend, a d'ordinaire, lors de la révision générale de son théâtre, fait passer ce pronom entre les deux verbes :

Je fais vœu.... — Votre clef ne *se* sauroit trouver. (II, 151. *Suiv.* 464 *var.*)
Je fais serment.... — Vos clefs ne sauroient *se* trouver. (1660)
Mes pas d'autre côté ne *s*'oseroient tourner. (II, 235. *Pl. roy.* 216 *var.*)
Mes pas d'autre côté n'oseroient *se* tourner. (1660)
.... Un affront si cruel
Ne *se* peut réparer à moins que d'un duel. (I, 194. 4 *var.*)

En 1660, ce passage de *Mélite* a été entièrement changé. — Dans notre tome I, p. 194, note 4, on a imprimé par erreur : « Ne peut *se* réparer, » au lieu de : « Ne *se* peut réparer. »

Dans l'exemple suivant, Corneille avait séparé *se* de l'infinitif par le mot *pas;* en 1663, il a changé la tournure afin de l'en rapprocher :

Sa vieillesse sur eux aime à se soutenir,
Et ne les punit point, pour ne *se* pas punir. (III, 345. *Hor.* 1438 *var.*)

Et ne les punit point, de peur de *se* punir. (1663)

Voyez ci-dessus, p. 47 et 48, LE, LA, LES ; p. 59, LUI ; p. 75 et 76, ME ; p. 116, NOUS ; et ci-après TE, VOUS.

SEC, en parlant de la prononciation :

La double *ll*.... a aussi deux prononciations en notre langue : l'une *sèche* et simple, qui suit l'orthographe; l'autre molle, qui semble y joindre une *h*. (I, 11. *Au lect.*)

SECOND.

SANS SECONDE, sans pareille, au singulier et au pluriel :

O merveilleux effet d'une amour *sans seconde!* (I, 292. *Clit.* 298.)
Déplorable Angélique, en malheurs *sans seconde.* (II, 285. *Pl. roy.* 1202.)
Achevons cet hymen, s'il se peut achever,
Ne durât-il qu'un jour, ma gloire est *sans seconde,*
D'être du moins un jour la maîtresse du monde. (IV, 45. *Pomp.* 429.)
.... Par sa perte, à jamais *sans seconde,*
Le sort a dérobé cette allégresse au monde. (IV, 71. *Pomp.* 1057.)
Notre gloire, il est vrai, deviendra *sans seconde.* (VI, 389. *Sert.* 649.)
Ta fureur est bien *sans seconde*
De t'obstiner encore à rejeter des lois

Que reçoivent le vent et l'onde. (x, 109. *Poés. div.* 52.)
.... Sa valeur *sans seconde*. (x, 184. *Poés. div.* 7.)
Il éteint en tous deux ces flammes *sans secondes*. (v, 358. *Andr.* 918.)

SECONDES CAUSES, causes secondes :

.... Ta vertu passant dans les *secondes causes*,
A peine l'homme parle et ton vouloir est fait. (VIII, 596. *Imit.* IV, 365.)

SECOND, substantivement, celui qui appuie, qui aide quelqu'un, surtout dans les combats singuliers, dans les duels :

Prends mon bras pour *second*, mon château pour retraite.
(I, 140. *Veuve*, 792.)
Fort de tant de *seconds*, ose, et sers mon courroux. (v, 376. *Andr.* 1332.)
Avec de tels *seconds* rien n'est pour vous douteux. (v, 556. *Nic.* 1021.)
Du moins puis-je assurer que dans tous mes combats
Je n'ai jamais souffert de *seconds* que mon bras. (VI, 184. *OEd.* 1180.)

SECONDER, servir de second à, suivre l'exemple donné, aider, favoriser :

Vous deviez l'assurer plutôt qu'il trouveroit
En ce mépris d'Amour qui le *seconderoit*. (I, 151. *Mél.* 152.)
Je ne fais point de vœux que les siens ne *secondent*. (I, 352. *Clit. var.* I.)
Il m'aborde en tremblant, avec ce compliment :
« Vous m'attirez à vous ainsi que fait l'aimant. »
(Il pensoit m'avoir dit le meilleur mot du monde.)
Entendant ce haut style, aussitôt je *seconde*,
Et réponds brusquement, sans beaucoup m'émouvoir :
« Vous êtes donc de fer, à ce que je puis voir. » (I, 409. *Veuve*, 202.)
Si mon soupçon est vrai, je lui ferai connoître
Que je ne suis pas homme à *seconder* un traître. (I, 470. *Veuve*, 1384.)

SECOURIR, aider, seconder :

.... L'art en leur structure
Avoit moins *secouru* l'effort de la nature. (x, 206. *Poés. div.* 170.)
Il s'agit des remparts de Troie comparés à ceux de Lille.

SE SECOURIR, s'aider soi-même, se tirer du danger, se sauver du malheur :

Qu'aujourd'hui la valeur sait mal *se secourir!*
Que je vois de grands noms en danger de mourir! (x, 118. *Poés. div.* 43.)

SECOURS.

Tant d'escadrons rompus, tant de murs emportés
T'ont réduite souvent au *secours* des traités. (x, 201. *Poés. div.* 98.)
Le poëte s'adresse à l'Espagne.

APPELER AU SECOURS, figurément :

Appelez la mémoire ou l'esprit *au secours*. (IV, 224. *Ment.* 1536.)

SECRET, adjectif, en parlant des personnes :

Soyez moins curieux, plus *secret*, plus modeste. (IV, 367. *S. du Ment.* 1489.)

SECRET, ÈTE, substantivement, dans le même sens ; FAIRE LE SECRET, LA SECRÈTE :

Vous *faites le secret*.... (II, 84. *Gal. du Pal.* var. I.)
Cette obstination à *faire la secrète*
M'accuse injustement d'être trop peu discrète. (I, 207. *Mél.* 1063.)

LE SECRET DU CŒUR, le fond (caché) du cœur :

Qui veut également tout ce qu'on lui propose,
Dans *le secret du cœur* souvent veut autre chose. (VI, 642. *Oth.* 1518.)

SECRET, substantivement, ressort secret, au figuré :

Le *secret* a joué.... (IV, 210. *Ment.* 1301.)

SECRÉTAIRE, confident, dépositaire des secrets :

Tu seras de mon cœur l'unique *secrétaire*,
Et de tous mes secrets le grand dépositaire. (IV, 178. *Ment.* 701.)
Voyez encore IV, 201, *Ment.* 1129; et IV, 203, *Ment.* 1169.

SECRÉTAIRE, écrivain public :

Dedans Saint-Innocent il se fit *secrétaire*. (II, 442. *Illus.* 173.)

A l'occasion de ce passage de Malherbe (tome I, p. 174, poésie LI, vers 4) :

> Complices de ma servitude,
> Pensers, où mon inquiétude
> Trouve son repos désiré,
> Mes fidèles amis, et mes vrais *secrétaires*,
> Ne m'abandonnez point en ces lieux solitaires ;
> C'est pour l'amour de vous que j'y suis retiré,

Ménage, dans ses *Observations sur Malherbe*, fait la remarque suivante : « Le mot de *segretaire* pour une personne qui a la confidence et le segret d'une autre, comme il est ici employé, se trouve souvent dans nos anciens poëtes françois. Ronsard, dans le sonnet CLXI du premier livre de ses *Amours*, parlant à la forêt de Gastine :

> Sainte Gastine, ô douce *secretaire*
> De mes ennuis, etc.

Et dans le recueil des *Sonnets*, LXXVI :

> Vous ruisseaux, vous rochers, vous antres solitaires,
> Soyez de mon malheur fidelles *secretaires*.

Du Bellai, dans le premier sonnet de ses *Regrets* :

> Je me plains à mes vers si j'ay quelque regret,
> Je me ris auec eux, je leur dy mon secret,
> Comme estant de mon cœur les plus seurs *secretaires*.

Passerat, dans son *Jardin d'Amour* :

> Berceaux et cabinets, et ombreuses allées,
> *Secretaires* loiaux des flames recelées.

Nos poëtes modernes l'ont souvent aussi employé de la sorte. Gombaud, dans son *Amarante*, acte V, scène I :

> Je revois ces rochers, et ces bois solitaires,
> Qui de tous mes pensers furent les *secrétaires*.

Corneille dans son *Menteur*, acte II, scène VI (*ici Ménage cite notre premier exemple*). J'ai dit aussi dans mon idylle du *Jardinier* :

> Il fut de tous ses soins le seul dépositaire,
> De ses plus doux pensers il fut le *segrétaire*.

Les Italiens se servent du même mot en la même signification (*suit un exemple de Pétrarque*, sonnet CXXXVI, *et un autre des* Chansons *de Sannazar*). »

On ne doit point être surpris de cette acception, qui est réellement le sens primitif et étymologique. Si l'on nomme *secrétaire* celui qui est chargé de la correspondance d'un grand, d'une administration publique, si l'on appelait ainsi au dix-septième siècle même les écrivains publics, c'est parce que dans ces fonctions l'on est initié aux secrets, aux moindres circonstances des affaires ; aussi lit-on encore aujourd'hui dans nos faubourgs, sur de pauvres échoppes d'écrivains publics : *Au tombeau des secrets*.

SÉDUIRE, tromper, abuser, amener (par persuasion) :

Je l'ai vu de mes yeux. — Tes yeux t'*ont* donc *séduit*.
(II, 278. *Pl. roy.* 1056.)
Ma fureur jusque-là n'oseroit me *séduire*. (II, 358. *Méd.* 357.)

Voyez le *Lexique de Racine*.

Séduire, gagner, se concilier, persuader :

Avec toute ma flotte allons le recevoir,
Et par ces vains honneurs *séduire* son pouvoir. (IV, 57. *Pomp.* 720.)
Ce bras vainqueur du monstre, et qui vous rend le jour,
Pourroit en ma faveur *séduire* votre amour. (V, 367. *Andr.* 1105.)

Séduit de, trompé par :

.... Rosidor, *séduit* d'un faux cartel. (I, 282. *Clit.* 139.)

SEING, signature :

Un *seing* de votre main, l'affaire est terminée. (IV, 238. *Ment.* 1789 *var.*)

En 1660 :

> Un mot de votre main....

SÉJOUR, dans le sens de *delai, retard :*

Un feu moindre eût souffert quelque plus long *séjour*. (I, 488. *Veuve*, 1718.)
N'y perdons point de temps, et sans plus de *séjour*
Allons sacrifier au tout-puissant Amour. (VI, 282. *Tois.* 646.)
.... Sans discourir, faites ce qu'il faut faire :
Un moment de *séjour* peut tout déconcerter,
Et le moindre soupçon vous va faire arrêter. (VI, 630. *Oth.* 1279.)

SELON.

Cette amitié de milieu

Te semble être *selon* Dieu. (x, 173. *Poés. div.* 6.)

« Selon Dieu, » c'est-à-dire, permise et approuvée de Dieu.

SEMBLANT.

BEAU SEMBLANT, belle apparence, extérieur séduisant qui ne répond pas aux pensées, aux intentions :

.... Souvent un visage moqueur
N'a que le *beau semblant* d'une mine hypocrite. (I, 190. *Mél.* 783.)
.... Que de *beaux semblants* cachent des âmes basses! (IV, 162. *Ment.* 410.)

FAIRE SEMBLANT DE :

Eh quoi! tu *fais semblant de* ne me pas connoître? (I, 199. *Mél.* 927.)

SEMER, figurément, au sens physique, répandre, disperser :

Semai-je avec regret mon frère par morceaux? (II, 380. *Méd.* 795.)
Qu'elle a fait un beau choix! jamais éclat pareil
Ne *sema* dans la nuit les clartés du soleil. (II, 369. *Méd.* 580.)
On déchire leurs flancs (*des martyrs*), on *sème* leurs entrailles.
(IX, 585. *Hymn.* 13.)

SEMER, figurément, au sens moral :

.... Il n'*a semé* qu'épouvante et qu'horreur. (V, 158. *Hér.* 15.)
J'ai ma part, comme un autre, à la haine publique
Qu'aime à *semer* partout son orgueil tyrannique. (VII, 136. *Att.* 686.)
.... Qui veut affermir un trône légitime
Doit *semer* la terreur aussi bien que l'amour. (X, 108. *Poés. div.* 42.)
Allez, belle Marquise, allez en d'autres lieux
Semer les doux périls qui naissent de vos yeux. (x, 143. *Poés. div.* 2.)
Sur mon théâtre ainsi tes vertus ébauchées
Sèment ton grand portrait par pièces détachées. (x, 188. *Poés. div.* 56.)

SEMÉ.

Là nous n'avons rien su que de la renommée,
Qui par un bruit confus diversement *semée*,
N'a porté jusqu'à nous ces grands renversements
Que sous l'obscurité de cent déguisements. (IV, 430. *Rod.* 40.)

SENS (LES) :

Ce ne sont pas *les sens* que mon amour consulte. (VI, 380. *Sert.* 401.)

DE SENS RASSIS, posément, tranquillement :

Dans les délibérations d'État, où un homme d'importance consulté par un roi s'explique *de sens rassis*, ces sortes de discours trouvent lieu de plus d'étendue. (I, 18. *Disc. du Poëme dram.*)

SENSÉ, qui a du sens :

Apprends que les discours des filles bien *sensées*
Découvrent rarement le fond de leurs pensées. (I, 201. *Mél.* 951.)

SENSIBLE.

Cœur sensible, dans un sens purement physique :

.... Son sort que tu plains te doit faire penser
Que ton *cœur* est *sensible*, et qu'on peut le percer. (IV, 74. *Pomp.* 1120.

Sensible, en parlant de ce qu'on sent vivement :

Rome, avec une joie et *sensible* et profonde,
Se démet en vos mains de l'empire du monde. (III, 462. *Cin.* 1765.)
Si vous m'aimiez, Madame, il vous seroit *sensible*
De voir qu'à d'autres vœux mon cœur fût accessible. (VI, 589. *Oth.* 333.)

SENTENCE.

Se battre à coups de sentences, voyez, au tome I du *Lexique*, p. 224, Coup.

SENTIMENT.

Parler de son sentiment, suivant ce qu'on pense, d'après ce qu'on éprouve :

.... Vous en *parlez* moins *de votre sentiment*,
Qu'à dessein de railler par divertissement. (II, 475. *Illus. var.*)

Sentiment, absolument, en mauvaise et en bonne part, ressentiment, sentiment de bon ou de mauvais vouloir :

Sans aucun *sentiment* résous-toi de le voir. (III, 357. *Hor.* 1766.)
César est en Égypte, et venge hautement
Celui pour qui ton zèle a tant de *sentiment*. (IV, 89. *Pomp.* 1208.)
Ces mots s'adressent à Philippe, l'affranchi de Pompée.

SENTINELLE (Faire la) :

Au plus haut du logis j'*ai fait la sentinelle.* (II, 496. *Illus.* 1158.)
Dans cette locution, on supprimerait aujourd'hui l'article.

SENTIR, s'apercevoir de quelque chose (au moyen des sens) :

.... *Sentant* du secours, ils ont craint pour leur peau.
(IV, 369. *S. du Ment.* 1516.)

Sentir, au figuré, avoir les qualités, les manières, l'apparence de, être l'indice de :

Quand je considère le peu de bruit qu'elle (*la comédie de* Mélite) fit à son arrivée à Paris, venant d'un homme qui ne pouvoit *sentir* que la rudesse de son pays.... (I, 135. *Épît.* de *Mél.*)
.... Brisons là : je crains de trop entendre,
Et que cette chaleur, qui *sent* vos premiers feux,
Ne pousse quelque suite indigne de tous deux. (III, 549. *Pol.* 1333.)
Ne vois-tu rien en moi qui *sente* l'écolier? (IV, 142. *Ment.* 8.)
Il vint hier de Poitiers, mais il *sent* peu l'école. (IV, 162. *Ment.* 393.)

Que ces prétentions *sentent* les âmes basses! (vii, 151. *Tit.* 1219.)
.... Cette lâcheté qui me rendoit son cœur
Sentiroit le tyran, et non pas l'empereur. (vi, 586. *Oth.* 256.)
Il tient que les combats *sentent* l'aventurier. (vii, 154. *Att.* 1112.)
.... Cette retenue
Sent une âme de trouble et d'ennuis prévenue. (vii, 492. *Sur.* 698.)
Elle (*cette pièce*) n'a pas l'élévation d'un docteur de l'Église ; mais elle a la simplicité d'un saint, et *sent* le zèle de son siècle. (ix, 5. *Au lect.* des *Louanges*.)
Pardonnez-moi ce mot, qui *sent* le révolté.
(x, 388. *Append.* des *Poés. div.* 23.)
.... Cette aiguille
Sent assez les ferveurs de quelque belle fille. (i, 323. *Clit.* 854.)

SENTIR SON..., SA... :

Supplice imaginaire, et qui *sent son* moqueur. (i, 151. *Mél.* 163.)
N'envoyer qu'un valet *sentiroit son* mépris. (iv, 206. *Ment.* 1223.)
Cela *sent* un peu trop *son* abandon, messéant à toute sorte de poëme. (i, 377. *Au lect.* de *la Veuve*.)
Cela *sentiroit* trop *sa* fin de comédie. (ii, 112. *Gal. du Pal.* 1794.)
Ce trait est un peu lâche, et *sent sa* trahison. (ii, 270. *Pl. roy.* 899 *var.*)

SE SENTIR DE :

Je pense vous avoir mandé que je *me sens des* bénédictions du mariage. (x, 437. *Lettr.*)

SE SENTIR, suivi d'un infinitif, employé dans un sens passif :
Sa vue accroît l'ardeur dont je *me sens* brûler. (iv, 171. *Ment.* 547.)
.... Par des traits plus forts *se sentant* effacer,
Éblouis et confus je les vis s'abaisser (*les regards des Néréides*).
(v, 322. *Andr.* 144.)
.... Il manque le comble à cet excès de joie,
Dont vous *vous sentiriez* encor bien mieux saisir,
Si vous voyiez qu'Erixe en eût du déplaisir. (vi, 502. *Soph.* 737.)
Par d'inquiets transports *me sentant* émouvoir....
(x, 365. *Append.* des *Poés. div.* 79.)

SEOIR (SE).

Ce verbe, dont on ne se sert plus guère qu'au participe, a été employé par Corneille, dans le sens de *s'asseoir*, au présent de l'indicatif, à l'impératif et à l'infinitif :
Le trône où je *me sieds* m'abaisse en m'élevant. (iv, 80. *Pomp.* 1300.)
Je sais qu'il m'appartient, ce trône où tu *te sieds*. (v, 162. *Hér.* 143.)
Reine glorieuse et sacrée,
Qui *te sieds* au-dessus des cieux. (ix, 157. *Off. V.* 2.)
Il *se sied*; il lui dit qu'il veut la voir pourvue. (iv, 175. *Ment.* 626.)
.... Ce divin salutaire
Qui *se sied* à ta dextre.... (ix, 213. *Off. V.* 22.)
Voyez encore viii, 656, *Imit.* iv, 1613.
Sieds-toi, je n'ai pas dit encor ce que je veux. (iii, 450. *Cin.* 1479.)
Seyez-vous, et quittons ces petits différends. (v, 428. *D. San.* 239.)

Eh bien! *seyez-vous* donc, marquis de Santillane,
Comte de Pennafiel, gouverneur de Burgos.
Don Manrique, est-ce assez pour faire seoir Carlos? (v, 429. *D. San.* 262.)

Seoir (à), être convenable (à) :

Elle (*la toile de soie*) *sied* mieux.... que celle de Hollande.
(II, 21. *Gal. du Pal.* 82.)
.... Un pareil amour *sied* bien *à* mes pareilles. (VI, 385. *Sert.* 522.)

« Un amour qui *sied* bien ou qui *sied* mal ne peut se dire, » suivant Voltaire ;
« il semble, ajoute-t-il, qu'on parle d'un ajustement. » Cela prouve seulement qu'à force
de servir à des usages vulgaires, les mots les plus beaux, les plus énergiques, finissent
par ne pouvoir plus être employés que dans l'acception que la conversation a consacrée.

SÉPARER quelqu'un de soi, l'en éloigner :

Joignez à ces raisons qu'un père un peu sur l'âge....
Ne sauroit se résoudre à *séparer de* lui
De ses débiles ans l'espérance et l'appui. (II, 373. *Méd.* 671.)

Séparer d'avec, distinguer de :

Ma haine avoit le choix; mais cette haine enfin
Sépare son vainqueur *d'avec* son assassin. (IV, 84. *Pomp.* 1404.)

Séparer, diviser, partager, rompre :

.... As-tu donc un père si barbare,
Qu'il veuille *séparer* une amitié si rare? (II, 323. *Tuil.* 330.)
Ainsi Rome n'*a* point *séparé* son estime. (III, 297. *Hor.* 347.)

Séparer à, partager entre :

Cette duplicité d'action particulière ne rompt point l'unité de la principale, mais elle gêne un peu l'attention de l'auditeur, qui ne sait à laquelle s'attacher, et qui se trouve obligé de *séparer aux* deux ce qu'il est accoutumé de donner à une. (IV, 137. *Exam.* du *Ment.*)

Séparé, absolument :

Sa bouche encore ouverte et sa vue égarée
Rappellent sa grande âme à peine *séparée*. (IV, 59. *Pomp.* 766.)

« A peine séparée » du corps.

La nature et l'amour ont leurs droits *séparés*. (IV, 484. *Rod.* 1326.)

SÉPULCRE.

Vivant sépulcre, en parlant d'une bête féroce, d'un monstre :

Elle eût aimé les approches de ce monstre, qu'elle eût pris pour un *vivant sépulcre*. (V, 271. *Dess. de la Tois.*)

SÉPULTURE.

Jusqu'à la sépulture, jusqu'à la mort :

Vivez, régnez, Seigneur, *jusqu'à la sépulture*. (V, 537. *Nic.* 559.)

SERPENTEAU, fusée qui s'élève en serpentant :

Après qu'on eut mangé, mille et mille fusées
S'élançant vers les cieux, ou droites ou croisées,
Firent un nouveau jour, d'où tant de *serpenteaux*
D'un déluge de flamme attaquèrent les eaux,
Qu'on crut que, pour leur faire une plus rude guerre,
Tout l'élément du feu tomboit du ciel en terre. (IV, 156. *Ment.* 287.)

« Lorsqu'on ne s'attendoit plus à rien, on vit en un moment le ciel obscurci d'une épouvantable nuée de fusées et de *serpenteaux*. Faut-il dire *obscurci* ou *éclairé?* » (*Lettre* de la Fontaine à Maucroix, du 22 août 1661.)

SERRER.

Le cœur me *serre*; adieu : je sens faillir ma voix. (II, 193. *Suiv.* 1295 *var.*)

Cette tournure peu usitée, et que Corneille n'avait employée que dans ce seul passage, a été changée par lui; il a mis en 1644 :

Le cœur me manque....

S<small>ERRÉ</small>.

Les nœuds les plus *serrés* sont le plus tôt rompus. (X, 155. *Poés. div.* 3.)

SERVICE (R<small>ENDRE</small>), <small>RENDRE DU SERVICE</small> :

Ne songe à lui *rendre service* (*au Seigneur*)
Que l'hymne dans la bouche et l'allégresse au cœur. (IX, 133. *Off. V.* 3.)
Usons, pour être aimés, d'un meilleur artifice;
Et sans lui rien offrir, rendons-lui *du service*. (I, 400. *Veuve*, 34.)

On n'emploierait plus aujourd'hui l'article dans cette locution.

S<small>ERVICE</small> (du Roi, du pays) :

De quels yeux vîtes-vous son auguste fierté
Unir tant de tendresse à tant de majesté,
Honorer la valeur, estimer le *service?* (X, 212. *Poés. div.* 273.)

SERVIR.

.... Un maudit galant m'est venu brusquement
Servir à la traverse un mauvais compliment. (II, 275. *Pl. roy.* 988.)

S<small>ERVIR QUELQU'UN DE QUELQUE CHOSE</small> :

Je le *sers* aussitôt *d*'un conte imaginaire. (IV, 160. *Ment.* 365.)
.... Il nous *servit* hier *d*'une collation
Qui partoit d'un esprit de grande invention. (IV, 222. *Ment.* 1479.)

S<small>ERVIR DE QUELQUE CHOSE À QUELQU'UN OU À QUELQUE CHOSE</small> :

Si dans votre prison vous avez fait l'amant,
Je ne *vous* y *servois* que *d*'un amusement. (IV, 382. *S. du Ment.* 1764.)
.... Ce choix *sert de* preuve *à* tous les courtisans
Qu'ils savent mal payer les services présents. (III, 113. *Cid*, 159.)
Dans leur sang répandu la justice étouffée

Aux crimes du vainqueur *sert d'*un nouveau trophée. (III, 178. *Cid*, 1382.)

SERVIR QUELQU'UN À QUELQUE CHOSE, l'y aider :
Le patrice Aspar *le servit à* monter au trône. (VII, 378. *Au lect.* de *Pulch.*)

QUE SERT, voyez ci-dessus, QUE, p. 244.

DE QUOI SERT ?
Hélas ! *de quoi* me *sert* ce dessein salutaire? (V, 160. *Hér.* 73.)

NE SERVIR DE RIEN, RIEN NE SERT DE, voyez ci-dessus, RIEN, p. 310.

SERVITUDE, au figuré :
.... Ne pensez pas tant aux glorieuses peines
De ces nouveaux captifs qui vont prendre vos chaînes....
Apprenez à leur noble et chère *servitude*
L'art de vivre sans vous et sans inquiétude. (X, 143. *Poés. div.* 11.)

SEULEMENT.
Va-t'en, et souviens-toi *seulement* que je t'aime. (III, 400. *Cin.* 354.)

SÉVÈRE À :
.... Par une justice *à* moi-même *sévère*,
Je vous refuse en roi ce que je veux en père. (V, 327. *Andr.* 293.)
    Ma fille, sois-*lui* moins *sévère*. (VII, 365. *Psy.* 1993.)
Voyez le *Lexique de Racine*.

SEXE (LE), absolument, les femmes :
Commander à ses pleurs en cette extrémité,
C'est montrer, pour *le sexe*, assez de fermeté. (III, 283. *Hor.* 14.)
    La frayeur, si naturelle *au sexe*, lui doit faire prendre la fuite. (III, 273. *Exam.* d'*Hor.*)

SI, conjonction conditionnelle :

SI, avec un verbe au conditionnel :
Que te sert de percer les plus secrets abîmes,
Où se cache à nos sens l'immense Trinité,
Si ton intérieur, manque d'humilité,
Ne lui *sauroit* offrir d'agréables victimes? (VIII, 31. *Imit.* I, 23 et 24.)
Si ce crime autrement ne *sauroit* se remettre,
Cassez : ceci vous dit encor pis que ma lettre. (II, 243. *Pl. roy.* 377.)

C'est-à-dire, cassez ce miroir que je vous présente. — Voyez ci-dessus, p. 249, le dernier exemple de QUE SI.

SI, avec ellipse du verbe :
Vous m'aimez, je l'ai su de votre propre bouche,

Je l'ai su de Dorante, et votre amour me touche,
Si trop peu pour vous rendre un amour tout pareil,
Assez pour vous donner un fidèle conseil. (IV, 384. *S. du Ment.* 1815.)

SI CE N'EST QUE, à moins que :

Quant à Lacus et toi, je vois peu d'apparence
Que vos jours à tous deux soient en même assurance,
Si ce n'est que Madame ait assez de bonté
Pour fléchir un vainqueur justement irrité. (VI, 652. *Oth.* 1743.)

QUE SI, voyez ci-dessus, p. 249.

SI, particule dubitative, dans le sens du latin *an :*

Eh bien! avec ces traits est-il à ton usage?
— Je douterois plutôt *si* je serois au sien. (I, 410. *Veuve*, 227.)
Je soupçonne déjà mon dessein d'injustice,
Et je doute *s*'il est ou raison ou caprice. (II, 271. *Pl. roy.* 918.)
Je laisse au jugement de mes auditeurs *si* je me suis assez bien acquitté de ce devoir. (III, 94. *Exam. du Cid.*)
.... Je remets, Madame, au jugement de tous
Si qui donne à vos gens est sans amour pour vous,
Et *si* ce traitement marque une âme commune.
(IV, 214. *Ment.* 1368 et 1369.)

Dans ces deux derniers exemples, on peut, devant *si*, suppléer *de* ou *à voir* ou quelque mot d'un sens analogue. Le substantif *jugement* prend le même complément que pourrait prendre le verbe *juger*.

OU SI, après une phrase interrogative :

.... Me trompé-je encore à l'apparence,
Ou si je vois enfin mon unique espérance? (III, 160. *Cid*, 1022.)
Avez-vous oublié que vous parlez à moi?
Ou si vous présumez être déjà mon roi? (X, 482. *Rod.* 1286.)
Tombé-je dans l'erreur, *ou si* j'en vais sortir? (V, 212. *Hér.* 1290.)
Vous en a-t-il prié? dites, *ou si* l'envie.... (VI, 605. *Oth.* 717.)

Dois-je dire ma faute? *ou si* je la dois taire? (Racan, *Bergeries*, acte IV.)

SI, tellement :

C'est un trésor *si* grand, que ces mines fécondes
Que la nature écarte au bout des nouveaux mondes....
N'en ont jamais conçu qui fût d'un prix égal. (VIII, 240. *Imit.* II, 1313.)

Voyez ci-dessus, p. 249, SI.... QUE DE.

SI QUE, si bien que :

.... Philandre, avec moi toujours d'intelligence,
Me fait des contes d'elle et de tous les discours
Qui servent d'aliment à ses vaines amours :
Si qu'à peine il reçoit de sa part une lettre,

Qu'il ne vienne en mes mains aussitôt la remettre. (I, 251. *Mél. var.*)

En 1644, Corneille a ainsi modifié l'avant-dernier vers :

Si bien qu'il en reçoit à grand'peine une lettre....

En 1660, tout le morceau d'où cet exemple est extrait a été entièrement changé.

SI PEU QUE :

Si peu que j'ai d'espoir ne luit qu'avec contrainte. (III, 522. *Pol.* 761.)

« Si peu que j'ai d'espoir, » c'est-à-dire le peu que j'ai d'espoir, mon espoir quelque petit qu'il soit. La proposition entière : *Si peu que j'ai d'espoir*, sert de sujet au verbe *luit*.

SI, pourtant, cependant, toutefois :

Quoi? tu veux te sauver à l'autre bord sans moi?
Si faut-il qu'à ton cou je passe malgré toi. (I, 224. *Mél.* 1342.)
Si faut-il néanmoins, en dépit de sa haine,
Que Tircis retrouvé me tire hors de peine. (I, 253. *Mél. var.*)
Si vous veux-je pourtant remettre bien ensemble. (I, 243. *Mél.* 1700 *var.*)

Je vous veux toutefois remettre bien ensemble. (1660)

Si faut-il pour ce nom que je vous importune.
(II, 107. *Gal. du Pal.* 1690 *var.*)

Permettez pour ce nom que je vous importune. (1660)

SIÈCLE.

Bien que j'en pusse trouver de bons garants et de grands exemples dans les vieux et nouveaux *siècles*, j'estime qu'il n'est que meilleur de se passer de leur imitation en ce point. (I, 378. *Au lect. de la Veuve.*)

LE SIÈCLE, le monde, les mœurs, l'esprit du temps :

Pylade pour Oreste auroit fait davantage;
Mais de pareils efforts ne sont plus en usage,
Un grand cœur les dédaigne, et *le siècle* a changé. (VII, 394. *Pulch.* 327.)

SIÉGE (pour s'asseoir) :

Prends un *siége*, Cinna, prends, et sur toute chose
Observe exactement la loi que je t'impose. (III, 448. *Cin.* 1425.)

SIEN, SIENNE.

.... Quelque *sien* voisin, depuis peu de retour,
L'avoit vu plein de gloire, et fort bien en la cour. (V, 491. *D. San.* 1759.)
Ainsi ce rang est *sien*, cette faveur est *sienne*. (III, 505. *Pol.* 401.)

.... Dieu prodigue ses biens
A ceux qui font vœux d'êtres *siens*.
(La Fontaine, *le Rat qui s'est retiré du monde.*)

SIGNE, marque, ce qui sert à déterminer, à caractériser :

Les *signes* du festin ne s'accordent pas bien.
— Le lieu s'accorde, et l'heure ; et le reste n'est rien. (IV, 157. *Ment.* 307.)

SILENCE.

Faire silence, voyez au tome I du *Lexique*, p. 416, Faire.

Silences, au pluriel :
Les *silences* de cour ont de la politique. (vii, 445. *Pulch.* 1578.)

SIMPLE, au vocatif, en parlant de la simplicité d'esprit :
Simple, ne prétends pas, sur cet espoir frivole,
Que je tâche à te rendre un cœur que je te vole. (vi, 41. *Perth.* 503.)

SINON que, à moins que, si ce n'est que :
.... L'un et l'autre enfin ne sont que même chose,
Sinon qu'étant trahi je mourrois malheureux,
Et *que*, m'offrant pour toi, je mourrai généreux. (v, 206. *Hér.* 1161.)
.... Tu ne veux d'une âme ensevelie
Sinon qu'elle s'accuse et qu'elle s'humilie. (viii, 527. *Imit.* iii, 5500 *var.*)

« *Sinon* qu'elle s'accuse, c'est-à-dire, rien autre chose, si ce n'est qu'elle s'accuse. Voyez ci-dessus, p. 246-248, Que, si ce n'est.

Cette tournure est fréquente chez nos anciens auteurs :

Que fera desormais ta fidelle nourrice ?
Que fera-t-elle ? hélas ! *sinon* qu'elle périsse ? (Garnier, *Porcie*, acte V, vers 23.)

SOCIABLE.
Votre humeur *sociable* et vos civilités. (x, 156. *Poés. div.* 40.)

SOI.
Qu'il fasse autant pour *soi* comme je fais pour lui. (iii, 529. *Pol.* 912.)
L'espoir de son salut en lui seul étoit mis;
Lui seul pouvoit pour *soi*.... (iv, 30. *Pomp.* 69.)
Le prince Antiochus, devenu nouveau roi,
Sembla de tous côtés traîner l'heur avec *soi*. (iv, 431. *Rod.* 54.)

Les grammairiens restreignent l'emploi de ce pronom aux phrases où il a un sens tout à fait général; ils veulent, bien à tort selon nous, qu'il ne puisse se rapporter qu'à un sujet indéterminé, et que partout ailleurs on le remplace par *lui*.

Être à soi, s'appartenir, être libre :
L'inconstante, peut-être encor toute étonnée,
N'*étoit* pas bien *à soi* quand elle s'est donnée. (v, 382. *Andr.* 1452.)

En soi :
Un peu plus de respect pour ce que je chéris.
— Je veux qu'elle ait *en soi* quelque chose d'aimable;
Mais enfin à Mélite est-elle comparable ? (i, 179. *Mél.* 623.)
.... Bien qu'il fût *en soi* le plus juste des rois,
Son règne fut pourtant celui de l'injustice. (x, 87. *Poés. div.* 8.)

« Qu'il fût en soi, » c'est-à-dire, dans sa personne, par lui-même. On pourrait aussi entendre : « dans son âme; » voyez l'exemple suivant.

Sûre *en soi* des moyens de vous rendre l'empire,
Qu'à vous-même jamais elle n'a voulu dire.... (v, 206. *Hér.* 1151.)

DE SOI, par soi-même :

Il suffit que nous n'inventions pas ce qui *de soi* n'est point vraisemblable. (I, 74. *Disc. de la Trag.*)
La vision, *de soi*, peut faire quelque horreur,
Mais non pas vous donner une juste terreur. (III, 498. *Pol.* 247.)
Massinisse *de soi* pourroit fort peu de chose. (VI, 524. *Soph.* 1245.)

SOI-MÊME.

Un cœur qui veut aimer, et qui sait comme on aime,
N'en demande jamais licence qu'à *soi-même*. (IV, 150. *Ment.* 194.)
Ici l'audace impie en son trône parut,
Ici fut l'arrogance à *soi-même* funeste. (X, 110. *Poés. div.* 56.)
Voilà, pour en parler sainement, la véritable et seule cause de tout le succès du *Cid*, en qui l'on ne peut méconnoître ces deux conditions, sans s'aveugler *soi-même*. (III, 86. *Avert.* du *Cid*.)
Il s'aveugle *soi-même*.... (v, 484. *D. San.* 1583.)

Dans ces deux derniers exemples, où le verbe est déjà précédé du pronom réfléchi *se*, l'addition, un peu redondante, de *soi-même* ne sert qu'à donner plus d'énergie à la phrase.

UN AUTRE SOI-MÊME :

S'attacher au combat contre *un autre soi-même*,
Attaquer un parti qui prend pour défenseur
Le frère d'une femme et l'amant d'une sœur.... (III, 301. *Hor.* 444.)

Voyez ci-dessus, p. 93, MOI-MÊME.

SOIF, au figuré :

.... Avec cette *soif* que j'ai de ta ruine,
Je me jette au-devant du coup qui t'assassine. (IV, 83. *Pomp.* 1381.)

SOIN, inquiétude, souci, comme le latin *cura* :

Crois-moi qu'un homme de ta sorte,
Libre des soucis qu'elle apporte (*la sottise d'être amoureux*),
Ne voit plus loger avec lui
Le *soin*, le chagrin ni l'ennui. (X, 26. *Poés. div.* 14.)

SOIN, SOINS, application en vue de quelque chose, attentions qu'on a, peines qu'on prend :

Je peindrai cette ardeur constante et magnanime....
Ce *soin* toujours actif pour les nobles projets,
Toujours infatigable au bien de tes sujets. (X, 180. *Poés. div.* 83.)

Le poëte s'adresse à Louis XIV.

Par cet illustre *soin* mes vers déshonorés
Perdront ce noble orgueil dont tu les vois parés. (x, 135. *Poés. div.* 9.)

Il s'agit du soin que prend le Roi de faire rechercher les usurpateurs de noblesse.

.... Les nobles emplois de ton savant repos,
Traçant leurs grands portraits (*des héros*), offrent à tous propos
De fidèles miroirs aux *soins* d'un vrai monarque. (x, 138. *Poés. div.* 8.)
Malgré tous vos mépris, les *soins* de votre honneur
Vous doivent désormais résoudre à mon bonheur.
(II, 287. *Pl. roy. var.* 4.)
Les *soins* de son honneur que vous devez avoir,
Pour d'autres intérêts vous doivent émouvoir. (II, 292. *Pl. roy. var.* 2.)
Quelques *soins* qu'ait César, sa prudence est déçue. (IV, 74. *Pomp.* 1145.)
Reine, ces vains projets sont le seul avantage
Qu'un grand cœur impuissant a du ciel en partage :
Comme il a peu de force, il a beaucoup de *soins;*
Et s'il pouvoit plus faire, il souhaiteroit moins. (IV, 100. *Pomp.* 1763.)
Je veux que de ma haine ils reçoivent des règles,
Qu'ils suivent au combat des urnes au lieu d'aigles;
Et que ce triste objet porte en leur souvenir
Les *soins* de le venger, et ceux de le punir. (IV, 98. *Pomp.* 1716.)
Borne tous tes desirs à ce qu'il te faut faire;
Ne les porte plus trop vers l'amas du savoir;
Les *soins* de l'acquérir ne font que te distraire. (VIII, 35. *Imit.* II, 89.)

DONNER SES SOINS À, témoigner du respect, etc., rendre un culte à :

.... Il veut qu'on l'écoute (*Dieu veut qu'on écoute son fils*), il entend qu'on
le croie,
Il nous ordonne à tous de *lui donner nos soins.* (IX, 557. *Hymn.* 16.)

AVOIR SOIN DE, avec l'infinitif, ne pas manquer de :

.... Mon courroux *aura soin de* descendre
Sur ceux qui t'accabloient de leurs inimitiés. (IX, 211. *Off. V.* 5.)

SOIR.

À CE SOIR, pour *ce soir*, voyez au tome I du *Lexique*, les deux premiers exemples de la page 12.

HIER AU SOIR :

.... Et ce fut *hier au soir? — Hier au soir.* (IV, 153 et 154. *Ment.* 243.)
Ce malheureux jaloux s'est blessé le cerveau
D'un festin qu'*hier au soir* il m'a donné sur l'eau. (IV, 187. *Ment.* 880.)

SOIT, conjonction alternative :

Soit une vérité, *soit* un conte, n'importe. (V, 375. *Andr.* 1310.)

SOIT QUE :

Mais *soit que* ce puisse être ou feinte ou vérité,

Je veux bien vous répondre avec sincérité. (v, 39. *Théod.* 497.)

SOLDAN, soudan :

Lui-même du *Soldan* forçoit les bataillons. (x, 211. *Poés. div.* 252.)

SOLE.

Parnes, *soles*, appuis, jambages, traveteaux. (II, 473. *Illus.* 752.)

Sole se dit, comme terme de charpenterie, des pièces de bois placées à plat sur lesquelles repose un moulin à vent, une grue, un engin quelconque.

SOLEIL, au figuré :

Me voyant appliquer par ce jeune *soleil*
D'un peu d'huile et de vin le premier appareil.... (I, 315. *Clit. var.* 1.)

Ces vers ne se trouvent que dans la première édition de *Clitandre* (1632). Les mots « jeune soleil » y désignaient Caliste, l'amante de Rosidor.

SOLIDE, au figuré :

.... Elle s'accommode aux *solides* raisons
Qui forment à présent les meilleures maisons. (I, 413. *Veuve*, 283.)

SOLLICITER.

.... En ce danger pressant....
Une troupe d'amis chez mon père assemblée
Sollicita mon âme encor toute troublée. (III, 171. *Cid*, 1246.)

C'est-à-dire, me poussa à aller combattre les Mores.

Un avantage égal pour eux me *sollicite*. (IV, 444. *Rod.* 356.)

SOLLICITER QUELQU'UN DE QUELQUE CHOSE, le lui demander instamment :

En ces bienheureux jours *dont* je te *sollicite*,
Tu sauras abaisser vers mon peu de mérite
   Ton immense grandeur. (VIII, 667. *Imit.* IV, 1828.)

SOLLICITER QUELQU'UN DE, avec l'infinitif :

Que le ciel vous fut doux, lorsque dans votre effroi
Il vous *sollicita de* courir à mon roi! (x, 114. *Poés. div.* 108.)

SOLLICITER UNE AFFAIRE, faire les démarches qu'elle nécessite :

J'en importunerai tous mes amis (*de cette affaire*), et irai moi-même *la solliciter.* (x, 481. *Lettr.*)

SOMBRE, au figuré :

La part qu'il prend sur lui de votre renommée
Forme un *sombre* dépit de vous avoir aimée. (x, 156. *Poés. div.* 46.)

SOMME (En), en résumé :

.... Pour te dire tout *en somme*. (x, 128. *Poés. div.* 8.)

SOMMIER.

Entretoises, *sommiers*, colonnes, soliveaux. (II, 473. *Illus.* 751.)

On appelle *sommier* une pièce de bois de moyenne grosseur entre la solive et la outre.

SON, bruit :

[*Vous*] tenez celles-là (*ces femmes-là*) trop indignes de vous,
Que le *son* d'un écu rend traitables à tous. (IV, 143. *Ment.* 40.)

Son, en grammaire :

Nous prononçons l'*s* de quatre diverses manières : ... tantôt nous l'aspirons;... tantôt elle ne fait aucun *son*, comme à « esblouir. » (I, 7. *Au lect.*)

SON, SA, SES.

Par l'ordre de son roi, les armes de la France
De la triste Hongrie avoient pris la défense,
Sauvé du Turc vainqueur un peuple gémissant,
Fait trembler *son* Asie et rougir *son* croissant. (x, 196. *Poés. div.* 40.)
Son père et son aïeul (*de Louis XIV*) t'ont fait voir que *sa* France
Sait trop, quand il lui plaît, dompter ton arrogance.
(x, 201. *Poés. div.* 105.)

Le poëte s'adresse à l'Espagne.

Son, sa, ses, se rapportant à un sujet abstrait, indéterminé, etc., ou même à un sujet non exprimé :

J'ai honte de ma vie, et je hais *son* usage. (II, 382. *Méd.* 865.)
.... Quand j'eus bien pensé que j'allois à mon âge
Au sortir de Poitiers entrer au mariage,
Que j'eus considéré *ses* chaînes de plus près.... (IV, 291. *S. du Ment.* 37.)
Qui donne comme toi donne plus d'une fois.
Son don marque une estime et plus pure et plus pleine.
(x, 96. *Poés. div.* 25.)
J'enseigne à me chérir d'une ardeur sans égale,
J'enseigne à ramasser en moi tout *son* desir. (VIII, 474. *Imit.* III, 4402.)

On voit que Corneille, comme au reste ses contemporains en général, ne se faisait nul scrupule d'employer cet adjectif possessif dans des cas où il ne se rapportait ni à une personne, ni à une abstraction personnifiée. Dans l'avant-dernier exemple il se rattache au sujet indéterminé *qui;* dans le dernier, à un sujet sous-entendu équivalant à *on :* « Je veux qu'on ramasse en moi.... » — Voyez IV, 438, *Rod.* 194, un exemple assez remarquable de *son* construit avec *on*, après un sujet de la première personne du pluriel.

Son, sa, où nous mettrions l'article :

Le Soleil continue en lui adressant *sa* parole. (VI, 347. *Tois.*)

Son, sa, avec le verbe *sentir*, voyez ci-dessus, p. 330.

SONDE (Porter la), au figuré :
Ami, ne *porte* plus *la sonde* en mon courage. (1, 324, *Clit.* 869.)

SONGE, au pluriel, figurément, dans le sens de *rêveries :*
Voilà de vos chrétiens les ridicules *songes*. (III, 543. *Pol.* 1199.)

SONGER, rêver, activement :
Pauline, sans raison dans la douleur plongée,
Craint et croit déjà voir ma mort qu'elle *a songée*. (III, 488. *Pol.* 14.)

SONNER (Faire), faire retentir, vanter :
De qui peux-tu savoir ces nouvelles étranges?
— Du peuple qui partout *fait sonner* ses louanges. (III, 165. *Cid*, 1114.)
Elle *fait* bien *sonner* ce grand amour de mère. (IV, 459. *Rod.* 735.)
Faire sonner Lamboy, Jean de Vert et Galas.... (IV, 159. *Ment.* 336.)
On dit encore dans le style familier *faire sonner bien haut quelque chose*, pour : en exagérer l'importance.

SORCIER, dans le style tragique :
.... Allez, allez, Madame,
Étaler vos appas et vanter vos mépris
A l'infâme *sorcier* qui charme vos esprits. (II, 373. *Méd.* 680.)

SORT.
La joie de ces amants est troublée par une fâcheuse nouvelle que Timante leur apporte, que le *sort* est tombé sur Andromède. (V, 264. *Dess. d'Andr.*)

Jeter le sort, le sort en est jeté :
Vénus.... apprend à ces princes que leurs malheurs vont finir, qu'on ne *jettera* plus *le sort* que cette fois. (V, 261. *Dess. d'Andr.*)
Le Roi s'en va faire *jeter le sort*. (V, 261. *Dess. d'Andr.*)
On va *jeter le sort* pour la dernière fois. (V, 330. *Andr.* 355.)
Allons *jeter le sort* pour la dernière fois. (V, 331. *Andr.* 388.)
Le premier acte est une place publique proche du temple, où se doit *jeter le sort*. (V, 306. *Exam. d'Andr.*)

Mais di moy qui aura Polyxene, des Grecs?
Qui la femme d'Hector? — Vous le sçaurez apres,
Le *sort* n'est pas *ietté*. (Garnier, *la Troade*, acte I, vers 307.)

De là, au figuré : *le sort en est jeté*, pour la chose est décidée :
Le sort en est jeté : va, ma chère Célie,
Va trouver la beauté qui me tient sous sa loi. (II, 144. *Suiv.* 350.)
Mais songez que les rois veulent être absolus.
— *Le sort en est jeté*, Monsieur, n'en parlons plus. (III, 127. *Cid*, 388.)

Sort, état, condition, fortune, rang :
Je t'adopte pour fils, accepte-moi pour père :

Fais vivre Héraclius sous l'un ou l'autre *sort;*
Pour moi, pour toi, pour lui, fais-toi ce peu d'effort. (v, 228. *Hér.* 1677.)
Pour remplir votre trône il lui faut tout mon *sort.* (vi, 416. *Sert.* 1244.)

SORTABLE (λ), convenable, bien approprié (à) :
Si la rigueur de tes parents
A quelque autre parti plus *sortable* t'engage ? (x, 52. *Poés. div.* 32.)
Souffrez que je reprenne en un coin de ce bois
Avec mes vêtements l'usage de la voix,
Pour vous conter le reste en habit plus *sortable.* (1, 342. *Clit.* 1181.)
Soit que son bel esprit me jugeât incapable
De lui pouvoir fournir un entretien *sortable....* (1, 409. *Veuve,* 190.)
Elle pâme de joie au récit de ta peine,
Et choisit pour objet de son affection
Un amant plus *sortable à* sa condition. (1, 462. *Veuve,* 1234.)

SORTE.

TOUTE SORTE, TOUTES SORTES :

Je suis préparé à souffrir *toute sorte* de fléaux. (ix, 256. *Ps. pén.*)
Ceux qui cherchoient à me procurer *toutes sortes* de maux.... (ix, 254. *Ps. pén.*)

DE LA SORTE :

Dieux ! verrons-nous toujours des malheurs *de la sorte ?*
(iii, 327. *Hor.* 1052.)
C'est-à-dire, de tels malheurs.

EN QUELQUE SORTE, en quelque façon, en quelque manière, jusqu'à un certain point :

.... Pour *en quelque sorte* obéir à vos lois,
Seigneur, pour mes parents je nomme mes exploits. (v, 429. *D. San.* 251.)
Trouvez bon que je me serve de ma plume pour m'acquitter *en quelque sorte* de ce que je vous dois. (x, 471. *Lettr.*)
D'ailleurs il falloit colorer et excuser *en quelque sorte* la guerre que Pompée et les autres chefs romains continuoient contre Sertorius. (vi, 361. *Au lect. de Sert.*)

EN SORTE QUE, DE SORTE QUE :

Célidan et la Nourrice.... parlent véritablement chacun à part, mais *en sorte que* chacun des deux veut bien que l'autre entende ce qu'il dit. (1, 396. *Exam. de la Veuve.*)
.... Cache-toi *de sorte*
Que tu puisses l'entendre à travers cette porte. (1, 277. *Clit.* 45 et 46.)

En quelque sorte et *en sorte que* ont, comme l'on voit, dans ces exemples un sens plus marqué et plus fort que celui qu'on donne aujourd'hui d'ordinaire à ces locutions.

DE BONNE SORTE, comme il convient :

.... Elle suivra mon choix,...

Non qu'elle en fasse état plus que *de bonne sorte*. (I, 413. *Veuve*, 281.)

SORTIE, au figuré.

SORTIE DU PÉRIL, DES PÉRILS :

La *sortie du* premier *péril* ne rend point l'action complète, puisqu'elle en attire un second. (I, 98. *Disc. des* 3 *unit.*)
Il faut *de* ces *périls* m'aplanir la *sortie*. (IV, 461. *Rod.* 776.)
.... Faites voir que vos bras indomptés
Se font partout une heureuse *sortie*
Des périls les plus redoutés. (VI, 343. *Tois.* 2086 et 2087.)

SORTIE, en parlant du départ de l'âme, de la fin de la vie :

.... Il ne vit plus, sa grande âme est partie.
— Donnez donc à la mienne une même *sortie*. (II, 411. *Méd.* 1430.)
.... Si les Dieux m'ont fait la vie abominable,
Ils m'en font par pitié la *sortie* honorable. (VI, 212. *OEd.* 1834.)

SORTIE D'UN DESSEIN, son issue, sa conclusion :

.... De tes *desseins* à jamais
Favoriser l'entrée, et bénir la *sortie*. (IX, 183. *Off. V.* 31 et 32.)

SORTIR DE, venir de :

Vous *sortez du* baptême.... (III, 519. *Pol.* 693.)
.... Toi qui, tout *sortant* encor *de* la victoire.... (III, 538. *Pol.* 1089.)

SORTIR DE, tirer son origine de :

Daignez considérer le sang *dont* vous *sortez*. (III, 542. *Pol.* 1173.)
Je sais qu'il vaut beaucoup, *étant sorti de* vous. (IV, 161. *Ment.* 375.)
Êtes-vous gentilhomme? — Ah! rencontre fâcheuse!
Étant sorti de vous, la chose est peu douteuse.
— Croyez-vous qu'il suffit d'*être sorti de* moi?
  (IV, 223. *Ment.* 1502 et 1503.)
.... Dans la lâcheté du vice où je te vois,
Tu n'es plus gentilhomme, *étant sorti de* moi. (IV, 224. *Ment.* 1516.)

SORTIR DE, naître, résulter de :

On pleure injustement des pertes domestiques,
Quand on *en* voit *sortir* des victoires publiques. (III, 334. *Hor.* 1176.)

SORTIR, avec l'auxiliaire *avoir :*

.... Ces mots à peine *ont sorti* de ma bouche. (IX, 249. *Ps. pén.* 23.)

SORTIR, substantivement; AU SORTIR DE :

Contre votre froideur une modeste plainte
Fut tout notre entretien *au sortir de* la feinte. (II, 101. *Gal. du Pal.* 1566.)
.... Même *au sortir de* Trébie et de Cannes,

Son ombre épouvanta votre grand Annibal. (v, 551. *Nic.* 924.)
Au sortir d'écolier, j'eus certaine aventure
Qui me met là dedans en fort bonne posture. (iv, 388. *S. du Ment. var.* 1.)

SOUCHE, au figuré, en parlant d'une personne dont l'intelligence est lourde ou dont le cœur est insensible :

.... Il est donc une *souche*,
S'il ne peut rien comprendre en ces naïvetés. (i, 449. *Veuve*, 997.)
Si touchant vos amours on sait rien de ma bouche,
Que je puisse à vos yeux devenir une *souche!* (ii, 178. *Suiv.* 1002.)
Il est vrai, devant vous forçant mes sentiments,
J'ai présenté des vœux, j'ai fait des compliments ;
Mais c'étoient compliments qui partoient d'une *souche :*
Mon cœur, que vous teniez, désavouoit ma bouche.
(ii, 101. *Gal. du Pal.* 1561.)

SOUCI.

Souci, soin ; PRENDRE SOUCI, LE SOUCI DE :

A moins qu'à tes *soucis* sa garde soit commise.... (viii, 396. *Imit.* iii, 2796.)
Il n'en sait pas le nom, mais j'*en prendrai souci*. (iv, 151. *Ment.* 200.)
Sachez donc seulement qu'on m'appelle Cléandre,
Que je sais mon devoir, que j'*en prendrai souci*. (iv, 308. *S. du Ment.* 349.)
Adieu : de ton côté *prends souci de* me plaire. (iv, 318. *S. du Ment.* 547.)
Vous m'obligerez fort d'*en prendre le souci.* (v, 33. *Théod.* 350.)

PLEIN DE SOUCI, plein d'inquiétude :

Dans l'état où je suis, triste et *plein de souci*,
Si j'espère beaucoup, je crains beaucoup aussi. (iv, 432. *Rod.* 73.)

METTRE EN SOUCI, inquiéter :

A force de tarder, tu m'*as mise en souci.* (ii, *Gal. du Pal.* 324.)

SOUCI, objet de la tendresse, de la sollicitude de quelqu'un ; MON SOUCI, terme de tendresse :

Toi qui fais ma douleur, et qui fis mon *souci*,
Ne tarde plus, volage, à te montrer ici. (i, 276. *Clit.* 15.)
Viens donc, *mon* cher *souci*, laisse-moi te conduire.
(i, 319. *Clit.* 778 *var.*)
Ne crains pas, *mon souci*, que mon amour s'oublie. (i, 320. *Clit.* 793 *var.*)
.... *Mon souci*, tu sais comme j'en use. (i, 367. *Clit. var.*)

Dans les quatre exemples précédents, *mon souci* désigne un homme ; dans les trois suivants, une femme :

Je meure, *mon souci*, tu dois bien me haïr. (i, 156. *Mél.* 251.)
Ne crains pas désormais que mon amour s'oublie,
Adieu, *mon* cher *souci*, sois sûre que mon âme
Jusqu'au dernier soupir conservera sa flamme. (i, 432. *Veuve*, 651.)
Touche, je veux t'aimer, tu seras *mon souci*. (iv, 301. *S. du Ment.* 221.)
Caliste, *mon* plus cher *souci*,

Prends pitié de l'ardeur qui me dévore l'âme. (x, 50. *Poés. div.* 1.)

Cette expression était fréquemment employée par nos anciens poëtes tragiques. Dans les deux exemples suivants, c'est à des hommes qu'elle s'applique :

.... Les forests, *mon souci*,
Sont indignes de vous, et les rochers aussi.
(Garnier, *Hippolyte*, acte III, vers 63.)

Antoine, *mon souci*.... (Garnier, *Antoine*, acte II, vers 172.)

En 1660, Corneille a changé dans *Clitandre*, dont le style est d'un ton plus élevé et plus sérieux que celui de ses autres pièces de la même époque, tous les vers où se trouvait l'apostrophe : *mon souci*. Elle continua toutefois assez longtemps à être en usage, mais seulement dans les sujets légers :

Mon cher Curtade, *mon souci*,
J'ai beau t'aimer, tu n'es pour moi que glace,

dit encore la Reine à son cher nain, dans le *Joconde* de la Fontaine.

SOUDAIN QUE, aussitôt que :

.... *Soudain qu*'elle m'a vu,
Ces mots ont éclaté d'un transport imprévu. (I, 460. *Veuve*, 1181.)

SOUFFLET, figurément :

.... Une froide pointe à la fin d'un couplet
En dépit de Phébus donne à l'art un *soufflet*. (x, 75. *Poés. div.* 12.)

SOUFFRANCE, patience, tolérance :

.... Elle fait vanité
De voir dans ses dédains votre fidélité.
Votre extrême *souffrance* à ces rigueurs l'invite.
(II, 56. *Gal. du Pal.* 701 *var.*)

En 1660, le dernier vers a été ainsi modifié :

Votre humeur endurante à ces rigueurs l'invite.

Souffrance, en cette signification, est ainsi défini par le *Dictionnaire* de Nicot : « C'est patience et attente d'une chose qu'on nous doit faire ou payer.... Selon ce on dit, Le seigneur feodal bailler *souffrance* du quint denier de la vendition du fief mouant de luy.... Ils sont mariez ensemble plus par la *souffrance* du pere, que par son consentement. » — Voyez ci-après, SOUFFRIR.

SOUFFRIR, permettre, supporter :

As-tu cru que le ciel consentît à ma perte
Jusqu'à *souffrir* encor ta lâcheté couverte? (II, 241. *Pl. roy.* 334.)

Pour faire *souffrir* une narration ornée, il faut que celui qui la fait et celui qui l'écoute ayent l'esprit assez tranquille, et s'y plaisent assez pour lui prêter toute la patience qui lui est nécessaire. (III, 381. *Exam.* de *Cin.*)

Soit que je la considère (*votre lettre*) comme une pièce d'éloquence remplie des plus belles et des plus nobles expressions que la langue puisse *souffrir*.... (x, 483. *Lettr.*)

SOUFFRIR QUELQUE CHOSE À, le permettre à :

Souffre un peu de relâche à mes esprits troublés. (III, 513. *Pol.* 579.)

Mais *souffre à* mon amour, mais *souffre à* ma foiblesse
Encore un peu d'effort auprès de ma princesse. (v, 382. *Andr.* 1447.)
C'est tout ce que des ans *me* peut *souffrir* la glace. (x, 138. *Poés. div.* 63.)

Souffrir à, construit avec un infinitif :

Je ne *vous* puis *souffrir* de dire une sottise. (iv, 338. *S. du Ment.* 953.)
Souffre-moi toutefois de tâcher à portraire
D'un roi tout merveilleux l'incomparable frère. (x, 507. *Poés. div.* 185.)
Souffre à tes bontés adorables
De nous faire à tous deux cette immuable loi,
Qu'à jamais cet amour nous rende inséparables. (viii, 661. *Imit.* iv, 1703.)
En Europe, où les rois sont d'une humeur civile,
Je ne leur rase point de château ni de ville :
Je les *souffre* régner.... (ii, 450. *Illus.* 327.)

Dans ce dernier exemple, *souffrir* est construit comme *laisser :* « je les laisse régner, » c'est-à-dire, je permets qu'ils règnent. Dans tous les autres, il est accompagné d'un complément indirect.

Souffert, participe :

.... Quand j'aurai vengé Rome des maux *soufferts*,
Je saurai le braver jusque dans les enfers. (iii, 415. *Cin.* 695.)

SOUHAIT.

J'ai pitié de moi-même, et jette un œil d'envie
Sur ceux dont notre guerre a consumé la vie,
Sans *souhait* toutefois de pouvoir reculer. (iii, 302. *Hor.* 477.)

SOUHAITABLE.

Il devoit courir à sa perte, quoique certaine, et se faisant dévorer à ses yeux, lui rendre la mort *souhaitable.* (v, 271. *Dess. d'Andr.*)

SOUHAITER, absolument, faire des souhaits, des vœux :

.... Pour mettre d'accord ta fortune et ton cœur,
Souhaite pour l'amant, et te garde au vainqueur. (vi, 633. *Oth.* 1340.)

SOULAS.

Je répandrai mon sang, et j'aurai pour le moins
Ce foible et vain *soulas* en mourant sans témoins,
Que mon trépas secret fera que l'infidèle
Ne pourra se vanter que je suis mort pour elle. (i, 199. *Mél. var.*)
Vain et foible *soulas* en un coup si funeste. (i, 461. *Veuve,* 1199 *var.*)

En 1660, Corneille a remplacé, dans ces deux passages, ce vieux mot par *soulagement*.

SOÛLER, contenter, assouvir, rassasier :

Adieu : *soûle* à ton dam ton curieux desir. (i, 230. *Mél.* 1453 *var.*)
En 1660 :

Contente à tes périls ton curieux desir.

SOU] DE CORNEILLE. 347

Soûler et ma vengeance et ton avidité.... (II, 389. *Méd.* 972.)
Auguste *aura soûlé* ses damnables envies. (III, 413. *Cin.* 653.)
En 1660 :
    Octave aura donc vu ses fureurs assouvies.

Tu ne saurois avoir de deux sortes de joie,
Soûler de tes desirs ici l'avidité,
Et régner avec Dieu dedans l'éternité. (VIII, 161. *Imit.* I, 2408 *var.*)

En 1670, Corneille a substitué *remplir* à *soûler*.

Il vit encore en moi; *soûlez* son ennemi. (II, 518. *Illus.* 1576.)

    Des enfers tenebreux les gouffres homicides
    N'*ont* encore *saoulé* leurs cruautez auides. (Garnier, *Porcie*, acte I, vers 2.)

SE SOÛLER DE :

Soûlez-vous du plaisir de m'empêcher de vivre. (III, 153. *Cid*, 850 *var.*)
En 1660 :
    Assurez-vous l'honneur de m'empêcher de vivre.

Elle tombe, et tombant elle choisit sa place,
D'où son œil semble encore à longs traits *se soûler*
Du sang des malheureux qu'elle vient d'immoler.
                                 (V, 98. *Théod.* 1840 et 1841.)

Soûle-toi de son sang; mais rends-moi ce qui reste. (VI, 93. *Perth.* 1695.)

« Ne *se* pouuoient *saouller* les dames *de* bien dire du bon cheualier. » (*Le Loyal Serviteur*, chapitre X.)

    Quel iour sombre, quel trouble auec ce iour te roulent
    Tes destins, ô Carthage? et pourquoy ne *se soullent*
    Les grands Dieux, qui leur veuë et leurs oreilles sainctes
    Aueuglent en nos maux, essourdent en nos plaintes?
    Pourquoy donques, ialoux, ne *se soullent de* faire
    Ce qui fait aux mortels leur puissance desplaire?
                               (Jodelle, *Didon*, folio 252, recto.)

SOULEVER, neutralement :

Le spectacle de ces mêmes yeux crevés, dont le sang lui distille sur le visage (*à Œdipe*).... feroit *soulever* la délicatesse de nos dames. (VI, 126. *Au lect.* d'*Œd.*)

Voyez la critique de cette expression au tome VI, p. 116.

SOUMIS.

SOUMIS à, voué à (quelque chose et s'y subordonnant) :

.... Ma douleur, *soumise aux* soins de le venger.... (VI, 434. *Sert.* 1687.)

SOUMIS, absolument, résigné humblement :

    .... Je ne puis voir d'un cœur lâche et *soumis*
La sœur de mon époux déshériter mon fils. (VI, 29. *Perth.* 221.)

SOUMISSION, SUBMISSION.

Notre *submission* à l'orgueil la prépare. (I, 400. *Veuve*, 30.)
.... Le peu de rapport de nos conditions

Ote le nom d'amour à ses *submissions*. (I, 418. *Veuve*, 384.)
Je présumois beaucoup de ses affections,
Mais je n'attendois pas tant de *submissions*. (II, 62. *Gal. du Pal.* 808.)
Attaquer son orgueil par des *submissions*.... (II, 74. *Gal. du Pal.* 1055.)
.... Vos *submissions* vous perdent auprès d'elle. (II, 168. *Suiv.* 786.)
En a-t-il arraché quelque *submission?* (II, 366. *Méd.* 512 *var.*)
J'appelle ainsi les *submissions* que lui fait ce héros. (V, 269. *Dess. d'Andr.*)

« Du temps de Corneille, a dit M. Parrelle à l'occasion du second de ces passages, ce mot s'écrivoit *submission;* il gardoit encore les traces de son étymologie, *submissio*. » Cette note n'est pas exacte. L'orthographe *submission* était loin d'être la plus suivie. Nicot (1606) écrit *soubmission;* Furetière (1690) et l'Académie (1694) *sous-mission*. Quant à Richelet (1680), qui s'attache à simplifier l'orthographe et à la rapprocher de la prononciation, il donne *soumission*. Au reste, quoique Corneille ait gardé la forme *submission*, même dans l'édition de 1682 de son *Théâtre*, nous trouvons aussi chez lui l'autre forme, *soumission*, dans l'édition originale d'un ouvrage publié en 1670 :

Qu'heureuse te rend ce message
Que suivent tes *soumissions!* (IX, 83. *Off. V.* 14.)

Plus son amour pour toi se fera voir extrême,
Plus tes *soumissions* le doivent honorer. (IX, 99. *Off. V.* 50.)

SOUPÇON.

TOMBER EN SOUPÇON DE :

J'ai toujours cru que pour belle que fût une pensée, *tomber en soupçon de* la tenir d'un autre, c'est l'acheter plus qu'elle ne vaut. (I, 264. *Préf. de Clit.*)

SOUPÇONNER DE :

Je *soupçonne* déjà mon dessein *d*'injustice,
Et je doute s'il est ou raison ou caprice. (II, 271. *Pl. roy.* 917.)

Les autres, mieux avertis de notre artifice, *soupçonnent de* fausseté tout ce qui n'est pas de leur connoissance. (III, 475. *Abrégé du mart. de S. Pol.*)

SOUPIRER, activement, déplorer :

Être veuve à mon âge, et toujours *soupirer*
La perte d'un mari que je puis réparer! (I, 423. *Veuve*, 457 *var.*)
Il sembloit *soupirer* ce qu'il avoit perdu. (IV, 498. *Rod.* 1614 *var.*)

SOUPIRER POUR, avec l'infinitif :

La Garonne et l'Atax dans leurs grottes profondes
Soupiroient de tout temps *pour* voir unir leurs ondes. (X, 232. *Poés. div.* 2.)

SOUPLE.

PLUS SOUPLE QU'UN GANT, voyez au tome I du *Lexique*, p. 457, GANT.

SOURCIL.

Un ton de voix trop rude ou trop impérieuse,
Un *sourcil* trop sévère, une ombre de fierté,

M'eût peut-être à vos yeux rendu ma liberté. (x, 145. *Poés. div.* 41.)

SOURCILLEUX.

Toutes les nations qui voyoient notre joie
  Se disoient d'un air *sourcilleux :*
« Il faut que le bonheur où leur Dieu les renvoie
  Soit bien grand et bien merveilleux. » (ix, 201. *Off. V.* 10.)
Avec l'humble innocence elle est plus compatible
  Qu'avec le pouvoir *sourcilleux*. (viii, 541. *Imit.* iii, 5795.)
Pouvez-vous regretter ces démarches pompeuses,
Ces fastueux dehors, ces grandeurs *sourcilleuses?* (x, 212. *Poés. div.* 282.)

Furetière (1690) définit ainsi l'adjectif *sourcilleux* : « Terme poétique, qui ne se dit que des montagnes et des rochers fort élevés, et qui semblent être orgueilleux par leur élévation. » — L'Académie (1694) dit que le mot ne s'emploie que figurément et poétiquement, pour dire *haut, élevé*, et qu'il n'est guère en usage que dans ces phrases : « Monts *sourcilleux*, montagnes *sourcilleuses*, rochers *sourcilleux*, roches *sourcilleuses*. » Corneille, on le voit, a étendu la métaphore au sens moral.

SOURIS.

Un *souris* par mégarde à ses yeux dérobé,
Un coup d'œil par hasard sur un autre tombé.... (x, 157. *Poés. div.* 23.)

SOUS, emplois divers :

Tant que l'âme gémit *sous* l'exil ennuyeux
  Qui l'emprisonne en ces bas lieux.... (viii, 603. *Imit.* iv, 505.)
  .... *Sous* le respect importun
Un beau feu s'éteint de lui-même. (x, 170. *Poés. div.* 15.)
Il vient *sous* mon aveu. — Votre aveu ne m'importe. (i, 452. *Veuve*, 1051.)

« Sous mon aveu, » c'est-à-dire, avec ma permission.

Apprenez que le sort n'agit que *sous* les Dieux. (v, 347. *Andr.* 712.)

C'est-à-dire, avec soumission à leur volonté.

Sous (l') espoir, dans (l') espoir, moyennant l'espoir :

.... Qui, *sous* cet *espoir*, voudroit vous obéir,
Chercheroit les moyens de se faire haïr. (vi, 37. *Perth.* 401.)
Sous l'espoir de jouir de ma perplexité,
Vous cherchez à me voir l'esprit inquiété. (vi, 66. *Perth.* 1077.)
Je voulois avoir lieu d'abuser Émilie,
Effrayer son esprit, la tirer d'Italie,
Et pensois la résoudre à cet enlèvement
Sous l'espoir du retour pour venger son amant. (iii, 458. *Cin.* 1680.)

SOUSCRIRE, au sens propre, écrire dessous, signer :

Son nom au lieu du mien en ce papier *souscrit*
Ne lui montre que trop le fond de mon esprit. (ii, 291. *Pl. roy.* 1324.)
L'alliance est mignarde, et cette nouveauté,
Surtout dans une lettre, aura grande beauté,
Quand vous y *souscrirez* pour Dorante ou Mélisse :
« Votre très-humble idée à vous rendre service. » (iv, 313. *S. du Ment.* 439.)

SOUTENIR, au figuré :

On s'étonne de voir qu'un homme tel qu'Othon,
Othon, dont les hauts faits *soutiennent* le grand nom,
Daigne d'un Vinius se réduire à la fille. (vi, 575. *Oth.* 8.)

SOUTENU DE :

Il voudroit pour m'aimer que j'eusse d'autres charmes,
Que l'éclat de mon sang, mieux *soutenu de* biens,
Ne fût point ravalé par le rang que je tiens. (ii, 141. *Suiv.* 303.)

SOUTENANT, TE, employé comme adjectif verbal, qui soutient, qui fortifie :

Aux foibles il départ une chair *soutenante*,
Il rend aux affligés la joie avec son sang. (ix, 539. *Hymn.* 13.)

Il s'agit de l'Eucharistie.

SOUTIEN.

DE PEU DE SOUTIEN, qui n'est point substantiel et fortifiant :

 .... Cette ambrosie est fade :
J'en eus au bout d'un jour l'estomac tout malade.
C'est un mets délicat, et *de peu de soutien.* (ii, 498. *Illus.* 1179.)

SOUVENANCE.

 .... En perdant sa présence,
Adieu toute *souvenance.* (x, 55. *Poés. div.* 16.)

SOUVENIR.

Corneille emploie fréquemment la tournure impersonnelle, qui rappelle l'origine de ce verbe :

Il ne me *souvient* plus du nom de ton beau-père. (vi, 207. *Ment.* 1241.)
Il vous *souvient* peut-être encore de mes larmes. (iv, 452. *Rod.* 527 *var.*)
Il peut vous *souvenir* quelles furent mes larmes. (1660)
Jusqu'à ce qu'*il souvienne* à ton reste de foi
Que j'en sais garantir quiconque espère en moi. (viii, 416. *Imit.* iii, 3185.)

Cependant il le prend assez souvent aussi comme verbe neutre :

C'étoit, je m'en *souviens*, oui, c'étoit Armédon. (iv, 208. *Ment.* 1252.)

SOUVENT.

LE PEU SOUVENT QUE, substantivement :

 .... *Le peu souvent que* ce bonheur arrive,
Piquant notre appétit, rend sa pointe plus vive. (i, 402. *Veuve, var.* 4.)

SOUVERAIN, excellent, qui est au plus haut point :

Tu peux, mortel, à pleines mains

Puiser des bonheurs *souverains*
En cette inépuisable source (*de la grâce*). (x, 221. *Poés. div.* 13.)

Souverain à, avec l'infinitif, efficace pour :

Ce beau nom d'héritière a de telles douceurs,
Qu'il devient *souverain à* consoler des sœurs. (i, 228. *Mél.* 1430.)
Ses attraits tout-puissants ont des avant-coureurs
Encor plus *souverains à* lui gagner les cœurs. (iv, 374. *S. du Ment.* 1600.)

Souverain sur :

Il nous fait *souverains sur* leurs grandeurs suprêmes. (iii, 427. *Cin.* 986.)

Souveraine, substantivement, au figuré :

Vos seules volontés, mes dignes *souveraines*,
D'un empire si vaste auroient tenu les rênes. (vi, 627. *Oth.* 1213.)

SPÉCIALEMENT, d'une manière propre et particulière :

On peut dire que la rente ne nous est qu'engagée;... mais à cela on peut dire que nous étant *spécialement* déléguée.... nous tenons lieu de charitables propriétaires. (x, 435. *Lettr.*)

SPÉCULATIF, substantivement, qui s'attache à la spéculation, sans avoir la pratique pour objet :

Il est facile aux *spéculatifs* d'être sévères; mais s'ils vouloient donner dix ou douze poëmes de cette nature au public, ils élargiroient peut-être les règles encore plus que je ne fais. (i, 122. *Disc. des 3 unit.*)

STUPIDE, étonné, stupéfait, insensible, indifférent :

Parle, parle, il est temps. — Je demeure *stupide;*
Non que votre colère ou la mort m'intimide. (iii, 453. *Cin.* 1541.)
Stupides ainsi qu'elle, ainsi qu'elle affligées,
Nous n'osons rien permettre à nos fiers déplaisirs,
Et nos pleurs par respect attendent ses soupirs. (vi, 216. *OEd.* 1930.)
Je tâche à cet objet d'être aveugle ou *stupide*. (iv, 459. *Rod.* 719.)
Tout ce que je promets est éternel et grand,
Et pour y parvenir chacun est si *stupide*,
Qu'aucun ne l'entreprend. (viii, 268. *Imit.* iii, 185.)
J'y porte une tiédeur qui dégénère en glace ;
Mes élans les plus doux y font aussitôt place
         A mon aridité,
Et me laissent devant ta face
Stupide aux saints attraits de ta bénignité. (viii, 665. *Imit.* iv, 1777.)
.... Pison ne sera qu'un idole sacré
Qu'ils tiendront sur l'autel pour répondre à leur gré.
Sa probité *stupide* autant comme farouche
A prononcer leurs lois asservira sa bouche. (vi, 608. *Oth.* 769.)

Le sens de *stupide*, dans ce dernier exemple, paraît moins éloigné de l'usage actuel.

STUPIDITÉ, stupéfaction, étonnement :

Cette *stupidité* s'est enfin dissipée. (III, 453. *Cin.* 1545 *var.*)
Ce vers a été changé en 1660.

Je perds une maîtresse en gagnant un empire :
Mon amour en murmure, et mon cœur en soupire ;
Et de mille pensers mon esprit agité
Paroît enseveli dans la *stupidité*. (V, 185. *Hér.* 678.)
La Reine, à ce malheur si peu prémédité,
Semble le recevoir avec *stupidité*. (VI, 216. *OEd.* 1924.)

STYLE, ton, langage :

Sa fleurette pour toi prend encor même *style*. (IV, 191. *Ment.* 945.)
Si dans votre prison vous avez fait l'amant,
Je ne vous y servois que d'un amusement.
A peine en sortez-vous que vous changez de *style*.(IV,382.*S. du Ment.*1765.)

Boileau a dit plus tard :

Muse, changeons de *style*, et quittons la satire.

SU, participe de *savoir*, employé substantivement :

Écoute cependant : il a dit qu'à ton *su*
Ce malheureux dessein avoit été conçu. (I, 474. *Veuve*, 1441.)
Marcelle a donc osé les traîner à la mort
Sans mon *su*, sans mon ordre?... (V, 96. *Théod.* 1787.)

Les dictionnaires actuels disent avec raison que *su* n'est plus guère eu usage que dans cette manière de parler adverbiale, *au vu et au su* de tout le monde ; ils devraient ajouter que c'est fort récemment que l'emploi de ce mot s'est ainsi restreint ; jadis il se disait aussi fréquemment que son opposé *insu*.

SUASION.

Philandre s'étant résolu, par l'artifice et les *suasions* d'Éraste, de quitter Cloris pour Mélite, montre ces lettres à Tircis.(I, 136. *Arg. de Mél.*)
Traître! c'est donc ainsi que ma sœur méprisée
Sert à ton changement d'un sujet de risée?
Qu'à tes *suasions* Mélite osant manquer
A ce qu'elle a promis, ne s'en fait que moquer? (I, 194. *Mél.* 849. *var.*)

Les deux derniers vers ont été changés en 1660.
Ce mot a disparu des dictionnaires. Dans celui de Nicot, on le trouve avec les expressions de la même famille : *suader, suaseur*. L'Académie (1694) le donne comme terme de pratique ; mais il n'est ni dans Richelet ni dans Furetière.

SUBLIME, élevé, suprême, au figuré :

Prenez-vous-en au ciel, dont les ordres *sublimes*
Malgré tous nos efforts savent punir les crimes. (IV, 100. *Pomp.* 1781.)
Si votre hymen m'élève à la grandeur *sublime*.... (VI, 376. *Sert.* 305.)
Ils ne font point de honte au rang le plus *sublime*. (V, 161. *Hér.* 101.)

SUBMISSION, voyez ci-dessus, p. 347 et 348, Soumission.

SUBORNER, ayant pour régime un nom de chose :

C'est ainsi que sans honte à mes yeux tu *subornes*
Un amour qui pour moi devoit être sans bornes ? (I, 194. *Mél.* 851.)
.... Il me conte lui-même
Jusqu'aux moindres discours dont votre passion
Tâche de *suborner* son inclination.
— Moi, suborner Philandre ! Ah ! que m'osez-vous dire ! (I, 214. *Mél.* 1202.)
Quant à nous cependant *subornons* quelques pleurs
Qui servent de témoins à nos fausses douleurs. (I, 459. *Veuve*, 1165.)
Subornons cette gloire, et voyons dès demain
Ce que pourra sur eux le nom de souverain. (VI, 272. *Tois.* 411.)

SUBORNEUR, adjectivement :

.... Je pourrai souffrir qu'un amour *suborneur*
Sous un lâche silence étouffe mon honneur ! (III, 152. *Cid*, 835.)
Malgré l'éclat du trône et l'amour d'une femme,
Faisons si bien régner l'amitié sur notre âme,
Qu'étouffant dans leur perte un regret *suborneur*,
Dans le bonheur d'un frère on trouve son bonheur. (IV, 438. *Rod.* 193.)

Voyez la note 1 de la page indiquée.

SUBSISTER, se maintenir :

Un tas d'hommes perdus de dettes et de crimes,
Que pressent de mes lois les ordres légitimes,
Et qui désespérant de les plus éviter,
Si tout n'est renversé, ne sauroient *subsister*.... (III, 451. *Cin.* 1496.)
Dieux ! que vous vous gênez par cette défiance !
— Pour *subsister* en cour c'est la haute science. (III, 556. *Pol.* 1472.)

SUBSTRACTION.

Montre une âme reconnoissante
Quand tu sens la grâce puissante;
Sois humble et patient dans sa *substraction;*
Joins, pour la rappeler, les pleurs à la prière. (VIII, 236. *Imit.* II, 1245.)

C'est le même mot que *soustraction* (comparez plus haut, p. 347 et 348, *Submission* et *Soumission*). Corneille l'a employé dans un sens mystique, en parlant de la grâce, qui parfois semble retirée momentanément au fidèle.

SUBTILISER, activement :

Ah ! si l'on se donnoit la même diligence,
Pour extirper le vice et planter la vertu,
Que pour *subtiliser* sa propre intelligence ! (VIII, 45. *Imit.* I, 256.)

La Fontaine, cherchant à imaginer pour l'animal un guide moins noble que la raison, mais supérieur à l'instinct, s'est exprimé ainsi dans son discours à Mme de la Sablière :

Je *subtiliserois* un morceau de matière,
Que l'on ne pourroit plus concevoir sans effort.

Au figuré on ne se sert plus guère de ce verbe qu'absolument ou neutralement: *subtiliser sur* ou *dans quelque chose*.

SUCCÉDER, sans complément, dans le sens de venir après :

Mais l'une et l'autre crainte à votre aspect bannie,
Vous ferez *succéder* un espoir assez doux,
Lorsque vous daignerez lui dire un mot pour vous. (IV, 67. *Pomp.* 967.)

SUCCÉDER, réussir (bien ou mal) :

Son artifice m'aide, et *succède* si bien,
Qu'il me donne Doris, et ne lui laisse rien. (I, 482. *Veuve*, 1613.)
.... Ma juste poursuite *a* trop bien *succédé*. (III, 192. *Cid. var.* 3.)
Ce zèle en ma faveur lui *succéda* si bien
Que vous-même au retour vous n'en connûtes rien. (V, 211. *Hér.* 1257.)
Il trouve des raisons à refuser ma fille,
Mais fortes, et qui même *ont* si bien *succédé*,
Que s'en disant indigne il m'a persuadué. (VII, 502. *Sur.* 967.)
Mes efforts redoublés pourront mieux *succéder*. (IV, 78. *Pomp.* 1236.)
Faut-il que d'un dessein si juste que le nôtre
La peine soit pour nous, et les fruits pour un autre,
Et que notre artifice *ait* si mal *succédé*,
Qu'il me dérobe un bien qu'Alidor m'a cédé? (II, 257. *Pl. roy.* 631.)
Mon trop de vanité tout au rebours *succède*. (I, 251. *Mél. var.*)
Mais, mon possible fait, si cela ne *succède?* (II, 57. *Gal. du Pal.* 733.)
Un dessein éventé *succède* rarement. (II, 388. *Méd.* 959.)
Regarde mon desir, et règle-le, Seigneur,
    Ainsi que tu veux qu'il *succède*. (VIII, 340. *Imit.* III, 1653.)
Mon cœur est sans soupirs, mes yeux n'ont point de larmes,
Comme si j'apprenois d'un secret mouvement
Que tout doit *succéder* à mon contentement! (III, 441. *Cin.* 1272.)
    Des méchants, à qui tout *succède*,
    Cherchent à me faire périr. (IX, 291. *Ps. pén.* 1.)

SUCCÉDER DE, résulter de :

Votre malheur est grand; mais quoi qu'il *en succède*,
La mort qu'on me refuse en sera le remède. (V, 236. *Hér.* 1823.)

SUCCÈS, résultat bon ou mauvais, issue heureuse ou fâcheuse :

Ta vertu m'est connue. — Elle vaincra sans doute;
Ce n'est pas le *succès* que mon âme redoute :
Je crains ce dur combat.... (III, 503. *Pol.* 354.)
Un voyage que je fis à Paris pour voir le *succès* de *Mélite* m'apprit qu'elle n'étoit pas dans les vingt et quatre heures. (I, 270. *Exam. de Clit.*)
Chacun des maux passés goûte le doux *succès*. (X, 215. *Poés. div.* 320.)

Cet enlèvement lui réussit mal; et il a été bon de lui donner un mauvais *succès*. (II, 222. *Exam.* de *la Pl. roy.*)

.... Trouvez bon, je vous prie,
Que j'apprenne de vous les troubles de Syrie.
J'en ai vu les premiers, et me souviens encor
Des malheureux *succès* du grand roi Nicanor. (IV, 430. *Rod.* 26.)
Le *succès* le plus triste et le plus favorable,
    Le plus doux et le plus amer,
Me seront tous des choix de ta main adorable,
    Qu'également il faut aimer.
Je les recevrai tous, sans mettre différence
    Entre le bon et le mauvais. (VIII, 350. *Imit.* III, 1853-1858.)

Voyez encore x, 177, *Poés. div.* 21.

SUCCESSIF.

DROIT SUCCESSIF, droit de succession, d'héritage :

Votre feu père, dis-je, eut de l'amour pour moi :
J'étois son cher objet; et maintenant je voi
Que comme par un *droit successif* de famille,
L'amour qu'il eut pour moi, vous l'avez pour ma fille. (I, 489. *Veuve*, 1759.)

SUCCOMBER, au figuré :

Sous ce pressant remords il *a* trop *succombé*,
Et s'est à mes bontés lui-même dérobé. (III, 434. *Cin.* 1115.)
Je sais que je te dois des vœux et des louanges,
Que ne t'en pas offrir c'est te les dérober;
Mais si j'y fais effort, je cherche à *succomber*. (x, 177. *Poés. div.* 20.)

SUCCOMBÉ.

Pour un méchant soupir que tu m'as dérobé,
Ne me présume pas tout à fait *succombé*. (II, 277. *Pl. roy.* 1032.)

SUCRE, au figuré :

Portez à vos païens, portez à vos idoles
Le *sucre* empoisonné que sèment vos paroles. (III, 559. *Pol.* 1548.)

Ce mot ne s'emploie plus au figuré que dans quelques locutions proverbiales et familières, comme : *c'est tout sucre et tout miel.*

SUCRÉE (FAIRE LA), voyez au tome I du *Lexique*, p. 417 et 418, FAIRE.

SUEUR.

A ces mots, la *sueur* lui montant au visage,
Les sanglots de sa voix saisissent le passage. (VI, 548. *Soph.* 1795.)

SUFFIRE.

SUFFIT QUE, il suffit que :

Vous croirez que Pison est plus digne de Rome :
Pour ne plus en douter *suffit que* je le nomme. (VI, 617. *Oth.* 974.)

SUFFISANCE à, avec l'infinitif, habileté à :

L'amas des consolations,
L'éclat des révélations,
Ne sont pas du mérite une marque fort sûre;
Et ni par le degré plus haut,
Ni par la *suffisance* à lire l'Écriture,
On ne juge bien ce qu'il vaut. (VIII, 305. *Imit.* III, 953.)

SUFFISANT (ÊTRE PLUS QUE) :

.... Mes services présents
Pour le faire abolir *sont plus que suffisants.* (III, 126. *Cid*, 368.)

Scudéry a blâmé cette expression comme inintelligible, et l'Académie comme trop basse. Nous ne comprenons pas la première critique, et la seconde nous paraît bien sévère.

SUITE, ceux qui suivent ou accompagnent :

Ce fut là que pour *suite* il n'eut que son courage. (X, 207. *Poés. div.* 194.)

SUITE, série :

.... Il n'a pour lui qu'une *suite* d'ancêtres. (VI, 608. *Oth.* 765.)

SUITE, liaison, continuité :

Elle savoit toujours m'arrêter auprès d'elle
A tenir des propos d'une *suite* éternelle. (II, 128. *Suiv.* 22.)

Nous disons, pour exprimer l'idée opposée : *des propos sans suite.*

SUITE, conséquence :

.... Je crains de trop entendre,
Et que cette chaleur, qui sent vos premiers feux,
Ne pousse quelque *suite* indigne de tous deux. (III, 549. *Pol.* 1334.)

EN SUITE DE, voyez au tome I du *Lexique*, p. 371, ENSUITE.

SUIVANT, substantif :

Je suis Éole, roi des vents.
Partez, mes orageux *suivants*,
Faites ce qu'ordonne Neptune. (V, 349. *Andr.* 756.)
Ces tritons tout autour rangés comme *suivants*. (VI, 335. *Tois.* 1909.)

Ce mot ne s'emploie plus guère aujourd'hui que dans cette phrase familière : « Il n'a ni enfants, ni *suivants*. »

SUIVANTE.

Pour l'emploi que Corneille a fait de ce terme, voyez tome VI, p. 134, note 2.

SUIVRE, aller après, accompagner, au figuré :

Son cœur *suivra* le sceptre, en quelque main qu'il brille.
(VII, 389. *Pulch.* 201.)

Va, ne demande plus si je *suivrois* sa fuite. (II, 491. *Illus.* 1061.)

Ce bonheur *a suivi* leur courage invaincu,
Qu'ils ont vu Rome libre autant qu'ils ont vécu. (III, 325. *Hor.* 1013.)

Ils n'aspirent enfin qu'à des biens passagers,
Que troublent les soucis, que *suivent* les dangers. (III, 543. *Pol.* 1186.)

Prenez garde au péril qui *suit* un tel service. (III, 552. *Pol.* 1396.)

SUIVRE, continuer d'aller dans une direction :

La pente est naturelle, avec joie on la *suit.* (X, 191. *Poés. div.* 90.)

SUIVRE, continuer, poursuivre :

Vous pourrez au palais *suivre* cet entretien. (II, 350. *Méd.* 196.)

.... Vous *suivrez* ailleurs de si doux entretiens. (V, 93. *Théod.* 1718.)

Adieu. Quelque autre fois nous *suivrons* ce discours. (VII, 236. *Tit.* 873.)

« Oyez, Félix, *suit*-il ; oyez, peuple, oyez tous. » (III, 526. *Pol.* 840 *var.*)

En 1660 :

« Oyez, » dit-il ensuite....

Peut-être aura-t-il peine à *suivre* sa vengeance. (VI, 475. *Soph.* 60.)

SUIVRE, en parlant d'une chose qui vient à la suite d'une autre à laquelle elle est attachée :

Que ce bout de ruban a de galanterie !
Je le veux dérober. Mais qu'est-ce qui le *suit?* (IV, 326. *S. du Ment.* 725.)

SUIVRE, résulter :

.... Ce que je vois *suivre*
Me punit bien du trop que je la laissai vivre. (V, 160. *Hér.* 85.)

SUIVI.

ÊTRE MAL SUIVIE, en parlant d'une pièce de théâtre et du petit nombre de spectateurs qu'elle attire :

Je veux bien ne m'en prendre qu'à ses défauts (*de la tragédie de Théodore*) et la croire mal faite, puisqu'elle *a été mal suivie.* (V, 10. *Exam. de Théod.*)

SUIVI, ayant de la suite :

..... De quel front osé-je ébaucher tant de gloire,
Moi dont le style foible et le vers mal *suivi*
Ne sauroient même atteindre à ceux qui t'ont servi ? (X, 207. *Poés. div.* 183.)

SUIVANT, voyez ci-dessus, p. 356, SUIVANT, substantif.

SUJET, adjectif, soumis, obéissant :

Il faudroit que nos cœurs n'eussent plus qu'un desir,

Et quitter ces discours de volontés *sujettes*,
Qui ne sont point de mise en l'état où vous êtes. (I, 184. *Mél.* 703.)

SUJET, substantif, occasion, motif :

Ce dût vous être assez de m'avoir abusée,
Sans faire encor de moi vos *sujets* de risée. (II, 202. *Suiv.* 1466.)
Je n'aurois plus *sujet* d'aucune inquiétude. (VI, 494. *Soph.* 523 *var.*)

Sujet, en parlant d'une personne considérée comme inspirant une passion quelconque :

Égale à mon Philiste, il m'offriroit ses vœux,
Je m'entendrois nommer le *sujet* de ses feux. (I, 418. *Veuve*, 380.)

    Théante, reprends ta maîtresse;
    N'ôte plus à mes entretiens
    L'unique *sujet* qui me blesse,
Et qui peut-être est las des tiens. (II, 147. *Suiv.* 399.)

Digne sujet, personne de mérite, digne d'inspirer de l'affection, de l'estime :

Rodrigue aime Chimène, et ce *digne sujet*
De ses affections est le plus cher objet. (III, 114. *Cid*, 167 *var.*)

Bon sujet, celui qui est soumis à son prince :

Que ne dis-tu plutôt que ses justes alarmes
Aux yeux des *bons sujets* veulent cacher mes larmes ? (VI, 94. *Perth.* 1712.)

Corneille a employé cette expression en parlant d'une ville.

Corinthe est *bon sujet*, mais il veut voir son roi. (II, 373. *Méd.* 667.)

SUPERBE, adjectif des deux genres :

Quelle *superbe* humeur ! quel arrogant maintien ! (II, 20. *Gal. du Pal.* 71.)

Superbe, substantivement :

.... Les Romains,...
Ne cherchent qu'à venger par un coup généreux
Le mépris qu'en leur chef ce *superbe* a fait d'eux. (IV, 75. *Pomp.* 1164.)
C'est moi que tyrannise un *superbe* de frère. (V, 363. *Andr.* 1031.)

SUPERBE, substantif féminin, orgueil :

Abattons sa *superbe* avec sa liberté. (IV, 34. *Pomp.* 195.)

SUPPLÉER, activement, fournir ce qui manque :

    .... Ma générosité
Suppléera ce qui fait notre inégalité. (II, 188. *Suiv.* 1184.)

Suppléer à, neutralement, réparer le défaut de quelque chose :

Il (*les imprimeurs*) n'auront pas suivi ce nouvel ordre si ponctuellement

qu'il ne s'y soit coulé bien des fautes ; vous me ferez la grâce d'y sup-
pléer. (I, 12. *Au lect.*)
L'amour, qui n'a pu voir une telle injustice,
Supplée à son défaut, ou punit sa malice. (II, 368. *Méd.* 558.)
.... Ce feu qui sans cesse eux (*mes fils*) et moi nous consume
Suppléera par l'épée *au* défaut de ma plume. (X, 189. *Poés. div.* 72.)

SUPPLICE, peine, châtiment :

Si tu l'aimes encor, ce sera ton *supplice*.
— Je n'en murmure point, il a trop de justice. (III, 461. *Cin.* 1741.)
Sage en tout, il (*Louis XIII*) ne fît jamais qu'un mauvais choix,
Dont longtemps nous et lui portâmes le *supplice*. (X, 89. *Poés. div. var.*)

Supplices, au pluriel, tant au propre qu'au figuré :

Tandis tu veux donc vivre en d'éternels *supplices !* (I, 304. *Clit.* 498.)
.... Un rival, ses plus chères délices,
Redouble ses plaisirs en voyant mes *supplices*. (I, 303. *Clit.* 474.)
Souffrez qu'en autre lieu j'adresse mes services,
Que du manque d'espoir j'évite les *supplices*. (II, 137. *Suiv.* 218.)
.... Faites désormais tout ce qu'il vous plaira :
Puisque vous consentez plutôt à vos *supplices*
Qu'à l'unique moyen de payer mes services. (II, 266. *Pl. roy.* 817.)
Qui s'apprête à mourir, qui court à ses *supplices*,
N'abaisse pas son âme à ces molles délices. (V, 79. *Théod.* 1399.)
Prévenons, a-t-il dit, l'injustice des Dieux ;
Commençons à mourir avant qu'ils nous l'ordonnent ;
Qu'ainsi que mes forfaits mes *supplices* étonnent. (VI, 219. *OEd.* 1990.)
.... Suréna, vos services
(Qui l'auroit osé croire ?) ont pour moi des *supplices*. (VII, 495. *Sur.* 782.

SUPPORT, appui, soutien, au figuré :

Banni de mon pays par la rigueur d'un père,
Sans *support*, sans amis, accablé de misère. (II, 459. *Illus.* 498.)
Je ne mérite amour, ni pitié, ni *support*. (VIII, 464. *Imit.* III, 4190.)
Notre invincible et doux *support*. (IX, 543, note 3. *Hymn.*)

« Tu ne rencontres qu'un homme par toute la ville, à qui tu pusses persuader ton innocence, et qui te servît de *support*, et te donnât à vivre. » (Perrot d'Ablancourt, traduction de Lucien, tome III, p. 98.)

SUPPORTER.

Supporter de, absolument :

Comme il faut *supporter* d'autrui. (VIII, 94. *Imit.* I.)

C'est-à-dire, supporter ce qui nous vient d'autrui, ce que les autres nous font.

N'être pas à supporter :

Ton importunité *n'est pas à supporter*. (I, 207. *Mél.* 1065.)

SUPPOSER, substituer :

Elle (*l'Iphigénie in Tauris*) n'est fondée que sur cette feinte que Diane enleva Iphigénie du sacrifice dans une nuée, et *supposa* une biche en sa place. (IV, 417. *Avert. de Rod.*)

La Fontaine a dit de même :

L'animal chargé d'ans, vieux cerf et de dix cors,
En *suppose* un plus jeune, et l'oblige par force
A présenter aux chiens une nouvelle amorce. (*Discours à Mme de la Sablière.*)

SUPPOSER QUELQUE CHOSE À QUELQU'UN, lui faire un faux rapport, un récit mensonger :

Phorbas *nous supposa* ce qu'il nous en fit croire,
Et parla de brigands pour sauver quelque gloire. (VI, 191. *OEd.* 1341.)

SUPPOSITION, substitution :

La *supposition* que fait Léontine d'un de ses fils, pour mourir au lieu d'Héraclius, n'est point vraisemblable ; mais elle est historique. (V, 152. *Exam. d'Hér.*)

C'est le terme juridique.

SUPPÔT, terme dogmatique :

Apprends-nous à connoître et le Fils et le Père,
A te croire l'Esprit à tous les deux commun,
    Et cet ineffable mystère
De trois *suppôts* qui ne sont qu'un. (IX, 528. *Hymn.* 24.)

Furetière définit ce terme : « Ce qui sert de base et de fondement à quelque chose. L'humanité est le *suppôt* de l'homme. » Le mot, par les éléments dont il se compose, a de l'analogie avec celui de *substance*.

SUPRÊME.

Je me suis souvenu d'un secret que toi-même
Me donnois hier pour grand, pour rare, pour *suprême*. (IV, 199. *Ment.* 1098.)

Voltaire a fort reproché à Corneille cette expression de *secret suprême*; mais il nous semble que la gradation qui l'amène la rend fort acceptable.

SUPRÊME, au comparatif :

    Ses yeux, d'un pouvoir *plus suprême*
    Que n'est l'autorité des rois,
    Interdisent à notre choix
De disposer plus de nous-même. (X, 30. *Poés div.* 11.)

SUR, préposition, emplois divers :

Charleroi....
Sur le nom de son roi laisse arborer tes lis. (X, 264. *Poés. div.* 148.)

    Une fille de douze années
A seule eu des prix *sur* ce Puy. (X, 81. *Poés. div.* 10.)

Il s'agit du Puy du Palinod de Rouen.

Jésus-Christ remonté *sur* la voûte céleste,
Dont à descendre ici l'amour l'avoit contraint,

Des promesses du Père accomplissant le reste,
    Devoit envoyer l'Esprit saint. (ix, 528. *Hymn.* 1.)
Il vous a plu, Seigneur, bénir votre contrée,
Ce cher et doux climat choisi *sur* l'univers. (ix, 171. *Off. V.* 2.)
Vous ne verrez que gloire et que vertus en tous (*vos aïeux*).
Sur des pas si fameux suivez l'ordre céleste. (x, 184. *Poés. div.* 12.)
.... Ta Rome elle-même....
N'en reconnoîtra plus les vieux originaux (*les originaux de mes peintures*),
Et se plaindra de moi de voir *sur* eux gravées
Les vertus qu'à toi seul elle avoit réservées. (x, 98. *Poés. div.* 61.)
Si vous êtes chrétien, ne craignez plus ma haine;
Je les aime, Félix, et de leur protecteur
Je n'en veux pas *sur* vous faire un persécuteur. (III, 570. *Pol.* 1802.)

Voltaire dit au sujet de ce dernier passage : *Sur vous* « est une faute de langage ; on persécute un homme, et non *sur* un homme. » Dans les éditions antérieures à 1664, il y a *en vous*, au lieu de *sur vous*, et cette première leçon montre bien que le sens et le rapport des mots n'est pas celui que Voltaire suppose : *sur vous* signifie « en votre personne (qui aurait à *subir* les persécutions). » Nous trouvons dans Racine *sur* employé dans la même acception avec le verbe *persécuter* :

   Oui, les Grecs *sur* le fils *persécutent* le père.
          (*Andromaque*, acte I, scène II, vers 83.)

Le personnage de nourrice, qui est de la vieille comédie, et que le manque d'actrices y avoit conservé jusqu'alors, afin qu'un homme le pût représenter sous le masque, se trouve ici métamorphosé en celui de suivante, qu'une femme représente *sur* son visage. (II, 14. *Exam.* de *la Gal. du Pal.*)

L'expression *sur son visage* est parfaitement éclaircie par son opposition avec les mots *sous le masque* qui précèdent.

SUR, par-dessus; SUR TOUS, par-dessus tous les autres, plus que tous les autres; SUR TOUTE CHOSE, surtout :

J'honorerois Placide, et j'aimerois Dydime.
— Dydime, que *sur tous* vous semblez dédaigner!
— Dydime, que *sur tous* je tâche d'éloigner.
            (v, 34 et 35. *Théod.* 389 et 390.)
Prends un siège, Cinna, prends, et *sur toute chose*
Observe exactement la loi que je t'impose. (III, 448. *Cin.* 1425.)

SUR, d'après :

La comédie n'est qu'un portrait de nos actions et de nos discours, et la perfection des portraits consiste en la ressemblance. *Sur* cette maxime, je tâche de ne mettre en la bouche de mes acteurs que ce que diroient vraisemblablement en leur place ceux qu'ils représentent. (I, 377. *Au lect.* de *la Veuve.*)
Apprends *sur* mon exemple à vaincre ta colère. (III, 460. *Cin.* 1713.)
Des chefs faits de sa main, formés *sur* son courage.... (x, 325. *Poés. div.* 58.)

SUR, vers, vers le temps de :

Alcidon fait partie avec Célidan d'aller voir Clarice *sur* le soir. (I, 395. *Exam.* de *la Veuve.*)

Avant que de vous voir j'étois *sur* le départ. (II, 315. *Tuil.* 123.)

SUR, où nous mettrions plutôt *sous :*

Sur peine d'être ingrate, il faut de votre part
Reconnoître les dons que le ciel vous départ. (I, 152. *Mél.* 187.)

SUR, suivi d'une date :

Le *Martyrologue romain* en fait mention *sur* le 13ᵉ de février.... Le seul Surius ou plutôt Mosander, qui l'a augmenté dans les dernières impressions, en rapporte la mort assez au long *sur* le 9ᵉ de janvier. (III, 475. *Abrégé du mart. de S. Pol.*)

Ce martyre est rapporté par Surius *sur* le neuvième de janvier. (III, 478. *Exam. de Pol.*)

Là encore aujourd'hui nous emploierions plutôt *sous*.

DE SUR, de dessus, dans les premières pièces de Corneille :

Ses regards *de sur* vous ne pouvoient se distraire. (II, 34. *Gal. du Pal.* 298.)
Ils ont vu tout cela *de sur* une éminence. (IV, 347. *S. du Ment.* 1118.)

SUR À, adjectif, assuré à :

.... Sachez que l'effort où mon devoir m'engage
Ne peut plus me réduire à vous donner demain
Ce qui *vous* étoit *sûr*, je veux dire ma main. (VII, 486. *Sur.* 552.)
Grand Roi, Mastric est pris, et pris en treize jours !
Ce miracle étoit *sûr à* ta haute conduite. (X, 285. *Poés. div.* 2.)

Voyez encore ci-après les deux derniers exemples de SUR, *à la rime*.

SÛR, SÛRE, à la rime :

On écrivait autrefois *seur*, et dans ses premiers ouvrages Corneille fait rimer cet adjectif avec des mots en *eur :*

De sa possession je me tiens aussi *seur*
Que tu te peux tenir de celle de ma sœur. (I, 190. *Mél.* 797.)
Je veux prendre un moyen et plus court et plus *seur*,
Et sans aucun péril t'en rendre possesseur. (II, 261. *Pl. roy.* 703.)

Dans ses derniers ouvrages il fait rimer *sûre* avec les mots en *ure :*

Oui, ce petit enfant qui se traîne à vos yeux
De votre humilité doit être la mesure :
Rendez-vous ses égaux, ma gloire vous est *sûre*. (VIII, 571. *Imit.* III, 6428.)
M'aimez-vous ? — Oui, Seigneur, et ma main vous est *sûre*.
— C'est peu que de la main, si le cœur en murmure. (VII, 482. *Sur.* 461.)

SURDITÉS, au figuré :

.... Je vois presque en tous un même aveuglement,
Je trouve presque en tous des *surdités* pareilles. (VIII, 268. *Imit.* III, 173.)

SÛREMENT.

METTRE SÛREMENT, mettre en sûreté :
Rentrons donc, et *mettons* nos secrets *sûrement*. (II, 388. *Méd*. 960.)

SÛRETÉ.

FAIRE SA SÛRETÉ, LES SÛRETÉS DE QUELQU'UN :
M'étant fait cet effort, *j'ai fait ma sûreté*. (III, 565. *Pol*. 1689.)
.... Un front encor marqué des fers qu'il a portés....
— A droit de me charmer, s'il *fait vos sûretés*. (VI, 628. *Oth*. 1232.)

DONNER DES SÛRETÉS :
Mais pour peu qu'il m'aimât, du moins il m'auroit dit
Que je garde en son âme encor même crédit :
Il m'en *auroit donné des sûretés* nouvelles. (VII, 228. *Tit*. 671.)

EN PLUS DE SÛRETÉ :
Ici nous parlerons *en plus de sûreté*. (II, 480. *Illus*. 887.)

AVOIR SÛRETÉ DE, être sûr de :
.... Sous le ciel tout change, et les plus valeureux
N'*ont* jamais *sûreté* d'être toujours heureux. (VII, 498. *Sur*. 852.)

SUREXALTER.

Qu'ils le louent (*le Seigneur*) et le *surexaltent* en tous les siècles.
(X, 140. *Off. V*.)

Ce mot ne se trouve pas dans les dictionnaires ; c'est la transcription exacte du latin :
Laudate et superexaltate eum in sæcula.

SURMONTER, surpasser, vaincre, dominer :

David encore jeune berger *surmonte* le géant Goliath, et lui coupe la tête. (VIII, 333. *Imit*. III, note 1.)
.... Ce cœur généreux me condamne à la honte
De voir que ma princesse en amour me *surmonte*. (VI, 166. *OEd*. 752.)
Voilà bien des détours pour dire, au bout du conte,
Que c'est contre ton gré que l'amour te *surmonte*. (I, 173. *Mél*. 532.)

SURPLUS (LE), le reste :

Elle a lu dans mon cœur ; vous savez *le surplus*,
Et je vous en ferois des récits superflus. (III, 459. *Cin*. 1683.)

SURPRENDRE, enlever par surprise :

Porte-lui mon portrait, et comme sans dessein
Fais qu'il puisse aisément le *surprendre* en ton sein.
(IV, 319. *S. du Ment*. 582.)
On amorce le monde avec de tels portraits :

Pour les faire *surprendre* on les apporte exprès. (IV, 329. *S. du Ment.* 766.)
Officieux ami d'un amant déplorable,
Que tu m'offres en vain cet objet adorable!
Qu'en vain de m'en saisir ton adresse entreprend!
Ce que tu m'as donné, Doraste le *surprend*. (II, 257. *Pl. roy.* 636.)

Surprendre, prendre sur le fait, étonner en arrivant inopinément :

Tel est l'épanchement de tes nouveaux bienfaits;
Il prévient l'espérance, il *surprend* les souhaits. (X, 176. *Poés. div.* 12.)

Surprendre quelqu'un de quelque chose :

.... Le remercîment que je présentai il y a trois mois à Son Éminence,
pour une libéralité *dont* elle me *surprit*. (X, 93. *Poés. div. Au lect.*)
.... Ton cœur généreux m'*a surpris d'*un bienfait
Qui ne m'a pas coûté seulement un souhait. (X, 95. *Poés. div.* 15.)

Faire le surpris, voyez au tome I du *Lexique*, p. 417 et 418, Faire.

SURTOUT.

Don Rodrigue *surtout* n'a trait en son visage
Qui d'un homme de cœur ne soit la haute image. (III, 107. *Cid*, 29.)

Ce mot n'a ici, ce nous semble, rien de choquant, et l'on se demande pourquoi Scudéry l'a trouvé bas et l'Académie mal placé.

SUS! sorte d'exclamation :

Sus donc! perds tout respect et tout soin de lui plaire.
(I, 165. *Mél.* 393 *var.*)
.... *Sus!* de pieds et de mains
Essayons d'écarter ces monstres inhumains. (I, 225. *Mél.* 1365.)
Sus donc! chacun déjà devroit être masqué. (I, 285. *Clit.* 179.)
Sus donc! *sus*, mes sanglots! redoublez vos secousses. (I, 330. *Clit.* 993.)
Sus, sus! brisons la porte, enfonçons la maison. (II, 417. *Méd.* 1563.)
Sus donc! qui de vous deux me prêtera la main? (V, 234. *Hér.* 1794.)

Sus donc! préparez-vous à goûter les délices
Dont l'amour satisfait vos fidèles services. (Racan, *les Bergeries*, acte V.)

On ne rencontre guère après Corneille cette interjection, très-fréquente chez nos anciens auteurs.

SUSCITER, produire, faire paraître :

Vous n'êtes pas celui dont Dieu s'y veut servir :
Il saura bien sans vous en *susciter* un autre. (V, 58. *Théod.* 947.)

SUSPECT de :

J'ai vu que vers la Reine on perdoit le respect,
Que *d'*un indigne amour son cœur étoit *suspect*. (V, 446. *D. San.* 680.)

SYMPATHIE, conformité d'humeur et affection qui en résulte :

.... Ses discours pourroient forcer ma modestie

A l'assurer bientôt de notre *sympathie*. (I, 418. *Veuve*, 382.)
Il est des nœuds secrets, il est des *sympathies*
Dont par le doux rapport les âmes assorties
S'attachent l'une à l'autre, et se laissent piquer
Par ces je ne sais quoi qu'on ne peut expliquer. (IV, 444. *Rod.* 359.)

POUDRE DE SYMPATHIE :

Ne t'a-t-on point parlé d'une source de vie
Que nomment nos guerriers *poudre de sympathie?* (IV, 204. *Ment.* 1182.)
Voyez la note 2 de la page indiquée.

T

TABLATURE.

Ne m'importunez point de notre *tablature :*
Sans vos instructions je sais bien mon métier. (II, 145. *Suiv.* 358.)
.... Déjà vous cherchez à pratiquer l'amour!
Je suis auprès de vous en fort bonne posture
De passer pour un homme à donner *tablature ;*
J'ai la taille d'un maître en ce noble métier,
Et je suis, tout au moins, l'intendant du quartier. (IV, 143. *Ment.* 30.)
L'amour est un grand maître : il instruit tout d'un coup.
— Il vient de vous donner de belles *tablatures*. (IV, 320. *S. du Ment.* 587.)

Ce mot désignait autrefois la totalité des signes employés pour écrire la musique, et, plus particulièrement, une manière de noter la musique destinée à certains instruments, tels que le luth, le théorbe, la viole ; elle substituait aux notes ordinaires des lettres posées sur et entre les lignes de la portée. En Allemagne il existait encore une troisième manière de noter, adoptée par les organistes ; elle se composait également de lettres alphabétiques combinées avec d'autres signes, mais sans portée. Cette notation s'appelait *tablature allemande,* pour la distinguer de l'autre, nommée *tablature italienne.*

Ces diverses notations, plus ou moins compliquées, étaient difficiles à déchiffrer, et c'est de là que vient la locution : « donner de la *tablature* à quelqu'un, » pour dire : lui donner de la peine, de l'embarras.

Lire couramment ou à livre ouvert ces *tablatures* n'était pas l'affaire de tout le monde ; il fallait pour cela être musicien consommé ; aussi ceux qui en étaient capables se montraient fiers de leur habileté. De là est venue cette autre locution : « pouvoir donner de la *tablature* à quelqu'un, » pour dire : pouvoir l'instruire, être plus habile que lui.

Aujourd'hui l'on ne se sert plus de *tablature* pour désigner la notation musicale ; mais ce mot subsiste toujours pour désigner un tableau qui fait connaître le doigté des instruments à vent, c'est-à-dire qui présente, avec la figure de l'instrument, l'indication des trous qu'il faut boucher ou laisser ouverts pour obtenir telle ou telle note. Les méthodes de flûte, de hautbois, de cornet à piston, etc., sont accompagnées de *tablatures* de ce genre.

TACHE, au figuré :

.... Sa tête immolée au dieu de la victoire
Imprime à votre nom une *tache* trop noire. (IV, 32. *Pomp.* 130.)
C'est faire à mon honneur une *tache* trop noire. (VII, 89. *Agés.* 1966.)

L'affront seroit trop grand, et la *tache* trop noire. (VII, 431. *Pulch.* 1254.)
Mon honneur souffriroit des *taches* éternelles
A craindre encor de perdre une telle amitié. (I, 466. *Veuve*, 1304.)

TACHÉ, participe, souillé, au figuré :

Que son nom soit *taché*, sa mémoire flétrie. (III, 177. *Cid*, 1366.)

TÂCHER À :

Lis, et si tu le peux, *tâche à* te consoler. (I, 200. *Mél.* 942.)
En vain je lui résiste, et *tâche à* me défendre
D'un secret mouvement que je ne puis comprendre. (I, 312. *Clit.* 645.)
Une si douce erreur *tâche à* s'autoriser ;
Quel plaisir prenez-vous à m'en désabuser? (I. 429. *Veuve*, 585.)
Il *tâche à* raffermir leurs âmes ébranlées. (III, 433. *Cin.* 1094.)
En faveur de Cinna je fais ce que je puis,
Et *tâche à* garantir de ce malheur extrême
La plus belle moitié qui reste de lui-même. (III. 443. *Cin.* 1333.)
Quiconque après sa perte aspire à se sauver
Est indigne du jour qu'il *tâche à* conserver. (III, 444. *Cin.* 1340.)
  Il étoit bien aise de lui donner le moins d'occasion de tarder qu'il lui étoit possible, et de *tâcher*, durant son peu de séjour, *à* gagner son esprit par une prompte complaisance. (III, 482. *Exam. de Pol.*)
Elle oppose ses pleurs au dessein que je fais,
Et *tâche à* m'empêcher de sortir du palais. (III, 488. *Pol.* 16.)
Tâche à la consoler. Va donc : qui te retient? (III, 567. *Pol.* 1717.)
Je *tâche à* conserver mes tristes dignités. (III, 569. *Pol.* 1766.)
.... Quand il *tâche à* plaire, il offense en effet. (IV, 145. *Ment.* 96.)
Ta crainte est bien fondée, et puisque le temps presse,
Il faut *tâcher* en hâte *à* m'engager Lucrèce. (IV, 209. *Ment.* 1270.)
C'est ainsi que je *tâche* à ne me point méprendre.
                               (IV, 343. *S. du Ment.* 1046.)
Je *tâche* avec respect *à* vous faire connoître
Les forces d'un amour que vous avez fait naître. (IV, 482. *Rod.* 1287.)
  Médée *tâche à* lui faire peur des taureaux qu'il lui faut dompter. (VI, 234. *Dess. de la Tois.*)
J'ai cru faire éclater l'orgueil d'un autre choix :
Le seul pour qui je *tâche à* le rendre visible. (VI, 379. *Sert.* 381.)
Souffre-moi.... de *tâcher à* portraire
D'un roi tout merveilleux l'incomparable frère. (X, 207. *Poés. div.* 185.)

Suivant les grammairiens et les lexicographes modernes, *tâcher à* signifie toujours *viser à quelque chose*, tandis que *tâcher de* veut dire *faire ses efforts pour y parvenir*. La distinction, on le voit, est subtile, et difficile à observer. Ce qui est plus vrai et plus important à remarquer, c'est que *tâcher de* se substitue de plus en plus à *tâcher à*. C'est *tâcher de* qu'on emploierait généralement dans tous les passages qui précèdent.
Racine se sert aussi très-fréquemment de *tâcher à* : voyez le *Lexique* de cet auteur.

TÂCHER, activement, avec *le* pour régime :

Quand j'ai voulu me taire, en vain je *l'ai tâché*. (IV. 471. *Rod.* 1042.)

TAILLE (Être de) être capable de, locution familière et proverbiale :

Vous n'*êtes* point *de taille* à servir sans dessein
Un fanfaron plus fou que son discours n'est vain. (II, 461. *Illus.* 539.)

Dans les éditions antérieures à 1660 :

Vous n'avez point la mine à servir sans dessein.

Avoir la taille de, le mérite, la capacité de :

J'ai *la taille* d'un maître en ce noble métier. (IV, 143. *Ment.* 29.)

TAIRE (Se) de, ne point parler de :

On parle d'eaux, de Tibre, et l'on *se tait du* reste. (III, 441. *Cin.* 1290.)

Mme de Sévigné cite, comme une sorte de locution proverbiale, soit ce vers tout entier (tome II, p. 501 ; tome IV, p. 57), soit le second hémistiche (tome II, p. 185), pour parler d'événements qui ne sont connus qu'en partie.

Je ne pénètre point jusqu'au fond de son cœur;
Mais je sais qu'au dehors sa douleur vous respecte :
Elle *se tait de* vous.... (VII, 428. *Pulch.* 1154.)

Parler et ne pas se taire :

Trois sceptres à son trône attachés par mon bras
Parleront au lieu d'elle, et ne *se tairont pas*. (V, 515. *Nic.* 106.)

« Puisque les sceptres parleront, dit Voltaire, il est clair qu'ils ne se tairont pas. » Il est surprenant qu'un juge aussi délicat n'ait pas senti tout ce que le second hémistiche ajoute à l'expression. D'ailleurs ce n'est pas Corneille qui a introduit cette tournure dans notre langue ; elle se trouve dans la *Bible* (*Actes des Apôtres*, chapitre XVIII, verset 9 ; comparez *Ézéchiel*, chapitre XXIV, verset 27), et a été souvent employée par nos anciens auteurs mystiques. On lit dans le livre de l'*Internelle consolation* (traicté II, chapitre X, p. 79, édition de la bibliothèque elzévirienne) : « Maintenant, *je parleray, et ne me tairay pas.* »

TALENT, poids, somme d'or ou d'argent :

Je les vois effacer ces chefs-d'œuvres antiques,
Dont jadis les seuls rois, les seules républiques,
Les seuls peuples entiers pouvoient faire le prix,
Et pour qui l'on traitoit les *talents* de mépris. (X, 120. *Poés. div.* 100.)

Talent, aptitude, capacité :

.... Les plus beaux *talents* des plus rares esprits,
Quand les corps sont usés, perdent bien de leur prix.
(X, 145. *Poés. div.* 49.)

Il n'est dans tous les arts secret plus excellent
Que d'y voir sa portée et choisir son *talent*. (X, 177. *Poés. div.* 28.)

TALON.

Jouer des talons, s'enfuir :

.... *Jouant des talons* tous deux en gens habiles,
Ils m'ont fait trébucher sur un monceau de tuiles. (IV, 369. *S. du Ment.* 1517.)

TANDIS, pendant ce temps, cependant, en attendant :

Tandis tu peux donc vivre en d'éternels supplices ?
— *Tandis* ce m'est assez qu'un rival préféré,
N'obtient, non plus que moi, le succès espéré. (I, 304. *Clit.* 498 et 499.)
Encore une remise ; et que *tandis* Florange
Ne craigne aucunement qu'on lui donne le change. (I, 450. *Veuve*, 101.)
Tandis, par la fenêtre ayant vu ton retour,
Je t'ai voulu sur l'heure apprendre cet amour. (II, 294. *Pl. roy.* 1376.)
.... Ce que je suivois *tandis* est disparu. (II, 31. *Gal. du Pal.* 244.)
Elle vous fait *tandis* cette galanterie,
Pour s'acquérir le bruit de fille bien nourrie. (II, 168. *Suiv.* 793.)
C'est où le Roi le mène, et *tandis* il m'envoie
Faire office vers vous de douleur et de joie. (III, 333. *Hor.* 1155.)
Tandis, pour un moment trêve de raillerie. (IV, 337. *S. du Ment.* 915.)
Tandis, ce soir chez moi, nous souperons ensemble.
(IV, 348. *S. du Ment.* 1130.)
Tandis, souvenez-vous, malgré tous vos mépris,
Que j'ai fait ce que sont et le père et le fils. (V, 24. *Théod.* 173.)
Tandis, permettez-moi de vous entretenir. (V, 33. *Théod.* 354.)
Tandis, tu m'as réduite à faire un peu d'avance. (VI, 610. *Oth.* 809.)

Ce mot s'employait autrefois ainsi en guise d'adverbe, sans être suivi de *que* :

Allez les querir, ie feray
Tandis au soupper donner ordre. (Jodelle, *l'Eugene*, acte V, vers III.)

Éteocle *tandis* dans le temple prioit
Ses tutelaires Dieux, et leur sacrifioit. (Garnier, *Antigone*, acte III, vers 72.)

Allez du temps perdu recompenser la perte,
Vous ieter amoureux dedans la lice ouuerte
Des humides baisers des douceurs de Cypris;
Tandis i'acheueray le voyage entrepris. (Hardy, *Alceste ou la Fidelité*.)

Vaugelas a blâmé en 1647 (*Remarques*, p. 64) cet emploi de *tandis* ; mais, contre l'ordinaire, cela n'a pas empêché Corneille, comme on le voit, de continuer à s'en servir ; la tragédie d'*Othon*, d'où est tiré notre dernier exemple, est de 1664. De plus, lors de sa révision générale, il ne l'a supprimé nulle part dans ses premières pièces.

TANT, devant un adverbe, dans le sens de *si* :

Tu ne fais *tant* mal.... (I, 477. *Veuve*, 1518.)
Cela n'est pas *tant* mal pour un commencement. (II, 23. *Gal. du Pal.* 103.)

Molière a employé *tant* dans le même sens devant un adjectif : « Voilà une malade qui n'est pas *tant* dégoûtante. » (*Le Médecin malgré lui*, acte II, scène VI.)
Cette locution a été fort anciennement blâmée. On lit dans les *Dialogues* de Mathurin Cordier : « Tu es *tant* bon que ie ne sçauroye dire meilleur, *pueriles est ineptia pro eo quod est :* Tu es *si* bon que rien plus. » (*De Corrupti sermonis emendatione*, chapitre XXXVII, § 25.)

TANT DE, autant de :

Je ne puis dire *tant de* bien de cette pièce que de la précédente. (II, 221. *Exam.* de *la Pl. roy.*)

TANT ET TANT DE :

.... L'hymen nous a joints par *tant et tant de* nœuds,

Qu'il est peu de nos fils qui ne soient vos neveux. (III, 294. *Hor.* 289.)
Que dirais-je de Lisle, où *tant et tant de* tours,
De forts, de bastions n'ont tenu que dix jours? (x, 205. *Poés. div.* 163.)

EN TANT QUE, autant que :

Madame, mon avis au vôtre ne résiste
Qu'*en tant que* votre ardeur se porte vers Philiste. (I, 423. *Veuve*, 464 *var.*)

En 1660 :

Qu'alors que votre ardeur se porte vers Philiste.

Elle (*Cléopatre*) semble n'avoir point d'amour qu'*en tant qu*'il peut servir à sa grandeur. (IV, 23. *Exam. de Pomp.*)

TANT PLUS :

L'autre est de moindre taille, il a le poil plus blond,
Le teint plus coloré, le visage plus rond,
Et je le connois moins, *tant plus* je le contemple. (IV, 307. *S. du Ment.* 335.)
Tant plus il t'enrichit, et *tant plus* tu hasardes. (VIII, 224. *Imit.* II, 996.)

« *Tant plus il boit, tant plus il a soif,* c'est à la vieille mode, dit Vaugelas (*Remarques*, p. 35); il faut dire : *plus il boit, plus il a soif.* Qui ne voit combien ce dernier est plus beau? »

TANT QUE, jusqu'à ce que :

Différez pour le mieux un peu cette visite,
Tant que, maître absolu de votre jugement,
Vous soyez en état de faire un compliment. (I, 234. *Mél.* 1545.)
Ainsi nos feux secrets n'avoient point de jaloux,
Tant que leur sainte ardeur, plus forte devenue,
Voulut un peu de mal à tant de retenue. (I, 367. *Clit.* 1385 *var.*)
Réglons tous nos desseins sur ses intentions,
Tant que par la douceur d'une longue hantise
Comme insensiblement elle se trouve prise. (I, 401. *Veuve*, 37.)
.... C'est par où je l'amuse,
Tant que tes bons succès lui découvrent ma ruse. (I, 404. *Veuve*, 106 *var.*)

En 1668 :

Jusqu'à ce que l'effet lui découvre une ruse.

Cependant pour ce soir ne me refusez pas
L'heur de vous voir ici prendre un mauvais repas,
Afin qu'à ce qui reste ensemble on se prépare,
Tant qu'un mystère saint deux à deux nous sépare. (I, 500. *Veuve*, 1980.)
De crainte que j'en ai, d'ici je me bannis,
Tant qu'avec lui je voie ou Florame ou Daphnis. (II, 203. *Suiv.* 1500.)
Je te le dis encore, et veux, *tant que* j'expire,
Sans cesse le penser et sans cesse le dire. (III, 155. *Cid*, 893 *var.*)

« Cela n'est pas français, pour dire : *jusqu'à tant que j'expire,* » dit l'Académie dans ses *Sentiments sur* le Cid (p. 162). Corneille, docile à cette critique, a mis dans l'édition de 1660 :

> Je te le dis encore ; et quoique j'en soupire,
> Jusqu'au dernier soupir je veux bien le redire.

Voltaire, tout en trouvant la première leçon répréhensible, la préfère à la seconde. Du reste l'expression supprimée ici a été laissée dans le passage suivant de la même pièce :

> Adieu : je vais traîner une mourante vie,
> *Tant que* par ta poursuite elle me soit ravie. (III, 159. *Cid*, 994.)

Enfin Corneille n'a pas hésité à la reproduire plus tard dans d'autres ouvrages :

> Oui, Madame, souffrez que cette amour persiste
> *Tant que* l'hymen engage ou Mélisse ou Philiste.
> (IV, 382. *S. du Ment.* 1774.)
>
> .... Je craindrai toujours d'avoir trop prétendu,
> *Tant que* de cet espoir vous m'ayez répondu. (VI, 376. *Sert.* 312.)
> C'est par cette raison qu'il s'y doit attacher....
> *Tant qu*'il obtienne grâce.... (VIII, 617. *Imit.* IV, 810.)

Une remarque assez piquante à faire, c'est que l'Académie, dans ses *Sentiments sur le Cid*, a elle-même employé la tournure qu'elle condamne. On y lit (p. 52) : « Tant qu'il ait prouvé, » pour : « Jusqu'à ce qu'il ait prouvé. »

TANTÔT, en parlant du passé, dernièrement :

> Écoute. En ce temps-là, dont *tantôt* je parlois,
> Les Déesses aussi se rangeoient sous mes lois. (II, 449. *Illus.* 291.)
> Je vous blâmois *tantôt*, je vous plains à présent. (III, 112. *Cid*, 127.)
> Ce perfide *tantôt*, en dépit de lui-même,
> L'arrachant de vos bras, le traînoit au baptême. (III, 525. *Pol.* 809.)
> S'il nous sembloit *tantôt* courir à son malheur,
> C'est d'un nouveau chrétien la première chaleur. (III, 531. *Pol.* 935.)
> Allons trouver Clarice et lui demander grâce :
> Elle pouvoit *tantôt* m'entendre sans rougir. (IV, 185. *Ment.* 835.)
> J'ai *tantôt* vu passer cet objet si charmant. (IV, 228. *Ment.* 1619.)
> Ah ! ce n'est pas pour moi qu'il est si téméraire :
> *Tantôt* dans ses respects j'ai trop vu le contraire. (V, 461. *D. San.* 1042.)
> Scipion, dont *tantôt* vous vantiez le courage,
> Ne vouloit point régner sur les murs de Carthage. (V, 542. *Nic.* 675.)

TANTÔT, en parlant de l'avenir, bientôt, à l'instant :

> Est-ce trop l'acheter que d'une triste vie
> Qui *tantôt*, qui soudain me peut être ravie ? (III, 543. *Pol.* 1196.)

TAPABORD.

> Il est temps d'avancer ; baissons le *tapabord* ;
> Moins nous ferons de bruit, moins il faudra d'effort. (I, 456. *Veuve*, 1137.)

Voyez la note 4 de la page indiquée. — « *Tapabord*. C'est une sorte de bonnet à l'angloise, qui étoit fort commode et qu'on portoit sur mer il y a environ cinquante-deux ou cinquante-trois ans. On dit qu'on portoit des *tapabords* au dernier siège de la Rochelle ; au moins M. Bouillaud, célèbre astronome, qui étoit alors dans sa verte jeunesse, me l'a ainsi assuré.... Le mot de *tapabord* n'est pas aujourd'hui fort entendu, et je ne l'ai trouvé que dans les recueils de poésies de Serci, tome II, p. 214. » (Richelet, 1680.) — Furetière, qui écrit *tapabor*, nous apprend que ce bonnet servait le jour et la nuit, qu'on en abattait les bords pour se garantir du vent et du hâle, et qu'on l'appelait aussi sur la mer *bourguignotte*. — Enfin Ménage dit dans son *Dictionnaire étymologique* qu'on le nommait aussi « *boukinkan*, à cause que cette sorte de bonnet fut apportée sous Louis XIII par les Anglais qui étoient à la suite du duc de Boukinkam. »

Au dix-septième siècle, on disait *taper à bord* pour monter à l'abordage, comme le prouve le passage suivant : « Le Navire Hollandois nommé *l'Aygle noire* estant envoyé de la ville de Livorne et y voulant aller à la rade, avoit esté abordé par une navire pyrate françois; lequel.... incontinent (dis-je) *tappa à bord*, print et se rendit maistre du dict navire Hollandois. » (*Extraict des lettres publicques de Livorne escripte (sic) le 28. Febvrier 1657 dans la Plainte de M. Boreel, ambassadeur de Messeigneurs les Etats generaux des Provinces unies*. Catalogue de la Bibliothèque impériale, *Histoire de France*, tome VII, p. 552, n° 176.) — C'est de cette expression *taper à bord* que pourrait être venu, ce nous semble, le mot *tapabord*, pour désigner un bonnet d'abordage. On peut voir d'autres conjectures étymologiques dans le *Dictionnaire* de Ménage (édition de 1750).

Scarron l'a employé d'une manière assez particulière dans son *Roman comique* (1ʳᵉ partie, chapitre x, tome I, p. 331) : « Sa mauvaise intention la faisant rougir (car elles rougissent aussi les dévergondées), sa gorge n'avoit pas moins de rouge que son visage, et l'un et l'autre ensemble auroient été pris de loin pour un *tapabor* d'écarlate. »

TAPISSÉ DE :

J'avois pris cinq bateaux pour mieux tout ajuster....
Le cinquième étoit grand, *tapissé* tout exprès
De rameaux enlacés pour conserver le frais. (IV, 155. *Ment.* 271 et 272.)

TARDER, séjourner, rester longtemps :

Comme Félix craignoit ce favori, qu'il croyoit irrité du mariage de sa fille, il étoit bien aise de lui donner le moins d'occasion de *tarder* qu'il lui étoit possible. (III, 482. *Exam. de Pol.*)

Si le plus jeune des deux frères étoit en âge de se marier quand César partit d'Égypte, l'aîné en étoit capable quand il y arriva, puisqu'il n'y *tarda* pas plus d'un an. (IV, 23. *Exam. de Pomp.*)

Je l'avois bien jugé, qu'un intérêt d'amour
Fermoit ici vos yeux aux périls de ma cour;
Mais je croirois me faire à moi-même un outrage
Si je vous obligeois d'y *tarder* davantage. (VI, 140. *OEd.* 138.)

Je dois attendre ici le chef de l'entreprise;
S'il *tardoit* à la rue, il seroit reconnu. (II, 494. *Illus.* 1131.)

IL ME TARDE QUE NE, avec l'indicatif :

Ne perdons point de temps. Nos masques, nos épées !
Qu'*il me tarde* déjà *que*, dans son sang trempées,
Elles *ne* me font voir à mes pieds étendu
Le seul qui sert d'obstacle au bonheur qui m'est dû !
(I, 285. *Clit.* 166 et 167.)

« Il m'est bien tard que le messager de nostre païs soit venu. *Il me tarde* fort *qu'il ne* vient; *tabellarium nostratem avidissime expecto.... nihil expecto cupidius, quam literas a nostratibus*. — Il m'est bien tard que i'aye des lettres du païs. *Il me tarde* bien *que* ie n'ay des lettres du païs. » (Mathurin Cordier, *de Corrupti sermonis emendatione*, chapitre II, p. 121, § 104.)

L'HEURE NOUS TARDERA DE :

*L'heure nous tardera d'*en voir l'expérience. (v, 453. *D. San.* 849.)

TARIR, activement, au figuré :

Apaisez vos soupirs et *tarissez* vos larmes. (II, 467. *Illus.* 625.)
Peuple, fais voir ta joie à ces divinités
Qui vont *tarir* le cours de tes calamités. (VI, 261. *Tois.* 162.)

TAS, au figuré, dans la tragédie :

Un *tas* d'hommes perdus de dettes et de crimes. (III, 451. *Cin.* 1493.)

TÂTER, au figuré :

.... Doutant s'ils voudront se faire à l'esclavage,
Aux périls de Sylla vous *tâtez* leur courage. (VI, 400. *Sert.* 886.)

EN TÂTER, expression proverbiale, en venir aux mains :

Et comme on nous fit lors une paix telle quelle,
Nous sûmes l'un à l'autre en secret protester
Qu'à la première vue il *en* faudroit *tâter*. (IV, 201. *Ment.* 1136.)

TÂTER (SE) :

S'il aime sa grandeur, il hait la perfidie ;
Il se juge en autrui, *se tâte*, s'étudie. (IV, 60. *Pomp.* 782.)

TE.

Construction de TE joint à un infinitif :

J'ai des nippes en haut que je *te* veux montrer.
(II, 65. *Gal. du Pal.* 891 *var.*)
.... Que je veux *te* montrer. (1660)
Je *te* vais donc laisser ma fortune à conduire. (II, 261. *Pl. roy.* 710 *var.*)
Je vais donc *te* laisser.... (1660)
Va, quitte-moi, ma vie, et *te* coule sans bruit. (II, 267. *Pl. roy.* 847. *var.*)
Quitte-moi, je te prie, et coule-*toi* sans bruit. (1660)

Dans ce dernier exemple, le changement de la construction a rendu nécessaire celui de *te* en *toi*.
Voyez ce qui a été dit au sujet de ces constructions, aux articles LE, LUI, ME, NOUS, SE.

TEINT, substantif, au figuré :

L'argent dans le ménage a certaine splendeur
Qui donne un *teint* d'éclat à la même laideur. (I, 149. *Mél.* 124.)

Voyez la note 4 de la page indiquée.

TEINTURE, au propre :

Il est teint de mon sang. — Plonge-le dans le mien,
Et fais-lui perdre ainsi la *teinture* du tien. (III, 154. *Cid*, 864.)

TEINTURE, au figuré :

Il faudroit qu'ils n'eussent aucune *teinture* d'humanité. (I, 69. *Disc. de la Trag.*)

Elles (*vos perfections*) sont en un si haut point, qu'on n'en peut avoir de légères *teintures* sans des priviléges tous particuliers du ciel. (I, 375. *Épît. de la Veuve.*)

.... L'air du monde change en bonnes qualités
Ces *teintures* qu'on prend aux universités. (IV, 321. *S. du Ment.* 622.)

.... Pour moi, qui caché sous une autre aventure,
D'une âme plus commune ai pris quelque *teinture*,
Il n'est pas merveilleux si ce que je me crus
Mêle un peu de Léonce au cœur d'Héraclius. (V, 193. *Hér.* 852.)

Je veux parler en fille, et je m'explique en reine,
Vous qui l'êtes encor, vous savez ce que c'est,
Et jusqu'où nous emporte un si haut intérêt.
Si je n'en ai le rang, j'en garde la *teinture*. (VI, 173. *ŒEd.* 925.)

Que vous connoissez mal ce que peut la nature!
Quand d'un parfait amour elle a pris la *teinture*.... (VI, 182. *ŒEd.* 1114.)

On m'avoit dit pourtant que souvent la nature
Gardoit en vos pareils sa première *teinture*. (VI, 597. *Oth.* 530.)

TEL, TELLE.

Tel entrant ce grand roi dans ses villes rebelles,
De ces cœurs révoltés fait des sujets fidèles. (X, 108. *Poés. div.* 31.)

.... Quand le courroux du maître de la terre
Pour en punir l'orgueil prépare son tonnerre,...
Telle on voit le Flamand présumer ta venue,
Grand Roi!... (X, 203. *Poés. div.* 141.)

Voyez encore X, 312, *Poés. div.* 27 et 28.

TEL QUE :

Toi seul y peux suffire, et dans toutes les âmes
Allumer de toi seul les plus célestes flammes,
*Tel qu'*épand le soleil sa lumière sur nous,
Unique dans le monde, et qui suffit à tous. (X, 196. *Poés. div.* 35.)

Viens-y (*à la sainte table*), mais seulement en me remerciant,
*Tel qu'*à celle d'un roi se sied un mendiant. (VIII, 656. *Imit.* IV, 1613.)

TEL, substantivement, dans un sens très-général :

.... *Tel*, à la faveur d'un semblable débit,
Passe pour homme illustre, et se met en crédit. (IV, 159. *Ment.* 343.)

TEL, un tel :

Je crois m'aimer assez pour ne la pas contraindre;
Mais *tel* chagrin aussi pourroit me survenir,
Que je l'épouserois afin de la punir. (VII, 481. *Sur.* 447.)

L'amour qu'il me portoit eut sur lui *tel* pouvoir,
Qu'il voulut sur mon sort faire parler l'oracle. (VI, 161. *ŒEd.* 646.)

TEL QUE, quel que :

Je t'aime toutefois, *tel que* tu puisses être. (III, 429. *Cin.* 1033. *var.*)

En 1663 :

.... Quel que tu puisses être.

TEL.... QUE, quelque.... que :

A *tel* prix *que* ce soit, il faut rompre mes chaînes. (II, 235. *Pl. roy.* 222.)

TEL QUEL :

.... On nous fit lors une paix *telle quelle*. (IV, 201. *Ment.* 1134.)

TÉMÉRITÉ, au pluriel :

Redoublez vos mépris, mais bannissez des craintes
Qui portent à mon cœur de plus rudes atteintes ;
Ils sont encor plus doux que les indignités
Qu'imputent vos frayeurs à mes *témérités*. (V, 53. *Théod.* 802.)

TÉMOIGNER, suivi d'un substantif, sans préposition ni article :

Vous pouvez perdre Othon sans verser une larme ;
Vous en *témoignez* joie.... (VI, 589. *Oth.* 339.)

.... Les stances dont je me suis servi en beaucoup d'autres poëmes, et contre qui je vois quantité de gens d'esprit et savants au théâtre *témoigner* aversion. (V, 308. *Exam. d'Andr.*)

TÉMOIN, témoignage :

Vous me pardonnerez, j'en ai de bons *témoins*,
C'est l'homme qui de tous la mérite le moins. (I, 213. *Mél.* 1169.)

.... En vous donnant de semblables *témoins*,
Si vous aimez beaucoup, que je n'aime pas moins. (V, 339. *Andr.* 540.)

TEMPÉRAMENT, adoucissement, moyen terme :

Cette décision peut toutefois recevoir quelque distinction et quelque *tempérament*. (I, 77. *Disc. de la Trag.*)

C'étoit un *tempérament* que je croyois lors fort raisonnable entre la rigueur des vingt et quatre heures et cette étendue libertine qui n'avoit aucunes bornes. (I, 394. *Exam. de la Veuve.*)

TEMPÊTE, au figuré :

.... S'il a peu servi, si le feu des mousquets
Arrêta dès Douai ses plus ardents souhaits,
Il fait gloire du lieu que perça leur *tempête*. (X, 189. *Poés. div.* 83.)

TEMPÊTER, dans le style tragique :

C'est en vain qu'il *tempête* et feint d'être en fureur :
Je vois ce qu'il prétend auprès de l'Empereur. (III, 555. *Pol.* 1461.)

TEMPLE.

.... Il est saison que nous allions au *temple*. (IV, 217. *Ment.* 1434.)

« On n'osait pas, au dix-septième siècle, dit M. Génin dans son *Lexique de Molière*, p. 391, faire prononcer sur le théâtre le mot *église* : c'eût été regardé comme une profanation. On se servait du mot païen. » Après cette réflexion vient un passage du *Dépit amoureux* et le vers de Corneille que nous venons de rapporter. — Notre poëte, en effet, n'a employé que le mot *temple*; mais il est surprenant que l'auteur du *Lexique de la langue de Molière* ne se soit pas rappelé les passages suivants :

Chaque jour à l'*église* il venoit, d'un air doux,
Tout vis-à-vis de moi, se mettre à deux genoux. (*Tartuffe*, acte I, scène V.)

Je ne remarque point qu'il hante les *églises*. (*Ibidem*, acte II, scène II.)

Quoique la pièce d'où ces passages sont tirés ait soulevé bien des colères, l'emploi du mot *église* n'a jamais donné lieu à aucune objection.

TEMPS, époque, moment :

Qu'ainsi qu'au *temps* du *Cid* je ferois de jaloux! (X, 187. *Poés. div.* 29.)

TEMPS, conjoncture, occasion (propice) :

Pourrai-je prendre un *temps* à mes vœux si propice? (III, 504. *Pol.* 366.)
Un *temps* bien pris peut tout.... (VI, 630. *Oth.* 1277.)
Allons chercher le *temps* d'immoler mes victimes. (IV, 491. *Rod.* 1495.)

N'AVOIR QUE SON TEMPS :

Sylla *n'a que son temps*, il est vieil et cassé,
Son règne passera, s'il n'est déjà passé. (VI, 406. *Sert.* 1039.)

.... Ce ne sont enfin que rayons inconstants,
Qui vont de l'un à l'autre, et qui *n'ont que leur temps*.
(X, 119. *Poés. div.* 60.)

La locution *cela n'aura qu'un temps*, encore usitée aujourd'hui dans le style familier, se rapproche fort de celle-là.

AVOIR TEMPS POUR TOUT :

Comte, encore une fois, laissez-le me l'apprendre.
Nous *aurons temps pour tout*. Et vous, parlez, Carlos.
(V, 427. *D. San.* 207.)

GAGNER TEMPS, pour *gagner du temps* :

Je voulois *gagner temps*, pour ménager ta vie
Après l'éloignement d'un flatteur de Décie. (III, 561. *Pol.* 1575.)

PERDRE TEMPS, pour *perdre du temps, perdre son temps* :

Il n'est pas fort aisé d'arracher ce secret.
Adieu : ne *perds* point *temps*.... (I, 162. *Mél.* 352.)
Je te le dis encor, tu *perds temps* à me suivre. (I, 330. *Clit.* 981.)
C'est *perdre temps*, Madame, il veut parler à vous. (II, 527. *Illus. var.*)
Je n'ai point *perdu temps*, et voyant leur colère
Au point de ne rien craindre, en état de tout faire,
J'ajoute en peu de mots.... (III, 394. *Cin.* 213.)
L'un et l'autre, voyant à quoi je me prépare,

Se hâte d'achever avant qu'on les sépare,
Presse sans *perdre temps* si bien qu'à mon abord,
D'un coup que l'on allonge, il blesse l'autre à mort.
Je me jette au blessé, je l'embrasse, et j'essaie,
Pour arrêter son sang, de lui bander sa plaie;
L'autre, sans *perdre temps* en cet événement,
Saute sur mon cheval.... (IV, 293 et 294. *S. du Ment.* 113 et 117.)
Vous *perdez temps*, Monsieur, je sais trop mon devoir.
(IV, 302. S. du Ment. 245.)
.... L'orfévre est loin d'ici;
Donnez-moi, je *perds temps*.... (IV, 327. *S. du Ment.* 742.)
Je n'ai point *perdu temps*, et les ai fait entendre.
(IV, 347. S. du Ment. 1122.)
Blanche, *j'ai perdu temps*. — Je *l'ai perdu* de même. (V, 460. *D. San.* 1021.)
On *perd temps* toutefois, ce cœur n'est point à vendre. (V, 18. *Theod.* 19.)
Qu'on ne *perde* point *temps* à s'entre-regarder. (V, 336. *Andr.* 473.)
Je *perds* donc *temps*, Madame.... (V, 387. *Andr.* 1587.)
Faites-lui *perdre temps*, tandis qu'en assurance
La galère s'éloigne avec son espérance. (V, 583. *Nic.* 1623.)
Mais qui *perd temps* ici perd tout son avantage. (V. 584. *Nic.* 1644.)
Menace, puisqu'enfin c'est *perdre temps* qu'offrir. (VI, 51. *Perth.* 749.)
Madame.... — Tu *perds temps*; je n'écoute plus rien. (VI, 75. *Perth.* 1293.)
.... Partout je *perds temps*; partout même constance
Rend à tous mes efforts pareille résistance. (VI, 90. *Perth.* 1611.)
J'ai perdu temps, Seigneur; et cette âme embrasée
Met trop de différence entre Æmon et Thésée. (VI, 144. *OEd.* 281.)
Mais sans trône on *perd temps* : c'est la première idée
Qu'à l'amour en mon cœur il ait plu de tracer. (VIII, 14. *Agés.* 128.)

Voici un passage où *temps*, après *perdre*, est précédé, conformément à l'usage actuel, de la préposition partitive *de* :

Qu'on *perd de temps*, Madame, alors qu'on vous fait grâce !
(VI, 174. OEd. 945.)

Voyez ci-après le second exemple de TEMPS, *au pluriel.*

TEMPS, au pluriel :

Soleil, père des *temps* comme de la lumière,
   Qui vois tout naître et tout finir.... (X, 59. *Poés. div.* 3.)
.... Je serois marri qu'un soin officieux
Vous fît perdre pour moi des *temps* si précieux (II. 348. *Méd.* 160.)
.... L'heureux malheur qui vous a menacés
Avec tant de justesse a ses *temps* compassés....! (I, 314. *Ciit.* 676.)

LONG TEMPS :

C'est par là, Madame, que j'espère obtenir de Votre Majesté le pardon du *long temps* que j'ai attendu à lui rendre cette sorte d'hommages. (III, 472. *Épît. de Pol.*)
Avoir un si *long temps* des sentiments si vains,
C'est assez mériter l'honneur de vos dédains. X, 144. *Poés. div.* 25.)
Son père peut venir, quelque *long temps* qu'il tarde. (X, 164. *Ment.* 449.)]

De tout temps :

La Garonne et l'Atax dans leurs grottes profondes
Soupiroient *de tout temps* pour voir unir leurs ondes. (x, 232. *Poés. div.* 2.)

De vieux temps, depuis longtemps :

Son père, *de vieux temps*, est grand ami du mien. (IV, 168. *Ment.* 503.)

Tout d'un temps, en même temps, à la fois, tout de suite :

.... Pour finir vos maux et votre flamme,
Empruntez *tout d'un temps* les froideurs de mon âme. (I, 152. *Mél.* 170.)

Il la lui arrache (*il arrache à Dorise son épée*), et passe *tout d'un temps* le tronçon de la sienne en la main gauche. (I, 266. *Argum.* de *Clit.*)

Après avoir perdu sa douceur naturelle (*de ton sexe*),
Dépouille sa pudeur, qui te messied sans elle ;
Dérobe *tout d'un temps*, par ce crime nouveau,
Et l'autre aux yeux du monde, et ta tête au bourreau. (I, 307. *Clit.* 539.)

Me remplir *tout d'un temps* d'espoir et m'en priver....
(II, 42. *Gal. du Pal.* 440.)

« C'est à ses intérêts que je vais l'immoler, »
Dit-il ; et *tout d'un temps* on le voit y voler. (III, 332. *Hor.* 1134.)

.... Il lui sera facile
D'apaiser *tout d'un temps* les mânes de Camille. (III, 358. *Hor.* 1776.)

Ici, *tout d'un temps*, Iris disparoît, Pallas remonte au ciel, et Junon descend en terre. (VI, 281. *Tois.*)

TENDRE, attendrissant, touchant :

Qui ne seroit touché d'un si *tendre* spectacle? (III, 569. *Pol.* 1787.)

TENDRESSE.

De quels yeux vîtes-vous son auguste fierté
Unir tant de *tendresse* à tant de majesté? (x, 212. *Poés. div.* 272.)

Il s'agit de Louis XIV, et c'est à ses troupes, chefs et soldats, que le poëte s'adresse.

Tendresses, au pluriel :

Les *tendresses* de l'amour humain y font un si agréable mélange avec la fermeté du divin, que sa représentation a satisfait tout ensemble les dévots et les gens du monde. (III, 481. *Exam.* de *Pol.*)

Vous n'y trouverez ni *tendresses* d'amour, ni emportements de passions, ni descriptions pompeuses, ni narrations pathétiques. (VI, 357. *Au lect.* de *Sert.*)

Les *tendresses* du sang vous font une imposture. (V, 487. *D. San.* 1665.)

.... A traiter cette alliance
Les *tendresses* des cœurs n'eurent aucune part. (VII, 17. *Agés.* 210.)

Si vous voulez, Seigneur, rappeler mes *tendresses*,
Il me faut des effets, et non pas des promesses. (VII, 489. *Sur.* 645.)

TENIR, posséder, être le maître de :

.... Pensant au bel œil qui *tient* ma liberté,

Je ne suis plus qu'amour, que grâce, que beauté. (II, 447. *Illus.* 251.)
C'est lui qui *tient* ma foi, c'est lui dont j'ai fait choix. (V, 55. *Théod.* 874.)

TENIR QUELQUE CHOSE DE QUELQU'UN :

Zéthès, et Calaïs, et Pollux, et Castor,
Et le charmant Orphée, et le sage Nestor,
Tous vos héros enfin *tiennent de* moi la vie. (II, 362. *Méd.* 441.)
De qui *tenez*-vous la mort de don Garcie? (V, 481. *D. San.* 1538.)

TENIR UN SENTIER, le suivre :

Fais que ta pureté de plus en plus s'attache
Aux célestes *sentiers* que tu lui fais *tenir*. (IX, 630. *Hymn.* 18.)

TENIR, TENIR POUR, estimer, penser, juger :

Je *tiens* leur culte impie. — Et je le *tiens* funeste. (III, 517. *Pol.* 642.)
Que m'offriroit de pis la fortune ennemie,
A moi qui *tiens* le trône égal à l'infamie? (IV, 61. *Pomp.* 810.)
Penses-tu qu'après tout j'en quitte encor ma part,
Et *tienne* tout perdu pour un peu de traverse? (IV, 197. *Ment.* 1073.)
Cliton, je la *tiens* belle, et m'ose figurer
Qu'elle n'a rien en soi qu'on ne puisse adorer. (IV, 323. *S. du Ment.* 657.)
.... Je *tiendrois* le Roi bien simple et bien crédule,
Si plus qu'une déesse il en croyoit le sort. (V, 343. *Andr.* 607.)
Suze ouvre enfin la porte au bonheur d'Italie,
Dont elle voit qu'il (*Louis XIII*) *tient* les intérêts si chers.
(X, 110. *Poés. div.* 61.)

Voyez ci-après, SE TENIR, *se croire*.

On les *tient pour* sorciers dont l'enfer est le maître. (III, 552. *Pol.* 1416.)

TENIR À, suivi d'un substantif :

Les plus grands y *tiendront* votre amour *à* bonheur. (III, 505. *Pol.* 392.)
Il *a tenu* toujours vos ordres *à* bonheur. (VII, 89. *Agés.* 1971.)
Il n'est pas naturel de craindre et fuir l'honneur,
De *tenir* le mépris *à* souverain bonheur. (VIII, 252. *Imit.* II, 1572.)
Celui-là seul sait mériter
Qui *tient* les mépris *à* bonheur. (VIII, 305. *Imit.* III, 962.)
.... Je *tiendrois à* crime une telle pensée. (V, 186. *Hér.* 699.)
Il *tiendroit à* faveur et bien haute et bien rare
De le savoir, Madame, avant qu'il se sépare. (VII, 441. *Pulch.* 1481.)
Aussi veux-je *tenir à* faveur souveraine
D'avoir peu de ces dons qui brillent au dehors. (VIII, 381. *Imit.* III, 2517.)
L'amour même d'un roi me seroit importune,
S'il falloit la *tenir à* si haute fortune. (IV, 314. *S. du Ment.* 456.)
On me croit son disciple, et je le *tiens à* gloire. (V, 538. *Nic.* 579.)
.... Puis-je croire
Que vous *tiendrez* enfin ma flamme *à* quelque gloire? (VII, 181. *Att.* 1786.)
Recevez de la mienne (*de ma main*), après votre victoire,

Ce que pourroit un roi *tenir* à quelque gloire. (x, 140. *Poés. div.* 10.)
Oui, j'y consens, Absyrte, et *tiendrai* même à grâce
Que du roi d'Albanie il remplisse la place. (vi, 271. *Tois.* 373.)
Son grand cœur, qu'à tes lois en vain tu crois soumis,
En veut aux criminels plus qu'à ses ennemis,
Et *tiendroit* à malheur le bien de se voir libre,
Si l'attentat du Nil affranchissoit le Tibre. (iv, 84. *Pomp.* 1413.)
.... Je *tiens* maintenant à miracle évident
Qu'il me soit demeuré dans la bouche une dent. (i, 229. *Mél.* 1445.)
.... Si tu ne les perds (*tes pas et tes discours*), je le *tiens* à miracle.
(i, 402. *Veuve*, 61.)

SE TENIR, se croire :

Je *me tiens* trop heureux qu'une si belle fille,
Si sage, et si bien née, entre dans ma famille. (iv, 206. *Ment.* 1217.)

TENIR PEU DE COMPTE DE QUELQUE CHOSE :

Que *de* cette faveur vous *tenez peu de compte!* (ii, 503. *Illus.* 1289.)

TENIR EN HALEINE, voyez au tome I du *Lexique*, p. 474, HALEINE.

EN TENIR, être épris de quelqu'un ; quelquefois aussi, croire à des mensonges, ajouter foi à des tromperies :

Tu crois donc que j'*en tiens*? — Fort avant. — Pour Mélite?
(i, 172. *Mél.* 507.)
Depuis quand ton Eraste *en tient*-il pour Mélite? (i, 174. *Mél.* 547.)
Oh! qu'il feroit bon voir que cette humeur volage
Deux fois en moins d'une heure eût changé de courage!
Que mon frère *en tiendroit*, s'ils s'étoient mis d'accord!
(ii, 268. *Pl. roy.* 871.)

Que dis-tu de l'histoire, et de mon artifice?
Le bon homme *en tient*-il? m'en suis-je bien tiré? (iv, 178. *Ment.* 687.)
En tiens-tu donc pour moi? — J'en tiens, je le confesse.
— Autant comme ton maître *en tient* pour ma maîtresse?
— Non pas encor si fort, mais dès ce même instant
Il ne tiendra qu'à toi que je n'*en tienne* autant.
(iv, 373 et 374. *S. du Ment.* 1589, 1590 et 1592.)
Ma foi, vous *en tenez* aussi bien comme nous. (iv, 222. *Ment.* 1484.)

ÊTRE TENU À QUELQU'UN DE, lui être obligé de :

Que je *vous suis tenu de* ce qu'il n'en sait rien! (ii, 444. *Illus.* 188.)

TENIR, neutralement.

TENIR CONTRE QUELQU'UN, locution empruntée au langage militaire, par allusion à une place qui soutient vaillamment le siége, l'assaut, qui ne capitule pas :

Madame, est-il des cœurs qui *tiennent contre* vous? (vii, 472. *Sur.* 212.)

Tenir pour quelqu'un, être dans ses intérêts, dans son parti :
Je ne dis rien du cœur, il *tient* toujours *pour* elle. (vi, 443. *Sert.* 1885.)

Tenir de, se rapprocher de, sentir le :
.... Votre fermeté *tient* un peu *du* barbare. (iii, 301. *Hor.* 456.)

(Il) tient à, il dépend de :
A moi ne *tiendra* pas que la beauté que j'aime
Ne me quitte bientôt pour un autre moi-même. (ii, 237. *Pl. roy.* 273.)
Il ne *tiendra* qu'*au* Roi qu'aux effets je ne passe. (v, 522. *Nic.* 259.)
.... Tu verras tout ce qu'il te faut faire,
Et si tu ne le fais, *il* ne *tiendra* qu'*à* toi. (x, 221. *Poés. div.* 20.)

TÉPIDITÉ, tiédeur :
Nous laissons attiédir son impuissante ardeur,
Qui de *tépidité* dégénère en froideur. (viii, 71. *Imit.* i, 693.)
Si telle est ma foiblesse et ma *tépidité*,
Au milieu d'un secours de puissance infinie.... (viii, 603. *Imit.* iv, 491.)
Sais-tu que l'assoupissement
Où te laisse plonger ta langueur insensible
T'achemine à grands pas à l'endurcissement,
Et qu'à force de temps il devient invincible ?
Qu'il est de lâches, qu'il en est,
Dont la *tépidité* s'y plaît (*dans l'assoupissement*) !
(viii, 639. *Imit.* iv, 1243.)

Ce terme mystique ne se trouve pas dans les dictionnaires.

TERME, statue du dieu Terme, borne surmontée d'un simulacre de tête humaine :
Une vierge et martyre sur un théâtre n'est autre chose qu'un *Terme* qui n'a ni jambes ni bras, et par conséquent point d'action. (v, 12. *Exam. de Théod.*)

Terme, au pluriel, borne, limite, état, position, au figuré :
Mais parlez à son père, et bientôt son pouvoir
Remettra son esprit aux *termes* du devoir. (ii, 464. *Illus.* 596.)
Mon cœur, jusqu'à présent à l'amour invincible,
Ne se maintient qu'à force aux *termes* d'insensible. (i, 154. *Mél.* 218.)
.... Ce n'est pas pour être aux *termes* d'en mourir
Que d'en pouvoir guérir dès qu'on s'en veut guérir.
(vii, 419. *Pulch.* 899.)

Terme, délai :
Je n'ai prescrit qu'un jour de *terme* à son départ. (ii, 395. *Méd.* 1107.)

Terme, expression :
Ses mœurs sont inégalement égales, pour parler en *termes* de notre Aristote. (iii, 83. *Avert.* du *Cid.*)

TERMINER (SE) à, aboutir à :

.... Quand je l'ai poussée à quelque violence,
L'amour de sa Flavie en rompt tous les effets,
Et l'éclat s'en *termine à* de nouveaux bienfaits. (v, 20. *Théod.* 78.)

TERNIR, au figuré, rendre terne, effacer :

Pensez-vous, pour pleurer et *ternir* vos appas,
Rappeler votre amant des portes du trépas? (II, 489. *Illus.* 1039.)
Choisis-moi seulement quelque nom dans l'histoire
Pour qui tu veuilles place au temple de la Gloire,
Quelque nom favori qu'il te plaise arracher
A la nuit de la tombe, aux cendres du bûcher.
Soit qu'il faille *ternir* ceux d'Énée et d'Achille
Par un noble attentat sur Homère et Virgile,
Soit qu'il faille.... (VI, 122. *Vers à Foucquet,* 41.)
A peine tu parois les armes à la main,
Que tu *ternis* les noms du Grec et du Romain. (x, 178. *Poés. div.* 44.)
Cette vue en son sein jette une ardeur nouvelle
D'emporter une gloire et si haute et si belle,
Que devant ces témoins à le voir empressés
Elle ait de quoi *ternir* tous les siècles passés. (x, 268. *Poés. div.* 248.)

 S'il veut *ternir* un ouvrage immortel,
  Qu'il fasse mieux. (x, 80. *Poés. div.* 14.)

TERRASSER, au figuré :

Il (*Philippe Auguste*) *terrassa* d'Othon la superbe grandeur.
        (x, 211. *Poés. div.* 256.)

TERRE.

PAR TERRE, au propre; METTRE PAR TERRE, renverser; ÊTRE PAR TERRE, être renversé :

Se jetant à ces mots sur le vin et l'encens,
Après en *avoir mis* les saints vases *par terre*.... (III, 526. *Pol.* 853.)
Que les champs *soient* noyés, les montagnes *par terre.*
        (IX, 103. *Off. V.* 11.)

PAR TERRE, au figuré; JETER PAR TERRE, TOMBER PAR TERRE :

Un même instant conclut notre hymen et la guerre,
Fit naître notre espoir et le *jeta par terre.* (III, 290. *Hor.* 176.)
Quel revers imprévu! quel éclat de tonnerre
Jette en moins d'un moment tout mon espoir *par terre !* (VI, 68. *Perth.* 1104.)
 Toute votre félicité,
 Sujette à l'instabilité,
 En moins de rien *tombe par terre.* (III, 539. *Pol.* 1112.)

TERRE INCONNUE, voyez ci-dessus, p. 13 et 14, INCONNU.

TERREUR (DONNER LA) DE :

Pison veut cependant amuser leur fureur,

De vos ressentiments leur *donner la terreur.* (VI, 646. *Oth.* 1620.)

TERROIR, pays, contrée :

Maxime, je vous fais gouverneur de Sicile :
Allez donner mes lois à ce *terroir* fertile. (III, 413. *Cin.* 634.)

TÊTE.

ALLER TÊTE BAISSÉE CONTRE, voyez au tome I du *Lexique*, p. 111, BAISSÉ.

FAIRE TÊTE à, tenir tête à :

.... Tandis qu'il *fait tête aux* princes d'Arménie,
Nous pouvons sans péril briser sa tyrannie. (IV, 456. *Rod.* 651.)
Seigneur, il faut ici *faire tête à* l'orage. (VI, 205. *OEd.* 1685.)
Des monarques d'un sang qui sache gouverner,
Qui sache *faire tête à* vos tyrans du monde. (VI, 431. *Sert.* 1600.)

AVOIR AU-DESSUS DE SA TÊTE, au-dessus de soi :

N'*ayant* plus que les Dieux *au-dessus de sa tête....* (IV, 79. *Pomp.* 1258.)

METTRE QUELQU'UN SUR SA TÊTE, le choisir pour chef :

Je vous le dis encor : *mettre* Othon *sur nos têtes,*
C'est nous livrer tous deux à d'horribles tempêtes. (VI, 603. *Oth.* 657.)

TÊTE, chef :

L'empire est à donner, et le sénat s'assemble
Pour choisir une *tête* à ce grand corps qui tremble. (VII, 382. *Pulch.* 26.)
Qu'on nomme crime, ou non, ce qui fait nos débats,
Sire, j'en suis la *tête*, il n'en est que le bras. (III, 146. *Cid,* 724.)

TÊTE, pour la personne même :

C'est générosité quand pour venger un père
Notre devoir attaque une *tête* si chère. (III, 169. *Cid,* 1198.)
.... Pour venger mon père,
J'ai bien voulu proscrire une *tête* si chère. (III, 193. *Cid,* 1726.)
.... C'est en ses mains que le Roi votre frère
A déposé le soin d'une *tête* si chère. (IV, 462. *Rod.* 784.)
.... Pour garantir une *tête* si chère,
Je vous irois chercher jusqu'au lit de mon père. (V, 27. *Théod.* 231.)
Je te laissai partir afin que ta conquête
Remît sous mon empire une plus digne *tête*. (VI, 305. *Tois.* 1181.)

Voyez le *Lexique de Racine.*

TÊTE, employé seul comme jurement :

Ils sont d'intelligence. Ah, *tête!...* (II, 483. *Illus.* 939.)

On disait plus ordinairement *têtebleu,* expression adoucie pour *Tête-Dieu.*

THÉÂTRE (PRENDRE LE), voyez ci-dessus, p. 215, PRENDRE.

TIEN, TIENNE.

Vis pour ton cher tyran, tandis que je meurs *tienne*. (III, 429. *Cin.* 1038.)

TIERCE.

.... Cet esprit adroit, qui l'a dupé deux fois,
Devoit en galant homme aller jusques à trois :
Toutes *tierces*, dit-on, sont bonnes ou mauvaises. (IV, 228. *Ment.* 1605.)

Voyez la note 1 de la page indiquée.

TIERS, troisième (personne) :

Recevez-moi pour *tiers* d'une amitié si belle. (IV, 388. *S. du Ment.* 1901.)

TIGE, au figuré :

.... Le grand saint Louis, la *tige* des Bourbons. (X, 211. *Poés. div.* 251.)

TIGRESSE, au figuré :

Va donc, heureux rival, rejoindre ta princesse,
Dérobe-toi comme elle aux yeux d'une *tigresse*. (V, 82. *Théod.* 1484.)

TIRE-D'AILE (À), au figuré :

On ne voit rien de libre à l'égal d'un vrai zèle,
Qui sans rien désirer s'élève *à tire d'aile*
    Au-dessus de tous ces bas lieux. (VIII, 423. *Imit.* III, 3345.)

TIRER, activement.

Tirer de, ôter, retirer de, au propre et au figuré :

Il lui faudroit *du* front *tirer* le diadème. (V, 585. *Nic.* 1663.)
Est-ce lui qui naguère aux dépens de sa vie
Sauva des ennemis votre empereur Décie,
Qui leur *tira* mourant la victoire *des* mains? (III, 495. *Pol.* 175.)
J'ai *tiré de* ce joug les peuples opprimés. (VII, 50. *Agés.* 1024.)

Tirer des avantages de :

Vous n'en serez pas désavoué par Aristote, qui souffre qu'on mette quelquefois des choses sans raison sur le théâtre, quand il y a apparence qu'elles seront bien reçues, et qu'on a lieu d'espérer que les *avantages* que le poëme *en tirera* pourront mériter cette grâce. (VII, 363. *Au lect. de Sert.*)

Tirer, arracher, au figuré :

L'image de l'empire en de si jeunes mains
M'*a tiré* ce soupir pour l'État, que je plains. (VII, 397. *Pulch.* 392.)

Tirer à soi, au figuré :

Mourez, mais en mourant ne souillez point ma gloire.
— La mienne se flétrit, si César te veut croire.
— Et la mienne se perd, si vous *tirez à vous*

Toute celle qui suit de si généreux coups. (III, 457. *Cin.* 1643.)
Il poursuivoit Pompée, et chérit sa mémoire ;
Et veut *tirer à soi,* par un courroux accort,
L'honneur de sa vengeance et le fruit de sa mort. (IV, 72. *Pomp.* 1087.)

TIRER APRÈS SOI, entraîner, dans un sens favorable :

Son amour épandu sur toute la famille
Tire après lui le père aussi bien que la fille. (III, 569. *Pol.* 1776.)

TIRER, absolument, pour *tirer de prison, délivrer :*

.... Pour sa délivrance
Je vais de mes amis faire agir la puissance.
Que si tous leurs efforts, ne peuvent le *tirer,*
Pour m'acquitter vers lui j'irai me déclarer. (IV, 318. *S. du Ment.* 545.)

TIRER UNE CHOSE EN EXEMPLE, la donner comme méritant d'être imitée, de servir d'exemple :

Je ne me mettrai pas en peine de justifier cette licence que j'ai prise ; l'événement l'a assez justifiée, et les exemples des anciens que j'ai rapportés sur *Rodogune* semblent l'autoriser suffisamment ; mais à parler sans fard, je ne voudrois pas conseiller à personne de la *tirer en exemple.* (V, 144. *Au lect.* d'*Hér.*)

.... De ces choses.... qu'il ne feroit pas bon *tirer en exemple* pour conduire une action véritable sur leur plan. (V, 151. *Exam.* d'*Hér.*)

TIRER (avec le pinceau, le crayon, etc.) la figure, la ressemblance, une copie, portraire, peindre, représenter :

O pauvre comédie, objet de tant de veines,
Si tu n'es qu'un portrait des actions humaines,
On ne *tire* souvent sur un original
A qui, pour dire vrai, tu ressembles fort mal ! (II, 28. *Gal. du Pal.* 175.)
Assez heureusement ma muse s'est trompée,
Puisque, sans le savoir, avecque leur portrait
Elle *tiroit* du tien un admirable trait. (X, 97. *Poés. div.* 40.)
.... Ce ne sont enfin que rayons inconstants,
Qui vont de l'un à l'autre, et qui n'ont que leur temps....
Tire avec ton pouvoir leur éclat vagabond. (X, 119. *Poés. div.* 63.)

TIRER, neutralement.

TIRER À, se rapprocher de, ressembler à :

.... L'air de son visage a quelque mignardise
Qui ne *tire* pas mal *à* celle de Dorise. (I, 312. *Clit.* 650.)

On dit encore en ce sens *tirer sur,* mais ce n'est guère qu'en parlant des couleurs : « cela *tire sur* le bleu, *sur* le violet. »

TIRER À COUPS PERDUS, À COUP PERDU, voyez au tome I du *Lexique,* p. 225 et 226, COUP.

Tirer en longueur, voyez ci-dessus, p. 57, Longueur.

Tirer pays :

.... Il faut que, l'un mort, l'autre *tire pays*. (II, 185. *Suiv.* 1119.)

« *Tirer*. Aller deuers quelque pays, *pergere*...; comme : il tire en Italie ;... et, selon ceste signification, les veneurs disent vne *beste tirer pays*, quand elle ne s'amuse à ruser et tournoyer, mais suyt les droites voyes ou routes. » (Nicot.)

TISSU, participe, au figuré :

.... Je dois cette grâce à l'amour de la Reine,
D'épargner ma présence aux devoirs de sa haine,
Puisque de notre hymen les liens mal *tissus*
Par ces mêmes devoirs semblent être rompus. (VI, 203. *OEd.* 1631.)

Tissu, substantivement, au figuré, enchaînement, suite :

Il lira seulement l'histoire de ma vie.
Là, dans un long *tissu* de belles actions,
Il verra comme il faut dompter les nations. (III, 115. *Cid*, 187.)

TISSURE, au figuré, liaison d'un discours, d'un ouvrage de littérature :

L'ingénieuse *tissure* des fictions avec la vérité, où consiste le plus beau secret de la poésie, produit d'ordinaire deux sortes d'effets, selon la diversité des esprits qui la voient. (III, 474. *Abrégé du mart. de S. Pol.*)

J'ai été assez heureux à les inventer (*les machines*) et à leur donner place dans la *tissure* de ce poëme. (V, 297. *Arg.* d'*Andr.*)

Je puis m'arrêter où je me trouve las, sans craindre d'en rompre la *tissure*. (VIII, 20. *Au lect.* de *l'Imit.*)

Cette expression était alors assez fréquemment employée, comme le prouvent les exemples suivants, allégués par Richelet dans son *Dictionnaire* (1680) : « La *tissure* de la clause est une et indivise. » (Patru, 12ᵉ *plaidoyer*.) — « La *tissure* de cette histoire est fort belle. » (Cassagnes, *Dialogues de l'Orateur* de Cicéron.)

TITRE, prétexte :

Tu masques tes desirs d'un faux *titre* de crainte. (II, 384. *Méd.* 886.)

à bon titre :

Elle agit de sa part en cœur indépendant,
En amante *à bon titre*, en princesse avisée. (VI, 148. *OEd.* 325.)

à titre de :

On s'introduit bien mieux *à titre de* vaillant. (IV, 158. *Ment.* 332.)

TOILE de soie.

« Toile très-claire faite de soie, dont les dames se font des mouchoirs de cou, qui n'empêchent point qu'on ne voie leur gorge à travers. » (*Dictionnaire de Furetière*.) — Le *Dictionnaire* de Trévoux ajoute que cette toile n'était point croisée et qu'elle était faite sur le métier avec de la soie filée.

On lit dans *la Galerie du Palais*, représentée en 1634 :

Mais vous, que vous vendez de ces *toiles de soie!*
LA LINGÈRE. De vrai, bien que d'abord on en vendît fort peu,
A présent Dieu nous aime, on y court comme au feu;
Je n'en saurois fournir autant qu'on m'en demande :
Elle sied mieux aussi que celle de Hollande,
Découvre moins le fard dont un visage est peint,
Et donne, ce me semble, un plus grand lustre au teint.
(II, 21. *Gal. du Pal.* 78.)

Il y avait dans la première édition :

Et moins blanche, elle donne un plus grand lustre au teint.

TOILE DE HOLLANDE, voyez l'exemple précédent, et au tome I du *Lexique*, p. 482, HOLLANDE.

TOISON DORÉE, toison d'or :

Pour moi, tout aussitôt que je l'en vis parée,
Je ne fis plus d'état de la *toison dorée.* (II, 369. *Méd.* 586.)

TOMBER, au propre :

TOMBER A BAS (DE), être renversé (de) :

Ils vous ont vu courir, *tomber* le mort *à bas.* (IV, 347. *S. du Ment.* 1116.)
Tomber à bas d'un trône est un sort rigoureux. (VI, 318. *Tois.* 1466.)

TOMBER PAR TERRE, voyez ci-dessus, p. 381, TERRE.

TOMBER, au figuré :

On s'étonnera peut-être de ce que j'ai donné à cette tragédie le nom de *Rodogune* plutôt que celui de *Cléopatre*, sur qui *tombe* toute l'action tragique. (IV, 416. *Avert.* de *Rod.*)
C'est à cette extraordinaire et admirable piété, Madame, que la France est redevable des bénédictions qu'elle voit *tomber* sur les premières armes de son roi. (III, 472. *Épît.* de *Pol.*)
Quand je l'ai fait *tomber* dessous votre pouvoir. (VII, 92. *Agés.* 2037.)
Qu'un homme prenne querelle avec un autre, et que l'ayant tué il vienne à le reconnoître pour son père ou pour son frère, et en *tombe* au désespoir, cela n'a rien que de vraisemblable. (I, 74. *Disc. de la Trag.*)
Ce pauvre amant en *tombe* en désespoir. (I, 136. *Arg.* de *Mél.*)
Un homme tel que moi voit sa gloire ternie,
Quand il *tombe* en péril de quelque ignominie. (III, 351. *Hor.* 1584.)

TOMBER DE HAUT, tomber de son haut, être surpris, stupéfait :

A vous dire le vrai, je *tombe de* bien *haut.* (IV, 159. *Ment.* 352.)

VOIX TOMBANTE, voix faible, voix basse :

Lui, d'une *voix tombante* offrant ce don fatal :
« Seigneur, vous n'avez plus, lui dit-il, de rival. » (IV, 59. *Pomp.* 755.)

TON, TA, adjectif possessif :

C'est là ton pur ouvrage, et ce qu'en vain *ta* France
Elle-même a tenté sous une autre puissance. (x, 206. *Poés. div.* 178.)

Ces vers s'adressent à Louis XIV.

Je laisse à *ton* Jason le soin de nous venger. (II, 411. *Méd.* 1427.)

Ton, dans ce vers, marque une emphase ironique.

Voyez VOTRE, ci-après, p. 432 et 433.

TON, substantif :

Un *ton* de voix trop rude ou trop impérieuse.... (x, 145. *Poés. div.* 40.)
.... Ne vous livrez pas aux *tons* mélancoliques
D'un style estropié par de vaines critiques. (x, 236. *Poés. div.* 9.)

TONNERRE, au figuré :

Je m'y suis fait quatre ans craindre comme un *tonnerre*.
(IV, 148. *Ment.* 162.)
Seigneur, n'attirez point le *tonnerre* en ces lieux. (IV, 30. *Pomp.* 79.)
Vous voulez que le ciel, pour montrer à la terre
Qu'on peut innocemment mériter le *tonnerre*,
Me laisse de sa haine étaler en ces lieux
L'exemple le plus noir et le plus odieux! (VI, 212. *OEd.* 1858.)

Tonnerre ne se dit plus guère au figuré qu'en parlant d'un grand bruit ; dans le sens où Corneille prend ici ce mot, c'est plutôt *foudre* qu'on emploie. Voyez FOUDRE.

COUP DE TONNERRE, au figuré, voyez au tome I du *Lexique*, p. 225, COUP.

TORRENT, au figuré :

Cette source de gloire en *torrents* infinie,...
J'ai retrouvé son nom, la Libéralité. (x, 121. *Poés. div.* 110.)
Ma veine, qui charmoit alors tant de balustres,
N'est plus qu'un vieux *torrent* qu'ont tari douze lustres.
(x, 187. *Poés. div.* 32.)

Voyez ci-dessus, p. 316, RUISSEAUX.

TÔT, promptement :

Suivez-moi dans le temple, et *tôt*, et sans excuse. (V, 42. *Théod.* 556.)
J'avoue, et hautement, et *tôt*, et sans excuse. (V, 42. *Théod.* 568.)
Du jaloux Gundebert l'ambitieuse haine
Fondant sur Pertharite, y trouva *tôt* sa peine. (VI, 23. *Perth.* 60.)
Venez, venez, mon Dieu, venez *tôt* à mon aide. (IX, 259. *Ps. pén.* 89.)
Ouvrons à ce grand prince, ouvrons-lui *tôt*, dit-elle.
(x, 110. *Poés. div.* 63.)
.... Je n'en connois point qui n'eût *tôt* préféré
Les ombres de la Nuit aux clartés de la Lune. (x, 154. *Poés. div.* 7.)
Il leur montre à doubler leurs files et leurs rangs,
A changer *tôt* de face aux ordres différents. (x, 199. *Poés. div.* 72.)

TOUCHANT, préposition :

Ami, veux-tu savoir, *touchant* ces deux sonnets
    Qui partagent nos cabinets,
Ce qu'on peut dire avec justice ? (x, 128. *Poés. div.* 1.)

TOUCHE.

Non, la vérité pure. — En est-il dans ta bouche ?
— Voici pour votre adresse une assez rude *touche*. (IV, 225. *Ment.* 1558.)

« On dit populairement qu'un homme *craint la touche*, pour dire qu'il craint d'être grondé, maltraité, battu. Dans le même style, on le dit figurément des maladies et de tout accident fâcheux. Il a été longtemps malade, *il a eu une forte touche. Cette nouvelle taxe est une rude, une terrible touche.* » (*Dictionnaire de Trévoux*.)

TOUCHER, au propre :

.... *Touche*, cocher. (I, 457. *Veuve*, 1142.)

« Ce mot se dit entre chartiers et cochers, et veut dire chasser avec le fouet : *touche, cocher.* » Richelet, après avoir ainsi défini le mot dans son *Dictionnaire* (1680), cite les deux exemples suivants :

Lors ayant fait *toucher* au faubourg Saint-Germain,
    Il se mit à sourire, et me presse la main. (Sarrazin, *Poésies*.)

— *Touchant* ses chevaux ailés, elle me promena par tout le monde. (D'Ablancourt, traduction de Lucien.)

Toucher, au figuré, être près :

Ma fille, c'est donc là ce royal hyménée
Dont nous pensions *toucher* la pompeuse journée ! (II, 409. *Méd.* 1398.)

Toucher à, se rattacher à, en parlant des liens de parenté :

Ceux dont elle dépend (*votre affaire*) sont de ma connoissance,
Et même *à* la plupart je *touche* de naissance. (IV, 322. *S. du Ment.* 640.)
Pourrez-vous le convaincre ? — Et par sa propre bouche.
— A nos yeux ? — A vos yeux. Mais peut-être il *vous touche*.
                                    (VI, 193. *OEd.* 1390.)

Toucher, faire impression, émouvoir :

.... Tout autre intérêt ne *touche* qu'à demi. (I, 173. *Mél.* 538.)
Tous trois désavoueront la douleur qui te *touche*. (III, 353. *Hor.* 1643.)
.... Que sert de parler de ces trésors cachés
A des esprits que Dieu n'a pas encor *touchés ?* (III, 544. *Pol.* 1234.)
J'espérois que l'éclat dont le trône se pare
Toucheroit vos desirs plus qu'un objet si rare. (IV, 436. *Rod.* 140.)
.... Tout ce qu'on voit de gloire temporelle
    Ne les *touche* d'aucun desir. (VIII, 205. *Imit.* II, 602.)

TOUR, action de tourner, mouvement en rond, révolution :

Un *tour* d'œil trop sévère, une ombre de fierté
M'eût peut-être à vos yeux rendu ma liberté. (x, 145. *Poés. div.* 41 var.)
Avant que le soleil ait fait encore un *tour*.... (I, 375. *Méd.* 695.)

TOURS DE MAIN, coups :

Je ne connois qu'un d'eux, et c'est là le retour
De quelques *tours de main* qu'il reçut l'autre jour.
(II, 31. *Gal. du Pal.* 248.)

Comparez la locution *Tour de bras.*

TOUR, trait de finesse, d'habileté, quelquefois forfait, crime, complot, dans le style de la tragédie :

.... Quand ce perfide *tour*
Auroit eu pour objet le moindre de ma cour,
Je devrois au public, par un honteux supplice,
De telles trahisons l'exemplaire justice. (I, 316. *Clit.* 711.)
.... Il n'est pas à croire, après ce lâche *tour*,
Que le Prince ose plus traverser notre amour. (I, 352. *Clit.* 1359.)
Chaque instant de sa vie, après ce lâche *tour*,
Met d'autant plus ma honte avec la sienne au jour. (III, 326. *Hor.* 1029.)
.... C'est un lâche *tour* qu'on le force à jouer. (V, 489. *D. San.* 1704.)
Tous deux m'ont accusée, et tous deux avoué
L'infâme et lâche *tour* qu'un prince m'a joué. (V, 559. *Nic.* 1074.)
Il vous sied mal pour lui de me demander grâce :
Non que je la refuse à ce perfide *tour*.... (VI, 545. *Soph.* 1717.)

Les prédécesseurs de Corneille employaient de même cette expression :

O desloyales mains qui sous couleur d'amour
Le receustes pour faire un si malheureux *tour!*
(Garnier, *Cornelie,* acte III, vers 240.)

JOUER D'UN TOUR, voyez ci-dessus, p. 34, JOUER.

TOUR, manière de tourner (une poésie) :

J'ignore encor le *tour* du sonnet et de l'ode. (X, 177. *Poés. div.* 30.)

TOURNEMAIN (UN), le temps de tourner la main :

La poudre que tu dis n'est que de la commune,
On n'en fait plus de cas; mais, Cliton, j'en sais une
Qui rappelle sitôt des portes du trépas,
Qu'en moins d'*un tournemain* on ne s'en souvient pas.
(IV, 204. *Ment.* 1192.)

Il y avait dans les premières éditions, jusqu'en 1660 inclusivement :

Qu'en moins de fermer l'œil....

Il ne faut pas confondre *tournemain* et *tour de main :* voyez ci-dessus UR.

TOURNER, activement :

.... *Tournant* le discours sur une autre matière,
Il n'a ni refusé, ni souffert ma prière. (IV, 78. *Pomp.* 1233.)

TOURNER EN :

Cléobule survient avec quelques amis,

Met l'épée à la main, *tourne en* fuite le reste. (v, 73. *Théod.* 1291.)
Il *tourne* ses apprêts *en* divertissement. (x, 198. *Poés. div.* 60.)
Va, ne me *tourne* point Octar *en* ridicule. (vii, 159. *Att.* 1249.)

TOURNER, neutralement, se tourner, et quelquefois se changer :
Mes amoureux desirs, vers elle superflus,
Tournent vers la beauté qu'elle chérit le plus. (i, 247. *Mél.* 1770.)
.... Tes soucis doivent *tourner* ailleurs. (ii, 298. *Pl. roy.* 1456.)
Qui leur tira mourant la victoire des mains,
Et fit *tourner* le sort des Perses aux Romains? (iii, 495. *Pol.* 176.)
Mortel, ouvre les yeux, et vois que la misère
    Te cherche et te suit en tout lieu,
Et que toute la vie est une source amère,
    A moins qu'elle *tourne* vers Dieu. (viii, 130. *Imit.* i, 1779.)
Amitié dangereuse, et redoutable zèle,
Que règle la fortune, et qui *tourne* avec elle! (iv, 63. *Pomp.* 850.)

TOURNÉ.
.... Cette volonté, pour un autre *tournée*,
Vous peut-elle obéir après la foi donnée? (ii, 209. *Suiv.* 1609.)
C'étoit un prince foible, un esprit mal *tourné*. (vii, 403. *Pulch.* 555.)

TOUT, suivi d'un nom sans article :
Il vint hier de Poitiers, et sans faire aucun bruit,
Chez lui paisiblement a dormi *toute* nuit. (iv, 184. *Ment.* 808.)
    J'ai vu quatre prononciations différentes dans nos *f*, et trois dans nos *e*, et j'ai cherché les moyens d'en ôter *toutes* ambiguïtés. (i, 7. *Au lect.*)
Que *toutes* nations apprennent de vos bouches
    Ses merveilles et ses grandeurs. (ix, 111. *Off. V.* 9.)
Louez, *tous* sexes et *tous* âges,
Louez ce Dieu vivant.... (ix, 151. *Off. V.* 45.)
Le croyez-vous moins fort à briser *tous* obstacles?
    (ix, 325. *Vêpr. et Compl.* 15.)

TOUT, séparé par un adjectif du mot auquel il se rapporte :
De *tous* les deux côtés j'ai des pleurs à répandre;
De *tous* les deux côtés mes desirs sont trahis. (iii, 299. *Hor.* 396 et 397.)
C'est *tout* le rare exploit dont il se peut vanter. (v, 385. *Andr.* 1534.)

TOUT CE QUE, avec le pluriel :
*Tout ce qu'*il (*le monde*) a de rois *sembloient faits* pour m'aimer.
    (vii, 318. *Psy.* 791.)
Puisse *tout ce qu'*il est en terre de fidèles
.... Joindre avec ferveur tous *leurs* encens aux miens!
    (viii, 682. *Imit.* iv, 2113-2116.)

TOUT, entier, tout entier :
Notre Aragon, pour nous presque *tout* révolté,

Enlève à nos tyrans ce qu'ils nous ont ôté. (v, 419. *D. San.* 3.)
Augmentant mon pouvoir, il me l'a *tout* ravi. (v, 531. *Nic.* 414.)
.... Tirant *toute* à vous la suprême puissance,
   Vous me laissez des titres vains. (vii, 48. *Agés.* 976.)
On dit que cette foi ne vous donne pas *toute*. (vii, 223. *Tit.* 564.)
Toute son âme (*du Dauphin*) vole après tes étendards.
                                                    (x, 217. *Poés. div.* 339.)

Tout, adjectif, devant un nom de ville féminin :

Oui : le secret n'est plus d'une importance extrême;
Tout Corinthe le sait. Nomme-lui ses parents. (vi, 208. *OEd.* 1755.)

« Si on le joint (*tout*) avec le nom d'une ville, quoique ce nom de ville soit féminin, néanmoins l'adjectif *tout* demeure masculin. Exemple : *Tout Rome le sait* ou *l'a vu*, et non pas *toute Rome le sait* ou *l'a vu*, comme le cardinal d'Ossat le dit en quelqu'une de ses lettres. Amyot, en la comparaison d'Alcibiades et de Coriolanus, le dit aussi, *sed male*. De même il faut dire : *tout Florence en est abreuvé*, et non pas : *toute Florence en est abreuvé*, ou *abreuvée;* et en ces façons de parler, il semble qu'on sous-entend le peuple, et que c'est comme si on disoit : *tout le peuple de Rome ou de Florence l'a vu ou en est abreuvé*. » (Patru, sur la remarque cvii de Vaugelas, tome I, p. 291.)

   Le conte en courut par *tout* Rome.
      (La Fontaine, *le Roi Candaule et le Maître en droit*.)

Tout, substantivement :

Étant riche, on est *tout*.... (i, 453. *Veuve*, 1063.)

Boileau a dit de même (*Satire* viii, vers 199) :

   Quiconque est riche est *tout*....

Tout, entièrement, tout à fait :

La première (*condition*) est que celui qui souffre et est persécuté ne soit ni *tout* méchant ni *tout* vertueux. (iii, 86. *Avert.* du *Cid*.)
Il demande un homme qui ne soit ni *tout* méchant ni *tout* bon. (v, 405. *Épît.* de *D. San*.)
Vous serez *toute* nôtre, et votre esprit remis
N'aura plus rien à perdre au camp des ennemis. (iii, 289. *Hor.* 149.)
La réflexion des lumières sur ce bronze en fait sortir un jour *tout* extraordinaire. (v, 380. *Andr*.)
Leurs yeux sont *tout* de flamme.... (vi, 278. *Tois.* 565.)
Tout ce que peut l'effort de ce cher conquérant,
C'est de verser des pleurs sur Vinius mourant,
De l'embrasser *tout* mort.... (vi, 655. *Oth.* 1797.)
Veux-tu que je te fasse un aveu *tout* sincère? (vii, 204. *Tit.* 71.)
Souffre-moi toutefois de tâcher à portraire
D'un roi *tout* merveilleux l'incomparable frère. (x, 207. *Poés. div.* 186.)
   .... Ta déité,
      Qu'il embrasse et voit *toute* entière. (viii, 647. *Imit.* iv, 1401.)

Parmi les éditions publiées du vivant de Corneille, deux sur dix portent *tout entière*.

Je veux bien l'immoler *toute* entière (*ma gloire*) à mon roi.
                                             (x, 177. *Poés. div.* 23.)

[*Ils*] s'offrent *tous* entiers aux hasards du devoir. (x, 191. *Poés. div.* 86.)
Je t'offre *tous* entiers et mon corps et mon âme. (VIII, 629. *Imit.* IV, 1029.)
J'en croyois ses regards, qui *tous* remplis d'amour,
Étoient de la partie en un si lâche tour. (I, 197. *Mél.* 893.)
Il ne faut que partir, j'ai des chevaux *tous* prêts. (II, 500. *Illus.* 1211.)
.... *Tous* honteux d'avoir tant balancé,
Ne soyons plus en peine.... (III, 124. *Cid*, 347. *var.*)

Telle est la leçon de la première édition (1637), d'une des impressions de 1638, et de l'édition de 1639. En 1644, Corneille a mis *tout* au singulier, non pour éviter l'accord, mais parce que le sens veut le singulier et que dans ces vers Rodrigue parle de lui seul.

Un excès de plaisir nous rend *tous* languissants. (III, 176. *Cid*, 1351.)
.... Il les tient pour lui déjà *tous* assurés. (VIII, 685. *Imit.* IV, 2188.)

Malgré la longue *remarque* de Vaugelas (p. 95-97) sur *tout* adverbe, où il établit (en 1647) quels sont les cas où il s'accorde avec le nom, l'usage de l'accord en tout cas, tant au féminin qu'au pluriel, est demeuré assez général pendant presque tout le dix-septième siècle. Ménage, dans ses *Observations* (p. 31 et suivantes, 2ᵉ édition, 1675), trouve la *remarque* de Vaugelas « très-fausse, » et défend l'ancien usage par l'exemple de la plupart des écrivains français, y compris le sien. De Corneille il cite un passage du *Cid*, rapporté plus haut, « *tous* honteux, » sans parler de la leçon nouvelle de 1644.

.... Toi qui, *tout* sortant encor de la victoire,
Regardes mes travaux du séjour de la gloire.... (III, 538. *Pol.* 1089.)

« Tout sortant, » c'est-à-dire, ne faisant que de sortir, sorti tout récemment.

Voyez ci-après, TOUT-PUISSANT, p. 393, VRAI (TOUT), p. 435 et 436.

TOUT DE CE PAS :

Suis-moi *tout de ce pas*, que l'épée à la main
Un si cruel affront se répare soudain. (I, 194. *Mél.* 853.)
Allons *tout de ce pas* réclamer tous son aide. (VI, 151. *OEd.* 398.)
Tâchez de lui parler. — J'y vais *tout de ce pas*. (VI, 177. *OEd.* 1007.)

DE TOUT LOIN :

.... De *tout loin* je vous ai reconnue. (II, 93. *Gal. du Pal.* 1413.)

TOUT DEVANT VOUS :

S'il faut aller plus vite, allons, je vois son frère,
Et vais *tout devant vous* lui proposer l'affaire. (II, 146. *Suiv.* 370.)

TOUT, bien que, quoique :

Tout dédaigné, je l'aime.... (II, 166. *Suiv.* 743.)
Oui, je te chérirai, *tout* ingrat et perfide. (III, 307. *Hor.* 599.)
Juge par là combien ce conte est ridicule.
— *Tout* ridicule, il plaît.... (V, 159. *Hér.* 50.)
Seigneur, je vous l'avoue, il doit m'être bien doux
De voir que, *tout* vainqueur, je règne encor sur vous. (V, 511. *Nic.* 2 *var.*)
Toute ingrate, inhumaine, inflexible, chrétienne,
Madame, elle est mon choix, et sa gloire est la mienne.
(V, 60. *Théod.* 999.)

Tout.... que, avec un verbe, dans le même sens :

Tout chétif *que* je suis, *tout* lâche et criminel,
Je veux te recevoir avec autant de zèle. (VIII, 678. *Imit.* IV, 2028.)
Eux qui de vos destins rompant le cours fatal,
Tous mes égaux *qu*'ils sont, m'ont fait leur général. (VI, 288. *Tois.* 787.)
.... Les Dieux qui, *tous* rois *que* nous sommes,
Punissent nos forfaits, ainsi que ceux des hommes. (V, 327. *Andr.* 296.)
Souvent ceux que tu vois par leur vertu sublime
Mériter notre amour, emporter notre estime,
Tous parfaits *qu*'on les croit, sont le plus en danger.
(VIII, 117. *Imit.* I, 1520.)

Des quinze éditions, publiées du vivant de l'auteur, que nous avons comparées, il n'y en a que trois qui donnent « *tout* parfaits, » sans accord. Voyez ci-dessus, p. 391 et 392, Tout, entièrement.

Du tout, tout à fait :

Après nous ferons voir qu'il me faut d'une affaire
Ou *du tout* ne rien dire, ou *du tout* ne rien taire. (I, 476. *Veuve*, 1496.)
Elle est de fort bon lieu, mon père ; et pour son bien,
S'il n'est *du tout* si grand que votre humeur souhaite....
(IV, 174. *Ment.* 601.)
On en voit tous les jours des effets étonnants.
— Encor ne sont-ils pas *du tout* si surprenants. (IV, 204. *Ment.* 1184.)
.... Du moins son crime
N'est pas *du tout* si noir qu'il l'est dans votre estime. (VI, 287. *Tois.* 741.)

Son exemple me rend invincible *du tout*.
(Hardy, *les Chastes et loyales amours de Theagene et Cariclée*, 1ʳᵉ journée.)

Du tout ne s'emploie plus sans négation comme dans l'exemple de Hardy ; et avec une négation, il ne joue plus le même rôle que dans nos deux derniers exemples de Corneille. « Son crime n'est pas *du tout* si noir, » voudrait dire aujourd'hui « n'est nullement si noir, » et non, comme dans Corneille, « n'est pas tout à fait si noir. » C'est à la négation même, et non à *noir*, que nous ferions rapporter *du tout*.

Tout à fait, complétement :

Je suis chrétien, Néarque, et le suis *tout à fait*. (III, 518. *Pol.* 667.)
Je veux donc d'un tyran un acte tyrannique :
Puisqu'il en veut le nom, qu'il le soit *tout à fait*. (VI, 58. *Perth.* 893.)
Je suis à vous, Madame, et j'y suis *tout à fait*. (VI, 73. *Perth.* 1242.)

Après tout, tout beau, tout de nouveau, tout d'un temps, voyez aux mots qui accompagnent *tout* dans ces diverses locutions.

Tout-puissant.

Si vous la laissiez vivre, envieux *tout-puissants*,
Elle auroit plus que vous et d'autels et d'encens. (V, 355. *Andr.* 848.)
.... De sa voix les termes *tout-puissants* (VIII, 614. *Imit.* IV, 748.)
Que les mauvais désirs demeurent *tout-puissants*. (VIII, 621. *Imit.* IV, 877.)
Tous-puissants en parade, impuissants au besoin. (X, 213. *Poés. div.* 284.)

Tout-puissant est une sorte de composé où nos anciennes éditions tantôt font accorder *tout* et tantôt le laissent invariable. Nous suivons ici, pour chaque exemple, le texte de la dernière édition imprimée du vivant de Corneille. Pour notre premier passage de *l'Imitation*, trois des impressions antérieures donnent *tous-puissants*, une *touts-puissants;* pour le second, six ont *tous-puissants*.

Nous trouvons dans les deux dernières éditions du *Théâtre* l'alliance de mots *tout divin* traitée de même comme un composé :

.... Ces yeux *tout-divins*, par un soudain pouvoir,
Achevèrent sur moi l'effet de ce devoir. (v, 178. *Hér.* 527.)

Tout-divins est imprimé ainsi avec un trait d'union dans les éditions de 1668 et de 1682, et il y a *tout* sans accord aussi bien dans ces deux dernières que dans toutes les précédentes.

TOUTE-PUISSANCE, voyez ci-dessus, p. 250, le 1ᵉʳ exemple de QUELQUE.

TRACER, au figuré :

Voyez x, 131. *Poés. div.* 3.

TRADITIVE.

Tout ce que la fable nous dit de ses Dieux et de ses métamorphoses est encore impossible, et ne laisse pas d'être croyable par l'opinion commune, et par cette vieille *traditive* qui nous a accoutumés à en ouïr parler. (1, 94. *Disc. de la Trag.*)

Ce mot, qui se trouve déjà dans Nicot, mais sans définition ni traduction, est ainsi expliqué par Furetière : « Chose apprise par tradition. Les Indiens ne savent l'histoire de leur nation que par la *traditive* de leurs pères. Cette coutume a lieu par une vieille *traditive* qui a force de loi. »

TRAFIQUER DE :

Depuis, il *trafiqua de* chapelets de baume. (II, 443. *Illus.* 182.)

TRAGÉDIE, au figuré :

Créon seul et sa fille ont fait la perfidie;
Eux seuls termineront toute la *tragédie*. (II, 359. *Méd.* 370.)

Nous employons fréquemment aujourd'hui le mot *drame* dans un sens analogue.

TRAGI-COMÉDIE.

Clitandre et *le Cid* ont été ainsi désignés, l'un dans les éditions de 1632-1657, l'autre dans celles de 1637-1644. Voyez tome I, p. 257 et 258; tome III, p. 105, note 1; p. 117, note 1 et note a; tome V, p. 405.

TRAGIQUE, funeste :

Quittez, quittez, Madame, un dessein si *tragique*. (III, 151. *Cid.* 829.)
Camille, ainsi le ciel t'avoit bien avertie
Des *tragiques* succès qu'il t'avoit préparés. (III, 357. *Hor. var.* 3.)
.... Moi, tout effrayé d'un si *tragique* sort,
J'accours pour vous en faire un funeste rapport. (IV, 499. *Rod.* 1649.)

TRAHIR, au figuré, avec un nom de chose pour régime direct :

Mon bras, qui tant de fois a sauvé cet empire,

Tant de fois affermi le trône de son roi,
Trahit donc ma querelle, et ne fait rien pour moi? (III, 118. *Cid*, 244.)
Tu *trahis* mes bienfaits, je les veux redoubler. (III, 459. *Cin.* 1707.)
Auroit-il pu *trahir* l'espoir d'en faire un gendre? (VI, 610. *Oth.* 797.)
.... Ce seroit *trahir* tout ce que je leur doi,
Que leur promettre un cœur quand il n'est plus à moi. (VI, 141. *OEd.* 175.)

TRAHIR QUELQUE CHOSE À QUELQU'UN, le lui découvrir, le lui faire connaître :

Que je *vous* puisse encor *trahir* son artifice,
Et pour mieux vous servir, rester à son service. (II, 240. *Pl. roy.* 313.)
.... Si son entretien ne *me trahit* sa flamme,
J'aurai l'œil de si près dessus ses actions,
Que je m'éclaircirai de ses intentions. (II, 268. *Pl. roy.* 874.)
Elle eût pu *trahir* son secret *aux* princes, ou *à* Rodogune, si elle l'eût su plus tôt. (IV, 425. *Exam. de Rod.*)
Métrobate l'a fait par des terreurs paniques,
Feignant de *lui trahir* mes ordres tyranniques. (V, 526. *Nic.* 332.)

TRAHIR LA JUSTICE A L'AMOUR PATERNEL, voyez au tome I du *Lexique*, p. 11, à après *trahir*.

SE TRAHIR, trahir ses intérêts :

.... Sur ce doux espoir dussé-je *me trahir*,
Puisque vous le voulez, je jure d'obéir. (V, 426. *D. San.* 179.)

SE TRAHIR À :

Souffrir qu'il *se trahisse aux* rigueurs de mon sort! (V, 207. *Hér.* 1173.)

TRAHI, substantivement :

Le traître et le *trahi*, le mort et le vivant,
Se trouvent à la fin amis comme devant. (II, 520. *Illus.* 1623.)

TRAÎNER, entraîner :

En tous lieux après vous il *traîne* la victoire. (III, 510. *Pol.* 510.)
Le prince Antiochus, devenu nouveau roi,
Sembla de tous côtés *traîner* l'heur avec soi. (IV, 431. *Rod.* 54.)

Voltaire trouve le mot impropre : « *Traîner*, dit-il, donne toujours l'idée de quelque chose de douloureux ou d'humiliant.... » Puis un vers de Racine lui revient en mémoire, et il termine ainsi sa note : « Le mot *traîner* est encore heureusement employé pour signifier une douce violence, et alors il est mis pour *entraîner :*

Charmant, jeune, *traînant* tous les cœurs après soi. »
(*Phèdre*, acte II, scène v, vers 639.).

TRAÎNER, dans divers emplois figurés :

La mort n'a rien d'affreux pour une âme bien née ;
A mes côtés pour toi je l'*ai* cent fois *traînée*. (V, 197. *Hér.* 952.)
C'est vous qui sous le joug *traînez* des cœurs si braves ;
Ils étoient plus que rois, ils sont moindres qu'esclaves. (VI, 398. *Sert.* 837.)
Cependant sans se plaindre ils *ont traîné* leur vie. (VIII, 382. *Imit.* III, 2537.)
C'est contre cette chair, notre fière ennemie,

Que tant que nous *traînons* cette ennuyeuse vie,
Nous avons à combattre.... (VIII, 365. *Imit.* III, 2164.)

TRAÎNER, neutralement :

Des autres le grand nom sans mérite ennobli
Aura ce qui t'est dû de gloire et de louange,
Cependant que le tien *traînera* dans l'oubli,
S'il ne tombe assez bas pour *traîner* dans la fange.
(VIII, 507. *Imit.* III, 5107 et 5108.)

TRAÎNANT, ANTE, qui traîne en longueur, qui se prolonge :

.... Que ne peut ma haine avec un plein loisir
Animer les bourreaux qu'elle sauroit choisir,
Repaître mes douleurs d'une mort dure et lente,
Vous la rendre à la fois et cruelle et *traînante* (V, 92. *Théod.* 1696.)

TRAÎNANT, ANTE, faible, sans force, languissant :

Mon âme *traînante*, abattue,
N'a qu'un moment à vivre, et ce moment me tue. (V, 354. *Andr.* 811.)
Vous avez feint d'aimer, et permis l'espérance ;
Mais cet amour *traînant* n'avoit que l'apparence. (VI. 506. *Soph.* 822.)
.... Ma *traînante* langueur. (VIII, 390. *Imit.* III, 2688.)
Que leur dévotion est *traînante* et débile ! (VIII, 639. *Imit.* IV, 1249.)

TRAÎNÉ (en longueur) :

En matière d'hyménées
L'importune langueur des affaires *traînées*
Attire assez souvent de fâcheux embarras. (VII, 30. *Agés.* 527.)

TRAÎNEUR D'ÉPÉE :

Chacun croit votre gloire à faux titre usurpée,
Et vous ne passez plus que pour *traîneur d'épée*. (II, 471. *Illus.* 710.)

Suivant Furetière, « il se dit particulièrement d'un filou, qu'on appelle *traîneur d'épée*, qui porte une épée et qui ne va point à la guerre. »

TRAIT, dard, flèche, au figuré :

.... Toi, qui vois les *traits* dont mon cœur est percé,
Viens me voir achever comme j'ai commencé. (III, 189, *Cid*, 1643.)
.... Mon cœur n'est point à l'épreuve des *traits*
Ni de tant de vertus, ni de tant de bienfaits. (IV, 80. *Pomp.* 1291.)
Encore que vos cœurs ne lui soient pas ouverts,
D'un seul *trait* de ses yeux il ouvrira vos portes. (X, 107. *Poés. div.* 24.)

Il s'agit de la prise de Saumur par Louis XIII.

TRAIT, linéament (du visage) :

Don Rodrigue surtout n'a *trait* en son visage
Qui d'un homme de cœur ne soit la haute image. (III, 107. *Cid.* 29.)

TRAIT, dessin; TIRER UN TRAIT, dessiner :

Quand j'ai peint un Horace, un Auguste, un Pompée,
Assez heureusement ma muse s'est trompée,
Puisque, sans le savoir, avecque leur portrait
Elle *tiroit* du tien *un* admirable *trait*. (x, 97. *Poés. div.* 40.)

Ces vers s'adressent au cardinal Mazarin.

TRAIT D'ART, DE MÉPRIS, DE PITIÉ :

C'est un *trait d'art* pour mieux abuser par une fausse mort le père de Clindor qui les regarde. (II, 432. *Exam.* de *l'Illus.*)

Mon âme veut et n'ose, et bien que refroidie,
N'aura *trait de mépris* si je ne l'étudie. (II, 48. *Gal. du Pal.* 570.)

.... Si votre amitié
Sentoit pour mes malheurs quelque *trait de pitié*,
Elle m'épargneroit cette fatale vue. (VII, 416. *Pulch.* 888.)

TRAITABLE À :

J'entends, vous n'êtes pas un homme de débauche,
Et tenez celles-là trop indignes de vous
Que le son d'un écu rend *traitables à* tous. (IV, 143. *Ment.* 40.)

TRAITER.

Bien qu'Attila me *traite* assez confidemment.... (VI, 153. *Att.* 1091.)

TRAITER L'AMOUR :

Géraste n'agit pas mal en vieillard amoureux, puisqu'il ne *traite l'amour* que par tierce personne. (II, 121. *Exam.* de *la Suiv.*)

TRAITER, en parlant des événements qui forment le sujet d'une pièce de théâtre :

Je crois que nous devons toujours faire notre possible en sa faveur (*de l'unité de jour*), jusqu'à forcer un peu les événements que nous *traitons*, pour les y accommoder. (I, 3. *Au lect.*)

TRAITER DE :

Voyez de quel mépris vous *traite* son parjure. (II, 350. *Méd.* 205.)
A l'envi l'un et l'autre étaloit sa manie,
Des mystères sacrés hautement se moquoit,
Et *traitoit de* mépris les Dieux qu'on invoquoit. (III, 526. *Pol.* 832.)

Voyez encore x, 120. *Poés. div.* 100.

Polyeucte pour vous ne manque point d'amour;
S'il ne vous *traite* ici d'entière confidence.... (III, 494. *Pol.* 137.)
.... De quelque rigueur que le destin me *traite*,
Je perds moins à mourir qu'à vivre leur sujette. (IV, 493. *Rod.* 1535.)

Voyez ci-dessus, p. 140, OUBLI (TRAITER D').

TRAITER AVEC QUELQU'UN :

Ne vous offensez pas, objet rare et charmant,
Si ma haine *avec* lui *traite* un peu rudement. (v, 38. *Théod.* 466.)

TRAÎTRE.

PRENDRE EN TRAÎTRE, dans la tragédie :

Va, tu l'*as pris en traître :* un guerrier si vaillant
N'eût jamais succombé sous un tel assaillant. (III, 193. *Cid.* 1715.)

MON TRAÎTRE, dans le plus haut style, en parlant d'un amant perfide, infidèle :

Je l'ai dit à *mon traître*.... (VI, 36. *Perth.* 389.)
A travers ces rameaux je vois venir *mon traître*. (VI, 338. *Tois* 1987.)

TRAÎTRESSE (ÂME) :

Moi, Seigneur, moi, que j'eusse une *âme* si *traîtresse!* (III, 450. *Cin.* 1477.)

TRAME, au figuré, pour *vie* :

Mon père est mort, Elvire; et la première épée
Dont s'est armé Rodrigue, a sa *trame* coupée! (III, 150. *Cid,* 798.)
Quelle horreur d'embrasser un homme dont l'épée
De toute ma famille a la *trame* coupée! (III, 152. *Hor.* 1616.)
.... Pour venger sa *trame* indignement coupée,
N'arboreront-ils point l'étendard de Pompée? (VI, 368. *Sert.* 105.)
.... Tout me sera doux si ma *trame* coupée
Me rend à mes aïeux en femme de Pompée. (VI, 407. *Sert.* 1061.)
Quoi que la perfidie ait osé sur sa *trame*,
Il vit encor en vous, il agit dans votre âme. (IV, 83. *Pomp.* 1369 *var.*)

Corneille, en 1660, a entièrement changé le premier vers de ce dernier exemple. On voit que dans tous les autres le mot *trame* est accompagné du mot *coupée* qui continue et explique la métaphore.

TRANCHANT.

.... Rendez le *tranchant* à ces glaives rouillés
Que du sang espagnol vos pères ont souillés. (X, 259. *Poés. div.* 115.)

TRANCHANT, pour l'arme même qui tranche :

.... De quelque *tranchant* que je souffre les coups,
Je meurs trop glorieux, puisque je meurs pour vous. (II, 501. *Illus.* 1243.)

TRANCHER CONTRE QUELQU'UN, combattre contre lui :

Toujours pour les duels l'on m'a vu sans effroi,
Mais je n'ai point de lame à *trancher contre* toi. (I, 447. *Veuve,* 970 *var.*)

TRANCHER LES JOURS, LE DESTIN DE QUELQU'UN, le tuer :

.... La peste,

Qui peut-être à vos yeux viendra *trancher mes jours*,
Si mon sang répandu ne lui tranche le cours. (vi, 165. *OEd* 741.)
.... C'est dans votre festin
Que ce soir par votre ordre on *tranche son destin*. (vi, 369. *Sert.* 108.)

TRANCHER, interrompre, arrêter, terminer :

Il alloit au conseil, dont l'heure qui pressoit
A tranché ce discours qu'à peine il commençoit. (iii, 108, *Cid.* 40.)
.... Toujours la fortune à me nuire obstinée,
Tranche mon espérance aussitôt qu'elle est née. (iii, 551. *Pol.* 1372.)
Je ne mets point d'obstacle à vos derniers secrets :
Mais *tranchez* promptement d'inutiles regrets. (v, 85. *Théod.* 1542.)
.... Pour *trancher* le cours de leurs dissensions,
Il faut fermer la porte à leurs prétentions. (v, 423. *D. San.* 107.)

Voyez ci-dessus, à TRANCHER LES JOURS, etc., le second vers de l'exemple d'*OEdipe*.

TRANCHER LE MOT, se servir d'un mot décisif, du véritable terme :

Dis-lui qu'à tout le peuple on va l'abandonner,
Tranche le mot enfin, que je la prostitue. (v, 48. *Théod.* 707.)

Notons en passant qu'on employoit à une époque antérieure l'expression *trancher les mots* dans un sens fort particulier : « Il m'a tranché mes mots, c'est-à-dire, il m'a determiné quand et combien je doy parler. *Quæcumque dicit verba sunt præscripta.* Ce sont *motz trenchez* tout ce que il dit. » (Math. Cordier, *de Latini sermonis emendatione*, chapitre LVIII, p. 605, § 280.)

TRANCHER, absolument, décider :

Choisissez hors des trois, *tranchez* absolument. (v, 426. *D. San.* 183.)

TRANCHER DE, avec un adjectif ou un substantif, faire, jouer le personnage de :

Tu *tranches du* fâcheux.... (i, 416. *Veuve*, 325.)
Ne *tranchez* point ainsi *de* la respectueuse. (ii, 178. *Suiv.* 989.)
Tranchant du généreux, il croit m'épouvanter. (iii, 555. *Pol.* 1457.)
Que j'en sais comme lui qui parlent d'Allemagne,
Et si l'on veut les croire, ont vu chaque campagne,
Sur chaque occasion *tranchent des* entendus...! (iv, 187, *Ment.* 863.)
Marcelle aura sans moi commis cet attentat :
J'en saurai près de lui faire un crime d'Etat,
A ses ressentiments égaler ma colère,
Lui promettre vengeance et *trancher du* sévère. (v, 95. *Théod.* 1772.)
Quoi? vous *tranchez* ici *du* nouveau gouverneur? (v, 26. *Théod.* 205.)
Qui *tranche* trop *du* roi ne règne pas longtemps. (v, 545. *Nic.* 749.)

« De se pourvoir de pain chez le boulanger, c'est *trancher* par trop *de* l'homme de ville. » (Olivier de Serres, p. 821.) — Nous lisons dans l'édition de 1771 du *Dictionnaire* de Trévoux, non dans la première (1704), ni même dans celle de 1752, que c'est une expression du style bourgeois et familier. Corneille, on vient de le voir, l'a employée sans scrupule dans tous les styles.

TRANCHÉE, en termes de guerre :

Il veut de sa main propre enfler sa renommée,

Voir de ses propres yeux l'état de son armée....
Visite la *tranchée*.... (x, 210. *Poés. div.* 244.)

TRANSI, au figuré :

.... J'ai le cœur *transi*
De crainte que quelqu'un ne te découvre ici. (II, 267. *Pl. roy.* 843.)

TRANSMETTRE à la vie :

Pour moi, qu'un sang moins noble *a transmis à la vie*,
Je n'ose m'éblouir d'un peu de nom fameux
Jusqu'à déshonorer le trône par mes vœux. (vi, 386. *Sert.* 546.)

TRAVAIL, au pluriel, exploits, actions guerrières :

Faut-il combattre encor mille et mille rivaux,
Aux deux bouts de la terre étendre mes *travaux?* (III, 196. *Cid*, 1784.)

Travail, au pluriel, peines, épreuves, tourments :

Lui qu'Apollon jamais n'a fait parler à faux,
Me promit par ces vers la fin de mes *travaux*. (III, 290. *Hor.* 194.)

TRAVAILLER, au figuré :

.... S'il t'a, par pitié, permis une victoire,
Ta victoire elle-même *a travaillé* pour lui. (x, 113. *Poés. div.* 100.)

Travailler, activement, agiter, tourmenter :

Toujours le même soin *travaille* mes esprits. (II, 436. *Illus.* 35.)
Un oracle m'assure, un songe me *travaille*. (III, 335. *Hor.* 1211.)

C'était là, comme nous l'apprenons par ce passage de Montluc, une phrase du langage ordinaire : « La nuict propre que nous arriuasmes, à mon premier sommeil ie fis vn songe, qui me *trauailla* plus que si i'eusse eu quatre iours la fieure continue. » (*Commentaires*, livre V, folio 190, verso.)

Se travailler à quelque chose, s'y appliquer, s'y fatiguer :

.... Je ne saurois voir la main qui m'a vengé.
En vain je *m'y travaille*.... (III, 160. *Cid.* 1009.)
Plus l'esprit *s'y travaille*, et plus il s'y confond. (VIII, 687. *Imit.* IV, 2227.)

La locution : *se travailler, se travailler à*, est ancienne :

Il est aisé d'entrer dans le palle seiour,
La porte y est ouuerte et ne clost nuict ne iour;
Mais qui veut ressortir de sa salle profonde,
Pour reuoir derechef la clarté de ce monde,
En vain il *se trauaille*, il se tourmente en vain,
Et tousiours se verra trompé de son dessein.
(Garnier, *Hippolyte*, acte II, vers 197.)

Comme à les arrester il *se trauaille* ainsi,
Et qu'eux à reculer *se trauaillent* aussi,
Voici venir le monstre, et à l'heure et à l'heure
Les cheuaux esperdus rompent toute demeure. (*Ibidem*, acte IV, vers 137 et 138.)

Travaillé de :

Abattu de tristesse et *travaillé* d'alarmes,
Soupirer et gémir, c'est tout ce que je puis. (ix, 247. *Ps. pén.* 21.)

TRAVERS, substantivement, au propre :

Célidée et Hippolyte sont deux voisines dont les demeures ne sont séparées que par le *travers* d'une rue. (ii, 13. *Exam. de la Gal. du Pal.*)

Travers, au figuré :

Quoique vous nommiez folies les *travers* d'auteur où vous vous êtes laissé emporter.... (x, 404. *Lettr. apol.*)

Voyez la note 2 de la page indiquée.

TRAVERSE, événement qui met obstacle à nos désirs, à nos volontés :

Penses-tu qu'après tout j'en quitte encor ma part,
Et tienne tout perdu pour un peu de *traverse?* (iv, 197. *Ment.* 1073.)

TRAVERSER (Se) le sein de :

(*Jocaste*) Se saisit du poignard, et de sa propre main
A nos yeux comme lui *s'en traverse le sein.* (vi, 216. *OEd.* 1936.)

TRAVETEAU.

Parnes, soles, appuis, jambages, *traveteaux.* (ii. 473. *Illus.* 752.)

Ce mot, que nous n'avons pas trouvé dans les dictionnaires, doit désigner une poutre servant de traverse entre d'autres charpentes. Comparez, pour la forme, *travée*, *travon*.

TRÉBUCHER, au propre et au figuré :

Je flattois ta manie, afin de t'arracher
Du honteux précipice où tu vas *trébucher.* (iii, 560. *Pol.* 1574.)
Oui, Pompée avec lui porte le sort du monde,
Et veut que notre Égypte, en miracles féconde,
Serve à sa liberté de sépulcre ou d'appui,
Et relève sa chute, ou *trébuche* sous lui. (iv, 29. *Pomp.* 32.)
Ce n'est pas tout d'un coup que tant d'orgueil *trébuche.*
(iv, 487. *Rod.* 1399.)
N'est-il pas vrai aussi qu'il y pourroit être excité plus fortement par la vue des malheurs arrivés aux personnes de notre condition, à qui nous ressemblons tout à fait, que par l'image de ceux qui font *trébucher* de leurs trônes les plus grands monarques? (v, 406. *Épît. de D. San.*)

La Discorde et l'Envie *trébuchent* dans les enfers. (vi, 232. *Dess. de la Tois.*)

Il présente ce portrait aux yeux de la Discorde et de l'Envie, qui *trébuchent* aussitôt aux enfers. (vi, 261. *Tois.*)

Tremble, et crois voir bientôt *trébucher* ta fierté,

Si je puis t'enlever ce que tu m'as ôté. (vi, 378. *Sert.* 347.)
.... Mon courroux chancelant
Trébuche, perd sa force, et meurt en vous parlant. (vi, 405. *Sert.* 1008.)
Je le hais fortement, mais non pas à l'égal
Des murs que ma perfide eut pour séjour natal.
Le déplaisir de voir que ma ruine en vienne,
Craint qu'ils ne durent trop, s'il faut qu'il les soutienne.
Puisse-t-il, ce rival, périr dès aujourd'hui !
Mais puissé-je les voir *trébucher* avant lui! (vi, 524. *Soph.* 1256.)
Le Tout-Puissant m'a si bien garanti
Que j'ai vu *trébucher* les haines les plus fières. (ix, 169. *Off. V.* 27.)
Il ne sauroit tenir pour illustres conquêtes
Des murs qui *trébuchoient* sans écraser de têtes. (x, 253. *Poés. div.* 14.)

Trébucher, on le voit, ne signifie pas seulement chanceler, mais tomber. Ce sens est ancien :

Trébuche, déloyal, au fleuve Acherontide. (Hardy, *Coriolan*.)

Voyez au tome I du *Lexique*, p. 176, CHOPPER.

TREILLISSÉ, fait en treillis :

Ces statues portent sur leurs têtes des corbeilles d'or *treillissées*. (vi, 266. *Tois.*)

TREMBLEMENT.

Qu'il ait sur chaque ton ses rimes ajustées,
Sur chaque *tremblement* ses syllabes comptées. (v, 75. *Poés. div.* 10.)

« *Tremblement*. Terme de musique. C'est une cadence de voix. Un beau *tremblement*, faire des *tremblements*. » (*Dictionnaire de Richelet*, 1680.)

TREMBLER À, avec un infinitif :

Ma timide voix *tremble à* te dire une injure. (i, 276. *Clit.* 22.)
Vous voyez que je *tremble à* vous le déclarer. (vi, 653. *Oth.* 1768.)
Toute ingrate qu'elle est, je *tremble à* lui déplaire.
(vi, 51. *Perth.* 744, et vii, 213. *Tit.* 332.)
.... Ah! Madame, je *tremble*
A vous dire encore... (vii, 246. *Tit.* 1106 et 1107.)
Ils brûleront d'agir, quand je *tremble à* parler. (x, 189. *Poés. div.* 70.)

Voyez encore au tome I du *Lexique*, À, p. 7.

TREMBLER, avec un nom de chose pour sujet, figurément :

Les dures pactions d'un royal hyménée
Tremblent sous les raisons et la facilité
Qu'aura de s'en venger un roi si redouté. (x, 198. *Poés. div.* 55.)

TREMBLOTANT, au figuré :

Lorsque vous conserviez un esprit tout romain,
Le sien, irrésolu, *tremblotant*, incertain,

De la moindre mêlée appréhendoit l'orage. (III, 287. *Hor.* 102 *var.*)

Corneille ne s'est servi de ce mot que dans ce passage, encore ne l'y a-t-il pas laissé; mais en 1660 il a mis :

Le sien irrésolu, le sien tout incertain.

TREMPE, au figuré :

On peut en tirer (*de la Métamorphose d'Ovide*) des sujets de tragédie, mais non pas inventer sur ce modèle, si ce n'est des épisodes de même *trempe*. (I, 75. *Disc. de la Trag.*)

La folie d'Éraste n'est pas de meilleure *trempe*. (I, 139. *Exam.* de *Mél.*)
Ah! si votre grande âme à peine s'en répond,
La mienne, qui n'est pas d'une *trempe* si belle,
Réduite au même effort, Seigneur, que fera-t-elle? (VII, 221. *Tit.* 519.)

Il m'est extrêmement glorieux qu'un esprit de cette *trempe* ait assez considéré mon ouvrage pour le vouloir traduire. (X, 73. *Poés. div. Au lect.*)

TREMPER, mouiller en plongeant :

Ton honneur t'est plus cher que je ne te suis chère,
Puisqu'il *trempe* tes mains dans le sang de mon père. (III, 184. *Cid*, 1510.)

TREMPER, faire subir au fer la préparation qui le convertit en acier, au figuré :

L'Amour a pris le soin de me punir pour vous;
Les traits que cette nuit il *trempoit* de vos larmes
Ont triomphé d'un cœur invincible à vos charmes.
(II, 286. *Pl. roy.* 1222.)

SE TREMPER À :

.... Leurs vaillantes mains
Se tremperont bien mieux *au* sang des Africains. (III, 163. *Cid.* 1084.)

TREMPÉ DE, mouillé de :

Et notre main alors également *trempée*
Et *du* sang de César et *du* sang de Pompée,
Rome, sans leur donner de titres différents,
Se croira par vous seul libre de deux tyrans. (IV, 73. *Pomp.* 1105 et 1106.)
Stéphanie entre ici, *de* pleurs toute *trempée*. (V, 95. *Théod.* 1783.)

TRÉPAS, au pluriel :

A ce prix j'aimerai les plus cruels *trépas*. (V, 42. *Théod.* 578.)
.... N'y consentez-vous pas?
—Oui, Madame, aux plus longs et plus cruels *trépas*. (V, 456. *D. San.* 920.)

TRÉPIDATION, au figuré :

Son péril n'est digne d'aucune commisération, selon Aristote même.

et ne fait naître en l'auditeur qu'un certain mouvement de *trépidation* intérieure. (I, 70. *Disc. de la Trag.*)

Furetière donne *trépidation* comme un terme de médecine et d'astronomie. Corneille, on le voit, s'en est servi dans le langage ordinaire.

TRÉPIGNER.

.... Si je fais ballet pour l'un de ces beaux lieux,
J'y ferai, malgré vous, *trépigner* tous les Dieux. (X. 240. *Poés. div.* 72.)

TRÈS, absolument, beaucoup, extrêmement :

Vous êtes belle, plus que *très*. (X, 174. *Poés. div.* 6.)

Nous n'avons pas besoin de dire que ce vers est un badinage. Le rondeau d'où il est tiré est sur le ton plaisant. — Les paysans des environs de Paris emploient assez fréquemment *très* de cette manière, surtout dans les réponses. « Ce terrain est-il bon? — Il ne l'est pas *très*. »

TRÊVE DE :

Trêve, mes tristes yeux, *trêve* aujourd'hui *de* larmes ! (VII, 167. *Att.* 1437.)

PRENDRE TRÊVE :

.... Je n'*ai pris trêve* pour un moment,
Qu'afin de tout remettre à votre sentiment. (VI, 483. *Soph.* 249.)

TRIBULATION.

Que le Seigneur vous exauce au jour de la *tribulation*. (X, 66. *Off. V.*)

TRINE, adjectif des deux genres, qui sert à exprimer la trinité des personnes en Dieu :

Dieu de souveraine clémence,
Qui tiras du néant ce tout par ta bonté,
Unique en ton pouvoir, unique en ta substance,
Et *trine* en personnalité. (IX, 485. *Hymn.* 4.)

On disait aussi *trin* au masculin : « Dieu est un en nature et *trin* en personnes. » (Bouhours, *Vie de saint François-Xavier*, p. 86 de l'édition in-4°.)

TRIOMPHE, au propre et au figuré :

Pour gagner un *triomphe* il faut une victoire. (IV, 472. *Rod.* 1068.)
.... C'en est une (*douceur*) ici bien autre, et sans égale,
D'enlever, et sitôt, ce prince à ma rivale,
De lui faire tomber le *triomphe* des mains. (VI, 501. *Soph.* 713.)

TRISTE.

Je veux toujours le voir, cet ingrat'qui me tue,
Non pour le *triste* bien de jouir de sa vue.... (VII, 504. *Sur.* 1002.)

TROCHAÏQUE, voyez au tome I du *Lexique*, p. 59, ANAPESTIQUES (VERS).

TROMPER (Se), avec un nom abstrait pour sujet :

Dieux! faites que ma peur puisse enfin *se tromper!* (III, 522. *Pol.* 764.)

Être trompé de :

L'auditeur n'*est* point *trompé de* son attente. (I, 94. *Disc. de la Trag.*)

TROMPERIE, illusion :

Je ne sais si je veille, ou si ma rêverie
A mes sens endormis fait quelque *tromperie.* (I, 320. *Clit.* 798.)

TROMPETTE (Faire quelqu'un le) de quelque chose, le lui faire répéter, divulguer, publier; allusion aux publications que faisaient les crieurs jurés, au son de la trompette :

.... *D'*un discours en l'air, qu'il forge en imposteur,
Il *me fait le trompette* et le second auteur! (IV, 223. *Ment.* 1496.)
Il se défend longtemps du mal qu'on dit d'autrui,
Ou s'il en est enfin convaincu malgré lui,
Il ne *s'en fait* point *le trompette.* (VIII, 50. *Imit.* I, 340.)

Déloger sans trompette, voyez au tome I du *Lexique*, p. 272, Déloger.

TROMPEUR.

Un *trompeur* en moi trouve un *trompeur* et demi. (I, 476. *Veuve*, 1498.)

La forme ordinaire de cette locution proverbiale est : *à trompeur, trompeur et demi*
La Fontaine a dit :

.... C'est double plaisir de tromper le *trompeur.*
(*Le Coq et le Renard*, livre II, fable XV.)

TRÔNE, au propre et au figuré :

Aujourd'hui, *dans* le *trône,* et demain dans la boue. (III, 543. *Pol.* 1188.)
.... Monter *dans* le *trône* et nous donner des lois. (III, 394. *Cin.* 220.)

Dans ce vers de *Cinna*, Voltaire, en 1764, avait changé *dans* en *sur*, et ce changement, comme nous l'avons dit en note à la page indiquée, s'était maintenu depuis lors dans toutes les éditions de Corneille.

Je serois *dans* le *trône* où le ciel m'a fait naître. (IV, 72. *Pomp.* 1090.)
Et mal sûr *dans* un *trône* où tu crains l'avenir. (V, 162. *Hér.* 139.)
Un prince est *dans* son *trône* à jamais affermi. (V, 550. *Nic.* 881.)
.... D'un roi malheureux et la fuite et la mort
L'assurent *dans* son *trône* à titre du plus fort. (VI, 22. *Perth.* 14.)
.... *Dans* ce même *trône* où vous m'avez voulu
Sur moi comme sur tous je dois être absolu. (VI, 34. *Perth.* 341.)
Un vainqueur *dans* le *trône,* un conquérant qu'on aime,
Faisant justice à tous, se la fait à soi-même! (VI, 46. *Perth.* 643.)
S'il n'est pas *dans* le *trône,* il a droit d'y prétendre. (VI, 152. *OEd.* 406.)
Alors que *dans* son *trône* il rétablit mon père. (VI, 267. *Tois.* 250.)
La reine Hypsipyle assise comme *dans* un *trône*.... (VI, 292. *Tois.*)

Quelle beauté, mes sœurs, *dans* ce *trône* enfermée,
De son premier coup d'œil à mon âme charmée? (vi, 293. *Tois.* 912.)
N'êtes-vous *dans* ce *trône*, où tant de monde aspire,
Que pour assujettir l'Empereur à l'empire? (vii, 241. *Tit.* 991.)
Un moment *dans* le *trône* éteint tous autres feux. (vii, 266. *Tit.* 1554.)
Vous pourriez partager vos soins avec un gendre,
L'installer *dans* un *trône* et le nommer César. (vii, 404. *Pulch.* 583.)
Dans le *trône* avec eux l'amour pouvoit monter. (vii, 505. *Sur.* 1028.)
Dieu m'a mis *dans* le *trône*.... (ix, 323. *Vêpr. et Compl.* 14.)
De quels yeux puis-je voir un prince de retour,
Qui me voit *en* son *trône*, et veut vivre en ma cour?
(vi, 87. *Perth.* 1590 *var.*)

En 1660, Corneille a entièrement changé ces deux vers.

.... Si comme *en* son *trône* il n'est seul dans ce cœur.
(viii, 211. *Imit.* ii, 708.)
.... Vainqueur du démon qu'*en* son *trône* tu braves. (ix, 523. *Hymn.* 11.)
Ici l'audace impie *en* son *trône* parut. (x, 110. *Poés. div.* 55.)
Quand il voudra rentrer *au trône* paternel.... (vi, 194. *ŒEd.* 1420.)
Nous l'installions *au trône* et le nommions César. (vii, 452. *Pulch.* 1752.)

Malherbe a dit (tome I, p. 260, poésie xci, vers 13) :

.... Mars s'est mis lui-même *au trône* de la France.

Pourroit-il s'opposer à cette illustre envie
D'assurer *sur* un *trône* une si belle vie? (vi, 138. *ŒEd.* 102.)
Un autre ciel s'ouvre,... où paroît ce maître des Dieux *sur* son *trône*.
(vi, 244. *Dess. de la Tois.*)
Ce maître des Dieux paroît *sur* son *trône*. (vi, 345. *Tois.*)
Après trente-trois ans *sur* le *trône* perdus.... (x, 88. *Poés. div.* 13.)
Prends-la (*ma tête*) comme tyran, ou l'attaque en vrai roi.
J'en garde *hors du trône* les sacrés caractères. (vi, 64. *Perth.* 1039.)

Racine a dit dans *la Thébaïde* (acte I, scène iii, vers 124):

Il faut *sortir du trône* et couronner mon frère.

Pour *trône* donne-moi le beau front de Julie. (x, 82. *Poés. div.* 5.)

Ce vers est extrait de *la Guirlande de Julie*; c'est la Tulipe qui parle
On voit par ces exemples qu'autrefois le mot *trône* désignait, soit simplement le siége royal (ou pontifical), et dans ce cas on disait : *sur le trône* ; soit toute la construction, fermée plus ou moins par des balustres ou par quelque autre clôture, et contenant le siége : ce second sens, qui explique très-bien l'emploi des prépositions *dans, en, hors de*, est beaucoup plus fréquent que l'autre, non pas seulement chez Corneille, mais en général chez les écrivains de son temps. *Dans* surtout se joignait habituellement à *trône*, tant en prose qu'en vers. « Et tout cela pour se conserver *dans le trône*, » a dit d'Aubignac (*Pratique du théâtre*, p. 167); et ailleurs : « Jocaste met bien légèrement *dans* son *trône* et dans son lit un inconnu. » (*Dissertation sur Œdipe*, édition Granet, tome II, p. 28.) « Il devoit.... considérer celui-ci (*ce roi*) *dans le trône* de Castille. » (Scudéry, *Observations sur le Cid*, 1637, p. 57.)

TROP, outre mesure, plus qu'il n'est nécessaire, extrêmement :

.... Mon affection ne s'est point arrêtée
Que chez un cavalier qui l'a *trop* méritée. (i, 213. *Mél.* 1168.)
Pour Daphnis, c'est en vain qu'elle fait la rebelle,

J'en viendrai *trop* à bout.... (II, 205. *Suiv.* 1526.)
Regarde après ses cris si tu serois le maître.
— Ma main dessus sa bouche y saura *trop* pourvoir. (II, 274. *Pl. roy.* 971.)
Clindor a *trop* bien fait.... (II, 522. *Illus.* 1679.)
Tant de vertus qu'en lui le monde entier admire
Ne l'ont-elles pas fait *trop* digne de l'empire? (V, 164. *Hér.* 202.)
La mort de ce tyran, quoique *trop* légitime.
Aura dedans vos mains l'image d'un grand crime. (V, 177. *Hér.* 501.)
Nous aurons *trop* d'amis pour en venir à bout. (V, 203. *Hér.* 1105.)
S'il ne faut que du sang j'ai *trop* de quoi payer. (V, 89. *Théod.* 1618.)
.... Votre vertu vous fera *trop* savoir
Qu'il n'est pas bon d'user de tout votre pouvoir. (V, 425. *D. San.* 159.)
Avec avidité cette histoire est reçue;
Chacun la tient *trop* vraie, aussitôt qu'elle est sue. (V, 484. *D. San.* 1594.)
.... Sa France (*la France de Louis XIV.*)
Sait *trop*, quand il lui plaît, dompter son arrogance.
(X, 201. *Poés. div.* 106.)
Le poëte s'adresse à l'Espagne.

TROP DE, un nombre excessif de, un très-grand nombre de :

J'arrache quelquefois *trop* d'applaudissements. (X, 76. *Poés. div.* 44.)

TROP PLUS DE, beaucoup plus, excessivement plus de :

Tant d'autres te sauront en sa place ravir,
Avec *trop plus* d'attraits que cette écervelée. (I, 201. *Mél.* 959 *var.*)

En 1660, Corneille a ainsi changé ces deux vers :

Assez d'autres objets y sauront te ravir.
Ne t'inquiète point pour une écervelée.

TROP D'UN, TROP PEU D'UN, suivi d'un substantif, où nous dirions aujourd'hui un.... de trop, un.... de trop peu, un.... de moins :

Trop d'un Héraclius en mes mains est remis. (V, 215. *Hér.* 1373.)
Je trouve *trop d'un* frère, et vous *trop peu d'un* fils. (V, 227. *Hér.* 1650.)

TROP TÔT DE QUATRE JOURS, quatre jours trop tôt :

Je suis venue ici *trop tôt de quatre jours*. (VII, 336. *Tite*, 874.)

TROP DE, substantivement :

.... Votre *trop* d'amour pour cet infâme époux
Vous donnera bientôt à plaindre comme à nous. (III, 327. *Hor.* 1045.)
.... T'immoler en lâche à mon *trop de* malheur. (VI, 64. *Perth.* 1026.)
De son *trop de* vertu sachons le dégager. (VI, 68. *Perth.* 1117.)
Qui pardonne aisément invite à l'offenser,
Et le *trop de* bonté jette une amorce au crime. (X. 108. *Poés. div.* 39.)

TROP QUE DE, voyez ci-dessus, p. 249, QUE.

Sur À TROP, voyez au tome I du *Lexique*, à, p. 12.

TROPHÉE.

Il tient dessous ses pieds l'hérésie étouffée :
Les temples sont ses forts; et son plus beau *trophée*
Est un présent qu'il fait à la Divinité. (x, 107. *Poés. div.* 17.)
Il s'agit de Louis XIII.

TROUBLE.

EN TROUBLE, avec trouble :
Je ne reçois qu'*en trouble* un si confus espoir. (vi, *OEd.* 967.)

TROUBLES, au pluriel :
Vous avez vu depuis les *troubles* de mon âme. (iii, 290. *Hor.* 183.)
.... Le voilà, Madame,
Qui vous fera mieux voir les *troubles* de son âme. (vi, 655. *Oth.* 1798.)
Ses *troubles* ont cessé, sa joie est revenue. (vi, 490. *Soph.* 432.)

TROUBLER, absolument, pour *se troubler, être en délire* :
De passion pour moi deux sultanes *troublèrent*. (ii, 448. *Illus.* 269.)

TROUVER.

Nous pourrons lui *trouver* un lac de Trasimène. (v, 539. *Nic.* 620.)

LE PREMIER TROUVÉ, le premier venu :
.... Je te changerai pour *le premier trouvé*. (i, 236. *Mél.* 1590.)

TRUCHEMENT, interprète, au figuré :
Une parfaite ardeur a trop de *truchements*
Par qui se faire entendre aux esprits des amants. (i, 191. *Mél.* 805.)
Adorables regards....
Doux *truchements* du cœur, qui déjà tant de fois
M'avez si bien appris ce que n'osoit la voix,
Nous n'avons plus besoin de votre confidence. (i, 238. *Mél.* 1617.)
.... Tes yeux sont du tien (*de ton cœur*) de mauvais *truchements*,
Ou rien plus ne s'oppose à nos contentements. (i, 354. *Clit.* 1423.)
.... D'un commun aveu ces muets *truchements* (*les yeux des amants*)
Ne se disent que trop leurs amoureux tourments. (ii, 131. *Suiv.* 103.)
Ces muets *truchements* (*mes yeux*) surent lui révéler
Ce que je me forçois à lui dissimuler. (vii, 465. *Sur.* 51.)
J'ai voulu consulter ces *truchements* des Dieux. (ii, 312. *Tuil.* 40.)
.... Je vous suis importune
De mêler ma présence aux secrets des amants,
Qui n'ont jamais besoin de pareils *truchements*. (v, 58. *Théod.* 954.)
Écoute avec respect les avis des saints Pères
 Comme leurs *truchements* (*des mystères*). (viii, 53. *Imit.* 1, 401.)
.... Des morts de son rang les ombres immortelles
Servent souvent aux Dieux de *truchements* fidèles. (vi, 170 *OEd.* 846.)

.... Je vous servirois de meilleur *truchement*,
Si vous vous expliquiez un peu plus clairement. (vi, 413. *Sert.* 1187.)
.... Ma sœur, laissez-moi vous aider
Ainsi que vous m'avez aidée.
— Pour bien m'aider à dire ici mes sentiments
Vous vous prenez trop mal aux vôtres;
Et si je suis jamais réduite aux *truchements*,
Il m'en faudra bien chercher d'autres. (vii, 41. *Agés.* 800.)
Cette langue illustre (*le latin*) qui sert de *truchement* à tous les savants de l'Europe. (x, 93. *Poés. div. Au lect.*)

« *Interprète*, selon Volney, se dit en arabe *terdjeman*, dont nos anciens ont fait *truchement;* en Égypte on le prononce *tergoman*, et les Vénitiens en ont fait *dragomano*, qui nous est revenu en *drogman*. » (*Voyage en Égypte et en Syrie*, 5ᵉ édition, tome II, p. 267.) — *Drogman*, tout moderne, ne s'emploie qu'au propre.

TUER, figurément :

Mais finissons, de grâce, un discours qui me *tue*. (vi, 201, *Œd.* 1601.)
L'effort que je me fais me *tue* autant que vous. (vii, 208. *Tit.* 202.)
Mais, ô Dieux! songez-vous que chaque mot me *tue?* (vii, 269. *Tit.* 1632.)

TUMEUR SAINTE, en parlant de la grossesse de la Vierge.

Voyez au tome IX, p. 542, la seconde partie de la note 3, qui a été placée là par erreur et devrait suivre la note 2.

TUMULTUAIRE, confus, sans ordre, précipité :

Pour le temps, il m'a fallu réduire en soulèvement *tumultuaire* une guerre qui n'a pu durer guère moins d'un an. (iv, 20. *Exam. de Pomp.*)

TUMULTUAIREMENT.

Il n'en va pas de la comédie comme d'un songe qui saisit notre imagination *tumultuairement*. (i, 263. *Préf. de Clit.*)

TUMULTUEUX.

Pour Dircé, son orgueil dédaignera sans doute
L'appui *tumultueux* que ton zèle redoute. (vi, 203. *Œd.* 1654.)

Il s'agit d'une sédition.

TYRAN, figurément :

Secrets *tyrans* de ma pensée,
Respect, amour.... (i, 420. *Veuve*, 393.)
Va, fier *tyran* des mers (*Neptune*).... (x, 109. *Poés. div.* 43.)

TYRANNIE, au pluriel, figurément :

L'orgueil de la naissance a bien des *tyrannies*. (vii, 385. *Pulch.* 82.)

TYRANNIQUE.

.... Quel *tyrannique* effroi
Fait cette illusion aux destins d'un grand roi? (vi, 275. *Tois.* 499.)

TYRANNISER, au figuré :

Cette agréable idée, où ma raison s'abîme,
Tyrannise mes sens jusqu'à l'accablement. (x, 163. *Poés. div.* 6.)

U

UN, UNE.

A peine est arrivé par le retour des ans
  L'heureux moment du sacré temps,
Qu'*un* créateur de tout lui-même est créature.... (ix, 512. *Hymn.* 21.)

UN QUI, UNE QUI, pour *quelqu'un, quelqu'une qui, une personne qui* :

Souffrez que pour pleurer mes actions brutales,
Je fasse ma retraite avecque les Vestales,
Et qu'ainsi je renferme en leur sacré séjour
Une qui ne dût pas seulement voir le jour. (i, 361. *Clit. var.* 1.)

En 1660 :

  Et qu'une criminelle indigne d'être au jour
  Se puisse renfermer en leur sacré séjour.

Soit qu'elle fît dessein d'asservir la franchise
D'*un qui* la cajoloit ainsi par entreprise. (ii, 129. *Suiv. var.* 4.)

Ce passage a été entièrement changé dès 1644.

  .... Tel plaît à mes yeux,
Que je négligerois près d'*un qui* valût mieux. (ii, 137. *Suiv.* 224. *var.*)

En 1660 :

  .... Près de qui vaudroit mieux.

On voit que Corneille n'a laissé subsister cette expression dans aucun des passages où il l'avait d'abord employée.

UN, neutralement :

Je me contenterai d'en dire (*de dire de la comédie*) deux choses... :
l'*un*, que je soumets tout ce que j'ai fait.... à la censure des puissances...;
l'autre, que, etc. (vii, 106. *Au lect.* d'*Att.*)

Voyez la note 1 de la page indiquée.

UN, omis :

N'en avez-vous pas l'ordre? — Oui, pour le prince Attale,
Pour un homme en son sein nourri dès le berceau ;
Mais pour le roi de Pont il faut ordre nouveau.
 — Il faut ordre nouveau!... (v, 574 et 575. *Nic.* 1430 et 1431.)

Voyez au tome I du *Lexique*, à l'article FAIRE, p. 414-416, divers autres exemples de semblable omission.

UN]   DE CORNEILLE.   411

UN CHACUN, voyez au tome I du *Lexique*, p. 163, CHACUN.

L'UN.... L'AUTRE.

L'UN ET L'AUTRE, suivi d'un verbe au singulier :

Tu te détromperas, si tu veux prendre garde
A ce qu'à ton sujet *l'une et l'autre* hasarde. (I, 180. *Mél.* 636.)
L'un et l'autre me fuit, et je brûle pour eux;
L'un et l'autre t'adore, et tu les fuis tous deux.
   (II, 87. *Gal. du Pal.* 1295 et 1296.)
Par vos mépris enfin *l'une et l'autre* mourut. (II, 456. *Illus.* 447.)
Pour m'arracher le jour *l'un et l'autre* conspire! (III, 432. *Cin.* 1086.)
    L'un et l'autre de ces effets seroit dangereux en cette rencontre. (II, 475. *Abrégé du mart. de S. Pol.*)
A l'envi *l'un et l'autre* étaloit sa manie. (III, 526. *Pol.* 830.)
.... Dans un digne emploi *l'une et l'autre* occupée
Couronne Cléopatre et m'apaise Pompée. (IV, 101. *Pomp.* 1809.)
L'un et l'autre, voyant à quoi je me prépare,
Se hâte d'achever avant qu'on les sépare. (IV, 293. *S. du Ment.* 111.)
L'un et l'autre à jamais étoit pour vous perdu. (IV, 343. *S. du Ment.* 1052.)
L'un et l'autre fait voir un mérite si rare.... (IV, 448. *Rod.* 431.)
Croyez-moi, *l'une et l'autre* a redouté nos pleurs. (IV, 473. *Rod.* 1097.)
L'une et l'autre a pour moi des malheurs sans exemple.
   [(IV, 507. *Rod.* 1839.)
Voyez sur quels états *l'un et l'autre* préside. (V, 34. *Théod.* 372.)
L'un et l'autre de moi s'efforce à l'obtenir. (V, 91. *Théod.* 1677.)
L'un et l'autre est Romain.... (VI, 534. *Soph.* 1483.)
Si l'on ne me découvre, il faut que je m'expose;
Et *l'un et l'autre* enfin n'est que la même chose. (V, 206. *Hér.* 1160 *var.*)

En 1663 :

   Et *l'un et l'autre* enfin ne sont que même chose.

« On les met et avec le singulier et avec le pluriel, » dit Vaugelas (*Remarques*, p. 141). Thomas Corneille ajoute que, selon Chapelain, « *l'un et l'autre* est plus élégant avec le singulier, » et qu'il lui semble à lui-même « que cela est plus dans l'usage. »
   Toutefois nous avons vu un endroit (notre dernier exemple) où Corneille, en 1663, a construit *l'un et l'autre* avec le pluriel; en voici un autre où, dès 1629, il a fait le même accord :

   Je ne sais plus qui croire ou d'elle ou de sa plume,
   L'un et l'autre en effet n'ont rien que de léger. (I, 198. *Mél.* 909.)

L'UN NI L'AUTRE :

Les funestes désespoirs de Marcelle et de Flavie, bien que *l'une ni l'autre* ne fasse de pitié, sont encore plus capables de purger l'opiniâtreté à faire des mariages. (V, 13. *Exam. de Théod.*)
.... *L'un ni l'autre* enfin ne vous fera rougir. (V, 193. *Hér.* 858.)
On diroit que tous deux agissent de concert,
Qu'ils ont juré de n'être importuns *l'un ni l'autre*. (VII, 10. *Agés.* 25.)

Voyez ci-dessus l'article NI, p. 113.

L'un de l'autre, de l'un vers l'autre :

Nous avons mal servi vos haines mutuelles,
Aux jours *l'une de l'autre* également cruelles. (IV, 501. *Rod.* 1684.)
.... Cet heureux hymen, accompagné du vôtre,
Nous rendant entre nous garant *de l'un vers l'autre*,
Réduira nos trois cœurs en un. (VII, 85. *Agés.* 1850.)

L'une et l'autre, remplaçant deux adjectifs féminins :

Je jurerois, Monsieur, qu'elle est ou vieille ou laide,
Peut-être *l'une et l'autre*.... (IV, 323. *S. du Ment.* 665.)

Aujourd'hui nous dirions dans cette phrase *l'un et l'autre*, neutralement. Nous avons vu (ci-dessus, p. 47) qu'au temps où Corneille écrivait ces vers, on disait encore fréquemment : *je la suis*, au lieu de *je le suis;* c'est la même manière d'accord.

L'un, sans corrélatif :

Si je prends bien mon temps, j'aurai pleine matière
A les jouer tous deux d'une belle manière.
En voici déjà *l'un* qui craint de m'aborder. (I, 203. *Mél.* 1021.)
Qui méprise le moindre au plus grand fait outrage,
Parce que de ma main l'un et l'autre est l'ouvrage :
On ôte à leur auteur tout ce qu'on ôte à *l'un.* (VIII, 566. *Imit.* III, 6317.)

UNIQUE.

Je verrai mon amant, mon plus *unique* bien,
Mourir pour son pays, ou détruire le mien. (III, 288. *Hor.* 141.)

Voltaire blâme Corneille d'avoir considéré cet adjectif comme susceptible de comparaison.

Il m'est unique, je n'ai que lui, en parlant d'un fils :

Peu de nos gens de cour sont mieux taillés que lui....
Je cherche à l'arrêter, parce qu'*il m'est unique.* (IV, 162. *Ment.* 398.)

UNIR.

Recevez de ma main la coupe nuptiale,
Pour *être* après *unis* sous la foi conjugale. (IV, 496. *Rod.* 1592.)

Unir à, réunir à :

N'est-il herbes, parfums, ni chants mystérieux,
Qui puissent *nous unir* ces bras victorieux? (VI, 270. *Tois.* 356.)

Voyez au tome I du *Lexique*, p. 4, deux exemples (le 4ᵉ et le 5ᵉ de la page 4 d'unir à, avec un infinitif, dans le sens d'*unir pour*.

Unir ensemble, voyez au tome I du *Lexique*, p. 370, Ensemble.

USAGE.

Aussi me contez-vous de beaux traits de visage.
— Eh bien! avec ces traits est-il à ton *usage?*

— Je douterois plutôt si je serois au sien. (I, 410. *Veuve*, 226 et 227.)
Je ne hais point la vie et j'en aime l'*usage*,
Mais sans attachement qui sente l'esclavage. (III, 558. *Pol.* 1515.)

USER.

USER DE PUISSANCE ABSOLUE :

Use sur tout mon cœur *de puissance absolue*. (II, 266. *Pl. roy.* 822.)

USER DE REMISE, avec un nom de chose pour sujet :

Vos résolutions *usent* trop *de remise*. (III, 564. *Pol.* 1655.)

USER DE QUELQU'UN, en parlant de la manière dont on se conduit avec lui :

Voilà comme l'amour succède à la colère,
Comme elle ne me voit qu'avec des yeux de mère,
Comme elle aime la paix, comme elle fait un roi,
Et comme elle *use* enfin *de* ses fils et *de* moi. (IV, 461. *Rod.* 762.)

USER DE QUELQUE CHOSE :

Je fus ton disciple, et peut-être
Que l'heureux éclat de mes vers
Éblouit assez l'univers
Pour faire peu de honte au maître.
Par une plus sainte leçon
Tu m'apprends de quelle façon
Au vice on doit faire la guerre.
Puissé-je *en user* (*user de cette leçon*) encor mieux !
(X, 222. *Poés. div.* 58.)

EN USER :

Ne le pas secourir suffit sans l'opprimer;
En usant de la sorte, on ne vous peut blâmer. (IV, 32. *Pomp.* 132.)
.... Le grand Auguste autrefois dans ta ville
Aimoit à prévenir l'attente de Virgile :
Lui que j'ai fait revivre, et qui revit en toi,
En usoit envers lui comme tu fais vers moi. (X, 96. *Poés. div.* 32.)

UTILITÉS, au pluriel :

Voilà ce qui m'est venu en pensée touchant le but, les *utilités* et les parties du poëme dramatique. (I, 49. *Disc. du Poëm. dram.*)
Vous y pourrez rencontrer en quelques endroits ces deux sortes d'*utilités* dont je vous viens d'entretenir. (IV, 284. *Épît.* de *la S. du Ment.*)
Des *utilités* de l'adversité. (VIII, 75. *Imit.* 1.)

V

VACARME, au singulier et au pluriel :

Vous ne lui parliez pas avant tout ce *vacarme ?* (IV, 366. *S. du Ment.* 1461.)
.... Ainsi donc sans sujet
J'ai fait ce grand *vacarme* à ce charmant objet ? (IV, 184. *Ment.* 800.)
Oyez, oyez sa voix qui répond à vos larmes ;
Mais n'endurcissez pas vos cœurs,
Comme alors qu'au désert contre vos conducteurs
Il s'élevoit tant de *vacarmes*. (IX, 81. *Off. V.* 28.)

Le mot *vacarme* paraît venir originairement de l'interjection flamande *wach-arm*, que J. Grimm, dans sa *Grammaire allemande*, tome III, p. 296, rapproche de *ocharm* (voyez le *Glossaire françois* de Carpentier, et Fr. Diez, *Etymologisches Wörterbuchder romanischen Sprachen*, aux mots *wacarme, vacarme*) :

Et encor me faisoit pis
Wacarme, alarme et les cris
Des Flamens, que ma finance,
Ne que toute ma despence.

(Eustache Deschamps, *Virelai contre le pays de Flandre*, édition Crapelet, p. 84.)

Dans le premier exemple de Corneille, *vacarme* ne veut dire que *bruit, tumulte*; mais dans les suivants, il est pris au figuré, et signifie *plaintes, querelle*.

VAGABOND.

.... Ce ne sont enfin que rayons inconstants,
Qui vont de l'un à l'autre....
Tire avec ton pouvoir leur éclat *vagabond*. (X, 119. *Poés. div.* 63.)

Tire, c'est-à-dire, figure, représente.

Voyez ci-dessus, p. 90, MIROIRS VAGABONDS.

VAGUE, errant, sans demeure fixe :

Poissons, qui sillonnez la campagne liquide,
Bénissez le Seigneur ;
Hôtes *vagues* des airs, qui découpez leur vide,
Exaltez sa grandeur. (IX, 145. *Off. V.* 51.)

VAINCRE.

Corneille a employé fréquemment ce verbe à des temps et à des personnes où il n'est plus guère en usage.

Présent de l'indicatif :

Plus tu *vaincs* la nature et l'oses maltraiter,
Plus cette grâce abonde.... (VIII, 544. *Imit.* III, 5877.)
Tu *vaincs* en ces martyrs.... (IX, 586. *Hymn.* 9.)
S'il les *vainc*, s'il parvient où son desir aspire,
Il faut qu'il aille à Rome établir son empire. (IV, 56. *Pomp.* 693.)
Qui se *vainc* une fois peut se vaincre toujours :

Ce n'est pas un effort que votre âme redoute.
— Qui se *vainc* une fois sait bien ce qu'il en coûte :
L'effort est assez grand pour en craindre un second.
                              (VII, 221. *Tit.* 514 et 516.)
Toutes les fois qu'il *vainc*, vous triomphez en lui. (X, 195. *Poés. div.* 8.)
Je vous plains fort tous deux s'il vient à bout de moi.
— Mais si vous le *vainquez*, serons-nous fort à plaindre?
                              (V, 453. *D. San.* 845.)

Présent de l'impératif :

Vainquez-vous tout à fait.... (IV, 77. *Pomp.* 1215.)

Présent du subjonctif :

Que la vertu du fils, si pleine et si sincère,
Vainque la juste horreur que vous avez du père. (V, 170. *Hér.* 346.)

Vaincu, substantivement, avec un adjectif possessif :

         .... Sylla ni Marius
N'ont jamais épargné le sang de leurs *vaincus*. (VI, 366. *Sert.* 28.)

VAISSEAU, vase, au figuré :

Je veux remplir moi seul ce que je veux remplir,
Et ne verse mes dons que dans des *vaisseaux* vides.
                              (VIII, 671. *Imit.* IV, 1906.)

VAL DE MALHEURS, vallée de misère :

Bénis ton Dieu, mon âme, en ce *val de malheurs*. (VIII, 598. *Imit.* IV, 388.)

VALEUR, ce que vaut une personne :

Vous lirez dans mon sang, à vos pieds répandu,
La *valeur* d'un amant que vous aurez perdu.
                              (II, 101. *Gal. du Pal.* 1544 var.)

Corneille a mis en 1660 :

    Ce que valoit l'amant....

Valeur guerrière :

Qu'aujourd'hui la *valeur* sait mal se secourir!
Que je vois de grands noms en danger de mourir! (X, 118. *Poés. div.* 43.)

VALOIR.

Valoir beaucoup, en parlant de la valeur morale d'une personne :

Dorimant *vaut beaucoup*, je vous le dis sans fard.
                              (II, 69. *Gal. du Pal.* 951.)
Je sais qu'il *vaut beaucoup*, étant sorti de vous. (IV, 161. *Ment.* 375.)
Ce héros *vaut beaucoup* puisqu'il a votre estime. (V, 336. *Andr.* 483.)

Valoir trop, avoir trop de finesse, être trop rusé :

Tu *vaux trop*. C'est ainsi qu'il faut, quand on se moque,

Que le moqué toujours sorte fort satisfait. (1, 449. *Veuve*, 1004.)

VALOIR, mériter, avec *que* et le subjonctif ou avec l'infinitif :

.... Ce foible bonheur ne *vaut* pas qu'on le prise. (IV, 146. *Ment.* 110.)
Le peuple ne *vaut* pas que vous payiez ses crimes. (VI, 170. *OEd.* 834.)
Lâche! tu ne *vaux* pas que pour te démentir
Je daigne m'abaisser jusqu'à te repartir. (VI, 650. *Oth.* 1703.)
Apprends aussi de moi que ta raison s'égare,
Que Mélite n'est pas une pièce si rare,
Qu'elle soit seule ici qui *vaille* la servir. (1, 201. *Mél.* 957.)
Ce récit ennuyeux de ma triste langueur,
Mon prince, ne *vaut* pas le tirer en longueur. (1, 303. *Clit.* 468.)
Le peu que j'y perdrai ne *vaut* pas m'en fâcher. (1, 446. *Veuve*, 929.)
.... La perte qu'il fait ne *vaut* pas s'en fâcher.
(IV, 352. *S. du Ment.* 1208.)
.... Ce qu'elle te dit ne *vaut* pas l'écouter. (II, 62. *Gal. du Pal.* 827.)
L'offre n'est pas mauvaise, et *vaut* bien y penser.
(II, 95. *Gal. du Pal.* 1436.)
La vie est peu de chose, et le peu qui t'en reste
Ne *vaut* pas l'acheter par un prix si funeste. (III, 436. *Cin.* 1178.)
Un bien acquis sans peine est un trésor en l'air;
Ce qui coûte si peu ne *vaut* pas en parler. (IV, 381. *S. du Ment.* 1740.)
.... Toi dont la souffrance est moindre que le crime,
    Tu t'oses plaindre qu'on t'opprime,
Et croire que tes maux *valent* en murmurer! (VIII, 183. *Imit.* II, 147.)

RIEN QUI VAILLE :

Auprès d'elle Vénus ne seroit *rien qui vaille*. (1, 412. *Veuve*, 258.)

VALOIR FAIT, CELA VAUT FAIT, c'est comme si c'était fait :

Mon affaire est d'accord, et la chose *vaut faite*. (IV, 182. *Ment.* 745.)
Remarque sa couleur, son maintien, sa parole;
Vois si dans la lecture un peu d'émotion
Ne te montrera rien de son intention.
— *Cela vaut fait*, Monsieur.... (1, 176. *Mél.* 579.)

VALOIR AUTANT QUE :

.... Il *vaut autant que* mort. (1, 168. *Mél. var.* 2.)

AUTANT VAUT, pour ainsi dire, on peut dire, en quelque sorte :

Vous m'avez, *autant vaut*, retiré des enfers. (1, 349. *Clit.* 1304 *var.*)

En 1660, Corneille a substitué *aujourd'hui* à *autant vaut* :

Adieu : je tiens le coup, *autant vaut*, dans ma main. (1, 438. *Veuve*, 778.)
.... Leur sang, *autant vaut*, a lavé leur forfait. (1, 459. *Veuve*, 1162.)
.... Créuse à Corinthe, *autant vaut*, possédée. (II, 342. *Méd.* 26.)

VANITÉ.

FAIRE VANITÉ DE, faire gloire de :

La solide vertu *dont* je *fais vanité*
N'admet point de foiblesse avec sa fermeté. (III, 302. *Hor.* 485.)

Quelque favorable accueil que Sa Majesté ait daigné faire à cet ouvrage.... je n'*en* dois pas *faire* grande *vanité*, puisque je n'en suis que le traducteur. (X, 193. *Poés. div.*)

VANITÉ, prétention :

.... Son cœur léger ne court au changement
Qu'avec la *vanité* d'y courir justement? (V, 384. *Andr.* 1498.)
.... Mes *vanités* jusque-là ne se montent. (II, 170. *Suiv.* 826.)

VAPEUR.

La *vapeur* de mon sang ira grossir la foudre
Que Dieu tient déjà prête à le réduire en poudre. (V, 169. *Hér.* 301.)
.... Une plante nourrie
Des impures *vapeurs* d'une terre pourrie. (X, 239. *Poés. div.* 549.)

VARIÉTÉS, garnitures, ornements variés de forme et de couleur :

Toute la gloire de cette fille du Roi vient du dedans, bien que ses vêtements soient frangés d'or, et qu'elle soit environnée de *variétés.* (IX, 100. *Off. V.*)

C'est la traduction littérale du texte latin : « Omnis gloria ejus filiæ Regis ab intus : in fimbriis aureis circumamicta *varietatibus.* »

VASTE.

Ma voix met tout en fuite, et dans ce *vaste* effroi,
La peur saisit si bien les ombres et leur roi.... (I, 230. *Mél.* 1461.)
.... Ces *vastes* malheurs où mon orgueil me jette
Me feront votre esclave, et non votre sujette. (V, 546. *Nic.* 787.)
Je vois aux pieds du Roi chaque jour des mourants....
Je me vois exposée à ces *vastes* misères. (VI, 136. *OEd.* 25.)

Il s'agit de la peste qui règne à Thèbes. — D'Aubignac dit à propos de ce dernier vers : « Appeler une misère *vaste*, est, à mon avis, un terme nouveau et bien hardi. J'aimerois mieux, *grande, âpre, rude, dure,* et vingt autres mots semblables que nous avons. *Vaste* porte l'idée d'une grande étendue de lieu, et même d'un lieu vide, et *misère* est d'une grandeur de qualité par la peine et la douleur qui remplit l'âme et occupe tous les sentiments, de sorte que ces deux termes confondent leurs images et ne font point de beauté. » (*Dissertation sur l'OEdipe*, dans le *Recueil de dissertations* de Granet, tome II, p. 65.) — Saint-Évremont, qui en 1677 a écrit sur le mot *vaste* une dissertation spéciale, est d'avis que de son temps on ne l'employait au figuré qu'en mauvaise part.

VEAU.

Vous accepterez alors un sacrifice de justice, et les offrandes, et les holocaustes : alors on chargera vos autels de *veaux* immolés. (IX, 264. *Ps. pén.*)

Le mot *veaux* rend *vitulos,* qui dans la traduction en vers est exprimé par *taureaux* :

Vous daignerez lors accepter

Des *taureaux* immolés le juste sacrifice,
Et l'holocauste offert à votre amour propice
Ne m'en verra point rebuter. (IX, 265, *Ps. pén.* 78.)

VEFVE, voyez ci-après, p. 423 et 424, VEUVE.

VÉHÉMENT.

Ah! mon frère, l'*amour* n'est guère *véhément*
Pour des fils élevés dans un bannissement. (IV, 459. *Rod.* 729.)

VÉHICULE, au figuré :

Comme il a été à propos d'en rendre la représentation agréable, afin que le plaisir pût insinuer plus doucement l'utilité, et lui servir comme de *véhicule* pour la porter dans l'âme du peuple, il est juste aussi de lui donner cette lumière pour démêler la vérité d'avec ses ornements. (III, 476. *Abrégé du mart. de S. Pol.*)

VEILLAQUE, homme sans foi, sans honneur :

Je vais t'assassiner d'un seul de mes regards,
Veillaque.... (II, 447. *Illus.* 245.)

Suivant Huet, cité dans le *Dictionnaire étymologique* de Ménage (édition de 1750), c'est une corruption du mot *Valaque*, parce que la nation valaque est connue, dit-il, pour sa méchanceté et sa déloyauté. M. Mérimée, à l'occasion de ce passage des *Aventures du baron de Fœneste* : « Il ne se peut dire comment ce *veillac* Sathan fut esbahi » (livre IV, chapitre IX, p. 268), tire ce mot avec bien plus de vraisemblance de *vellaco* (*bellaco*), qui, en espagnol, signifie *coquin* ; et M. Diez, qui donne la même étymologie (*Etymologisches Wörterbuch der romanischen Sprachen*), rattache *bellaco* à l'italien *vigliaco*, qu'il fait dériver du latin *vilis*.

VEILLES, travaux :

Ne te lasse donc point d'enfanter des merveilles,
De prêter ton exemple à conduire nos *veilles*. (X, 130. *Poés. div.* 20.)

C'est-à-dire, de nous servir de modèle dans nos travaux poétiques.

VEINES, en parlant de sources, de conduites d'eaux :

Lui-même (*le dieu de la Seine*) à son canal il dérobe ses eaux,
Qu'il y fait rejaillir par de secrètes *veines*. (X, 242. *Poés. div.* 6.)

VEINE, VEINES, au figuré, en parlant de l'inspiration poétique :

Ma *veine*, qui charmoit alors tant de balustres,
N'est plus qu'un vieux torrent qu'on tarit douze lustres.
(X, 187. *Poés. div.* 31.)
O pauvre comédie, objet de tant de *veines!* (II, 27. *Gal. du Pal.* 173.)
.... Retirant ton feu de leurs *veines* glacées,

Laisse leurs vers sans force, et leurs rimes forcées. (x, 237. *Poés. div.* 29.)

VENDIQUER, comme son composé *revendiquer*, redemander, réclamer :

A mon petit sens, ce livre ne fait pas assez pour votre parti, parce qu'il ne vous *vendique* pas assez l'ouvrage contentieux. (x, 462. *Lettr.*)

La Fontaine a employé plusieurs fois ce mot, qui appartenait au langage judiciaire du dix-septième siècle :

Cela ne plut pas au valet,
Qui les ayant pris sur le fait
Vendiqua son bien de couchette. (*Le Pâté d'anguille.*)

Un promoteur intervient pour le siége
Épiscopal, et *vendique* le cas. (*Les Troqueurs.*)

VENDRE (À).

On perd temps toutefois, ce cœur n'est point *à vendre*. (v, 18. *Théod.* 19.)

Voltaire trouve l'expression basse ; mais n'est-ce pas sa familiarité même qui fait l'énergie de ce vers ?

VENGEANCE.

PRENDRE (LA) VENGEANCE DE :

Ma main seule du mien (*de mon père*) a su venger l'offense,
Ta main seule *du* tien doit *prendre la vengeance*. (III, 157. *Cid.* 950.)
.... Dans une telle offense
J'ai pu délibérer, si j'*en prendrois vengeance*. (III, 154. *Cid*, 882.)

VENGEANCES, punitions, châtiments :

[*Je*] trouverai pour vous quelques autres *vengeances*,
Quand l'humeur me prendra de punir tant d'offenses.
(VII, 174. *Att.* 1609.)

VENGEUR, non pour désigner celui qui venge la personne qui parle, mais celui qui s'en venge :

Lui mort, nous n'avons point de *vengeur* ni de maître. (III, 394. *Cin.* 225.)
C'est là qu'est notre force ; et dans nos grands destins,
Le manque de *vengeurs* enhardit les mutins. (VII, 505. *Sur.* 1032.)

VENIR À :

C'est là le plus beau soin qui *vienne aux* belles âmes,
Disent les beaux esprits.... (IV, 142. *Ment.* 22.)
Cet effort généreux de votre amour parfaite
Vient-il *à* mon secours, *vient*-il *à* ma défaite ? (III, 542. *Pol.* 1164.)

Venir à ma défaite est amené et préparé par *venir à mon secours*.

VENIR DE :

.... Tant de rois d'où son sang *est venu*. (VI, 415. *Sert.* 1235.)

VENT.

DANS LES VENTS, dans les airs :

.... Dont les troncs pourris exhalent *dans les vents*
De quoi faire la guerre au reste des vivants. (IV, 28. *Pomp.* 11.)

FENDRE LE VENT, se sauver, s'enfuir :

.... Parmi ces apprêts, la nuit d'auparavant,
Vous sûtes faire gille, et *fendîtes le vent.* (IV, 290. *S. du Ment.* 18.)

COUP DE VENT, voyez au tome I du *Lexique*, p. 225, COUP.

ENVOYER QUELQU'UN OU QUELQUE CHOSE AU VENT, le renvoyer avec indignation, y renoncer :

Envoyer et la dame et les amours *au vent.* (IV, 324. *S. du Ment.* 669.)

VENTRE, sans aucun complément, employé comme juron :

Ah, *ventre !* il est tout vrai que vous avez raison. (II. 471. *Illus.* 711.)
Ventre ! que dites-vous? je la veux faire reine. (II 471. *Illus.* 718.)
Me menacer encore! ah, *ventre !* quelle audace ! (II, 483. *Illus.* 933.)

PASSER DESSUS LE VENTRE, voyez au tome I du *Lexique*, p. 290, DESSUS.

VER.

TIRER LES VERS DU NEZ À QUELQU'UN, tâcher de surprendre ses secrets :

Il *tire les vers du nez* à la nourrice de Clarice. (I, 394. *Arg. de la Veuve.*)

VÉRITÉ (DE), à la vérité, il est vrai :

Ce n'est que de vos yeux que part cette lumière.
— Ce n'est que de mes yeux! Dessillez la paupière,
Et d'un sens plus rassis jugez de leur éclat.
— Ils ont, *de vérité*, je ne sais quoi de plat. (I, 233. *Mél.* 1510.)

VÉRITÉ (DIRE), pour *dire la vérité :*

Je *disois vérité.* — Quand un menteur la dit,
En passant par sa bouche elle perd son crédit. (IV, 197. *Ment.* 1079.)

VERRE.

.... Comme elle *(la fortune)* a l'éclat du *verre*,
Elle en a la fragilité. (III, 540. *Pol.* 1113.)

Voyez la note 1 de la page indiquée.

ÂME DE VERRE, âme fragile, faible :

Ne t'inquiète point de ces discours frivoles ;
Les paroles enfin ne sont que des paroles,
Que des sons parmi l'air vainement dispersés ;

Elles peuvent briser quelques *âmes de verre*,
    Et ne tombent point sur la pierre
    Que leurs traits n'en soient émoussés. (VIII, 485. *Imit.* III, 4616.)

VERS, envers, à l'égard de, auprès de :

.... Cette erreur *vers* vous ne m'a jamais surpris. (I, 325. *Clit.* 896.)
.... Après son arrêt je saurai reconnoître
L'amour que *vers* son prince il aura fait paroître. (I, 359. *Clit.* 1534.)
N'usez point de ce mot *vers* celle dont l'envie
Est de vous obéir le reste de sa vie. (I, 494. *Veuve*, 1847.)
.... Au lieu d'affoiblir *vers* toi mon amitié,
Un tel aveuglement te doit faire pitié. (I, 498. *Veuve*, 1941.)
Quels insolents *vers* moi s'osent ainsi méprendre? (II, 31. *Gal. du Pal.* 246
Votre rigueur *vers* moi doit être terminée. (II, 109. *Gal. du Pal.* 1738.)
    .... S'acquitter *vers* toi. (III, 170. *Cid*, 1220.)
Aujourd'hui seulement on s'acquitte *vers* eux. (III, 333. *Hor.* 1153.)
Assez de bons sujets dans toutes les provinces
Par des vœux impuissants s'acquittent *vers* leurs princes.
                                    (III, 357. *Hor.* 1748.)
César s'efforcera de s'acquitter *vers* vous
De ce qu'il voudroit rendre à cet illustre époux. (IV, 71. *Pomp.* 1059.)
Pour m'acquitter *vers* lui j'irai me déclarer. (IV, 318. *S. du Ment.* 546.)
Vous prendrez donc le soin de m'acquitter *vers* lui. (VI, 617. *Oth.* 971.)
.... Cinna vous impute à crime capital
La libéralité *vers* le pays natal! (III, 405. *Cin.* 464.)
.... *Vers* l'un ou vers l'autre il faut être perfide. (III, 422. *Cin.* 818.)
C'est un crime *vers* lui si grand, si capital,
Qu'à votre faveur même il peut être fatal. (III, 552, *Pol.* 1401.)
Ainsi, pour n'être ingrat ni *vers* l'un ni *vers* l'autre,
J'ôte de votre vue un amant malheureux. (IV, 380. *S. du Ment.* 1726.)
D'où vient qu'un fils, *vers* moi noirci de trahison,
Ose de mes faveurs me demander raison. (IV, 490. *Rod.* 1465.)
Ne soyez point *vers* moi fidèles à demi. (V, 201. *Hér.* 1062.)
J'ai vu que *vers* la Reine on perdoit le respect. (V, 446. *D. San.* 679.)
Je voudrois toutes deux pouvoir vous satisfaire,
Vous, sans manquer *vers* elle; elle, sans vous déplaire.
                                    (V, 447, *D. San.* 698.)
L'honneur, me dites-vous, vers l'amour vous excuse.
                                      (V, 449 *D. San.* 737.)
De ce crime *vers* vous quels que soient les supplices,
Du moins il m'a valu plus que tous mes services. (V, 451. *D. San.* 789.)
Ce silence *vers* elle est une ingratitude. (V, 474. *D. San.* 1350.)
Elle empêche le ciel de m'être enfin propice,
De réparer *vers* moi ce qu'il eut d'injustice. (VI, 156. *Œd.* 514.)
.... Sans considérer quel fut *vers* moi son crime,
Puisque le ciel le veut, donnons-lui sa victime. (VI, 173. *Œd.* 929.)
    .... Ce refus n'est point *vers* lui mon crime. (VII, 524. *Sur.* 1509)
.... Si *vers* toi Pompée a le moindre penchant,
Le ciel vient de briser sa nouvelle alliance. (VI, 432. *Sert.* 1634.

.... Pour ne pas user *vers* vous d'un mot trop rude. (vi, 485. *Soph.* 295.)
L'avez-vous commandé, Seigneur, qu'en ma présence
Vos tribuns *vers* la Reine usent de violence? (vi, 525. *Soph.* 1270.)
.... Cet heureux hymen, accompagné du vôtre,
Nous rendant entre nous garant de l'un *vers* l'autre,
 Réduira nos trois cœurs en un. (vii, 85. *Agés.* 1850.)
Lui que j'ai fait revivre, et qui revit en toi,
En usoit envers lui comme tu fais *vers* moi. (x, 96. *Poés. div.* 32.)

On voit que dans ce dernier exemple *vers* et *envers* ont absolument le même sens.

Ce compliment n'est bon que *vers* une maîtresse. (i, 418. *Veuve*, 370 var.)

En 1660 :

 Ce compliment n'est bon qu'auprès d'une maîtresse.

Pour peu qu'un honnête homme ait *vers* moi de crédit,
Je lui fais la faveur de croire ce qu'il dit. (ii, 452. *Illus.* 355.)
Si ma feinte *vers* vous passe pour criminelle,
Pardonnez-moi les maux qu'elle vous fait souffrir. (v, 492. *D. San.* 1777.)
.... *Vers* moi tout l'effort de son autorité
N'agit que par prière et par civilité. (v, 518. *Nic.* 149.)

Ces diverses acceptions du mot *vers* étaient fort employées par nos anciens poëtes :

 Le sort n'est pas *vers* nous plus que *vers* eux constant.
 (Garnier, *les Iuifues*, acte II, vers 625.)

 Clement, pardonne à l'erreur du passé,
 A tes feux pris dans vn suiet glacé,
 Qui m'ont rendue et ialouse et cruelle
 *V*ers leur amour chastement mutuelle.
 (Hardy, *Alphée, pastorale*, dernière scène.)

VERSER, au figuré :

.... Pour m'aider un jour à perdre son vainqueur,
Versez dans tous les cœurs ce que ressent mon cœur. (iv, 88. *Pomp.* 1480.)

VERT (Prendre sur le) :

.... Sachez qu'il est homme à *prendre sur le vert*. (iv, 218. *Ment.* 1439.)

« On appelait alors *le vert* le gazon de rempart sur lequel on se promenoit, dit Voltaire.... Le nom de *vert* se donnait aussi au marché aux herbes. » Cela n'explique guère la locution de Corneille. Richelet, qui la trouve dans la traduction de Lucien par Perrot d'Ablancourt, l'interprète bien différemment : « Ceux-ci ont été pris sur *le verd*, c'est-à-dire ont été pris et sont morts qu'ils étoient encore fort jeunes. » — Ainsi *prendre quelqu'un sur le vert*, ce serait s'emparer de lui avant que ses goûts, que ses idées changent. Cette interprétation, qui n'est probablement pas la vraie, n'a du moins rien de déraisonnable.

VERTU, dans son sens latin, courage, valeur :

Sais-tu que ce vieillard fut la même *vertu*,
La vaillance et l'honneur de son temps? Le sais-tu? (iii, 128. *Cid.* 399.)
La honte de mourir sans avoir combattu
Arrête leur désordre, et leur rend leur *vertu*. (iii, 173. *Cid.* 1296.)
Vous verrez Rome même en user autrement ;
Et de quelque malheur que le ciel l'ait comblée,

Excuser la *vertu* sous le nombre accablée. (III, 328. *Hor.* 1064.)
A quel point ma *vertu* devient-elle réduite!
Rien ne la sauroit plus garantir que la fuite. (III, 343. *Hor.* 1395.)
Que résous-tu, Maxime? et quel est le supplice
Que ta *vertu* prépare à ton vain artifice?
Aucune illusion ne te doit plus flatter. (III, 446. *Cin.* 1394.)

VERTU, grandeur d'âme, sentiments élevés et généreux :

Ce cavalier me voit, m'examine des yeux,
Me reconnoît, je tremble encore à te le dire;
Mais apprends sa *vertu*, chère sœur, et l'admire,
Ce grand cœur, se voyant mon destin en la main,
Devient pour me sauver à soi-même inhumain. (IV, 317. *S. du Ment.* 524.)
.... Votre *vertu* vous fera trop savoir
Qu'il n'est pas bon d'user de tout votre pouvoir. (V, 425. *D. San.* 159.)

VERTUS, qualités (nécessaires dans certaines positions éminentes) :

Depuis vingt ans je règne, et j'en sais les *vertus*. (III, 439. *Cin.* 1248.)
C'est-à-dire, je connais les qualités que doit avoir un souverain.

VERTU, pouvoir des plantes :

Ces herbes ne sont pas d'une *vertu* commune. (II, 390. *Méd.* 981.)

EXERCER SA VERTU à, employer ses forces, son pouvoir à :

Ils étoient trois contre un, et le pauvre battu
A crier de la sorte *exerçoit sa vertu*. (IV, 365. *S. du Ment.* 1452.)

FAIRE VERTU, avoir de l'efficacité, du pouvoir :

Mais, Monsieur, attendant que Sabine survienne,
Et que sur son esprit vos dons *fassent vertu*,
Il court quelque bruit sourd qu'Alcippe s'est battu. (IV, 200. *Ment.* 1119.)

VÊTIR, activement, revêtir :

DORISE (achevant de *vêtir* l'habit de Géronte, qu'elle avoit trouvé dans le bois).
Achève, malheureuse, achève de *vêtir*
Ce que ton mauvais sort laisse à te garantir. (I, 306. *Clit.* 527.)
.... Cette infortunée à peine l'*a vêtue* (la robe de Médée),
Qu'elle sent aussitôt une ardeur qui la tue. (II, 405. *Méd.* 1305.)

VÊTIR DE :

Euripide *vêtoit* ses héros malheureux *d'*habits déchirés. (V, 308. *Exam. d'Andr.*)

VEUVE.

Corneille a conservé jusque dans la dernière édition (1682) de sa comédie de *la Veuve*, l'orthographe : *Vefve*, qui a été blâmée par Vaugelas dans ses *Remarques* (p. 12) : « Il faut écrire *veuue* ou *veufue*, et non pas *vefue*, comme on dit en plusieurs provinces de France. » A ce propos Vaugelas cite un passage de Malherbe (tome I, p. 50, poésie XII, vers 111 et 113) où *veuves* rime avec *fleuves*.

VIANDE, nourriture :

Vous avez demeuré là dedans quatre jours?
— Quatre jours. — Et vécu? — De nectar, d'ambrosie.
— Je crois que cette *viande* aisément rassasie? (II, 497. *Illus.* 1170.)
Quitte pour chaque nuit faire deux tours en bas,
Et là, m'accommodant des reliefs de cuisine,
Mêler la *viande* humaine avecque la divine. (II, 498. *Illus.* 1186.)
Sois seul toute la *viande* et seul tout le breuvage
  Qu'il se plaise à goûter. (VIII, 675. *Imit.* IV, 1987.)
Il est pain, il est *viande*, il est tout autre mets. (IX, 22. *Louanges*, 278.)
  Le souvenir de vos merveilles
S'affermit à jamais par cet illustre don
Que fit votre pitié, de *viandes* sans pareilles,
A ce peuple choisi pour craindre votre nom.
      (IX, 305. *Vêpr. et Compl.* 15.)

C'est la traduction du passage suivant de l'Écriture : « Memoriam fecit mirabilium « suorum misericors et miserator Dominus : escam dedit timentibus se. » — Corneille l'a ainsi rendu en prose : « Le Seigneur, qui est tout miséricordieux et plein de compassion, a rendu toutes ses merveilles dignes de mémoire ; et surtout celle d'avoir donné de la *nourriture* à un peuple qui le craignoit. »
Conformément à son étymologie, ce mot avait autrefois un sens fort général. Mathurin Cordier explique ainsi *obsonium* : « La *viande*, la pitance, soit chair, soit poisson, ou aultre chose oultre le pain et le vin. » (*De latini sermonis emendatione*, chapitre XXIV, p. 120, § 15.) Après cette définition on ne doit pas s'étonner de lire dans les *Serées* de Bouchet : « Et si fut affermé qu'il n'y auoit *viande* au monde qui plus humectast que le poisson frais. » (Livre I, *Serée* VI, p. 196.) Au commencement du dix-septième siècle, le sens de ce terme commençait déjà à être moins étendu. Nicot dit en 1606 : « Il semble qu'on ait restreint ce mot *viande* à la chair qui est seruie à table, car on n'appelle pas *viande* le dessert, et si à un jour de poisson quelqu'un mange de la chair, on dit qu'il mange de la *viande*. » — Voyez ci-dessus l'exemple tiré des *Louanges de la sainte Vierge*.

N'ÊTRE PAS VIANDE POUR QUELQU'UN, proverbialement, n'être pas fait pour quelqu'un, ne pas lui convenir :

  Vos beaux yeux sur ma franchise
  N'adressent pas bien leurs coups :
  Tête chauve et barbe grise
  Ne sont pas viande pour vous. (X, 168. *Poés. div.* 4.)

VICE.

CE N'EST PAS SON VICE, ironiquement :

Il peut te dire vrai, mais *ce n'est pas son vice*. (IV, 232. *Ment.* 1670.)

VICTOIRE (LA), personnifiée :

..... *La Victoire*, instruite à prendre ici ta loi,
Dans les champs ennemis n'obéira qu'à toi. (X, 200. *Poés. div.* 91.)

VIDE, adjectif :

J'ai vu la place *vide*, et cru la bien remplir. (v, 426. *D. San.* 192.)
Heureux père et mari, ma fuite et leur tombeau
Laissent la place *vide* à ton hymen nouveau. (II, 416. *Méd.* 1544.)
   Par des faveurs vraiment solides
Il a rempli de biens ceux que pressoit la faim ;
Et ceux qui puisoient l'or chez eux à pleine main,
Sa juste défaveur les a renvoyés *vides*. (IX, 225. *Off. V.* 32.)

VIDER de :

Trop d'or sur mes habits *en a vidé* ma bourse. (x, 39. *Poés. div.* 35.)

VIDER UNE AFFAIRE, la décider, la terminer :

Nous *vidons* sur le pré l'*affaire* sans témoins. (IV, 201. *Ment.* 1140.)
Ah, si vous aviez vu comme elle m'a grondée!
Elle va me chasser, l'*affaire* en *est vidée*. (IV, 230. *Ment.* 1646.)

VIDER UNE QUERELLE, voyez ci-dessus, p. 252, **QUERELLE**.

VIE, crierie qui se fait en querellant quelqu'un, en le réprimandant :

Demandez-lui, Monsieur, quelle *vie* on m'a faite. (IV, 340. *S. du Ment.* 978.)

VIEIL, VIEUX.

…. Tout *vieil* qu'il est, cette condition
Ne laisse aucun obstacle à son affection. (II, 162. *Suiv.* 691.)
De votre *vieil* rêveur ne faussent point les lois. (II, 314. *Tuil.* 84.)
   Je l'ai pris d'un *vieil* manuscrit espagnol. (x, 457. *Lettr.*)
…. Il respire encore, assez *vieil* et cassé. (VI, 177. *OEd.* 1003.)
Sylla n'a que son temps, il est *vieil* et cassé. (VI, 406. *Sert.* 1039.)
Galba, *vieil* et cassé, qui se voit sans enfants,
Croit qu'on méprise en lui la foiblesse des ans. (VI, 581. *Oth.* 147.)
Tout *vieil* et tout cassé, je l'épouse ; il me plaît. (VII, 445. *Pulch.* 1588.)

Corneille, on le voit, emploie la forme *vieil*, aussi bien devant les consonnes que devant les voyelles.

      Marquise, si mon visage
      A quelques traits un peu *vieux*,
      Souvenez-vous qu'à mon âge
      Vous ne vaudrez guerre mieux. (x, 165. *Poés. div.* 2.)

VIF, VIVE, au propre et au figuré :

Ils acceptent pour l'âme une mort toujours *vive*,
Où mourant à toute heure, et ne pouvant mourir,
Ils ne sont immortels que pour toujours souffrir.
                          (VIII, 326. *Imit.* III, 1393.)
Tout homme pour lui-même est une *vive* croix,
Pesante d'autant plus que plus lui-même il s'aime. (VIII, 247. *Imit.* II, 1472.)
Ami, veux-tu savoir, touchant ces deux sonnets

Qui partagent nos cabinets,
Ce qu'on peut dire avec justice?
L'un nous fait voir plus d'art, et l'autre un feu plus *vif*.
(x, 128. *Poés. div.* 4.)

On lit : *et l'autre plus de vif*, substantivement, dans le Recueil de Granet, mais notre texte est celui de l'édition originale. Voyez la note 1 de la page indiquée.

VIGUEUR.

.... Si d'un feu si beau la céleste *vigueur*
Peut enflammer ses vers sans échauffer son cœur. (x, 149. *Poés. div.* 101.)

VILLAGE.

FAIRE REGARDER À QUELQU'UN LE CHEMIN DE SON VILLAGE, l'éconduire :

.... Si j'osois me hasarder
Avec vous au moindre pillage,
Vous *me feriez bien regarder*
Le grand *chemin de mon village.* (x, 171. *Poés. div.* 23 et 24.)

VILLE.

TENIR VILLE GAGNÉE, expression proverbiale, l'emporter, être vainqueur :

L'arrogant croit déjà *tenir ville gagnée.* (II, 465. *Illus.* 609.)

VINGT ET QUATRE, voyez ET, tome I, p. 394.

VIOLE, instrument de musique à cordes :

Unissez en votre musique
La flûte à la *viole*, et la lyre aux tambours. (IX, 155. *Off. V.* 14.)

VIOLEMENT.

Scédase n'étoit qu'un paysan de Leuctres ; et je ne tiendrois pas la sienne (*son infortune*) indigne d'y paroître (*sur le théâtre*), si la pureté de notre scène pouvoit souffrir qu'on y parlât du *violement* effectif de ses deux filles. (I, 55. *Disc. de la Trag.*)

Ce mot était alors le seul qui fût du bon usage. — Vaugelas s'exprime ainsi dans ses *Remarques* (p. 413) : « *Viol*, qui se dit dans la cour et dans les armées pour *violement*, est très-mauvais. » Thomas Corneille dit, dans sa *note* sur cette *remarque* : « Chapelain ajoute qu'il est aussi du Palais. *Viol* est assurément un très-mauvais mot. » Cependant nous lisons dans le *Dictionnaire de l'Académie* de 1694, sans aucune addition de blâme : « On dit plus ordinairement *viol* (que *violement*). »

VIOLENTER À :

.... Un reste de pitié
Violente mon cœur *à* des traits d'amitié. (I, 312. *Clit.* 644.)

SE VIOLENTER À :

.... Ce qui m'en déplaît et qui me désespère,
C'est de perdre la sœur pour éviter le frère,

Et *me violenter* à fuir ton entretien. (II, 226. *Pl. roy.* 23.)
Non qu'à trahir l'amour je ne *me violente*. (VII, 209. *Tit.* 228.)

VISAGE, en parlant d'une femme considérée quant à sa beauté :

.... Ne pense pas que j'épouse un *visage*. (I, 148. *Mél.* 110.)
Tu sais comme Florame à tous les beaux *visages*
Fait par civilité toujours de feints hommages. (II, 128. *Suiv.* 33.)
    Catin, ce gentil *visage*.... (X, 48. *Poés. div.* 1.)

CHANGER DE VISAGE :

Votre teint et vos yeux n'ont rien d'un homme sage ;
Donnez-vous le loisir de *changer de visage*. (I, 234. *Mél.* 1548.)
Il arrive, et surpris il *change de visage* :
Je lis dans sa pâleur une secrète rage. (II, 411. *Méd.* 1441.)

Dans le premier exemple *changer de visage* signifie « se remettre de son émotion ; » dans le second, au contraire, et c'est là le sens ordinaire de cette locution, « éprouver une grande émotion, se troubler, se déconcerter. » — Avant Corneille, Mairet avait dit dans sa *Sophonisbe* (acte IV, scène 1) :

.... Eh quoi, Seigneur ? vous *changez de visage* ;

et nous lisons de même dans le *Mithridate* de Racine (acte III, scène V, vers 1112) :

Nous nous aimions.... Seigneur, vous *changez de visage*.

Changer de visage a une tout autre signification dans le vers suivant :

Forçons notre fortune à *changer de visage*. (VI, 68. *Perth.* 1112.)

VISAGE, extérieur, apparence d'une personne :

Il s'est bien converti dans un si long voyage ;
C'est tout un autre esprit sous le même *visage*. (IV, 320. *S. du Ment.* 600.)

VISAGE, aspect, apparence, en parlant des choses :

Un moment donne au sort des *visages* divers. (III, 108. *Cid*, 55.)
Quoi qu'elle ait commandé, la chose a deux *visages*.
            (IV, 340. *S. du Ment.* 1013.)

VISION, vue, aperçu, au figuré :

Laissez moins de fumée à vos feux militaires,
Et vous pourrez avoir des *visions* plus claires. (V, 542. *Nic.* 688.)

VISION, en parlant d'un songe :

Voilà quel est mon songe. — Il est vrai qu'il est triste ;
Mais il faut que votre âme à ces frayeurs résiste :
La *vision*, de soi, peut faire quelque horreur,
Mais non pas vous donner une juste terreur. (III, 498. *Pol.* 247.)

VISION, au figuré, vue, idée chimérique, chimère :

C'est une *vision* de mes soupçons jaloux. (VII, 158. *Att.* 1212.)

VISITE.

On m'avoit assuré qu'il vous faisoit *visite*. (III, 515. *Pol.* 605.)

A ma seule prière il rend cette *visite*. (III, 548. *Pol.* 1296.)
Un moment de *visite* à la triste Flavie
Des portes du trépas rappelleroit sa vie. (V, 62. *Théod.* 1063.)

Ce mot surprend un peu dans les sujets romains, mais il avait au temps de Corneille un sens beaucoup plus étendu qu'aujourd'hui; il était très-fréquemment employé dans le style mystique en parlant de Dieu, et notre poëte ne faisait que se conformer à un usage fort répandu lorsqu'il disait dans *l'Imitation* :

.... Tu le veux, ô Seigneur....
Et tu nous fais à peine un moment de *visite*,
Qu'aussitôt ta retraite éprouve notre cœur. (VIII, 227. *Imit.* II, 1053.)

VISITER.

Maurice, à quelque espoir se laissant lors flatter,
S'en ouvrit à Félix, qui vint le *visiter*. (V, 183. *Hér.* 642.)

VITE, adjectif :

Ma langue, qui s'empresse à chanter son mérite,
Suit plus rapidement l'effort de mon esprit,
Que ne court une plume en la main la plus *vite*
    Qui puisse tracer un écrit. (IX, 97. *Off.* V. 7.)

Cette expression, rare aujourd'hui, était alors fréquemment employée. Voyez le *Lexique de Mme de Sévigné*, tome II, p. 500.

VITESSE.

En vain pour t'applaudir ma muse impatiente,
Attendant ton retour, prête l'oreille au bruit :
Ta *vitesse* l'accable.... (X, 224. *Poés. div.* 11.)

Ces vers s'adressent à Louis XIV, qui venait de conquérir la Franche-Comté.

VIVRE.

Les jours que j'*ai vécu* sans vous avoir servie.
                                  (IV, 191 et 236. *Ment.* 950 et 1750.)

Sur les deux manières d'écrire le participe, *vécu* ou *vécus*, avec ou sans accord, voyez ci-dessus, à l'article Que, p. 242.

DEMANDER QUI VIVE :

Vaine démangeaison de la guerre civile,...
Que vous avez de peine à demeurer oisive,
Puisqu'au même moment qu'on voit bas les frondeurs,
Pour deux méchants sonnets on *demande* : « Qui vive ? »
                                     (X, 126. *Poés. div.* 14.)

C'est-à-dire, on se divise en partis. « Demander : qui vive ? » c'est demander de quelle nation, de quel parti l'on est.

VŒUX.

Modérez mieux l'ardeur d'un roi si généreux
Faites-le souvenir qu'il fait seul tous nos *vœux*. (X, *Poés. div.* 344.)

À PLEINS VŒUX, de tous leurs vœux :

Que les peuples les plus puissants
Dans nos souhaits *à pleins vœux* nous secondent. (v, 378. *Andr.* 1367.)

VOICI VENIR :

.... S'il prétend trop haut, je dois désespérer.
Mais le *voici venir*.... (II, 132. *Suiv.* 125.)

Voici venir ma sœur pour se plaindre avec vous. (III, 303. *Hor.* 510.)

Comme, au fond, *voici*, *voilà* ne sont autre chose que l'impératif du verbe *voir* avec les adverbes *ici*, *là*, *voici venir* était l'équivalent rigoureux de *vois venir ici* (voyez ci-après, p. 430, le troisième exemple de l'article VOIR) ; mais à mesure qu'on a perdu de vue cette origine, on s'est moins servi de cette tournure, que certains écrivains ont vainement tenté de rajeunir dans ces derniers temps.

LE VOICI QUE :

.... Le *voici*, *que* le Prince accompagne. (VI, 269. *Tois.* 329.)

Voyez ci-après l'article VOILÀ.

VOIE, au propre :

Autre qu'un Dieu n'eût pu nous ôter cette proie ;
Autre qu'un Dieu n'eût pu prendre une telle *voie*. (v, 363. *Andr.* 1015.)

TROUVER LA VOIE POUR, au figuré :

Tu peux en attendant lui donner cette joie,
Que *pour* gagner mon cœur il *a trouvé la voie*. (VI, 54. *Perth.* 800.)

VOILÀ, exprimé au premier membre de phrase et sous-entendu au second :

Te *voilà* sans rivale, et mon pays sans guerres. (II, 366. *Méd.* 513.)

LE, LA VOILÀ QUE :

Que faites-vous, Seigneur ? Pertharite est vivant :
Ce n'est plus un bruit sourd, *le voilà qu*'on amène. (VI, 62. *Perth.* 1003.)
La voilà que son père amène vers la rue. (II, 18. *Gal. du Pal.* 22.)
La voilà qu'un rival m'empêche d'aborder. (II, 163. *Suiv.* 699.)
La voilà que ces vents achèvent d'attacher. (v, 353. *Andr.* 782.)

Anciennement on plaçait le pronom immédiatement après *voi* (*vois*), impératif du verbe *voir*, et l'adverbe ne venait qu'après. « Alors ie tournay aux nostres, et leur commençay à crier : *Voi les là* en peur, *voi les là* en peur, prenons les au mot mes compagnons, afin qu'ils ne s'en dedisent. » (*Commentaires de Montluc*, livre V, folio 182 recto.) — Chiflet (1668) ne veut pas qu'on mette le pronom après *voilà* : « Dites : *ne voilà pas quelque chose de beau ?* et ne dites jamais, *ne voilà-t'il pas*, ou, qui est encore plus barbare, *ne voilà-je pas ?* » (*Essai d'une parfaite grammaire*, chapitre III, § 3, p. 124.)

VOILE de vaisseau, au masculin :

Il venoit à plein *voile*.... (IV, 59. *Pomp.* 743.)

Corneille n'a pas changé ce vers dans ses dernières éditions, quoique Vaugelas eût dit, dès 1647, dans ses *Remarques* (p. 461) : « *Voile* est féminin quand il signifie la toile ou autre étoffe dont les matelots se servent pour recevoir le vent qui pousse leurs vaisseaux. Néanmoins je vois une infinité de gens qui font ce dernier masculin, et disent : « il faut caler le voile, les voiles enflés. » Soit qu'on s'en serve dans le propre ou dans le figuré en ce dernier sens, il est toujours féminin. » Ménage (*Observations*, 1re partie, 2e édition, p. 166) dit aussi que *voile* est féminin dans ce sens, mais il veut qu'il soit masculin quand il signifie *un navire* : « dix grands voiles. »

VOIR, emplois divers :

Caliste, lorsque je vous *voi*,
Dirai-je que je vous admire ?
C'est vous dire bien peu pour moi,
Et peut-être c'est trop vous dire. (x, 170. *Poés. div.* 1.)

Voi, au temps de Corneille, n'est pas une licence poétique, mais, comme nous l'avons déjà dit, l'orthographe régulière.

Il est temps que d'un air encor plus élevé
Je peigne en ta personne un monarque achevé ;
Que j'en laisse un modèle aux rois qu'on *verra* naître.

(x, 179. *Poés. div.* 73.)

C'est-à-dire, *aux rois qui naîtront* après toi. *Voir* joue ici le rôle d'une sorte d'auxiliaire, formant une périphrase qui marque le futur.

Vois ta mère et ta sœur que vers nous il amène.
Sa réponse rendra nos débats terminés. (1, 493. *Veuve*, 1840.)

C'est de cet emploi de l'impératif du verbe *voir* que sont tirés *voici* et *voilà* ; voyez ces mots, p. 429.

Vois, voyez que :

Vois qu'en sa liberté ta gloire se hasarde. (II, 135. *Suiv.* 189.)
Voyez qu'injustement on m'apprête des fers. (1, 225. *Mél.* 1374.)
Voyez qu'un bon génie à propos nous l'envoie. (III, 288. *Hor.* 128.)
.... *Voyez qu*'un devoir moins ferme et moins sincère
N'auroit pas mérité l'amour du grand Sévère. (III, 510. *Pol.* 521.)
Voyez qu'heureusement dedans cette rencontre
Votre rival lui-même à vous-même se montre. (IV, 155. *Ment.* 261.)
Voyez qu'en sa faveur aisément on se flatte. (v, 466. *D. San.* 1150.)

Dans plusieurs de ces exemples, nous remplacerions aujourd'hui *que* par *comme*.

J'AI VU QUE, j'ai vu le temps où :

Mais on ne parle plus qu'on fasse de romans ;
J'ai vu *que* notre peuple en étoit idolâtre. (II, 26. *Gal. du Pal.* 137.)

Voyez ci-dessus, à l'article QUE, conjonction, p. 244.

Voir, suivi d'un adjectif :

C'est ce qu'à dire vrai je *vois* fort difficile. (III, 419. *Cin.* 781.)
Vous connoîtrez du moins don Lope et don Manrique,
Qu'un vertueux amour qu'ils ont tous deux pour vous,
Ne pouvant rendre heureux, sans en faire un jaloux,
Porte à tarir ainsi la source des querelles
Qu'entre les grands rivaux on *voit* si naturelles (v, 458. *D. San.* 970.)

Voir, suivi d'un participe présent :

Les vipères et les serpents
Qu'en ce vaste désert ce peuple *voit* rampants. (IV, 45. *Louanges*, 686.)

Voir, suivi d'un verbe à l'infinitif :

Ton bonheur n'est couvert que d'un peu de nuage,
Et tu n'as rien perdu pour le *voir* différer. (III, 131. *Cid*, 447.)
L'autre, tout débonnaire, au milieu du sénat
A *vu* trancher ses jours par un assassinat. (III, 403. *Cin.* 384.)

Voir de ses yeux :

Autant que l'ont permis les ombres de la nuit,
Je l'ai *vu* de mes yeux.... (II, 278. *Pl. roy.* 1056.)

Je l'ai *vu*, dis-je, *vu, de mes* propres *yeux vu,*
Ce qu'on appelle *vu*.... (Molière, *le Tartuffe*, acte V, scène III.)

Voir dessus, voir sur :

Quelqu'un a-t-il à *voir dessus* mes actions? (I, 431. *Veuve*, 625.)

Faire voir :

France, ton grand Roi parle, et ces rochers se fendent....
Tout cède; et l'eau qui suit les passages ouverts
Le *fait voir* tout-puissant sur la terre et les mers. (X, 232. *Poés. div.* 12.)

Il s'agit de la construction du canal du Languedoc.

Voyez encore x, 201, *Poés. div.* 105.

Se faire voir, se montrer :

.... Il n'est point de peut-être,
Seigneur : s'il en décide, il *se fait voir* mon maître. (VII, 270. *Tit.* 1656.)

Voir, substantivement :

Beaucoup font bien des vers, et peu la comédie.
— Ton goût, je m'en assure, est pour la Normandie?
— Sans rien spécifier, peu méritent le *voir*. (II, 26. *Gal. du Pal.* 147 *var.*)

Voyez ci-dessus, p. 416, Valoir, construit avec l'infinitif.

VOIRE, même :

Pensez-vous que ce que vous me mandez de trois actes ne me rende pas curieux, *voire* impatient, de savoir des nouvelles des trois qui restent? (x, 490. *Lettr.*)

VOIX, parole, promesse :

.... Ils (*les rois*) ne sont jamais esclaves de leur *voix*. (VI, 142. *OEd.* 187.)

Voix, se rapportant à un nom de chose :

Ces divers sentiments n'ont pourtant qu'une *voix*;

Tous (*les Romains et les Albains*) accusent leurs chefs, tous détestent leur
choix. (III, 316. *Hor.* 789.)

VOLAGE, passager, qui n'a point de durée :

Tu ne prendras jamais le mal qu'on dit de toi
Que pour un son *volage* et que le vent emporte. (VIII, 411. *Imit.* 3090.)

VOLER, s'élever (au moyen d'ailes), au figuré :

Ma plume est trop foible pour entreprendre de *voler* si haut. (I, 376.
Épît. de la Veuve.)

CAMP VOLANT, petit corps d'armée qui tient continuellement la campagne :

Massinisse de soi pourroit fort peu de chose ;
Il n'a qu'un *camp volant* dont le hasard dispose. (V, 524. *Soph.* 1246.)

VOLER, prendre furtivement ou par force :

.... Loin de lui *voler* son bien en son absence. (V, 520. *Nic.* 212.)
       .... Au destin adouci,
Qui m'offre en d'autres lieux ce qu'on me *vole* ici. (VI, 156. *Œd.* 516.)
D'un amant qui s'en va de quoi sert la parole ?
—A montrer qu'on vous peut *voler* ce qu'on me *vole*. (VI, 310. *Tois.* 1305.)
Il souffre chaque jour que le gouvernement
Vole ce qu'à me plaire il doit d'attachement. (VII, 202. *Tit.* 30.)
La plus ferme couronne est bientôt ébranlée,
Quand un effort d'amour semble l'*avoir volée*. (VII, 420. *Pulch.* 982.)
Mais ne vous aimer plus ! vous *voler* tous mes vœux ! (VII, 451. *Pulch.* 1715.)
Il (*Suréna*) m'a rendu lui seul ce qu'on m'*avoit volé*,
Mon sceptre.... (VII, 493. *Sur.* 712.)
Qu'on fait d'injure à l'art de lui *voler* la fable ! (X, 235. *Poés. div.* 1.)

VOLONTÉS, au pluriel :

       .... Mon bonheur ordinaire
M'acquiert les *volontés* de la fille et du père. (II, 346. *Méd.* 110.)
L'enfer tremble, et les cieux, sitôt que je les nomme ;
Et je ne puis toucher les *volontés* d'un homme ! (II, 386. *Méd.* 910.)

VOTRE, avec un nom de personne ou un nom de lieu :

Allez, assurez-vous que mes contentements
Ne vous déroberont aucun de vos amants....
Voilà *votre* Théante, avec qui je vous laisse. (II, 155. *Suiv.* 554.)
Qu'eussions-nous fait, Pollux, sans l'amour d'Hypsipyle ?
Et depuis, à Colchos, que fit *votre* Jason,
Que cajoler Médée, et gagner la toison ? (II, 343. *Méd.* 35.)

C'est Jason lui-même qui dit ces mots.

Mais, Madame, porter cette robe empestée,
Que de tant de poisons vous avez infectée,
C'est pour *votre* Nérine un trop funeste emploi :

Avant que sur Créuse ils agiroient sur moi. (II, 393. *Méd.* 1051.)
Votre Rome autrefois vous donna la naissance. (III, 405. *Cin.* 461.)
Votre Rome à genoux vous parle par ma bouche. (III, 411. *Cin.* 606.)
Votre Émilie en est, Seigneur, et la voici. (III, 454. *Cin.* 1563.)
Apprenons par le sang qu'on aura répandu
A quels souhaits le ciel a le mieux répondu.
Voici *votre* Achorée.... (IV, 93. *Pomp.* 1605.)
Laissez à sa vertu le prix qu'elle mérite,
Et n'en accusez plus que *votre* Pertharite. (VI, 22. *Perth.* 24.)
Je ne vous parle pas de *votre* Pertharite ;
Mais il se pourra faire enfin qu'il ressuscite. (VI, 26. *Perth.* 151.)
Racine a dit de même :

Voici *votre* Mathan, je vous laisse avec lui. (*Athalie*, acte II, scène IV, vers 450.)
Voyez au tome III du *Racine* de M. Mesnard, la note 3 de la page 631.

VOTRE, avec un adjectif employé substantivement :

Flattez mieux les desirs de *votre* ambitieuse. (VII, 263. *Tit.* 1487.)
Voyez ci-dessus, p. 340, SON ; et p. 387, TON.

VOULOIR.

Comme en un grand dessein, et qui *veut* promptitude,
On ne s'explique pas avec la multitude.... (VI, 441. *Sert.* 1833.)
.... Faut-il qu'aujourd'hui....
Vous *vouliez* m'accabler d'un éternel ennui? (VII, 351. *Psy.* 1640.)

VOULOIR, VOULOIR BIEN, consentir à, accorder :

Je *veux* qu'elle ait en soi quelque chose d'aimable ;
Mais enfin à Mélite est-elle comparable ? (I, 179. *Mél.* 623.)
Je *veux* que Célidée ait charmé son courage,
L'amour le plus parfait n'est pas un mariage. (II, 18. *Gal. du Pal.* 13.)
Je *veux bien* l'avouer, ces nouvelles m'étonnent. (III, 322. *Hor.* 932.)
Il est vrai, Cléobule, et je *veux* l'avouer,
La fortune me flatte assez pour m'en louer. (V, 17. *Théod.* 1.)
Eh bien ! soit, je le *veux*, ils ont tout à souhait. (VIII, 325. *Imit.* III, 1366.)
  Vous pourrez trouver quelque chose d'étrange aux innovations en l'orthographe que j'ai hasardées ici, et je *veux bien* vous en rendre raison. (I, 5. *Au lect.*)

QUE VEUT DIRE QUE...? dans le sens de *pourquoi, comment se peut-il que...?*

D'où me vient ce désordre, Aufide, et *que veut dire*
Que mon cœur sur mes vœux garde si peu d'empire? (VI, 365. *Sert.* 1 et 2.)

Voltaire cite, à l'occasion de ce passage, les vers suivants de Malherbe, où *que veut dire* est construit avec *de* et l'infinitif :

Son Louis soupire
Après ses appas ;
Que veut-elle dire
De ne venir pas ? (Tome I, p. 235, poésie LXXIII, vers 7 et 8.)

Il s'agit du mariage de Louis XIII avec Anne d'Autriche

En vouloir à, avoir des desseins sur :

Oui, Madame : Alidor *en vouloit à* Célie;
Lysandre, *à* Célidée; Oronte, *à* Rosélie. (I, 408. *Veuve,* 181 et 182.)
.... Poppée étoit une infidèle,
Qui n'*en vouloit* qu'*au* trône, et qui m'aimoit moins qu'elle.
(VI, 583. *Oth.* 194.)
Elle *en veut à* mon cœur, et non pas *à* l'empire.
— D'autres avoient déjà pris soin de me le dire,
Seigneur; et votre reine a le goût délicat
De n'*en vouloir* qu'*au* cœur, et non pas *à* l'éclat. (VII, 265. *Tit.* 1527 et 1530.)

Se vouloir mal de :

Je *me veux mal des* maux que je lui fais souffrir. (VII, 207. *Tit.* 158.)

Vouloir, substantivement :

Votre *vouloir* du mien absolument dispose. (I, 408. *Veuve,* 177.)
Je ne sais qu'obéir, et n'ai point de *vouloir*. (I, 490. *Veuve,* 1777.)
Nous n'avons plus qu'une âme et qu'un *vouloir* nous deux.
(II, 176. *Suiv.* 960.)
Ne veuillez point combattre ainsi hors de saison
Votre *vouloir*; ma foi, mes pleurs et la raison. (II, 208. *Suiv.* 1580.)
.... Qui doit de nous deux plus tôt manquer de foi?
Quand vous en manquerez, mon *vouloir* vous excuse. (II, 208. *Suiv.* 1589.)
J'espère vous pourtant, avant la fin du jour,
Ce que veut son *vouloir* au défaut de l'amour. (II, 454. *Illus.* 400.)
.... Mon amour n'emploiera point pour moi,
Ni la loi du combat, ni le *vouloir* du Roi. (III, 196. *Cid,* 1780.)
Quel impie osera se prendre à leur *vouloir (des Dieux)* ? (III, 317. *Hor.* 817.)
Les chrétiens n'ont qu'un Dieu, maître absolu de tout,
De qui le seul *vouloir* fait tout ce qu'il résout. (III, 553. *Pol.* 1430.)
..., Par zèle ou par dextérité,
Joins le *vouloir* des Dieux à leur autorité. (V, 18. *Théod.* 26.)
.... Je n'en veux enfin tirer autre avantage
Que de pouvoir ici faire hommage à vos yeux
Du choix de vos parents et du *vouloir* des Dieux. (V, 367. *Andr.* 1081.)
.... Présente un cœur ferme à tout ce qui t'arrive,
Et bénis de ton Dieu le souverain *vouloir*. (VIII, 219. *Imit.* II, 887.)
De son dernier *vouloir* c'est se faire des lois. (VI, 23. *Perth.* 45.)
.... Elle n'eut jamais de *vouloir* que le mien. (VII, 38. *Agés.* 727.)

Mal voulu, pour qui on est mal intentionné, pour qui on a de la malveillance :

Un amant *mal voulu* ne pouvoit se montrer de bonne grâce à sa maîtresse dans le jour qui la rejoignoit à un amant aimé. (III, 279. *Exam.* d'*Hor.*)
Vous pouvez me céder un objet qui vous aime;
Et j'ai le cœur trop bas pour vous traiter de même,
Pour vous en céder un à qui l'amour me rend,

Sinon trop *mal voulu*, du moins indifférent. (IV, 386. *S. du Ment.* 1856.)
J'en serois *mal voulu* des hommes et des Dieux. (I, 180. *Mél.* 629.)
Inégal en fortune à ce qu'est cette belle,
Et déjà par malheur assez *mal voulu* d'elle,
Que pourrois-je après tout prétendre de ses pleurs? (II, 198. *Suiv.* 1378.)

Les expressions *mal voulu*, *bien voulu* (*de*) sont anciennes dans notre langue :

Ne regne qui voudra de haine estre deliure;
Car auec le royaume est la haine tousiours,
Tousiours elle se voit dans les royales cours;
Et croy que Iupiter sur les cieux ne commande,
Sans estre *mal voulu de* la celeste bande. (Garnier, *Antigone*, acte II, vers 391.)

Vn prince *est bien voulu* pour son humanité. (Garnier, *Porcie*, acte III, vers 157.)

« En Rauenne.... demeuroit iadis vn tres-excellent medecin nommé Florio, homme de fort noble, riche et ancienne maison; lequel estant ieune et *bien voulu de* tous, tant pour estre gratieux que sçauant en son art, espousa vne gentille et fort belle femme, nommée Dorothée. » (Straparole, *Facetieuses nuits*, XII° *nuit*, fable 1, tome II, p. 316.) — On ne comprend guère pourquoi on a conservé *bien venu* et presque entièrement abandonné *bien voulu*, *mal voulu*.

VOUS, dans le sens de *pour vous, dans votre intérêt* :

Pour *vous* sauver l'État que n'eussé-je pu faire? (IV, 452. *Rod.* 539.)

Construction de vous avec un infinitif :

.... Ces deux sortes d'utilités dont je *vous* viens d'entretenir. (IV, 284. *Épit.* de *la S. du Ment.*)
Angélique! mes gens *vous* viennent d'enlever. (II, 278. *Pl. roy.* 1047.)
Mais vous aimez Rodrigue, il ne *vous* peut déplaire. (III, 152. *Cid*, 845.)
N'ayant pu vous venger, je *vous* irai rejoindre. (III, 442. *Cin.* 1310.)
.... Plus je me considère,
Moins je découvre en moi ce qui *vous* peut déplaire. (IV, 181. *Ment.* 742.)
Mais laissons ce discours, qui *vous* peut ennuyer.
(IV, 329. *S. du Ment.* 773. *var.*)

En 1660 :

.... Qui peut vous ennuyer.

Voyez les articles LE, ME, SE, etc. En ce qui concerne *vous*, je ne remarque pas que Corneille, dans la révision de son *Théâtre*, se soit autant appliqué que pour les autres pronoms à changer la tournure; je n'ai trouvé dans ses œuvres d'autre modification de ce genre que celle que m'a fournie le dernier des exemples qui viennent d'être rapportés.

Vous, servant de complément à deux verbes :

Je *vous* admire et plains.... (VI, 427. *Sert.* 1525.)

VRAI, neutralement et substantivement :

DIRE LE VRAI, dire la vérité :

A vous *dire le vrai*, je tombe de bien haut. (IV, 159. *Ment.* 352.)
Ma sœur, *dites le vrai*, n'étiez-vous point trop prompte?
(VI, 289. *Tois.* 801.)

IL EST TOUT VRAI, il est tout à fait vrai, très-vrai :

Monsieur, *il est tout vrai*, son ardeur légitime

A tant gagné sur moi que j'en fais de l'estime. (II, 19. *Gal. du Pal.* 33.)
Phinée, *il est tout vrai*, je l'expose à regret. (V, 327. *Andr.* 287.)
Seigneur, *il est tout vrai* : j'aime en votre palais. (VI, 140. *OEd.* 151.)
Il est tout vrai, Seigneur ; mais cette chair fragile
De ses aveuglements aime l'épaisse nuit. (VIII, 464. *Imit.* III, 4185.)

AU VRAI, avec vérité :

Attendez que je sache *au vrai* ce que je suis. (V, 479. *D. San.* 1484.)

DE VRAI, il est vrai, à la vérité :

.... *De vrai*, j'ai reconnu,
Vous ayant pu servir deux ans, et davantage,
Qu'il faut si peu que rien à toucher mon courage. (I, 166. *Mél.* 412.)
De vrai, ce que tu dis a beaucoup d'apparence. (I, 234. *Mél.* 1540.)
C'est lui-même *de vrai*. Rosidor, ah ! je pâme ! (I, 289. *Clit.* 225.)
Ce fut paisiblement *de vrai*, qu'il m'entretint. (I, 408. *Veuve* 187.)
Elle a bien su, *de vrai*, se défaire de vous. (II, 89. *Gal. du Pal.* 1323.)
Vous la voyez *de vrai*, mais d'un œil de mépris. (IV, 37. *Pomp.* 255.)
Il vous aime, il vous plaît : c'est une affaire faite.
— Elle est faite, *de vrai*, ce qu'elle se fera. (IV, 188. *Ment.* 899.)
Ce qu'elle me disoit est *de vrai* fort étrange. (IV, 234. *Ment.* 1694.)
Vous ne m'en croyez pas ? — *De vrai*, c'est un grand point.
(IV, 355. *S. du Ment.* 1247.)
Il confesse *de vrai* qu'il a peu vu la ville. (IV, 356. *S. du Ment.* 1269.)
De vrai, sans votre appui je serois fort à plaindre. (VI, 422. *Sert.* 1417.)

VRAISEMBLABLE (LE), substantivement :

Je parle au second (*discours*) des conditions particulières de la tragédie, des qualités des personnes et des événements qui lui peuvent fournir de sujet, et de la manière de le traiter selon *le vraisemblable* ou le nécessaire. (I, 50. *Disc. du Poëme dram.*)
Nous pouvons choisir un lieu selon *le vraisemblable* ou le nécessaire. (V, 306. *Exam. d'Andr.*)

VU QUE, dans le style de la tragédie :

Ce discours me surprend, *vu que* depuis le temps
Qu'on a contre son peuple armé nos combattants,
Je vous ai vu pour elle autant d'indifférence
Que si d'un sang romain vous aviez pris naissance. (III, 285. *Hor.* 61.)

VUE.

DONNER DANS OU DEDANS LA VUE À, attirer l'attention de, plaire à :

.... Si mes propres yeux *vous donnent dans la vue*,
Si votre propre cœur soupire après ma main,
Vous courez grand hasard de soupirer en vain. (II, 287. *Pl. roy.* 1243.)
Je *donnai dans la vue* aux deux filles du Roi. (II, 456. *Illus.* 444.)
Tu nous vas à tous deux *donner dedans la vue*. (IV, 296. *S. du Ment.* 168.)

VUE, regard :

Ce seroit présumer que d'une seule *vue*
J'aurois vu de ton cœur la plus vaste étendue. (VI, 123. *Vers à Foucquet*, 53.)
.... Si j'ai des rivaux, sa dédaigneuse *vue*
Les désespère autant que son ardeur me tue. (II, 234. *Pl. roy.* 197.)

Y

Y, désignant le lieu :

Allez jusqu'en leur camp solliciter leur haine ;
Traitez-*y* mon hymen de lâche et noir forfait....
Nommez-*y* moi cent fois ingrat, parjure, traître. (VI, 508. *Soph.* 891 et 893.)

Y se rapportant à un nom de personne ou de chose, ou même à toute une locution, et tenant la place d'un pronom précédé des prépositions *à, en, sur, auprès de,* etc. :

Qu'il se donne à Mandane, il n'aura plus de crime.
— Qu'il s'*y* donne, Madame, et ne m'en dise rien. (VII, 511. *Sur.* 1143.)
Ici l'honneur m'oblige, et j'*y* veux satisfaire. (III, 552. *Pol.* 1407.)
Dure à jamais le mal, s'il *y* faut ce remède! (III, 291. *Hor.* 228.)
    L'excuse qu'on pourroit *y* donner (*qu'on pourrait donner à ce défaut*), aussi bien qu'à ce que j'ai remarqué de Tircis dans *Mélite,* c'est qu'il n'*y* a point de liaison de scènes. (I, 395. *Exam. de la Veuve.*)
Quand je vois, ma Philis, ta beauté sans seconde,
Moi qui tente un chacun, je m'*y* laisse tenter. (X, 60. *Poés. div.* 2.)
J'*y* ferai plus encor que je ne te promets. (X, 180. *Poés. div.* 96.)
Sur les noires couleurs d'un si triste tableau
Il faut passer l'éponge ou tirer le rideau :
Un fils est criminel quand il les examine ;
Et quelque suite enfin que le ciel *y* destine,
J'en rejette l'idée.... (IV, 454. *Rod.* 596.)
.... Je triompherai, voyant périr mes fils,
De ses adorateurs et de mes ennemis.
— Eh bien ! triomphez-en, que rien ne vous retienne :
Votre main tremble-t-elle ? *y* voulez-vous la mienne ? (IV, 484. *Rod.* 1340.)
Je vois ce qu'il prétend auprès de l'Empereur.
De ce qu'il me demande il m'*y* feroit un crime. (III, 555. *Pol.* 1463.)
Pouvions-nous mieux sans bruit nous approcher de lui ?
Vous voyez la posture où j'*y* suis aujourd'hui,
Il me parle, il m'écoute, il me croit.... (V, 220. *Hér.* 1482.)

« La posture où je suis auprès de lui. »

C'est assez mériter d'être réduit en cendre,
D'*y* voir réduit tout l'isthme.... (II, 353. *Méd.* 271.)
Je puis beaucoup sur lui ; j'*y* pourrai davantage. (VI, 53. *Perth.* 791.)

Elle tâche à se vaincre, et son cœur *y* succombe ;
Et l'effort qu'elle *y* fait la jette sous la tombe. (v, 30. *Théod.* 303 et 304.)

Voyez ci-dessus, p. 135-139, Où, qui joue, comme relatif, un rôle analogue.

Y, avec *avoir* ; construction :

Attendez, il *y* peut *avoir* quelques huit jours. (I, 299. *Clit.* 399.)
Il *y* pourroit *avoir* entre quinze et vingt ans. (VI, 194. *OEd.* 1427.)

ZÈLES, au pluriel

Aux *zèles* indiscrets tout paroît légitime. (VII, 272. *Tit.* 1695.)
.... Que j'ai rencontré de véritables *zèles*
  Où j'en croyois le moins ! (VIII, 478. *Imit.* III, 4476.)

APPENDICE

APPENDICE[1].

I.

OBSERVATIONS SUR *LE CID*

(PAR SCUDÉRY)[2].

Il est de certaines pièces, comme de certains animaux qui sont en la nature, qui de loin semblent des étoiles, et qui de près ne sont que des vermisseaux. Tout ce qui brille n'est pas toujours précieux : on voit des beautés d'illusion comme des beautés effectives ; et souvent l'apparence du bien se fait prendre pour le bien même. Aussi ne m'étonné-je pas beaucoup que le peuple, qui porte le jugement dans les yeux, se laisse tromper par celui de tous les sens le plus facile à décevoir ; mais que cette vapeur grossière qui se forme dans le parterre ait pu s'élever jusqu'aux galeries, et qu'un fantôme ait abusé le savoir comme l'ignorance, et la cour aussi bien que le bourgeois, j'avoue que ce prodige m'étonne, et que ce n'est qu'en ce bizarre événement que je trouve *le Cid* merveilleux. Mais comme autrefois un Macédonien appela de Philippe préoccupé à Philippe mieux informé, je conjure les honnêtes gens de suspendre un peu leur jugement, et de ne condamner pas sans les ouïr les *Sophonisbes*, les *Cæsars*, les *Cléopatres*, les *Hercules*, les *Marianes*, les *Cléomedons*, et tant d'autres illustres héros qui les ont charmés sur le théâtre. Pour moi, quelque éclatante que me parût la

---

1. Dans notre *Notice* du *Cid* (tome III, p. 19-48), nous avons analysé les diverses publications auxquelles l'apparition de cet ouvrage a donné lieu, et nous avons réimprimé en appendice (p. 53-78) les *écrits en faveur du Cid*, attribués à Corneille par Niceron ou par les frères *Parfait;* mais nous n'avons reproduit en entier aucune des critiques, pas même les *Observations* de Scudéry ni les *Sentiments de l'Académie*, les deux morceaux les plus importants de la discussion, et par suite aussi les plus connus et le plus souvent réimprimés. Quelques personnes ont regretté cette omission; nous la réparons aujourd'hui. Comme ces deux morceaux abondent en remarques grammaticales, ils prennent très-naturellement place à la suite du *Lexique de Corneille*. Nous y avons joint d'autres critiques contemporaines du même genre, à savoir un extrait de ce qui, dans les pamphlets de d'Aubignac, est relatif à la langue.
2. Voyez, pour les circonstances dans lesquelles cet ouvrage a été publié, tome III, p. 22 et suivantes ; pour la description de ses diverses éditions, tome III, p. 23, note 1. Notre texte a été revu sur la troisième, et très-probablement dernière, édition publiée du vivant de l'auteur et ayant pour titre : *Observations sur* le Cid ; *ensemble l'excuse à Ariste et le Rondeau. A Paris, aux despens de l'Auteur. M.DC.XXXVII* (4 feuillets non paginés et 96 pages). — Nous avons donné au tome X, p. 399 et suivantes, la réponse que Corneille y a faite sous le titre de *Lettre apologétique*.

gloire du *Cid*, je la regardois comme ces belles couleurs qui s'effacent en l'air presque aussitôt que le soleil en a fait la riche et trompeuse impression sur la nue. Je n'avois garde de concevoir aucune envie pour ce qui me faisoit pitié, ni de faire voir à personne les taches que j'apercevois en cet ouvrage. Au contraire, comme sans vanité je suis bon et généreux, je donnois des sentiments à tout le monde que je n'avois pas moi-même : je faisois croire aux autres ce que je ne croyois point du tout, et je me contentois de connoître l'erreur sans la réfuter, et la vérité sans m'en rendre l'évangéliste. Mais quand j'ai vu que cet ancien qui nous a dit que la prospérité trouve moins de personnes qui la sachent souffrir que les infortunes, et que la modération est plus rare que la patience, sembloit avoir fait le portrait de l'auteur du *Cid*; quand j'ai vu, dis-je, qu'il se défioit d'autorité privée, qu'il parloit de lui comme nous avons accoutumé de parler des autres, qu'il faisoit même imprimer les sentiments avantageux qu'il a de soi, et qu'il semble croire qu'il fait trop d'honneur aux plus grands esprits de son siècle de leur présenter la main gauche : j'ai cru que je ne pouvois sans injustice et sans lâcheté abandonner la cause commune, et qu'il étoit à propos de lui faire lire cette inscription tant utile, qu'on voyoit autrefois gravée sur la porte de l'un des temples de la Grèce : *Connois-toi toi-même*.

Ce n'est pas que je veuille combattre ses mépris par des outrages : cette espèce d'armes ne doit être employée que par ceux qui n'en ont point d'autres, et quelque nécessité que nous ayons de nous défendre, je ne tiens pas qu'il soit glorieux d'en user. J'attaque *le Cid*, et non pas son auteur; j'en veux à son ouvrage, et non point à sa personne ; et comme les combats et la civilité ne sont pas incompatibles, je veux baiser le fleuret dont je prétends lui porter une botte franche ; je ne fais ni une satire, ni un libelle diffamatoire, mais de simples *observations;* et hors les paroles qui seront de l'essence de mon sujet, il ne m'en échappera pas une où l'on remarque de l'aigreur. Je le prie d'en user avec la même retenue, s'il me répond, parce que je ne saurois ni dire ni souffrir d'injures. Je prétends donc prouver contre cette pièce du *Cid* :

Que le sujet n'en vaut rien du tout;
Qu'il choque les principales règles du poëme dramatique ;
Qu'il manque de jugement en sa conduite ;
Qu'il a beaucoup de méchants vers ;
Que presque tout ce qu'il a de beautés sont dérobées ;
Et qu'ainsi l'estime qu'on en fait est injuste.

Mais après avoir avancé cette proposition, étant obligé de la soutenir, voici par où j'entreprends de le faire avec honneur.

Ceux qui veulent abattre quelqu'un de ces superbes édifices que la vanité des hommes élève si haut ne s'amusent point à briser des colonnes ou rompre des balustrades, mais ils vont droit en saper les fondements, afin que toute la masse du bâtiment croule et tombe en une même heure. Comme j'ai le même dessein, je veux les imiter en cette occasion ; et pour en venir à bout, je veux dire que le sentiment d'Aristote, et celui de tous les savants qui l'ont suivi, établit pour maxime indubitable que l'invention est la principale partie et du poëte et du poëme. Cette vérité est si assurée, que le nom même de l'un et de l'autre tire son étymologie d'un verbe grec qui ne veut rien dire que fiction. De sorte que le sujet du *Cid* étant d'un auteur espagnol, si l'invention en était bonne, la gloire en appartiendroit à Guilen de Castro, et non pas à son traducteur françois. Mais tant s'en faut que j'en demeure d'accord, que je soutiens qu'elle ne vaut rien du tout. La tragédie, composée selon les règles de l'art, ne doit avoir qu'une action principale à laquelle tendent et viennent aboutir toutes les autres, ainsi que les lignes se vont rendre de la circonférence d'un cercle à son centre; et l'argument en devant être tiré de l'histoire ou des fables connues, selon les préceptes qu'on nous a laissés, on n'a pas dessein de surprendre le spectateur, puisqu'il sait déjà ce qu'on doit représenter; mais il n'en va pas ainsi de la tragi-comédie; car bien qu'elle n'ait presque pas été connue de l'antiquité, néanmoins, puisqu'elle est comme un composé de la tragédie et de la comédie, et qu'à cause de sa fin elle semble même pencher plus vers la dernière, il faut que le premier acte dans cette espèce de poëme embrouille une intrigue qui tienne toujours l'esprit en suspens, et qui ne se démêle qu'à la fin de tout l'ouvrage.

Ce nœud gordien n'a pas besoin d'avoir un Alexandre dans *le Cid* pour le dénouer. Le père de Chimène y meurt presque dès le commencement; dans toute la pièce elle ni Rodrigue ne poussent et ne peuvent pousser qu'un seul mouvement : on n'y voit aucune diversité, aucune intrigue, aucun nœud ; et le moins clairvoyant des spectateurs devine ou plutôt voit la fin de cette aventure aussitôt qu'elle est commencée. Et par ainsi je pense avoir montré bien clairement que le sujet n'en vaut rien du tout, puisque j'ai fait connoître qu'il manque de ce qui le pouvoit rendre bon, et qu'il a tout ce qui le pouvoit rendre mauvais. Je n'aurai pas plus de peine à prouver qu'il choque les principales règles dramatiques, et j'espère le faire avouer à tous ceux qui voudront se souvenir après moi qu'entre toutes les règles dont je parle, celle qui sans doute est la plus importante, et comme la fondamentale de tout l'ouvrage, est celle de la vraisemblance. Sans elle on ne peut être surpris par cette agréable tromperie qui fait que nous semblons nous intéresser aux bons ou mauvais succès de ces héros imaginaires. Le poëte qui se propose pour sa fin d'émouvoir les passions de l'auditeur par celles des personnages, quelque vives, fortes et bien poussées qu'elles puissent être, n'en peut jamais venir à bout, s'il est judicieux, lorsque ce qu'il veut imprimer en l'âme n'est pas vraisemblable.

Aussi ces grands maîtres anciens qui m'ont appris ce que je montre ici à ceux qui l'ignorent, nous ont toujours enseigné que le poëte et l'historien ne doivent pas suivre la même route; et qu'il vaut mieux que le premier traite un sujet vraisemblable qui ne soit pas vrai, qu'un vrai qui ne soit pas vraisemblable. Je ne pense pas qu'on puisse choquer une maxime que ces grands hommes ont établie, et qui satisfait si bien le jugement : c'est pourquoi j'ajoute, après l'avoir fondée en l'esprit de ceux qui la lisent, qu'il est vrai que Chimène épousa le Cid, mais qu'il n'est point vraisemblable qu'une fille d'honneur épouse le meurtrier de son père. Cet événement étoit bon pour l'historien, mais il ne valoit rien pour le poëte; et je ne crois pas qu'il suffise de donner des répugnances à Chimène, de faire combattre le devoir contre l'amour, de lui mettre en la bouche mille antithèses sur ce sujet, ni de faire intervenir l'autorité d'un roi; car enfin tout cela n'empêche pas qu'elle ne se rende parricide en se résolvant d'épouser le meurtrier de son père; et bien que cela ne s'achève pas sur l'heure, la volonté, qui seule fait le mariage, y paroît tellement portée, qu'enfin Chimène est une parricide.

Ce sujet ne peut être vraisemblable, et par conséquent il choque une des principales règles du poëme. Mais pour appuyer ce raisonnement de l'autorité des anciens, je me souviens encore que le mot de *fable*, dont Aristote s'est servi pour nommer le sujet de la tragédie, quoiqu'il ne signifie dans Homère qu'un simple discours, partout ailleurs est pris pour le récit de quelque chose fausse, et qui pourtant conserve une espèce de vérité. Telles sont les fables des poëtes dont au temps d'Aristote, et même devant lui, les tragiques se servoient souvent pour le sujet de leurs poëmes, n'ayant nul égard à ce qu'elles n'étoient pas vraies, mais les considérant seulement comme vraisemblables. C'est pourquoi ce philosophe remarque que les premiers tragiques ayant accoutumé de prendre des sujets partout, sur la fin ils s'étoient retranchés à certains qui étoient ou pouvoient être rendus vraisemblables, et qui presque pour cette raison ont été tous traités, et même par divers auteurs, comme Médée, Alcméon, OEdipe, Oreste, Méléagre, Thyeste et Télèphe. Si bien qu'on voit qu'ils pouvoient changer ces fables comme ils vouloient, et les accommoder à la vraisemblance. Ainsi Sophocle, Æschyle, et Euripide, ont traité la fable de Philoctète bien diversement; ainsi celle de Médée chez Sénèque, Ovide, et Euripide, n'étoit pas la même. Mais il étoit quasi de la religion et ne leur étoit pas permis de changer l'histoire quand ils la traitoient, ni d'aller contre la vérité : tellement que ne trouvant pas toutes les histoires vraisemblables, quoique vraies, et ne pouvant pas les rendre telles, ni changer leur nature, ils s'attachoient fort peu à les traiter, à cause de cette difficulté, et prenoient, pour la plupart, des choses fabuleuses, afin de les pouvoir disposer vraisemblablement.

De là ce philosophe montre que le métier du poëte est bien plus difficile que celui de l'historien, parce que celui-ci raconte simplement les choses comme en effet elles sont arrivées, au lieu que l'autre les représente, non pas comme elles sont, mais bien comme elles ont dû être. C'est en quoi l'auteur du *Cid* a failli, qui trouvant dans l'histoire d'Espagne que cette fille avoit épousé le meurtrier de son père, devoit considérer que ce n'étoit pas un sujet d'un poëme accompli, parce qu'étant historique, et par conséquent vrai, mais non pas vraisemblable, d'autant qu'il choque la raison et les bonnes mœurs, il ne pouvoit pas le changer, ni le rendre propre au poëme dramatique. Mais comme une erreur en appelle une autre, pour observer celle des vingt-quatre heures, excellente quand elle est bien entendue, l'auteur françois bronche plus lourdement que l'espagnol, et fait mal en pensant bien faire. Ce dernier donne au moins quelque couleur à sa faute, parce que, son poëme étant irrégulier, la longueur du temps, qui rend toujours les douleurs moins vives, semble en quelque façon rendre la chose plus vraisemblable.

Mais faire arriver en vingt-quatre heures la mort d'un père, et les promesses de mariage de sa fille avec celui qui l'a tué, et non pas encore sans le connoître, non pas dans une rencontre inopinée, mais dans un duel dont il étoit l'appelant : c'est, comme a dit bien agréablement un de mes amis, ce qui, loin d'être bon dans les vingt-quatre heures, ne seroit pas supportable dans les vingt-quatre ans. Et par conséquent, je le redis encore une fois, la règle de la vraisemblance n'est point observée, quoiqu'elle soit absolument nécessaire. Et véritablement toutes ces belles actions que fit le Cid en plusieurs années sont tellement assemblées par force en cette pièce pour les mettre dans les vingt-quatre heures, que les personnages y semblent des dieux de machine qui tombent du ciel en terre; car enfin, dans le court espace d'un jour naturel, on élit un gouverneur au prince de Castille, il se fait une querelle et un combat entre don Diègue et le Comte, autre combat de Rodrigue et du Comte, un autre de Rodrigue contre les Mores, un autre contre don Sanche; et le mariage se conclut entre Rodrigue et Chimène. Je vous laisse à juger si ne voilà pas un jour bien employé, et si l'on n'auroit pas grand tort d'accuser tous ces personnages de paresse.

Il est du sujet du poëme dramatique comme de tous les corps physiques, qui pour être parfaits demandent une certaine grandeur qui ne soit ni trop vaste ni trop resserrée[1]. Ainsi, lorsque nous observons un ouvrage de cette nature, il arrive ordinairement à la mémoire ce qui arrive aux yeux qui regardent un objet : celui qui voit un corps d'une diffuse grandeur, s'attachant à en remarquer les parties, ne peut pas regarder à la fois ce grand tout qu'elles composent; de même, si l'action du poëme est trop grande, celui qui la contemple ne sauroit la mettre tout ensemble dans sa mémoire; comme au contraire, si un corps est trop petit, les yeux, qui n'ont pas loisir de le considérer, parce que presque en même temps l'aspect se forme et s'évanouit, n'y trouvent point de volupté. Ainsi dans le poëme, qui est l'objet de la mémoire comme tous les corps le sont des yeux, cette partie de l'âme ne se plaît non plus à remarquer ce qui n'admet pas son office que ce qui l'excède. Et certainement, comme les corps, pour être beaux, ont besoin de deux choses, à savoir de l'ordre et de la grandeur, et que pour cette raison Aristote nie qu'on puisse appeler les petits hommes beaux, mais oui bien agréables, parce que, quoiqu'ils soient bien proportionnés, ils n'ont point néanmoins cette taille avantageuse nécessaire à la beauté : de même ce n'est pas assez que le poëme ait toutes ses parties disposées avec soin, s'il n'a encore une grandeur si juste que la mémoire la puisse comprendre sans peine.

Or quelle doit être cette grandeur? Aristote, dont nous suivons autant le jugement que nous nous moquons de ceux qui ne le suivent point, l'a déterminée dans cette espace de temps qu'on voit qu'enferment deux soleils : en sorte que l'action qui se représente ne doit ni excéder ni être moindre que ce temps qu'il nous prescrit. Voilà pourquoi autrefois Aristophane, comique grec, se moquoit d'Æschyle, poëte tragique, qui dans la tragédie de *Niobe*, pour conserver la gravité de cette héroïne, l'introduisit assise au sépulcre de ses enfants l'espace de trois jours sans dire une seule parole. Et voilà pourquoi le docte Heinsius a trouvé que Buchanan avoit fait une faute dans sa tragédie de *Jephté*, où dans le période des vingt-quatre heures il renferme une action qui dans l'histoire demandoit deux mois, ce temps ayant été donné à la fille pour pleurer sa virginité, dit l'Écriture. Mais l'auteur du *Cid* porte bien son erreur plus avant, puisqu'il enferme plusieurs années dans ses vingt-quatre heures, et que le mariage de Chimène, et la prise de ces rois mores, qui dans l'histoire d'Espagne ne se fait que deux ou trois ans après la mort de son père, se fait ici le même jour; car quoique

---

1. Voyez au tome I, p. 29.

ce mariage ne se consomme pas si tôt, Chimène et Rodrigue consentent; et dès là ils sont mariés, puisque, selon les jurisconsultes, il n'est requis que le consentement pour les noces; et qu'outre cela, Chimène est à lui par la victoire qu'il obtient sur don Sanche, et par l'arrêt qu'en donne le Roi.

Mais ce n'est pas la seule loi qu'on voit enfreinte en cet endroit de ce poëme : il en rompt une autre bien plus importante, puisqu'elle choque les bonnes mœurs comme les règles de la poésie dramatique. Et pour connoître cette vérité, il faut savoir que le poëme de théâtre fut inventé pour instruire en divertissant, et que c'est sous cet agréable habit que se déguise la philosophie, de peur de paroître trop austère aux yeux du monde; et par lui, s'il faut ainsi dire, qu'elle semble dorer les pilules, afin qu'on les prenne sans répugnance, et qu'on se trouve guari presque sans avoir connu le remède. Aussi ne manque-t-elle jamais de nous montrer sur la scène la vertu récompensée, et le vice toujours puni. Que si quelquefois l'on y voit les méchants prospérer et les gens de bien persécutés, la face des choses ne manquant point de changer à la fin de la représentation, ne manque pas aussi de faire voir le triomphe des innocents, et le supplice des coupables; et c'est ainsi qu'insensiblement on nous imprime en l'âme l'horreur du vice, et l'amour de la vertu.

Mais tant s'en faut que la pièce du *Cid* soit faite sur ce modèle, qu'elle est de très-mauvais exemple. L'on y voit une fille dénaturée ne parler que de ses folies, lorsqu'elle ne doit parler que de son malheur; plaindre la perte de son amant lorsqu'elle ne doit songer qu'à celle de son père; aimer encore ce qu'elle doit abhorrer; souffrir en même temps et en même maison ce meurtrier et ce pauvre corps; et pour achever son impiété, joindre sa main à celle qui dégoutte encore du sang de son père. Après ce crime qui fait horreur, le spectateur n'a-t-il pas raison de penser qu'il va partir un coup de foudre du ciel représenté sur la scène pour châtier cette Danaïde; ou s'il sait cette autre règle qui défend d'ensanglanter le théâtre, n'a-t-il pas sujet de croire qu'aussitôt qu'elle en sera partie, un messager viendra pour le moins lui apprendre ce châtiment? mais cependant ni l'un ni l'autre n'arrive; au contraire, un roi caresse cette impudique, son vice y paroît récompensé, la vertu semble bannie de la conclusion de ce poëme : il est une instruction au mal, un aiguillon pour nous y pousser, et par ces fautes remarquables et dangereuses, directement opposé aux principales règles dramatiques.

C'étoit pour de semblables ouvrages que Platon n'admettoit point dans sa république toute la poésie; mais principalement il en bannissoit cette partie, laquelle imite en agissant et par représentation, d'autant qu'elle offroit à l'esprit toutes sortes de mœurs : les vices et les vertus, les crimes et les actions généreuses, et qu'elle introduisoit aussi bien Atrée comme Nestor. Or, ne donnant pas plus de plaisir en l'expression des bonnes actions que des mauvaises, puisque, dans la poésie comme dans la peinture, on ne regarde que la ressemblance, et que l'image de Thersite bien faite plaît autant que celle de Narcisse, il arrivoit de là que les esprits des spectateurs étoient débauchés par cette volupté; qu'ils trouvoient autant de plaisir à imiter les mauvaises actions qu'ils voyoient représentées avec grâce, et où notre nature incline, que les bonnes qui nous semblent difficiles, et que le théâtre étoit aussi bien l'école des vices que des vertus. Cela, dis-je, l'avoit obligé d'exiler les poëtes de sa république; et quoiqu'il couronnât Homère de fleurs, il n'avoit pas laissé de le bannir. Mais pour modérer sa rigueur, Aristote, qui connoissoit l'utilité de la poésie, et principalement de la dramatique, d'autant qu'elle nous imprime beaucoup mieux les bons sentiments que les deux autres espèces, et que ce que nous voyons touche bien d'avantage l'âme que ce que nous oyons simplement, comme depuis l'a dit Horace, Aristote, dis-je, veut en sa *Poétique* que les mœurs représentées dans l'action de théâtre soient la plupart bonnes; et que s'il faut introduire des personnes pleines de vices, le nombre en soit moindre que des vertueuses.

Cela fait que les critiques des derniers temps ont blâmé quelques anciennes tragédies où les bonnes mœurs étoient moindres que les mauvaises; ainsi qu'on peut voir, par exemple, dans l'*Oreste* d'Euripide, où tous les personnages, excepté Pylade, ont de méchantes inclinations. Si l'auteur que nous examinons n'eût pas ignoré ces préceptes, comme les autres dont nous l'avons déjà repris, il se fût bien empêché de faire triompher le vice sur son théâtre, et ses personnages auroient eu de meilleures intentions que celles qui les font agir. Fernand y auroit été plus grand politique, Urraque d'inclination moins basse, don Gomez moins ambitieux et moins insolent, don Sanche plus généreux, Elvire de meilleur exemple pour les suivantes, et cet auteur n'auroit pas enseigné la vengeance par la bouche même de la fille de celui dont on se venge; Chimène n'auroit pas dit :

> Les accommodements ne font rien en ce point :
> Les affronts à l'honneur ne se réparent point.
> En vain on fait agir la force ou la prudence :
> Si l'on guarit le mal, ce n'est qu'en apparence;
> (Acte II, scène III, vers 467-470.)

et le reste de la troisième scène du second acte, où partout elle conclut à la confusion de son amant, s'il n'attente à la vie de son père. Comme quoi peut-il excuser le vers où cette dénaturée s'écrie en parlant de Rodrigue :

> Souffrir un tel affront, étant né gentilhomme ! (*Ibidem*, vers 489 *var*.)

et ceux-ci, où elle avoue qu'elle auroit de la honte pour lui, si après lui avoir commandé de ne pas tuer son père, il lui pouvoit obéir.

> Et s'il peut m'obéir, que dira-t-on de lui ? (*Ibidem*, vers 488.)
> Soit qu'il cède ou résiste au feu qui le consomme,
> Mon esprit ne peut qu'être ou honteux, ou confus,
> De son trop de respect, ou d'un juste refus.
> (*Ibidem*, vers 490 *var*., 491 et 492.)

Mais je découvre encore des sentiments plus cruels et plus barbares dans la quatrième scène du troisième acte, qui me font horreur. C'est où cette fille, mais plutôt ce monstre, ayant devant ses yeux Rodrigue encore tout couvert d'un sang qui la devoit si fort toucher, et entendant qu'au lieu de s'excuser et de reconnoître sa faute, il l'autorise par ces vers :

> Car enfin n'attends pas de mon affection
> Un lâche repentir d'une bonne action (Acte III, scène IV, vers 871 et 872),

elle répond (ô bonnes mœurs !) :

> Tu n'as fait le devoir que d'un homme de bien. (*Ibidem*, vers 911.)

Si autrefois quelques-uns, comme Marcellin au livre vingt-septième, ont mis entre les corruptions des républiques la lecture de Juvénal, parce qu'il enseigne le vice, quoiqu'il le reprenne ; et que pour flageller l'impureté il la montre toute nue : que dirons-nous de ce poëme, où le vice est si puissamment appuyé, où l'on en fait l'apologie, où l'on le pare des ornements de la vertu, et enfin où il foule aux pieds les sentiments de la nature et les préceptes de la morale ? De ces deux preuves assez claires, je passe à la troisième, qui regarde le jugement, la conduite, et la bienséance des choses ; et dès la première scène je trouve de quoi m'occuper. Il faut que j'avoue que je ne vis jamais un si mauvais physionome que le père de Chimène, lorsqu'il dit à la suivante de sa fille, parlant de don Sanche aussi bien que de don Rodrigue :

> Jeunes, mais qui font lire aisément dans leurs yeux
> L'éclatante vertu de leurs braves aïeux. (Acte I, scène I, vers 27 et 28.)

Il n'étoit point nécessaire d'une si fausse conjecture, puisque ce malheureux don Sanche devoit être battu, sans blesser ni sans être blessé, désarmé, et pour sauver sa vie contraint d'accepter cette honteuse condition qui l'oblige à porter lui-même son épée à sa maîtresse de la part de son ennemi : cette procédure trop romanesque dément ce premier discours, étant certain que jamais un homme de cœur ne voudra vivre par cette voie. Mais ce n'est pas la seule faute de jugement que je remarque en cette scène, et ces vers qui suivent m'en découvrent encore une autre :

> L'heure à présent m'appelle au conseil qui s'assemble.
> Le Roi doit à son fils choisir un gouverneur,
> Ou plutôt m'élever à ce haut rang d'honneur;
> Ce que pour lui mon bras chaque jour exécute,
> Me défend de penser qu'aucun me le dispute. (Tome III, p. 107. *var*. 3.)

Il falloit avec plus d'adresse faire savoir à l'auditeur le sujet de la querelle qui va naître, et non pas le faire dire hors de propos à cette suivante qui sert dans la maison du Comte. Cette familiarité n'a point de rapport avec l'orgueil qu'il donne partout à ce personnage ; mais il seroit à souhaiter pour lui qu'il eût corrigé de cette sorte tout ce qu'il fait dire à ce comte de Gormas, afin que d'un capitan ridicule il eût fait un honnête homme, tout ce qu'il dit étant plus digne d'un fanfaron que d'une personne de valeur et de qualité. Et pour ne vous donner pas la peine d'aller vous en éclaircir dans son livre, voyez en quels termes il fait parler ce capitaine Fracasse :

> Enfin vous l'emportez, et la faveur du Roi
> Vous élève en un rang qui n'étoit dû qu'à moi....
> (Acte I, scène III, vers 151 et 152.)
> Les exemples vivants ont bien plus de pouvoir;
> Un prince dans un livre apprend mal son devoir.
> Et qu'a fait après tout ce grand nombre d'années,
> Que ne puisse égaler une de mes journées?...
> Et ce bras du royaume est le plus ferme appui.
> Grenade et l'Aragon tremblent quand ce fer brille ;
> Mon nom sert de rempart à toute la Castille ;
> Sans moi, vous passeriez bientôt sous d'autres lois,
> Et si vous ne m'aviez, vous n'auriez plus de rois.

OBSERVATIONS DE SCUDÉRY SUR *LE CID*.

Chaque jour, chaque instant entasse pour ma gloire
Laurier dessus laurier, victoire sur victoire.
Le Prince, pour essai de générosité,
Gagneroit des combats marchant à mon côté :
Loin des froides leçons qu'à mon bras on préfère,
Il apprendroit à vaincre en me regardant faire.
  (Acte I, scène III, vers 191-205 *var.*)
Et par là cet honneur n'étoit dû qu'à mon bras.... (*Ibidem*, vers 223.)
Un jour seul ne perd pas un homme tel que moi.
Que toute sa grandeur s'arme pour mon supplice,
Tout l'État périra, devant que[1] je périsse....
  (Acte II, scène I, vers 376-378 *var.*)
D'un sceptre qui sans moi tomberoit de sa main.
Il a trop d'intérêt lui-même en ma personne,
Et ma tête en tombant feroit choir sa couronne. (*Ibidem*, vers 380-382.)
Mais t'attaquer à moi! Qui t'a rendu si vain?
  (Acte II, scène II, vers 407 *var.*)
Sais-tu bien qui je suis?... (*Ibidem*, vers 411.)
Mais je sens que pour toi ma pitié s'intéresse ;
J'admire ton courage et je plains ta jeunesse.
Ne cherche point à faire un coup d'essai fatal :
Dispense ma valeur d'un combat inégal ;
Trop peu d'honneur pour moi suivroit cette victoire :
A vaincre sans péril, on triomphe sans gloire.
On te croiroit toujours abattu sans effort ;
Et j'aurois seulement le regret de ta mort. (*Ibidem*, vers 429-436.)
Retire-toi d'ici.... (*Ibidem*, vers 439.)
Es-tu si las de vivre?.... (*Ibidem*, vers 440.)

Je croirois assurément qu'en faisant ce rôle l'auteur auroit cru faire parler Matamore[2], et non pas le Comte, si je ne voyois que presque tous ses personnages ont le même style, et qu'il n'est pas jusqu'aux femmes qui ne s'y piquent de bravoure. Il s'est, à mon avis, fondé sur l'opinion commune, qui donne de la vanité aux Espagnols; mais il l'a fait avec assez peu de raison, ce me semble, puisque partout il se trouve d'honnêtes gens. Et ce seroit une chose bien plaisante si parce que les Allemands et les Gascons ont la réputation d'aimer à boire et à dérober, il alloit un jour, avec une égale injustice, nous faire voir sur la scène un seigneur de l'une de ces nations qui fût ivre, et l'autre coupeur de bourse. Les Espagnols sont nos ennemis, il est vrai; mais on n'est pas moins bon François pour ne les croire pas tous hypocondriaques. Et nous avons parmi nous un exemple si illustre, et qui nous fait si bien voir que la profonde sagesse et la haute vertu peuvent naître en Espagne, qu'on n'en sauroit douter sans crime. Je parlerois plus clairement de cette divine personne, si je ne craignois de profaner son nom sacré, et si je n'avois peur de commettre un sacrilége en pensant faire un acte d'adoration. Mais étant encore si éloigné des dernières fautes de jugement que je connois et que je dois montrer en cet ouvrage, je m'arrête trop à ces premières, que vous verrez suivies de beau-

---

1. Le vrai texte (de 1637 à 1656) n'est pas *devant que*, mais *plutôt que*, changé, dès 1660, en *s'il faut que*.
2 Voyez les observations que nous avons faites sur le langage de Matamore dans la *Notice* sur *l'Illusion*, tome II, p. 424.

coup d'autres plus grandes. La seconde scène du *Cid* n'est pas plus judicieuse que celle qui la précède ; car cette suivante n'y fait que redire ce que l'auditeur vient à l'heure même d'apprendre. C'est manquer d'adresse, et faire une faute que les préceptes de l'art nous enseignent d'éviter toujours, parce que ce n'est qu'ennuyer le spectateur, et qu'il est inutile de raconter ce qu'il a vu : si bien que le poëte doit prendre des temps derrière les rideaux, pour en instruire les personnages, sans persécuter ainsi ceux qui les écoutent. La troisième scène est encore plus défectueuse en ce qu'elle attire en son erreur toutes celles où parlent l'Infante ou don Sanche : je veux dire qu'outre la bienséance mal observée, en une amour si peu digne d'une fille de roi, et l'une et l'autre tiennent si peu dans le corps de la pièce, et sont si peu nécessaires à la représentation, qu'on voit clairement que D. Urraque n'y est que pour faire jouer la Beauchâteau, et le pauvre don Sanche pour s'y faire battre par don Rodrigue. Et cependant il nous est enjoint par les maîtres de ne mettre rien de superflu dans la scène. Ce n'est pas que j'ignore que les épisodes font une partie de la beauté d'un poëme ; mais il faut, pour être bons, qu'ils soient plus attachés au sujet. Celui qu'on prend pour un poëme dramatique est de deux façons ; car il est ou simple, ou mixte. Nous appelons simple celui qui, étant un et continué, s'achève sans un manifeste changement, au contraire de ce qu'on attendoit, et sans aucune reconnoissance. Nous en avons un exemple dans l'*Ajax* de Sophocle, où le spectateur voit arriver tout ce qu'il s'étoit proposé. Ajax, plein de courage, ne pouvant endurer d'être méprisé, se met en furie ; et après qu'il revient à soi, rougissant des actions que la rage lui avoit fait faire, et vaincu de honte, il se tue. En cela il n'y a rien d'admirable ni de nouveau. Le sujet mêlé, ou non simple, s'achemine à sa fin avec quelque changement opposé à ce qu'on attendoit, ou quelque reconnoissance, ou tous les deux ensemble. Cettui-ci, étant assez intrigué de soi, ne recherche presque aucun embellissement ; au lieu que l'autre, étant trop nu, a besoin d'ornements étrangers. Ces amplifications, qui ne sont pas tout à fait nécessaires, mais qui ne sont pas aussi hors de la chose, s'appellent épisodes chez Aristote ; et l'on donne ce nom à tout ce que l'on peut insérer dans l'argument, sans qu'il soit de l'argument même. Ces épisodes, qui sont aujourd'hui fort en usage, sont trouvés bons lorsqu'ils aident à faire quelque effet dans le poëme : comme anciennement le discours d'Agamemnon, de Teucer, de Ménélaüs et d'Ulysse, dans l'*Ajax* de Sophocle, servoit pour empêcher qu'on ne privât ce héros de sépulture ; ou bien lorsqu'ils sont nécessaires, ou vraisemblablement attachés au poëme, qu'Aristote appelle épisodique quand il pèche contre cette dernière règle. Notre auteur, sans doute, ne savoit pas cette doctrine, puisqu'il se fût bien empêché de mettre tant d'épisodes dans son poëme, qui, étant mixte, n'en avoit pas besoin ; ou si sa stérilité ne lui permettoit pas de le traiter sans cette aide, il y en devoit mettre qui ne fussent pas irréguliers. Il auroit sans doute banni D. Urraque, don Sanche et don Arias, et n'auroit pas eu tant de feu à leur faire dire des pointes, ni tant d'ardeur à la déclamation, qu'il ne se fût souvenu que pas un de ces personnages ne servoit aux incidents de son poëme, et n'y avoit aucun attachement nécessaire.

Je vois bien, pour parler aussi des modernes, que dans la belle *Mariane*, ce discours des songes, que M. Tristan a mis en la bouche de Phérore, n'étoit pas absolument nécessaire ; mais étant si bien lié avec la vision que vient d'avoir Hérode, il y ajoute une beauté merveilleuse : vision, dis-je, qui fait elle-même une partie du sujet, et dont les présages qu'on en tire sont fondés sur une que ce prince avoit eue autrefois au bord du Jourdain. Il n'en est pas ainsi de nos bouches inutiles : ce qu'elles disent n'est pas seulement superflu, mais les personnages le sont eux-mêmes. Depuis cette dernière cascade, le jugement de l'auteur ne bronche point jusqu'à l'ouverture du second acte ; mais en cet endroit, s'il m'est permis d'user de ce mot, il fait encore une disparate. Il vient un certain don Arias de la part du Roi, qui, à vrai dire, n'y vient que pour faire des pointes sur les lauriers et sur la foudre, et pour donner sujet au comte de Gormas de pousser une partie des rodomontades que je vous ai déjà montrées. On ne sait ce qui l'amène ; il n'explique point quelle est sa commission ; et pour conclusion de ce beau discours, il s'en retourne comme il est venu. L'auteur me permettra de lui dire qu'on voit bien qu'il n'est pas homme d'éclaircissement ni de procédé. Quand deux grands ont querelle, et que l'un est offensé à l'honneur, ce sont des oiseaux qu'on ne laisse point aller sur leur foi ; le Prince leur donne des gardes à tous deux, qui lui répondent de leurs personnes, et qui ne souffriroient pas que le fils de l'un vînt faire un appel à l'autre : aussi voyons-nous bien la dangereuse conséquence dont cette erreur est suivie : et par les maximes de la conscience, le Roi ou l'auteur sont coupables de la mort du Comte, s'ils ne s'excusent en disant qu'ils n'y pensoient pas, puisque le commandement que fait après le Roi de l'arrêter n'est plus de saison. Dans la troisième scène de ce même acte, les délicats trouveront encore que le jugement pèche, lorsque Chimène dit que Rodrigue n'est pas gentilhomme s'il ne se venge de son père : ce discours est plus extravagant que généreux dans la bouche d'une fille ; et jamais aucune ne le diroit quand même elle en auroit la pensée.

Les plus critiques trouveroient peut-être aussi que la bienséance voudroit que Chimène pleurât enfermée chez elle, et non pas aux pieds du Roi, si tôt après cette mort. Mais donnons ce transport à la grandeur de ses ressentiments, et à l'ardent desir de se venger, que nous savons pourtant bien qu'elle n'a point, quoiqu'elle le dût avoir.

Insensiblement nous voici arrivés au troisième acte, qui est celui qui a fait battre des mains à tant de monde, crier miracle à tous ceux qui ne savent pas discerner le bon or d'avec l'alchimie, et qui seul a fait la fausse réputation du *Cid*. Rodrigue y paroît d'abord chez Chimène avec une épée qui fume encore du sang tout chaud qu'il vient de faire répandre à son père ; et par cette extravagance si peu attendue, il donne de l'horreur à tous les judicieux qui le voient, et qui savent que ce corps est encore dans la maison. Cette épouvantable procédure choque directement le sens commun ; et quand Rodrigue prit la résolution de tuer le Comte, il devoit prendre celle de ne revoir jamais sa fille. Car de nous dire qu'il vient pour se faire tuer par Chimène, c'est nous apprendre qu'il ne vient que pour faire des pointes : les filles bien nées n'usurpent jamais l'office des bourreaux. C'est une chose qui n'a point d'exemple, et qui seroit supportable dans une élégie à Philis, où le poëte peut dire qu'il veut mourir d'une belle main, mais non pas dans le grave poëme dramatique, qui représente sérieusement les choses comme elles doivent être. Je remarque dans la troisième scène que notre nouvel Homère s'endort encore, et qu'il est hors d'apparence qu'une fille de la condition de Chimène n'ait pas une de ses amies chez elle, après un si grand malheur que celui qui vient de lui arriver, et qui les obligeoit toutes de s'y rendre, pour adoucir sa douleur par quelques consolations. Il eût évité cette faute de jugement, s'il n'eût pas manqué de mémoire pour ces deux vers qu'Elvire dit peu auparavant :

> Chimène est au palais, de pleurs toute baignée,
> Et n'en reviendra point que bien accompagnée.
> (Acte III, scène I, vers 765 et 766.)

Mais sans nous amuser davantage à cette contradiction, voyons à quoi sa solitude est employée. A faire des pointes exécrables, des antithèses parricides, à dire effrontément qu'elle aime, ou plutôt qu'elle adore (ce sont ses mots) ce qu'elle doit tant haïr; et par un galimathias qui ne conclut rien, dire qu'elle veut perdre Rodrigue, et qu'elle souhaite ne le pouvoir pas. Ce méchant combat de l'honneur et de l'amour auroit au moins quelque prétexte, si le temps, par son pouvoir ordinaire, avoit comme assoupi les choses; mais dans l'instant qu'elles viennent d'arriver, que son père n'est pas encore dans le tombeau, qu'elle a ce funeste objet, non-seulement dans l'imagination, mais devant les yeux, la faire balancer entre ces deux mouvements, ou plutôt pencher tout à fait vers celui qui la perd et la déshonore, c'est se rendre digne de cette épitaphe d'un homme en vie, mais endormi, qui dit :

> Sous cette casaque noire
> Repose paisiblement
> L'auteur d'heureuse mémoire,
> Attendant le jugement.

En suite de cette conversation de Chimène avec Elvire, Rodrigue sort de derrière une tapisserie, et se présente effrontément à celle qu'il vient de faire orpheline. En cet endroit l'un et l'autre se piquent de beaux mots, de dire des douceurs, et semblent disputer la vivacité d'esprit en leurs reparties, avec aussi peu de jugement qu'en auroit un homme qui se plaindroit en musique dans une affliction, ou qui, se voyant boiteux, voudroit clocher en cadence. Mais tout à coup, de beau discoureur, Rodrigue devient impudent, et dit à Chimène, parlant de ce qu'il a tué celui dont elle tenoit la vie, que

> Il le feroit encor, s'il avoit à le faire [1].

A quoi cette bonne fille répond qu'elle ne le blâme point, qu'elle ne l'accuse point, et qu'enfin il a fort bien fait de tuer son père. O jugement de l'auteur, à quoi songez-vous? O raison de l'auditeur, qu'êtes-vous devenue? Toute cette scène est d'égale force; mais comme les géographes par un point marquent toute une province, le peu que j'en ai dit suffira pour la faire concevoir entière. Celle qui suit nous fait voir le père de Rodrigue, qui parle seul comme un fou, qui s'en va de nuit courir les rues, qui embrasse je ne sais quelle ombre fantastique, et qui, le plus incivil de tous les mortels, a laissé cinq cents gentilshommes chez lui, qui venoient lui offrir

---

1. Je le ferois encor, si j'avois à le faire. (Acte III, scène IV, vers 878.)

leur épée. Mais outre que la bienséance est mal observée, j'y remarque une faute de jugement assez grande. Et pour la voir avec moi, il faut se souvenir que Fernand étoit le premier roi de Castille, et c'est-à-dire roi de deux ou trois petites provinces. De sorte qu'outre qu'il est assez étrange que cinq cents gentilshommes se trouvent à la fois chez un de leurs amis qui a querelle, la coutume étant, en ces occasions, qu'après avoir souffert leur service et leur épée, les uns sortent à mesure que les autres entrent, il est encore plus hors d'apparence qu'une si petite cour que celle de Castille étoit alors, pût fournir cinq cents gentilshommes à don Diègue, et pour le moins autant au comte de Gormas, si grand seigneur, et tant en réputation, sans ceux qui demeuroient neutres, et ceux qui restoient auprès de la personne du Roi. C'est une chose entièrement éloignée du vraisemblable, et qu'à peine pourroit faire la cour d'Espagne en l'état où sont les choses maintenant. Aussi voit-on bien que cette grande troupe est moins pour la querelle de Rodrigue, que pour lui aider à chasser les Mores. Et quoique les bons seigneurs n'y songeassent pas, l'auteur, qui fait leur destinée, les a bien su forcer, malgré qu'ils en eussent, à s'assembler, et sait lui seul à quel usage on les doit mettre. Le quatrième acte commence par une scène où Chimène, aimant son père à l'accoutumée, s'informe soigneusement du succès des armes de Rodrigue, et demande s'il n'est point blessé. Cette scène est suivie d'une autre qu'il suffit de dire que fait l'Infante, pour dire qu'elle est inutile. Mais en cet endroit il faut que je die que jamais roi ne fut si mal obéi que don Fernand, puisqu'il se trouve que malgré l'ordre qu'il avoit donné dès le second acte de munir le port, sur l'avis qu'il avoit que les Mores venoient l'attaquer, il se trouve, dis-je, que Séville étoit prise, son trône renversé, et sa personne et celles de ses enfants perdues, si le hasard n'eût assemblé ces bienheureux amis de don Diègue, qui aident Rodrigue à le sauver. Et certes le Roi, qui témoigne qu'il n'ignore point ce désordre, a grand tort de ne punir pas ces coupables, puisque c'est par leur seule négligence que l'auteur fait que

.... D'un commun effort
Les Mores et la mer entrent dedans le port[1].
(Acte IV, scène III, vers 1275 et 1276 var.)

Mais il me permettra de lui dire que cela n'a pas grande apparence, vu que la nuit on ferme les havres d'une chaîne, principalement ayant la guerre, et de plus des avis certains que les ennemis approchent. Ensuite il dit, parlant encore des Mores :

.... Ils ancrent, ils descendent. (Ibidem, vers 1281.)

Ce n'est pas savoir le métier dont il parle; car en ces occasions où l'événement est douteux, on ne mouille point l'ancre, afin d'être plus en état de faire retraite si l'on s'y voit forcé.

Mais je ne suis pas encore à la fin de ses fautes; car pour découvrir le crime de Chimène, le Roi s'y sert de la plus méchante finesse du monde; et malgré ce que le théâtre demande de sérieux en cette occasion, il fait

---

1. Scudéry a modifié le vers; il y a dans les premières éditions citées par lui « entrèrent dans le port. »

agir ce sage prince comme un enfant qui seroit bien enjoué, en la quatrième scène du quatrième acte. Là, dans une action de telle importance, où sa justice devoit être balancée avec la victoire de Rodrigue, au lieu de la rendre à Chimène, qui feint de la lui demander, il s'amuse à lui faire pièce, veut éprouver si elle aime son amant; et en un mot, le poëte lui ôte sa couronne de dessus la tête pour le coiffer d'une marotte. Il devoit traiter avec plus de respect la personne des rois, que l'on nous apprend être sacrée, et considérer celui-ci dans le trône de Castille, et non pas comme sur le théâtre de Mondory. Mais toute grossière qu'est cette fourbe, elle fait pourtant donner cette criminelle dans le piége qu'on lui tend, et découvrir aux yeux de toute la cour, par un évanouissement, l'infâme passion qui la possède. Il ne lui sert de rien de vouloir cacher sa honte par une finesse aussi mauvaise que la première, étant certain que, malgré ce quolibet qui dit que

> On se pâme de joie ainsi que de tristesse [1],

la cause de la sienne est si visible, que tous ceux qui ont l'âme grande desireroient qu'elle fût morte, et non pas seulement évanouie. Ainsi le quatrième acte s'achève, après quoi Fernand a fait la plus injuste ordonnance que prince imagina jamais. Le dernier n'est pas plus judicieux que ceux qui l'ont devancé. Dès l'ouverture du théâtre, Rodrigue vient en plein jour revoir Chimène, avec autant d'effronterie que s'il n'en avoit pas tué le père, et la perd d'honneur absolument dans l'esprit de tout un peuple, qui le voit entrer chez elle. Mais si je ne craignois de faire le plaisant mal à propos, je lui demanderois volontiers s'il a donné de l'eau bénite en passant à ce pauvre mort, qui vraisemblablement est dans la salle. Leur seconde conversation est de même style que la première : elle lui dit cent choses dignes d'une prostituée, pour l'obliger à battre ce pauvre sot de don Sanche ; et pour conclusion, elle ajoute, avec une impudence épouvantable :

> Te dirai-je encor plus? va, songe à ta défense,
> Pour forcer mon devoir, pour m'imposer silence ;
> Et si jamais l'amour échauffa tes esprits,
> Sors vainqueur d'un combat dont Chimène est le prix.
> Adieu : ce mot lâché me fait rougir de honte.
> (Acte V, scène 1, vers 1553-1557.)

Elle a bien raison de rougir et de se cacher après une action qui la couvre d'infamie, et qui la rend indigne de voir la lumière. La seconde et troisième scène n'est qu'une continuelle extravagance de notre Infante superflue. La quatrième, qui se passe entre Elvire et Chimène, ne sert non plus au sujet. La cinquième, qui fait arriver don Sanche, me fait aussi vous avertir que vous preniez garde que dans le petit espace de temps qui se coule à réciter cent quarante vers, l'auteur fait aller Rodrigue s'armer chez lui, se rendre au lieu du combat, se battre, être vainqueur, désarmer don Sanche, lui rendre son épée, lui ordonner de l'aller porter à Chimène, et le temps qu'il faut à don Sanche pour venir de la place chez elle : tout cela

---

1. Ici encore Scudéry a fait un petit changement pour faire entrer le vers dans sa phrase. Le texte de Corneille est :

> Sire, on pâme de joie, ainsi que de tristesse. (Acte III, scène v, vers 1350.)

se fait pendant qu'on récite cent quarante vers, ce qui est absolument impossible, et qui doit passer pour une grande faute de conduite.

Quand nous voulons prendre ainsi des temps au théâtre, il faut que la musique ou les chœurs qui font la distinction des actes nous en donnent le moyen dans cet intervalle ; car autrement les choses ne doivent être représentées que de la même façon qu'elles peuvent arriver naturellement. Dans toute cette scène dont je parle, Chimène joue le personnage d'une Furie, sur l'opinion qu'elle a que Rodrigue est mort, et dit au misérable don Sanche tout ce qu'elle devoit raisonnablement dire à l'autre quand il eut tué son père. Ce n'est pas qu'il n'y ait quelque chose d'agréable en cette erreur, mais elle n'est pas judicieusement traitée. Il en falloit moins pour être bonne, parce qu'il est hors d'apparence qu'au milieu de ce grand flux de paroles, don Sanche, pour la désabuser, ne puisse pas prendre le temps de lui crier : « il n'est pas mort. » Comme ils en sont là, le Roi et toute la cour arrive ; et c'est devant cette grande assemblée que dame Chimène lève le masque, qu'elle confesse ingénument ses folies dénaturées ; et que pour les achever, voyant que Rodrigue est en vie, elle prononce enfin un *oui* si criminel qu'à l'instant même le remords de conscience la force de dire :

> Sire, quelle apparence, à ce triste hyménée,
> Qu'un même jour commence et finisse mon deuil,
> Mette en mon lit Rodrigue, et mon père au cercueil ?
> C'est trop d'intelligence avec son homicide ;
> Vers ces mânes sacrés[1] c'est me rendre perfide,
> Et souiller mon honneur d'un reproche éternel
> D'avoir trempé mes mains dans le sang paternel.
> (Acte V, scène VII, vers 1806-1812 *var.*)

Demeurons-en d'accord avec elle, puisque c'est la seule chose raisonnable qu'elle a dite. Et devant que passer de la conduite de ce poëme à la censure des vers, disons encore que le théâtre en est si mal entendu, qu'un même lieu représentant l'appartement du Roi, celui de l'Infante, la maison de Chimène et la rue, presque sans changer de face, le spectateur ne sait le plus souvent où sont les acteurs.

Maintenant, pour la versification, j'avoue qu'elle est la meilleure de cet auteur ; mais elle n'est point assez parfaite pour avoir dit lui-même qu'il quitte la terre, que son vol le cache dans les cieux, qu'il y rit du désespoir de tous ceux qui l'envient, et qu'il n'a point de rivaux qui ne soient fort honorés quand il daigne les traiter d'égal[2]. Si Malherbe en avoit dit autant, je doute même si ce ne seroit point trop. Mais voyons un peu si ce soleil qui croit être aux cieux est sans taches, ou si, malgré son éclat prétendu, nous aurons la vue assez forte pour le regarder fixement, et pour les apercevoir. Je commence par le premier vers de la pièce :

> Entre tous ces amants dont la jeune ferveur. (Tome III, p. 105, *var.* 3.)

C'est parler françois en allemand, que de donner de la jeunesse à la ferveur. Cette épithète n'est pas en son lieu ; et fort improprement nous

---

1. « Vers ses mânes sacrés, » dans le texte de Corneille.
2. Voyez tome X, p. 75 et 76, vers 18-20 et 51, 52.

dirions : « ma jeune peine, ma jeune douleur, ma jeune inquiétude, ma jeune crainte, et mille autres semblables termes impropres.

> Ce n'est pas que Chimène écoute leurs soupirs,
> Ou d'un regard propice anime leurs desirs. (Tome III, p. 106 *var*.)

Cela manque de construction; et pour qu'elle y fût, il falloit dire, à mon avis : « Ce n'est pas que Chimène écoute leurs soupirs, ni que d'un regard propice elle anime leurs desirs. »

> Tant qu'a duré sa force, a passé pour merveille. (Acte I, scène I, vers 34.)

Ici tout de même; il falloit dire : « a passé pour une merveille. »

> L'heure à présent m'appelle au conseil qui s'assemble.
> (Tome III, p. 107, *var*. 3.)

Ce mot d'*à présent* est trop bas pour les vers, et *qui s'assemble* est superflu; il suffisoit de dire : « l'heure m'appelle au conseil. »

> Deux mots dont tous vos sens doivent être charmés. (*Ibidem*, p. 108 *var*.)

Il n'est point vrai qu'une bonne nouvelle charme tous les sens, puisque la vue, l'odorat, le goût, ni l'attouchement, n'y peuvent avoir aucune part. Cette figure qui fait prendre une partie pour le tout, et qui chez les savants s'appelle synecdoche, est ici trop hyperbolique.

> Et je vous vois pensive et triste chaque jour,
> L'informer avec soin comme va son amour. (*Ibidem*, p. 109, *var*. 5 et 6.)

Cela n'est pas bien dit; il devoit y avoir : « et je vous vois pensive et triste chaque jour, vous informer (et non pas *l'informer*) comme quoi va son amour (et non pas *comme va son amour*). »

> Que je meurs s'il s'achève et ne s'achève pas[1].

Pour la construction, il falloit dire : « Que je meurs s'il s'achève, et s'il ne s'achève pas. »

> Elle rendra le calme à vos esprits flottants. (Acte I, scène II, vers 131.)

Je ne tiens pas que cette façon de faire flotter les esprits soit bonne; joint qu'il falloit dire *l'esprit*, parce que *les esprits* en plurier s'entendent des vitaux et des animaux, et non pas de cette haute partie de l'âme où réside la volonté.

> Ma plus douce espérance est de perdre l'espoir. (*Ibidem*, vers 135.)

Ce vers, si je ne me trompe, n'est pas loin du galimathias.

> Le Prince, pour essai de générosité. (Tome III, p. 115, *var*. 4.)

Ce mot d'*essai* et celui de *générosité*, étant si près l'un de l'autre, font une fausse rime dans le vers, bien désagréable, et que l'on doit toujours éviter.

---

1. Il y a *ou*, et non *et*, dans le texte de Corneille. (Acte I, scène II, vers 124.)

Gagneroit des combats marchant à mon côté. (Tome III, p. 115, *var.* 4.)

On dit bien : « gagner une bataille ; » mais on ne dit point, « il a gagné le combat. »

Parlons-en mieux, le Roi fait honneur à votre âge.
(Acte I, scène III, vers 221.)

La césure manque à ce vers.

Le premier dont ma race ait vu rougir son front. (*Ibidem*, vers 228.)

Je trouve que « le front d'une race » est une assez étrange chose ; il ne falloit plus que dire : « les bras de ma lignée, » et « les cuisses de ma postérité. »

Qui tombe sur mon chef, rejaillit sur son front. (Tome III, p. 119, *var.*)

Cette façon de dire *le chef* pour *la tête* est hors de mode, et l'auteur du *Cid* a tort d'en user si souvent.

.... Au surplus, pour ne te point flatter. (Acte I, scène V, vers 275.)

Ce mot de *surplus* est de chicane, et non de poésie, ni de la cour.

Se faire un beau rempart de mille funérailles. (Tome III, p. 120, *var.* 1.)

J'aurois bâti ce rempart de corps morts et d'armes brisées, et non pas de funérailles. Cette phrase est extravagante, et ne veut rien dire.

Plus l'offenseur est cher.... (Acte V, vers 285.)

Ce mot d'*offenseur* n'est point françois, et quoique son auteur se croie assez grand homme pour enrichir la langue, et qu'il use souvent de ce terme nouveau, je pense qu'on le renvoyera avec *isnel*[1].

A mon aveuglement rendez un peu de jour. (Acte I, scène VI, *var.*)

On ne peut rendre le jour à l'aveuglement, mais oui bien à l'aveugle.

Allons, mon âme ; et puisqu'il faut mourir. (*Ibidem*, vers 329.)

J'aimerois autant dire : « Allons, moi-même ; et puisqu'il faut mourir. » Cette exclamation n'a point de sens.

Respecter un amour dont mon âme égarée
Voit la perte assurée. (*Ibidem*, vers 335 et 336.)

Ce mot d'*égarée* n'est mis que pour rimer, et n'a nulle signification en cet endroit.

Je rendrai mon sang pur comme je l'ai reçu. (*Ibidem*, vers 344.)

Je ne sais dans quel aphorisme d'Hippocrate l'auteur a remarqué qu'une mauvaise action corrompt le sang ; mais contre ce qu'il dit, je crois plus

---

1. *Isnel*.... c'est leger, dehait, prompt et viste.... Le mot n'est tant usité à present qu'il estoit par les anciens François, comme il se voit es anciens Romans. Nos poëtes françois en usent encores communéement. (Nicot, *Thresor de la langue françoyse*, 1606.) — Dans la *Requête des Dictionnaires* de Ménage, imprimée en 1649, sous le titre : *le Parnasse réformé*, mais composée beaucoup plus tôt, *isnel*, *isnelle* figure parmi les mots bannis de la langue « depuis trente années. »

raisonnablement que Rodrigue l'a tout brûlé par cette noire mélancolie qui le possède.

> ..... Ce grand courage cède.
> Il y prend grande part..... (Acte II, scène I, vers 354.)
> .... Un si grand crime. (*Ibidem*, vers 366.)
> .... Et quelque grand qu'il fût. (*Ibidem*, vers 367 *var.*)

Pour un grand poëte, voilà bien des *grandeurs* qui se touchent.

> Pour le faire abolir sont plus que suffisant. (*Ibidem*, vers 368.)

« Sont plus que suffisants » est une façon de parler basse et populaire qui ne veut rien dire; non plus qu'une autre, dont il se sert quand il dit :

> .... Faire l'impossible[1].

A le bien prendre, c'est ne vouloir rien faire, que de vouloir faire ce qu'on ne peut faire. On pardonne ces fautes aux petites gens qui s'en servent, mais non pas aux grands auteurs, tel que le croit être celui du *Cid*.

Il dit, parlant de la querelle de don Diègue :

> Elle a fait trop de bruit pour ne pas s'accorder.
> (Acte II, scène III, vers 463.)

Il faut dire : « pour n'être pas accordée, » car elle ne s'accorde point elle-même.

> Les hommes valeureux le sont du premier coup. (*Ibidem*, vers 483.)

Ce « premier coup » est une phrase trop basse pour la poésie.

> Vous laissez choir ainsi ce glorieux courage. (Acte II, scène V, vers 521.)

« Faire choir un courage » n'est pas proprement parler.

> Si dessous sa valeur ce grand guerrier s'abat. (*Ibidem*, vers 532.)

Outre que cette parole de *s'abat* a le son trop approchant de celui du sabat, il falloit dire : *est abattu*, et non pas : *s'abat*.

> Le Portugal se rendre, et ses nobles journées
> Porter delà les mers ses hautes destinées. (*Ibidem*, vers 541 et 542.)

Il falloit dire : « ses grands exploits; » car « ses nobles journées » ne disent rien qui vaille.

> Au milieu de l'Afrique arborer ses lauriers. (*Ibidem*, vers 543 *var.*)

Le mot d'*arborer*, fort bon pour les étendards, ne vaut rien pour les arbres; il falloit y mettre *planter*.

> Pleurez, pleurez, mes yeux, et fondez tout en eau[2] :
> La moitié de ma vie a mis l'autre au tombeau,

1. Le vers est :
> Pour en tarir la source y fera l'impossible. (Acte II, scène III, vers 465.)

2. Dans le texte de Corneille :
> .... Et fondez-vous en eau.

> Et m'oblige à venger, après ce coup funeste,
> Celle que je n'ai plus sur celle qui me reste.
> (Acte III, scène III, vers 799-802.)

Ces quatre vers, que l'on a trouvés si beaux, ne sont pourtant qu'une happelourde ; car premièrement ces yeux fondus donnent une vilaine idée à tous les esprits délicats. On dit bien : *fondre en larmes*, mais on ne dit point : *fondre les yeux*. De plus, on appelle bien une maîtresse : *la moitié de sa vie*, mais on ne nomme point un père ainsi. Et puis dire que la moitié d'une vie a tué l'autre moitié, et qu'on doit venger cette moitié sur l'autre moitié, et parler et marcher avec une troisième vie, après avoir perdu ces deux moitiés, tout cela n'est qu'une fausse lumière, qui éblouit l'esprit de ceux qui se plaisent à la voir briller.

> Il déchire mon cœur sans partager mon âme. (*Ibidem*, vers 818.)

Ce vers n'est encore, à mon avis, qu'un galimathias pompeux; car le *cœur* et l'*âme* sont tous deux pris en ce sens pour la partie où résident les passions.

> Quoi ! du sang de mon père encor toute trempée !
> (Acte III, scène IV, vers 858.)

Ce vers me fait souvenir qu'il y en a un autre tout pareil qui dit :

> Quoi ! du sang de Rodrigue encor toute trempée !
> (Acte V, scène v, vers 1706.)

Cette conformité de mots, de rime et de pensée montre une grande stérilité d'esprit.

> .... Mais sans quitter l'envie. (Acte III, scène IV, vers 869.)

Il falloit dire « sans perdre l'envie; » ce mot de *quitter* n'est pas en son lieu.

> Aux traits de ton amour, ni de ton désespoir. (*Ibidem*, vers 956.)

Ce mot de *trait*, en cette signification, est populaire; et s'il eût dit : « aux effets, » la phrase eût été bien plus noble.

> *Vigueur, vainqueur, trompeur, peur.*
> (Acte III, scène v, vers 1011, 1012, 1015 et 1016.)

Ce sont quatre fausses rimes qui se touchent, et qu'un esprit exact ne doit pas mettre si près.

> Ma crainte est dissipée, et mes ennuis cessés. (*Ibidem*, vers 1024.)

Ce n'est point parler françois; on dit *finis*, ou *terminés*; et le mot de *cessés* ne se met jamais comme il est là.

> Où fut jadis l'affront que ton courage efface.
> (Acte III, scène VI, vers 1038 *var.*)

Ce *jadis* ne vaut rien du tout en cet endroit, parce qu'il marque une chose faite il y a longtemps; et nous savons qu'il n'y a que quatre ou cinq heures que don Diègue a reçu le soufflet dont il entend parler.

APPENDICE.

.... Et le sang qui m'anime.... (Acte IV, scène III, vers 1234.)

L'auteur n'est pas bon anatomiste : ce n'est point le sang qui anime, car il a besoin lui-même d'être animé par les esprits vitaux qui se forment au cœur, et dont il n'est, pour user du terme de l'art, que le véhicule.

.... Leur brigade étoit prête. (*Ibidem*, vers 1249.)

Cinq cents hommes est un trop grand nombre pour ne l'appeler que brigade : il y a des régiments entiers qui n'en ont pas davantage ; et quand on se pique de vouloir parler des choses selon les termes de l'art, il en faut savoir la véritable signification, autrement on paroît ridicule en voulant paroître savant.

Tant, à nous voir marcher, en si bon équipage. (*Ibidem*, vers 1261 var.)

C'est encore parler de la guerre en bon bourgeois qui va à la garde ; au lieu de ce vilain mot d'*équipage*, qui ne vaut rien là, il falloit dire *en si bon ordre*.

Sortir d'une bataille, et combattre à l'instant. (Acte IV, scène V, vers 1447.

Tout de même ce combat des Mores fait de nuit n'étoit point une bataille.

Que ce jeune seigneur endosse le harnois. (Acte V, scène III, vers 1620 var.)

Ce jeune seigneur qui endosse le harnois, est du temps de *moult*, de *pieça* et d'*ainçois*.

....Et leurs terreurs s'oublient. (Acte IV, scène III, vers 1294.)

Cela ne vaut rien : on doit dire *finissent*, *cessent* ou *se dissipent;* car ces terreurs qui s'oublient elles-mêmes ne sont qu'un pur galimathias.

Contrefaites le triste.... (Acte IV, scène IV, vers 1337 var.)

Ce mot de *contrefaites* est trop bas pour la poésie ; on doit dire : feignez d'être triste. »

Il y a encore cent fautes pareilles dans cette pièce, soit pour la phrase, ou soit pour la construction ; mais sans m'arrêter davantage, je veux passer de l'examen des vers à la preuve des larcins, aussitôt que pour montrer comme cet auteur est stérile, j'aurai fait remarquer combien de fois, dans son poëme, il a mis les pauvres lauriers si communs ; voyez-le, je vous en supplie :

Ils y prennent naissance au milieu des lauriers. (Acte I, scène I, vers 32.)

Laurier dessus laurier, victoire sur victoire. (Acte I, scène III, vers 202 var.)

Que pour voir en un jour flétrir tant de lauriers. (Acte I, scène IV, vers 240.)

Tout couvert de lauriers, craignez encor la foudre.
(Acte II, scène I, vers 390 var.)

Mille et mille lauriers dont sa tête est couverte.
(Acte II, scène II, vers 413 var.)

Au milieu de l'Afrique arborer ses lauriers. (Acte II, scène V, vers 543 var.)

J'irai sous mes cyprès accabler ses lauriers. (Acte IV, scène II, vers 1196.)

Le chef, au lieu de fleurs, couronné de lauriers.
(Acte IV, scène v, vers 1372.)

Lui gagnant un laurier, vous impose silence.
(Acte V, scène iv, vers 1674 *var.*)

La dernière partie de mon ouvrage ne me donnera pas plus de peine que les autres. *Le Cid* est une comédie espagnole, dont presque tout l'ordre, scène pour scène, et toutes les pensées de la françoise sont tirées; et cependant, ni Mondory, ni les affiches, ni l'impression, n'ont appelé ce poëme ni traduction, ni paraphase, ni seulement imitation; mais bien en ont-ils parlé comme d'une chose qui seroit purement à celui qui n'en est que le traducteur; et lui-même a dit, comme un autre a déjà remarqué,

Qu'il ne doit qu'à lui seul toute sa renommée [1].

Mais sans perdre une chose si précieuse que le temps, trouvez bon que je m'acquitte de ma promesse, et que je fasse voir que j'entends aussi l'espagnol [2]....

Après ce que vous venez de voir, jugez, lecteur, si un ouvrage dont le sujet ne vaut rien, qui choque les principales règles du poëme dramatique, qui manque de jugement en sa conduite, qui a beaucoup de méchants vers, et dont presque toutes les beautés sont dérobées, peut légitimement prétendre à la gloire de n'avoir point été surpassé, que lui attribue son auteur avec si peu de raison. Peut-être sera-t-il assez vain pour penser que l'envie m'aura fait écrire; mais je vous conjure de croire qu'un vice si bas n'est point en mon âme, et qu'étant ce que je suis, si j'avois de l'ambition, elle auroit un plus haut objet que la renommée de cet auteur. Au reste, on m'a dit qu'il prétend, en ses réponses, examiner les œuvres des autres, au lieu de tâcher de justifier les siennes. Mais outre que cette procédure n'est pas bonne, nos erreurs ne le pouvant pas rendre innocent, je veux le relever de cette peine pour ce qui me regarde, en avouant ingénument que je crois qu'il y a beaucoup de fautes dans mes ouvrages, que je ne vois point; et confessant même, à ma honte, qu'il y en a beaucoup que je vois, et que ma négligence y laisse. Aussi ne prétends-je pas faire croire que je suis parfait, et ne me propose autre fin que de montrer qu'il ne l'est pas tant qu'il le croit être. Et certainement, comme je n'aime point cette guerre de plume, j'aurois caché ses fautes, comme je cache son nom et le mien, si pour la réputation de tous ceux qui font des vers, je n'avois cru que j'étois obligé de faire voir à l'auteur du *Cid* qu'il se doit contenter de l'honneur d'être citoyen d'une si belle république, sans s'imaginer mal à propos qu'il en peut devenir le tyran.

1. Le texte de Corneille est :

Je ne dois qu'à moi seul toute ma renommée.

— Voyez tome III, p. 20, et tome X, p. 76, vers 50.

2. Voyez tome III, p. 198 et suivantes.

II

LES SENTIMENTS

DE L'ACADÉMIE FRANÇOISE

SUR LA TRAGI-COMÉDIE DU *CID*[1].

Ceux qui par quelque desir de gloire donnent leurs ouvrages au public ne doivent pas trouver étrange que le public s'en fasse le juge. Comme le présent qu'ils lui font ne procède pas d'une volonté tout à fait désintéressée, et qu'il n'est pas tant un effet de leur libéralité que de leur ambition, il n'est pas aussi de ceux que la bienséance veut qu'on reçoive sans en considérer le prix. Puisqu'ils font une espèce de commerce de leur travail, il est bien raisonnable que celui auquel ils l'exposent ait la liberté de le prendre ou de le rebuter, selon qu'il le reconnoît bon ou mauvais. Ils ne peuvent avec justice desirer de lui qu'il fasse même estime des fausses beautés que des vraies, ni qu'il paye de louange ce qui sera digne de blâme. Ce n'est pas qu'il ne paroisse plus de bonté à louer ce qui est bon qu'à reprendre ce qui est mauvais, mais il n'y a pas moins de justice en l'un qu'en l'autre. On peut même mériter de la louange en donnant du blâme, pourvu que les répréhensions partent du zèle de l'utilité commune, et qu'on ne prétende pas élever sa réputation sur les ruines de celle d'autrui. Il faut que les remarques des défauts d'un auteur ne soient pas des reproches de sa foiblesse, mais des avertissements qui lui donnent de nouvelles forces, et que si l'on coupe quelques branches de ses lauriers, ce ne soit que pour les faire pousser davantage en une autre saison. Si la censure demeuroit dans ces bornes, on pourroit dire qu'elle ne seroit pas moins utile dans la république des lettres qu'elle le fut autrefois dans celle de Rome, et qu'elle ne feroit pas moins de bons écrivains dans l'une qu'elle a fait de bons citoyens dans l'autre. Car c'est une vérité reconnue que la louange a moins de force pour nous faire avancer dans le chemin de la vertu, que le blâme pour nous retirer de celui du vice; et il y a beaucoup de personnes qui ne se laissent point emporter à l'ambition, mais il y en a peu qui ne craignent de tomber dans la honte. D'ailleurs, la louange nous fait souvent demeurer au-dessous de nous-mêmes, en nous persuadant que nous sommes déjà au-dessus des autres, et nous retient dans une médiocrité vicieuse qui nous empêche d'arriver à la perfection. Au contraire, le blâme qui ne passe point

---

1. Voyez tome III, p. 32 et suivantes.

les termes de l'équité, dessille les yeux de l'homme, que l'amour-propre lui avoit fermés, et lui faisant voir combien il est éloigné du bout de la carrière, l'excite à redoubler ses efforts pour y parvenir. Ces avis, si utiles en toutes choses, le sont principalement pour les productions de l'esprit, qui ne sauroit assembler sans secours tant de diverses beautés dont se forme cette beauté universelle, qui doit plaire à tout le monde. Il faut qu'il compose ses ouvrages de tant d'excellentes parties, qu'il est impossible qu'il n'y en ait toujours quelqu'une qui manque ou qui soit défectueuse, et que par conséquent ils n'ayent toujours besoin ou d'aides ou de réformateurs. Il est même à souhaiter que sur des propositions indécises il naisse des contestations honnêtes, dont la chaleur découvre en peu de temps ce qu'une froide recherche n'auroit pu découvrir en plusieurs années ; et que l'entendement humain, faisant un effort pour se délivrer de l'inquiétude des doutes, s'acquière promptement, par l'agitation de la dispute, cet agréable repos qu'il trouve dans la certitude des connoissances. Celles qui sont estimées les plus belles sont presque toutes sorties de la contention des esprits ; et il est souvent arrivé que par cette heureuse violence on a tiré la vérité du fond des abîmes, et que l'on a forcé le temps d'en avancer la production. C'est une espèce de guerre qui est avantageuse pour tous, lorsqu'elle se fait civilement, et que les armes empoisonnées y sont défendues. C'est une course, où celui qui emporte le prix semble ne l'avoir poursuivi que pour en faire un présent à son rival. Il seroit superflu de faire en ce lieu une longue déduction des innocentes et profitables querelles qu'on a vu naître dans tout le cercle des sciences, entre ces rares hommes de l'antiquité. Il suffira de dire que parmi les modernes il s'en est ému de très-favorables pour les lettres, et que la poésie seroit aujourd'hui bien moins parfaite qu'elle n'est, sans les contestations qui se sont formées sur les ouvrages des plus célèbres auteurs des derniers temps. En effet, nous en avons la principale obligation aux agréables différends qu'ont produits la *Hierusalem* et *le Pastor Fido*, c'est-à-dire les chef-d'œuvres des deux plus grands poëtes de delà les monts, après lesquels peu de gens auroient bonne grâce de murmurer contre la censure, et de s'offenser d'avoir une aventure pareille à la leur. Ces raisons et ces expériences eussent bien pu convier l'Académie françoise à dire son sentiment du *Cid*, c'est-à-dire d'un poëme qui tient encore les esprits divisés, et qui n'a pas plus causé de plaisir que de trouble. Elle eût pu croire qu'on ne l'eût pas accusée de trop entreprendre, quand elle eût prétendu donner sa voix en un jugement où les ignorants donnoient la leur aussi hardiment que les doctes, et qu'on n'eût pas dû trouver mauvais qu'une compagnie usât d'un droit dont les particuliers mêmes sont en possession depuis tant de siècles. Mais elle se souvenoit qu'elle avoit renoncé à ce privilége par son institution, qu'elle ne s'étoit permis d'examiner que ses ouvrages, et qu'elle ne pouvoit reprendre les fautes d'autrui sans faillir elle-même contre ses règles. Parmi le bruit confus de la louange et du blâme, elle n'écoutoit que ses lois, qui lui commandoient de se taire. Elle eût bien voulu approcher en quelque sorte de la perfection, avant que de faire voir combien les autres en sont éloignés, et elle cherchoit les moyens d'instruire par ses exemples, plutôt que par ses censures. Lors même que l'Observateur du *Cid* l'a conjurée par une lettre publique, et par plusieurs particulières, de prononcer sur ses remarques, et que son auteur a témoigné de son côté qu'il en espéroit toute justice, bien loin de se vouloir rendre juge de leur différend, elle ne se pouvoit seulement résoudre d'en être l'arbitre. Mais enfin elle a considéré qu'une académie ne pouvoit honnêtement refuser son avis à deux personnes de mérite, sur une matière purement académique, et qui étoit devenue illustre par tant de circonstances. Elle a fait céder, bien qu'avec regret, son inclination et ses règles aux instantes prières qui lui ont été faites sur ce sujet, et s'est aucunement consolée voyant que la violence qu'on lui faisoit s'accordoit avec l'utilité publique. Elle a pensé qu'en un siècle où les hommes courent au théâtre comme au plus agréable divertissement qu'ils puissent prendre, elle auroit occasion de leur remettre devant les yeux la fin la plus noble et la plus parfaite que se sont proposée ceux qui en ont donné les préceptes. Comme les observations des censeurs de cette tragi-comédie ne l'ont pu préoccuper, le grand nombre de ses partisans n'a point été capable de l'étonner. Elle a bien cru qu'elle pouvoit être bonne, mais elle n'a pas cru qu'il fallût conclure qu'elle le fût à cause seulement qu'elle avoit été agréable. Elle s'est persuadée qu'étant question de juger de la justice et non pas de la force de son parti, il falloit plutôt peser les raisons que compter les hommes qu'elle avoit de son côté, et ne regarder pas tant si elle avoit plu que si en effet elle avoit dû plaire. La nature et la vérité ont mis un certain prix aux choses, qui ne peut être changé par celui que le hasard ou l'opinion y mettent; et c'est se condamner soi-même que d'en faire jugement selon ce qu'elles paroissent, et non pas selon ce qu'elles sont. Il est vrai qu'on pourroit croire que les maîtres de l'art ne sont pas bien d'accord sur cette matière. Les uns, trop amis, ce semble, de la volupté, veulent que le délectable soit le vrai but de la poésie dramatique; les autres, plus avares du temps des hommes, et l'estimant trop cher pour le donner à des divertissements qui ne fissent que plaire sans profiter, soutiennent que l'utile en est la véritable fin. Mais bien qu'ils s'expriment en termes si différents, on trouvera qu'ils ne disent que la même chose, si l'on y veut regarder de près, et si jugeant d'eux aussi favorablement que l'on doit, on vient à penser que ceux qui ont tenu le parti du plaisir étoient trop raisonnables pour en autoriser un qui ne fût pas conforme à la raison. Il faut croire, si l'on ne veut leur faire injustice, qu'ils ont entendu parler du plaisir qui n'est point l'ennemi, mais l'instrument de la vertu, qui purge l'homme, sans dégoût et insensiblement, de ses habitudes vicieuses, qui est utile parce qu'il est honnête, et qui ne peut jamais laisser de regret ni en l'esprit pour l'avoir surpris, ni en l'âme pour l'avoir corrompue. Ainsi ils ne combattent les autres qu'en apparence, puisqu'il est vrai que si ce plaisir n'est l'utilité même, au moins est-il la source d'où elle coule nécessairement; que quelque part qu'il se trouve, il ne va jamais sans elle, et que tous deux se produisent par les mêmes voies. De cette sorte, ils sont d'accord et avec eux et avec nous, et nous pouvons dire tous ensemble qu'une pièce de théâtre est bonne quand elle produit un contentement raisonnable. Mais comme dans la musique et dans la peinture nous n'estimerions pas que tous les concerts et tous les tableaux fussent bons, encore qu'ils plussent au vulgaire, si les préceptes de ces arts n'y étoient bien observés et si les experts qui en sont les vrais juges ne confirmoient par leur approbation celle de la multitude, de même nous ne dirons pas, sur la foi du peuple, qu'un ouvrage de poésie soit bon parce qu'il l'aura contenté, si les doctes aussi n'en sont contents. Et certes il n'est pas croyable qu'un plaisir puisse être contraire au bon sens, si ce n'est le plaisir de quelque goût dépravé, comme est celui qui fait aimer les aigreurs et les amertumes. Il n'est pas ici question de satisfaire les libertins et les vicieux qui ne font que rire des adultères et des incestes, et qui ne se soucient pas de voir violer les lois de la nature pourvu qu'ils se divertissent. Il n'est pas question de plaire à ceux qui regardent toutes choses d'un œil ignorant ou barbare, et qui ne seroient pas moins touchés de voir affliger une Clytemnestre qu'une Pénélope. Les mauvais exemples sont contagieux, même sur les théâtres ; les feintes représentations ne causent que trop de véritables crimes, et il y a grand péril à divertir le peuple par des plaisirs qui peuvent produire un jour des douleurs publiques. Il nous faut bien garder d'accoutumer ni ses yeux ni ses oreilles à des actions qu'il doit ignorer, et de lui apprendre tantôt la cruauté, et tantôt la perfidie, si nous ne lui en apprenons en même temps la punition, et si au retour de ces spectacles il ne remporte du moins un peu de crainte parmi beaucoup de contentement. D'ailleurs, il est comme impossible de plaire à qui que ce soit par le désordre et par la confusion, et s'il se trouve que les pièces irrégulières contentent quelquefois, ce n'est que pource qu'elles ont quelque chose de régulier, ce n'est que pour quelques beautés véritables et extraordinaires, qui emportent si loin l'esprit, que de long temps après il n'est capable d'apercevoir les difformités dont elles sont suivies, et qui font couler insensiblement les défauts pendant que les yeux de l'entendement sont encore éblouis par l'éclat de ses lumières. Que si au contraire quelques pièces régulières donnent peu de satisfaction, il ne faut pas croire que ce soit la faute des règles, mais bien celle des auteurs, dont ce stérile génie n'a pu fournir à l'art une matière qui fût assez riche. Toutes ces vérités étant supposées, nous ne pensons pas que les questions qui se sont émues sur le sujet du *Cid* soient encore bien décidées, ni que les jugements qui en ont été faits doivent empêcher que nous ne contentions l'Observateur, et ne donnions notre avis sur ses remarques.

Il faut avouer que d'abord nous nous sommes étonnés que l'Observateur, ayant entrepris de convaincre cette pièce d'irrégularité, se soit formé pour cela une méthode différente de celle que tient Aristote quand il enseigne la manière de faire les poëmes épiques et dramatiques. Il nous a semblé qu'au lieu de l'ordre qu'il a tenu pour examiner celui-ci, il eût fait plus régulièrement de considérer, l'un après l'autre, la fable, qui comprend l'invention et la disposition du sujet ; les mœurs, qui embrassent les habitudes de l'âme et ses diverses passions ; les sentiments, auxquels se réduisent les pensées nécessaires à l'expression du sujet ; et la diction, qui n'est autre chose que le langage poétique ; car nous trouvons que pour en avoir usé d'autre sorte, ses raisonnements en paroissent moins solides, et que ce qu'il y a de plus fort dans ses objections en est affoibli. Toutefois nous n'aurions point remarqué en ce lieu cette nouvelle méthode, si nous n'eussions appréhendé de l'autoriser en quelque façon par notre silence. Mais quoi qu'il en soit, qu'il ait failli ou non en l'établissant, nous ne pouvons faillir quand nous la suivrons, puisque nous examinons son ouvrage ; et quelque chemin qu'il ait pris, nous ne saurions nous en écarter sans lui donner occasion de se plaindre que nous prenons une autre route afin de le mettre en défaut.

Il pose donc premièrement que le sujet du *Cid* ne vaut rien ; mais à notre avis il tâche plus de le prouver qu'il ne le prouve en effet, lorsqu'il dit *que l'on n'y trouve aucun nœud ni aucune intrigue, et qu'on en devine la fin aussitôt qu'on en a vu le commencement.* Car le nœud des pièces de théâtre étant un accident inopiné qui arrête le cours de l'action représentée, et le dénouement un autre accident imprévu qui en facilite l'accomplissement, nous trouvons que ces deux parties du poëme dramatique sont manifestes en celui du *Cid*, et que son sujet ne seroit pas mauvais, nonobstant cette objection, s'il n'y en avoit point de plus forte à lui faire.

Il ne faut que se souvenir que le mariage de Chimène avec Rodrigue ayant été résolu dans l'esprit du Comte, la querelle qu'il a incontinent après avec don Diègue met l'affaire aux termes de se rompre, et qu'ensuite la mort que lui donne Rodrigue en éloigne encore plus la conclusion. Et dans ces continuelles traverses l'on reconnoîtra facilement le nœud ou l'intrigue. Le dénouement aussi ne sera pas moins évident, si l'on considère qu'après beaucoup de poursuites contre Rodrigue, Chimène s'étant offerte pour femme à quiconque lui en apporteroit la tête, don Sanche se présente, et que le Roi non-seulement n'ordonne point de plus grande peine à Rodrigue pour la mort du Comte que de se battre une fois, mais encore, contre l'attente de tous, oblige Chimène d'épouser celui des deux qui sortira vainqueur du combat. Maintenant, si ce dénouement est selon l'art ou non, c'est une autre question, qui se videra en son lieu. Tant y a qu'il se fait avec surprise, et qu'ainsi l'intrigue ni le démêlement ne manquent point à cette pièce. Aussi l'Observateur même est contraint de le reconnoître peu de temps après, lorsqu'en blâmant les épisodes détachés, il dit que l'auteur a eu d'autant moins de raison d'en mettre un si grand nombre dans *le Cid*, que *le sujet en étant mixte il n'en avoit aucun besoin*, conformément à ce qu'il venoit de dire, parlant du sujet mixte, *qu'étant assez intrigué de soi il ne recherche presque aucun embellissement*. Si donc le sujet du *Cid* se peut dire mauvais, nous ne croyons pas que ce soit pource qu'il n'a point de nœud, mais pource qu'il n'est pas vraisemblable. L'Observateur, à la vérité, a bien touché cette raison, mais ç'a été hors de sa place, quand il a voulu prouver *qu'il choquoit les principales règles dramatiques*.

A ce que nous pouvons juger des sentiments d'Aristote sur la matière du vraisemblable, il n'en reconnoît que de deux genres, le commun et l'extraordinaire. Le commun comprend les choses qui arrivent ordinairement aux hommes, selon leurs conditions, leurs âges, leurs mœurs et leurs passions, comme il est vraisemblable qu'un marchand cherche le gain, qu'un enfant fasse des imprudences, qu'un prodigue tombe en misère, et qu'un homme en colère coure à la vengeance, et tous les effets qui ont accoutumé d'en procéder. L'extraordinaire embrasse les choses qui arrivent rarement et outre le vraisemblable ordinaire, comme qu'un habile méchant soit trompé, qu'un homme fort soit vaincu. Dans cet extraordinaire entrent tous les accidents qui surprennent et qu'on attribue à la fortune, pourvu qu'ils naissent de l'enchaînement des choses qui arrivent d'ordinaire. Telle est l'aventure d'Hécube, qui par une rencontre extraordinaire vit jeter par la mer le corps de son fils sur le rivage, où elle étoit allée pour laver celui de sa fille. Or qu'une mère aille laver le corps de sa fille sur le rivage, et que la mer y en jette un autre, ce sont deux choses qui, considérées séparément, n'ont rien qui ne soit ordinaire; mais qu'au même lieu et au même temps qu'une mère lave le corps de sa fille, elle voye arriver celui de son fils, qu'elle croyoit plein de vie et en sûreté, c'est un accident tout à fait étrange, et dans lequel deux choses communes en produisent une extraordinaire et merveilleuse. Hors de ces deux genres, il ne se fait rien qu'on puisse ranger sous le vraisemblable, et s'il arrive quelque événement qui ne soit pas compris sous eux, il s'appelle simplement possible : comme il est possible que celui qui a toujours vécu en homme de bien commette un crime volontairement. Et une telle action ne peut servir de sujet à la poésie narrative ni à la représentative, puisque si le possible est leur propre matière, il ne l'est pourtant que lorsqu'il est vraisemblable ou nécessaire. Mais le vraisemblable, tant le commun que l'extraordinaire, doit avoir cela de particulier, que soit par la première notion de l'esprit, soit par réflexion sur toutes les parties dont il résulte, lorsque le poëte l'expose aux auditeurs ou aux spectateurs, ils se portent à croire sans autre preuve qu'il ne contient rien que de vrai, pource qu'ils ne voient rien qui y répugne. Quant à la raison qui fait que le vraisemblable, plutôt que le vrai, est assigné pour partage à la poésie épique et dramatique, c'est que cet art ayant pour fin le plaisir utile, il y conduit bien plus facilement les hommes par le vraisemblable, qui ne trouve point de résistance en eux, que par le vrai, qui pourroit être si étrange et si incroyable qu'ils refuseroient de s'en laisser persuader et de suivre leur guide sur sa seule foi. Mais comme plusieurs choses sont requises pour rendre une action vraisemblable, et qu'il y faut garder la bienséance du temps, du lieu, des conditions, des âges, des mœurs et des passions, la principale entre toutes est que dans le poëme chacun agisse conformément aux mœurs qui lui ont été attribuées, et que par exemple un méchant ne fasse point de bons desseins. Ce qui fait desirer une si exacte observation de ces lois, est qu'il n'y a point d'autre voie pour produire le merveilleux, qui ravit l'âme d'étonnement et de plaisir, et qui est le parfait moyen dont la bonne poésie se sert pour être utile.

Sur ce fondement nous disons que le sujet du *Cid* est défectueux en sa plus essentielle partie, pource qu'il manque et de l'un et de l'autre vraisemblable, et du commun et de l'extraordinaire ; car ni la bienséance des mœurs d'une fille introduite comme vertueuse n'y est gardée par le poëte, lorsqu'elle se résout à épouser celui qui a tué son père, ni la fortune par un accident imprévu, et qui naisse de l'enchaînement des choses vraisemblables, n'en fait point le démêlement. Au contraire, la fille consent à ce mariage par la seule violence que lui fait son amour, et le dénouement de l'intrigue n'est fondé que sur l'injustice inopinée de Fernand, qui vient ordonner un mariage que par raison il ne devoit pas seulement proposer. Nous avouons bien que la vérité de cette aventure combat en faveur du poëte, et le rend plus excusable que si c'étoit un sujet inventé ; mais nous maintenons que toutes les vérités ne sont pas bonnes pour le théâtre, et qu'il en est de quelques-unes comme de ces crimes énormes dont les juges font brûler les procès avec les criminels. Il y a des vérités monstrueuses, ou qu'il faut supprimer pour le bien de la société, ou que si l'on ne les peut tenir cachées, il faut se contenter de remarquer comme des choses étranges. C'est principalement en ces rencontres que le poëte a droit de préférer la vraisemblance à la vérité, et de travailler plutôt sur un sujet feint et raisonnable que sur un véritable qui ne fût pas conforme à la raison. Que s'il est obligé de traiter une matière historique de cette nature, c'est alors qu'il la doit réduire aux termes de la bienséance, sans avoir égard à la vérité, et qu'il la doit plutôt changer toute entière que de lui laisser rien qui soit incompatible avec les règles de son art, lequel se proposant l'idée universelle des choses, les épure des défauts et des irrégularités particulières que l'histoire par la sévérité de ses lois est contrainte d'y souffrir : de sorte qu'il y auroit eu sans comparaison moins d'inconvénient dans la disposition du *Cid* de feindre contre la vérité, ou que le Comte ne se fût pas trouvé à la fin le véritable père de Chimène, ou que contre l'opinion de tout le monde il ne fût pas mort de sa blessure, ou que le salut du Roi et du royaume eût absolument dépendu de ce mariage, pour composer la violence que souffroit la nature en cette occasion, par le bien que le Prince et son Etat en recevroit : tout cela, disons-nous, auroit été plus pardonnable que de porter sur la scène l'événement tout pur et tout scandaleux, comme l'histoire le fournissoit. Mais le plus expédient eût été de n'en point faire de poëme dramatique, puisqu'il étoit trop connu pour l'altérer en un point si essentiel, et de trop mauvais exemple pour l'exposer à la vue du peuple sans l'avoir auparavant rectifié. Au reste, l'Observateur, qui avec raison trouve à redire au peu de vraisemblance du mariage de Chimène, ne confirme pas sa bonne cause, comme il le croit, par la signification prétendue du terme de fable, duquel se sert Aristote pour nommer le sujet des poëmes dramatiques. Et cette erreur lui est commune avec quelques-uns des commentateurs de ce philosophe, qui se sont figuré que par ce mot de fable la vérité est entièrement bannie du théâtre, et qu'il est défendu au poëte de toucher à l'histoire et de s'en servir pour matière, à cause qu'elle ne souffre point qu'on l'altère pour la réduire à la vraisemblance. En cela nous estimons qu'ils n'ont pas assez considéré quel est le sens d'Aristote, qui sans doute par ce mot de fable n'a voulu dire autre chose que le sujet, et n'a point entendu ce qui nécessairement devoit être fabuleux, mais seulement ce qu'il n'importoit pas qui fût vrai, pourvu qu'il fût vraisemblable. Sa *Poétique* nous en fournit la preuve dans ce passage exprès, où il dit *que le poëte pour traiter des choses avenues ne seroit pas estimé moins poëte, parce que rien n'empêche que quelques-unes de ces choses ne soient telles qu'il est vraisemblable qu'elles soient avenues;* et encore en plusieurs autres lieux, où il a voulu que le sujet tragique ou épique fût véritable en gros, ou estimé tel, et n'y a désiré, ce semble, autre chose sinon que le détail n'en fût point connu, afin que le poëte le pût suppléer par son invention, et du moins en cette partie mériter le nom de poëte. Et certes ce seroit une doctrine bien étrange, si pour demeurer dans la signification littérale du mot de fable, on vouloit faire passer pour choses fabuleuses ces aventures des Médées, des OEdipes, des Orestes, etc., que toute l'antiquité nous donne pour de véritables histoires, en ce qui regarde le gros de l'événement, bien que dans le détail il y puisse avoir des opinions différentes. De celles-là qui sont estimées pures fables, il n'y en a pas une, quelque bizarre et extravagante qu'elle soit, qui n'ait son fondement dans l'histoire, si l'on en veut croire Bacon, et qui n'ait été déguisée de la sorte par les sages du vieux temps, pour la rendre plus utile aux peuples. Et c'est ce qui nous fait dire, dans un sentiment contraire à celui de l'Observateur, que le poëte ne doit pas craindre de commettre un sacrilège en changeant la vérité de l'histoire. Nous sommes confirmés dans cette créance par le plus religieux des poëtes, qui corrompant l'histoire a fait Didon peu chaste, sans autre nécessité que d'embellir son poëme d'un épisode admirable, et d'obliger les Romains aux dépens des Carthaginois ; et qui, pour la constitution essentielle de son ouvrage, a feint son Énée zélé pour le salut de sa patrie, et victorieux de tous les héros du pays latin, quoiqu'il se trouve des historiens qui rapportent que ce fut l'un des traîtres qui vendirent Troie aux Grecs, et que d'autres assurent encore que Mézence le tua et en remporta les dépouilles. Ainsi l'Observateur, selon notre avis, ne conclut pas bien quand il dit *que le Cid n'est pas un bon sujet de poëme dramatique, pour ce qu'étant historique, et par conséquent véritable, il ne pouvoit être changé, ni rendu propre au théâtre*, d'autant que si Virgile par exemple a bien fait d'une honnête femme une femme impudique, sans qu'il fût nécessaire, il auroit bien pu être permis à un autre de faire, pour l'utilité publique, d'un mariage extravagant un qui fût raisonnable, en y apportant les ajustements et y prenant les biais qui en pouvoient corriger les défauts. Nous savons bien que quelques-uns ont blâmé Virgile d'en avoir usé de la sorte, mais outre que nous doutons si l'opinion de ces censeurs est recevable, et s'ils connoissoient autant que lui jusqu'où s'étend la jurisdiction de la poésie, nous croyons encore que s'ils l'ont blâmé, ce n'a pas été d'avoir simplement altéré l'histoire, mais de l'avoir altérée de bien en mal : de manière qu'ils ne l'ont pas accusé proprement d'avoir péché contre l'art en changeant la vérité, mais contre les bonnes mœurs en diffamant une personne qui avoit mieux aimé mourir que de vivre diffamée. Il en fût arrivé tout au contraire dans le changement qu'on eût pu faire au sujet du *Cid*, puisqu'on eût corrigé les mauvaises mœurs qui se trouvent dans l'histoire, et qu'on les eût rendues bonnes par la poésie pour l'utilité du public.

L'objection que fait l'Observateur ensuite nous semble très-considérable ; car un des principaux préceptes de la poésie imitatrice est de ne se point charger de tant de matières qu'elles ne laissent pas le moyen d'employer les ornements qui lui sont nécessaires, et de donner à l'action qu'elle se propose d'imiter toute l'étendue qu'elle doit avoir. Et certes l'auteur ne peut nier ici que l'art ne lui ait manqué, lorsqu'il a compris tant d'actions remarquables dans l'espace de vingt-quatre heures, et qu'il n'a pu autrement fournir les cinq actes de sa pièce, qu'en entassant tant de choses l'une sur l'autre en si peu de temps. Mais si nous estimons qu'on l'ait bien repris pour la multitude des actions employées dans ce poëme, nous croyons qu'il y a encore eu plus de sujet de le reprendre pour avoir fait consentir Chimène à épouser Rodrigue le jour même qu'il avoit tué le Comte. Cela surpasse toute sorte de créance, et ne peut vraisemblablement tomber dans l'âme, non-seulement d'une sage fille, mais d'une qui seroit la plus dépouillée d'honneur et d'humanité. En ceci il ne s'agit pas simplement d'assembler plusieurs aventures diverses et grandes en un si petit espace de temps, mais de faire entrer dans un même esprit, et dans moins de vingt-quatre heures, deux pensées si opposées l'une à l'autre, comme sont la poursuite de la mort d'un père, et le consentement d'épouser son meurtrier ; et d'accorder en un même jour deux choses qui ne se pouvoient souffrir dans toute une vie. L'auteur espagnol a moins péché en cet endroit contre la bienséance, faisant passer quelques jours entre cette poursuite et ce consentement. Et le françois, qui a voulu se renfermer dans la règle des vingt-quatre heures, pour éviter une faute est tombé dans une autre, et de crainte de pécher contre les règles de l'art, a mieux aimé pécher contre celles de la nature.

Tout ce que l'Observateur dit après ceci de la juste grandeur que doit avoir un poëme pour donner du plaisir à l'esprit sans lui donner de la peine, contient une bonne et solide doctrine, fondée sur l'autorité d'Aristote, ou pour mieux dire, sur celle de la raison. Mais l'application ne nous en semble pas juste, lorsqu'il explique cette grandeur plutôt du temps que des matières, et qu'il veut que *le Cid* soit d'une grandeur excessive, parce qu'il comprend en un jour des actions qui se sont faites dans le cours de plusieurs années, au lieu d'essayer à faire voir qu'il comprend plus d'actions que l'esprit n'en peut regarder d'une vue. Ainsi, tant qu'il ait prouvé que le sujet du *Cid* est trop diffus pour n'embarrasser pas la mémoire, nous n'estimons point qu'il pèche en excès de grandeur, pour avoir ramassé en un seul jour les actions de plusieurs années, s'il est vraisemblable qu'elles puissent être avenues en un jour. Mais que ce soit l'abondance des matières, plutôt que l'étendue du temps, qui travaille l'esprit et fasse le poëme dramatique trop grand, il est aisé à le juger par l'épique, qui peut embrasser une entière révolution solaire, et la suite des quatre saisons, sans que la mémoire ait de la peine à le concevoir distinctement; et qui néanmoins pourroit lui sembler trop vaste, si le nombre des aventures y engendroit confusion, et ne le laissoit pas voir d'une seule vue. A la vérité, Aristote a prescrit le temps des pièces de théâtre, et n'a donné aux actions qui en font le sujet que l'espace compris entre le lever et le coucher du soleil. Néanmoins, quand il a établi une règle si judicieuse, il l'a fait pour des raisons bien éloignées de celle qu'allègue en ce lieu l'Observateur. Mais comme c'est une des plus curieuses questions de la poésie, et qu'il n'est point nécessaire de la vider en cette occasion, nous remettons à la traiter dans l'art poétique que nous avons dessein de faire. Quant à celle qui a été proposée par quelques-uns, si le poëte est condamnable pour avoir fait arriver en un même temps des choses avenues en des temps différents, nous estimons qu'il ne l'est point, s'il le fait avec jugement, et en des matières ou peu connues, ou peu importantes. Le poëte ne considère dans l'histoire que la vraisemblance des événements, sans se rendre esclave des circonstances qui en accompagnent la vérité: de manière que, pourvu qu'il soit vraisemblable que plusieurs actions se soient aussi bien pu faire conjointement que séparément, il est libre au poëte de les rapprocher, si par ce moyen il peut rendre son ouvrage plus merveilleux. Il ne faut point d'autre preuve de cette doctrine que l'exemple de Virgile dans sa Didon, qui selon tous les chronologistes naquit plus de deux cents ans après Enée, si l'on ne veut encore ajouter celui du Tasse dans le Renaud de sa *Hiérusalem*, lequel ne pouvoit être né qu'à peine lorsque mourut Godefroy de Bouillon. Les fautes d'Eschyle et de Buchanan, bien remarquées par Heinsius, dans la *Niobe* et dans le *Jephté*, ne concluent rien contre ce que nous maintenons; car s nous croyons que le poëte, comme maître du temps, peut allonger ou accourcir celui des actions qui composent son sujet, c'est toujours à condition qu'il demeure dans les termes de la vraisemblance, et qu'il ne viole point le respect dû aux choses sacrées. Nous ne lui permettons de rien faire qui répugne au sens commun et à l'usage, comme de supposer Niobe attachée trois jours entiers, sans dire une seule parole, sur le tombeau de ses enfants. Moins encore approuvons-nous qu'il entreprenne contre le texte de l'Écriture, dont les moindres syllabes sont trop saintes pour souffrir aucun des changements que le poëte auroit droit de faire dans les histoires profanes, comme d'abréger, d'autorité privée, les deux mois que la fille du Galaadite avoit demandés pour aller pleurer sa virginité dans les montagnes.

L'Observateur après cela passe à l'examen des mœurs attribuées à Chimène, et les condamne : en quoi nous sommes entièrement de son côté; car au moins ne peut-on nier qu'elle ne soit, contre la bienséance de son sexe, amante trop sensible, et fille trop dénaturée. Quelque violence que lui pût faire sa passion, il est certain qu'elle ne devoit point se relâcher dans la vengeance de la mort de son père, et moins encore se résoudre à épouser celui qui l'avoit fait mourir. En ceci il faut avouer que ses mœurs sont du moins scandaleuses, si en effet elles ne sont dépravées. Ces pernicieux exemples rendent l'ouvrage notablement défectueux, et s'écartent du but de la poésie qui veut être utile. Ce n'est pas que cette utilité ne se puisse produire par des mœurs qui soient mauvaises; mais pour la produire par de mauvaises mœurs, il faut qu'à la fin elles soient punies, et non récompensées comme elles le sont en cet ouvrage. Nous parlerions ici de leur inégalité, qui est un vice dans l'art, qui n'a point été remarqué par l'Observateur, s'il ne suffisoit de ce qu'il a dit pour nous faire approuver sa censure. Nous n'entendons pas néanmoins condamner Chimène de ce qu'elle aime le meurtrier de son père, puisque son engagement avec Rodrigue avoit précédé la mort du Comte et qu'il n'est pas en la puissance d'une personne de cesser d'aimer quand il lui plaît. Nous la blâmons seulement de ce que son amour l'emporte sur son devoir, et qu'en même temps qu'elle poursuit Rodrigue, elle fait des vœux en sa faveur. Nous la blâmons de ce qu'ayant fait en son absence un bon dessein de

Le poursuivre, le perdre et mourir après lui (acte III, scène III, vers 848).

sitôt qu'il se présente à elle, quoique teint du sang de son père, elle le souffre en son logis, et dans sa chambre même, ne le fait point arrêter, l'excuse de ce qu'il a entrepris contre le Comte, lui témoigne que pour cela elle ne laisse pas de l'aimer, lui donne presque à entendre qu'elle ne le poursuit que pour en être plus estimée, et enfin souhaite que les juges ne lui accordent pas la vengeance qu'elle leur demande. C'est trop clairement trahir ses obligations naturelles en faveur de sa passion ; c'est trop ouvertement chercher une couverture à ses desirs, et c'est faire bien moins le personnage de fille que d'amante. Elle pouvoit sans doute aimer encore Rodrigue après ce malheur, puisque son crime n'étoit que d'avoir réparé le déshonneur de sa maison ; elle le devoit même en quelque sorte, pour relever sa propre gloire, lorsqu'après une longue agitation elle eut donné l'avantage à son honneur sur une amour si violente et si juste que la sienne ; et la beauté qu'eût produit dans l'ouvrage une si belle victoire de l'honneur sur l'amour eût été d'autant plus grande qu'elle eût été plus raisonnable. Aussi n'est-ce pas le combat de ces deux mouvements que nous désapprouvons. Nous n'y trouvons à dire sinon qu'il se termine autrement qu'il ne devroit, qu'au lieu de tenir au moins ces deux intérêts en balance, celui à qui le dessus demeure est celui qui raisonnablement devoit succomber. Que s'il eût pu être permis au poëte de faire que l'un de ces deux amants préférât son amour à son devoir, on peut dire qu'il eût été plus excusable d'attribuer cette faute à Rodrigue qu'à Chimène. Rodrigue étoit un homme, et son sexe, qui est comme en possession de fermer les yeux à toutes considérations pour se satisfaire en matière d'amour, eût rendu son action moins étrange et moins insupportable. Mais au contraire Rodrigue, lorsqu'il y va de la vengeance de son père, témoigne que son devoir l'emporte absolument sur son amour, et oublie Chimène, ou ne la considère plus. Il ne lui suffit pas de vouloir vaincre le Comte pour venger l'affront fait à sa race, il agit encore comme ayant dessein de lui ôter la vie, bien que sa mort ne fût pas nécessaire pour sa satisfaction. Il pouvoit respecter le Comte en faveur de sa fille, sans rien diminuer de la haine qu'il étoit désormais obligé d'avoir pour lui. Et puisque par cette même loi d'honneur qui l'engageoit au ressentiment, il y avoit plus de gloire à le vaincre qu'à le tuer, il devoit aller au combat avec le seul désir d'en remporter l'avantage, et le dessein de l'épargner autant qu'il lui seroit possible, afin que dans la chaleur de la vengeance, qu'il ne pouvoit refuser à son père, il rendît ce respect à Chimène de considérer encore le sien, et que par ce moyen il conservât l'espérance de la pouvoir un jour épouser. Cependant ce même Rodrigue, devenu ennemi de sa maîtresse, ennemi de soi-même, et plus aveugle de colère que d'amour, ne voit plus rien que son affront, et ne songe plus qu'à sa vengeance. Dans son transport, il fait des choses qu'il n'étoit pas obligé de faire, et sans nécessité cesse d'être amant pour paroître seulement homme d'honneur. Chimène, au contraire, quoique pour venger la mort de son père elle dût faire plus que Rodrigue n'avoit fait pour venger l'affront du sien, puisque son sexe exigeoit d'elle une sévérité plus grande, et qu'il n'y avoit que la mort de Rodrigue qui pût expier celle du Comte, poursuit lâchement cette mort, craint d'en obtenir l'arrêt, et le soin qu'elle devoit avoir de son honneur cède entièrement au souvenir qu'elle a de son amour. Si maintenant on nous allègue pour sa défense que cette passion de Chimène a été le principal agrément de la pièce et ce qui lui a excité le plus d'applaudissements, nous répondrons que ce n'est pas pource qu'elle est bonne, mais pource que, quelque mauvaise qu'elle soit, elle est heureusement exprimée. Ses puissants mouvements, joints à ses vives et naïves expressions, ont bien pu faire estimer ce qui en effet seroit estimable, si c'étoit une pièce séparée et qui ne fût point une partie d'un tout qui ne la peut souffrir; en un mot, elle a assez d'éclat et de charmes pour avoir fait oublier les règles à ceux qui ne les savent guère bien, ou à qui elles ne sont guère présentes.

En suite de cet examen, l'Observateur fait l'anatomie du poëme, pour en montrer les particuliers défauts et les divers manquements de bienséance. Mais il nous semble qu'il ouvre mal cette carrière, et nous croyons que sa première remarque n'est pas juste lorsqu'il trouve à redire que le Comte juge avantageusement de Sanche; car Rodrigue et Sanche ayant été tous deux supposés du plus noble sang de Castille, le Comte avoit raison de penser qu'ils imiteroient également la valeur de leurs ancêtres; il n'étoit pas obligé de prévoir que l'un d'eux seroit assez lâche pour vouloir racheter sa vie en acceptant la condition de porter son épée à sa maîtresse de la part de son vainqueur. Ce n'est pas ici le lieu de reprocher au poëte la faute qu'il fait faire à don Sanche, vers la fin de la pièce, et cette faute ayant été postérieure à ce que dit maintenant le Comte, nous l'estimons vainement alléguée pour condamner la bonne opinion que raisonnablement il devoit avoir de don Sanche avant qu'il l'eût commise.

La seconde objection nous semble considérable, et nous croyons avec l'Observateur qu'Elvire, simple suivante de Chimène, n'étoit pas une personne avec qui le Comte dût avoir cet entretien, principalement en ce qui regardoit l'élection que l'on alloit faire d'un gouverneur pour l'Infant de Castille, et la part qu'il y pensoit avoir. En cela le poëte a montré, sinon peu d'invention, au moins beaucoup de négligence, puisque s'il l'eût feinte parente du Comte, et compagne de sa fille, il eût pu rendre plus excusable le discours que le Comte lui fait. Nous trouvons encore que l'Observateur l'eût pu raisonnablement reprendre d'avoir fait l'ouverture de toute la pièce par une suivante, ce qui nous semble peu digne de la gravité du sujet, et seulement supportable dans le comique.

Quant à la troisième, nous pourrions croire d'un côté que le Comte, de quelque sorte qu'il parle de lui-même, ne devroit point passer pour fanfaron, puisque l'histoire et la propre confession de don Diègue lui donnent le titre de l'un des vaillants hommes qui fussent alors en Espagne. Ainsi du moins n'est-il pas fanfaron, si l'on prend ce mot au sens que l'Observateur l'a pris, lorsqu'il l'a accompagné de celui de capitan de la farce, de qui la valeur est toute sur la langue : si bien que les discours où il s'emporte seroient plutôt des effets de la présomption d'un vieux soldat que des fanfaronneries d'un capitan de farce, et des vanités d'un homme vaillant que des artifices d'un poltron pour couvrir le défaut de son courage. D'autre côté, les hyperboles excessives, et qui sont véritablement de théâtre, dont tout le rôle de ce comte est rempli, et l'insupportable audace avec laquelle il parle du Roi son maître, qui, à le bien considérer, ne l'avoit point trop mal traité en préférant don Diègue à lui, nous font croire que le nom de *fanfaron* lui est bien dû, et que l'Observateur le lui a donné avec justice. Et en effet il le mérite si nous prenons ce mot dans l'autre signification où il est reçu parmi nous, c'est-à-dire d'homme de cœur, mais qui ne fait de bonnes actions que pour en tirer avantage, et qui méprise chacun et n'estime que soi-même.

La scène qui suit nous semble condamnée sans fondement, car la relation qu'Elvire y fait à Chimène de ce qu'elle vient d'entreprendre est très-succincte, et ne tombe point sous le genre de celles qui se doivent plutôt faire *derrière les rideaux* que sur la scène. Elle est même nécessaire pour faire paroître Chimène dès le commencement de la pièce, pour faire connoître au spectateur la passion qu'elle a pour Rodrigue, et pour faire entendre que don Diègue la doit demander en mariage pour son fils.

Quant à la troisième, nous sommes entièrement de l'avis de l'Observateur, et tenons tout l'épisode de l'Infante condamnable ; car ce personnage ne contribue rien, ni à la conclusion, ni à la rupture de ce mariage, et ne sert qu'à représenter une passion niaise, qui d'ailleurs est peu séante à une princesse, étant conçue pour un jeune homme qui n'avoit encore donné aucun témoignage de sa valeur. Ce n'est pas que nous ignorions que tous les épisodes, quoique non nécessaires, ne sont pas pour cela bannis de la poésie. Mais nous savons aussi qu'ils ne sont estimés que dans la poésie épique, que la dramatique ne les souffre que fort courts, et qu'elle n'en reçoit point de cette nature qui règnent dans toute la pièce. La plupart de ce que l'Observateur dit ensuite, pour appuyer sa censure, touchant la liaison des épisodes avec le sujet principal, est pure doctrine d'Aristote et très-conforme au bon sens. Mais nous sommes bien éloignés de croire avec lui que don Sanche soit du nombre de ces personnes épisodiques qui ne font aucun effet dans le poëme. Et certes il est malaisé de s'imaginer quelle raison il a eue de prendre une telle opinion, ayant pu remarquer que don Sanche est rival de don Rodrigue en l'amour de Chimène, qu'après la mort du Comte il la sert auprès du Roi, pour essayer d'acquérir ses bonnes grâces, et qu'enfin il se bat pour elle contre Rodrigue, et demeure vaincu: si bien que les actions de don Sanche sont mêlées dans toutes les principales du poëme, et la dernière, qui est celle du combat, ne se fait pas simplement afin qu'il soit battu, comme prétend l'Observateur, mais afin que par le désavantage qu'il y reçoit, Rodrigue puisse être purgé de la mort du Comte, en même temps obtenir Chimène. L'objection semble plus forte contre Arias, qui sans doute a moins de part dans le sujet que don Sanche. Toutefois on ne peut pas dire absolument que ce personnage y soit aussi peu nécessaire que l'Infante; car en le bannissant il faudroit bannir des tragédies tous les conseillers des princes, et condamner généralement tous les poëtes anciens et modernes qui les y ont introduits: outre que sur la fin il sert de juge de camp, lorsque les deux rivaux se battent. Ainsi il ne peut passer pour être entièrement inutile, comme l'Observateur l'assure. Il est vrai qu'encore qu'on entende bien ce qui l'amène dans la première scène du second acte, et que cela ne mérite point de censure, l'Observateur toutefois, selon notre avis, ne laisse pas de reprendre en ce lieu le poëte avec raison; car au lieu que le Roi envoye Arias vers le Comte pour le porter à satisfaire don Diègue, il falloit qu'il lui envoyât des gardes pour empêcher la suite que pourroit causer le ressentiment de cette offense, et pour l'obliger de puissance absolue à la réparer avec une satisfaction digne de la personne offensée.

La faute de jugement que l'Observateur remarque dans la troisième scène nous semble bien remarquée; et encore qu'à considérer l'endroit favorablement, Chimène n'y veuille pas dire que Rodrigue n'est pas gentilhomme s'il ne se venge du Comte, mais seulement qu'elle a grand sujet de craindre qu'étant né gentilhomme, il ne se puisse résoudre à souffrir un tel affront sans en rechercher la vengeance, il faut avouer néanmoins que le poëte se fût bien passé de faire dire à Chimène qu'elle seroit honteuse pour Rodrigue s'il lui obéissoit. Elle ne devoit point balancer les sentiments de son amour avec ceux de la nature, ni la part qu'elle prenoit à l'honneur de son amant avec l'intérêt qu'elle devoit prendre à la vie de son père. Quelque honte qu'il y eût pour Rodrigue à ne se point venger, ce n'étoit point à elle à la considérer, puisqu'il y avoit plus à perdre pour elle s'il entreprenoit cette vengeance que s'il ne l'entreprenoit pas. En l'un son père pouvoit être tué, en l'autre son amant pouvoit être blâmé. Ces deux choses étoient trop inégales pour entrer en comparaison dans l'esprit de Chimène; et elle ne devoit point songer à la conservation de l'honneur de Rodrigue, lorsqu'il ne se pouvoit conserver que par la perte de la vie ou de l'honneur du Comte. D'ailleurs, si elle avoit jugé Rodrigue digne de son affection, elle l'avoit sans doute cru généreux, et par conséquent elle devoit penser qu'il eût fait une action plus grande et plus difficile de sacrifier ses ressentiments à la passion qu'il avoit pour elle, que de les contenter au préjudice de cette même passion. Ainsi il ne lui auroit point été honteux, au moins à l'égard de Chimène, d'observer la défense qu'elle lui eût pu faire de se battre. Peut-être que la cour n'en eût pas jugé si favorablement; mais Chimène, ayant tant d'intérêt à désirer qu'il fît en apparence une lâcheté, ne devoit point alors avoir assez de tranquillité d'esprit pour en considérer les suites. Dans le péril où étoit son père, sa première pensée devoit être que si son amant l'aimoit assez, il respecteroit celui à qui elle étoit obligée de la naissance, et relâcheroit plutôt quelque chose de cette vaine ombre d'honneur que de se résoudre à perdre son affection et l'espérance de la posséder en le tuant. La réflexion qu'elle fait sur ce qu'étant né gentilhomme, il ne pouvoit sans honte manquer à poursuivre sa vengeance, ayant semblé belle au poëte, il l'a employée en deux endroits de cette pièce, mais moins à propos en l'un qu'en l'autre. Elle étoit excellente dans la bouche de Rodrigue, lorsqu'il veut justifier son action envers Chimène, disant qu'*un homme sans honneur ne la méritoit pas*, mais elle nous semble mauvaise dans celle de Chimène, laquelle, se doutant que Rodrigue préféreroit l'honneur de sa maison à son amour, devoit plutôt dire qu'*un homme sans amour ne la méritoit pas*. Nous croyons donc que le poëte a principalement failli en ce qu'il a fait entrer sans nécessité et sans utilité, parmi la juste crainte de Chimène, la considération de la part qu'elle devoit prendre au déshonneur de Rodrigue.

Quant à l'objection suivante, qu'elle devoit pleurer enfermée chez elle, au lieu d'aller demander justice, nous ne l'approuvons point, et estimons que le poëte eût manqué s'il lui eût fait verser des larmes inutiles dans sa chambre, étant même si proche du logis du Roi, où elle pouvoit obtenir la vengeance de la mort de son père. Si elle eût tardé un moment à l'aller demander, on eût eu raison de soupçonner qu'elle prenoit du temps pour délibérer si elle la demanderoit, et qu'ainsi l'intérêt de son amant lui étoit autant ou plus considérable que celui de son père. Aussi l'Observateur, n'insistant point sur cette censure, semble la condamner lui-même tacitement. En un mot, soit qu'elle voulût perdre Rodrigue, soit qu'elle ne le voulût pas, elle étoit toujours obligée de témoigner qu'elle en avoit l'intention, et de partir au même instant afin de le poursuivre. Maintenant, si elle avoit ce desir ou non, c'est une question qui se videra dans la suite; mais en ce lieu il a été inutile de la mettre en avant, et quelque chose que l'Observateur en puisse ailleurs conclure, il n'en conclut rien ici qui lui soit avantageux.

La première scène du troisième acte doit être examinée avec plus d'attention, comme celle qui est attaquée avec plus d'apparence de justice. Et certes il n'est pas peu étrange que Rodrigue, après avoir tué le Comte, aille dans sa maison, de propos délibéré, pour voir sa fille, ne pouvant douter que désormais sa vue ne lui dût être en horreur, et que se présenter volontairement à elle en tel lieu ne fût comme tuer son père une seconde fois. Ce dessein néanmoins n'est pas ce que nous y trouvons de moins vraisemblable; car un amant peut être agité d'une passion si violente, qu'encore qu'il ait fort offensé sa maîtresse, il ne pourra pas s'empêcher de la voir, ou pour se contenter lui-même, ou pour essayer de lui faire satisfaction de la faute qu'il aura commise contre elle. Ce qui nous y semble plus difficile à

SENTIMENTS DE L'ACADÉMIE SUR *LE CID*. 477

croire est que ce même amant, sans être accompagné de personne et sans avoir alors intelligence avec la suivante, entre dans le logis de celui qu'il vient de tuer, passe jusqu'à la chambre de sa fille, et ne rencontre aucun de ses domestiques qui l'arrête en chemin. Cela toutefois se pourroit encore excuser sur le trouble où étoit la famille après la mort du Comte, sur l'obscurité de la nuit, qui empêchoit de connoître ceux qui vraisemblablement venoient chez Chimène pour l'assister dans son affliction, et sur l'imprudence naturelle aux amants, qui suivent aveuglément leurs passions sans vouloir regarder les inconvénients qui en peuvent arriver. Et en effet nous serions aucunement satisfaits, si le poëte, pour sa décharge, avoit fait couler, dans le discours que Rodrigue tient à Elvire, quelques-unes de ces considérations, sans les laisser deviner au spectateur. Mais ce qui nous en semble inexcusable est que Rodrigue vienne chez sa maîtresse, non pas pour lui demander pardon de ce qu'il a été contraint de faire pour son honneur, mais pour lui en demander la punition de sa main; car s'il croyoit l'avoir mérité, et qu'en effet il fût venu en ce lieu à dessein de mourir pour la satisfaire, puisqu'il n'y avoit point d'apparence de s'imaginer sérieusement que Chimène se résolût à faire cette vengeance avec ses mains propres, il ne devoit point différer à se donner lui-même le coup qu'elle lui auroit si raisonnablement refusé. C'étoit montrer évidemment qu'il ne vouloit pas mourir, de prendre un si mauvais expédient pour mourir et de ne s'aviser pas que la mort qu'il se fût donnée lui-même, dans les termes d'amant de théâtre, comme elle lui eût été plus facile, lui eût été aussi plus glorieuse. Il pouvoit bien lui demander la mort, mais il ne la pouvoit pas espérer, et se la voyant déniée, il ne se devoit point retirer de devant elle sans faire au moins quelque démonstration de se la vouloir donner, et prévenir, au moins en apparence, celle qu'il dit assez lâchement qu'il va attendre de la main du bourreau. Nous estimons donc que cette scène, et la quatrième du même acte, qui en est une suite, sont principalement défectueuses, en ce que Rodrigue va chez Chimène, dans la créance déraisonnable de recevoir par sa main la punition de son crime, et en ce que ne l'ayant pu obtenir d'elle, il aime mieux la recevoir de la main du ministre de la justice que de la sienne même. S'il fût allé vers Chimène dans la résolution de mourir en sa présence, de quelque sorte que ce pût être, nous croirions que non-seulement ces deux scènes seroient fort belles, pour tout ce qu'elles contiennent de pathétique, mais encore que ce qui manque à la conduite seroit, sinon fort régulier, au moins fort supportable.

Quant à ce qui suit, nous tombons d'accord qu'il eût été bienséant que Chimène, en cette occasion, eût eu quelques dames de ses amies auprès d'elle pour la consoler. Mais comme cette assistance eût empêché ce qui se passe dans les scènes suivantes, nous ne croyons pas aussi qu'elle fût nécessaire absolument; car une personne autant affligée que l'étoit Chimène pouvoit aussitôt desirer la solitude que souffrir la compagnie. Et ce qu'Elvire dit, *qu'elle reviendra du palais accompagnée*, ne donne point de lieu à la contradiction que prétend l'Observateur, pource que *revenir accompagnée* n'est pas *demeurer accompagnée*; et supposé qu'elle voulût demeurer seule, il n'y a pas d'apparence que ceux qui l'auroient reconduite du palais chez elle y voulussent passer la nuit contre sa volonté. Mais c'est encore une de ces choses que le poëte devoit adroitement faire entendre, afin de lever tout scrupule de ce côté-là, et de ne donner pas la peine au spectateur de la suppléer pour lui. Ce que nous estimons de plus répréhensible, et que l'Observateur n'a pas voulu reprendre, est qu'Elvire n'ait point suivi Chimène au logis du Roi, et que Chimène en soit revenue avec don Sanche sans aucunes femmes.

La troisième et quatrième scène nous semblent fort belles, si l'on excepte ce que nous y avons remarqué touchant la conduite. Les pointes et les traits dont elles sont semées, pour la plupart ont leur source dans la nature de la chose, et nous trouvons que Rodrigue n'y fait qu'une faute notable, lorsqu'il dit à Chimène avec tant de rudesse, qu'il ne se repent point d'avoir tué son père, au lieu de s'en excuser avec humilité sur l'obligation qu'il avoit de venger l'honneur du sien. Nous trouvons aussi que Chimène n'y en fait qu'une, mais qui est grande, de ne tenir pas ferme dans la belle résolution *de perdre Rodrigue et de mourir après lui*, et de se relâcher jusqu'à dire que dans la poursuite qu'elle fait de sa mort, elle souhaite de ne rien pouvoir. Elle eût pu confesser à Elvire, et à Rodrigue même, qu'elle avoit une violente passion pour lui, mais elle leur devoit dire en même temps qu'elle lui étoit moins obligée qu'à son honneur, que dans la plus grande véhémence de son amour elle agiroit contre lui avec plus d'ardeur, et qu'après qu'elle auroit satisfait à son devoir, elle satisferoit à son affection, et trouveroit bien le moyen de le suivre. Sa passion n'eût pas été moins tendre, et eût été plus généreuse.

L'Observateur reprend, dans la cinquième scène, *que don Diègue sorte seul et de nuit, pour aller chercher son fils par la ville, laissant force gentilshommes chez lui, et leur manquant de civilité*. Mais en ce qui regarde l'incivilité, nous croyons que la répréhension n'est pas juste, pource que les mouvements naturels et les sentiments de père, dans une occasion comme celle-ci, ne considèrent point ces petits devoirs de bienséance extérieure, et emportent violemment ceux qui en sont possédés, sans que l'on s'avise d'y trouver à redire. Nous croyons bien que cette sortie de don Diègue eût été justement reprise par une autre raison, si l'on eût dit qu'il n'y avoit aucune apparence que ce grand nombre d'amis étant chez don Diègue, ils le dussent laisser sortir seul, et à telle heure, pour aller chercher son fils; car l'ordre vouloit que ne rencontrant pas Rodrigue en son logis, ils empêchassent ce vieillard de sortir, et le relevassent de la peine que le poëte lui faisoit prendre : de sorte qu'on peut dire avec raison que ce n'est pas don Diègue qui manque de civilité envers ces gentilshommes, mais que ce sont eux qui en manquent envers lui. Quant à la supputation que l'Observateur fait ensuite du nombre excessif de ces gentilshommes, elle est bien introduite avec grâce et esprit, mais sans solidité à notre avis, et seulement pour rendre ridicule ce qui ne l'est pas. Car premièrement, ces *cinq cents amis* pouvoient n'être pas tous *gentilshommes*, et c'étoit assez qu'ils fussent soldats pour être compris sous le nom d'*amis*, ainsi que don Diègue les appelle, et non pas *gentilshommes*. En second lieu, vouloir qu'il y en eût une bonne quantité de neutres, et un quatrième parti de ceux qui ne bougeoient d'auprès de la personne du Roi, ce n'est pas se souvenir qu'en matière de querelles de grands, la cour se partage toujours, sans qu'il en demeure guère de neutres que ceux qui sont méprisables à l'un et à l'autre parti : si bien que la cour de Fernand pouvoit être plus petite que celle des rois d'Espagne de présent, et ne laisser pas d'être composée, à un besoin, de mille gentilshommes, principalement en un temps où il y avoit guerre avec les Mores, ainsi que peu après l'Observateur même le dit. Et quoiqu'il soit vrai, comme il le remarque fort bien, que ces cinq cents amis de Rodrigue étoient plutôt assemblés par le poëte contre les Mores que contre le Comte, nous croyons que n'y ayant nulle répugnance qu'ils soient employés contre tous les deux, le poëte seroit plutôt digne de louange que de blâme d'avoir inventé cette assemblée de gens, en apparence contre le Comte, et en effet contre les Mores; car une des beautés du poëme dramatique est que ce qui a été imaginé et introduit pour une chose serve à la fin pour une autre.

La première scène du quatrième acte nous semble reprise avec peu de fondement, puisqu'il est vrai que ni l'amour de Chimène, ni l'inquiétude qu'il lui cause, ne sont pas ce qu'il y a de répréhension en elle, mais seulement le témoignage qu'elle donne en quelques autres lieux du poëme, que son amour l'emporte sur son devoir. Or en celui-ci le contraire paroît et l'agitation de ses pensées finit comme elle doit.

La seconde a le défaut que remarque l'Observateur, touchant l'inutilité de l'Infante, et l'on ne peut pas dire qu'elle y est utile en quelque sorte, comme celle qui flatte la passion de Chimène, et qui sert à lui faire montrer de plus en plus combien elle s'est affermie dans la résolution de perdre son amant; car Chimène eût pu témoigner aussi bien cette résolution en parlant à Elvire qu'en parlant à l'Infante, laquelle agit en cette occasion, sans aucune nécessité.

Dans la troisième, l'Observateur s'étonne que les commandements du Roi ayent été mal exécutés. Mais comme il est assez ordinaire que les bons ordres sont mal suivis, il n'y avoit rien de si raisonnable que de supposer, en faveur de Rodrigue, qu'en cette occasion Fernand eût été servi avec négligence. Toutefois ce n'est pas par cette raison que le poëte se peut défendre, la véritable étant que le Roi n'avoit point donné d'ordre pour résister aux Mores, de peur de mettre la ville en trop grande alarme. Il est vrai que l'excuse est pire que la faute, pource qu'il y auroit moins d'inconvénient que le Roi fût mal obéi ayant donné de bons ordres, que non pas qu'il pérît faute d'en avoir donné aucun : si bien qu'encore que l'objection par là demeure nulle en ce lieu, il nous semble néanmoins qu'elle eût été bonne et solide dans la sixième scène du second acte, où l'on pouvoit reprocher à Fernand, avec beaucoup de justice, qu'il savoit mal garder ses places, de négliger ainsi les bons avis qui lui étoient donnés, et de prendre le parti le moins assuré dans une nouvelle qui ne lui importoit pas moins que de sa ruine.

Ce qui suit du mauvais soin de don Fernand, qui devoit tenir le port fermé avec une chaîne, seroit une répréhension fort judicieuse, supposé que Séville eût un port si étroit d'embouchure qu'une chaîne l'eût pu clore aisément : ce qu'il semble aussi que l'auteur estime, faisant dire en un lieu :

Les Mores et la mer entrèrent dans le port (acte IV, scène III, vers 1276 *var.*);

et en un autre, distinguant le fleuve du port :

Et la terre, et le fleuve, et leur flotte, et le port (*ibidem*, vers 1299);

mais Séville étant assez avant dans terre, et n'ayant pour havre que le

Guadalquivir, qui ne se peut commodément fermer d'une chaîne, à cause de sa grande largeur, on peut dire que c'étoit assez que Rodrigue fît la garde au port, et qu'en ce lieu l'Observateur desire une chose peu possible, quoique l'auteur lui en ait donné sujet par son expression. Pour le reste, nous croyons que la flotte des Mores a pu ancrer, afin que leur descente se fît avec ordre, parce qu'en cas de retraite, si elle eût été si pressée qu'ils n'eussent pas eu le loisir de lever les ancres, en coupant les câbles ils se mettoient en état de la faire avec autant de promptitude que s'ils ne les eussent point jetées. C'est ainsi, ou avec peu de différence, qu'Énée en use quand il coupe le câble qui tenoit son vaisseau attaché au rivage, plutôt que de l'envoyer détacher, dans la crainte qu'il avoit qu'en retardant un peu sa sortie du port, Didon n'eût assez de temps pour le retenir par force dans Carthage.

Pour la cinquième scène, il nous semble qu'elle peut être justement reprise; mais ce n'est pas absolument, comme dit l'Observateur, parce que le Roi y fait un personnage moins sérieux qu'on ne devoit attendre de sa dignité et de son âge, lorsque pour reconnoître le sentiment de Chimène, il lui assure que Rodrigue est mort au combat; car cela se pourroit bien défendre par l'exemple de plusieurs grands princes, qui n'ont pas fait difficulté d'user de feintise dans leurs jugements, quand ils ont voulu découvrir une vérité cachée. Nous tenons cette scène principalement répréhensible, en ce que Chimène y veut déguiser au Roi la passion qu'elle a pour Rodrigue, quoiqu'il n'y eût pas sujet de le faire, et qu'elle-même eût témoigné déjà auparavant avoir une contraire intention. Cela se justifie clairement par la quatrième scène du troisième acte, où elle dit à son amant qu'elle veut bien qu'on sache son inclination, *afin que sa gloire en soit plus élevée, quand on verra qu'elle le poursuit encore qu'elle l'adore.* Ce discours nous paroît contredire à celui que le poëte lui fait tenir maintenant, pour celer son amour au Roi, *qu'on se pâme de joie ainsi que de tristesse;* et c'étoit sur cette contradiction que nous estimons que l'Observateur eût été bien fondé de le reprendre en ce lieu. En effet il eût beaucoup mieux valu la faire persévérer dans la résolution de laisser connoître son amour, et lui faire dire que la mort de Rodrigue lui pouvoit être sensible, puisqu'elle avoit de l'affection pour lui, mais qu'elle lui étoit agréable, puisque son devoir l'avoit obligée à la poursuivre; et que maintenant elle n'avoit plus rien à desirer que le tombeau, après avoir obtenu des Mores ce que le Roi sembloit ne lui vouloir pas accorder.

Quant à l'ordonnance de Fernand pour le mariage de Chimène avec celui de ses deux amants qui sortiroit vainqueur du combat, on ne sauroit nier qu'elle ne soit très-inique, et que Chimène ne fasse une très-grande faute de ne refuser pas ouvertement d'y obéir. Rodrigue lui-même n'eût osé porter jusque-là ses prétentions, et ce combat ne pouvoit servir au plus qu'à lui faire obtenir l'abolition de la mort du Comte. Que si le Roi le vouloit récompenser du grand service qu'il venoit d'en recevoir, il falloit que ce fût du sien, et non pas d'une chose qui n'étoit point à lui, et que les lois de la nature avoient mise hors de sa puissance. En tout cas, s'il lui vouloit faire épouser Chimène, il falloit qu'il employât envers elle la persuasion, plutôt que le commandement. Or cette ordonnance déraisonnable et précipitée, et par conséquent peu vraisemblable, est d'autant plus digne de blâme, qu'elle fait le dénouement de la pièce, et qu'elle le fait mauvais, et contre l'art. En tous les autres lieux du poëme cette bizarrerie eût fait un fâcheux effet, mais en celui-ci elle en gâte l'édifice, et le rend défectueux en sa partie la plus essentielle, le mettant sous le genre de ceux qu'Aristote condamne, pource qu'*ils se nouent bien et se dénouent mal.*

La première scène du cinquième acte nous semble très-digne de censure, parce que Rodrigue retourne chez Chimène, non plus de nuit, comme l'autre fois que les ténèbres favorisoient aucunement sa témérité, mais en plein jour, avec bien plus de péril et de scandale. Elle nous semble encore digne de répréhension, parce que l'entretien qu'ils y ont ensemble est si ruineux pour l'honneur de Chimène, et découvre tellement l'avantage que sa passion a pris sur elle, que nous n'estimons pas qu'il y ait guère de chose plus blâmable en toute la pièce. Il est vrai que Rodrigue y fait ce qu'un amant désespéré étoit obligé de faire, et qu'il y demeure bien plus dans les termes de la bienséance qu'il n'avoit fait la première fois. Mais Chimène, au contraire, y abandonne tout ce qui lui restoit de pudeur, et oubliant son devoir pour contenter sa passion, persuade clairement Rodrigue de vaincre celui qui s'exposoit volontairement à la mort pour sa querelle, et qu'elle avoit accepté pour son défenseur. Et ce qui la rend plus coupable encore est qu'elle ne l'exhorte pas tant à bien combattre pour la crainte qu'il ne meure que pour l'espérance de l'épouser s'il ne mouroit point. Nous laissons à part l'ingratitude et l'inhumanité qu'elle fait paroître en sollicitant le déshonneur de don Sanche, qui sont de mauvaises qualités pour un principal personnage. Cette scène donc a toute l'imperfection qu'elle sauroit avoir, si l'on en considère la matière comme faisant une partie essentielle de ce poëme. Mais en récompense, la considérant à part et détachée du sujet, la passion qu'elle contient nous semble fort bien touchée et fort bien conduite, et les expressions dignes de beaucoup de louange.

La seconde et troisième scène ont leur défaut accoutumé, de la superfluité de l'Infante, et font languir le théâtre par le peu qu'elles contribuent à la principale aventure. Il est vrai pourtant qu'elles ne manquent pas de beaux mouvements et que si elles étoient nécessaires, elles se pourroient dire belles.

Nous croyons la quatrième moins inutile que ne le prétend l'Observateur, puisqu'elle découvre l'inquiétude de Chimène durant le combat de ses amants, et qu'elle sert à lui faire regagner un peu de la réputation qu'elle avoit perdue dans la première.

Pour la cinquième, outre qu'elle donne juste sujet à l'Observateur de remarquer le peu de temps que Rodrigue a eu pour ce combat, lequel se devant faire dans la place publique, et par la permission du Roi, demandoit beaucoup de cérémonies, elle a encore le défaut de l'action que don Sanche y vient faire de présenter son épée à Chimène, suivant la condition que lui a imposée le vainqueur. Puis pour achever de la rendre tout à fait mauvaise, au lieu que la surprise qui trouble Chimène devoit être courte, le poëte l'a étendue jusques à dégoûter les spectateurs les plus patients, qui ne se peuvent assez étonner que ce don Sanche ne l'éclaircisse pas du succès de son combat avec une parole, laquelle il lui pouvoit bien dire puisqu'il lui peut bien demander audience deux ou trois fois pour l'en éclaircir. A quoi l'on peut ajouter qu'il y a beaucoup d'injustice dans le transport de Chimène contre lui, qui l'avoit servie et obligée, et que si elle eût fait paroître sa douleur avec plus de tendresse et de civilité, elle eût plus excité de compassion qu'elle ne fait par ses violences. D'ailleurs il y pourroit avoir encore à redire à ce qu'ayant promis solennellement d'épouser celui qui la vengeroit de Rodrigue, maintenant qu'elle croit que don Sanche l'en a vengée, elle tranche nettement qu'elle ne lui tiendra point parole, et le paye d'injures et de refus, au lieu de se plaindre de sa mauvaise fortune, qui lui a ravi par son propre ministère celui qu'elle aimoit, et qui la livre à celui qu'elle ne pouvoit souffrir.

Dans la sixième scène, où elle avoue au Roi qu'elle aime Rodrigue, nous ne la blâmons pas, comme fait l'Observateur, de ce qu'elle l'avoue, mais de ce qu'oubliant la résolution qu'elle avoit faite, dans la quatrième scène du troisième acte, de ne point celer sa passion, pour sa plus grande gloire, elle semble l'avoir voulu dissimuler jusqu'alors, et par conséquent l'avoir jugée criminelle. Par cette inégalité de Chimène, le poëte fait douter s'il a connu l'importance de ce qu'il avoit fait dire lui-même :

Voyant que je l'adore, et que je le poursuis[1],

et laisse soupçonner qu'il ait mis cette généreuse pensée dans sa bouche, plutôt comme une fleur non nécessaire, que comme la plus essentielle chose qui servît à la constitution de son sujet.

Dans la suivante, nous trouvons qu'il lui fait faire une faute bien plus remarquable, en ce que, sans autre raison que celle de son amour, elle consent à l'injuste ordonnance de Fernand, c'est-à-dire à épouser celui qui avoit tué son père. Le poëte, voulant que ce poëme finît heureusement, pour suivre les règles de la tragi-comédie, fait encore en cet endroit que Chimène foule aux pieds celles que la nature a établies, et dont le mépris et la transgression doivent donner de l'horreur aux ignorants et aux habiles.

Quant au théâtre, il n'y a personne à qui il ne soit évident qu'il est mal entendu dans ce poëme, et qu'une même scène y représente plusieurs lieux. Il est vrai que c'est un défaut que l'on trouve en la plupart de nos poëmes dramatiques, et auquel il semble que la négligence des poëtes ait accoutumé les spectateurs. Mais l'auteur de celui-ci, s'étant mis si à l'étroit pour y faire rencontrer l'unité du jour, devoit bien aussi s'efforcer d'y faire rencontrer celle du lieu, qui est bien autant nécessaire que l'autre, et faute d'être observée avec soin, produit dans l'esprit des spectateurs autant ou plus de confusion et d'obscurité.

A l'examen de ce que l'Observateur appelle conduite, succède celui de la versification, laquelle ayant été reprise sans grand fondement en beaucoup de lieux, et passée pour bonne en beaucoup d'autres où il y avoit grand sujet de la condamner, nous avons jugé nécessaire, pour la satisfaction du public, de montrer en quoi la censure des vers a été bonne ou mauvaise, et en quoi l'Observateur eût eu encore juste raison de les reprendre. Toutefois nous n'avons pas cru qu'il nous fallût arrêter à tous ceux qui n'ont autre défaut que d'être foibles et rampants, le nombre desquels est trop grand et trop facile à connoître pour y employer notre temps.

1. Ce vers n'est pas exactement cité; il y a dans le Cid :
Sachant que je t'adore, et que je te poursuis. (Acte III, scène IV, vers 972.)

REMARQUES SUR LES VERS.

ACTE I.

SCÈNE PREMIÈRE.

> Entre tous ces amants dont la jeune ferveur.... (Tome III, p. 105, *var.*)

Ce mot de *ferveur* est plus propre pour la dévotion que pour l'amour; mais supposé qu'il fût aussi bon et cet endroit qu'*ardeur* ou *desir*, *jeune* s'y accommoderoit fort bien, contre l'avis de l'Observateur.

> Ce n'est pas que **Chimène** écoute leurs soupirs,
> Ou d'un regard propice anime leurs desirs. (Tome III, p. 106, *var.*)

La remarque de l'Observateur n'est pas considérable, qui juge qu'il falloit dire : *ou que d'un regard propice elle anime*, etc., parce que ces deux vers ne contiennent pas deux sens différents, pour obliger à dire : *ou qu'elle anime*.

> Elle n'ôte à pas un ni donne d'espérance. (*Ibidem.*)

Il falloit : *ni ne donne*, et l'omission de ce *ne*, avec la transposition de *pas un*, qui devroit être à la fin, font que la phrase n'est pas françoise.

> Don Rodrigue surtout n'a trait en son visage
> Qui d'un homme de cœur ne soit la haute image. (Vers 29 et 30.)

C'est une hyperbole excessive de dire que chaque trait d'un visage soit une image; et *haute* n'est pas un épithète propre en ce lieu; outre que *surtout* est mal placé, ce qui l'a fait paroître bas à l'Observateur.

> .... A passé pour merveille. (Vers 34.)

Cette façon de parler a été mal reprise par l'Observateur.

> Ses rides sur son front ont gravé ses exploits. (Vers 35.)

Les rides marquent les années, mais ne gravent point les exploits.

> L'heure à présent m'appelle au conseil qui s'assemble.
> (Tome III, p. 107, *var.* 3.)

A présent est bas et inutile, comme a remarqué l'Observateur, et *qui s'assemble* n'est pas inutile, comme il a cru.

SCÈNE SECONDE.

> Et que tout se dispose à leurs contentements! (Tome III, p. 107, *var.* 3.)

Il eût été mieux *à leur contentement*.

> Deux mots dont tous vos sens doivent être charmés.
> (Tome III, p. 108, *var.*)

Cela est mal repris par l'Observateur, parce qu'en poésie tous les sens signifient le sens intérieur, c'est-à-dire de l'âme, et que dans une extrême joie les sens extérieurs mêmes sont comme charmés.

> Puis-je à de tels discours donner quelque croyance? (*Ibidem.*)

Il valoit mieux dire : *à ce discours*, car n'ayant dit que deux mots, on ne peut pas dire qu'elle ait fait des discours.

SCÈNE TROISIÈME.

> L'informer avec soin comme va son amour. (Vers 64 *var.*)

L'Observateur a bien repris cet endroit. Il falloit dire : *vous informer d'elle*.

> Madame, toutefois.... (Vers 71.)

En cet hémistiche, *toutefois* est mal placé.

> .... Mets la main sur mon cœur,
> Et vois comme il se trouble au nom de son vainqueur. (Vers 83 et 84.)

En tout cet endroit, le nom de Rodrigue n'a point été prononcé. Elle veut peut-être entendre son nom par *ce jeune chevalier* (vers 82), mais il le désigne seulement, et ne le nomme pas.

> Mais je n'en veux point suivre où ma gloire s'engage. (Vers 97.)

Ce dernier mot ne dit pas assez pour signifier : *ma gloire court fortune*.

> A pousser des soupirs pour ce que je dédaigne. (Vers 118.)

Dédaigne dit trop pour sa passion, car en effet elle l'estimoit. Elle vouloit dire : *pour ce que je devrois dédaigner*.

> .... Je le crains, et souhaite. (Vers 121.)

L'usage veut que l'on répète l'article *le*, d'autant plus que les deux verbes sont de signification fort différente, et qu'autrement le mot de *souhaite*, sans l'article, fait attendre quelque chose ensuite.

> Ma gloire et mon amour ont tous deux tant d'appas,
> Que je meurs s'il s'achève et ne s'achève pas. (Vers 123 et 124 *var.*)

Le premier vers ne s'entend point, et le second est bien repris par l'Observateur. Il falloit : *s'il s'achève et s'il ne s'achève pas*, parce que cet *et* conjoint ce qui se doit séparer.

<blockquote>.... A vos esprits flottants. (Vers 131.)</blockquote>

L'Observateur a mal repris cet endroit, pource que les passions sont comme des vents qui agitent l'esprit, et donnent lieu à la métaphore; et quant au pluriel *esprits*, il se peut fort bien mettre en poésie pour signifier *l'esprit*.

<blockquote>Pour souffrir la vertu si longtemps au supplice. (Vers 134 *var.*)</blockquote>

Cette expression n'est pas achevée. On ne dit point : *souffrir quelqu'un au supplice*, mais bien : *souffrir que quelqu'un soit au supplice*; outre qu'*être au supplice* laisse une fâcheuse image en l'esprit.

<blockquote>Ma plus douce espérance est de perdre l'espoir. (Vers 135.)</blockquote>

Ce vers est beau, et l'Observateur l'a mis, pource qu'elle ne pouvoit rien espérer de plus avantageux pour sa guérison que de voir Rodrigue tellement lié à Chimène qu'elle n'eût plus lieu d'espérer sa possession.

<blockquote>Par vos commandements Chimène vous vient voir. (Vers 136.)</blockquote>

Ce vers est bas, et la façon de parler n'est pas françoise, pour ce qu'on ne dit point : *un tel vous vient voir par vos commandements*.

<blockquote>Cet hyménée à trois également importe. (Vers 145.)</blockquote>

Ce vers est mal tourné, et *à trois* après *hyménée*, dans le repos du vers, fait un fort mauvais effet.

SCÈNE QUATRIÈME.

<blockquote>Vous élève en un rang.... (Vers 152.)</blockquote>

Cela n'est pas françois; il faut dire : *élever à un rang*.

<blockquote>Mais le Roi m'a trouvé plus propre à son desir. (Vers 164 *var.*)</blockquote>

Ce n'est pas bien parler de dire : *plus propre à son desir*. Il falloit dire : *plus propre à son service*, ou bien : *plus selon son desir*.

<blockquote>Instruisez-le d'exemple.... (Vers 183.)</blockquote>

Cela n'est pas françois; il falloit dire : *instruisez-le par l'exemple de*, etc. *Ressouvenez* et *enseignez* ne sont pas bonnes rimes[1].

---

1. Les vers 183 et 184, dont l'Académie ne cite que le premier hémistiche, sont dans les premières éditions :

<blockquote>Instruisez-le d'exemple, et vous ressouvenez
Qu'il faut faire à ses yeux ce que vous enseignez.</blockquote>

.... Ordonner une armée. (Vers 189.)

Ce n'est pas bien parler françois, quelque sens qu'on lui veuille donner, et ne signifie point, ni mettre une armée en bataille, ni établir dans une armée l'ordre qui y est nécessaire.

Sans moi, vous passeriez bientôt sous d'autres lois,
Et si vous ne m'aviez, vous n'auriez plus de rois. (Vers 199 et 200 var.)

Il y a contradiction en ces deux vers, car par la même raison qu'ils passeroient sous d'autres lois, ils pourroient avoir d'autres rois.

Le Prince, pour essai de générosité. (Vers 203 var.)

L'Observateur reprend mal cet endroit, en ce qu'il dit qu'il y a quelque consonnance d'*essai* avec *générosité*, car il n'y en a point.

Gagneroit des combats.... (Vers 204 var.)

L'Observateur a repris cette façon de parler avec quelque fondement, pource qu'on ne sauroit dire qu'improprement : *gagner des combats*.

Parlons-en mieux, le Roi.... (Vers 221.)

L'Observateur a repris ce vers avec trop de rigueur, pour avoir la césure mauvaise, car cela se souffre quelquefois aux vers de théâtre, et même, en quelques lieux, a de la grâce dans les interlocutions, pourvu que l'on en use rarement.

Le premier dont la race a vu rougir son front[1].

L'Observateur a eu raison de remarquer qu'on ne peut dire : *le front d'une race*.

.... Mon âme est satisfaite,
Et mes yeux à ma main reprochent ta défaite. (Tome III, p. 118, var. 1.)

Il y a contradiction en ces deux vers, de dire en même temps que son âme soit satisfaite, et que ses yeux reprochent à sa main une défaite honteuse, et qui par conséquent lui doit donner du déplaisir.

SCÈNE CINQUIÈME.

Nouvelle dignité, fatale à mon bonheur!...
Faut-il de votre éclat voir triompher le Comte? (Vers 247 et 249.)

Triompher de l'éclat d'une dignité, ce sont de belles paroles qui ne signifient rien.

Qui tombe sur mon chef.... (Tome III, p. 119, var. 1.)

L'Observateur est trop rigoureux de reprendre ce mot de *chef*, qui n'est point tant hors d'usage qu'il dit.

1. Ce vers n'est pas cité exactement. Il y a dans *le Cid*
Le premier dont ma race ait vu rougir son front. (Vers 228.)

SCÈNE SIXIÈME.

Je le remets au tien pour venger et punir. (Vers 272.)

Venger et punir est trop vague, car on ne sait qui doit être vengé ni qui doit être puni.

.... Au surplus.... (Vers 275.)

Ce terme est bien repris par l'Observateur pour être bas, mais la faute est légère.

Se faire un.... rempart de.... funérailles. (Vers 278 *var.*)

L'Observateur a bien repris cet endroit, car le mot de *funérailles* ne signifie point des corps morts.

Plus l'offenseur est cher.... (Vers 285.)

L'Observateur a quelque fondement en sa répréhension, de dire que ce mot *offenseur* n'est pas en usage; toutefois, étant à souhaiter qu'il y fût, pour opposer à *offensé*, cette hardiesse n'est pas condamnable.

SCÈNE SEPTIÈME.

L'un échauffe mon cœur, l'autre retient mon bras. (Vers 304 *var.*)

Échauffer est un verbe trop commun à toutes les deux passions. Il en falloit un qui fût propre à la vengeance et qui le distinguât de l'amour, et même le mot de *flamme*, qui suit, semble le desirer plutôt pour la maîtresse que pour le père.

A mon aveuglement rendez un peu de jour. (Vers 314 *var.*)

L'Observateur n'a pas bien repris en cet endroit, pource que l'on peut dire *l'aveuglement*, pour *l'esprit aveuglé*.

Je dois à ma maîtresse aussi bien qu'à mon père. (Vers 322.)

Je dois est trop vague; il devoit être déterminé à quelque chose qui exprimât ce qu'il doit.

Allons, mon âme.... (Vers 329.)

L'Observateur n'a pas eu raison de blâmer cette façon de parler, pource qu'elle est en usage, et que l'on parle souvent à soi en s'adressant à une des principales parties de soi-même, comme *l'âme* et *le cœur*.

.... Et puisqu'il faut mourir. (Vers 329.)

Ces paroles ne sont pas une exclamation, comme le remarque l'Observateur, et ont un fort bon sens, puisqu'elles veulent dire que Rodrigue étant réduit à la nécessité de mourir, quoi qu'il pût arriver, il aime mieux mourir sans offenser Chimène qu'après l'avoir offensée.

.... Dont mon âme égarée. (Vers 335.)

L'Observateur n'a pas bien repris ce mot *égarée*, qui n'est point inutile, marquant le trouble de l'esprit.

Allons, mon bras.... (Vers 339.)

L'Observateur devoit plutôt reprendre *allons, mon bras*, qu'*allons, mon âme*, pource qu'encore que le bras se puisse quelquefois prendre pour la personne, il ne s'accorde pas bien avec *aller*.

Dois-je pas à mon père avant qu'à ma maîtresse? (Vers 342 *var*.)

Il fait la même faute qu'auparavant; il devoit déterminer ce qu'il devoit.

Je rendrai mon sang pur comme je l'ai reçu. (Vers 344.)

L'Observateur n'a pas bien repris cet endroit, car métaphoriquement le sang qui a été reçu des aïeux est souillé par les mauvaises actions. Et ce vers est fort beau.

ACTE II.

SCÈNE PREMIÈRE.

.... Quand je lui fis l'affront. (Vers 351 *var*.)

Il n'a pu dire: *je lui fis*, car l'action vient d'être faite; il falloit dire: *quand je lui ai fait*, puisqu'il ne s'étoit point passé de nuit entre deux.

Ce grand courage (vers 354), grandeur de l'offense (vers 358), grand crime (vers 366), et quelque grand qu'il fût (vers 367 *var*.).

L'Observateur est trop rigoureux de reprendre ces répétitions, dont la première n'est pas considérable, étant éloignée de cinq vers, et en la seconde la répétition, de *quelque grand qu'il soit*, est entièrement nécessaire et a même de la grâce.

Qui passent le commun des satisfactions. (Vers 360.)

Cette façon de parler est des plus basses, et peu françoise.

.... Sont plus que suffisants. (Vers 368.)

L'Observateur l'a bien repris, non pas en ce qu'il dit que cette façon de parler ne signifie rien, car elle est aisément entendue, mais en ce qu'elle est basse.

SCÈNE SECONDE.

> Sais-tu que ce vieillard fut la même vertu,
> La vaillance et l'honneur de son temps? le sais-tu? (Vers 399 et 400.)

On ne doit parler ainsi que d'un homme mort; car don Diègue étant vivant, son fils devoit croire qu'il étoit encore la vertu et l'honneur de son temps, et il devoit dire : *est la même vertu*, etc.

Le Comte répond : *peut-être*, mais c'est mal répondu; car absolument on doit savoir ou non quelque chose.

> .... Cette ardeur que dans les yeux je porte,
> Sais-tu que c'est son sang ?... (Vers 401 et 402.)

Une *ardeur* ne peut être appelée *sang*, par métaphore ni autrement.

> A quatre pas d'ici je te le fais savoir. (Vers 403.)

Après avoir dit ces mots, le grand discours qui suit, jusques à la fin de la scène, est hors de saison.

SCÈNE TROISIÈME.

> Elle a fait trop de bruit pour ne pas s'accorder. (Vers 463.)

L'Observateur a mal repris cet endroit, car on dit *s'accorder* pour *être accordé*.

> Et de ma part mon âme.... (Vers 465 *var.*)

Cela est mal dit; mais pour *fera l'impossible*, l'Observateur l'a mal repris, car l'usage a reçu *faire l'impossible*, pour dire : *faire tout ce qui est possible*.

> Les hommes valeureux le sont du premier coup. (Vers 483.)

L'Observateur n'a pas eu sujet de reprendre la bassesse du vers ni la phrase *du premier coup*, mais il le devoit reprendre comme impropre en ce lieu, puisqu'il se dit d'une action, et non d'une habitude.

> Les affronts à l'honneur ne se réparent point. (Vers 468 *var.*)

On dit bien : *faire affront à quelqu'un*, mais non pas : *faire affront à l'honneur de quelqu'un*.

> .... Quel comble à mon ennui ! (Vers 487.)

Cette phrase n'est pas françoise.

SCÈNE CINQUIÈME.

> Vous laissez choir ainsi ce glorieux courage ? (Vers 521.)

Contre l'opinion de l'Observateur, ce mot de *choir* n'est point si fort impropre en ce lieu qu'il ne se puisse supporter. Celui d'*abattre* eût été sans doute meilleur, et plus dans l'usage.

> Si dessous sa valeur ce grand guerrier s'abat. (Vers 532.)

L'Observateur a mal repris *s'abat*, et il n'y a point d'équivoque vicieuse avec *sabat*. Mais il devoit remarquer qu'il falloit dire *est abattu*, et non pas *s'abat*.

> .... Et ses nobles journées.
> Porter delà les mers ses hautes destinées. (Vers 541 et 542.)

L'Observateur a bien repris *ses nobles journées;* car on ne dit point : *les journées d'un homme*, pour exprimer les combats qu'il a faits, mais on dit bien : *la journée d'un tel lieu*, pour dire la bataille qui s'y est donnée. Et il devoit encore ajouter que *de nobles journées qui portent de hautes destinées au delà des mers* font une confusion de belles paroles qui n'ont aucun sens raisonnable.

> .... Arborer ses lauriers (Vers 543 *var.*)

est bien repris par l'Observateur, pource que l'on ne peut pas dire *arborer un arbre*. Le mot d'*arborer* ne se prend que pour des choses que l'on plante figurément en façon d'arbres, comme des étendards.

> Mais, Madame, voyez où vous portez son bras. (Vers 547.)

Cette façon de parler est si hardie qu'elle en est obscure.

> Je veux que ce combat demeure pour certain. (Vers 551 *var.*)

Outre que cette phrase est basse, elle est mauvaise, et l'auteur n'exprime pas bien par là : *je veux que ce combat se soit fait*.

> Votre esprit va-t-il point bien vite pour sa main? (Vers 552 *var.*)

Cette pointe est mauvaise.

> Que veux-tu? je suis folle, et mon esprit s'égare :
> Mais c'est le moindre mal que l'amour me prépare. (Vers 553 et 554 *var.*)

Il y a de la contradiction dans le sens de ces vers; car comment l'amour lui peut-il préparer un mal qu'elle sent déjà? Elle pouvoit bien dire : *c'est un petit mal à comparaison de ceux que l'amour me prépare*.

SCÈNE SIXIÈME.

> Je l'ai de votre part longtemps entretenu. (Vers 559.)

On dit bien : *je lui ai parlé de votre part*, ou bien : *je l'ai entretenu de ce que vous m'avez commandé de lui dire de votre part;* mais on ne peut dire : *je l'ai entretenu de votre part*.

> On l'a pris tout bouillant encor de sa querelle. (Vers 574.)

On ne peut dire : *bouillant d'une querelle*, comme on dit : *bouillant de colère*.

> J'obéis, et me tais; mais de grâce encor, Sire,
> Deux mots en sa défense.... (Vers 581 et 582).

Après avoir dit: *j'obéis et me tais*, il ne devoit point continuer de parler; car ce n'est pas se vouloir taire que de demander à dire deux mots en sa défense.

> Et c'est contre ce mot qu'a résisté le Comte. (Vers 586 *var.*)

Résister contre un mot n'est pas bien parler françois; il eût pu dire: *s'obstiner sur un mot*.

> Il trouve en son devoir un peu trop de rigueur,
> Et vous obéiroit, s'il avoit moins de cœur. (Vers 587 et 588.)

Don Sanche pèche fort contre le jugement en cet endroit, d'oser dire au Roi que le Comte trouve trop de rigueur à lui rendre le respect qu'il lui doit, et encore plus quand il ajoute qu'il y auroit de la lâcheté à lui obéir.

> Commandez que son bras, nourri dans les alarmes. (Vers 589.)

On ne peut dire: *un bras nourri dans les alarmes*, et il a mal pris en ce lieu la partie pour le tout.

> Vous perdez le respect; mais je pardonne à l'âge,
> Et j'estime l'ardeur en un jeune courage. (Vers 593 et 594.)

Le Roi estime sans raison cette ardeur qui fait perdre le respect à don Sanche; c'étoit beaucoup de lui pardonner.

> A quelques sentiments que son orgueil m'oblige,
> Sa perte m'affoiblit, et son trépas m'afflige. (Vers 645 et 646.)

Toutes les parties de ce raisonnement sont mal rangées, car il falloit dire: *à quelque ressentiment que son orgueil m'ait obligé, son trépas m'afflige, à cause que sa perte m'affoiblit*.

SCÈNE SEPTIÈME.

> Par cette triste bouche elle empruntoit ma voix, etc. (Vers 680.)

Chimène paroît trop subtile, en tout cet endroit, pour une affligée.

> Moi, dont les longs travaux ont acquis tant de gloire,
> Moi, que jadis partout a suivi la victoire. (Vers 701 et 702.)

Don Diègue devoit exprimer ses sentiments devant son roi avec plus de modestie.

> L'orgueil dans votre cour l'a fait presque à vos yeux,
> Et souillé sans respect l'honneur de ma vieillesse. (Vers 708 et 709 *var.*)

Il falloit dire: *et a souillé*, car *l'a fait* ne peut pas régir *souillé*.

> Du crime glorieux qui cause nos débats,
> Sire, j'en suis la tête, il n'en est que le bras. (Vers 723 *var.* et 724.)

On peut bien donner une tête et des bras à quelques corps figurés, comme par exemple à une armée, mais non pas à des actions, comme des crimes, qui ne peuvent avoir ni têtes ni bras.

> Et loin de murmurer d'un injuste décret,
> Mourant sans déshonneur, je mourrai sans regret. (Vers 731 *var.* et 732.)

Il offense le Roi, le croyant capable de faire un décret injuste; mais il pouvoit dire : *loin d'accuser d'injustice le décret de ma mort.*

> .... Qu'un meurtrier périsse. (Vers 738.)

Ce mot de *meurtrier*, qu'il répète souvent le faisant de trois syllabes, n'est que de deux.

ACTE III.

SCÈNE PREMIÈRE.

> ELVIRE.
> Jamais un meurtrier en fit-il son refuge?
> RODRIGUE.
> Jamais un meurtrier s'offrit-il à son juge (Vers 749 et 750 *var.*)

Soit que Rodrigue veuille consentir au sens d'Elvire, soit qu'il y veuille contrarier, il y a grande obscurité en ce vers, et il semble qu'il conviendroit mieux au discours d'Elvire qu'au sien.

SCÈNE SECONDE.

> Employez mon épée à punir le coupable ;
> Employez mon amour à venger cette mort. (Vers 778 et 779.)

La bienséance eût été mieux observée, s'il se fût mis en devoir de venger Chimène sans lui en demander la permission.

SCÈNE TROISIÈME.

> Pleurez, pleurez, mes yeux, etc. (Vers 799.)

Cet endroit n'est pas bien repris par l'Observateur; car cette phrase : *fondez-vous en eau*, ne donne aucune vilaine idée comme il dit. Il eût été mieux, à la vérité, de dire : *fondez-vous en larmes.* Et à bien considérer ce qui suit, encore qu'il semble y avoir quelque confusion, toutefois il ne s'y trouve point trois moitiés, comme il estime.

SENTIMENTS DE L'ACADÉMIE SUR *LE CID*.

Si je pleure ma perte et la main qui l'a faite. (Vers 806.)

On ne peut dire : *la main qui a fait la perte*, pour dire : *la main qui l'a causée;* car c'est Chimène qui a fait la perte, et non pas la main de Rodrigue. Ce n'est pas bien dit aussi : *je pleure la main*, pour dire : *je pleure de ce que c'est cette main qui a fait le mal*.

.... En ce dur combat de colère et de flamme. (Vers 817.)

Flamme en ce lieu est trop vague pour désigner l'*amour*, l'opposant à *colère*, où il y a du feu aussi bien qu'en l'amour.

Il déchire mon cœur sans partager mon âme. (Vers 818.)

L'Observateur l'a bien repris, car cela ne veut dire sinon : *il déchire mon cœur sans le déchirer*.

.... Quoi que mon amour ait sur moi de pouvoir. (Vers 819.)

Cette façon de parler n'est pas françoise; il falloit dire : *quelque pouvoir que mon amour ait sur moi*.

Rodrigue m'est bien cher, son intérêt m'afflige. (Vers 822.)

Ce mot *intérêt*, étant commun au bien et au mal, ne s'accorde pas justement avec *afflige*, qui n'est que pour le mal. Il falloit dire : *son intérêt me touche*, ou : *sa peine m'afflige*.

Mon cœur prend son parti; mais contre leur effort,
Je sais que je suis fille, et que mon père est mort. (Vers 823 et 824 *var.*)

C'est mal parler de dire : *contre leur effort, je sais que je suis fille*, pour *j'oppose à leur effort la considération que je suis fille, et que mon père est mort*.

.... N'en pressez point d'effet[1]. (Vers 840.)

Il falloit dire : *l'effet*.

....Quoi? j'aurai vu mourir mon père entre mes bras! (Vers 831 *var.*)

Elle avoit dit auparavant qu'il étoit mort quand elle arriva sur le lieu.

SCÈNE QUATRIÈME.

Soûlez-vous du plaisir de m'empêcher de vivre. (Vers 850 *var.*)

Cette phrase : *empêcher de vivre*, est trop foible pour dire : *de me faire mourir*, principalement en lui présentant son épée afin qu'elle le tue.

Quoi? du sang de mon père encor toute trempée! (Vers 858.)

L'Observateur est trop rigoureux de reprendre ce vers à cause du sem-

---

1. Cet hémistiche se trouve dans la première édition du *Cid*. Nous ne l'avons pas noté dans nos variantes : il nous a paru que *d*, pour *l*, pouvait bien être une faute d'impression.

blable qui est en autre lieu : ce n'est point stérilité, si l'on n'en veut accuser Homère et Virgile, qui répètent plusieurs fois de mêmes vers.

.... Sans quitter l'envie. (Vers 869.)

L'Observateur ne devoit point reprendre cette phrase, qui se peut souffrir.

.... Et veux tant que j'expire. (Vers 893.)

Cela n'est pas françois, pour dire : *jusqu'à tant que j'expire.*

.... D'avoir fui l'infamie. (Vers 906.)

Fui est de deux syllabes.

Perdu et *éperdu*[1] ne peuvent rimer, à cause que l'un est le simple, et l'autre le composé.

Aux traits de ton amour ni de ton désespoir. (Vers 956.)

Ce vers est beau, et a été mal repris par l'Observateur, et *effets*, au lieu de *traits*, n'y seroit pas bien, comme il pense.

Va, je ne te hais point. non. Tu le dois.... (Vers 963.)

Ces termes : *tu le dois*, sont équivoques; on pourroit entendre : *tu dois ne me point haïr;* toutefois la passion est si belle en cet endroit, que l'esprit se porte de lui-même au sens de l'auteur.

Malgré des feux si beaux, qui rompent ma colère. (Vers 931 *var.*)

Il passe mal d'une métaphore en une autre; et ce verbe *rompre* ne s'accommode pas avec *feux.*

Vigueur, vainqueur, trompeur et *peur.* (Vers 1011, 1012, 1015 et 1016.)

L'Observateur a tort d'accuser ces rimes d'être fausses. Il vouloit dire seulement qu'elles sont trop proches les unes des autres, ce qui n'est pas considérable.

SCÈNE CINQUIÈME.

.... Mes ennuis cessés. (Vers 1024.)

L'Observateur a mal repris cet endroit; *cessés* est bien dit en poëme pour *apaisés* ou *finis.*

SCÈNE SIXIÈME.

Où fut jadis l'affront.... (Vers 1038, var. a.)

L'Observateur a bien repris en ce lieu le mot de *jadis*, qui marque un temps trop éloigné.

1. Voyez vers 923 et 924 *var.*

SENTIMENTS DE L'ACADÉMIE SUR *LE CID*.

> L'honneur vous en est dû : les cieux me sont témoins
> Qu'étant sorti de vous, je ne pouvois pas moins. (Vers 1039 et 1040 *var.*)

Il prend hors de propos les cieux à témoins, en ce lieu.

> L'amour n'est qu'un plaisir, et l'honneur un devoir. (Vers 1059.)

Il falloit dire : *l'amour n'est qu'un plaisir, l'honneur est un devoir;* car *n'est que* ici ne régit pas *un devoir;* autrement il sembleroit que, contre son intention, il les voulût mépriser l'un et l'autre.

> Et vous m'osez pousser à la honte du change! (Vers 1062.)

Ce n'est point bien parler, pour dire : *vous me conseillez de changer;* on ne dit point : *pousser à la honte.*

> La flotte etc.,
> Vient surprendre la ville.... (Vers 1073 et 1074.)

Il falloit dire : *vient pour surprendre,* pource que celui qui parle est dans la ville, et est assuré qu'il ne sera point surpris, puisqu'il sait l'entreprise, sans être d'intelligence avec les ennemis.

> .... Et le peuple en alarmes. (Vers 1077.)

Il falloit dire : *en alarme,* au singulier.

> Venoient m'offrir leur vie à venger ma querelle. (Vers 1082 *var.*)

Il eût été bon de dire : *venoient s'offrir à venger ma querelle;* mais disant : *venoient m'offrir leur vie,* il falloit dire : *pour venger ma querelle.*

ACTE IV.

SCÈNE TROISIÈME.

> L'effroi de Grenade et Tolède. (Vers 1226.)

Il falloit répéter le *de,* et dire : *de Grenade et de Tolède.*

> .... Épargne ma honte. (Vers 1229.)

Cela ne signifie rien, car *honte* n'est pas bien pour *pudeur* ou *modestie.*

> Et le sang qui m'anime.... (Vers 1234.)

L'Observateur n'a pas bien repris cet endroit, puisque tous les poëtes ont usé de cette façon de parler, qui est belle.

APPENDICE.

Sollicita mon âme encor toute troublée.(Vers 1246.)

Sollicita mon âme seulement n'est pas assez dire; il falloit ajouter de quoi elle avoit été sollicitée.

.... Leur brigade étoit prête. (Vers 1249.)

Contre l'avis de l'Observateur, le mot de *brigade* se peut prendre pour un plus grand nombre que de *cinq cents*. Il est vrai qu'en terme de guerre, on n'appelle *brigade* que ce qui est pris d'un plus grand corps, et quelquefois on peut appeler *brigade* la moitié d'une armée, que l'on détache pour quelque effet, mais en terme de poésie on prend *brigade* pour *troupe* de quelque façon que ce soit.

Et paroître à la cour eût hasardé ma tête. (Vers 1250 *var.*)

Il falloit dire : *c'eût été hasarder ma tête;* car on ne peut faire un substantif de *paroître*, pour régir *eût hasardé*.

.... Marcher en si bon équipage. (Vers 1261 *var.*)

L'Observateur a eu raison de dire qu'il eût été mieux de mettre *en bon ordre*, qu'*en bon équipage*, car ils alloient au combat, et non pas en voyage; mais il a tort de dire que le mot d'*équipage* soit vilain.

J'en cache les deux tiers, aussitôt qu'arrivés. (Vers 1263.)

Cette façon de parler n'est pas françoise; il falloit dire : *aussitôt qu'ils furent arrivés*, ou : *ils furent cachés aussitôt qu'arrivés*.

Les autres au signal de nos vaisseaux répondent[1].

Ce vers est si mal rangé, qu'on ne sait si c'est *le signal des vaisseaux* ou si *des vaisseaux on répond au signal*.

.... Et leurs terreurs s'oublient. (Vers 1294.)

L'Observateur n'a pas plus de raison de condamner *s'oublient* que *s'accorder*, comme il a été remarqué auparavant[2].

Rétablit leur désordre.... (Vers 1296.)

On ne ne dit point : *rétablir le désordre*, mais bien : *rétablir l'ordre*.

Nous laissent pour adieux des cris épouvantables. (Vers 1314 *var.*)

On ne dit point: *laisser un adieu*, ni : *laisser des cris*, mais bien : *dire adieu*, et : *jeter des cris*, outre que les vaincus ne disent jamais adieu aux vainqueurs.

1. Le vers est :

Les nôtres, au signal, de nos vaisseaux répondent. (Vers 1285 *var.*)

2. Voyez plus haut, p. 489 (acte II, scène III).

SCÈNE QUATRIÈME.

Contrefaites le triste.... (Vers 1337.)

L'Observateur n'a pas eu raison de reprendre cette façon de parler, qui est en usage; mais il est vrai qu'elle est basse dans la bouche du Roi.

.... Au milieu des lauriers[1].

L'Observateur n'a pas eu sujet de blâmer l'auteur d'avoir parlé huit ou dix fois de *lauriers*, dans un poëme de si longue étendue.

SCÈNE CINQUIÈME.

Si de nos ennemis Rodrigue a le dessus,
Il est mort à nos yeux des coups qu'il a reçus. (Vers 1339 et 1340.)

Quand un homme *est mort*, on ne peut dire qu'il *a le dessus* des ennemis, mais bien : *il a eu*.

.... Reprends ton allégresse. (Vers 1349.)

Le Roi proposeroit mal à propos à Chimène qu'elle *reprît son allégresse*, si elle n'avoit fait paroître plus d'amour pour Rodrigue que de ressentiment pour la mort de son père.

Sire, ôtez ces faveurs, qui terniroient sa gloire. (Vers 1421 *var.*)

Cela n'est pas bien dit pour signifier : *ne lui faites point de ces faveurs qui terniroient sa gloire;* car on ne peut dire : *ôter des faveurs*, que celles que peut donner ou ôter une maîtresse, mais ce n'est pas ainsi que s'entendent *les faveurs* en ce lieu.

ACTE V.

SCÈNE PREMIÈRE.

Mon amour vous le doit, et mon cœur qui soupire
N'ose sans votre aveu sortir de votre empire. (Vers 1469 et 1470.)

Cette expression : *qui soupire*, est imparfaite; il falloit dire : *qui souvire*

---

1. Cette remarque n'est point ici à sa place; l'hémistiche : « au milieu des lauriers » est au Ier acte (scène 1, vers 32) ; mais c'est à la suite de sa critique sur le vers 1337 que Scudéry a blâmé, d'une manière générale, la répétition trop fréquente du mot *lauriers*, *laurier* : voyez plus haut, p. 460 et 461.

APPENDICE.

pour vous, et par le second vers il semble qu'il demande plutôt permission de changer d'amour que de mourir.

Va combattre don Sanche, et déjà désespère. (Vers 1478.)

Il eût été plus à propos d'ajouter à *désespérer* ou : *de la victoire*, ou : *de vaincre*, car le mot *désespère* seul semble ne dire pas assez tout seul[1].

Quand mon honneur y va.... (Vers 1528 var.)

Cette phrase a déjà été reprise; il falloit dire : *quand il y va de mon honneur*.

SCÈNE SECONDE.

Mon cœur ne peut obtenir dessus mon sentiment[2]. Cela est mal dit pour exprimer : *mon cœur ne peut obtenir de lui-même;* car il distingue le *cœur* du *sentiment*, qui en ce lieu ne sont qu'une même chose.

SCÈNE TROISIÈME.

Que ce jeune seigneur endosse le harnois. (Vers 1620 var.)

L'Observateur ne devoit point reprendre cette phrase, qui n'est point hors d'usage, comme les termes qu'il allègue.

Puisse l'autoriser à paroître apaisée. (Vers 1626 var.)

Ce vers ne signifie pas bien : *puisse lui donner lieu de s'apaiser sans qu'il y aille de son honneur*.

SCÈNE QUATRIÈME.

Et mes plus doux souhaits sont pleins d'un repentir. (Vers 1648 var.)

Il falloit mettre plutôt : *pleins de repentir*, car le mot de *pleins* ne s'accorde pas avec *un;* et puis le repentir n'est pas dans les souhaits, mais il peut suivre les souhaits. Il falloit dire : *sont suivis de repentir*.

Mon devoir est trop fort, et ma perte trop grande;
Et ce n'est pas assez, pour leur faire la loi. (Vers 1678 et 1679.)

On peut bien dire : *faire la loi à un devoir*, pour dire : *le surmonter*, mais non pas : *à une perte*.

Et le ciel, ennuyé de vous être si doux. (Vers 1695 var.)

Cela dit trop pour une personne dont on a tué le père le jour précédent.

---

1. Il y a bien *seul* à la fois et *tout seul* dans le texte original.
2. Le texte est :

.... Faut-il que mon cœur se prépare
S'il ne peut obtenir dessus mon sentiment! (Vers 1578 et 1579 var.)

SENTIMENTS DE L'ACADÉMIE SUR *LE CID*.

.... De son côté me penche. (Vers 1701.)

Il falloit dire : *me fasse pencher;* ce verbe n'est point actif, mais neutre.

SCÈNE CINQUIÈME.

Madame, à vos genoux j'apporte cette épée. (Vers 1705 *var.*)

On peut bien *apporter une épée aux pieds* de quelqu'un, mais non pas *aux genoux.*

Ministre déloyal de mon rigoureux sort. (Tome III, p. 193 *var.*)

Don Sanche n'étoit point *déloyal,* puisqu'il n'avoit fait que ce qu'elle lui avoit permis de faire, et qu'il ne lui avoit manqué de foi en nulle autre chose.

Le cinquième article des *Observations* comprend les larcins de l'auteur, qui sont punctuellement ceux que l'Observateur a remarqués. Mais il faut tomber d'accord que ces traductions ne font pas toute la beauté de la pièce ; car outre que nous remarquons qu'en bien peu des choses imitées il est demeuré au-dessous de l'original, et qu'il en a rendu quelques-unes meilleures qu'elles n'étoient, nous trouvons encore qu'il y a beaucoup de pensées qui ne cèdent en rien à celles du premier auteur.

Tels sont les sentiments de l'Académie françoise, qu'elle met au jour, plutôt pour rendre témoignage de ce qu'elle pense sur *le Cid,* que pour donner aux autres des règles de ce qu'ils en doivent croire. Elle s'imagine bien qu'elle n'a pas absolument satisfait, ni l'auteur, dont elle marque les défauts, ni l'Observateur, dont elle n'approuve pas toutes les censures, ni le peuple, dont elle combat les premiers suffrages. Mais elle s'est résolue, dès le commencement, à n'avoir point d'autre but que de satisfaire à son devoir; elle a bien voulu renoncer à la complaisance pour ne pas trahir la vérité, et de peur de tomber dans la faute dont elle accuse ici le poëte, elle a moins songé à plaire qu'à profiter. Son équitable sévérité ne laissera pas de contenter ceux qui aimeront mieux le plaisir d'une véritable connoissance que celui d'une douce illusion, et qui n'apporteront pas tant de soin pour s'empêcher d'être utilement détrompés qu'ils semblent en avoir pris jusques à cette heure pour se laisser tromper agréablement. S'il est ainsi, elle se croit assez récompensée de son travail. Comme elle cherche leur instruction et non pas sa gloire, elle ne demande pas qu'ils prononcent en public contre eux-mêmes. Il lui suffit qu'ils se condamnent en particulier et qu'ils se rendent en secret à leur propre raison. Cette même raison leur dira ce que nous leur disons, sitôt qu'elle pourra reprendre sa première liberté ; et secouant le joug qu'elle s'étoit laissé mettre par surprise, elle éprouvera qu'il n'y a que les fausses et imparfaites beautés qui soient proprement de courtes tyrannies; car les passions violentes, bien exprimées, font souvent en ceux qui les voient une partie de l'effet qu'elles font en ceux qui les ressentent véritablement. Elles ôtent à tous la liberté de l'esprit, et font que les uns se plaisent à voir représenter les fautes que les autres se plaisent à commettre. Ce sont ces puissants mouvements qui ont tiré des spectateurs du *Cid* cette grande approbation, et qui doivent aussi la faire excuser. L'auteur s'est facilement rendu maître de leur âme, après y avoir excité le trouble et l'émotion; leur esprit, flatté par quelques endroits agréables, est devenu aisément flatteur de tout le reste, et les charmes éclatants de quelques parties leur ont donné de l'amour pour tout le corps. S'ils eussent été moins ingénieux, ils eussent été moins sensibles : ils eussent vu les défauts que nous voyons en cette pièce, s'ils ne se fussent point trop arrêtés à en regarder les beautés ; et si on leur peut faire quelque reproche, au moins n'est-ce pas celui qu'un ancien poëte faisoit aux Thébains, quand il disoit qu'ils étoient trop grossiers pour être trompés. Et sans mentir, les savants mêmes doivent souffrir avec quelque indulgence les irrégularités d'un ouvrage qui n'auroit pas eu le bonheur d'agréer si fort au commun s'il n'avoit des grâces qui ne sont pas communes. Ils doivent penser que l'abus étant si grand dans la plupart de nos poëmes dramatiques, il y auroit peut-être trop de rigueur à condamner absolument un homme pour n'avoir pas surmonté la foiblesse ou la négligence de son siècle, et à estimer qu'il n'auroit rien fait du tout parce qu'il n'auroit point fait de miracles. Toutefois ce qui l'excuse ne le justifie pas, et les fautes mêmes des anciens, qui semblent devoir être respectées pour leur vieillesse, ou si on l'ose dire, pour leur immortalité, ne peuvent pas défendre les siennes. Il est vrai que celles-là ne sont presque considérées qu'avec révérence, d'autant que les unes, étant faites devant les règles, sont nées libres et hors de leur juridiction, et que les autres, par une longue durée, ont comme acquis une prescription légitime. Mais cette faveur, qui à peine met à couvert ces grands hommes, ne passe point jusques à leurs successeurs. Ceux qui viennent après eux héritent bien de leurs richesses, mais non pas de leurs priviléges, et les vices d'Euripide ou de Sénèque ne sauroient faire approuver ceux de Guillem de Castro. L'exemple de cet auteur espagnol seroit peut-être plus favorable à notre auteur françois, qui s'étant comme engagé à marcher sur ses pas, sembloit le devoir suivre également parmi les épines et parmi les fleurs, et ne le pouvoit abandonner, quelque bon ou mauvais chemin qu'il tînt, sans une espèce d'infidélité. Mais outre que les fautes sont estimées volontaires quand on se les rend nécessaires volontairement, et que lorsqu'on choisit une servitude, on la doit au moins choisir belle, il a bien fait voir lui-même, par la liberté qu'il s'est donnée, de changer plusieurs endroits de ce poëme, qu'en ce qui regarde la poésie, on demeure encore libre après cette sujétion. Il n'en est pas de même dans l'histoire, qu'on est obligé de rendre telle qu'on la reçoit. Il faut que la créance qu'on lui donne soit aveugle, et la déférence que l'historien doit à la vérité le dispense de celle que le poëte doit à la bienséance. Mais comme cette vérité a peu de crédit dans l'art des beaux mensonges, nous pensons qu'à son tour elle y doit céder à la bienséance, qu'être inventeur et imitateur n'est ici qu'une même chose, et que le poëte françois qui nous a donné *le Cid* est coupable de toutes les fautes qu'il n'y a pas corrigées. Après tout, il faut avouer qu'encore qu'il ait fait choix d'une matière défectueuse, il n'a pas laissé de faire éclater en beaucoup d'endroits de si beaux sentiments et de si belles paroles, qu'il a en quelque sorte imité le ciel, qui en la dispensation de ses trésors et de ses grâces, donne indifféremment la beauté du corps aux méchantes âmes et aux bonnes. Il faut confesser qu'il y a semé un bon nombre de vers excellents, et qui semblent avec quelque justice demander grâce pour ceux qui ne le sont pas. Aussi les aurions-nous remarqués particulièrement, comme nous avons fait les autres, n'étoit qu'ils se découvrent assez d'eux-mêmes, et que d'ailleurs nous craindrions qu'en les ôtant de leur situation, nous ne leur ôtassions une partie de leur grâce, et que commettant une espèce d'injustice pour vouloir être trop justes, nous ne diminuassions leurs beautés, à force de les vouloir faire paroitre. Ce qu'il y a de mauvais dans l'ouvrage n'a pas laissé même de produire de bons effets, puisqu'il a donné lieu aux *Observations* qui ont été faites dessus, et qui sont remplies de beaucoup de savoir et d'élégance : de sorte qu'on peut dire que ses défauts ont été utiles, et que sans y penser, il a profité aux lieux où il n'a su plaire. Enfin nous concluons qu'encore que le sujet du *Cid* ne soit pas bon, qu'il pèche dans son dénouement, qu'il soit chargé d'épisodes inutiles, que la bienséance y manque en beaucoup de lieux, aussi bien que la bonne disposition du théâtre, et qu'il y ait beaucoup de vers bas et de façons de parler impures, néanmoins la naïveté et la véhémence de ses passions, la force et la délicatesse de plusieurs de ses pensées, et cet agrément inexplicable qui se mêle dans tous ses défauts, lui ont acquis un rang considérable entre les poëmes françois de ce genre qui ont le plus donné de satisfaction. Si son auteur ne doit pas toute sa réputation à son mérite, il ne la doit pas toute à son bonheur, et la nature lui a été assez libérale pour excuser la fortune si elle lui a été prodigue.

III

EXTRAITS DE LA CRITIQUE QUI A POUR TITRE :

LE JUGEMENT DU CID,

COMPOSÉ PAR UN BOURGEOIS DE PARIS,

marguillier de sa paroisse[1].

... Scudéry fait un examen des vers, et s'arrête en des choses qui ne valent pas la censure, ou qui ne la méritent pas. Il fait un crime d'avoir dit[2] : *a passé pour merveille;* il s'amuse à condamner *à présent, deux mots dont tous vos sens doivent être charmés;* que « ce mot *au surplus* est de chicane[3]; » *des yeux fondus en eau, faire l'impossible pour ne pas s'accorder, du premier coup, ce guerrier s'abat,* trouvant de la rencontre avec *sabat;* et cependant tout cela se peut bien dire ; mais je le trouve bien injuste à reprendre :

Je rendrai mon sang pur comme je l'ai reçu (vers 344),

qui est à mon gré un des plus beaux vers du *Cid,* car il fait allusion à la noblesse du sang, laquelle il dit qu'il ne tachera point par une lâcheté ; puis à condamner *le sang qui m'anime,* comme si cela n'étoit pas bien dit, encore que l'on sache bien que l'âme n'est pas au sang ; par conséquent, il ne faudroit pas dire : *animé de colère,* à cause que l'âme n'est pas dans la colère. Pour *la brigade étoit prête,* Scudéry, qui se fait si grand guerrier et se moque des autres de n'entendre pas les termes de la guerre, a fort mal à propos repris ce terme, alléguant que cinq cents hommes font un trop grand nombre pour une brigade, puisque quelquefois une bonne partie d'une armée s'appelle *brigade.* Il devoit seulement dire que *brigade* est toujours une partie d'un plus grand corps, et que cinq cents hommes assemblés en un lieu, n'étant point pris d'un plus grand nombre, ne pouvoient s'appeler *brigade....*

---

1. Voyez tome III, p. 38 et 39, et note 3 de la page 38. — Les deux extraits que nous donnons de ce *Jugement* se trouvent, le premier aux pages 11-13, le second aux pages 17-21 de l'édition originale. Dans le *Recueil de dissertations* publié par Granet (1740), ils sont, l'un aux pages 105 et 106, l'autre aux pages 108-111 du tome I.
2. Voyez ci-dessus, p. 456-458.
3. Voyez p. 457. — Nous reproduisons exactement le texte des anciennes éditions, mais il est sans doute altéré. Ne faut-il pas, après *charmes,* continuer les régimes de *condamner,* et lire : « *au surplus,* disant que ce mot *au surplus* est de chicane ; *des yeux fondus en eau,* » etc. ?

JUGEMENT DU *CID* PAR UN BOURGEOIS DE PARIS.

.... Ce que je trouverois encore plus à reprendre en cette pièce est qu'une bonne partie est pleine de pointes si étranges, que ce devoit être là le principal sujet des *Observations*, avec les mauvaises façons de parler que Scudéry a peut-être oubliées pour faire plaisir à son ami, comme, en passant, j'alléguerai ce vers :

> Elle n'ôte à pas un ni donne d'espérance. (Tome III, p. 106 *var.*)

Cela n'est point bien parler.
Mais voici de belles pensées :

> Don Rodrigue surtout n'a trait en son visage
> Qui d'un homme d'honneur ne soit la haute image. (Vers 29 et 30.)

Il dit qu'autant de traits de son visage sont autant d'images d'un homme de cœur : voyez combien d'images, ou plutôt combien de visages dans ce visage. Et un peu après, *ces rides qui ont gravé les exploits de don Diègue sur son front* me font imaginer que l'on y voit les batailles gagnées et les places prises tracées par les lignes que font les rides : comme si celles d'un homme de guerre et celles d'un laboureur étoient fort différentes. L'infante dit à Léonor :

> .... Mets la main sur mon cœur,
> Et vois comme il se trouble au nom de son vainqueur (Vers 83 et 84);

et toutefois ce nom n'a point été prononcé.
Mais laissons beaucoup de choses moins considérables, pour en venir aux pointes de Chimène dans sa plus grande affliction. En demandant justice au Roi[1], elle s'amuse à pointiller sur les pensées que peut avoir le sang de son père, et à dire :

> .... Qui tout sorti fume encor de courroux
> De se voir répandu pour d'autres que pour vous. (Vers 663 et 664.)

Mais ce sang qui sait connoître pour quel sujet il est versé, et qui est fort fâché de ce que ce n'est pas pour le Roi, sait bien encore plus, car il sait écrire et même sur la poussière, et écrit le devoir de Chimène. Je n'ai point su à la vérité en quels termes ni en quels caractères, dont j'ai grand regret, car cette curiosité étoit belle à savoir. Voilà un sang qui sait faire des merveilles; mais voici une valeur qui fait bien autre chose, même après la mort de celui qui la possédoit. Voyez où elle s'est mise, et en quel état. Voici les vers :

> Ou plutôt sa valeur en cet état réduite
> Me parloit par sa plaie, et hâtoit ma poursuite ;
> Et pour se faire entendre au plus juste des rois,
> Par cette triste bouche elle empruntoit ma voix. (Vers 677-680.)

Cette valeur, premièrement, prend un corps fantastique; puis elle se

---

1. Nous suivons ici le texte de 1740. L'édition originale a une virgule après *affliction*, et un point après *au Roi*.

met à l'ouverture de cette plaie, parle par ce trou, et appelle Chimène; puis l'auteur se reprend, et dit que toutefois cette valeur ne parle pas, mais se sert de la bouche de cette plaie pour parler, et enfin, par cette bouche elle emprunte la voix de Chimène. Voyez que de détours! Cet homme mort, ne pouvant plus parler, emprunte la voix de sa valeur, sa valeur emprunte la bouche de sa plaie, et la plaie emprunte la voix de Chimène. Il faut avoir bien de l'esprit pour faire ces fictions et avoir ces belles pensées, même en une telle occasion, où Chimène devoit avoir l'esprit bien étourdi. Elle dit en un autre endroit :

> Quoi ? j'aurai vu mourir mon père entre mes bras (vers 831 *var.*),

et ne se souvient pas qu'elle a dit qu'il étoit mort quand elle y arriva, et par une pointe :

> J'arrivai sur le lieu, sans force et sans couleur :
> Je le trouvai sans vie [1]....

Elle aime tant cette pointe, qu'un peu après elle répète :

> J'arrivai donc sans force, et le trouvai sans vie (vers 674 *var.*),

puis ajoute : *il ne me parla point.* Elle trouve fort étrange qu'étant mort, il ne lui parlât point....

1. Le texte exact est :
> J'ai couru sur le lieu, sans force et sans couleur :
> Je l'ai trouvé sans vie.... (Vers 667 et 668.)

IV

EXTRAITS DE LA

SECONDE DISSERTATION

CONCERNANT LE POËME DRAMATIQUE,

EN FORME DE REMARQUES SUR LA TRAGÉDIE DE M. CORNEILLE

INTITULÉE *SERTORIUS*.

(Par l'abbé d'Aubignac. Paris, 1663, in-12[1].)

.... Nous voyons encore ici des répétitions importunes, comme *demander la main, donner la main, refuser la main*, pour dire : « rechercher un mariage, y consentir ou le rejeter, » et cela se dit tant de fois qu'enfin l'oreille en est fatiguée et l'esprit ennuyé[2]. Cette phrase n'est pas même bien juste ni particulière pour cette signification ; car l'union des mains exprime communément toutes sortes d'alliances et de sociétés, dont elle est le symbole ordinaire ; mais elle n'est employée si souvent que pour en composer une mauvaise pointe, tantôt avec la tête, tantôt avec le cœur, ou par quelque autre occasion, et faire écrier le parterre, qui pense entendre quelque chose de bien fin, parce qu'il entend les paroles sur lesquelles est fondé ce mauvais jeu....

.... Encore ne puis-je oublier que les premiers vers dont Perpenna veut expliquer l'incertitude de son esprit ne sont autre chose qu'un galimathias en belles paroles, comme en celles-ci :

.... Et que veut dire
Que mon cœur sur mes vœux garde si peu d'empire ?
(Acte I, scène 1, vers 1 et 2.)

Je demanderois volontiers à M. Corneille qui est celui *qui veut dire*, quel homme, quel agent, quel sentiment entre dans cette construction pour

---

1. Voyez tome VI, p. 459. — Les trois fragments que nous donnons de cette *Dissertation* sont aux pages 80 et 81, 82 et 83, 88-94 de l'édition originale. Dans le *Recueil* de Granet, ils se trouvent aux pages 269 et 270, 270 et 271, 276-281.
2. Cet emploi du mot *main*, qui est critiqué par d'Aubignac, est en effet très-fréquent dans *Sertorius*. Nous ne l'y avons pas vu avec *demander*, mais souvent avec *donner*, une fois avec *refus*, plusieurs fois avec *offrir* ou d'autres mots. Voyez les vers 276, 322, 325, 358, 372, 392, 598, 988, 1045, 1053, 1149, 1216, 1245, 1300, 1556, 1763, 1774, 1788.

sauver les petites règles de la grammaire françoise. Et comment est-ce qu'un cœur garde quelque empire sur des vœux? Cela forme-t-il quelque idée, et peut-on y comprendre quelque chose par la signification des termes? Les quatorze autres vers qui suivent, et même en toute la scène, sont de cette sorte. Cependant le parterre ne laisse pas d'éclater quand on croit avoir attrapé quelque antithèse ou quelque métaphore, et j'estime ces gens-là bien heureux de prendre tant de plaisir à des choses où d'autres un peu mieux instruits ne connoissent rien.

.... Il est temps de dire un mot sur les vers, et de finir. Je ne veux point répéter qu'il s'en trouve d'assez beaux, et beaucoup d'endroits agréables, bien touchés et dignes de M. Corneille, car tout le monde en est si bien persuadé qu'il n'est point nécessaire de les remarquer ici. Il ne faut pas néanmoins estimer qu'ils soient tous de même trempe, et M. Corneille ne devoit pas les négliger, comme il a fait en mille lieux. Il s'imagine que ces taches servent de relief aux beautés de son ouvrage, mais je trouve au contraire que ce mélange les corrompt, et gâte tout, comme je sens bien que mon plaisir en est toujours affoibli.

On y voit une infinité d'endroits obscurs par un mauvais assemblage de paroles ou par des métaphores accumulées qui confondent les idées, et ne forment en notre esprit que des riens éclatants, comme de dire qu'une *âme divisée tout à coup d'avec soi-même reprend la chaîne mal brisée de ses remords* (acte I, scène I, vers 13 et 14).

Que sa première flamme en haine convertie.... (Acte I, scène II, vers 162.)

Est-ce une métaphore achevée? L'un des termes est physique et naturel, et l'autre moral, et l'art ne souffre point que l'on puisse joindre ensemble des choses de deux ordres si différents. La flamme se peut éteindre et ne laisser que de la cendre froide, et l'amour peut se changer en haine; mais comment se peut faire cette conversion de flamme en haine? Pour en former quelque idée, il faut avoir à l'esprit quatre choses, dont il y en a deux qui ne sont point dans le vers, feu et froid, amour et haine, et les brouiller ensemble pour en prendre quelque sens qui demeure toujours confus.

Un commerce rampant de soupirs et de flammes[1].

Y eût-il jamais métaphore plus impropre que de faire ramper des soupirs et des flammes qui s'élèvent incessamment et ne peuvent s'abaisser que par une violence extraordinaire?

J'adore les grands noms que j'en ai pour otages,
Et vois que leur secours, nous rehaussant le bras,
Auroit bientôt jeté la tyrannie à bas. (Acte I, scène III, vers 318-320.)

N'est-ce point là un franc galimathias, que le secours d'un nom rehausse le bras pour abattre la tyrannie; il peut encourager et fortifier l'esprit,

---

1. Le texte est :

Ce commerce rampant de soupirs et de flammes.
(Acte I, scène III, vers 286.)

mais non pas remuer un bras et le rehausser, et c'est néanmoins un de ces brillants qui dupent le parterre.

A-t-on jamais dit qu'*un exil enveloppé d'ennuis l'emporte sur un autre* (acte II, scène 1, vers 375 et 376)? Voilà une nouvelle enveloppe; il ne falloit que mettre *accompagné*.

> Et laisse à ma pudeur des sentiments confus,
> Que l'amour-propre obstine à douter du refus.
> (Acte II, scène 1, vers 383 et 384.)

Qui peut entendre comment l'amour-propre obstine des sentiments confus qu'un amant laisse à la pudeur pour douter du refus? Il faut aller bien vite pour suivre un histrion qui récite ces paroles et les comprendre.

Qui s'est avisé, pour exprimer que l'on aime par ambition et non pas par tendresse de cœur, de dire qu'*un feu d'amour attaché aux soins de la grandeur dédaigne tout mélange avec la folle ardeur des sens* (acte II, scène 1, vers 403 et 404)?

> Et voir leur fier amas de puissance et de gloire
> Brisé contre l'écueil d'une seule victoire. (*Ibidem*, vers 433 et 434.)

Qui jamais a fait d'une victoire un écueil contre lequel un fier amas de puissance et de gloire s'est brisé? Ce sont là de ces merveilles dont les habiles ont pitié quand le parterre s'écrie.

> Et si votre valeur, sous le pouvoir d'autrui,
> Ne sème point pour vous lorsqu'elle agit pour lui.
> (Acte III, scène 1, vers 875 et 876.)

Je n'entends pas bien comment la valeur sème pour un homme sous le pouvoir d'autrui en agissant pour un autre. Cette métaphore n'est pas moins impropre qu'obscure.

> Et si d'une offre en l'air votre âme encor frappée
> Veut bien s'embarrasser du rebut de Pompée.
> (Acte IV, scène II, vers 1221 et 1222.)

Voilà une belle chose, qu'une âme frappée d'une offre en l'air s'embarrasse d'un rebut. J'en passe une infinité de même force.

Où peut-on voir des rudesses et des cacophonies plus insupportables?

> Tour à tour la victoire, autour d'eux en furie. (Acte I, scène 1, vers 29.)

Il ne falloit que mettre :

> La victoire incertaine, autour d'eux en furie.

> N'arboreront-ils point l'étendard de Pompée? (Acte I, scène 1, vers 106.)

Il ne falloit que dire : *n'élèveront-ils point*, etc. Il ne faut point affecter un mot rude, quand on en peut trouver un autre plus doux de même signification.

> Si par l'une ou par l'autre il veut se ressaisir. (Acte I, scène III, vers 255.)

Voilà un mot dont la chicane n'a encore introduit que le simple.

> Vous ravaleriez-vous jusques à la bassesse? (Acte I, scène III, vers 281.)

Pour ôter la rudesse du premier hémistiche, il falloit mettre :

> Vous abaisseriez-vous jusques à la foiblesse

N'ont-ils tous ni vertu? etc. (Acte II, scène I, vers 414.)

Voilà bien des *t. t.*

Suivant qu'on m'aime ou hait, j'aime ou hais à mon tour.
(Acte III, scène II, vers 995.)

Voilà des monosyllabes bien durs et difficiles à prononcer.

Après t'être immolé chez toi ton général. (Acte V, scène IV, vers 1719.)

Voilà encore bien des *t. t.*, et qui ne sont guère agréables. Il me semble que j'entends la réponse de ce capitaine de l'un des quartiers de Paris, auquel, durant les barricades, plusieurs personnes étant venues dire que l'on tendoit les chaînes par toute la ville, s'écria, tout en colère, en ces termes : « Qu'attend-on tant? que ne les tend-on? »

On a peine à haïr quand on a bien aimé. (Acte I, scène III, vers 263.)

Voilà trois voyelles, *à haïr*, qui font bâiller longtemps; il n'avoit qu'à mettre :

On ne hait pas sitôt quand on a bien aimé[1].

M. Corneille a de ces négligences en toutes les pages de ses œuvres, et pour les éviter, il ne faudroit que s'en rapporter au jugement de ses oreilles; car c'est un organe dont Cicéron dit que le tribunal est très-sévère, et je m'étonne qu'il ait blâmé cette façon de parler dans sa défense[2] : c'est qu'il n'a pas lu cet auteur classique et qu'il a cru que je l'avois inventée; mais s'il en use ainsi, il court fortune de frapper souvent les innocents, et d'offenser les plus excellents auteurs de l'antiquité, qui m'ont appris des choses que je me suis rendues propres par le travail.

Je pourrois ajouter ici toutes les autres mauvaises façons de parler de M. Corneille, les dictions impropres, les bassesses, et autres semblables vices de la langue, mais je m'en suis rebuté par le nombre, qui m'a lassé l'esprit....

1. Le texte est :

On a peine à haïr ce qu'on a bien aimé.

2. Donneau de Vizé, dans sa *Defense de* Sophonisbe, défense que d'Aubignac attribue à Corneille, avait ainsi raillé la métaphore dont parle ici le critique : « Je n'ai pu m'empêcher de rire lorsque vous dites que cet amas d'honnêtes gens.... a un tribunal secret dans les oreilles. » (*Recueil* de Granet, tome I, p. 161.) Après la réponse de d'Aubignac, de Visé ne se tint pas pour battu sur ce point, mais il lui répondit en ces termes dans sa *Defense de* Sertorius : « Vous me blâmez.... d'avoir repris le *tribunal dans les oreilles*, et dites que je n'ai pas lu Cicéron.... Cicéron ne dit point que nous en ayons un dans les oreilles; mais bien que nos oreilles peuvent porter jugement. J'en demeure d'accord avec lui; mais comme vous condamnez jusqu'aux moindres métaphores de M. de Corneille, je n'ai pas cru vous devoir laisser dire que nous avions un tribunal dans les oreilles, sans vous en dire un mot. » (*Ibidem*, tome I, p. 354 et 355.) — Cicéron dit dans l'*Orator* (chapitre XLIX), et c'est sans doute de ce passage qu'il est ici question : *Rerum verborumque judicium prudentiæ est; vocum autem et numerorum aures sunt judices.*

V

EXTRAIT DE LA

TROISIÈME DISSERTATION

CONCERNANT LE POËME DRAMATIQUE,

EN FORME DE REMARQUES SUR LA TRAGÉDIE DE M. CORNEILLE

INTITULÉE L'*OEDIPE.*

(Par l'abbé d'Aubignac. Paris, 1663, in-12 [1].)

ACTE I.

Thésée, parlant de la peste de Thèbes à Dircé, lui dit :

> Mon bras sur moi du moins enfoncera les coups
> Qu'aura son insolence élevés jusqu'à vous. (Scène 1, vers 43 et 44.)

Je ne remarque pas la rudesse des *m. m.* qui sont aux monosyllabes du premier hémistiche, ni la mauvaise construction de ces paroles ; je ne remarque point encore que ces termes : *enfoncera sur moi*, disent le contraire de ce que l'auteur entend, car vraisemblablement il entend que le bras enfoncera les coups dans le corps, et non pas sur le corps : on n'enfonce point sur une superficie, on ne fait que la toucher et on enfonce dans la profondeur. Mais qui peut comprendre le sens de ces deux vers par les paroles ? Que l'insolence de la peste élève des coups jusqu'à une personne que le bras d'un autre enfonce sur soi-même ? On s'imagine attraper le sens quand les paroles frappent l'oreille ; mais à la première réflexion, on n'en trouve plus, ou bien il faut avoir tant d'esprit que l'on puisse entendre, non pas ce que les paroles signifient, mais ce que le poëte a voulu dire ; il faut deviner ce qu'il devoit penser : ceux-là sont bienheureux qui peuvent aller si loin.

---

1. Voyez tome VI, p. 459. — Le présent extrait est la fin, moins le dernier alinéa, de la *Dissertation.* Il se trouve aux pages 86-109 de l'édition originale, et dans le *Recueil* de Granet, au tome II, p. 55-69.

Pour moi, je confesse ma foiblesse, et je ne puis entendre un homme quand ses paroles ne disent pas ce qu'il a pensé.

Contre une ombre chérie avec tant de fureur. (Scène I, vers 56.)

Voilà bien aimer à la mode des précieuses : *furieusement*. Est-il possible que M. Corneille renonce maintenant aux expressions nobles, et qu'il s'abandonne par négligence ou par déréglement à celles que les honnêtes gens et la scène du Palais-Royal ont traitées de ridicules ?

S'il est vertu pour nous, que le ciel n'a formées
Que pour le doux emploi d'aimer et d'être aimées. (Scène I, vers 65 et 66.)

C'est véritablement donner un bel emploi aux femmes, et M. Corneille a raison de le nommer *doux*, mais sans y faire d'autre réflexion, je ne regarde que le premier hémistiche, qui n'est pas françois : *S'il est vertu pour nous*. Cela n'a point de sens ni propre ni figuré. Il faut dire : *S'il y a des vertus*, ou : *S'il est des vertus*. C'est trop se gêner l'esprit et contraindre son style, pour mal exprimer ce que l'on pense.

Le sang a peu de droits dans le sexe imbécile. (Scène III, vers 225.)

Ces paroles nous font concevoir que les filles ne peuvent prétendre une couronne, par les droits du sang ; mais elles ne le signifient pas, et pour le connoître, il ne faut que former la proposition contraire : *Le sang a beaucoup de droits dans le sexe fort*. Cela seroit-il supportable en un autre poëte dont le grand nom n'auroit pas encore formé l'estime ? Et pourquoi dire : *peu de droits*, quand il s'agit d'une couronne ? Si elle tombe en quenouille, une fille y peut avoir tout le droit, et si elle n'y tombe pas, une fille n'y peut rien avoir, de sorte que ce n'est point peu de droits, mais tout ou rien. Enfin le galimathias est court, mais il est joli, que *le sang a peu de droits dans un sexe*.

ACTE II.

La fermeté de l'un par l'autre est épuisée. (Scène IV, vers 715.)

Je ne cherche point quel est cet un ou cet autre, parce que cela se trouveroit ridicule en la personne d'un héros qui aime ; il n'y a point deux fermetés, c'est une imagination bien nouvelle que de mettre une fermeté d'amant et une fermeté de héros ; il faudroit un autre galimathias pour expliquer celui-ci. Je remarque seulement que l'on n'a jamais dit : *une fermeté épuisée*, sans mal parler, car ce qui s'épuise doit être liquide, afin de s'écouler et de sortir du vaisseau qui le retient, et ce qui est ferme n'a pas de besoin d'être retenu dans aucun vaisseau, demeurant de lui-même en sa consistance naturelle. M. Corneille se devoit souvenir de cette philosophie la plus commune, que les choses liquides ne se peuvent contenir dans leurs propres termes ; et que les sèches, qui sont les fermes, s'y contiennent d'elles-mêmes naturellement, et que partant elles ne peuvent être épuisées : c'est assembler dans le discours deux termes qui font deux idées incompatibles.

> Qui peut-être à vos yeux viendra trancher mes jours,
> Si mon sang répandu ne lui tranche le cours. (Scène iv, vers 741 et 742.)

Il parle de la peste en cet endroit; et par une vicieuse répétition du mot de *trancher*, qui ne porte aucune grâce, il dit que *du sang tranchera le cours de la peste*. Combien faut-il former d'idées métaphoriques dans l'esprit pour avoir l'idée de ces paroles? Il faut que la peste coure, il faut que quelque chose vienne trancher ce cours, et il faut que du sang soit cette chose qui tranche. Je m'assure que Messieurs de l'Académie ne seront pas les admirateurs de cette beauté.

> D'avoir prêté mon crime à faire votre mort. (Scène iv, vers 750.)

En vérité c'est une étrange façon de parler, qu'une personne *prête un crime pour faire la mort* d'un autre : c'est un prêt bien nouveau, et c'est une mort faite d'une nouvelle façon; mais c'est un de ces vers dont il faut deviner le sens pour entendre les paroles.

ACTE III.

> Impitoyable soif de gloire,
> Dont l'aveugle et noble transport
> Me fait précipiter ma mort
> Pour faire vivre ma mémoire. (Scène i, vers 779-782.)

Voilà certes de beaux mots, et je ne trouve pas étrange que ceux qui les écoutent sans y faire réflexion en soient ravis; mais a-t-on jamais ouï dire que *le transport aveugle d'une soif impitoyable fasse précipiter une mort et fasse vivre une mémoire?* Les métaphores de Nerveze[1], qui passent pour les dernières extravagances d'une mauvaise imagination, n'ont jamais été plus vicieuses et plus ridicules. Est-il possible que M. Corneille ait été maître de son esprit en composant ces vers? Quelle convenance a-t-il pu s'imaginer entre l'aveuglement et la soif? comment la fait-il transportée? Comment la concevra-t-il sans pitié? Comment pourra-t-elle précipiter une mort? Comment donnera-t-elle la vie à une mémoire? Voilà de grandes qualités et de nouveaux effets attribués à la soif. Je ne crois pas que l'on puisse faire un mélange moins compréhensible.

> Ne crains pas qu'une ardeur si belle
> Ose te disputer un cœur
> Qui de ton illustre rigueur
> Est l'esclave le plus fidèle. (Scène i, vers 789-792.)

Mais nous avons en ces vers bien d'autres merveilles que celles que je viens d'expliquer; car voici cette même soif, qu'il nomme une *illustre*

---

1. Antoine de Nerveze, qui publia tout à la fin du seizième siècle, et surtout dans les premières années du dix-septième, des ouvrages romanesques (*Aventures...*, *Amours....*), des *Lettres consolatoires*, des *Discours funèbres*, etc.

rigueur, qui a *un cœur esclave à qui la belle ardeur ne l'ose disputer*. Tout cela n'est pas fort raisonnable à qui veut entendre ce qu'un poëte dit, et qui veut se former des idées justes et claires sur ses paroles. Il n'étoit point nécessaire de suivre cette première métaphore, et d'y joindre toutes les autres, qui n'y portent que de la confusion et continuent un galimathias éclatant, mais incapable de tromper ceux qui ne sauroient voir clair s'il n'est jour.

Je passe le reste de ces stances, qui partout sont pitoyables, et les productions d'un transport aveugle; et néanmoins, parce qu'elles finissent presque toutes par quelque apparence de pointe, elles piquent l'imagination des spectateurs, qui sans y faire d'autre réflexion, se persuadent que le commencement est fort beau, puisque la fin leur chatouille l'oreille.

> Vous qui l'êtes encor, vous savez ce que c'est,
> Et jusqu'où nous emporte un si haut intérêt.
> Si je n'en ai le rang, j'en garde la teinture. (Scène II, vers 923-925.)

O la belle teinture! si nous pouvions savoir de quelle couleur elle est et à quoi elle convient : il s'agit de la qualité de reine, et Dircé dit à Jocaste, qui l'est encore; qu'elle connoît bien jusqu'où ce haut intérêt peut emporter son esprit; et elle ajoute que si elle n'en a pas le rang, elle en garde la teinture. Mais je demande : est-ce la teinture de cet intérêt qu'elle a, ou de cet être de reine; et comment les peut-on mettre ni l'un ni l'autre en couleur? Qui peut teindre un intérêt, qui peut teindre un être de reine? A-t-on jamais lu dans aucun poëte une métaphore plus éloignée de la raison, qui veut y trouver de la convenance avec la chose? ni plus contraire à l'art, qui veut que cette figure puisse former quelque idée de la chose, et du nouveau terme qu'il lui applique? On donne bien à l'âme la teinture des vices et des vertus, parce qu'on les regarde comme des qualités agréables ou fâcheuses; mais d'attribuer la teinture à l'être de reine ou à l'intérêt, j'avoue la foiblesse de mon imagination, je ne le puis faire, parce que je n'y trouve point de rapport, et je ne crois pas qu'il y ait aucun esprit assez bon teinturier pour les mettre ni l'un ni l'autre en couleur.

> La colère des Dieux et l'amas de leurs haines. (Scène III, vers 978.)

Cette métaphore n'est pas meilleure que celle dont nous venons de parler; mais je commence à m'en rebuter, et je me contente de m'écrier : ô témérité de nos poëtes! ô stupidité de notre siècle! C'est la même faute quand il dit à Thésée que *les soupirs d'un mourant ont peu de lumière pour lui* (acte III, scène V, vers 1090 et 1091), et à Œdipe qu'*il a fait la conquête d'un bandeau* (acte V, scène IV, vers 1782).

> Et notre volonté n'aime, hait, cherche, évite,
> Que suivant que d'en haut leur bras la précipite.
> (Scène V, vers 1165 et 1166.)

Où vit-on jamais de plus méchants et de plus rudes vers? et quelle est cette métaphore? On dit bien que les Dieux inclinent, conduisent et poussent notre volonté, mais non pas qu'ils la précipitent, car ce seroit la contraindre, et j'ai bien envie de rire quand je me représente la volonté humaine faire un si beau saut.

CONCERNANT LE POËME DRAMATIQUE.

> Mais j'oserai vous dire, à bien juger des choses,
> Que pour avoir reçu la vie en votre flanc,
> J'y dois avoir sucé fort peu de votre sang.
> Celui du grand Laïus, dont je m'y suis formée,
> Trouve bien qu'il est doux d'aimer et d'être aimée. (Scène II, vers 874-878.)

En cet endroit Dircé parle à Jocaste, sa mère, avec tant d'insolence et même avec tant d'extravagance, qu'il n'est personne de bon sens qui le puisse supporter, vu même que sa mère ne travailloit qu'à lui conserver la vie. Je n'en veux pourtant faire observer que ces vers, qui montrent une grande impertinence d'une fille envers sa mère, et bien contraire à la vérité. Je ne puis comprendre comment M. Corneille lui fait dire qu'un enfant suce fort peu du sang de sa mère tandis qu'il est dans son sein, et qu'il est plus redevable à celui du père. Je ne veux point expliquer cette différence pour ne rien dire de fâcheux ; mais un enfant, qui ne vit durant neuf mois que du sang de sa mère et qui ne reçoit pas une goutte de celui de son père, ne peut faire ce discours que très-mal à propos. Et où jamais a-t-on ouï dire que l'enfant se forme lui-même du sang de son père dans le sein de sa mère, comme ce vers le porte bien clairement :

> Celui du grand Laïus, dont je me suis formée ?

C'est la mère ou la nature qui forme l'enfant, et pour cela il étoit bien aisé de mettre : *dont vous m'avez formée*, ou bien : *dont les Dieux m'ont formée*.

Encore est-il, à mon avis, contre la pudeur qu'une fille autorise sa passion amoureuse des inclinations que le sang de son père lui donne, et qu'elle se vante d'y trouver de la douceur, en disant :

> Trouve bien qu'il est doux d'aimer et d'être aimée.

Le reste de cette scène seroit trop long à examiner, et peut-être ennuyeux.

ACTE IV.

> Et laissoit doucement corrompre sa fierté
> A l'espoir renaissant de ma perplexité. (Scène I, vers 1207 et 1208.)

O la belle chose que l'espoir d'une perplexité qui corrompt la fierté d'une douceur! Qui la peut entendre, qui l'a pu dire, qui l'a seulement osé imaginer? Mais comment l'imaginer quand tous ces mots ensemble ne sauroient former aucune image ? C'est à peu près comme il parle ailleurs, quand il veut que l'on détache l'amertume du sort le plus doux ; et ailleurs encore, que la flamme ne voit plus d'apparence dans les périls. Mais j'y renonce, et je vous supplie, Madame, de me pardonner si je ne continue point à marcher dans ces obscurités vicieuses et ces embarras importuns. Il faudroit copier cette tragédie toute entière pour vous en faire observer tous les défauts; car où les figures ne gâtent pas l'ouvrage, les mauvais vers le défigurent; j'en coterai seulement quelques-uns, qui vous feront juger des autres.

Je doute fort que nos poëtes rigoureux approuvent que M. Corneille ait rimé *assiege* à *privilege*[1], mais il est certain que la prononciation n'a rien de conforme, au moins à Paris ; je ne sais pas comment on prononce ces mots en Normandie. Les modernes ont condamné ces rimes d'écriture dans Ronsard et dans ceux de son temps ; mais le nom de M. Corneille est en possession de faire passer pour bonnes les choses qui ne le sont pas.

Appeler une misère *vaste*[2] est, à mon avis, un terme nouveau et bien hardi ; j'aimerois mieux *grande, âpre, rude, dure*, et vingt autres mots semblables que nous avons. *Vaste* porte l'idée d'une grande étendue de lieu, et même d'un lieu vide ; et *misère* est d'une grandeur de qualité par la peine et la douleur qui remplit l'âme, et occupe tous les sentiments, de sorte que ces deux termes confondent leurs images et ne font point de beauté.

J'ai perdu temps[3] ; il faut dire : *j'ai perdu mon temps* ou *le temps*. Je m'en rapporte à Messieurs de l'Académie, dont il observe mal les régularités, bien qu'il en soit.

Si je laisse plein calme et pleine joie ici. (Acte I, scène v, vers 400.)

Il falloit dire : *un plein calme et une pleine joie* ; et pour faire le vers on pouvoit mettre :

Si je laisse un plein calme et le repos ici ;

ou bien :

Si je laisse la joie et le repos ici.

Il ne faut pas si légèrement pécher contre la langue, quand même le vers auroit été plus difficile à faire.

De l'air dont jusqu'ici ce peuple m'a traitée.
(Acte II, scène 1, vers 437.)

Ce n'est pas là une phrase propre pour exprimer comment un peuple se gouverne envers une reine : on ne dit point que les sujets traitent leur souverain d'un air ; cette parole est trop mince pour expliquer un mépris, une rébellion populaire ; elle n'est bonne que dans les petits intérêts ou dans les galanteries ; on en doit employer de plus nobles et de plus fortes en ces grandes matières.

Il éteindra ma vie avant que mon amour. (Acte II, scène II, vers 544.)

Je pense que cette façon de parler est du pays de Caux, car elle n'est ni de Paris ni de la cour. On dit : *avant mon amour*, et non pas : *avant que* ; ou bien : *plutôt que mon amour* ; ou bien ajouter quelque chose[4], comme : *avant que mon amour s'éteigne* ; ou bien, pour faire le vers :

Il éteindra ma vie et non pas mon amour.

Ne me ravalez point jusqu'à cette bassesse. (Acte II, scène IV, vers 676.)

---

1. Acte I, scène 1, vers 17 et 18. — Les deux mots, selon l'usage du temps, sont sans accent dans l'édition originale.
2. Acte I, scène 1, vers 25. — 3. Acte I, scène IV, vers 281.
4. Tel est le texte et de l'édition originale et du *Recueil* de Granet. L'auteur ou l'imprimeur ont omis quelques mots, comme : « on doit, on pourroit, il faut. »

M. Corneille aime bien cette façon de parler, que j'ai déjà remarquée dans le *Sertorius*, où il dit :

> Vous ravaleriez-vous jusqu'à cette bassesse[1] ?

Il ne faut pas tant aimer les mauvaises choses.

> Leur devoir violé doit-il rompre le mien ? (Acte II, scène IV, vers 686.)

Cette seconde métaphore : *rompre un devoir*, n'a point de rapport à la première : *violer un devoir*. Cela brouille trop les idées et n'a point de nouvelle grâce, et cette façon de parler n'est pas trop bien françoise. On voit bien que M. Corneille veut dire : pour avoir violé leur devoir, ils ne doivent pas m'obliger à manquer au mien, ou à violer le mien ; mais les termes ne le portent pas, et ce n'est point parler proprement que de dire qu'un devoir violé en rompt un autre ; on pouvoit mettre :

> S'ils ne font leur devoir, dois-je manquer au mien ?

On prépare à demain ; il falloit mettre : *pour demain*. Nous disons *remettre à demain*, parce que l'action est différée jusqu'au jour suivant ; mais on dit *préparer pour demain*, parce que l'action de préparer est présente, et ce que l'on dispose se fait dès le jour présent ; et ce que l'on diffère au lendemain, c'est l'exécution, et non pas la préparation.

> Et le Roi même, encor que vous l'ayez bravé. (Acte III, scène II, vers 836.)

Il falloit employer un mot plus noble, et il n'échoit pas en ce lieu de donner de la bravoure à une fille de vingt ans contre un roi de quarante ans, son beau-père ; il falloit dire : *fâché, méprisé, outragé, offensé*, et autres semblables.

> Vous offre sur ce point liberté toute entière. (Acte III, scène II, vers 838.)

Notre langue veut qu'on ajoute l'article prépositif, et que l'on dise : *la liberté ;* mais M. Corneille affecte si souvent ces fautes contre la grammaire françoise, qu'il répète celle-ci deux fois dans la même scène.

Et ailleurs :

> Dites que vos vertus sont crimes déguisés. (Acte III, scène V, vers 1143.)

Il falloit mettre : *sont des crimes ;* autrement ce n'est pas parler françois.

> Je sais sur ces grands cœurs ce qu'il se fait d'empire.
> (Acte III, scène II, vers 881.)

Voilà une étrange façon de parler pour dire : *je sais bien quel empire l'amour acquiert* ou *se donne sur un grand cœur ;* mais *ce qu'il se fait d'empire* est une phrase inouïe, et dont je ne crois pas que les petits grimauds du Parnasse se voulussent servir après M. Corneille, bien qu'il soit leur idole....

---

1. La citation n'est pas tout à fait exacte, voyez ci-dessus, p. 507.

NOTICE BIBLIOGRAPHIQUE.

I°

OUVRAGES DE CORNEILLE.

I. — MANUSCRITS.

A. LETTRES AUTOGRAPHES.

A M. Goujon :
   Voyez tome X, p. 419.

A M. d'Argenson :
   Voyez tome X, p. 419.

A M. de Zuylichem (2 lettres) :
   Voyez tome X, p. 420 et 421.

A M. Dubuisson :
   Voyez tome X, p. 421.

Au R. P. Boulart (4 lettres) :
   Voyez tome X, p. 421 et 422.

A M. Pellisson :
   Voyez tome X, p. 422.

A M. l'abbé de Pure (5 lettres) :
   Voyez tome X, p. 422.

A Colbert :
   Voyez tome X, p. 423.

A Rotrou (lettre apocryphe) :
   Voyez tome X, p. 416-418.

B. HYMNES DE SAINTE GENEVIÈVE, AUTOGRAPHES.

Voyez tome IX, p. 615.

C. EXEMPLAIRE ANNOTÉ PAR CORNEILLE.

Imitation de Jésus-Christ, 1658, in-4, avec des corrections manuscrites de Corneille :

Voyez tome VIII, p. xxi, note 1.

D. EXEMPLAIRES AVEC ENVOIS DE CORNEILLE.

Le Cid, 1637 :

Voyez tome VIII, p. xvii, note 2.

Théâtre, 1664 :

Voyez tome I, la *Notice biographique,* au commencement.

Imitation de Jésus-Christ, 1656, in-4 (3 exemplaires avec envois) :

Voyez tome VIII, p. xvi et xvii.

II. — IMPRIMÉS.

1. ŒUVRES DÉTACHÉES.

Nous avons décrit en détail les premières éditions des divers ouvrages de Corneille dans les *Notices* que nous leur avons consacrées ; nous n'aurons donc, la plupart du temps, qu'à en rappeler les titres et à renvoyer aux volumes et aux pages où se trouvent les descriptions. En réimprimant chaque ouvrage, nous avons dû, dans la série à laquelle il appartient, le classer suivant la date probable de sa composition ; ici, nous plaçant exclusivement au point de vue bibliographique, nous suivons rigoureusement l'ordre de publication. Parmi les nombreuses réimpressions récentes des pièces de Corneille faites pour le théâtre ou les classes, nous ne mentionnerons que celles qui sont accompagnées d'un travail d'éditeur ou dont le titre porte quelque mention particulière.

Quant aux versions en langues étrangères, nous nous contenterons d'indiquer, à la suite de chaque pièce, celles qui sont parvenues à notre connoissance. La composition d'une bibliographie sûre et complète de traductions de Corneille ne serait possible que si, dans chaque pays, on avait entrepris une étude spéciale du genre de celle qu'un ami de feu M. Hachette, M. J. van Lennep, éminent écrivain hollandais, a faite, il y a quelques années, sur les versions hollandaises, à la demande de notre regrettable éditeur. Cette étude, que l'auteur a enrichie de beaucoup de détails intéressants et d'extraits curieux des préfaces, des dédicaces, etc., est trop considérable pour que nous puissions songer à lui donner place ici; mais nous indiquerons du moins sommairement les traductions qui y sont mentionnées. Pour les versions allemandes, anglaises et espagnoles, nous avons eu des informations prises à Berlin à la Bibliothèque royale, à Londres au *British Museum*, et à Madrid à la Bibliothèque nationale[1]. Nous nous sommes servi en outre de divers répertoires bibliographiques, entre autres de celui de Graesse (*Trésor de livres rares et précieux, etc.*, Dresde, 1861, 6 vol. in-4), de la dernière édition de celui de Lowndes, revue par Bohn (*The bibliographer's Manual of english literature, etc.*, Londres 1864, 6 vol. in-8), du *Manuel du bibliographe normand*, par Edouard Frère.... (Rouen, 1857-1860, 2 vol. in-8.)

A. THÉÂTRE.

Clitandre, 1632, in-8, tome I, p. 257. — Jouxte la copie imprimée à Paris, 1689, in-12. — Suivant la copie imprimée à Paris, 1689, in-12.

Mélite, 1633, in-4, tome I, p. 133. — Paris, Iacq. de Loges, 1633, in-12. — Jouxte la copie imprimée à Paris, 1688, in-12. — Suivant la copie imprimée à Paris, 1688, in-12.

> Traduction anglaise : *Melite, a comedy translated from the French*, London, 1776, in-8.

La Vefve, 1634, in-8, tome I, p. 373 et 374. — Jouxte la copie imprimée à Paris, 1689, in-12. — Suivant la copie imprimée à Paris, 1689, in-12.

La Galerie du Palais, 1637, in-4, tome II, p. 9. — Jouxte la copie imprimée à Paris, 1689, in-12. — Suivant la copie imprimée à Paris, 1689, in-12.

La Place Royalle, 1637, in-4, tome II, p. 219. — Jouxte la copie im-

---

[1]. Pour les communications que nous avons reçues d'Espagne, nous devons des remerciments, et les offrons ici bien sincèrement, au savant poëte, M. Hartzenbusch, directeur de la Bibliothèque nationale de Madrid; et pour celles qui nous sont venues d'Allemagne, à un Français demeurant à Berlin, M. Ch. Marelle, traducteur de H. Heine et auteur de gracieuses poésies.

primée à Paris, 1688, in-12. — Suivant la copie imprimée à Paris, 1688, in-12.

La Suivante, 1637, in-4, tome II, p. 115. — Jouxte la copie imprimée à Paris, 1689, in-12. — Suivant la copie imprimée à Paris, 1689, in-12.

Le Cid, 1637, in-4, tome III, p. 18, note 2.

> Certains exemplaires portent l'adresse de Courbé, d'autres celle de Targa. Il en est, parmi ces derniers, qui avec une apparence complétement identique présentent en certains endroits un texte fort différent. Voyez tome III, p. 102, note 1, et p. 103, *N. B.*

Le Cid, Paris, Courbé, 1637, in-12. — Paris, Targa, 1637, in-12. — Paris, Courbé, 1638, in-12. — Paris, Targa, 1638, in-12. — Jouxte la copie imprimée à Paris, chez Fr. Targa, 1641, in-12. — Leyden, G. Chrestien, 1638, in-12.

> Voyez tome III, p. 240, l'avis *Aux amateurs de la langue françoise*, placé en tête de cette édition de Leyde.

Le Cid, sur la copie imprimée à Paris, 1638, in-8 (contrefaçon de l'édition originale, avec une sphère sur le titre). — Jouxte la copie imprimée à Paris, 1638, in-8 (avec la tête de Méduse). — *Caen, impr. cette année*, in-12 (édition imprimée en italique et portant le fleuron des Elzeviers de Leyde). — Paris, Targa, 1639, in-4. — Suivant la copie imprimée à Paris, 1641, in-12. — Paris, Vve Camusat, 1644, in-4. — Suivant la copie imprimée à Paris, 1644, in-12. — Suivant la copie imprimée à Paris, 1644, in-24. — Sur l'imprimé, à Caen, 1666, in-18. — Paris, G. de Luyne, 1682, in-12. — Suivant la copie imprimée à Paris, 1692, in-12.

Le Cid,... avec notice littéraire et remarques par N. A. Dubois. Paris, Delalain, 1842.... in-18.

Le Cid, tragédie .... annotée par M. Geruzez. Paris, Hachette, 1848.... in-18.

Le Cid,... avec notes historiques, grammaticales, et littéraires et analytiques, empruntées aux meilleurs critiques, par M. F. Jonette.... Paris, Belin, 1865, in-8.

> « Corneille, dit Fontenelle dans sa *Vie* de ce poëte, avoit dans son cabinet cette pièce traduite en toutes les langues de l'Europe, hors l'esclavone et la turque : elle étoit en allemand, en anglois, en flamand ; et, par une exactitude flamande, on l'avoit rendue vers pour vers. Elle étoit en italien, et, ce qui est plus étonnant, en espagnol :

les Espagnols avoient bien voulu copier eux-mêmes une pièce dont l'original leur appartenait[1]. »

Traductions allemandes : *Die sinnreiche Tragi-Comœdia genannt* Cid, *ist ein Streit der Ehre und Liebe, verdeutscht von Georg Greflinger Regensp. Kays. Notar. Hamburg*, 1650, in-8. — Autre édition, 1679.

Clauss Isaac. Deutsche Schaubühne, erster theil, auff welcher, in dreyen sinnreichen Schau-Spielen, die wunderbare würkung keuscher Liebe und der Ehren vorgestellt wird. 1. der Cid. 2. der Chimene Trauer-Jahr. 3. *der Geist des Graffen von Gormat oder der Todt des Cid. Aus dem Französischen übersetzt. Strassburg*, 1655, in-8.

Le n° 3 est la traduction de *l'ombre du comte de Gormas et la Mort du Cid*, par Chillac (Paris, 1636).

Le Cid, Trauerspiel aus dem Frantzösischem ins Hochdeutsche übersetzet von Gottf. Langen, Braunschweig, 1699.

P. Corneille's Schauspiele bearbeitet von Kummer. 1. der Cid. 11 die Horatzier. *Im Theater der Ausländer. Gotha*, 1779-1781.

Der Cid, Tragœdie in 5 Aufzügen, uebersetzt von C. G. Kleffel. Rostock, 1779[2], in-8.

Der Cid, übersetzt von Ant. Niemeyer. Köthen, 1810, in-8.

Der Cid, Trauerspiel in 5 Acten, nach Peter Corneille, von Benzel-Sternau. Gotha, Becker, 1811, grand in-8.

Der Cid, ein Trauerspiel in 5 Aufzügen, nach P. Corneille, von Matth. Collin. Pesth, 1817. (Dans le tome I des OEuvres dramatiques de Collin, 4 vol. in-12.)

Voyez ci-après, p. 548, Traduction allemande des chefs-d'œuvre de Corneille.
Graesse pense que *le Cid* est la première pièce de théâtre (il veut dire sans aucun doute du théâtre qu'on peut appeler moderne) qui ait été traduite du français en allemand.

Traductions et imitations anglaises : *The Cid, a tragi-comedy out of French made English, and acted before their Majesties at Court, and on the cockpit stage in Drury-Lane, by the servants to both their Majesties. London*, 1637, in-12. — Second edition, *corrected and amended*, 1650, in-12.

Cette traduction est en vers. L'auteur, dont le nom ne paraît pas sur le titre, est J. Rutter ; sa signature est au bas de l'*Épître dédicatoire*, adressée à Édouard comte de Dorset, lord chambellan. — Le même Rutter, d'après le désir, nous dit-il, du roi Charles Ier, traduisit *la Vraie suite du Cid* (tragi-comédie de Desfontaines, représentée à Paris en 1638), et la publia, en 1649, sous ce titre : *The second part of* the Cid, *London*.

---

1. Nous avons déjà cité ce passage dans notre tome III, p. 4.
2. Heinsius indique la même traduction avec la date de 1807. Y a-t-il erreur de chiffre? ou est-ce une réimpression?

The Cid.... or the heroic daughter, a tragedy.... in verse, translated from the French of P. Corneille, by John Ozell. London, 1714, in-12.

The Cid.... taken from the French by a Gentleman formerly a Captain in the army. London, 1802, in-8.

Dans les œuvres poétiques de Colley Cibber, poëte lauréat de la couronne (5 vol. in-12, 1760), se trouve une tragédie intitulée : *Ximena or the heroic daughter*. Ce n'est pas une traduction, mais une très-libre imitation du *Cid*, précédée d'une assez longue préface, où l'auteur critique vivement Corneille et impute une bonne partie de ce qu'il appelle ses fautes à la nécessité de plaire à un auditoire français.

Traductions hollandaises : *De Cid, bly-eyndend Treurspel in Franse Vaersen gestelt door d'Heer Corneille, nu in Nederlandje Rijmen vertaeld. T'Amsterdam, A. de Wees*, 1641, in-4, de 64 pp.[1].

De Cid, Treurspel van den Heere P. Corneille, verrykt met leersame Aanteekeningen, door den Heere de Voltaire.... het Fransch gevolgd, door J. Nomsz. Te Amsteldam, by David Klipperick, 1771[2].

Traductions italiennes : *Amore et Honore, tragedia portata del Francese da Ferecida Elbeni Cremete l'eccitato frà gli Academici faticosi di Milano. Milano, G. Morelli*, 1675, in-12.

L'Amante inimica, overo il Rodrigo gran Cidd delle Spagne, opera tragicomica di Pietro Cornelio, tradotta dal Francese et accomodata per le scene alla maniera italiana. Bologna, per il Longhi, 1699, in-24.

Il Cid, tragi-comedia di M. Pietro Cornelio, trasportata dal Francese, e rappresentata da' signori cavalieri del collegio clementino, nelle loro vacanze di carnevale dell' anno M.D.CCI.... In Roma, stamperia di L. A. Chacas, 1701, in-12.

Il Cid, tragedia. Tradotto da Giuseppe Greatti. Venezia, 1798, in-8.

Traductions et imitations espagnoles : *Il Honrador de su padre, comedia en tres actos en verso, por D. Juan Bautista Diamante. Madrid*, 1652, in-4.

(Imitation libre, imprimée dans la XIe partie d'un recueil de comédies de divers au-

---

1. M. J. van Lennep, dans la monographie dont nous avons parlé, ci-dessus, p. 518, à la fin du petit avis placé en tête de la bibliographie des *OEuvres détachées* de Corneille, nous apprend que cette première version hollandaise est de Jacob van Heemskerck. Elle avait été imprimée une première fois en 1640, sans la participation et contre la volonté du traducteur, qui en publia lui-même une édition authentique en 1641, celle dont nous avons donné le titre, d'après l'exemplaire qui se trouve à la Bibliothèque impériale de Paris, laquelle possède aussi une réimpression (de l'édition de 1641), faite en 1650, et dont le titre dit que la pièce a été jouée sur le théâtre d'Amsterdam. En 1662, on reproduisit dans la même ville, d'une part, chez Broer Jansz Bouman, l'édition non avouée de 1640 ; de l'autre, chez Michiel de Groot, l'édition authentique de 1641. Ces éditions de 1662 sont les plus anciennes qu'ait pu voir M. van Lennep, qui nous en signale ensuite cinq autres, publiées en 1670, 1697, 1732, 1736, 1760, ce qui fait dix en tout.

2. Nomsz, auteur dramatique d'une fertilité prodigieuse, et qui a traduit aussi plusieurs pièces de Racine et d'autres tragiques français, avertit dans sa préface qu'il a supprimé le rôle de l'Infante, « qui, selon le témoignage de M. de Voltaire, est désapprouvé à bon droit en France. »

teurs. C'est probablement la traduction espagnole dont parle Fontenelle. Voyez notre tome III, p. 4-8 et p. 238-240. Cette édition est antérieure de six ans à celle qui est mentionnée à la page 238.)

Don Rodrigo de Vivar, tragedia en tres actos, escrita en variedad de metros.

(Traduction libre, qui existe manuscrite dans les archives du *Teatro del Principe*, à Madrid, sans nom de traducteur, avec permission de représenter donnée en 1781.)

El Cid, tragedia de P. Corneille, refundida por D. T. G. S. (Don Tomas Garcia Suelto), *y representada por la primera vez en el Teatro de los Caños del Peral el dia 25 de Agosto de* 1803. *Madrid,* 1805, in-8.

Traduction portugaise : *O Cid, tragedia de P. Corneille.*

(N° 1 du *Theatro estrangiero, Lisboa, typ. Rollandiana,* 1787, in-16.)

Médée, 1639, in-4, tome II, p. 331. — Paris, P. Aubouyn (s. d.), in-12.

L'Illusion comique, 1639, in-4, tome II, p. 430. — Jouxte la copie imprimée à Paris, 1689, in-12. — Suivant la copie imprimée, 1689, in-12.

Traduction hollandaise : *De waarschynelyke Tovery, blyspel, uit het Fransch van den Heer P. Corneille. Te Amsterdam, by d'Erfgenamen van J. Lescaille,* 1691, petit in-8.

(Traduction de S. van der Cruyssen[1], réimprimée en 1729.)

Horace, 1641, in-4 et in-12, tome III, p. 253, note 2. — Jouxte la copie imprimée à Paris, 1641, in-12. (Autres éditions en 1645 et en 1647.) — Leyde, Jean Sambix, 1654, in-12. — Suivant la copie imprimée à Paris, 1692, in-12.

Les Horaces,... nouvelle édition conforme à la représentation. Paris, Barba, 1817, in-8.

Horace, avec introduction et notes par N. A. Dubois. Paris, Delalain, 1841, etc., in-18.

Horace, tragédie,... annotée par M. Geruzez. Paris, Hachette, 1848, in-18.

Traduction allemande : *Des Herrn T. Corneille*[2] *Horatz, oder gerechtfertigter Schwester-Mord, Trauerspiel, aus einem Französischen ins Teut-*

---

1. Le traducteur a transporté le lieu de la scène en Hollande, donné aux personnages des noms hollandais, et changé le magicien en magicienne.
2. Le titre porte ainsi par erreur : *T. Corneille,* au lieu de : *P. Corneille.*

sche gesetzt. In Verlegung Joh. Cundisii Buchh. in Görlitz. Leipzig. gedr. bey Chr. Michael, 1662, in-8.

(Le nom du traducteur est « D. E. Heidenreich. »)

Voyez ci-dessus, p. 521, la quatrième traduction allemande du *Cid*, et ci-après, p. 548, Traduction allemande des chefs-d'œuvre de Corneille.

Traductions anglaises : *Horatius, a roman tragedy, by sir William Lower. London,* 1656, in-4.

Horace, a french tragedy of Monsieur Corneille, englished by Charles Cotton. London, 1671. — Autre édition, *London.* 1677, in-4.

Le traducteur a ajouté des morceaux de chant et des chœurs.

Autre traduction par Mrs Catherine Philips. London, 1667, in-folio.

Traductions hollandaises : *J. J. Z. D. W. D. J. Horace, Treurspel. Tantæ molis erat romanam condere gentem! T'Amsterdam, gedruckt by Gillis Joosten, voon Adam Karelsz, in Vreeden, Jaer* 1648, petit in-8

Les initiales par lesquelles commence ce titre signifient : « Jean de Witt, fils de Jean, docteur en droit. » Cette traduction, œuvre de la jeunesse du grand pensionnaire Jean de Witt, a été réimprimée en 1649, 1679, 1680, 1699[1].

Horace, Treurspel, het Fransch van den Heer P. Corneille nagvolgt. Tot Leyden. by Hendrik Mulhovius, boehverkoper, 1709, petit in-8.

(Traduction de Johannes Schröder, réimprimée en 1768.)

Horatius, Treurspel, het Fransche van den Heere P. Corneille op nieuws gevolgd. Te Amsteldam, by Izaak Duim, boehverkooper, 1753, petit in-8.

(Traduction de J. van Stamhorst.)

Traduction italienne : *Orazio tragedia, tradotto dall' abate Placido. Venezia,* 1800, in-8.

Cinna, 1643, in-4, tome III, p. 366 et 367. — Paris, Quinet, 1643, in-12. — Suivant la copie imprimée à Paris, 1644, in-12. — Paris, Quinet, 1646, in-4. — Paris, Quinet, 1646, in-12. — Suivant la copie imprimée à Paris, 1648, in-12. — Suivant la copie imprimée à Paris, 1690, in-12.

Cinna,... avec notice littéraire et remarques par A. Mottet. Paris, Delalain, 1841, in-18.

Cinna,... tragédie .... annotée par M. Geruzez. Paris, Hachette, 1862, in-18.

Traductions allemandes : *Polyeuct und Cinna, übersetzt von Tob. Fleischer,* 1666.

Cinna oder die Gütigkeit des Augustus, Trauerspiel aus dem Französischen übersetzt. Wien, 1750, in-8.

Voyez ci-après, p. 548, Traduction allemande des chefs-d'œuvre de Corneille.

1. Il parut, avec la date de 1670, une contrefaçon de cette édition de 1699

Traduction anglaise : *Cinna's Conspiracy, a tragedy in verse, translated from the French of P. Corneille, by Cibber. London*, 1713, in-4.

Traductions hollandaises : *Cinna, of Goedertierenheid van Augustus, Treurspel. Te Amsterdam, gedrukt voor het Kunstgenostschap, en te bekomen by de Erven van J. Lescailje...*, 1707, petit in-8.

(Traduction d'Andries Pels, réimprimée en 1716 et en 1720.)

Cinna, Treurspel (na Corneille) door M^r *W*^{m} *Bilderdyk. Te Amsterdam, by Immerzeel en Comp.* 1809, in-8.

En tête est une épître dédicatoire au roi Louis, qui, est-il dit dans la préface, « avait exigé de Bilderdyk cette traduction. »

Traduction italienne : *Il Cinna, tragedia di Pietro Cornelio, tradotta dal Francese et accomodata all' uso delle scene d'Italia. Bologna, per il Longhi* (s. d.), in-12.

Traduction espagnole : *Cinna, tragedia de P. Cornelio, traducida del idioma frances en Castellano. Madrid*, 1713, in-8.

— 2ᵉ édition, avec permis de réimprimer, du 14 juillet 1731, accordé à F. Monge, libraire à Madrid.

Le traducteur, si nous en croyons D. Augustin de Montiano y Luyando, dans son *Discurso sobre las tragedias españolas*, Madrid, 1750, p. 66, est le marquis de San-Juan.

Il existe, en outre, une traduction récente, inédite, de D. Manuel Garcia Verdugo.

Polyeucte martyr, 1643, in-4, tome III, p. 468. — Paris, A. de Sommaville, 1644, in-12. — Suivant la copie imprimée à Paris, 1644, in-12. (Autre édition en 1648.) — Paris, A. de Sommaville, 1648, in-4. — Leyde, Jean Sambix, 1655, in-12. — Paris, L. Billaine, 1664, in-12. — Suivant la copie imprimée à Paris, 1692, in-12.

— Nouvelle édition, conforme à la représentation. Paris, Barba, 1818, in-8.

Polyeucte,... avec le commentaire de Voltaire, un choix de notes de divers auteurs, et un commentaire nouveau par M. Walras.... Caen, Hardel, 1846, in-8.

— Avec notice et remarques par A. Naudin. Paris, Delalain, 1847, etc., in-18.

Polyeucte,... tragédie .... annotée par E. Geruzez. Paris, Hachette, 1848, etc., in-18.

— Accompagnée de remarques littéraires, grammaticales et historiques, par É. Lefranc.... Paris, Delalain, 1863, in-12.

Traduction allemande : *Polyeuctus, oder Christlicher Märtyrer, meist aus dem Französischen des Herrn Corneille ins Deutsche gebracht, von Christophoro Kormarten.* Leipzig und Hall, 1669, in-8.

Polyeuct und Cinna, übersetzt von Tob. Fleischer, 1666.

Polyeuctes, ein Märtyrer, Christliches Trauerspiel, aus dem Frantzösischen dess P. Corneille übersetzt von Catharina Salome Linckin, gebohrner Feltzin. Strasburg, 1727, petit in-8.

— Autre traduction allemande, publiée à Leipzig, 1733, in-8.

— Autre à Vienne, 1750, in-8.

Traduction hollandaise : *Polieukte, armenisch Martelaar, Treurspel, uit het Fransch van den Heer P. Korneille nagevolgt door Frans Ryk. T' Amsteldam, by de Wed. van Gysbert de Groot,* 1696, in-8.

(Réimprimée en 1707, en 1724 et en 1754. La Bibliothèque impériale de Paris en possède un exemplaire.)

Traductions italiennes : *Poliuto, tragedia christiana di M. Pietro Cornelio, trasportata dall' idioma francese, e recitata da signori cavalieri del Clementino nelle vacanze del carnevale dell' anno M.DCCI.... In Roma, stamperia di L. A. Chacas,* 1701, in-12.

Polyeucte, tragédie.... traduite en vers italiens par Joseph Montanelli, représentée au théâtre italien de Paris.... le 27 avril 1859. Paris, Michel Lévy, 1859, grand in-8. (Répertoire de Mme Ristori.)

Imitation espagnole : *La mayor gloria de un heroe es ser constante en la fe, o el Heroe verdadero, comedia heroica de F. R.* (Fermin del Rey). *Barcelona, 20 de febrero de* 1785.

(Imitation en trois actes, manuscrite, dont il y a un exemplaire à la Bibliothèque nationale de Madrid, et un autre dans les Archives du *Teatro del Principe* de la même ville. Le lieu de la scène est changé, ainsi que les noms des personnages.)

Il existe aussi une traduction récente, inédite, de D. Manuel Garcia Verdugo.

Traduction arménienne : *Polyeucte, martyr arménien,* tragédie de Pierre Corneille. Venise, typographie des Mekhitaristes, 1858, in-12.

(Français-arménien.)

— Arménien seul, in-16.

La Mort de Pompée, 1644, in-4 et in-12, tome IV, p. 10. — Suivant la copie imprimée à Paris, 1644, in-12. (Autre édition en 1648.) — Suivant la copie imprimée à Paris, 1691, in-12.

Traduction allemande : voyez ci-après, p. 548, Traduction allemande des chefs-d'œuvre de Corneille.

Traductions anglaises: *Pompey, a tragedy by Mrs Catherine Philips,* London, 1663, in-4.

Cette traduction a été faite à la demande du comte d'Orrery.

Pompey the great, a tragedy (by Edmond Waller). London, 1664, in-4°.

Waller fut aidé pour cette traduction par le comte de Dorset et de Middlesex, sir C. Sedley et Sidney Godolphin.

Traductions hollandaises : *De Dood van Pompeus, Treurspel, uit het Fransch van den Heer Corneille. T'Amsterdam, by de Erfgenamen van Jacob Lescaille*, 1684, petit in-8.

En 1685, il parut de cette traduction anonyme une très-sévère, et, paraît-il, juste critique.

Pompejus, Treurspel, het Fransche van den Heere P. Corneille op nieuws gevolgd, onder de Zinspreuk : Le temps est un grand maître. *Te Amsteldam, by Izaak Duim*.... 1737, in-4.

(Traduction de Charles Sebille. Il y a une autre édition, in-8, publiée dans un même volume avec la traduction de *la Mort de César* par Voltaire et celle du *Joueur* de Regnard, faites par le même Sebille.)

Le Menteur, 1644, in-4, tome IV, p. 129. — Paris, A. de Sommaville, in-12. — Suivant la copie imprimée à Paris, 1645, in-12. (Autre édition en 1647.) — Suivant la copie imprimée à Paris, 1691, in-12.

— Nouvelle édition, conforme à la représentation. Toulouse, Devers, 1815, in-8.

Traductions allemandes : *Der Lügner, Lustspiel*, 2 *Theile*[1], *übersetzt (durch J. A. Tiessen)*. Quedlinburg, 1762, grand in-8.

Der Lügner, aus dem Französischen. Wien, 1807, in-8.

Imitation anglaise : *The Mistaken beauty or the Lyar, a comedy acted by their Majesties servants at the royal theatre*. London, 1685.

Traduction hollandaise : *De Looghenaar, blyspel. T'Amsterdam by Jacob Lescaille*, 1658, in-4.

Cette traduction, de Louis Meyer, est comprise dans le recueil in-4 de ses *OEuvres dramatiques*. Il en parut en 1721 une édition revue et corrigée, où les personnages ont d'autres noms que dans la première.

Imitation espagnole : *El Embustero engañado, comedia en dos actos, escrita por L. A. J. M. (Luis Antonio Jose Moncin)*, in-4, de 24 pages à 2 colonnes (s. l. n. d. — imprimé sans doute à Madrid).

Voyez au tome IV, p. 272 et 273, ce que M. Viguier dit du *Menteur* (*il Bugiardo*) de Goldoni, dont Voltaire a parlé comme d'une imitation de la comédie de Corneille.

La Suite du Menteur, 1645, in-4, tome IV, p. 279. — Paris, A. de Sommaville, in-12. — Suivant la copie imprimée à Paris, 1645, in-12. (Autres éditions en 1647 et 1648.) — Suivant la copie imprimée à Paris, 1691, in-12.

La Suite du Menteur, comédie de Pierre Corneille, retouchée et ré-

---

1. Dans ce titre, extrait du *Bücher-Lexicon* de Kayser (tome VI, *Appendice* intitulé *Schauspiele*, p. 20), 2 *Theile*, « deux parties, » désigne sans aucun doute (nous n'avons pu voir le livre même) *le Menteur* et *la Suite du Menteur*.

duite en quatre actes, avec un prologue par Andrieux.... représentée sur le théâtre de la rue de Louvois, pour la première fois, le 26 germinal de l'an XI. Paris, Mme Masson, 1803, in-8.

Traduction allemande: voyez ci-dessous, p. 527, *le Menteur*.

Théodore, 1646, in-4, tome V, p. 6. — Paris, Quinet, 1646, in-12. — Paris, de Luyne, 1682, in-12. — Suivant la copie imprimée à Paris, 1691, in-12.

Traduction hollandaise: *Theodore, Maegt en Martelares, Treurspel uit het Fransch van den Heere P. Corneille.* Labor excitat artem. Te Rotterdam, by Johan van Doesburg, 1715, petit in-8.

Rodogune, 1647, in-4, tome IV, p. 403. — Paris, Quinet, 1647, in-12. — Suivant la copie imprimée à Paris, 1647, in-12. (Réimprimée en 1652.) — Jouxte la copie imprimée à Paris, 1690, in-12. — Suivant la copie imprimée à Paris, 1690, in-12.

Rodogune, princesse des Parthes, tragédie de Pierre Corneille. Au Nord, 1760, in-4.

D'après une note de Capperonnier sur l'exemplaire de la Bibliothèque impériale, cette édition a été imprimée par la marquise de Pompadour, qui n'en a fait tirer que vingt exemplaires. Composée en caractères d'argent. Avec gravure à l'eau-forte dessinée et gravée par la marquise. Imprimé au nord de Versailles. — La Bibliothèque royale de Berlin possède aussi un exemplaire de cette édition. Le catalogue porte cette note : *Zur Unterhaltung der Marquise von Pompadour, in ihrem Zimmer zu Versailles gedruckt.*

Rodogune,... nouvelle édition conforme à la représentation. Paris, Barba, 1818, in-8.

— Annotée par M. Geruzez. Paris, Hachette, 1848, in-18.

Traductions allemandes : *Rodogune, ein Trauerspiel, nach Corneille, von A. Bode. Berlin*, 1803, in-8.

Rodegüne, Prinzessin der Parthen, ein Trauerspiel, in 5 A. aus d. Franz. Leipzig, 1769, in-8.

Traduction anglaise : *Rodogune, or the Rival brothers, a tragedy done from the French of M. Corneille (by Samson Aspinwal). London*, 1765, in-8.

Traduction hollandaise : *Rodogune, Prinsesse der Parthen, uit het Fransch van den Heer Corneille. Te Amsterdam*, by A. D. Oossaan, 1687, petit in-8.

(Traduction de Frans Ryk, réimprimée en 1744.)

NOTICE BIBLIOGRAPHIQUE.

Traduction italienne : *Rodoguna, tragedia di Pietro Cornelio, tradotta dal Francese.* Bologna, stamp. di Longhi, 1702, in-12.

Traduction espagnole : *Rodoguna, tragedia en cinco actos, escrita en romance ondecasilabo.*

Traduction libre, qui se trouve, manuscrite, sans nom de traducteur, dans les archives du *Teatro del Principe*, avec permission de représenter accordée en 1777.)
Il existe en outre une traduction récente, inédite, de D. Manuel Garcia Verdugo.

Héraclius, 1647, in-4, tome V, p. 117. — Paris, Quinet, 1647, in-12. — Suivant la copie imprimée à Paris, 1647, in-12. (Autre édition en 1648.) — Sur l'imprimé à Paris, chez A. de Sommaville, 1649, in-12. — Jouxte la copie imprimée à Paris, 1689, in-12. — Suivant la copie imprimée à Paris, 1689, in-12.

Traduction anglaise : *Heraclius, Emperor of the East, a tragedy, englished by Lodowick Carlell.* London, 1664, in-4.

Traduction hollandaise : *Heraclius, Treurspel. T' Amsteldam, by d' Erven van Albert Magnus.* 1695, petit in-8.

(Traduction de Frans Ryk, réimprimée en 1737.)

Traduction italienne : *L'Eraclio, imperatore d'Oriente, tragedia di Pietro Cornelio, tradott dal Francese et accomodata per le scene alla maniera italiana....* Bologna, per P. M. Monti, 1691, in-12.

Eraclio, tragedia, di M. Pietro Cornelio, tradotta e rappresentata da' sig^{ri} cavalieri del collegio clementino in Roma, nel carnevale dell' anno 1699. Bologna, stamperia di Longhi, 1701, in-12.

La dédicace est signée : GIO-ANDREA ZANOTTI.
Au sujet de la pièce espagnole de Calderon : *En esta vida todo es verdad y todo mentira,* voyez dans notre tome V, p. 118-140.

D. Sanche, 1650, tome V, p. 402. — Paris, A. Courbé, 1650, in-4. — Sur l'imprimé à Paris, chez A. Courbé, 1650, in-8. — Suivant la copie imprimée à Paris, 1650, in-12. (Autre édition en 1656.) — Jouxte la copie imprimée à Paris, 1690, in-12. — Suivant la copie imprimée à Paris, 1690, in-12.

Don Sanche d'Arragon, comédie héroïque de P. Corneille, mise en trois actes par Mégalbe.... Paris, Barba, 1833, in-8. — Deuxième édition, mise en trois actes par P. Planat. Paris, Tresse, 1844, in-8.

Voyez ce que nous avons dit de ce singulier remaniement de l'ouvrage de Corneille, tome V, p. 402.

Traductions italiennes : *La Vera nobiltà tolta dalla comedia eroica del famoso autor francese Pietro Cornelio, da lui intitolata D. Sancio.* Bologna, stamp. di Longhi (s. d.), in-12.

Dessein de la tragedie d'Andromède, 1650, tome V, p. 258, note 2.

Andromède, 1651, in-4, tome V, p. 257. — Paris, de Sercy, 1651, in-12. — Sur la copie imprimée à Rouen, 1652, in-12. — Paris, de Sommaville, 1655, in-12. — Amsterdam, Wolfgang, 1683, in-12. Suivant la copie imprimée à Paris, 1692, in-12.

Traduction hollandaise : *Andromeda, Treurspel....* T'*Amsterdam, by Kornelis Sweerts*, 1699, petit in-8.

(Traduction de Frans Ryk, réimprimée en 1730 et en 1739.)

Nicomede, 1651, in-4, tome V, p. 501. — Jouxte la copie imprimée à Rouen, chez Laurens Maurry. Paris, de Sercy, 1652, in-12. — Paris, G. de Luine, 1652, in-12. — Sur l'imprimé à Paris, chez de Sercy, 1652, in-12. — Leyde, Jean Sambix, 1652, in-12. — Paris, A. Courbé, 1653, in-12. — Jouxte la copie imprimée à Paris, 1689, in-12. — Suivant la copie imprimée à Paris, 1689, in-12.

— Nouvelle édition, avec le commentaire de Voltaire, un extrait des notes de Palissot et un commentaire nouveau par M. J. Naudet.... Paris, Dezobry, 1845, in-16.

Nicomède, tragédie.... annotée par M. Geruzez.... Paris, Hachette, 1848, in-18.

Traduction anglaise : *Nicomede, a tragi-comedy, translated out of the French of Mr Corneille by John Dancer, as it was acted at the theatre royal at Dublin,* 1671, in-4.

Traduction hollandaise : *Nicomedes, Treurspel, uit het Fransch van den Heer P. Corneille gerymd door Cataryna Lescailje. Te Amsteldam by de Erfgenamen van J. Lescailje,* 1692, petit in-8.

(Réimprimée en 1734.)

Pertharite, 1653, in-12, tome VI, p. 5. — Paris, Courbé, 1654, in-12. — Paris, de Sommaville, 1656, in-12. — Jouxte la copie imprimée à Paris, 1690, in-12. — Suivant la copie imprimée à Paris, 1690, in-12.

Traduction hollandaise : *Pertharitus, Koning der Lombarden, Treurspel gevolgd naar het Fransche van den Heer P. Corneille. Te Amsteldam, by de Erfgenamen van J. Lescailje en Dirk Rank,* 1723, petit in-8.

(Traduction de Feitama, réimprimée dans ses *OEuvres dramatiques*, 1735, in-4; et à part, en 1756, in-8.)

OEdipe, 1659, in-12, tome VI, p. 110. — Suivant la copie imprimée à Paris, 1662, in-12. — Paris, de Luyne, 1682, in-12. — Jouxte la copie imprimée à Paris, 1688, in-12. — Suivant la copie imprimée à Paris, 1688, in-12.

Traduction hollandaise : *Edipus, Treurspel, uit het Fransch van P.*

NOTICE BIBLIOGRAPHIQUE.

Corneille. T'Amsterdam by de Erfgenamen van J. Lescailje en Dirk Rank, 1720, petit in-8.

(Traduction de Balthasar Huydecoper, réimprimée en 1735.)

Desseins de la Toison d'or, 1661, in-4, tome VI, p. 230. — Paris, A. Courbé, 1661, in-8.

La Toison d'or, 1661, in-12, tome VI, p. 229. — Suivant la copie imprimée à Paris, 1662, in-12. — Amsterdam, Wolfgang, 1683, in-12. — Suivant la copie imprimée à Paris, 1683, in-12. — Suivant la copie imprimée à Paris, 1692, in-12.

Sertorius, 1662, in-12, tome VI, p. 356. — Suivant la copie imprimée à Paris, 1664, in-12. — Jouxte la copie imprimée à Paris, 1690, in-12. — Suivant la copie imprimée à Paris, 1690, in-12.

Traductions hollandaises : *Sertorius, Treurspel, gevolgt naar het Fransche van den Heere P. Corneille. Te Amsteldam, by de Erven van J. Lescailje en Dirk Rank*, 1722, petit in-8.

(Traduction de J. Haverkamp.)

Sertorius, Treurspel, uit het Frans van den Heere P. Corneille, door T. A. Te Amsterdam, by Hendrik Bosch, 1722.

(Traduction de Thomas Arentsz.)

Sophonisbe, 1663, in-12, tome VI, p. 455. — Suivant la copie imprimée à Paris, 1663, in-12. — Jouxte la copie imprimée à Paris, 1688, in-12. — Suivant la copie imprimée à Paris, 1688, in-12.

Othon, 1665, in-12, tome VI, p. 570. — Paris, Jolly, 1665, in-12. — Suivant la copie imprimée à Paris, 1665, in-12. — Jouxte la copie imprimée à Paris, 1689, in-12. (Le titre porte par erreur : par T. Corneille.) — Suivant la copie imprimée à Paris, 1689, in-12.

Traductions hollandaises : *Otho met de Dood van Galba, Keizer van Romen, Treurspel naar het Fransch van den Heer P. Corneille. Te Amsterdam, by de Erfgenamen van J. Lescailje*, 1695, petit in-8.

(Traduction de S. van der Cruyssen.)

Otho, Treurspel door Jacob Leens. Te Delf, gedrukt by Reinier Boitet, 1721, petit in-8.

(Traduction de J. Zeeus.)

Agesilas, 1666, in-12. — Suivant la copie imprimée à Paris, 1666, in-12. — Jouxte la copie imprimée à Paris, 1690, in-12. — Suivant la copie imprimée à Paris, 1690, in-12.

Attila, 1668, in-12, tome VII, p. 102. — Suivant la copie imprimée à Paris, 1667, in-12. (L'Achevé d'imprimer de l'édition originale, datée de 1668, est du 20 novembre 1667.) — Suivant la copie imprimée à Paris, 1691, in-12.

Traduction hollandaise : *Attila, Koning der Hunnen, Treurspel, gevolgt naar het Fransche van den Heer P. Corneille. Te Amsterdam, by de Erfgen, van Jakob Lescailje*, 1685, petit in-8.

(Traduction de M. Elias, réimprimée en 1743. Il y en a un exemplaire à la Bibliothèque impériale de Paris.)

Tite et Berenice, 1671, in-12, tome VII, p. 194. — Suivant la copie imprimée à Paris, 1671, in-12. — Paris, Loyson, 1679, in-12. — Suivant la copie imprimée à Paris, 1680, in-12. — Suivant la copie imprimée à Paris, 1689, in-12.

Traduction hollandaise : *Titus Vespasianus, Treurspel gevolgd naar het Fransche van den Heere P. Corneille. Te Amsteldam, by de Erfgenamen van J. Lescailje en Dirk Rank*, 1722, petit in-8.

(Traduction de Feitama, réimprimée en 1735, à part, et dans les *OEuvres dramatiques* du traducteur.)

Pulcherie, 1673, in-12, tome VII, p. 376. — Suivant la copie imprimée à Paris, 1673, in-12. — Suivant la copie imprimée à Paris, 1790, in-12.

Surena, 1675, in-12, tome VII, p. 459. — Suivant la copie imprimée à Paris, 1676, in-12. — Suivant la copie imprimée à Paris, 1690, in-12.

Traduction italienne : *Surena generale de' Parti, opera tragica di Pietro Cornelio. Bologna, stamp. di Longhi*, 1719, in-12.

Nous n'avons pas compris dans ce relevé des pièces détachées de Corneille les éditions françaises publiées hors de France. On a imprimé fréquemment à l'étranger, particulièrement en Allemagne, quelques chefs-d'œuvre lus et expliqués dans les écoles ou joués sur les théâtres. Ainsi, pour ne parler que d'un certain nombre d'éditions allemandes : *le Cid*, Leipzig, Leo, 1825, in-8 (dans le *Choix du théâtre français à l'usage des écoles*); *le Cid* (dans *Melpomene, eine Auswahl der vorzüglichsten französischen Trauerspiele in Versen, mit Anmerkungen*, etc., von Georg Kissling, Ulm, 1836, grand in-12); *le Cid*, Leipzig, H. Fritzsche, 1847; *le Cid* (dans *Bibliotheke gediegener und interessanter französischen Werke*, publié par Gæbel, 1855-1858); *le Cid*, avec des notes critiques et littéraires par de Castres, Leipzig, 1857; *le Cid*, Berlin, 1857 (dans la *Bibliothèque française* de Robolsky); *le Cid.... mit Anmerkungen versehen von G. van Muyden und Ludw. Rudolph*, Berlin, 1863 (*Collection d'auteurs français*, 1862-1867); *Horace*, édition revue, à l'usage des écoles, Leipzig, H. Fritzsche, 1855; *Horace, eine Tragödie von P. Corneille in trilogischer Composition, herausgeben von Dr Hermann Doergens, Köln und Neuss*, 1861, in-8 (texte français, avec une introduction en allemand, et un appendice, aussi en allemand, sur le rhythme); *Cinna* ou *la Clémence d'Auguste*, tragédie par P. Corneille, avec les variantes de la première édition et des notes explicatives par A. G. Lunden (dans l'*Anthologie de littérature française à l'usage des classes supérieures*), Stolp, 1861. — A ces éditions on peut ajouter les recueils suivants, qui contiennent chacun plusieurs pièces de notre poëte : *Répertoire du théâtre français à Berlin*, in-8, Schlesinger, *le Cid*, 1834, réimprimé en 1849; *Cinna*, 1837; *Rodogune*, 1841; — *Théâtre français* publié par C. Schütz, in-32, Bielefeld, *le Cid*, 1847; *Horace, le Menteur, Cinna, Polyeucte*, 1852 et 1853; — *Chefs-d'œuvre des classiques français*, Leipzig, 1854-1856, *le Cid*, précédé de la vie de P. Corneille, avec commentaires, etc., par O. Fiebig et St. Leportier; *Horace, le Menteur;* etc., etc.

B. PETITS POËMES.

Excuse à Ariste, tome III, p. 19, note 2, et p. 23, note 1; tome X, p. 74.

Rondeau, tome X, p. 79. Voyez aussi l'article précédent.

Sur le départ de Madame la marquise de B. A. T., tome X, p. 141.

Remerciement présenté au Roy..., tome X, p. 175 et 176.

A Monseigneur de Guise, sur la mort de Monseigneur son oncle. Sonnet, tome X, p. 182.

Au Roy, sur son retour de Flandre, tome X, p. 186.

Poëme sur les victoires du Roy, tome X, p. 192.

Au Roy, sur sa conqueste de la Franche-Comté, tome X, p. 223.

Sur la pompe du pont Notre-Dame, tome X, p. 242.

Sur le départ du Roy, tome X, p. 247.

Vers présentés au Roy à son retour de la guerre d'Hollande, tome X, p. 249.

Les Victoires du Roy sur les États de Hollande, tome X, p. 252.

Au Roy, sur sa libéralité envers les marchands de la ville de Paris, tome X, p. 288.

Au Roy, sur son départ pour l'armée, en 1676, tome X, p. 299.

Vers présentés au Roy sur sa campagne de 1676, tome X, p. 304.

Version de l'ode à Monsieur Pellisson, tome X, p. 315.

Sur les Victoires du Roy, en l'année 1677, tome X, p. 322.

Au Roy, sur la paix de 1678, tome X, p. 326.

Inscription pour l'Arsenal de Brest, tome X, p. 331.

A Monseigneur, sur son mariage, tome X, p. 334.

C. IMITATION DE JÉSUS-CHRIST
ET OUVRAGES DE PIÉTÉ.

L'Imitation de Jésus-Christ, 1651, in-12.

    (Livre I, chapitres I-XX. Voyez tome VIII, p. x.)

— *Sur l'imprimé de Sercy*, 1651, in-12.

L'Imitation de Jésus-Christ, seconde partie, 1652, in-12.

    (Livre I, chapitres XXI-XXV; livre II, chapitres I-VI. Voyez tome VIII, p. XIII, note 1.)

L'Imitation de Jésus-Christ, traduite en vers français par P. Corneille. Leyde, Jean Sambix, 1652 (le 1er livre seulement), in-12.

— Imprimé à Rouen, et se vend à Paris, chez Charles de Sercy, 1653, in-12.

    (Livre I et chapitres I-VI du livre II.)

— Rouen, L. Maurry, 1653, in-12.

    (Avec la « troisième partie contenant le reste du second livre, » chapitres VII-XII. Voyez l'avis *Au lecteur*, tome VIII, p. 26.)

L'Imitation de Jésus-Christ, traduite en vers françois par P. Corneille. Rouen et Paris, P. le Petit, 1651, 2 parties en 1 vol. petit in-12.

    (Livre I et II. Cette édition est en réalité de 1653, et non de 1651; l'Achevé d'imprimer du premier livre est du 31 octobre 1652, celui du second du 30 juin 1653.)

— Rouen, impr. de L. Maurry, 1653, in-12.

    (Livres I et II. Voyez tome VIII, p. XIII.)

— Rouen, Maurry, et Paris, Courbé, 1653, in-12.

— Rouen et Paris, G. de Luyne, 1653, in-12.

— Rouen et Paris, P. le Petit, 1654, in-12.

— Paris, R. Ballard, 1654, in-12.

    (Chapitres I-XXX du livre III.)

— Rouen et Paris, Sercy, 1654, in-12.

    (Livres I et II et chapitres I-XXX du livre III.)

NOTICE BIBLIOGRAPHIQUE.

— Jouxte la copie imprimée à Paris, 1654-1655, 3 parties, in-12.

> (Les mots : *Jouxte la copie imprimée* ne se trouvent que sur les titres des deux premiers volumes; ils sont imprimés dans la vignette au-dessus de l'adresse.)

— Rouen, Maurry, et Paris, Ballard, 1656, in-4.

> (Première édition complète des quatre livres. — Voyez au tome VIII, p. XVI et XVII, la description de plusieurs exemplaires de cette édition avec envois de l'auteur.)

— Paris, Ballard, 1656, 2 vol. in-12.

— Rouen, Maurry, et Paris, Ballard, 1656, fort petit in-12.

— Paris, Soubron, 1656, in-4.

— Rouen, Maurry, 1656, in-24.

— Bruxelles, Foppens, 1657, in-12.

— Leyde, Sambix, 1657, 2 vol. in-12.

— Paris, Ballard, 1658, in-4.

— Francheford, Hulst, 1658, in-8.

— Paris, Ballard, 1659, in-12.

— Paris, Rocolet, 1659, in-12. } Se distinguant l'une de l'autre par de petites différences.
— Paris, Rocolet, 1659, in-12. }

— Paris, Soubron, 1659, in-12.

— Rouen, Maurry, 1659, in-12.

— Leyde, 1660, in-12.

— Paris, Ballard, 1662, in-12.

— Paris, Ballard, 1665, in-16. }
— Paris, Ballard, 1665, in-16. } Offrant quelques différences.
— Paris, Ballard, 1665, in-16. }

— Bruxelles, Foppens, 1665, in-12.

— Paris, Ballard, 1670, in-12.

— Paris, Billaine, 1670, in-16.

— Paris, G. de Luyne, 1670, in-12.

— Paris, de Luyne, 1675, in-16.

— Lyon, de Ville, 1676, in-12.

— Bruxelles, Foppens, 1684, in-12.

— Lyon, 1693, in-12.

— Bruxelles, Foppens, 1704, in-12.

— Paris, Charpentier, 1715, in-12.

— Paris, David, 1715, in-12.

— Paris, Osmont, 1715, in-12.

— Bruxelles, Foppens, 1715, in-12.

— Nancy, Cusson, 1745, in-4.

— Bruxelles, Foppens, 1751, in-12.

— Paris, veuve Gandouin, 1751, in-12.

— Paris, veuve Brocas, 1751, in-12.

— Paris, David, 1799, in-8.

Le Chemin du salut; dévotion des âmes sincères et pénitentes, par Pierre Corneille, et selon la Bible. Dédié aux Français régénérés. A Paris, l'an IX de la République, et en commission à Berne, chez la Société typographic (*sic*), in-32[1]. (De l'imprimerie des citoyens Hignou et Comp.)

L'Imitation de Jésus-Christ.... avec.... des extraits de la traduction de Pierre Corneille, par M. l'abbé Bautain.... Paris, Furne, 1852, grand in-8.

— Paris, Furne, 1856, grand in-8.

L'Imitation de Jésus-Christ, texte latin, suivi de la traduction de P. Corneille. Paris, Imprimerie impériale, 1855, in-fol.

(Édition imprimée pour l'Exposition, et tirée à 103 exemplaires.)

---

1. Les 148 premières pages du volume sont des extraits des quatre livres de *l'Imitation* de Corneille. On remarque çà et là d'assez singulières variantes, dont quelques-unes sont simplement des fautes d'impression, d'autres des changements faits à dessein, pour corriger, améliorer. Ainsi à la page 6, au vers 75 du livre I, « un paysan stupide » a été remplacé par « un simple paysan; » à la page 10, au vers 191 du même livre :

Plus lors sa connoissance est diffuse et certaine,

on a substitué *majeure* à *diffuse*.

L'Imitation. Paris, Techener, 1856, in-8.

— Augmentée de toutes les variantes, de lettres de Corneille et d'une préface nouvelle par Alex. de Saint-Albin. Paris, Lecoffre, 1857, in-18.

— Paris, Gay, 1862, in-12.

— Paris, Hachette, 1862, in-8.

(Tirage à part, à un seul exemplaire, du tome VII de la présente édition des *OEuvres de Corneille.*)

— Paris, Hachette, 1867, in-16.

Louanges de la sainte Vierge, 1665, in-12.

Voyez tome IX, p. 1 et 3.

L'Office de la sainte Vierge, 1670, in-12.

Voyez tome IX, p. 55-59.

Version des hymnes de saint Victor.

Voyez tome IX, p. 603-605.

D. OEUVRES EN PROSE.

Lettre apologétique du sieur Corneille, tome III, p. 24, et tome X, p. 399.

Lettres inedites de P. Corneille, 1652-1656. Avec une introduction par M. Célestin Port. Paris, F. Didot, 1852, in-8.

(Extrait de la *Bibliothèque de l'École des chartes*, 3ᵉ série, tome III, p. 348.)

Deux lettres inédites de P. Corneille à Huyghens de Zuilychem; par Édouard Fournier. Paris, 1865, in-8.

(Extrait de la *Revue des provinces.*)

OUVRAGES ATTRIBUÉS A CORNEILLE.

Le Presbytère d'Hénouville, tome X, p. 345.

A Rotrou (lettre apocryphe), tome X, p. 416-418.

Sylla, tragédie en cinq actes et en vers, précédée d'une dissertation dans laquelle on cherche à prouver par la tradition, par l'histoire, par des anecdotes particulières, et par un examen du style et des caractères, que cette pièce est du grand Corneille; publiée d'après un manuscrit du dix-septième siècle, déposé chez M. Thion de la Chaume, notaire de Paris, par M. C. Palmezeaux. Paris, Charon, an XIII (1805), in-8.

Voyez ci-après, p. 548 et 549 : *D. Recueils de poésies où ont été insérées des pièces composées par Corneille ou qui lui ont été attribuées.* Voyez aussi tome X, p. 22, note 1.

2. RECUEILS.

A. SOUS LE TITRE DE

THÉÂTRE, OEUVRES, OEUVRES COMPLÈTES.

OEuvres de Corneille. Première partie. A Rouen et à Paris, chez A. de Sommaville et A. Courbé, 1644, in-12 de 654 pp.

(Avec frontispice gravé, portrait par Michel Lasne, titre et avis au lecteur. — Comprenant les 8 premières pièces.)

L'Illustre théâtre de Mr Corneille. (La Sphère.) A Leyden, 1644, petit in-12.

(Au dos de ce titre général on lit :

Le Cid. Tragi-comédie.
Les Horaces. Tragédie.
Le Cinna ou la Clémence d'Auguste. Tragédie.
La Mort de Pompée. Tragédie.
Le Polyeucte. Tragédie.

Chaque pièce a un titre particulier à la Sphère, suivant la copie imprimée à Paris, et la date de 1644, à l'exception d'*Horace*, qui porte celle de 1641. — Plusieurs catalogues font mention de *l'Illustre théâtre;* mais ce sont des recueils plus ou moins complets des pièces de Corneille, imprimées par les Elzeviers de Leyde de 1641 à 1652, sans titre général ni table [1].)

---

[1]. Plusieurs des éditions de Hollande ont dû nous échapper. Nous mentionnons ici, outre celles que nous avons pu voir dans les Bibliothèques de Paris et chez plusieurs amateurs, celles que citent le *Manuel* de Brunet, les *Annales de l'imprimerie des Elzeviers* de Pcters, le *Catalogue* de Soleinne, etc. — Nous avions écrit à M. van Lennep, dont le secours nous avait été si utile pour les traductions hollandaises, dans l'espoir qu'il nous aiderait à compléter cette partie de notre bibliographie; mais les éditions hollandaises sont, à ce qu'il paraît, plus rares en Hollande que partout ailleurs.

Œuvres de Corneille. A Rouen, imp. de L. Maurry, 1648, 2 vol in-12.

> (Tome I, 4 ff. préliminaires et 656 pp., achevé d'imprimer le 30 mars, reproduction textuelle de 1644. — Tome II, 2 ff. préliminaires, 639 pp. et 3 pp., achevé d'imprimer le 31 (sic) septembre, contenant *le Cid, Horace, Cinna, Polyeucte, la Mort de Pompée, le Menteur, la Suite du Menteur*.)

— Paris, Toussainct Quinet, 1648, 2 vol. in-12.

> (Même description.)

Œuvres de Corneille. A Rouen et à Paris, A. de Sommaville, 1652, 3 vol. in-12.

> (Tomes I et II semblables à 1648. — Tome III de 287 pp., contenant *Théodore, Rodogune, Héraclius*. — On trouve des exemplaires de ce 3ᵉ volume dont la composition offre des différences.)

Œuvres de Corneille. A Rouen et à Paris, A. Courbé, 1654, 3 vol. in-12.

> (Les tomes I et II renferment le même nombre de pièces que les éditions précédentes. — Le tome III de 670 pp., achevé d'imprimer en 1655, contient *Andromède, Don Sanche d'Aragon, Nicomède, Pertharite*.)

Œuvres de Corneille, Paris. A. de Sommaville, 1655, in-12.

> (Nous n'avons vu de cette édition que la 2ᵉ *partie*.)

Œuvres de Corneille. Paris, A. Courbé, 1656, in-12.

> (Nous n'avons vu de cette édition que la 3ᵉ *partie*, qui reproduit page pour page le volume correspondant de 1654.)

Œuvres de Corneille. Paris, A. Courbé, 1657, in-12.

> (Nous n'avons vu de cette édition que la 1ʳᵉ *partie*, contenant les huit premières pièces; le frontispice gravé conserve la date de 1654.)

Le théâtre de Corneille reveu et corrigé par l'auteur. Paris, A. Courbé, 1660, 3 vol. in-8.

> (Achevé d'imprimer pour la première fois le 31 octobre 1660.)

— Paris, de Luyne, 1663, 2 vol. in-fol.

— Paris, Billaine, 1664, 2 vol. in-fol.

— Paris, Jolly, 1664, 2 vol. in-fol.

— Paris, de Luyne, 1664, 2 vol. in-fol.

— Rouen et Paris, Jolly, 1664, 5 vol. in-8.

> (Avec frontispice gravé, daté de 1660.)

— Suivant la copie imprimée à Paris, 1664, 4 vol. in-12.

— Suivant la copie imprimée à Paris, 1664-1676, 4 vol. in-12.

— Paris, de Luyne, 1668, 4 vol. in-8.

— Paris, de Luyne, 1682, 4 vol. in-12.

— Suivant la copie imprimée à Paris, 1689, 4 vol. in-12. — Suivant la copie imprimée à Paris, 1692, 4 vol. in-12.

(Ces deux éditions sont des recueils de pièces ayant chacune un titre particulier, une pagination spéciale, et que nous avons décrites à leur place parmi les pièces détachées.)

Le théâtre de P. Corneille, reveu et corrigé par l'auteur. A Paris, G. de Luyne, 1692, 5 vol. in-12.

(Edition donnée par Thomas Corneille.)

— A Paris, P. Trabouillet, 1692, 5 vol. in-12.

Le théâtre de P. Corneille. Nouvelle édition revue, augmentée des pièces dont l'avis au lecteur fait mention, et enrichie de figures en taille-douce. A Amsterdam, H. Desbordes, 1701, 5 vol. in-12.

Le théâtre de P. Corneille. Nouvelle édition revue, corrigée et augmentée. A Paris, G. Cavelier, 1706, 5 vol. in-12.

(Contenant plusieurs ouurages de Thomas Corneille.)

— A Paris, chez la veuve de P. Trabouillet, 1706, 5 vol. in-12.

— A Paris, G. Cavelier, 1714, 5 vol. in-12.

— A Paris, H. Charpentier, 1714, 5 vol. in-12.

— A Paris, M. Bordelet, 1722, 5 vol. in-12.

— A Paris, H. Charpentier, 1723, 5 vol. in-12.

— A Amsterdam, l'Honoré et Chatelain, 1723, 5 vol. in-12.

Le théâtre de P. Corneille. Nouvelle édition. A Paris, Nion père, 1738, 5 vol. in-12.

(Le 5⁰ volume forme deux parties.)

— A Paris, David aîné, 1738, 5 vol. in-12.

— A Paris, Leclere, 1738, 5 vol. in-12.

(Avec portrait. — Le 5⁰ volume est en deux parties.)

— A Paris, Gandouin, 1738, 5 vol. in-12.

(Le 5⁰ volume forme deux parties.)

— Paris, Martin, 1738, 6 vol. in-12.

(Publié par François-Antoine Jolly, censeur royal.)

Le théâtre de P. Corneille. Nouvelle édition revue, corrigée et augmentée de ses œuvres diverses, enrichie de figures en taille-douce. A Amsterdam, Z. Chatelain, 1740, 6 vol. in-12.

(Le tome VI porte : *OEuvres diverses.* — Publié par l'abbé Granet, avec une *Défense de Corneille* par le P. Tournemine.)

— A Paris, Bordelet, 1747, 7 vol. in-12.

(Le tome VII porte : *OEuvres diverses.*)

— A Paris, Cavelier père, 1747, 6 vol. in-12.

(Avec portrait.)

— A Paris, David père, 1747, 7 vol. in-12.

— A Paris, David père, 1755, 7 vol. in-12.

(Avec portrait.)

OEuvres de P. Corneille. A Paris, L. H. Guérin et L. F. de la Tour, 1758, 10 vol. in-12.

— A Paris, G. Martin, 1758, 10 vol. in-12.

— A Paris, Desprez, 1758, 10 vol. in-12.

— A Paris, Bauche, 1758, 10 vol. in-12.

Théâtre de Pierre Corneille, avec des commentaires, etc. (s. l.), 1764, 12 vol. in-8.

(Publié par Voltaire à Genève.)

— (s. l.) 1765, 12 vol. in-8.

— Genève, 1774, 8 vol. in-4.

Commentaires sur le théâtre de Pierre Corneille, et autres morceaux intéressants, etc., etc., etc. (s. l.), 1764, 3 vol. in-12.

Commentaires sur Corneille, par Voltaire (avec Préface par Beuchot). Paris, Didot, 1851, in-18.

OEuvres de P. Corneille, avec le commentaire de Voltaire sur les pièces de théâtre, et des observations critiques sur ce commentaire par le citoyen Palissot. Édition complète, dédiée au premier consul de la République française. Paris, de l'imprimerie de Didot aîné, an IX (1801), 12 volumes in-8.

OEuvres de P. Corneille, avec les commentaires de Voltaire. Paris, A. Renouard, 1817, 11 vol. in-12.

(Avec portrait. — On joint ordinairement à cette édition un 12° volume intitulé : *OEuvres de Thomas Corneille*.)

OEuvres de P. Corneille, avec le commentaire de Voltaire et les jugements de la Harpe. Paris, Janet et Cotelle, 1821-1823, 12 vol. in-8.

OEuvres de P. Corneille, avec les notes de tous les commentateurs. Paris, Lefèvre, 1824, 12 vol. in-8, avec portrait.

(Publiées par L. Parelle, texte de l'édition de 1682, avec nombreuses variantes, contenant quelques pièces inédites jusqu'alors. Elles font partie de la *Collection des classiques français*. Quelques exemplaires sur grand papier vélin.)

OEuvres de P. Corneille, avec commentaires, notes, remarques et jugements littéraires. Paris, chez l'éditeur et chez Ledoyen, 1831, 11 vol. in-8.

(On y joint ordinairement un 12° volume intitulé : *Chefs-dœuvre de Thomas Corneille...* 1830.)

OEuvres complètes de P. Corneille, suivies des *OEuvres choisies* de Th. Corneille, avec les notes de tous les commentateurs. Paris, Lefèvre, 1834, 2 vol. gr. in-8 à 2 col.

— Paris, Lefèvre, 1837, 2 vol. gr. in-18 à 2 col.

— Paris, Lefèvre, 1838, 4 vol. in-12.

OEuvres de P. et Th. Corneille, précédées de la vie de P. Corneille par Fontenelle et des discours sur la poésie dramatique. Nouvelle édition ornée de gravures. Paris, Furne, 1844, gr. in-8 à 2 col.

— Paris, Garnier (s. d.), gr. in-8 à 2 col.

— Paris, Garnier, 1861, gr. in-8 à 2 col.

— Paris, Garnier, 1865, gr. in-8 à 2 col.

OEuvres de Pierre et Thomas Corneille. Nouvelle édition ornée du portrait de Pierre Corneille. Paris, veuve Desbleds, 1846, gr. in-8.

(La couverture porte : *Collection européenne*, et à l'adresse, le nom de Béchet comme libraire.)

— Paris, Krabbe, 1850, in-8.

(La couverture porte : 1846, veuve Desbleds.)

OEuvres de P. Corneille, précédées d'une notice sur sa vie et ses ouvrages par Fontenelle. Paris, Furne, 1852, in-12.

— Paris, Furne, 1858 (*sic*, pour 1856), in-8.

— Paris, Furne, 1861, in-8.

OEuvres des deux Corneille (Pierre et Thomas). Édition Variorum, collationnée sur les meilleurs textes. Précédées de la vie de P. Corneille, rédigée d'après les documents anciens et nouveaux, avec les variantes et les corrections de P. Corneille, ses dédicaces, ses avertissements, ses trois discours sur la tragédie; accompagnées de notices historiques et littéraires sur chaque pièce des deux Corneille, ainsi que de notes historiques, philologiques et littéraires formant le résumé des travaux de Voltaire, du P. Brumoy, de l'abbé le Batteux, Palissot, Victorin Fabre, Guinguené, l'empereur Napoléon, Guizot, Saint-Marc Girardin, Sainte-Beuve, Nisard, Taschereau. Par Charles Louandre. Paris, Charpentier, 1853, 2 vol. in-18.

(Il y a des titres qui portent : chez M• V° Dondey Dupré.)

— Paris, Charpentier, 1860, 2 vol. in-18.

— Paris, Charpentier, 1865, 2 vol. in-18.

OEuvres de Corneille, nouvelle édition, augmentée d'une vie de Corneille et de notices sur chaque pièce. Par Émile de la Bédollière. Paris, Barba (1854), 2 vol. in-18.

OEuvres de P. Corneille, avec les notes de tous les commentateurs. Paris, Firmin Didot frères, 1854-1855, 12 volumes in-8.

(Edition donnée par Lefèvre, reproduisant le texte des éditions de 1682 et de 1824; contenant de plus les pièces suivantes : 1º Le Presbytère d'Hénouville; 2º Sonnet sur Louis XIII; 3º Lettre à Colbert; 4º Vers à Louis XIV; 5º Office de la sainte Vierge traduit en vers; et les notes d'Aimé-Martin; — 20 exemplaires sur papier vergé de Hollande.)

OEuvres de P. Corneille, précédées d'une notice sur sa vie et ses ouvrages par Julien Lemer. Paris, A. Delahays, 1855, 2 vol. in-18.

— Paris, A. Delahays, 1857, 2 vol. in-18.

OEuvres complètes de P. Corneille, suivies des *OEuvres choisies* de Thomas Corneille. Édition de Ch. Lahure.... Paris, Hachette, 1857, 5 vol. in-12.

— Paris, Hachette, 1862, 5 vol. in-12.

— Paris, Hachette, 1864, 7 vol. in-12.

— Paris, Hachette, 1866, 7 vol. in-12.

Œuvres complètes de P. Corneille. Nouvelle édition revue et annotée par M. J. Taschereau. Paris, P. Janet, 1857, in-16.

> Dans la *Bibliothèque elzévirienne*. — Les deux premiers volumes ont seuls paru.)

Théâtre de Corneille, nouvelle édition. Paris, Garnier frères (1858), in-18.

— Paris, Garnier frères, 1865, in-18.

Œuvres de P. Corneille. Nouvelle édition, revue sur les plus anciennes impressions et les autographes, et augmentée de morceaux inédits, des variantes, de notices, de notes, d'un lexique des mots et locutions remarquables, d'un portrait, d'un *fac-simile*, etc. Par M. Ch. Marty-Laveaux. Paris, Hachette, 1862, 12 vol. in-8.

> (Dans *les Grands Écrivains de la France*, nouvelles éditions publiées sous la direction de M. Ad. Regnier, membre de l'Institut. — C'est la présente édition, commencée en 1862 et terminée en 1868.)

Collection Napoléon Chaix. *Œuvres complètes de P. Corneille.* Paris, N. Chaix, 1864, 7 vol. in-8.

> (*Bibliothèque universelle des familles.*)

Collection des classiques français du Prince impérial. *Œuvres complètes de P. Corneille.* Paris, Plon, 1865, 12 vol. in-16.

Traduction italienne : *Tragedie di Pier. Cornelio tradotte in versi italiani con l'originale a fronte; per Giuseppe Baretti. Venezia, Bertella,* 1747-1748, 4 tomes en 2 vol. in-4 à 2 col.

B. SOUS LE TITRE DE

THÉÂTRE CHOISI, CHEFS-D'ŒUVRE, ETC.

Le Théâtre de Corneille, auquel se voyent les plus belles pièces qu'il a faites : sçauoir *le Cid,* le *Cinna,* le *Polieucte, les Horaces, la Mort de Pompée,* la *Rodogune,* l'*Heraclius,* ou *la Mort de Phocas, le Menteur, la Suite du Menteur,* le *Don Sanche* (s. l. n. d.), in-18.

(Le *Don Sanche* a une pagination particulière.)

Les Chef-d'œuvres (sic) *de P. Corneille....* avec le jugement des savants à la suite de chaque pièce. Oxford (s. d.), 2 vol. in-4.

>(Publiés, dit Barbier, par J. G. Dupré.)

— Oxford, 1738, 2 vol. in-12.

— Oxford, J. Fletcher, 1746, in-8.

— Oxford, 1760, 3 vol. in-12.

Les Chef-d'œuvres (sic) *dramatiques de Messieurs Corneille*, avec le jugement des savants à la suite de chaque pièce, nouvelle édition. A Oxfort (*sic*), 1770, 3 vol. in-8.

>(Même édition que la précédente, à laquelle on a ajouté deux pièces de Thomas Corneille.)

— Rouen, Machuel, 1780, 3 vol. in-12.

Pierre et Thomas Corneille, théâtre. Leipzig, 1754, 11 vol. in-12.

Les Chef-d'œuvres (sic) *de Pierre et de Thomas Corneille.* Nouvelle édition augmentée des notes et commentaires de M. de Voltaire. Paris, par la Compagnie des libraires associés, 1771, 3 vol. in-12.

— Paris, par la Compagnie des libraires associés, 1785, 3 vol. in-8.

Esprit du grand Corneille. Extrait de ses œuvres dramatiques.... Bouillon, aux dépens de la Société typographique, 1773, 2 vol. in-12.

>(Par Charlier.)

Mes Récréations dramatiques, ou choix des principales tragédies du grand Corneille, auxquelles on s'est permis de faire des changements en supprimant ou raccourcissant quelques scènes, et substituant des expressions modernes à celles qui ont vieilli; précédé de quatre tragédies nouvelles de l'éditeur (Tronchin, de Genève). Genève et Paris, 1780, 4 vol. in-8.

Théâtre choisi de P. Corneille. Paris, imp. de Didot aîné, 1783, 2 vol. in-4.

Chef-d'œuvres (sic) *de P. Corneille.* Paris, 1785, 4 vol. in-18.

>(*Petite bibliothèque des théâtres.*)

Collection d'auteurs classiques français. Berlin, Maurer, 1787-1809 (les volumes XI et XIII, datés de 1792 et 1793, contiennent les chefs-d'œuvre de P. Corneille), in-12.

Théâtre de Pierre et de Thomas Corneille. Francfort-sur-le-Mein, H. Bechhold (s. d.), 2 vol. in-16.

(La couverture imprimée porte : *Bibliothèque des classiques français, livre CLXXV (et CLXXVI).* — Avec la notice de Fontenelle.)

Six tragédies de Pierre Corneille, retouchées pour le théâtre. Paris, Desenne, an X (1802), in-8.

(Retouchées par de Lisle et Audibert de Marseille.)

Chefs-d'œuvre de P. Corneille, avec les commentaires de Voltaire et des observations critiques sur ces commentaires par M. Lepan. Seule édition où l'on trouve le véritable texte de Corneille et les changements adoptés par la Comédie française; faite par souscription au profit de Mlle J. M. Corneille. Paris, Cordier, 1817, 5 vol. in-8.

L'Esprit du grand Corneille, ou extrait raisonné de ceux des ouvrages de P. Corneille qui ne font pas partie du recueil de ses chefs-d'œuvre dramatiques, pour servir de supplément à ce recueil et au commentaire de Voltaire; par M. le comte François de Neufchâteau, l'un des quarante de l'Académie française, etc. Paris, Pierre Didot, 1819, in-8.

Œuvres choisies de P. Corneille. Paris, Lheureux, 1822, 4 vol. in-8.

— Paris, Emler, 1829, 4 vol. in-8.

— Paris, imp. de Poussielgue, 1836, 4 vol. in-16.

Choix des tragédies de Corneille, suivi de notes, précédé d'un essai sur les progrès de la littérature dramatique, par Ventouillac. Londres, 1824, 2 vol. in-12.

Chefs-d'œuvre de Pierre Corneille, avec les examens de Voltaire et de la Harpe, précédés de sa vie par Fontenelle, et de son éloge par Gaillard. Paris, Sautelet, 1825-1826, 3 vol. in-8.

Chefs-d'œuvre de Corneille, suivis de notes et précédés d'une notice sur la vie et les ouvrages de l'auteur, par L. T. Ventouillac. Londres, S. Low, 1827, 2 vol. in-18.

(*Choix des classiques français.*)

Chefs-d'œuvre de Pierre et Thomas Corneille, avec les notes de tous les commentateurs. Paris, C. Béchet, 1828, in-8 à 2 col.

Chefs-d'œuvre de P. Corneille, revus sur les dernières éditions originales, précédés de l'éloge de P. Corneille par Victorien Fabre, et augmentés des meilleurs passages des tragédies et comédies omises dans les œuvres choisies et des meilleurs morceaux extraits des poésies, des psaumes et de la traduction de *l'Imitation de Jésus-Christ*, par M. H. le Corney. Paris, Pourrat, 1833, 5 vol. in-8.

Chefs-d'œuvre dramatiques de P. Corneille, suivis des œuvres choisies de Th. Corneille. Paris, Lefèvre, 1839, in-8.

Chefs-d'œuvre de P. et Th. Corneille. Paris, F. Locquin, 1842, 5 vol. in-18.

Chefs-d'œuvre dramatiques de P. Corneille, avec les notes de tous les commentateurs, 3ᵉ édition. Paris, Lefèvre, 1844, 2 vol. in-16.

(*Collection des classiques français.*)

Chefs-d'œuvre dramatiques de P. Corneille. Paris, Lefèvre, 1844, in-16.

Corneille. Œuvres choisies, édition épurée. Paris, Lehuby, 1845, in-12.

Bibliothèque littéraire de la jeunesse. *Corneille, Œuvres choisies*, édition épurée, illustrée de 20 dessins de M. Célestin Nanteuil, gravés par MM. Brevière, Trichon, etc. Paris, Lehuby, 1846, in-18.

— Paris, Lehuby, 1859, in-18.

Chefs-d'œuvre de Pierre Corneille, avec notes et commentaires. Paris, F. Didot, 1846, in-16.

Théâtre choisi de Corneille, avec une notice biographique et littéraire et des notes, par E. Geruzez.... Paris, Hachette, 1848, in-12.

— Paris, Hachette, 1865, in-12.

Chefs-d'œuvre de P. Corneille, avec une histoire abrégée du théâtre français, une biographie de l'auteur et un choix de notes de divers commentateurs, par M. D. Saucié.... Nouvelle édition. Tours, Mame, 1853, in-8.

(*Bibliothèque de la jeunesse chrétienne.* — Réimprimé en 1858, 1860, 1863.)

Théâtre choisi de Corneille, édition classique précédée d'une notice littéraire par F. Estienne. Paris, Delalain, 1857, in-18.

Œuvres choisies de P. Corneille, nouvelle édition revue. Paris, Vermot, 1863, in-8.

Chefs-d'œuvre de P. Corneille. Le Cid, Horace, Cinna.... Paris, Hachette, 1864, in-16.

P. Corneille. Chefs-d'œuvre précédés de la vie de Pierre Corneille, par Fontenelle.... Paris, Ducrocq, 1865, in-8.

OEuvres de Corneille, précédées d'une étude par C. A. Sainte-Beuve. Paris, Michel Lévy, 1866, 2 vol. in-18.

Traduction allemande: *P. Corneille, Meisterwerke, metrisch übersetzt von Carl von Hänlein.* Berlin, Dümmler, 1811-1817, 2 vol. in-8. (I. *der Cid, Cinna;* II. *Horatius oder der Kampf der Horatier und Curiatier, Pompejus Tod.*)

C. POÉSIES DIVERSES.

Meslanges poetiques.... 1632.

Voyez tome I, p. 257, et tome X, p. 4 et 5.

OEuvres diverses de P. Corneille. Paris..., 1738, in-12.

(Édition de l'abbé Granet. Voyez tome X, p. 3 et 4. — Certains exemplaires contiennent un feuillet additionnel. Voyez tome X, p. 88 et 89.)

D. RECUEILS DE POÉSIES OÙ SONT INSÉRÉES DES PIÈCES COMPOSÉES PAR CORNEILLE OU QUI LUI ONT ÉTÉ ATTRIBUÉES.

Poésies choisies de Messieurs Corneille, Bensserade.... et plusieurs autres. Paris, C. de Sercy, 1653-1660, 5 parties in-12.

Voyez tome X, p. 16-21, 116, 125, 140, 141, 150, 154, 155, 158. 160, 162, 163, 164, 165, 167, 168, 170, 172-174, 354 et 362.

Petit recueil de poesies choisies non encore imprimées. Amsterdam, 1660, in-8.

Voyez tome X, p. 141.

Recueil des plus beaux vers qui ont esté mis en chant. Paris, C. de Sercy, 1611, in-12. — Seconde et nouvelle partie. Paris, Ballard, 1668, in-12.

Voyez tome X, p. 153 et 233.

NOTICE BIBLIOGRAPHIQUE.

Delices de la poesie galante des plus celebres autheurs du temps. 1663.

Voyez tome X, p. 175.

Recueil de quelques pieces nouvelles et galantes tant en prose qu'en vers. Cologne, P. du Marteau, 1664, in-12.

Voyez tome X, p. 367 et suivantes, une pièce faussement attribuée à Corneille.

Recueil de poesies chrestiennes et diverses, dédié à Monseigneur le prince de Conty, par M. de la Fontaine. Paris, P. le Petit, 1671, in-12.

Voyez tome X, p. 74.

A la gloire de Louis le Grand, conquérant de la Hollande, par MM. Corneille, Montauban, Quinault et autres. Paris. O. de Varennes et Bienfaict, 1672, in-4.

Voyez tome X, p. 249.

Mercure galant, 1674 (tome VI, p. 37); 1677 (tome I, p. 45 et 46, 53 et 54, 2ᵉ édit.); juillet 1677; mars 1679 (p. 76 et suivantes); mars 1780 (2ᵉ partie, p. 261 et suivantes); mai 1677 (p. 96 et suivantes).

Voyez tome X, p. 285, 308, 309, 322, 326, 334, 387.

Recueil de diverses poesies des plus celebres autheurs de ce temps, seconde partie. Paris, Chamoudry, 1655, in-12.

Voyez tome X, p. 357.

Muses illustres de MM. Malherbe, Theophile et Cⁱᵉ, publiées par François Colletet. Paris, Chamoudry, 1658, in-12.

Voyez tome X, p. 360.

Recueil de quelques pièces nouvelles et galantes tant en prose qu'en vers.... A Cologne, chez Pierre du Marteau, 1664, in-12.

Voyez tome X, p. 367.

Les Plaisirs de la Poesie galante, gaillarde et amoureuse (s. l. n. d.), in-12.

Voyez tome X, p. 374.

E. OUVRAGES DIVERS CONTENANT DES PIÈCES
COMPOSÉES PAR CORNEILLE
OU QUI LUI ONT ÉTÉ ATTRIBUÉES.

Ligdamon et Lidias..., tragi-comedie, par M. de Scudery. Paris, Targa, 1631, in-8.
   Voyez tome X, p. 57.

Le Trompeur puny..., tragi-comedie, par M. de Scudery. Paris, Billaine, 1633, in-8.
   Voyez tome X, p. 61.

La Sœur valeureuse..., tragi-comedie..., par le S‍r Mareschal. Paris, A. de Sommaville, 1634, in-8.
   Voyez tome X, p. 62.

Epinicia musarum Eminentissimo Cardinali duci de Richelieu. Parisiis, Cramoisy, 1634, in-4.
   Voyez tome X, p. 64 et 65.

Hippolyte, tragedie, par de la Pinelière. Paris, A. de Sommaville, 1635, in-8.
   Voyez tome X, p. 73.

Relation contenant l'histoire de l'Académie françoise. Paris, le Petit, 1653, in-8.
   Voyez tome X, p. 86.

Les Chevilles de M‍e Adam. Paris, Toussainct Quinet, 1644, in-4.
   Voyez tome X, p. 100.

Les Epistres du sieur de Bois-Robert-Metel. Paris, Besongne, 1647, in-4.
   Voyez tome X, p. 102.

Les Triomphes de Louis le Iuste, XIII. du nom.... Paris, Imprimerie royale, 1649, in-fol.
   Voyez tome X, p. 104.

Les Lettres de sainct Bernard.... traduites par le R. P. dom Gabriel de sainct Malachie.... Paris, *Meturas*, 1649, in-4.
   Voyez tome X, p. 122.

L'Ovide en belle humeur de M^r. d'Assoucy.... Paris, C. de Sercy, 1650, in-4.

Voyez tome X, p. 124.

Les Chastes martirs, tragedie chrestienne, par Mademoiselle Cosnard, Paris, N. et J. de la Coste, 1650, in-4.

Voyez tome X, p. 129.

Illustrissimo viro Pomponio de Bellievre.... Panegyricus.... Parisiis, D. Langlæus, 1653, in-4.

Voyez tome X, p. 131.

Airs à quatre parties du sieur Dassoucy. Paris, Ballard, 1653, in-8 oblong.

Voyez tome X, p. 132.

Vie de damoiselle Elisabeth Ranquet. Paris, Savreux, 1655, in-12.

Voyez tome X, p. 133.

Les Hommes illustres de M^r. de Campion.... Imprimé à Rouen par L. Maurry pour A. Courbé, 1657, in-4.

Voyez tome X, p. 137.

Observations de M. Menage sur la langue françoise. Paris, Barbin, 1672, in-12.

Voyez tome X, p. 245.

Tableau de la vie et du gouvernement de Messieurs les cardinaux Richelieu et Mazarin, in-12.

Voyez tome X, p. 352.

Ana ou Bigarrures calotines. Paris, 1730, etc., in-12.

Voyez tome X, p. 357.

Historiettes de Tallemant des Réaux, publiées par M. Paulin Paris. Paris, Techener, 1854, 8 vol. in-8.

Voyez tome X, p. 372.

Manuel du voyageur à Paris, par Villiers. Paris, 1806, in-12.

Voyez tome X, p. 377.

2°

OUVRAGES RELATIFS A CORNEILLE.

A. ÉCRITS RELATIFS AUX PIÈCES DÉTACHEES DE CORNEILLE.

Médée.

Parallèle des beautés de Corneille avec celles de plusieurs scènes de la Médée de Sénèque, par M. Guilbert.

Voyez tome II, p. 329, note 2.

Le Cid.

Voyez tome III, p. 20-44, la description bibliographique et l'analyse des divers écrits auxquels la publication de l'*Excuse à Ariste* (tome X, p. 74 et suivantes) a donné lieu.

En outre, plusieurs de ces pièces ont été publiées par nous dans la présente édition; en voici la table sommaire :

L'Ami du Cid, tome III, p. 53.
Lettre pour M. de Corneille..., tome III, p. 56.
Reponse de *** à ***, tome III, p. 59.
Lettre du Desinteressé, tome III, p. 62.
Avertissement au Besançonnois Mairet, tome III, p. 67.
Observations sur le Cid, tome X, p. 441.
Les Sentiments de l'Académie..., tome X, p. 463.
Le Jugement du Cid (extrait), tome X, p. 502.

Recueil des bonnes pièces pour et contre le Cid. Paris, Trabouillet, 1637, in-8.

(M. Taschereau cite ce *Recueil* d'après une *Vie de Corneille*, manuscrit d'une date ancienne qui faisait partie de la bibliothèque de M. de Soleinne. Ce n'était probablement pas là une réimpression, mais la réunion, sous un titre collectif, d'une partie des pièces que nous venons d'indiquer.)

L'Innocence et le véritable amour de Chymene. Dédié aux dames imprimée (*sic*) cette année, 1638, petit in-8.

(Bibliothèque de l'Arsenal.)

La Suite et le Mariage du Cid, tragi-comedie. Paris, Quinet, 1638, in-4.

(Par Chevreau.)

La vraie suite du Cid, tragi-comedie. Paris, A. de Sommaville, 1638, in-4.

(Par Desfontaines.)

L'Ombre du comte de Gormas et la Mort du Cid, par Chillac, juge des gabelles de S. M. en la ville de Beaucaire en Languedoc. Paris, C. Besongne, 1639, in-4.

Récit, tiré des Mémoires *de Michel Turretini*, pasteur et professeur, de la discussion qui eut lieu entre le conseil et la venerable Compagnie en 1681, au sujet de la representation du *Cid*.

(*Mémoire et documents publiés par la Société d'histoire et d'archéologie de Genève*, tome I, p. 80 et suivantes. Genève, 1841, in-8.)

Commentaire sur le Cid, tragi-comedie de Pierre Corneille, par M. Walras. Caen, impr. d'Hardel, 1843, in-8.

L'Académie et la critique du Cid (signé : CHARLES LOUBENS).

(*Revue indépendante*, 1845, tome XVIII, p. 375.)

Le Cid, esquisse littéraire, par M. Walras.... Douai, d'Aubers, 1853, in-8.

Documents relatifs à l'histoire du Cid, par M. Hippolyte Lucas. Paris, Alvarès, 1860, in-12.

Horace.

Dissertation sur un vers de la tragédie des Horaces.

(*Mercure de France* de juillet 1748, p. 55 et suivantes.)

Le Menteur.

Examen critique d'une anecdote littéraire sur le Menteur *de P. Corneille*, par F. Bouquet. (Extrait de la *Revue de la Normandie*.) Rouen, imp. de Cagnard, 1865, in-8.

Pompée.

Examen oratoire du rôle de Cornélie dans Pompée, par M. Lelièvre.

(Lu à la Société des sciences, lettres et arts de Rouen, le 9 juin 1803.)

OEdipe.

Troisième et quatrième dissertations concernant le poeme dramatique, en forme de remarques sur la tragedie de M. Corneille intitulée OEdipe, *et de reponse à ses calomnies.* Paris, du Breuil, 1663, in-12.

(Par d'Aubignac : voyez tome VI, p. 459; et sur d'autres examens du même ouvrage, tome VI, p. 110, note 1 et **.)

*Lettre qui contient la critique de l'*OEdipe *de Corneille*, par Voltaire.

(Pages 108 et suivantes d'*OEdipe*, tragédie par M. de Voltaire. Paris, P. Ribou, 1719, in-8.)

Sertorius.

Deux dissertations concernant le poeme dramatique en forme de remarques sur deux tragedies de M. Corneille, intitulées : Sophonisbe *et* Sertorius. Paris, du Breuil, 1663, in-16.

(Par d'Aubignac : voyez tome VI, p. 459. — Cet ouvrage de d'Aubignac et celui qui concerne *OEdipe*, et que nous avons indiqué ci-dessus, ont été considérés à tort par M. Brunet comme des examens composés par Corneille et réunis plus tard par lui à ses *Discours* sur le théâtre.)

Sophonisbe.

Voyez tome VI, p. 456-460.

Tite et Bérénice.

La Critique de la Bérénice *de Corneille*, par l'abbé de Villars, 1671, in-12.

Tite et Titus, ou les Bérénices, comédie. Utrecht, Ribbius, 1673, in-12.

Voyez tome VII, p. 193.

B. ÉCRITS RELATIFS A L'ÉDITION DE CORNEILLE DONNÉE PAR VOLTAIRE.

Lettre de M. de Voltaire, de l'Académie française, à M. l'abbé d'Olivet, chancelier de la même Académie (20 août 1761), in-12 de 15 pages.

Réponse de M. de Voltaire à M. le duc de Bouillon qui lui avait écrit une lettre en vers au sujet de l'edition qu'il fit faire des œuvres de Corneille, au profit de Mademoiselle Corneille (1761), in-12 de 7 pages.

Lettre à M. de Voltaire sur une édition de Corneille.

(*Année littéraire*, 1764, III, 97.)

Lettre sur la nouvelle édition de Corneille par M. de Voltaire. Amsterdam, 1764, in-8 de 22 pages.

(Le titre de départ porte : *Lettre au sujet des commentaires sur les tragédies de Corneille.*)

Réflexions sur la nouvelle edition de Corneille par M. de Voltaire ou Réponse à la lettre apologétique de cet ouvrage, Amsterdam, 1764, in-8 de 23 pages.

Racine à M. de Voltaire, des Champs-Élysées (par Dorat).

(Cette pièce, répandue probablement en manuscrit dans le cours de 1764, a été imprimée dans les *Pièces échappées aux seize premiers volumes de l'Almanach des Muses*, recueillies par Sautreau, Paris, 1781, in-12, et dans les *Œuvres* de Dorat.)

Commentaires sur le théâtre de Pierre Corneille, et autres morceaux intéressants, etc., etc. (par F. M. Arouet de Voltaire, Genève), 1764, 3 vol. in-12.

Critique posthume d'un ouvrage de M. de Voltaire (par l'abbé Champion de Nilon). Londres, 1772, in-8 de 27 pages.

Sentiment d'un Académicien de Lyon (par Voltaire).

(*Mercure* de décembre 1774, Réponse aux cinquième et sixième lettres à M. de Voltaire, par Clément, publiées en 1774, et contenant la critique du *Commentaire sur Corneille.*)

C. PARALLÈLES ET DISSERTATIONS SUR CORNEILLE ET RACINE.

Parallele de Corneille et de Racine, par M. de Longepierre, 1686.

(Dans les *Jugements des savants* de Baillet. Réimprimé dans le *Recueil de dissertations sur plusieurs tragédies de Corneille et de Racine.*)

Entretien sur les tragédies de ce temps (par l'abbé de Villiers). Paris, Estienne Michalet, 1675, in-12.

(Relatif à Corneille et à Racine; réimprimé dans le *Recueil de dissertations sur plusieurs tragédies de Corneille et de Racine.*)

Parallèle de M. Corneille et de M. Racine, par M. Fontenelle.

(Ce parallèle, composé en 1693, fut imprimé, à cette époque, sur un feuillet volant. Le plus ancien recueil où nous l'ayons trouvé est le volume intitulé : *Voyage de MM. de Bachaumont et de la Chapelle*, avec un mélange de pièces fugitives tirées du cabinet de M. de Saint-Evremont; Utrecht, Galma, 1697, in-12 [*note de M. Taschereau*].)

Dissertation sur les caractères de Corneille et de Racine contre le jugement de la Bruyère, par M. Tafignon. Paris, 1705, in-12.

(Réimprimé dans le *Recueil de dissertations sur plusieurs tragédies de Corneille et de Racine.*)

Dissertation sur les pièces de Corneille et de Racine.

(*Mercure*, octobre 1717, 35-39.)

Dispute littéraire sur les œuvres de Corneille et de Racine, à M. de***.

(*Amusements du cœur et de l'esprit*. Paris, Didot, 1736, in-12, tome II, p. 291-314.)

Recueil de dissertations sur plusieurs tragédies de Corneille et de Racine, avec des Reflexions pour et contre la critique des ouvrages d'esprit, et des jugements sur ces dissertations (par l'abbé Granet). Paris, Gissey et Bordelet, 1740, 2 vol. in-12.

Lettre sur Corneille et Racine, par M. l'abbé Simon, 1758, in-12.

Parallèle des trois principaux poëtes tragiques français, Corneille, Racine et Crébillon; précédé d'un abrégé de leurs vies et d'un catalogue raisonné de leurs ouvrages, avec plusieurs extraits des observations faites par les meilleurs juges sur le caractère particulier de chacun d'eux.... Paris, Saillant, 1765, in-12.

Dissertation sur Corneille et Racine, suivie d'une *épître en vers* (par Durosoi). Londres et Paris, Lacombe, 1773, in-8.

Sur Corneille et Racine.

(En prose, dans les *Quatre Saisons du Parnasse*, publiées par Fayolle; Printemps de 1806, p. 229-234.)

Corneille, Racine et leur époque, par M. Auguste de Lavallery.

(*Essor, préludes philosophiques et littéraires*. Paris, 20 septembre 1833, in-8.)

D. ÉCRITS BIOGRAPHIQUES ET LITTÉRAIRES SUR CORNEILLE[1].

Son père. — Sa généalogie. — Sa naissance. — Sa biographie. — Ses descendants. — Ouvrages sur ses portraits, bustes, statues.

Pierre Corneille (le père), maître des eaux et forêts, et sa maison de campagne; par E. Gosselin.... Extrait de la *Revue de la Normandie*.... Rouen, imp. de E. Cagniard, 1864, in-8.

Lettres de noblesse accordées au père du grand Corneille.

(Précis des travaux de l'*Académie de Rouen*, 1837.)

---

*Lettre à M*** (l'abbé Trublet), contenant la généalogie de Corneille.*

(Voyez ci-après, p. 564.)

Notice sur la maison et la généalogie de Corneille, par A. G. Ballin. Rouen, N. Périaux, mai 1833, in-8.

(Extrait de la *Revue de Rouen* du 10 mai 1833, avec des additions.)

Dissertation sur la date de la naissance du grand Corneille, par P. (Pierre-Alexis) Corneille. Rouen, imp. de F. Baudry, 1826, in-8.

Rapport sur la date de la naissance de Pierre Corneille, lu à l'Académie royale des sciences, belles-lettres et arts de Rouen, par M. Houel. Rouen, Nicétas Périaux jeune, 1828, in-8.

Rapport sur le jour de la naissance de Pierre Corneille et sur la maison où il est né, lu à la séance publique de la Société libre d'émulation de Rouen, le 6 juin 1828, par M. P^re Al^xis Corneille, pro-

---

[1]. Nous n'avons fait figurer dans nos indications bibliographiques ni les ouvrages en vers, ni les ouvrages dramatiques relatifs à Corneille, qui n'ajoutent rien à ce qu'on sait sur lui. Les personnes qui désireraient les connaître consulteront utilement la *Bibliographie* placée par M. Taschereau à la fin de son *Histoire de la vie et des ouvrages de Corneille.*

fesseur d'histoire au collége royal. Rouen, imp. de F. Baudry, avril 1829, in-8.

Ad Santolium Victorinum de obitu Petri Cornelii, Gallorum omnium qui tragœdias scripserunt principis, cal. oct. 1684 (s. l.), in-8.

(On lit au bas : *Scripsit ex tempore Leonardus Matthæus*. Le Permis d'imprimer est du 5 octobre 1684.)

Éloge de P. Corneille, par Fontenelle.

(*Nouvelles de la république des lettres*, janvier 1685.)

Éloge du grand Corneille, à M. l'abbé des Viviers, aumônier du Roi, chanoine de Constance, protonotaire du Saint-Siége, par de la Fèvrerie.

(Extraordinaire du *Mercure*, avril 1685, p. 253-285.)

Notice sur la vie et les ouvrages de P. Corneille.

(*Mémoires de Niceron*, tome XV, p. 349-383, et tome XX, p. 88-93.)

Notice sur P. Corneille, par Perrault.

(*Hommes illustres de la France*, tome I, p. 77 et 78 de l'édition in-fol., Paris, 1697, avec un portrait de Corneille gravé par Lubin; tome I, p. 162-167, de l'édition de la Haye, 1736.)

Défense du grand Corneille contre le commentateur des œuvres de Boileau Despréaux (Brossette), par le P. Tournemine.

(*Mémoires de Trévoux*, mai 1717. — Réimprimée en tête de l'édition des *Œuvres diverses* de Corneille publiée par l'abbé Granet.)

Dissertation sur quelques passages de Sénèque et de Corneille.... Lue à la séance publique de la Société littéraire d'Arras, le 14 avril 1764, par M. Denis. Arras, 1764, in-12.

Éloge de Pierre Corneille, qui, au jugement de l'Académie des sciences, belles-lettres et arts de Rouen, a remporté le prix d'éloquence, donné, en 1768, par Monseigneur le duc d'Harcourt, gouverneur de Normandie et protecteur de l'Académie, par M. Gaillard.... Rouen, Machuel, et Paris, Saillant, 1768, in-8.

Éloge de P. Corneille, qui, au jugement de l'Académie de Rouen, a remporté l'accessit du prix d'éloquence donné en 1768..., par M*** (P. Sylvain Bailly). Rouen, E. V. Machuel, 1768, in-8.

Éloge de Corneille, pièce qui a concouru au prix de l'Académie de

Rouen en 1768 ; par M. l'abbé de Langeac. Paris, le Jay, 1768, in-8.

Éloge de Pierre Corneille, par M. L*** de L*** (l'abbé de la Serre). Nismes, Gaude, 1768, in-8.

Éloge de Pierre Corneille, qui a concouru à l'Académie de Rouen en 1768 ; par M. Bitaubé.... Berlin, G. J. Decker, 1769, in-8.

Éloge de Corneille, avec des notes. Paris, Delalain, 1770, in-8.

Discours abrégé sur le grand Corneille.

> (*Almanach littéraire, ou Étrennes d'Apollon* (p. 1-38). Paris, veuve Duchesne, 1777, in-12.)

Éloge de Pierre Corneille, par Lesuire, 1781.

> (Mentionné dans le *Précis des travaux de l'Académie de Rouen*, tome V [1781 à 1793], p. 26.)

Idées sur Corneille, par M. Grimod de la Reynière.

> (*Peu de chose, hommage à l'Académie de Lyon.* Neufchâtel et Paris, 1788, in-8.)

Éloge de Pierre Corneille, discours qui a remporté le prix d'éloquence décerné par la classe de la langue et de la littérature françaises de l'Institut, dans la séance du 6 avril 1808 ; par Marie-J.-J. Victorin Fabre. Paris, imp. de Baudouin, 1808, in-8.

— 2ᵉ édition, Paris, 1808, in-8.

Éloge de P. Corneille, discours qui a obtenu l'accessit au jugement de la classe de la langue et de la littérature françaises ; par L. S. Auger. Paris, imp. de Xhrouet, 1808, in-8.

Éloge de Pierre Corneille, qui a obtenu la première mention honorable au jugement de la classe de la littérature et de la langue françaises ; par René de Chazet.... Paris, le Normant, 1808, in-8.

Éloge de Pierre Corneille, discours qui a concouru pour le prix d'éloquence proposé à la classe de la langue et de la littérature françaises de l'Institut ; par M. G. D. L. B***. Paris, imp. de C. F. Patris, 1808, in-8.

> (Par Gudin de la Brenellerie, d'après une note manuscrite de l'exemplaire de la Bibliothèque impériale.)

Éloge de Pierre Corneille, par M. A. J. (Jay). Paris, L. Collin, 1808, in-8.

Éloge de P. Corneille (par de Montyon). Londres, imp. de P. da Ponte, 1808, in-8.

Éloge de P. Corneille, par un jeune Français. Paris, Martinet, 1808, in-8

(Par Jules Porthmann, d'après Barbier.)

Le Prononcé, ou la Prééminence poétique du grand Corneille, par F. L. Darragon. Paris, Hénée, 1808, in-8.

Le Journal de l'Empire, l'Institut et l'Éloge de Corneille traités tous trois comme ils le méritent; première lettre au public impartial, par J. de Rochelines.... Paris, imp. de Brasseur aîné, 1808, in-8.

(C'est tout ce qui a paru.)

Vie de Pierre Corneille, par M. Guizot.

(Dans les *Vies des poëtes français du siècle de Louis XIV*, par M. F. Guizot [et Mme Guizot, née de Meulan]. Paris, Schœll, 1813, in-8, tome I et unique.)

Corneille et son temps, étude littéraire, par M. Guizot. 1° De l'état de la poésie en France avant Corneille. 2° Essai sur la vie et les œuvres de Corneille; éclaircissements et précis historiques. 3° Essai sur trois contemporains de Corneille : Chapelain, Rotrou et Scarron (par Mme Guizot). Paris, imp. Didier, 1852, in-8.

(2° édition de l'ouvrage précédent.)

— Paris, Didier, 1862, in-18.

Éloge de P. Corneille, proposé pour prix d'éloquence en 1808, par F. A. Guinand. Paris, imp. de le Normand, 1822, in-8.

Discours qui a obtenu une médaille d'or de 300 francs à la séance de la Société d'émulation de Rouen du 9 juin 1813, sur cette question : « Quelle a été l'influence du grand Corneille sur la littérature française et sur le caractère national? » Par M. Auguste Thorel de Saint-Martin. Rouen, imp. de F. Baudry, 1813, in-8.

Histoire de la vie et des ouvrages de P. Corneille, par M. Jules Taschereau. Paris, Mesnier, 1824, in-8.

— 2° édition, augmentée. Paris, P. Jannet, 1855, in-12.

(*Bibliothèque elzévirienne*. Le faux titre porte : *OEuvres complètes de P. Corneille*. Préliminaires.)

Réflexions sur un passage de l'histoire de la vie et des ouvrages de

P. Corneille, par M. Taschereau; par A. Floquet. Rouen, Périaux, 1831, in-8.

(*Mémoires de l'Académie de Rouen*, 1830.)

Richelieu et les cinq auteurs, scènes historiques, par B. G.

(*La Gironde, Revue de Bordeaux*, tome I, p. 180 et suivantes, 1833, in-4.)

Éloge de Corneille, signé P. A.

(*Revue de Rouen*, 1834, 2ᵉ série, p. 277-283.)

Rôle politique de Pierre Corneille pendant la Fronde, document communiqué à l'Académie de Rouen par M. Floquet, dans la séance du 18 novembre 1836. (Paris) impr. de H. Fournier (s. d.), in-8.

(*Revue rétrospective.*)

Document relatif à P. Corneille. Précis des travaux de l'Académie de Rouen, 1835, p. 240-243.

(Placet inédit à Colbert au sujet de sa pension. Voyez dans notre édition, tome X, p. 423 et 501.)

Note biographique sur Pierre Corneille, par M. A. Deville.

(Sur le registre de comptes de la paroisse de Saint-Sauveur. *Mémoires de l'Académie de Rouen*, 1840, p. 276-283.)

La vie de Pierre Corneille, par Gustave Levavasseur, imp. de P. Debecourt, 1843, in-18.

— Paris, Dentu, 1847, in-12.

Notice sur P. Corneille, par P. F. Tissot.

(*Poëtes normands*, publiés sous la direction de L. H. Baratte. Paris, 1846, grand in-8.)

Anecdotes littéraires sur Pierre Corneille, ou examen de quelques plagiats qui lui sont généralement imputés par ses divers commentateurs français, en particulier par Voltaire; par M. Viguier, inspecteur général de l'Université. Rouen, imp. de Péron (1846), gr. in-8.

P. Corneille dans ses rapports avec le drame espagnol, par Philarète Chasles.

(*Études sur l'Espagne et sur les influences de la littérature espagnole en France et en Italie*. Paris, Amyot, 1847, p. 447-461.)

Renseignements relatifs à P. Corneille, principalement en ce qui concerne l'Académie de Rouen. Rouen, imp. de A. Péron (s. d.), in-8.

(Le titre de départ, p. 1, porte de plus : « par M. A. G. Ballin. » — Extrait du *Précis des travaux de l'Académie de Rouen*, 1848.)

Notes relatives à Corneille, lues à l'Académie des sciences, belles-lettres et arts de Rouen, par M. Ballin. Rouen, imp. de A. Péron (s. d.), in-8.

(*Précis analytique des travaux de l'Académie de Rouen*, 1850.)

Fragment d'études sur la vieillesse de Pierre Corneille, lu en la Société des sciences morales de Seine-et-Oise (par Victor-Lambinet). Versailles, imp. de Montalant-Bougleux, 1851, in-8.

Discours sur P. Corneille, prononcé à la faculté des lettres, par M. Saint-Marc Girardin.

(*Journal des débats*, 10 janvier 1852.)

Essai sur les théories dramatiques de Corneille, d'après ses discours et ses examens, thèse de doctorat, présentée à la faculté des lettres de Paris, par J. A. Lisle. Paris, A. Durand, 1852, in-8.

Notice sur la vie et les ouvrages de P. Corneille, par Julien Lemer.

(*OEuvres choisies de P. Corneille.* Paris, Delahays, 1855, 2 vol. in-12.)

Des Principes de Corneille sur l'art dramatique. Thèse de doctorat, présentée à la faculté des lettres de Dijon, par B. Duparay. Lyon, Vingtrinier, 1857, in-8.

Les Commencements de P. Corneille, par A. Hatzfeld. Grenoble, imp. de Prudhomme, 1857, in-8.

La Verité chez Corneille démontrée par l'analyse de ses principaux personnages, par Alexandre Lecœur. Paris, Hachette, 1860, in-18.

De la Langue de Corneille, par Ch. Marty-Laveaux. Paris, Hachette, 1861, in-8.

(Extrait de la *Bibliothèque de l'École des chartes*.)

Le grand Corneille historien, par Ernest Desjardins. Paris, Didier, 1618, in-8.

Pierre Corneille et Jean-Baptiste Diamante, par Antoine de Latour. (Extrait du *Correspondant*.) Paris, Douniol, 1861, in-8.

Corneille à la butte Saint-Roch, comédie,... précédée de *Notes sur la vie de Corneille* d'après des documents nouveaux, par Édouard Fournier, avec... un plan de la butte Saint-Roch au temps de Corneille. Paris, Dentu, 1862, in-16.

Pierre Corneille, ses œuvres, sa vie intime, par C. Guénot. Lille, L. Lefort, 1863, in-12.

Corneille et ses contemporains, discours prononcé à l'ouverture du cours de poésie française (de la Faculté des lettres de Paris), le 17 décembre 1863, par M. Saint-René Taillandier. Paris, Baillière, 1864, in-8.

Corneille, poëte comique, par M. Paul Vavasseur; discours de réception prononcé à la séance publique de l'Académie des sciences, belles-lettres et arts de Rouen. Rouen, imp. de Boissel, 1864, in-8.

Note sur Pierre Corneille, considéré à tort comme l'auteur du poëme : *l'Occasion perdue recouverte;* lue à l'Académie des sciences, belles-lettres et arts de Rouen, par Édouard Frère. Rouen, imp. de Boissel, 1864, in-8.

(*Précis des travaux de l'Académie impériale des sciences, belles-lettres et arts de Rouen.*)

Particularités de la vie judiciaire de P. Corneille, révélées par des *documents nouveaux*, par E. Gosselin, greffier archiviste à la cour impériale de Rouen. Rouen, impr. de Cagniard, 1865, in-8.

(Extrait de la *Revue de la Normandie*, numéro de juillet 1865.)

Étude sur Corneille, par Alexis Doinat. Paris, 1867, in-8.

(On lit au verso du faux titre : « Cette étude ne se trouve pas dans le commerce de la librairie. »)

Une séance de l'Académie des Palinods en 1640, discours prononcé le 7 août 1867 dans la séance solennelle de l'Académie des sciences, belles-lettres et arts de Rouen, par Édouard Frère, président; suivi des poëmes palinodiques de Jacqueline Pascal, de Pierre, Antoine et Thomas Corneille. Rouen, A. le Brument, 1867, in-8.

(On lit au verso du faux titre : « Tiré à 125 exemplaires, tous sur papier cavalier vergé. »)

Lettre à M*** (l'abbé Trublet), *contenant la généalogie de Corneille*, par M. Dreux du Radier, 1757, in-12.

(A l'occasion du procès de J. F. Corneille contre les légataires universels de Fontenelle. Cette lettre avait paru d'abord dans le *Conservateur* de novembre 1757.)

Mémoire pour le sieur J.-François Corneille contre les légataires de feu M. de Fontenelle (par Dreux du Radier), 1758, in-4 de 32 pages.

Ode et lettres à M. de Voltaire en faveur de la famille du grand Corneille, par M. le Brun, avec la réponse de M. de Voltaire. Genève, 1760, in-8.

(Réimprimé en 1761, sous le titre de *l'Ombre du grand Corneille*, à la suite de *la Wasprée*, ou *l'Ami Wasp*, du même auteur.)

Représentation de Rodogune *au profit d'un neveu du grand Corneille.*

(*L'Année littéraire*, année 1760, lettre datée du 20 mars, tome II, p. 198-216.)

La Petite nièce d'Eschyle, histoire athénienne, traduite d'un manuscrit grec, intitulé : Ἐκ τῆς τῶν ἐπιστημόνων ἀνεκδότης ἱστορίας ἐκλογαί, fragments de l'histoire anecdote des gens de lettres (par de Neuville), 1761, in-8.

Mémoire de Malesherbes sur la descendance de Corneille.

(Avec lettre d'envoi, datée du 8 septembre 1792. Imprimé dans la *Revue rétrospective* (1836), seconde série, tome VIII, p. 113, où ce document est suivi d'une correspondance de Collin d'Harleville avec la Comédie française et le Directoire exécutif, pour Mlle J. M. Corneille.)

Note sur les descendants de Corneille, par M. le baron de Stassart. Bruxelles, Hayez, 1851, in-8.

Réflexions sur le tableau demandé par l'Académie à M. Court, et représentant le grand Corneille accueilli sur le théâtre par le grand Condé, par E. Hellis. Rouen, Périaux, 1831, in-8, avec gravure.

(Extraits des *Mémoires de l'Académie de Rouen*, 1831.)

Rapport sur le monument à elever à P. Corneille, lu à la Société libre d'émulation de Rouen, le 15 avril 1829, par M. A. Deville. Rouen, imp. de Baudry, 1829, in-8.

Discours prononcé par M. E. Gaillard, au nom de l'Académie de Rouen, lors de l'inauguration de la statue de P. Corneille.

(*Précis des travaux de l'Académie de Rouen*, 1834.)

Inauguration de la statue de P. Corneille, par Ch. Richard.

(*Revue de Rouen*, 1834.)

Statue de Pierre Corneille, avec hommage grivois à ce poëte, par Hyacinthe Lelièvre. Rouen, Périaux, 1834, in-fol. plano, avec planche sur bois.

Discours prononcé par M. Lebrun, directeur de l'Académie française, pour l'inauguration de la statue de Corneille, à Rouen, le 19 octobre 1834. Paris, imp. de Didot, in-4.

Discours prononcé à l'occasion de l'inauguration de la statue de Pierre Corneille, à Rouen, le 19 octobre 1834, par M. Lafon des Français.... Paris, Paccard, 1834, in-8.

Notice sur la statue de P. Corneille, et liste des souscripteurs qui ont concouru à l'érection de ce monument. (Signée A. Deville.) Rouen, imp. de F. Baudry, 1834, in-8.

Inauguration de la statue de Pierre Corneille.

(*Mémoires de la Société d'émulation de Rouen*, 1835, p. 226-230, avec une planche dessinée par Mlle E. Langlois et gravée par son père.)

Précis historique sur la statue de P. Corneille, érigée à Rouen par souscription, en 1834, par A. Deville.... Publié par les soins de la Société libre d'émulation de Rouen. Rouen, imp. de Baudry, 1838, in-8.

Découverte du portrait de P. Corneille peint par Ch. le Brun. Recherches historiques et critiques à ce sujet, par M. Hellis. Rouen, le Brument, 1848, in-8.

ADDITIONS ET CORRECTIONS.

N. B. Outre les modifications indiquées ici, on trouvera dans la *Notice biographique*, placée en tête du tome I, qui a été écrite après l'impression de tout le reste de l'édition, un certain nombre d'additions et corrections se rapportant aux diverses notices particulières.

TOME I.

Page 105, ligne 20, « intrigues, » *lisez :* intriques. »
Page 194, note 4, vers 2, « ne peut se, » *lisez :* « ne se peut. »
Page 205, supprimez la note 3.
Page 268, ligne 30, « près de, » *lisez :* « prêt de. »
Page 363, ajoutez à la note 3 : « — En marge dans l'édition de 1632 : « Il embrasse Clitandre, » et supprimez dans la note 4 ce qui suit le —.
Page 368, vers 26, « dussai-je, » *lisez :* « dussé-je; » et voyez tome XI, p. LXXXVII.
Page 369, ajoutez à la fin de la variante : « voir pour la suite page 355, vers 1446. »
Page 486, vers 1684, « plaisirs, » *lisez :* « déplaisirs. »

TOME II.

Page 118, ligne 22, « intrigues, » *lisez :* « intriques. »
Page 480, note *a*, « et la page, » *lisez :* « et à la page. »

TOME III.

Page 162, note 4, « facile, » *lisez :* « aisée. »
Page 279, ligne 19, « plaidoyers, » *lisez :* « plaidoyés. »
Page 302, vers 471, « Près d'épouser, » *lisez :* « Prêt d'épouser. »
Page 319, note 1, ligne 1, « scène III, » *lisez :* « scène II. »
Page 453, vers 1545, « occupé, » *lisez :* « occupée. »

TOME IV.

Page 78, vers 1224, « abject, » *lisez :* « abjet. »
Page 135, note 1, ligne 5, « p. 237, » *lisez :* « p. 327. »
Page 339, vers 968, « plutôt, » *lisez :* « plus tôt. »

ADDITIONS ET CORRECTIONS.

TOME V.

Page 317, note 4, ligne 5, « voit, » *lisez :* « vit. »
Page 412, ligne 20, page 413, ligne 5, et page 414, ligne 3, « près de, » *lisez :* « prêt de. »
Page 417, note 1, ligne 2, « 13 août, » *lisez :* « 14 mai. »

TOME VI.

Page 230, note 1, ligne 2, « huit lignes, » *lisez :* « sept lignes. »

TOME VIII.

Page 5, ajoutez à la fin de la note 3, qui commence à la page 4 : « Le pape Alexandre VII avait fait, comme Corneille, une tragédie de *Pompée.* Elle est imprimée à la fin des *Musæ juveniles*, sous ce titre : *Pompeius, tragœdia, quam auctor, anno MDCXXI, cum forte rusticaretur, lusit, Senecæ in morem.... solius oblectationis gratia, nec unquam publice dari passus est.* »
Page 10, note, ligne 19, et page 11, note 1, ligne 10, « Jean Gerson, » *lisez :* « Jean Gersen. »
Page 54, note 3, ajoutez à la suite du premier vers : «'(1651 et 1670 O) ».
Page 67, note 5, « l'édition de 1670 a seule, » *lisez :* « les éditions de 1670 et de 1670 O ont. »
Page 150, ajoutez la note suivante, se rapportant au vers 2200 :

Var.   Fais tout ce que tu peux de bien. (1670 O)

Page 249, ajoutez à la note 1 cette seconde variante :

Var. Tu t'en fais un fardeau plus pesant à porter. (1670 O)

Page 287, ajoutez en note, comme variante du vers 573 :

Que mon âme enfin toute entière. (1670 O)

Page 292, ajoutez en note, comme variante du vers 686 :

De cet indigne amusement. (1670 O)

Page 309, ajoutez en note, comme variante du vers 1042 :

De ses sources inépuisables. (1670 O)

Page 355, 1 *Var.*, « (1675 O) » *lisez :* « (1670 O) ».
Page 389, ajoutez en note, comme variante du vers 2676 :

Fais briller jusqu'ici tes saintes vérités. (1670 O)

Page 413, 2 *Var.*, ajoutez à la fin : « et 1670 O ».
Page 447, vers 3818, « tout près de t'accabler, » *lisez :* « tout prêt de t'accabler. »
Page 519, ajoutez la note suivante, se rapportant au vers 5333 :

1. *Var.* Et combien est puissante à dissiper le vice. (1670 O)

ADDITIONS ET CORRECTIONS.

Page 533, ajoutez en note, comme variante du vers 5607 :

Cet embarras charmant les retient, les rappelle (1670 O);

et comme variante du vers 5609 :

Et leur âme toujours charnelle. (1670 O)

Page 570, note 1, « chapitre VI, verset 14, » *lisez* : « chapitre VII, versets 14 et 15. »

Page 574, ajoutez la note suivante, se rapportant au vers 6490 :

1. *Var.* C'est pour mon salut seul qu'à m'aimer tu t'engages. (1670 O)

Page 606, ajoutez en note, comme variante du vers 554 :

Tout ce que le respect a de zèle et de force. (1670 O)

Page 623, ajoutez la note suivante, se rapportant au vers 926 :

4. *Var.* D'où naisse un repentir cuisant, mais amoureux. (1670 O)

Page 628, ajoutez la note suivante, se rapportant au vers 1026 :

1. *Var.* Moi qui de ce grand tout suis la moindre partie. (1670 O)

Page 630, ajoutez la note suivante, se rapportant au vers 1061 :

1. *Var.* Que puis-je donc, mon Dieu, pour t'arracher les armes. (1670 O)

Page 656, ajoutez en note, comme variante du vers 1602 :

Ni que ton plus grand soin ait de soi le mérite. (1670 O)

Page 664, ajoutez la note suivante, se rapportant au vers 1757 :

Fais que d'un nœud si beau jamais je ne me lasse. (1670 O)

Page 669, ajoutez la note suivante, se rapportant au vers 1855 :

1. *Var.* Mais garde que ce cœur n'en soit trop abattu. (1670 O)

Page 687, ajoutez en note, comme variante, du vers 2229 :

Ils sont toujours obscurs et toujours adorables. (1670 O)

TOME IX.

Page 65, à la fin de la note commencée à la page 64, ajoutez : « On peut joindre à ces divers témoignages celui du sieur Lagravete, qui, dans une lettre en vers de 1670, raconte que la Reine est allée donner le voile, dans le couvent des Carmélites du Bouloís, ou, comme on disait aussi en ce temps-là, du Bouloir, à Mlle de Saint-Gelais, une de ses filles d'honneur. » Voyez le *Recueil de lettres en vers et en prose, dédiées au Roi, par le sieur Lagravete*, Paris, in-fol.

Page 542, note 2. C'est à la suite de cette note que devrait être placée la partie de la note 3 qui suit le —.

ADDITIONS ET CORRECTIONS.

TOME X.

Page 80, note 1, ligne 5, « lettre xxii, » *lisez :* « lettre xxi. »
Page 179, note 3, ligne 2, supprimez les mots : « Voyez tome I, p. 205, note 3, et le *Lexique.* »
Page 180, note 2, supprimez la dernière partie de cette note relative à l'édit de 1667, cité par erreur à l'occasion de cette pièce de vers qui date de 1663.
Page 233, ligne 13, « 489, » *lisez :* « 480. »
Page 238, ajoutez à la fin de la note, commencée à la page précédente : « Corneille aurait pu dire que le mot *Tartare* ne se trouve pas seulement dans les hymnes de l'Eglise, mais même dans l'Écriture sainte. On lit dans la II° *épître* de saint Pierre, chapitre II, verset 4 : *Si enim Deus angelis peccantibus non pepercit, sed rudentibus inferni detractos in* Tartarum *tradidit cruciandos.* »
Page 459, ligne 16, « envoyant, » *lisez :* « renvoyant. »
Page 474, note 1, ligne 3, « 1647, » *lisez :* « 1657. »
Page 515, colonne 2, ligne 28 : « Voyez *Apocalypse,* Isaïe, » *lisez :* « voyez *Évangile* (l'), Jean l'évangéliste (saint), Jérémie, Job, Luc (saint), *Machabées (le livre des),* Matthieu (saint), Psaumes, *Psaumes pénitentiaux (les sept).* »
Page 546, colonne 1, ligne 16 : « II, 217, » *lisez :* « II, 117. »

TOME XI.

Page 83, ligne 8, « état, » *lisez :* « éclat. »
Page 470, au-dessous de la ligne 13, ajoutez : « Grison, substantif : voyez x, 166. *Poés. div.* 30. »

TOME XII.

Page 28, ligne 6, avant les mots : « dans *Pulchérie* (1672), » *ajoutez :* « dans l'*Épître* de *la Suivante* (1637), dans l'*Épître* de *la Place royale* (1637), et ».
Ibidem, après la ligne 6, ajoutez ces exemples :
« Les fourbes et les *intrigues* sont principalement du jeu de la comédie. » (II, 118. *Épît.* de *la Suiv.*)
« Cette possession de vous-même, que vous conservez si parfaite parmi tant d'*intrigues* où vous semblez embarrassé.... » (II, 220. *Épît.* de *la Pl. roy.*)

TABLE DES MATIÈRES

CONTENUES

DANS LES ONZIÈME ET DOUZIÈME VOLUMES.

TOME XI.

LEXIQUE DE LA LANGUE DE CORNEILLE.

Préface. *De la langue de Corneille*.....................	i
Introduction grammaticale........................	xxxiii
Orthographe et prononciation....................	lxxxiii
Versification.....................................	xciii
Lexique (A-H).....................................	1

TOME XII.

Lexique (I-Z)...	1
Appendice...	439
I. Observations sur *le Cid* (par Scudéry)..................	441
II. Les sentiments de l'Académie françoise sur la tragi-comédie du *Cid*...	463
III. Extraits de la critique qui a pour titre : *le Jugement du Cid*, composé par un bourgeois de Paris......................	502
IV. Extraits de la *seconde dissertation concernant le poëme dramatique*, en forme de remarques sur la tragédie de M. Corneille intitulée *Sertorius* (par l'abbé d'Aubignac)...	505
V. Extrait de la *troisieme dissertation concernant le poëme dramatique*, en forme de remarques sur la tragédie de M. Corneille intitulée *l'Oedipe* (par l'abbé d'Aubignac)....	509

TABLE DES MATIÈRES.

NOTICE BIBLIOGRAPHIQUE.................................. 517
  1° OUVRAGES DE CORNEILLE............................. 517
    I. — Manuscrits.. 517
      A. *Lettres autographes*.............................. 517
      B. *Hymnes de sainte Geneviève, autographes*.......... 518
      C. *Exemplaire* (de *l'Imitation de Jésus-Christ*) *annoté par Corneille*... 518
      D. *Exemplaires avec envois de Corneille*............. 518
    II. Imprimés.. 518
      1. Œuvres détachées................................. 518
        A. *Théâtre*...................................... 519
        B. *Petits poëmes*................................ 533
        C. *Imitation de Jésus-Christ et ouvrages de piété*. 534
        D. *Œuvres en prose*.............................. 537
        E. *Ouvrages attribués à Corneille*............... 537
      2. Recueils.. 538
        A. *Sous le titre de Théâtre, Œuvres, Œuvres complètes*...... 538
        B. *Sous le titre de Théâtre choisi, Chefs-d'œuvre, etc.*...... 544
        C. *Poésies diverses*.............................. 548
        D. *Recueils de poésies où ont été insérées des pièces composées par Corneille ou qui lui ont été attribuées*............. 548
        E. *Ouvrages divers contenant des pièces composées par Corneille ou qui lui ont été atttibuées*................. 550
  2° OUVRAGES RELATIFS A CORNEILLE...................... 552
    A. *Écrits relatifs aux pièces détachées de Corneille*........ 552
    B. *Écrits relatifs à l'édition de Corneille donnée par Voltaire*. 554
    C. *Parallèles et dissertations sur Corneille, Racine, etc.*.... 555
    D. *Écrits biographiques et littéraires sur Corneille*......... 557

Additions et corrections................................... 567

FIN DE LA TABLE DES MATIÈRES.

15521. — Imprimerie A. Lahure, rue de Fleurus, 9, à Paris.

www.ingramcontent.com/pod-product-compliance
Lightning Source LLC
Chambersburg PA
CBHW060505230426
43665CB00013B/1403